Heichen, Paul Hermann

Afrika Hand Lexikon

2. Band

Heichen, Paul Hermann

Afrika Hand Lexikon

2. Band

Inktank publishing, 2018

www.inktank-publishing.com

ISBN/EAN: 9783747755884

AFRIKA
HAND-LEXIKON.

Von

Paul Heichen.

Ein Nachschlagebuch für Jedermann.

Mit

vielen Abbildungen und Karten.

Zweiter Band.

Leipzig,
Gressner & Schramm.

Ghedâref (Kadâref), gebirgige Landschaft im ägyptischen Sudan, im Westen des Atbara und nahe der abessinischen Grenze; es misst in der Länge von Nord nach Süd 85 km bei 48 km in der Breite von Ost nach West und wird vom Chor Rokema und vom Chor Afar, westlichen Zuflüssen des Rahad, durchzogen. Hauptort ist Kanara (im Nordwesten

Gleitaar.

vom Djebel Um-Sitera). Andere Ortschaften sind: Suk-Abu-Sin (s. d.), sowie die Dörfer: Hellet-Wad-Fadl oder Tewawa, Sofi, Garigana, Afar, Wad-el-Amas und Doka (s. d.). Um die Mitte des 18. Jahrh. stand G. unter abessinischer, jetzt steht es unter ägyptischer Herrschaft.

Ghedir (El-) [auch Ghdir geschrieben], Duar der alger. Prov. Constantine, 1869 errichtet, im Kreise Philippeville (südöstl. von Jemmappes);

31

in einer gebirgigen Gegend; 4797 Hektar gross; 1165 Einwohner.

Ghehaïni, ein Teilstamm der ägyptischen Maâseh (s. d.), auf der Strasse von Kosseir nach Keneh umherstreifend.

Ghélân (Golân), [nach Krapf, Journals 78, 97, 201 ff.] ein Stamm der Galla (s. d.), dessen Gebiet sich im Süden des Schoaner Reiches und in der Landschaft Gurague befindet (Ostafrika).

Ghellaia (Gellayeh, Agellaï), Stamm der Araber in der alger. Provinz Algier. Sie hausen an den Nordhängen des Atlas.

Ghemines, Ortschaft im Lande Barkah (Nordafrika), 50 km südl. von Benghasi und 10 km östlich vom Ufer des Mittelmeeres; römische Ruinen.

Ghemu, Ortschaft in der senegambischen Landschaft Ghidimakha; bekannt durch den Sieg der Franzosen am 25. Oktober 1859 über Sire Adama, einen General El-Hadji Omar's (s. d.).

Ghenanema (Ghennâma, Rlnema). Berberstamm der grossen Sahara; er zerfällt in die beiden Teilstämme der Graur und der Uled Khodêr. Dieselben bewohnen ca. ein Dutzend von Dörfern, von denen Timmundi mit 350 und Kerzaz mit 2000 Einwohnern die wichtigsten sind. Die G. sind fanatische Moslimen und wilde räuberische Gesellen.

Gheralta, Provinz des Reiches Tigré (Abessinien); Hauptort ist Ausén, ca. 50 km südöstlich von Adua.

Gheralza (Ghezala), Duar der alger. Prov. Constantine; 436 Einw.

Ghérar (Djerar, Beni-G.), Nomadenvolk in der Mudirie Kordofan (ägypt. Sudan); nach Major Prout, der 1877 durch ihr Gebiet kam: 2500 Köpfe.

Ghérazla, Duar der alger. Prov. Constantine, 1870 errichtet; auf der Strasse von Algier nach Constantine; 2480 Einw.; römische Ruinen von Aïn-Zada.

Gherba, s. v. w. Gharbî.

Gherbès, Duar der alger. Prov. Constantine, am Südufer des Golfs von Stora; 320 Einw.

Gherf-Hosseïn (auch Ghirchèh oder Kirchèh genannt), Dorfschaft Nubiens (Ägypten), am linken Ufer des Nil, 87 km von Korosko. Gegenüber, unfern von den Ruinen Sabaguru, liegt das Dorf Kich (Kirch oder Kichiga), mit welchem es, wie sein Nebenname zeigt, häufig zusammengeworfen wird.

Gheria (Garia), Name zweier durch ihre römischen Kastell-Ruinen bekannten Dörfer in Tripolitanien, von denen das eine: G.-el-Gharbia („West-G.") auf der Strasse von Tripoli nach Mursuk, 11 km östlich vom Tabuniye-Brunnen (60 Einw.), das andere: G.-eh-Cherghiya (mit 120 Einw.), 17 km östl. von dem erstern liegt.

Gherned (El-), kleinere Oase der libyschen Wüste, zu dem Oasenkomplex El-Gâb-el-Kebîr (s. Gâb) gehörig.

Gherza (Ghirza), häufig genannte römische Ruinen, 182 km südöstl. von Kebda (Tripolitanien).

Ghesâla, Duar der alger. Prov. Constantine, 1869 errichtet; 6244 Hektar; 1610 Einwohner.

Ghessirât-er-Roûm, s. Garagara.

Ghet-el-Bahari, Ort in der ägypt. Mudirie Beni-Suef, Distr. El-Sawieh.

Ghetena (Gotena), Dorf im ägyptischen Sudan, am rechten Nilufer, 100 km südl. von Chartum; von Hassanjehs bewohnt.

Ghezala, s. Gheralza.

Ghibé (Gotu), Fluss im Lande der Galla (Ostafrika), entspringt in der Landschaft Enarea, am Fusse des Berges Bora in 2326 m Höhe; fliesst erst von Süd nach Nord, dann in einer östlichen Biegung wiederum nach Süden; unter 8° 38′ 18″ n. Br. und 34″ ö. L. vereinigt er sich mit dem ebenfalls aus Enarea kommenden Kusaro (auch bisweilen, gleich ihm Ghibé genannt), später mit dem von Westen kommenden Godjêb. Von da an führt er den Namen Omo (der vielleicht weiter unten zu Djeb oder Djuba verändert wird).

Ghiberti, s. Djeberti.

Ghider, Teilstamm der in Adamaua wohnhaften Fali (s. d.).

Ghidimakha, Land in Senegambien, am rechten Ufer des obern Senegal, reicht im Westen bis an das Fort Bakel und grenzt im Norden an die Gebiete der Maurenstämme Uled-el-Wisi und Asker. Es ist noch wenig erforscht. Am Senegal hinauf liegen mehrere Dorfschaften desselben, die mit den Franzosen über Bakel in Handelsverkehr stehen.

Ghieh, Ort in der ägypt. Prov. Charkieh, Distr. Belbeïs.

Ghircheh (Kircheh), s. Gherf-Hosseïn.

Ghirgeh, 1) die 11. Mudirie (Provinz) Ägyptens und die 2. von Oberägypten. Sie zerfällt in die 4 Distrikte: Suhag, Tahtah, El-Manchieh und Ghirgeh mit 4 Städten und 188 Dörfern. Ihre Bevölkerung bezifferte sich 1872 auf 378 237 Seelen. Hauptort ist Suhag.

— 2) Stadt in Ober-Ägypten in der Provinz Ghirgheh, Distriktshauptort, am linken Nilufer; mit sehr altem Kloster und schönen Moscheen; 121 km südöstl. von Siut (428 km von Kairo), unter 26° 20′ 3″ n. Br., 29° 30′ 56″ östl. L.; war früher die Hauptstadt von Saïd oder Oberägypten, und ist noch jetzt ein wichtiger Platz, obgleich sie den Rang einer Provinzhauptstadt an Suhag hat abtreten müssen; 17 km südlich von G. liegen die Ruinen von Abydos.

Ghirri, Stamm der Galla (s. d.), im Osten der Umgegend vom Härär hausend (Ostafrika).

Ghirsch, in Tripoli und Barka s. v. w. Piaster; G. el-Arabi, der arabische Piaster (= 2½ türk. Piaster oder 5 Abu Aschrîn oder Zwanzigparastücke).

Ghisân, kleinere Oase der libyschen Wüste, zu dem Oasenkomplex Wadi-el-Gab gehörig.

Ghizeh, 1) die zweite Mudirie (Provinz) von Unterägypten. Sie zerfällt in 3 nicht speziell benannte Distrikte, umfasst 3 Städte und 160 Dörfer. Ihre Bevölkerung betrug 1872: 153 745 Seelen.

— 2) Dorf in Unter-Ägypten, Hauptort der gleichnamigen Provinz, 6 km südwestl. von Kairo, am linken Nilufer; gegenüber von Fostât; 10 510 Einwohner. — G. ist trotz seiner hohen Bevölkerungsziffer nur ein Dorf mit einigen Cafés, zerfallenen Bazaren und Moscheen und einigen Lusthäusern reicher Bewohner von Kairo. Gegenüber der Insel Raudah steht der vizekönigliche Palast mit Park und Harem. Seit 1872 führt hier eine prächtige Eisenbrücke von 406 m Länge über den Nil. — 8—10 km südlich von G. erhebt sich die berühmteste Pyramidengruppe Ägyptens: die Cheops-Pyramide (137 m hoch, 227 m Grundbreite); die Chephren-Pyramide (135 m hoch, 210 m Grundbreite); die Pyramide des Mykerinos (66 m hoch, 107 m Grundbreite); die Sphinx (500 m östl. von der zweiten Pyramide); der Tempel der Sphinx etc.

Ghodiat (El-), Distrikt der Provinz Kordufan (ägyptischer Sudan), im Südosten von El-Obeïd; er umschliesst 32 Dörfer und 6870 Einwohner.

Ghóma, Negervolk nahe und westl. von den Legha-Gallas.

Ghomara (Ghomra), grosser Stamm der Berbern Marokkos. Seine Hauptlager befinden sich am Rif an der Mittelmeerküste.

Ghomra, 1) s. v. w. Ghamra; 2) s. v. w. Ghomara.

Ghomri (El-), Duar in der alger. Prov. Oran, 1867 errichtet; 4608 Hektar; 1085 Einw.

Ghomrian, Name von zwei Ein-

3*

geborenenstämmen Algeriens, deren einer, Berbern, südwestl. von Milah in der Prov. Constantine, 2165 Köpfe stark, seine Wohnsitze hat, während der andere, arabischen Stammes (1805 Köpfe stark) am rechten Ufer des Scheliff in der Provinz Algier in einem Duar angesiedelt ist.

Ghorab (Aïn-Ghorab), Duar der alger. Prov. Constantine, 1866 errichtet; 6869 Hektar; 285 Einw.

Ghoraba (Gharaba, Aïn-Ghoraba), Duar der alger. Prov. Oran, 1868 errichtet; 9994 Hektar; 1585 Einw.

Ghoreyfa, Dorfschaft in Fessan (Nordafrika), im östl. Teile des Wadi El-Gharbi (s. d.).

Ghorib, s. Ghribs.

Ghossel, mächtiger, in zahlreiche Unterstämme zerfallender Stamm der alger. Prov. Oran, in den Bergen des mittlern und untern Isser. Seine Sprache ist die arabische. Seine Stärke beläuft sich auf 7100 Köpfe, das von ihnen okkupierte Gebiet auf 61942 Hektar.

Ghrar (El-), Duar der alger. Prov. Constantine, im Norden des Thaya (1200 m hoch), 1870 errichtet, 11293 ha; 1765 Einw.

Ghribs (Gherib, Ghorib, Gribs), Duar der alger. Prov. Algier, 1868 errichtet; im Süden des Scheliff; 16038 ha; 3510 Einw.

Ghualize, Duar der alger. Prov. Oran; 4036 Hektar; 1205 Einw.

Ghubri (Aït-Ghubri, Beni-Ghobri), Berberstamm der alger. Prov. Algier, in der Grossen Kabylie, am rechten Ufer des obern Sebau, 6795 Köpfe in 28 Dorfschaften; Hauptdorf ist Maknea in 1050 m Meereshöhe.

Ghu-Damara (Berg-Damara), s. Damara und Berg-Damara.

Ghufirat, Stamm der alger. Prov. Oran, im Osten und Südosten von Mostaganem, in den Ortschaften Blad-Tuaria, Aïn-Tedeles und Aïn-Budinar, südlich und südöstlich von Mostaganem.

Ghuriân (Djebel, auch Gharian geschrieben), Gebirge Tripolitaniens, an der Mittelmeerküste, bis 850 m ansteigend. — Auch Distrikt des Beyliks mit dem Hauptort Kasr Ghurian, 85 km südlich von Tripoli; von Smyth 1877 und Barth 1849 besucht.

Ghût-el-Mandjub, kleine Oase in der tunisischen Sahara, im Lande der Merâsigh, 4—5 km von Sûs, ca. 102 km südöstlich von Gabes.

Giabal-'Ali, kleine Insel im Süden der Assab-Bai (in italienischem Besitz).

Giama, s. Djama.

Gibara (Rhynchopetalum montanum), Pflanze aus der Familie der Lobeliaceen, sieht der mexikanischen Yucca ähnlich und sondert einen ätzenden Milchsaft ab. „Auf einem 8—10 Fuss hohen, runden, von den Narben abgefallener Blätter rauhen Stamme befindet sich ein dichtes Büschel langer, am Ende zugespitzter Blätter, zwischen denen der 10—15 Fuss hohe, steife, gerade, mit violetten Blumen besetzte Blütenschaft hervorsieht; die Samen haben Mohnkorngrösse" (Hartmann); in den Nilländern heimisch.

Giberten heissen in Abessinien die Anhänger des Islam.

Gibraltar, Meerenge von, zwischen Europa (Spanien) und Afrika (Marokko) das Mittelmeer mit dem Atlantischen Ozean verbindend. Ihre Breite beträgt im Minimum 13 km, ihre Tiefe variiert zwischen 300 m (zwischen Punta Canales und Punta Cires) und 900 m. Durch sie führt eine Strömung, die Folge des Golfstromes, an der Südküste nach Osten in das Mittelmeer, ein zweiter an der Nordküste nach Westen aus derselben in den Ozean.

Gikkohr (Djebel-), Berg im östl. Schulilande.

Gil Eannes, ein portugiesischer Seefahrer, welcher im Auftrage des Infanten Heinrichs „des Seefahrers" (s. d.), die Westküste Afrikas beführ (1535) und hierbei, als erster nach langjährigen vergeblichen Versuchen, das Kap Bojador, an dessen Brandung sämtliche frühere Schiffer umgekehrt waren, umschiffte.

Gillmore, Parker, ein Jäger, welcher 1876 durch Natal und Transvaal in das Land der Betschuanen zog. Leider hat seine Reise für die Geographie wenig Ergebnisse gebracht.

Gilma, s. Djilma.

Gimboi, eine Art Guitarre mit zwei Saiten.

Gindi, Landschaft am Niger, an der Mündung des Gulbi-n-Gindi in denselben.

Ginetes, Flecken auf der Ostküste der Azoreninsel São Miguel; 2205 Einwohner.

Ginetti (Chor), Regenstrombett im Bari-Lande. Er fliesst zur Regenzeit in brausenden Schnellen gen Norden. Baker nannte ihn Kanieti.

Ginga, s. v. w. Jinga.

Ginturt, Dorf in der Tuat-Oase Gurara.

Gipt (griech.), der heutige türkische Name für Ägypten.

Gipti (griech.), der heutige türkische Name für die Kopten (die unzweifelhaften Nachkommen der alten Ägypter).

Giro, Stadt am Gulbi-n-Biri (Nebenfluss des Niger), auf dem Wege vom Niger über Kalgo und Raha durch Jauri nach dem Lande Nupe, eine Tagereise von Raha.

Gischda heisst in Ägypten die Frucht d. Schuppenapfelbaums (Anona senegalensis).

Giseh, s. Ghiseh.

Gisr (El-), Düne an der Landenge von Suez, zwischen den Seeen Ballah im Norden und Timsah im Süden, etwa 4 km nordöstlich von Ismaïlia.

Giulietti, G. M., zu Casteggio bei Pavia 1848 geboren, besuchte bereits 1868 mit Marquis Antinori die Assab-Bai und schloss sich 1879 der wissenschaftl. Kommission an, die zur Untersuchung der Umgebungen dieser seitdem von Italien besetzten Bucht ausgesendet wurde. Er unternahm gegen Ende des Jahres 1879 einen Ausflug von Seila nach Härär, kehrte hierauf nach Europa zurück und übernahm im Mai 1881 die Führung einer Expedition zur Feststellung des Laufes der Flüsse Hawasch und Gualima. Die Expedition brach am 2. Mai auf; aber ungefähr am 25. Mai wurde G. mit seiner aus italienischen Marinesoldaten bestehenden Eskorte wahrscheinlich bei Daddalo in der Nähe von Mascara ermordet.

Gizeh, s. Ghiseh.

Glass, Schwesterkolonie von Plateau oder Libreville (s. d.), 2 km südöstl. von da, am nördlichen Gestade des Gabon-Ästuariums mit 8—10 englischen und deutschen Faktoreien und einer anglikanischen Mission; Sitz eines deutschen Konsuls. Von hier verführt das Hamburger Haus Wörmann & Comp. jährlich beträchtliche Mengen von afrikanischen Produkten (Elfenbein, Gummi, Wachs, Palmöl) nach Europa.

Glé, Lagune an der Zahnküste. Ihr nördliches Ufer wird von den Paï-pi-bri, einem nigritischen Volk von verhältnismässig heller Hautfarbe, bewohnt. Auf dem südl. Ufer, zwischen der Lagune und dem Ozean wohnen die schwarzhäutigen Grebo oder Glebo, nach deren Aussage die Lagune 7 km breit ist. Diese letzteren befahren die Lagune bis oberhalb Biribi und Cavalli, dürfen aber das Südufer ebenso wenig verlassen, wie die Paï-pi-bri das Nordufer. Doch haben sie gewisse Handelshäfen oder Märkte gemeinsam, wo sie Stoffe, Tabak, Pulver, Schnaps und Rum (welche die Grebos vom Guineabusen herüberführen) gegen Elfenbein (das die Paï-pi-bri aus dem Innern zur Stelle bringen) austauschen. In die Lagune sollen, von dem Kong-Gebirge herkommend, der Rio Frisco, der

Saint-André-, Biribi- und Cavalli-Bach münden. Am Südufer der Lagune ist eine berühmte Stätte von Fetischweibern, Bulingbe genannt.

Glebo (Grebo), s. Glé.

Gleitaar (Elanus melanopterus), ein den Weihen ähnelnder, über ganz Afrika verbreiteter Raubvogel. Er legt seinen Horst in den Wipfeln der Nelken- und Orangenbäume.

Glitai, Berg am Westufer des Schulgulgul.

Gloriosa, kleine Inselgruppe im Kanal von Mozambique, im Indischen Ozean, 161 km nordwestl. vom Kap Ambre, der Nordspitze der Insel Madagaskar.

Glückliche Inseln (Insulae fortunatae), s. v. w. Kanarische Inseln.

Gnadenthal, Herrnhuter Missionsstation im Kaplande, östlich von Stellenbosch; 3000 Einw. (meist Hottentotten und Neger).

Goâbi, ein Stamm der Araber Ägyptens, in der Nähe von Terraneh (am Rosetta-Nil) und an den Natronseeen hausend.

Gobabis (Epako), s. v. w. Olifant-Fontein.

Gober (Guber), einer der sieben durch die Haussas im zentralen Sudan gegründeten Staaten, der einzige, dessen Bewohner, wenigstens bis zum Jahre 1854, dem Vordringen des Islamismus Widerstand geleistet hatten und ihrem heidnischen Glauben treu geblieben waren, auch den Fulah gegenüber ihre Unabhängigkeit zu bewahren verstanden hatten. G. stösst im Norden mit dem Gebiete der Auelimmid von Bohdhal zusammen, im Süden mit dem Staat Sanfara, im Osten mit dem Land Tassaua, im Westen mit dem Hochlande Aderar. Hauptort ist zur Zeit das an einem nördlichen Zuflusse des Gulbi-n-Sokoto gelegene Maradi; früher war es Alkalawa, das durch Sultan Mohammed Bello von Sokoto (1816—1857) von Grund aus zerstört wurde. Die Goberawa oder Bewohner von Gober gelten als derjenige Haussastamm, welcher sich am reinsten von aller Vermischung zu halten verstanden hat.

Gobila, Station am linken Kongo-Ufer, wenig unterhalb der Einmündung des Quango oder Ibari Nkuto.

Gobo, Landschaft im Becken des Godjab (im südlichen Abessinien).

Gobuin (von den Galla „Danesa" genannt), Stadt, wenig südlich vom Äquator, am linken Ufer des Djeb- oder Djuba-Flusses, $5^1/_2$ km von seiner Mündung. Es führt häufig auch den Namen des Flusses, an welchem es erbaut ist (Djeb, Djuba).

Godapa (Godafa), s. v. w. Godjeb.

Godin, Dorf im Gumus-Gebirge, 2000 Fuss über der Ebene auf unwirtlichen Felsen gelegen (Schuver).

Godja, (nach Decken) ein grosses, dem Schimpanse ähnliches Geschöpf, welches am Odpi- und Djubaflusse hausen soll.

Godjam, s. Gojam.

Godjâb (Godjab), Fluss Ostafrikas, bewässert das Hochland im Süden Abessiniens und bildet dort ähnlich dem Abaï, einen weiten die Landschaft Kaffa einschliessenden Bogen. Sein Oberlauf ist noch so gut wie unbekannt; Beke hielt ihn für einen rechtsseitigen Zufluss des Nil oder Bachr-el-Abyad; aller Wahrscheinlichkeit aber ergiesst er sich in den Ghibe (s. d.), mit welchem vereint er den Djeb- oder Djuba-Fluss bildet. Er entspringt (nach d'Abbadie) im Südosten Fadassis, auf dem Gebirge des Gallalandes und hat eine Lauflänge von 55—60 km. Von den Kaffa-Leuten wird er Godapa oder Godafa genannt.

Godofelassie, Stadt in Abessinien, in der Provinz Sarač, 300 km nordöstlich von Gondar, 100 km südwestl. von Massaua, westl. vom Maseb, der durch den Atbara dem Nil zufliesst; 1980 m hoch; 14° 52′ 24″ n. Br.

Gogemin, Dorf der Tuat-Oase Uogerut.

Gogo (Gagho), Stadt im Songhaï-Reiche (Westsudan), am linken oder nördlichen Ufer des Niger, 17 Tagereisen östlich von Timbuktu.

Gohenah, Ort in der ägypt. Prov. Gerga, Distr. Tahta.

Gojam (Gojjam, weniger gut Godjam), Landschaft Amharas (südliches Abessinien); im weitern Sinne das gesamte halbinsulare Landgebiet, innerhalb der grossen Spirale des Abaï oder Blauen Nil, vom Austritt desselben aus dem Tana-See bis zu seiner Ankunft an der Grenze von Fasoglo; also nicht bloss das eigentliche Gojam, sondern auch noch die drei ferneren Provinzen Maïtscha, Damot und Agaumeder. Im engern Sinne nur die sogenannte „Provinz Gojam", d. i. der auf der Karte in Form eines Hufeisens von 250—270 km Umfang erscheinende Teil dieser Landschaft, vom Iba, dem rechtsseitigen, die Nordgrenze gegen die Provinz Maïtscha zu bildenden Zuflusse des Abaï, bis zum Godjeb und zur Bir, welche die Westgrenze nach der Provinz Damot zu bilden. Der Abaï, welcher G. fast in seiner Länge umzieht, scheidet es von Beghaumeder und von den Gallas-Ländern. Gojam ist ein waldloses Hochland, im Norden von Gebirgen durchzogen, die fast bis zur Schneegrenze aufragen. Man unterscheidet in G. drei klimatische Zonen: die niedrige, welche sehr heiss ist, die mittlere mit gemässigtem Klima und die obere Zone, in welcher sich kahle, kalte Hochflächen dehnen. G. ist in vorwiegendem Masse Weideland. Die grösseren Wohnplätze sind fast sämtlich in der mittlern Zone gelegen; die bemerkenswertesten sind: Mota, das als Hauptstadt der Provinz angesehen wird, 2 Stunden etwa vom rechten Ufer des Abaï (2538 m hoch); Martula-Mariam, bemerkenswert durch die Ruinen einer Kirche, welche als die schönste Abessiniens betrachtet wird, eine starke Tagereise südöstlich von Mota und 2750 m hoch; Debra-Uark, grosser Platz mit einem berühmten Kloster, eine Tagereise südwestlich von Martula-Mariam; Dima, 13 km südöstlich von Debra-Uark, mit vielen Steinhäusern und dem Wohnsitz des Provinz-Gouverneurs; Yauch, zwei Tagereisen südwestl. von Dima; Yedyubbi, zwei Stunden westlich von Yauch und wenig entfernt von dem südlicher gelegenen Baso, dem Hauptmarktplatz dieser Gegenden.

Gok, Stamm der Dinka (s. d.).

Gola (von Capello, Ivens und anderen nach ihrem Beherrscher Jinga oder Ginga genannt), Negervolk im Stromgebiet des Quango (an den Ufern des Cugho und des Kamba oder Cambo), denen die Landschaft ihren Namen verdankt. Sie waren die ursprünglichen Bewohner des Küstengebiets und wurden nach langem erbitterten Kampfe gegen Ende des 16. Jahrh. von den Portugiesen verdrängt, worauf sie sich bis an den Quango zurückzogen.

Gola, Stadt in Kanem (Zentralsudan), etwa 32 km vom östlichen Ufer des Tschadsee; 1000 Einw.

Golân, s. Ghélân.

Golda, Chor im Quellgebiet des Tumat.

Goldfluss, s. Rio do Ouro.

Goldkukuk (Chalcites), ein in Afrika heimischer, prächtiger Vogel.

Goldküste (engl. Gold Coast), Teil der Guineaküste, zwischen der Zahn- oder Elfenbeinküste im Westen und der Sklavenküste (Dahome) im Osten. Die Goldküste begreift also beinahe den zentralen Teil der Guineaküste, in einer ziemlich gleichen Entfernung von der Sierra Leone-Küste im Westen und der Biafra-Bucht im Osten. Die Grenzen, welche ihr im gewöhnlichen Brauch gegeben wurden, waren der Assini-Fluss im Westen, nach der Zahnküste zu, und der Volta-Fluss

Marktpla

Iorée.

im Osten, nach der Sklavenküste und Dahome zu. Der Raum zwischen diesen beiden Flüssen beträgt ungefähr 500 km (die astronomischen Grenzen von Ost nach West sind 1° 40′ bis 5° 40′ westl. L. v. Par.). Aber seit der Errichtung der engl. „Kolonie an der Goldküste“ sind diese Grenzen beträchtlich verschoben worden. Durch das königl. Dekret vom 24. Juli 1884 umfasst das Guvernorat der Goldküste alle Territorien zwischen dem 5.° westl. und dem 5.° östl. L. v. Gr., also ausser der Goldküste im engern Sinn einen Teil der Zahnküste, die Sklavenküste und die Mündung des Lagosflusses. Dies Guvernorat ist zur Zeit noch in zwei Teile geschieden durch die Dahome-Küste, welche England bislang nicht besetzte; es bildet demnach die beiden Provinzen der Goldküste und der Lagosküste.

1) Die unmittelbaren Besitzungen der britischen Krone an der Goldküste im engern Sinne umfassen nur den schmalen Küstenstreifen (ausser dem Assini, welcher französisches Gebiet ist) und sind nach dem Innern hin durch eine Zone von Negerterritorien umschlossen, welche das britische Protektorat angenommen haben. Diese Zone hat im Norden den Prah-Fluss zur Grenze; derselbe scheidet sie vom Aschanti-Reich (einem der grossen Staaten Guineas, welcher alles übrige Land des Innern beherrscht). Unter den kleineren Territorien sind die Reiche: Issini (oder Assini), Abanta, Fanti, Akim, Akra, Akuapim, Adangme und Akuamu die bemerkenswertesten.

2) Der Teil der Sklavenküste, welcher die unter dem Namen „Lagosküste“ bekannte Dependenz der „engl. Kolonie an der Goldküste“ umfasst, hat die gleichnamige Küstenstadt Lagos zur Hauptstadt. Dieselbe liegt am westl. Ende der Insel Kuramo oder Awani (6° 28′ n. Br., 1° 6′ 36″ östl. L.) und ist vom Festlande durch eine grosse Lagune, den Kradu-See, getrennt. Unfern von ihr mündet der Ogun oder Agun, der Fluss Yoruba's. Sie zählt ziemlich 30 000 Einw. (75 270 mit dem von ihr abhängigen Gebiet). Der Name „Lagos“ ist portugiesischen Ursprungs und bedeutet soviel wie „Seeen“. Die Eingeborenen nennen die Stadt „Eko“, was wahrscheinlich nur eine verderbte Form des portugiesischen Wortes ist. Die niedrige sumpfige Insel, auf welcher Lagos gelegen ist, misst etwa 5 km von Ost nach West und ½ km von Süd nach Nord. Die Lagune, welche sie im Norden begrenzt, ist schiffbar und steht in gerader Verbindung mit Yoruba, von woher alle Bäche nach ihr den Lauf nehmen, sodass diese ganze reiche Gegend hierdurch für Lagos offen liegt. Der Agun-Fluss, welcher sich in den Kradu-See ergiesst, ist schiffbar bis nach Abbeokuta. Der Lagos-Fluss selbst, welcher die Lagune mit dem Meere verbindet, ist sehr breit und nur 5—6 km lang. Er bildet den Hafen der Stadt und gewährt Schiffen bis zu 3 m 50 im Maximum Zutritt. Die den Eingang sperrende Barre ist nur während der Regenzeit gefährlich. Lagos steht ferner nach Westen durch die Ossa-Lagune mit dem französischen Gebiet von Porto Novo in Verbindung. Der Handel von Lagos ist beträchtlich: die Franzosen hatten vor der englischen Besitznahme hier sehr viel Boden, jetzt sind sie infolge des britischen Zolls zurückgegangen; dagegen hat der deutsche Handel hier günstige Entwickelung erfahren. Während der letzten Jahre erreichte die Ausfuhr der G. den Betrag von 13 500 000 Frcs. im Jahr und der Schiffsverkehr dort betrug 200—250 Schiffe (vergl. Lagos).

Der Name, welchen dieser Küstenstrich Afrikas allgemein in Europa trägt, erklärt sich durch sich selbst. Er wurde ihr durch die Portugiesen im 16. Jahrh. gegeben infolge der grossen Menge von Goldstaub, welche dort gewonnen, bezw. verhandelt wurde. Dieser Zweig des Handels hat inzwischen bedeutenden Rückgang erlitten, ist aber noch immer nicht unbedeutend.

Das Land wird von einer grossen Anzahl von Wasserläufen bewässert. Die vier grössten derselben münden an der Gold-Küste selbst. Die beiden äussersten Grenzflüsse: der Assini (nach Westen) und der Volta (nach Osten) wurden bereits erwähnt; die beiden anderen sind die Ankobra (von den Portugiesen wegen ihres gekrümmten Laufes so genannt; heisst bei den Eingeborenen verschieden; am häufigsten wohl Tanda) und der Prah. In den letzteren mündet der Ofim, dessen Wasser wieder durch den aus der Gegend von Kumassie, der Aschanti-Hauptstadt, herströmenden Dah Zuwachs erhält. Der Assini und besonders der Volta sind bedeutende Flüsse, die (besonders der Volta) zur Regenzeit eine ungeheure Wassermasse mit mächtiger Gewalt dem Meere zuführen. Des merkwürdigen Wechsels zwischen einem ruhigen und einem furchtbar tosenden Laufe wegen haben die Portugiesen ihm auch den Namen „Volta“ gegeben. Bei den Eingeborenen führt er verschiedene Namen. Er kommt, nach den Aussagen derselben, sehr weit aus dem Innern her und fliesst bei Salaga vorbei, von welchem wichtigen Handelsmarkt des westlichen Afrika wir erst durch den französischen Reisenden Bonnat Kunde erhielten. Der Volta tritt regelmässig im Juli und August aus seinen Ufern; ist aber gleich allen Flüssen der Guineaküste an seiner Mündung durch Sandbänke und Felsen versperrt, welche den Zugang für europäische Fahrzeuge ungeheuer erschweren oder ganz unmöglich machen. Diese Behinderung der Einfahrt ist gewiss mehr noch als die Gefahren des Klimas und die Feindseligkeit der Eingeborenen Ursache der geringen Kenntnis, welche wir noch immer von dieser Gegend der afrikanischen Küste besitzen. Was wir vom Innerlande der Goldküste kennen, zeigt uns ein schönes, gutbewässertes und reichbewaldetes Land mit zahlreichen Ortschaften und einer dichten Bevölkerung.

„Wenn man,“ berichtet der französische Schiffskapitän Aube, „von den in diesen Gewässern herrschenden Südwestbrisen getrieben, in Entfernung von ein paar Meilen an der weiten Küstenstrecke entlang fährt, welche die südliche Grenze der Goldküste bildet, so ist man von ihrem zugleich düstern und bedrohlichen Anblicke betroffen. Zuerst wehrt eine unüberschreitbare Linie von brandenden Wogen jedem europäischen Fahrzeug die Annäherung an das Ufer und gestattet den Verkehr mit dem Festlande nur an einigen seltenen bevorzugten Stellen. Aber auch an diesen Punkten, die übrigens auf grosse Entfernungen verteilt sind, bleibt dieser Verkehr noch immer höchst gefahrvoll. Die Barren von Gross-Bassam, Akrah, Weidah (Ouïdah) und besonders die von Lagos waren nur allzu oft der Schauplatz unheimlicher Dramen, in welchen die an den Barren brandenden Wogen eine mörderische Rolle spielten. Hinter dem sandigen, sonnenverbrannten, glühende Hitze atmenden Gestade, das fast überall von einem Gürtel aus niederm Strauchwerk und Manglebäumen umsäumt ist, erstreckt sich die Ebene, soweit das Auge reichen kann, niedrig und flach, einförmig, ohne bemerkenswerte Terrain-Abstufungen, aber in allen Richtungen durch ein unentwirrbares Netz von Kanälen durchzogen, deren sumpfiges, stagnierendes Wasser nicht selten zu Lagunen sich ausbreitet und einen beständigen Herd für Fieberausdünstungen und Miasmen darstellt. Vom Volta bis zu den ersten Armen des Nigerdelta laufen diese Kanäle parallel mit der Küste, entsenden jedoch stellenweise mehr oder weniger ausgedehnte Seitenarme nach dem Innern. Nur für die Pirogen der Eingeborenen schiffbar, bieten sie eine Art natürlicher Kommunikation mit den Landbereichen des Littorales, übrigens die einzige, welche dieselben wieder unter sich in Verbindung setzt; überall sonst bedecken Dschungeln und undurchdringlicher Wald den Boden, und in der Regenzeit werden die mühsam geebneten Pfade, die von der Küste nach den Dorfschaften im höher gelegenen Lande führen, binnen wenigen Tagen weggeschwemmt. Unglücklicherweise hilft kein einziger Fluss der Unzulänglichkeit dieser Wasserpfade ab; sogar der Volta, dessen unbekannte Quellen in einem der Bollwerke des Kong-Gebirges verborgen zu liegen scheinen und der durch die angenommene Grösse seines Beckens naturgemäss die grosse Handels-Ader dieser Gegenden ist, wird an seiner Mündung durch Sandbänke gesperrt, die sich unaufhörlich vorschieben, die man mithin vor jedem Versuch einer Einfahrt erst auskundschaften muss und die nur Schiffen von geringerem als zehn Fuss Tiefgang den Zugang gestatten. Was die beiden, in politischer Hinsicht so wichtigen Flüsse Prah und Schamah anbetrifft, so scheinen dieselben als Handelsstrassen nach dem Innern nur eine untergeordnete Bedeutung zu besitzen."

Die Küste selbst, vom Assini bis zum Volta, ist mit Negerdörfern bedeckt, von denen mehrere als Städte gelten dürften, wenn man nur auf die Menge ihrer Einwohnerschaft Rücksicht zu nehmen hätte. Dank ihrem langen Verkehr mit Europäern, haben die Eingeborenen ein Teilchen der ihnen angeborenen barbarischen Wildheit abgestreift. In Wirklichkeit sind auch hier, in der Mitte sowohl wie in der Nähe dieser Negerortschaften, angelockt durch den Gold-, Elfenbein-, Sklaven- und Palmölhandel, seit dem fünfzehnten Jahrhunderte zahlreiche europäische Niederlassungen errichtet worden.

Es giebt zwei Regenzeiten in diesen Gegenden. Die „kleine" Regenzeit beginnt Ende Oktober mit starkem Nordostwinde, währt den November hindurch bis in die ersten Tage des Dezembers. Die Feuchtigkeit ist dann zur Nachtzeit sehr stark; die Brisen aus Nordost und vom Lande treten mit Heftigkeit und zahlreich auf. Das ist die Zeit der Fieber. Im Dezember und Januar steigt die Temperatur merklich. Im Februar und März werden die Breitenwinde regelmässiger, die immer hohe Temperatur zeigt 30° und 32° im Schatten und steigt bis zu 66° in der Sonne. Die Vegetation verdorrt und die feuchten Niederschläge der Nacht setzen vollständig aus. Die schöne Zeit währt bis um Mitte März. Von da ab wird die Witterung stürmisch, die Nordostwinde pfeifen in das Innere und verkünden die „Zeit der grossen Regen," welche am Gestade im März beginnt und bis gegen Ende Juni dauert. Während dieser Zeit wüten die Tornados am heftigsten, der Regen fällt sündflutartig, besonders im Mai und im Anfang Juni. Im Juli wird der Regen schwächer und seltener, die Temperatur sinkt bis auf 25°. Diese Jahreszeit währt bis zum Oktober. Der „Harmattan" genannte Landwind, aus Nordost wehend, herrscht hier in der Mitte des Dezembers und während des ganzen Januars; bisweilen weht er bis in den Februar hinein, aber in der ganzen übrigen Zeit des Jahres tritt er nicht mehr auf. Seine Wirkung ist eine ausserordentliche Dürre, welche die Pflanzenwelt vernichtet; in seinem Gefolge befinden sich undurchdringliche, das Atmen erschwerende Staubwolken. Der Name „Harmattan“ bedeutet, wie man sagt, in der Fantisprache soviel wie „Schmier-Wind,“ weil die Schwarzen, um sich vor seinen bösen Wirkungen zu schützen, die Haut mit Öl oder geschmolzener Butter einschmieren.

An der Goldküste wachsen Palmen jeder Gattung, Goyaven-Bäume, Tamarinden, Manglebäume, Affenbrotbäume, kurz alle auch in Senegambien schon angetroffenen Baumarten. Auch die gleichen Gemüse- und Wurzel-Arten sind hier vorhanden. Obst, Pflaumen, Birnen, Orangen, Zitronen und Kokosnüsse sind hier im Überfluss, ebenso Kormantin-Äpfel, Bananen, Ananas und Wassermelonen. Der Kormantin-Apfel erhält seinen Namen nach der Goldküste, weil er hier sehr häufig ist; er hat die Grösse einer Nuss in ihrer Schale; sein Fleisch ist gelb und streift ein wenig ins rötliche. Auch der Manioc und die Igname werden mit Erfolg hier angebaut. Der Reis wird im Februar und im März gesät; geerntet wird im Juli und August die Igname, der Reis im Oktober. Die Erdnuss ist dasjenige Erzeugnis, welches fast allen Handel des Landes unterhält. Die Frucht hat die Grösse einer Nuss und ist im Zustande der Reifheit mit einer gelben Pulpa bedeckt, aus der man ein Pflanzenfett auspresst, welches im Handel den Namen Palmöl führt. Seit etwa dreissig Jahren erst haben die Schwarzen des Littorales angefangen, sich mit der Gewinnung dieses Öls im grössern Massstabe abzugeben. Früher bedienten sie sich desselben nur zu ihrem eigenen Gebrauch, heute aber beschäftigt die Gewinnung des Palmöls vom Gambia bis zu den britischen Besitzungen im Süden einen grossen Teil der Bevölkerung. In den die Küstengewässer umsäumenden Wäldern wachsen Farbhölzer, der Sandal-, Tek-, Gonakierbaum etc. Die Baumwolle, welche die Neger jedoch in keiner Weise verarbeiten, wächst hier in Mengen. Auch der Indigobaum wird angetroffen.

Mit der Einfuhr europäischer Haustiere hat man wenig Glück an der Goldküste gehabt. Am besten sollen noch die Ziege und der Esel gediehen sein. Wie alle Tropengebiete, ist auch die G. reich an wilden Tieren: Elefant, Löwe, Leopard, Schakal, Wildkatze sind sehr häufig hier; die Arten der Affen sind unzählbar, unter ihnen ist besonders der Schimpanse zu bemerken. Verschiedene Antilopen-Arten sind in starken Rudeln hier heimisch; Ratten und Fledermäuse sind eine sehr lästige Bewohnerschaft des ganzen Landstrichs; Walfische (der „Grampus“) sind in den Küsten - Wässern der G. sehr gemein.

Die drei grossen Negerrassen, welche sich im Gelände der G. ausbreiten, sind: a) die Ahanta im Westen, zwischen dem Oberlauf der Ankobra und dem Oberlauf des Prah; b) die Fantis zwischen dem Unterlauf des Prah und des Volta; c) die Aschantis, mehr nach dem Innern hinein, zwischen dem Oberlauf des Prah und des Volta. Diese drei Hauptvölker zerfallen aber in eine unendliche Anzahl von Teil- und Unterstämmen, die, ihres gemeinsamen Ursprungs uneingedenk, in einem Zustande ewiger Befehdung liegen. Diese Negervölker der G. zeigen im allgemeinen das nämliche Äussere, wie die Negervölker in anderen Teilen des obern Guinea bis zu den Grenzen von Senegambien hinauf. Sie sind durchschnittlich von mittlerer Grösse, und in ihrer Gestalt gut proportioniert; das Gesicht ist oval, die Augen blitzen, die Ohren sind klein, die Wimpern dicht. Der Mund ist nicht zu breit, die Zähne sind weiss und stehen in guter Ordnung, die Lippen sind frischrot, ohne so wulstig zu sein wie diejenigen der Angola-Neger. Ihre Nase ist weniger platt als diejenige der Neger anderer Gegenden Afrikas. Ihr Bartwuchs ist vor dem 30. Jahre schwach; über dieses Alter hinaus wird er dicht und auch verhältnismässig lang. In moralischer Hinsicht stehen sie teilweise über den anderen Negern. Man rühmt ihnen eine scharfe Auffassungsgabe und ein gutes Gedächtnis nach. Dagegen sind sie faul und indolent, habgierig (ohne dass dagegen ein Verlust sie betrübt), betrügerisch, heuchlerisch, streitsüchtig und eitel. Die Frauen sind von der Grösse der Männer, wohl gestaltet und zur Korpulenz geneigt.

Der Handel der G. bewegt sich in Goldstaub, einer beschränkten Menge von Elfenbein (sehr gut in der Qualität) und grossen Massen von Palmöl (300—350 Frcs. pro Platztonne). Der Goldstaub von den an der G. befindlichen Niederlassungen ist der reinste von der ganzen Westküste Afrikas; eine Unze wertet 45 Frcs. Die geeignetsten Tauschwaren sind: Tabak, Branntwein, Baumwollstoffe und Baumwolltücher, Glaswaren, Korallenschnuren.

Die ersten Europäer, welche bis zur G. vordrangen, waren französische Schiffer aus Dieppe, in der zweiten Hälfte des 14. Jahrhunderts; im Jahre 1365 schon sollen durch sie die Niederlassungen Klein-Dieppe und Klein-Paris an der Malaguetta-Küste, der Posten Mina an der Goldküste gegründet worden sei. Diese in der Folge vernachlässigten und hundert Jahre später 1484 ganz aufgegebenen Plätze wurden 1499 durch die Portugiesen neu besetzt. Diese verblieben dort ziemlich wieder hundert Jahre ohne europäische Wettbewerbung. Erst gegen Ende des 16. Jahrh. (1595) erschienen die Niederländer an der G. dieselben erbauten 1624 dort dort ihr erstes Fort (Muri, 3 Stunden von Cape-Coast) und verjagten ein paar Jahre später während eines Seekrieges die Portugiesen aus Elmina und ihren anderen Posten (1634—43). Die Niederländer ihrerseits mussten gemäss dem Friedensschluss von Breda (1672) das Fort, welches jetzt den Namen Cape-Coast-Castle führt, an die Engländer abtreten. Derselbe ist bis 1874 der Hauptort der englischen Besitzungen an der Goldküste geblieben. Die Engländer hatten seit 1662 einen Hafen in Akra oder Accra im Besitz, welches jetzt der Hauptort der jungen Kolonie geworden ist.

Die Franzosen, welche unter Villault de Bellefond 1666 eine wichtige Fahrt nach der G. unternommen hatten, errichteten 1700 durch die „Compagnie d'Afrique“ in Assini eine Niederlassung, bald darauf eine zweite in Ouïdah (Weida) östlich vom Volta. Assini gaben sie 1707 auf, besetzten es aber 1742 wieder. Die Niederlassung in Ouïdah hielt sich bis 1797; das Fort besteht noch und dient jetzt einem grossen Marseiller Hause als Faktorei.

Die Dänen hatten ebenfalls mehrere Niederlassungen (Christiansborg, Friedensborg, Ningpo) an der G. errichtet (zu ihnen gehört auch die brandenburgische Kolonie Gross-Friedrichsburg); sie traten dieselben 1851 käuflich an England ab (Gross-Friedrichsburg war bereits im vor. Jahrh. an die Niederländer verkauft worden). Neuerer Zeit haben die Engländer in dem richtigen Verständnis für die grosse Zukunft, welche dem Handel der G. gehört, alle Anstrengungen gemacht, die alleinige Herrschaft an derselben auszuüben. Nach langen

Verhandlungen haben die Niederländer, welche die wichtigsten Punkte der G. inne hatten, dieselben an die Engländer abgetreten und zwar im Februar 1871 (die Besitznahme von den Forts Elmina, Axim, Dixcove sowie der Punkte Schama und Bautry erfolgte erst im April 1872). Durch diese Abtretungen wurde eine allgemeine Unzufriedenheit an der G. wachgerufen, die 1873 zu dem Kriege der Engländer mit den Aschantis führte. Derselbe erhielt seinen Abschluss durch die Einnahme und Verbrennung Kumassies, der Hauptstadt des Aschanti-Reichs. Die Engländer wurden durch diesen Krieg nicht allein die Herren über die Küstengebiete, sondern auch über das Innerland bis zum linken Ufer des obern Prah. 1874 wurden alle englischen Besitzungen an den Küsten Guineas zu einer einzigen Kolonie vereinigt. „Wir erklären,“ heisst es in der königlich britischen Charta, „dass die neue Kolonie »Goldküste«, zuzüglich der Niederlassung in Lagos, alle Orte, Niederlassungen und Territorien des westlichen Afrika für Cape-Coast vom 5.° w. L. v. Gr. bis zum 2.° östl. L., und für Lagos vom 5. bis zum 2.° östl. L.) für jetzt, und solange bis durch uns oder unsere Nachfolger nicht anders verfügt werden wird, umfassen soll, welche uns gehören, bezw. gehören werden.“ Das nämliche Schriftstück ordnet die innere Bildung und Verwaltung der Kolonie; dieselbe wird durch einen von der Königin besonders ernannten Gouverneur geleitet, welchem ein legislativer Rat in Cape-Coast und ein ebensolcher in Lagos zur Seite steht. Die Königin behält sich das suspensive Veto vor; im übrigen sind Gouverneur und legislativer Rat autorisiert, Verordnungen und Gesetze zu erlassen, die aber niemals mit den in Grossbritannien bestehenden in Widerspruch treten dürfen. Die engl. Kolonie der G. ist in die folgenden Distrikte geteilt: Apollonia, Axim, Dixcove, Bautry, Secondi, Schama, Elmina, Cape-Coast, Cormantin, Accra, Friedensberg, Adda; zu ihnen tritt noch der Posten Fort William an der Küste von Dahome, und die Provinz Lagos. Diese Besitzungen stellen insgesamt ein Territorium dar von nahezu 45 000 qkm und einer Bevölkerung von 580 000 Seelen.

Frankreich besitzt an der Gold- oder (in diesem Falle richtiger) Guineaküste, die beiden kleinen Niederlassungen: Assinie (an der Goldküste) und Grand-Bassam (an der Zahnküste).

Über die Besitzungen, welche Deutschland in Weida und Lagos besitzt, sehe man den Artikel „Sklavenküste“.

Golea (El-), kleine Oase der alger. Provinz Algier, 357 km südlich von Laghuat, 350 km südwestlich von Wargla, 300 km südsüdwestlich von Metlili, an der Verkehrslinie zwischen den Beni-Msab und Wargla einerseits, Tuat und Timbuktu anderseits; 30° 32′ 12″ n. Br., 0° 47′ 31″ ö. L. — Sie wurde zum erstenmale von Duveyrier 1859 besucht.

Goletta, La (französ. La Goulette, arab. Bordj-el-Ajuna), Stadt in Tunisien, 9 km östl. von Tunis, an dem sehr schmalen gleichnamigen Kanal (arab. Halg-el-Uad), welcher in einer Breite von 25 m das Mittelmeer mit dem See von Tunis (arab. El-Bahira) verbindet. Es liegt in 36° 47′ 33″ n. Br., 7° 58′ 14″ östl. L. und zählt 3000 Einw. (1485 Christen, 1300 Muselmänner, 15 Griechen, 200 Juden). Hier bestehen mehrere europäische Konsulate, eine katholische Kirche und ein Nonnenkloster. — G. ist der Hafen von Tunis und gleichzeitig Station der tunisischen Marine.

Golip, Berg im Innern des Somali-landes, soll nach (Josef Menges gewordener) Aussage der Eingeborenen etwas niedriger sein als der westlich von ihm liegende Berg Gan-Libach, und zwar 2200—2300 m nicht übersteigen. Diese beiden, sowie das östlich vom Golip gelegene Wokker-Gebirge sind die höchsten Punkte einer der Küste fast parallel laufenden Kette. Der Wasserabfluss dieser Berge geht nach Norden zum Golf von Aden.

Gollolindú, Chor im Lande der Bari.

Golu, ein im Ostsudan wohnendes schwarzes Volk, in der äussern Gestalt wie auch in den Sitten den Bongos im obern Nilgebiet verwandt, in der an Doppelvokalen, Schnalz- und Nasenlauten reichen Mundart aber von ihnen verschieden.

Goluin, kleiner Ort im Somal-Lande, am Küstenflusse Webbi-Denok, 15 bis 20 km nordwestlich vom Hafen von Monguja.

Golungo-Alto, kleiner Ort in der portugies. Prov. Angola, etwa 190 km östl. von San Paolo de Loanda, zwischen dem Quango und dem Bengo oder Jenga. — Der Distrikt G. ist in zehn Concelhos eingeteilt: G., Dembos, Ambaca, Duque de Braganza, Malange, Talla Mugungo oder Cassange, Pungo-Andongo, Casengo, Massangano und Cambambe. — Das Concelho G. grenzt im Westen an das Concelho Zenza do Golungo (vom Distrikt Loanda), im Norden an das Concelho des Dembos, im Osten an das Concelho Ambaca; im Süden bildet der Rio Luinha (Zufluss des Quanza durch den Lucalla) die Grenze. Die Bevölkerung bezifferte sich 1879 auf 38000 Einwohner.

Goma, gebirgige Landschaft des äquatorialen Afrika, am westlichen Ufer des Tanganjika-Sees, zwischen 4° 45′ und 5° 45′ südl. Br. Es ist im Norden durch den Bakombe, im Süden durch den Uguha, im Westen durch den Ubogare begrenzt.

Goma (Komo), Negervolk im obern Nilgebiet, von den Amam durch den Oberlauf des Hawasch getrennt.

Goma, (nach Harris, III. 59) ein Stamm der Galla (s. d.), dessen Gebiet sich in der Landschaft Enarea befindet (Ostafrika).

Gomani (Ras), Vorgebirge an der sansibaritischen Küste.

Gomar (Gemar), Stadt in der algerischen Sahara, etwa 15 km nordwestlich vom El-Uëd; 33° 29′ 20″ nördl. Br.; 4000 Einw. (die in fünf Stämme: Uled Abd-el-Kader, Uled Ru Afi, Uled Mun-Ulad, Abd-el-Sadik, Uled Howimen, zerfallen). Viel Gemüse- und Getreidebau; auch Dattelhaine.

Gomari (Gumare), s. Nilpferd.

Gomascha (auch Hamosa genannt), Ortschaft im Sennar, südlich von Fasoglo, nach dem Bericht des holländischen Reisenden Schuver, welcher diese Gegenden erst neuerdings unserer Kenntnis erschlossen, Sitz eines Grossschekh, welcher den Distrikt Fadassi mit den Hauptdörfern Gurgara, Bimbischi und Agoldi von da aus verwaltet.

Gomascha, grosses Dorf im Westen von Beni-Schongol (10° 26′ 25″ n. Br.; Schuver).

Gombe (Gomba), Stadt im zentralen Sudan, Hauptstadt von Kalam (östliche Provinz der Fulah-Länder), auf den das Südufer des Gongola- oder Godjem-Flusses beherrschenden Höhen (10° 48′ 42″ n. Br., 8° 6′ 46″ östl. L.); von etwa 20000 Menschen bewohnt, die teils Fulah, teils Kanuri, teils Haussa sind.

Gomĕra, eine kleinere der Kanarischen Inseln, durch einen 27 km breiten Kanal von der südwestl. gelegnen Insel Tenerifé geschieden, 378 qkm gross; nach älteren Angaben mit 11742 Einwohnern. Hauptort ist Valle Hermoso; der einzig zugängliche Hafen mit gleichnamiger Stadt ist San Sebastian de Gomera (28° 5′ nördl. Br., 19° 26′ westl. L.). Das Innere ist

Fort Gorée.

gebirgig (Hauptspitze der Cumbre Garojona, 1340 m hoch) und mit dichtem Wald bedeckt; an der Küste sind fruchtbare Thäler, in denen Wein und Getreide, auch Baumwolle gebaut wird. Von hier stach Christoph Columbus am 7. September 1492 in See.

Gomeri, s. Ghomeri.

Gomorha, Ortschaft im Lande der Lega Galla, $1^1/_2$ Tagereisen nordwestlich von Fadasi.

Gomorha (Djebel-), Bergkette, zwei Tagereisen westsüdwestlich von Beni-Schongol und anderthalb Tagereisen nordwestlich von Fadasi (Schuver).

Gona (Gona-Kua, Gonaqua), ein Mischvolk im südlichen Afrika, im Gebiet der englischen Krone, zwischen den Hottentotten und Kaffern lebend. Sie sind aus der Vermischung von Bantu oder Kaffern mit den Koï-Koïn oder Hottentotten entstanden. Ihre Sprache reiht sie zu den Koï-Koïn, ihre Gestalt und ihr Typus zu den Bantuvölkern; doch vertragen sie sich mit den Hottentotten besser als mit den Kaffern, von denen sie oft mit Krieg überzogen werden.

Gona, Dorf im Songhaï-Reiche (an der Grenze zwischen Sahara und Sudan); am westlichen und rechten Ufer des Niger oder Quorra, wenig südlich von Gogo.

Gondar, die alte abessinische Kaiserstadt, Hauptstadt der Provinz Amhara, 230 km südwestl. von Adua, 400 km südsüdwestl. vom Hafen von Massaua; etwa 40 km nördl. vom Tana-See (12° 36′ 10″ n. Br., 35° 9′ 5″ ö. L.), ist erst im 17. Jahrhundert unter der Herrschaft des Kaisers Fasilidas erbaut worden und hat (nach Rohlfs) jetzt nur noch etwa 4000 Einwohner.

Gondel (Cassiopourea africana), wuchert an der Adajel- und Somaliküste zwischen Korallenfelsen und Ufergestein. Aus seinem Astwerk senken sich Luftwurzeln in den Schlamm. In seinen dichten Büschen und verworrenen Gehegen bergen sich Schildkröten, Krabben, Muscheltiere und andere Meeresbewohner.

Gonderscheikh, Dorf an der Somalküste (1° 55′ 57″ n. Br. u. 42° 42′ ö. L.); 1500 Einw. Es wird durch eine waldige Thalschlucht in zwei Stadtviertel geteilt. Das westliche Viertel ist das ältere; das östliche steht auf einem mit Laubwald bestandenen Hügel. Der Hafen wird nur von arabischen Barken besucht.

Gondja, Landschaft im Innern Guineas, bildete ehemals einen Bestandteil des Aschanti-Reichs. Sie wird vom Volta-Flusse bewässert und ist gebirgig, hat einen fruchtbaren Boden und ein gesundes Klima. Die Bewohner, unter welchen der Islam in beständiger Ausbreitung begriffen ist, sind arbeitsam. G. erzeugt Palmöl, Kopra, Grundnüsse, Indigo, Baumwolle, Kaffee etc. Auch Gold soll in seinen Bergen gefunden werden.

Gondjara, das den Kern der nigritischen Darfur-Bevölkerung bildende Volk.

Gondokoro, Dorf im obern Nilbecken, am rechten Ufer des von den Eingeborenen hier Kir genannten Stromes (4° 54′ 45″ n. Br., 29° 7′ 59″ ö. L.), in 464 m Seehöhe (Marno). G. war früher eine Missionsstation; die ehemalige Kirche ist aber zerfallen und nur noch die Überreste des bei derselben angelegten Gartens zeugen von ihrem Bau. Es hat nichts mehr was an eine Stadt erinnert; die von Baker hier errichteten Militärbauten sind aufgegeben und die Station durch Gordon Pascha nach Lado an das linke Stromufer verlegt worden. Jetzt ist G. nur noch Station für den Elfenbeinhandel.

Gonga, alte Völkerschaft an den südlichen Ausläufern Abessiniens, wahrscheinlich eine Abzweigung der Ureinwohner (Agau). Sie ist zum grossen Teil durch die eindringenden Galla aufgerieben worden.

Gongola, 1) (auch Gadjem oder Gabi genannt), grosser Zufluss des Benuë; entspringt auf den Gora-Bergen, an der Grenze zwischen den Provinzen Bautschi und Zariya des Königreichs Sokoto; er durchfliesst die Provinzen Bautschi und Kalam, erst in west-östlicher, dann in südlicher Richtung und ergiesst sich nordöstlich von Yola, der Hauptstadt von Adamaua, in den Benuë.

— 2) Stadt im Königreich Sokoto, in der Prov. Kalam, 5—6 km westl. vom Gongola-Flusse; 1200 Einw. (Fulah, Haussa und Kanuri).

Goniokori, Hauptort von Fuladugu, am linken Ufer des Bakhoy, der hier eine von hohen senkrechten Wänden eingeschlossene Felsenschlucht verlässt, durch die er von Kita her seinen Weg durch das Plateau genommen hat. Mungo Park war der erste Europäer, welcher G. sah (1795); Gallieni (1880) lagerte unter derselben Gruppe von Wollbäumen, die seinem frühen Vorgänger Schutz gegeben hatten.

Gonschome, Teilstamm der in Adamaua wohnhaften Fali (s. d.).

Gontas (El-), Bergkette in der alger. Prov. Algier (bis 870 m ansteigend; scheidet das Thal des Scheliff von dem des Metidja und wird an ihrem westl. Ausläufer von der Eisenbahn durchschnitten.

Goosen, s. v. w. Goschen.

Gor (Gur), kleine Landschaft der alger. Prov. Oran, südöstl. von Sebdu, westl. von der Quelle des Sig; Hochland halb der Steppe, halb dem Tell angehörig.

Gora, Gebirgsstock des zentralen Sudan im Königreich Sokoto, die Grenze zwischen den Provinzen Bautschi und Zariga und die Wasserscheide zwischen Benuë und Niger bildend.

Gordo, s. Sankt-Nikolas.

Gordon, Charles George (**Gordon-Pascha**), Ingenieur, in England gebürtig, wurde 1874, nachdem er eine Reise durch China (seit 1861) gemacht und verschiedene Missionen für England erfüllt hatte, als Nachfolger von Baker Pascha Statthalter des ägyptischen Sudan, ging als solcher 1875—76 nach dem Somerset-Nil, bereiste 1877—79 Darfur, Kordufan und auch Abessinien. Durch die ihm untergeordneten Offiziere Chippendall, Gessi etc. wurde der Oberlauf des Nil aufgenommen, auch mehrere Forschungsreisen ausgeführt. Die Herrschaft Ägyptens wurde unter seiner Verwaltung bis zu den grossen Seeen ausgedehnt. 1879 legte G. sein Amt als Generalgouverneur nieder; erbot sich indes der englischen Regierung gegenüber, 1883 (23. November) — nach der Niederlage der Armee Hicks Pascha's durch die Mahditen — nach Chartum zu gehen und die Bewältigung des Aufstandes auf friedlichem Wege zu versuchen; brach am 27. Jan. 1884 mit dem Sultan von Darfur dorthin auf, langte mit wenigen Begleitern am 14. Febr. in Chartum an, erreichte zuerst einige kleine Erfolge, so dass es den Anschein gewann, als würde er den wichtigen Platz vor der Besitznahme durch die Mahditen retten; vermochte indessen, trotz des günstigen Eindrucks, welchen sein Aufrufe an die Eingeborenen bewirkten, den Mahdi nicht zur Aufgabe der Belagerung Chartums zu bestimmen, und fiel, von den eignen Landsleuten im Stich gelassen, am 26. Januar 1885, dem Tage der Eroberung Chartums durch den Mahdi, die durch den Verrat arabischer Paschas ermöglicht wurde, unter dem Dolchstoss eines fanatischen Moslimen. — Das einzige Werk, welches G.s eigne Aufzeichnungen über seine erste Wirksamkeit im ägyptischen Sudan enthält, ist das durch Hill bearbeitete und herausgegebene: „Colonel Gordon in Central-Africa 1874—79 from originals and letters“ (1881). Die Bemühung seiner Hinterbliebenen, von dem Mahdi die Herausgabe von G.s

32*

Tagebüchern zu erwirken, ist erfolglos geblieben.

Gordon Bennett (nach dem bekannten amerikanischen Zeitungsverleger genannt), höchste Bergspitze des Gambaragara (s. d.), 1875 von Stanley entdeckt; ihre Höhe schätzte derselbe auf 3962—4572 m. Auf ihrem Gipfel, der wahrscheinlich der Krater eines erloschenen Vulkans ist, soll sich ein 500 m langer See befinden, aus dessen Mitte eine hohe Felsensäule emporragt.

Gordon-Bennett-River (mit dem einheimischen Namen Zue), ein imposanter, bei der Mündung ca. 100 Yards breiter, rechtsseitiger Zufluss des Kongo; mündet bei Brazzaville (4° 10' südl. Br., 14° 30' östl. L.) in den Stanley-Pool.

Gorée, kleine Insel im Senegal (36 ha gross), mit Stadt darauf; ehemals Hauptort eines Distrikts der französ. Kolonie (seitdem durch das gegenüber auf dem Festlande gelegene Dakar verdrängt). — Die Insel liegt an der Einfahrt einer schönen Bucht, die im Norden und im Westen die durch das Kap Vert gebildete Halbinsel bespült, von der sie nur durch die 2 km breite Meerenge von Dakar geschieden ist. Die Weite der Bucht vom Kap Manuel bis zum Kap Rouge beträgt 25 km. Die Stadt G. liegt 175 km südwestlich von Saint-Louis; die Citadelle in 14° 39' 55" n. Br., 19° 45' westl. L.; G. ist Freihafen. Die Einwohnerzahl beziffert sich auf 3500 (750 Mulatten, 2500 Schwarze); 1878 waren im Arrondissement G. 673 Europäer (52 Civilisten in G., 31 in Dakar, 45 in Rufisque). Das Klima ist sehr ungesund. — G. gehörte vorübergehend, von 1758 bis 1763 und von 1800 bis 1814, den Engländern; die Franzosen nahmen es 1677 den Holländern ab.

Gorghan, s. Gure.

Gorgora, eine gebirgige Halbinsel, welche der Tana-See (Abessinien) bildet; ihre östliche Spitze heisst Kap Gorgora (12° 11' 36" nördl. Breite, 34° 58' 28" östl. Länge; 1847 m Höhe); ihre westliche Spitze heisst Kap Itehgeh (12° 11' 28" nördl. Br., 34° 53' 26" östl. L.; 1863 m Höhe). Das Gebirge dehnt sich in die Provinz Dembea aus; es umschliesst von Ost nach West den Berg Atyar, die beiden Gipfel des Galo und den Berg Goraf.

Gorguru (auch Gurgara oder Fadasi genannt), Ort in dem volkreichen Distrikt Fadasi des Bertalandes, mit dem südlicher gelegenen, durch seine Wochenmärkte in den dortigen Gegenden bekannten Gumbabi im Lande der Galla-Lega durch eine Strasse verbunden. Hierher gelangen Goldstaub in Federposen und in Beutelchen, grobe Goldringe, in Sennar gearbeitetes Dammur, ferner Eisen, Zibet, abessinisches Steinsalz und Sklaven aus dem Sudan in den Handel.

Gori (Djebel-), Berg östlich von Famaka.

Gorilla, afrikanische Affen-Art aus der Orang-Utang-Gattung; 1847 durch den protestantischen Missionär Savage entdeckt, aber besonders durch Du Chaillu's Berichte seit der Mitte der fünfziger Jahre bekannt geworden und seitdem oft (durch St. Hilaire, Owen, Wyman, Duvernoy, Koppenfels, Hartmann etc., (dessen Arbeiten [Leipz. 1884] über den G. die lange zu den dunklen Punkten Afrikas gehörende Gorilla-Frage abgethan haben), beschrieben. Er lebt hauptsächlich an der westlichen Küste des tropischen Afrika (im Gabon- und Ogowe-Gebiet, an der Loangoküste etc.) und zwar setzt man die Grenzen seiner Verbreitung vom 1.° n. Br. bis zum 6.° südl. Br. Am fleissigsten wurde der G. (ausser von Du Chaillu) von dem deutschen Nimrod Hugo von Koppenfels († 28. Jan. 1884 zu Berlin) gejagt, der 1873—76 am Muni-Fluss, Noyo, Balingi und Tampuni sich aufhielt. Nach dieses Jägers Schilderung ist die gesamte Muskulatur des überaus massigen Körpers bis auf die allen Affen fehlenden Waden zur Unförmlichkeit ausgebildet. Seine zwar unbeholfen erscheinende, in der That aber grosse Gewandtheit mit in Anschlag gezogen, meint Koppenfels, dass ein G. es mit einem starken Bären gut aufnehmen könne. Ein erwachsenes Tier soll 200 Kilo wiegen, seine Länge 1,90 m, seine Breite 1 m betragen. Seine Nahrung besteht aus Vegetation; indessen schliesst man daraus, dass gefangene Tiere eine besondere Vorliebe für animalische Kost zeigen, wohl nicht mit Unrecht darauf, dass der G. auch in der Wildnis Fleisch und Eier nicht verschmäht. Der G. lebt bis auf die alten hypochondrischen Männchen im engern Familienkreise und treibt sich des grossen Verbrauchs an Nahrung wegen nomadisierend herum, indem er da nächtigt, wo er sich kurz vor der Dunkelheit gerade befindet. Er baut also jeden Abend ein neues Nest und errichtet dies auf gesunden, schlankgewachsenen, nicht viel über 0,30 m starken Bäumen in einer Höhe von 5—6 m. Dasselbe ist storchartig in der ersten Abzweigung stärkerer Äste aus grünen Reisern angelegt. Die Jungen und, wenn dieselben noch der Wärme bedürfen, auch die Mutter pflegt darauf der nächtlichen Ruhe, wogegen der Vater zusammengekauert am Fusse des Stammes, mit dem Rücken daran gelehnt, die Nacht verbringt und so die Seinigen vor dem Überfall des Leoparden schützt. Sofern er unbehelligt bleibt, greift der G. den Menschen nicht an, vermeidet vielmehr dessen Begegnung. Wird er jedoch überrascht, so richtet er sich auf, stösst aus tiefer Brust ein nicht wiederzugebendes kurz gebrochenes, bald rollendes, bald grunzendes Gebrüll aus und bearbeitet mit seinen Riesenfäusten die gigantische Brust, wobei unter Zähnefletschen und einem unsäglich boshaften Ausdrucke des Gesichts sich seine Haare auf Kopf und Nacken vibrierend sträuben.

Nach Europa sind Gorillas mehrfach gebracht worden: der erste durch Du Chaillu 1857; im Januar 1883 brachte Pechuël-Loesche vom Kuilu ein lebenskräftiges Tier nach dem Berliner Aquarium.

Gorin (Ahl-el-Gorin), Duar in der alger. Prov. Oran, am südl. Hange des Dahra und am rechten Ufer des Scheliff, zwischen dem Riu- und dem Djeddiuja-Flusse, 8 km nordwestlich von Inkermann; 1867 errichtet, 2485 Einwohner, 5609 ha.

Goro, Gipfel des abessinischen Hochlandes, an dem bogenförmigen Südrande desselben (3276 m).

Gorongosi, ein noch fast unerforschter Fluss der Sofalaküste. Er durchfliesst die sandigen Ebenen, zwischen dem Sabi und Bosi, und ist, gleich dem südlichen Gabulu, fast als ein Nebenfluss des Sabi zu betrachten, in dessen Mündungsdelta er sich mit ihm vereinigt. In seinem Mündungsgebiet liegt die kleine Insel Boëne. Von den Eingeborenen wird er Indjarhimi genannt.

Gosch (Bubalus caffer), s. Wildbüffel.

Goschen (Goosen), Republik Südafrikas, 4000 Q.-Meilen gross; 17000 Eingeborene, daneben 2000 Weisse (nach Fr. Jeppe in Prätoria).

Gosua, Stadt in Bornu (zentraler Sudan), Prov. Gummel; mit Erdwällen umgeben. — Die Bewohner sind Kanuri, Manga und Haussa.

Goténa, s. Ghéténa.

Gotschob, s. v. w. Juba.

Götterberg (Mongo - Ma - Loba), s. Kamerun.

Gotu, 1) Ort am Kuilu-Flusse, der hier durch Katarakte bricht.

— 2) Ein Nebenname des Flusses Ghibe, (Ostafrika).

Goubanko, Ortschaft südlich von Kita (Senegambien); 1880 durch die

Franzosen unter Borgnis-Desbordes bombardiert.

Gouina, ein 16 m hoher Wasserfall des Senegal, zwischen Bafulabé und Médine.

Gouldsbury, Dr. V. S., Administrator der engl. Gambia-Kolonie, unternahm am 22. Jan. 1881 eine engl. Expedition nach dem obern Gambia und nach Futa-Djallon, nachdem am 6. Jan. zwei Eingeborene als Boten vorausgesandt worden waren, um den Herrscher von Futa-Djallon von der Ankunft der engl. Expedition in Kenntnis zu setzen. G. fuhr per Dampfer den Gambia bis Yarbutenda. Hier trennte er die Expedition in zwei Teile; die eine unter Dr. Browning schlug den Landweg über Cantora nach Jallakota ein, die andere mit Dr. Gouldsbury und Leutn. Dumbleton fuhr in 2 Booten den Gambia hinauf. Am ersten Nachmittage passierten die letzteren die Felsen von Barrakonda. G. dagegen langte am 23. März in Timbo an, unterzeichnete mit dem Almamy, welchen er am 27. März in Ningisuri traf, einen Freundschafts- und Handelsvertrag und trat am 1. April den Rückweg an, erreichte am 18. April Port Locco und am 21. April glücklich wieder die Hauptstadt von Sierra-Leone.

Goulette, La, s. Goletta.

Gouriki, Ort am Senegal, 200 km von Medine entfernt.

Gourine (El-), Duar in der alger. Prov. Algier, 8 km südl. von Scherschell (1870 errichtet; 3340 Bewohner auf 18387 ha).

Gous da Gous, Dorf im Hererolande.

Gousset, ein Salz-See in Algerien.

Graaff-Reinet, Grafschaft (28. Distrikt) der engl. Kapkolonie (zentrale [4.] Provinz); grenzt im Norden an die Grafschaften Murrayburg und Richmond, im Osten an die von Middelburg, Cradock und Somerset, im Süden an Uitenhage, im Westen an die Grafschaften Prince-Albert und Beaufort. Ihr Gesamtflächenraum beträgt 9821 qkm; die Bevölkerung 1875: 16940 Einw. (7355 Weisse, fast lauter Boeren, 6460 Kaffern und 3125 Hottentotten).

Die gleichnamige Hauptstadt G., welche seit dem Jahre 1865 mit Port Elizabeth und Uitenhage durch Schienenstrang verbunden ist, ist 200 km nordwestlich von Grahamstown, am linken Ufer des Zondag-Rivier in einem schönen Thale der Sneeuwberge gelegen, hat 4560 Einw. und ist Versorgungsplatz für die umliegenden Boerenwirtschaften. — Die Grafschaft G. ist im Norden gebirgig (die Sneeuwberge steigen bis zu 2000 m auf, leider sind sie entforstet) und von dem Zondag-River und seinen Zuflüssen bewässert; weiter südwärts erstreckt sich das unter dem Namen Kamdebu (Camdeboo) bekannte Weideland, das in den letzten Jahrzehnten Hauptsitz der südafrikan. Straussenzucht geworden ist.

Graça, ein Portugiese, welcher 1843—46, nachdem er Congo, Angola und Benguela durchzogen, über Bihé nach der Residenz des Muata Jamvo und bis in die Nähe des Moero-Sees vordrang.

Graciosa, 1) nächst Corvo (s. d.) die kleinste Insel des Azoren-Archipels, so genannt wegen der Pracht ihrer Vegetation, 28 Meilen nordwestlich von Terceira und 20 Meilen nördlich von San Jorge. Ihre Länge von Südost nach Nordwest beträgt 13 km bei einer Breite von höchstens 8 km. Die Insel ist, gleich den anderen Azoreninseln, gebirgig und vulkanischer Natur. Ihre Bevölkerung beträgt ca. 10—12000 Seelen; sie wohnen, ausser in zwei Dorfschaften, in den drei Kleinstädten Santa Cruz (unterm 39° 5' n. Br., 30° 31' w. L.) mit 2310 Einw., Guadelupe (mit 2615 Einwohnern) und Praya; von allen ist Santa Cruz die bedeutendere; sie treiben etwas Wollenindustrie.

— 2) Ein unbewohntes Eiland der kanarischen Inselgruppe, in der Nähe der Insel Lanzarote gelegen (27 km gross).

Gradinau, Dorf im westl. Tunisien, 5 km von der Grenze der alger. Prov. Constantine, am rechten Ufer der Medjerda, 190 km südwestl. von Tunis. Es ist die letzte tunisische Station der Bahnlinie Tunis-Bona-Constantine (Medjerda-Bahn).

Graff-Reynet, siehe Graaff-Reynet.

Grahamstown, die schönste Stadt („die Stadt des Settlers") der Kapkolonie; früher die Hauptstadt der ehemaligen Ostprovinz derselben (33° 19′ südl. Br., 26° 30′ östl. L. v. Gr.), im Distrikt von Albany, nördlich von der Algoa-Bai gelegen; 1728 Fuss über Meereshöhe; 25 engl. Meilen von der Küste, 90 engl. Meilen von Port Elizabeth entfernt; bedeutender Handel nach dem Innern des Landes; 1865: 6900 Einw.

Graines (Côte des), die französische Benennung der Pfeffer- (Körner-) Küste.

Granadilla, Stadt auf der südlichen Hälfte der kanarischen Insel Tenerife (mit den dazu gehörigen Ortschaften 3520 Einwohner).

Granatbaum, in Nordafrika heimisch, mit brennenden hochroten Blüten (aussen rot, innen gelblich; die bei der Reife aufspringenden Früchte (Granatäpfel) enthalten ein angenehm säuerlich schmeckendes Mark mit vielen weinbeerartigen granatroten dunklen Kernen.

Gran Canaria (franz. Grande Canarie), die zweitgrösste und bedeutendste der kanarischen Inseln, im Atlantischen Ozean, 80 km westl. von Fuertaventura, vulkanischen Ursprungs, reich bewässert und von höchster Fruchtbarkeit. Ihre Grösse beträgt 1376 qkm (ihr Durchmesser von der Süd- zur Nordspitze ist 56 km). Die 3 höchsten Gipfel der durchaus gebirgigen Insel sind: der Pik de los Pechos (1951 m), der Nublo (1862 m) und der Saucillo (1849 m); unter den jetzt erloschenen Kratern ist der Caldera de Bandama, 335 m tief, der bemerkenswerteste. Ihre Einwohnerzahl wird in älteren Werken auf 71000 Köpfe geschätzt. Hauptstadt ist: Ciudad de las Palmas. Weitere Orte sind: Téror, Telde und Aguimez.

Grand-Bassam, französisches Handelskomptoir an der Guineaküste (s. Bassam).

Grande, ein Klippeneiland der Kapverdischen Inseln (s. d.), zwischen den Inseln Fogo und Brava (s. d.) gelegen.

Grande (Rio) [der Koli der Mandingo, der Mayo-Kabu oder Mayo-Komba der Fulah], Küstenfluss Senegambiens, entspringt in den Gebirgen von Futa-Djallon, am Fusse des Ore-Komba (11° 28′ n Br., 13° 45′ w. L.), im Nordwesten der Stadt Labe, dicht bei der Quelle des Gambia. Der Rio G. fliesst in einer allgemein westlichen Richtung, empfängt von Norden her die Bentala, die Mana und den Mayo-Diaube; von Süden den Tomine, Panaku und Panakudieh, ist in seinem Laufe, dessen Länge man auf 350—400 km schätzt, noch so gut wie unbekannt und soll nach Aussage der Eingeborenen in dem letzten Viertel seines Laufes von Sandbänken, Katarakten etc. durchsetzt sein. Er mündet unter 11° 33′ nördl. Br., südlich vom Geba-Flusse und gegenüber von den Bissagos, in den Atlantischen Ozean. Die Bevölkerung des von seinem Unterlaufe bewässerten Landes besteht aus Biafada und Patschade-Negern, die unter sich verwandt sind, aus den den Felup verwandten Filham- oder Filhal- und aus Nalu-Negern. Frankreich erhebt Ansprüche auf die Mündung und das Becken des Rio Grande.

Grandidier, Alfred, zu Paris 1836 geboren, forschte anfangs der sechziger Jahre an der Ostküste von Afrika und durchquerte 1865—70 die Insel Madagaskar dreimal, so dass er sich eine genaue Kenntnis derselben verschaffte. Er veröffentlichte 1875, ausser einer Karte von Imerina, der Zentralprovinz des Howareiches (um das Ankaratragebirge herum): „Histoire physique, naturelle et politique de Madagascar" (1876 ff.).

Grandy, W. G., engl. Seeoffizier, zog 1873, um dem längere Zeit

Junger Gorilla.

verschollenen Livingstone entgegenzuziehen, von Loanda (Westafrika) aus über Bemba und San Salvador, die alte Hauptstadt des ehemaligen Königreichs Kongo, bis nach Tungwa, wo er durch die Eingeborenen von Makuta 1874 zur Umkehr gezwungen wurde. Er erneuerte seinen Versuch hierauf vom Kongo aus. Indessen unterbrach die Nachricht vom Tode Livingstones April 1874 diese zweite Reise.

Grantville, Station an der atlantischen Küste, an der Mündung des Kuilu.

Grar, s. Ghrar.

Grasveldt (im Kapland), s. Riversdale.

Graui heissen die Rlnema von Ksarsas (Nordostafrika).

Graur, ein Teilstamm der Ghenanema-Berbern (s. Ghenânema).

Graves, C. V. E., s. Lonsdale.

Gravina, der englische Name für die von den Spaniern Carboneras genannte Bucht der Insel Fernando Po, durch ein schmales Vorgebirge von der Nervion-Bucht getrennt, an welcher die Hauptstadt der Insel, Santa Isabel, liegt. Beide Buchten sind bloss tiefer in das Land einschneidende Teile der grösseren Bai von Santa Isabel. Der Ankergrund in der G.-Bucht ist gut und Schiffe vom Tiefgange der gewöhnlichen Postdampfer können dort bis auf einige hundert Meter, d. h. näher, ans Land herankommen, als von Santa Isabel selbst. In der G.-Bucht wurde 1884 eine deutsche Kohlenstation errichtet, die auch von den Woermann'schen Dampfern angelaufen wird.

Great-Cataract-River (Stanley), s. Nsundi.

Grebergess, Dorf der Tafilet-Oase Mdaghra.

Grebo (s. Glé), auch Krebo genannt, Negervolk im westl. Guinea, an beiden Küsten des Kap Palmas. Die Engländer nennen sie Fisch-Kru (von der Stadt Fisch-Town oder Wa bei den Eingeborenen); sie bilden eine Abzweigung der Kru-Neger, werden im Westen durch die Segleo (Grand Sess), die Bitao (Little Sess oder Piginino-Sess) und die Taro (Batu) — drei die gleiche Mundart sprechende Stämme — von den eigentlichen Kru geschieden. Im Süden stossen sie an den Distrikt Bawo (von den Europäern Cavalley genannt), im Osten an den Distrikt Njambo.

Green, Frederic, einer der eifrigsten und kühnsten Nimrode Südafrikas, welcher 1854—56 mit dem Schweden Wahlberg zum Ngami-See und von dort mit Wilson den Tioge hinauf nordwärts bis Libebe (ca. 500 km weit) zog; 1857 bereiste er mit den Missionären Hahn und Rath das Ovambogebiet und suchte den Kunenefluss zu erreichen — ein Versuch, den er 1859 und 1860 wiederholte (in welchem Jahre er bis zum Okawango kam), der ihm aber erst 1866 glückte.

Grey, ein Zufluss des Gambia, mündet wenig oberhalb des Felsens Barrakonda ein.

Greytown (Greyton), Stadt im Natalland, Hauptort der Grafschaft Umvoti, 60 km nördl. von Pietermaritzburg, im Thal des Um-Voti (Küstenfluss); fast nur von Europäern bewohnt.

Gribs, s. Ghribs.

Griesbach, ein österreichischer Geolog, welcher im Anfang der siebziger Jahre im Kapland, Natal und den Boerenrepubliken reiste und die Kenntnis derselben, sowie ihrer Nachbargebiete (Zululand, Limpopogebiet) wesentlich förderte.

Grigri oder Hedjab heissen bei den Fundj- und Bedjastämmen gewisse Amulete (mit Koransprüchen).

Griot, in Senegambien (Dakar etc.) von Dorf zu Dorf als eine Art „fahrender Musikanten" herumziehende Neger, die meist dem Trunk ergeben sind, keinen ausgesprochenen Kultus haben, sondern halb Fetischisten, halb Mohammedaner sind. Die Instrumente, welche sie spielen, sind das Tam-Tam, das Tamburin und eine primitive Pfeife. Die Musik ist für europäische Begriffe ohrenzerreissend. Sie gelten bei den Yoloffs (ihren Landsleuten) als verachtet. Nach dem Tode werden sie, nach dem Glauben der Neger, die Beute eines bösen Geistes. Junge Griot-Mädchen versuchen, indem sie die Leiche unter wüstem Gesang und Gekreisch bewachen, die

Seele den Klauen des Satans zu entreissen. Der Leichnam eines Griot wird nicht begraben, sondern in der Höhlung eines Baumes verborgen (Burdo, „Niger et Benuë; 1880).

Griqualand East (Ost-Griqualand), Distrikt des eigentlichen Kaffernlandes, 1879 endgültig mit der englischen Kapkolonie verbunden. Griqualand East oder „das Land der östlichen Griqua" erstreckt sich im Osten von den Drakenbergen oder Quathlemba, im Süden vom Umsimkulu, welcher es nebst den Inghele-Hügeln von Natalland scheidet. Vor 1862 bildete es einen Teil von dem Kaffern-Territorium Nomansland, welches den vor den Boern Transvaals weichenden Griquas und Basutos durch die englische Regierung überwiesen wurde. Das Land wurde damals „Adam Koke's-Land" genannt (nach dem Häuptling des Griquastammes, welcher sich dort niederliess). Die Griquas, welche den ebenen Teil des Landes bewohnen, sind Ackerbauer, während die Basutos auf den Abhängen der Drakenberge nur Viehzüchter sind. Vor der Annektion zählte Griqualand East 31 900 Einwohner auf einem Flächenraum von 7533 qkm; der Viehstand war 1875: 160 000 Rinder, 6000 Pferde etc.

Griqualand-West, britisches Territorium im südl. Afrika, 1879 mit der Kapkolonie vereinigt. G.-West (oder „Land der westlichen Griqua") erstreckt sich am rechtlichen oder nördlichen Ufer des Oranjeflusses, durch den es von den alten Landesteilen der Kolonie geschieden wird, und grenzt im Osten an den Oranjefluss-Freistaat, im Norden und im Westen an Betschuana-Land. Es zerfällt in die drei Distrikte: Hay, Kimberley und Barkley, bedeckt einen Flächenraum von 45 300 qkm und war 1877 von 45 275 Menschen (darunter 12 375 Weissen, grossenteils Boeren) bewohnt. Im Westen sind nackte Ebenen, die nur von trocknen Regenstrombetten durchzogen werden und mit den Steppen der Kalahariwüste zusammenlaufen. Aber das vom Vaal, dem grossen Zufluss des Oranjeflusses, bewässerte westliche Gebiet ist treffliches Ackerland. Im Jahre 1871 kauften die Engländer dem Griqua-Häuptling Waterboer dies Landgebiet ab, welches nicht ohne Grund vom Oranjefluss-Freistaat beansprucht wurde. Der Grund dieser Annektion war die Entdeckung der Diamantenlager im untern Thale des Vaalflusses. Griqualand ist in der That einer der reichsten Diamantdistrikte Südafrikas (siehe „Diamond-Fields") und man schätzt den Ertrag seiner Gruben während des ersten Betriebsjahrzehnts auf 250 Millionen Francs; die Gruben von Kimberley allein tragen ca. 25 Millionen im Jahr. Die Entdeckung der Diamantenlager hat eine zahlreiche Bevölkerung von weissen Abenteurern und Kaffern nach G. geführt, die vorher nur wenige Tausend Griquas zählte. Förmliche Diamantengräber-Städte sind gegründet worden, und die Kapkolonie hat ihren Handel mit G. binnen einem Jahre auf 60 Millionen gesteigert. Der alte Hauptort von G. ist Griquatown oder Klaar-Water (750 km nordöstlich von Capetown, 1100 km auf der Fahrstrasse): Sitz der Behörden ist Kimberley (inmitten der Diamanten-Gruben).

Griquas (Baastards), Volksstamm im südl. Afrika, aus Kreuzung zwischen holländischen Boers mit ihren hottentottischen Leibeigenen hervorgegangen. Die G. waren schon zu Anfang des gegenwärtigen Jahrhunderts ziemlich zahlreich und als besonderer Stamm auf den Hochebenen und Bergen des Roggevelds, 2—300 km nordöstlich vom Kap, angesiedelt. Die Ankunft der englischen Kolonisten drängte sie 1815 über den

Oranjefluss, wo sich ein Stamm auf dem jetzigen Boden von Griqualand-West ansiedelte, während die andere, auf dem rechten Ufer des Flusses hinaufziehend, sich in den jetzigen Grafschaften Fauresmith und Smithfield (Oranjefluss-Freistaat) festsetzten. Diese letzteren oder „östlichen Griquas" zogen 1852, infolge ihrer Bedrängung durch die Boeren, unter Adam Koke's Führung über die Drakenberge nach Kaffraria im Süden von Natalland, und ihr Gebiet bildet heute den englischen Distrikt „Griqualand East". In physischer Hinsicht nähern sich die G. mehr den Hottentotten als ihren europäischen Vätern. Sie sind ein friedliebendes und arbeitsames Völkchen, das sich des Holländischen als Sprache bedient.

Griquatown (Klaarwater), Hauptort des britischen Territoriums West-Griqualand (s. d.), 1100 km nordöstl. von Kapstadt entfernt.

Griz (Kriz), Ortschaft und Oase des südlichen Tunisien, im Distrikt Udiane, 12—15 km nordöstl. von Toger, im Beled-el-Djerid, am Fusse des Breïan-Berges.

Groene-Kloof (auch Mamre genannt), Stadt in der nordwestl. Provinz der engl. Kapkolonie, im Distrikt Malmesbury, 80 km nördl. von Capetown. Der Kern der jetzigen Stadt ist eine ehemalige mährische Kolonie.

Groen-River, Küstenfluss des westlichen Kaplandes, mündet nach kurzem Laufe, nördlich vom Olifant-River, zwischen der Hondeklip- und St.-Helena-Bai in den Atlantischen Ozean.

Grogos, Dorf der Hottentotten (Namaquas) in Damaraland, ungefähr 10 Meilen landeinwärts von Sandwich-Harbour gelegen. Von hier bringen die Eingeborenen das Gestrüpp der Narrapflanzen (s. Narras), das den Küstenfischern als Feuerungsmaterial bei der Thrangewinnung dient, nach Sandwich-Harbour und Walfischbai. Sie erhalten den Lohn dafür in Fischen bezahlt.

Groote Hartbeest, ein grosser sandiger Giessbach im engl. Kaplande, scheidet die Grafschaft Calvinia vom Distr. Frazersburg und ergiesst sich in den Oranjefluss.

Groote-Rivier (auch Nu-Garib genannt), der südlichere Quellfluss des Oranjeflusses (Südafrika): bei den Boeren auch (neben Touvs)Benennung des Gauritz- und des Gamtoos-Rivier (s. d.).

Gros-Morm, Berg auf der Insel Bourbon oder Réunion, etwa 3000 m hoch, im zentralen Gebirgsstock der Insel; vulkanisch (letzter Ausbruch im Novbr. 1875).

Groot Zout Pan, grosser Salztümpel in der Grafschaft Calvinia (Kapland).

Gross-Bassam, s. Bassam; Gross-Bassamfluss, vergl. Akha.

Gross-Comoro, s. Angasia.

Grosse Oase, s. Wah el Chardscheh.

Gross-Friedrichsburg, s. Hollandia.

Gross-Povo (Great-Popo), s. Povo.

Grundnuss (Arachis hypogaea), ein in Afrika beliebtes Nahrungsmittel. Sie kommt indessen auch in grossen Mengen zur Ausfuhr. Ihr feines, durch Auspressen gewonnenes Öl wird in Frankreich vielfach zum Verfälschen des Olivenöls genommen; vgl. Erdnuss.

Grüne Inseln, s. Kapverdische Inseln.

Guadalupe, Stadt auf der Azoreninsel Graciosa, im Distr. Angra do Heroismo; 2615 Einw.

Guadi (Ghundi, Gouadi, Ruadi), Stamm der alger. Prov. Oran, etwa 75 km südwestl. von Tiaret; ihr Gebiet (Alfa-Land) erstreckt sich über 32 094 ha mit nur 733 Bewohnern.

Gualidi (Jilledi), Stadt im Somalilande, am Webbi, zwischen Makdischu an der Küste und Gananeh am Juba gelegen. Sie wurde 1883, zwischen dem 14. Mai und 25. Juni von dem französischen Reisenden Révoil besucht.

Gualize, s. Ghualize.

Guanchen, die von den ersten Eroberern der Kanarischen Inseln daselbst angetroffene Bevölkerung. Sie gehören anscheinend dem hamitischen Zweige der kaukasischen Rasse an und befanden sich im Besitz einer eigenartigen Kultur (manchen Zug derselben, so das Beisetzen balsamierter, in Ziegenhäute eingenähter Leichen in Felsengrotten erinnert an die alten Ägypter). Sie waren friedsam und erlagen rasch dem Schwerte der Spanier, doch sollen sich spärliche Reste von ihnen auf einzelnen Inseln, wie z. B. Tenerife, finden.

Guandu, s. v. w. Gandô.

Guardafui (Kap), grosses Vorgebirge an der Ostküste, das im Süden den Eingang zum Golf von Aden bezeichnet. Er wäre der östlichste Punkt des Weltteiles, wenn sich nicht das etwa 100 km weiter südlich gelegene Kap Orfui (Ras Hafun) um eine Minute weiter in den Indischen Ozean hinausschöbe. Es ist das alte Araumaten-Kap (das durch Camoëns Berühmtheit erlangt hat). Von den arabischen Geographen und den meisten Seefahrern der dortigen Gegenden wird es „Djard Hafun", von den Somal Ras Assir genannt. Das Kap G. liegt im 11° 47' 16" n. Br. und 48° 59' 23" östl. L.

Guari, Stadt im Reich Sokoto, in der Prov. Zegzeg, an dem ostwärts in den Niger fliessenden Mayo Rameo (10° 54' nördl. Br., 5° 40' 51" östl. L.).

Gubanko, Dorf im Lande der Malinke (Landschaft Kita).

Gubbeh, s. Gaba.

Guber, s. Gober.

Gubet Kafr, s. Annesleygolf.

Gubuluwayo, Hauptort des Matebele-Reiches, seit 1879 Station der jesuitischen Mission, auf einer zwischen dem Sambesi- und dem Limpopo-Becken befindlichen Hügelreihe (20° 16' südl. Br., 26° 24' 12" östl. L.).

Gudabirsi, Volk der Somal zwischen Seilah, Harrar und Berbera.

Gudda, Ort am linken Ufer des dem Niger tributären Gulbi-n-Gindi, unfern seiner Einmündung.

Guderu, s. Gudru.

Gudjeba (Gudjba), Stadt in Bornu (Zentralsudan), Hauptort der Prov. Ngasir; 252 km südwestl. von Kuka (11° 32' nördl. Br., 9° 18' 27" östl. L.); 20 000 Einw.

Gudjila, Dorf in der alger. Prov. Oran, 60 km südöstl. von Tiaret. an der südl. Grenze von Sersu; 1841 Depot und Arsenal Abd-el-Kaders.

Gudki, Gebirge Abessiniens, zum Gebirgsstock Chilmale gehörend (Haggenmacher).

Gudru (Guderu), Stamm der Galla (s. d.), dessen Gebiet sich im Becken der Dedhesa und nach dem Abaï zu erstreckt (Ostafrika).

Guduru, s. Gudru.

Gudyu, Stadt im Dar Fertit, unfern vom Biri-Flusse (846 m hoch).

Guebelt-Zdim, Duar der alger. Prov. Constantine (1866 errichtet, etwa 50 km südwestl. von Setif; 3780 ha).

Guebli (Ued), kleiner Küstenfluss der alger. Prov. Constantine, mündet in den Golf von Collo.

Guecha (Beni-), Name mehrerer Stämme in der alger. Prov. Constantine: einer hat seine Wohnsitze etwa 20 km südwestlich von Milah, in den Bergen der Uled Kebbeb und zählt 1200 Köpfe; ein anderer wohnt 25 km südöstl. von Guelma und zählt 1625 Köpfe.

Guechtula, s. v. w. Igouchdâl.

Guédé, kleiner Ort im Reiche Futa-Toro (Senegambien), gilt aber als dessen Hauptstadt und liegt 20 km südöstlich von Podor, an dem kleinen, während der Regenzeit bis G. schiffbaren Duë oder Aïre (linksseitiger Zufluss des Senegal).

Guawikop, ein tafelförmiger Sandstein-Berg im Oranjefluss-Freistaat.

Gueithna, s. Guetna.

Guelaa, s. Kalaa-Beni-Abbes.

Guelaat-Bu-Sba, Dorf in der alger. Prov. Constantine, 12 km nordöstlich von Guelma, an der Strasse von Bona (die alte Villa Serviliana der Römer).

Guellal (Guellel), Dorf in der alger. Prov. Constantine, 25 südwestl. von Setif, am linken Ufer des Bu-Sellam (das Castellum Dianense der Römer). Der 1868 errichtete Duar G. zählt 915 Einw. auf 6984 ha.

Guellayé, s. Ghellaia.

Guellif (El-), Salz-See in der alger. Prov. Constantine, auf der Hochebene der Sbakh, südöstlich von Constantine (5000 ha); römische Ruinen an seinem Gestade.

Guelma, Stadt in der alger. Prov. Constantine, 2 km südl. von Seybouse, 100 km nordöstl. von Constantine; 3130 Einw.; bedeutender Viehhandel. Das Arrondissement Guelma umfasst 1000 km und zählt 27 295 Einw.

Guelt-Zerga, Duar der alger. Prov. Constantine (1868 errichtet, 1465 Einw; 8201 ha).

Guemar, eine der sieben Städte der algerischen Oase Suf, 20 km nordwestl. von El-Uëd; 4500 Einw.

Guemou (Senegal), s. Ghidimakha.

Guemou-Koura, Stadt der Landschaft Kaarta (West-Sudan), etwa 40 km südlich von Farabugu.

Guera-el-Hout oder Tongue, Tonga (Fisch-See), **Guera-el-Ubeira** Ober- oder Mittel-See) und **Guera-el-Melah** (Salz-See), drei Salz-Seeen östlich von La Calle (Algerien), der erstere (1800 ha) durch den Tonga-Bach, der zweite (2200 ha) durch den Ued-el-Kebir, bezw. die Mafrag, der dritte (800 ha) durch einen Kanal mit dem Mittelmeer verbunden.

Guerah el-Tharf, **Guerah-el-Guellif** und **Guerah Ank-el-Djemel**, Salzteiche in der alger. Provinz Constantine.

Gueraïria, Duar in der alger. Prov. Oran (1866 errichtet; 1155 Einw.; 1922 ha).

Guerara, Stadt und Oase der alger. Prov. Algier, 193 km südöstl. von Laghuat, 56 km nordöstlich von El-Ateuf; 4000 Einw. (1650 von Bewohnern Ghardeia's gegründet).

Guerbes, s. Gherbes.

Guerboussa (Garboussa), Duar in der alger. Prov. Algier, südlich von Orleansville, in den Gebirgen von Temerara, zwischen dem Tsighaut und dem Sly (Nebenflüssen des Scheliff); 1868 errichtet, 2705 Einw., 11538 ha).

Guergour, Distrikt der alger. Prov. Constantine. 1880 errichtet aus den 7 Stämmen: Sahel-Guebli, Guergour, Aïn-Turk, Beni-Yala, Beni-Urtilan, Beni-Chebaua und Harrach. — Auch Duar in demselben mit eisenhaltigen Quellen, am gleichnamigen, 1417 m hohen Berge.

Guerguera (Arb-G.), Duar der alger. Prov. Constantine, 10 km südöstl. von Collo (1867 errichtet); 2020 Einw. auf 5925 ha.

Gueria (El-), Ruinenstätte in der alger. Prov. Constantine, 3–4 km westl. von Bordj-Medjana; das Equizetum der Römer.

Guerima (Gerima), Gebirge Ostafrikas, hinter Mombasa (25—30 km von der Küste); bildet mit dem Schimba-Gebirge und der sie im Osten begrenzende Ebene das Gebiet der Wanika, im Norden an die Galla, im Westen an die Wataita und im Süden an die Wasambara grenzend. Das Schimba-Gebirge, dessen Höhe kaum mehr als 500 m beträgt, geht nach Westen in das südafrikanische Hochland über, auf welchem sich weiter im Innern höhere Gebirge erheben (z. B. der Kilimandjaro bis 6116 m).

Guern-Amar, Duar in der alger. Prov. Constantine (1870 errichtet),

10 km südöstlich von Aïn-Beïda; 1140 Einw.; 18670 ha.

Guerouau (El-), Duar in der alger. Prov. Oran, 11 km nordwestl. von Inkermann, am Südhange des Dahra (1867 errichtet; 1510 Einw.; 7131 ha).

Guerrouma, Duar in der alger. Prov. Algier, östlich von Tablat; 1868 errichtet; 3846 Einw., 11298 ha.

Guersim, Dorf der Ghenanema-Berbern in der Sahara (Rohlfs, „Reise durch Marokko"; 1868).

Guert, grosse Ebene in der alger. Prov. Constantine, am Nordfusse des Aures-Berges Mehniel.

Guertoufe (Gartoufe), Duar in der alger. Prov. Oran, auf den im Norden und Süden von der Stadt Tiaret aufsteigenden Höhen (1866 errichtet, 1840 Bewohner auf 25674 ha).

Guessaa (Djebel-), einer der Hauptgipfel im Krumir-Lande (Tunisien).

Guetar, s. Guettar.

Guétarnia, zwei Volksstämme der alger. Prov. Oran: die G.-Fuaga (oder „obern G.") in den Bergen zwischen den Thälern des Sig und der Habra, und die G.-Tahhta (oder „untern G.") zu beiden Ufern des Sig oder (wie er hier heisst) Uëd-Mebtuë; 1867 errichtet; 3250 Einw.; 17779 ha.

Guetna (Gueithna), Duar in der alger. Prov. Oran, westlich von Mascara, an beiden Ufern des Uëd El-Hammam (untere Habra); 1869 errichtet, zum Arondissement Mascara gehörig, 2155 Einw., 23761 ha. In einem zu ihm gehörigen Weiler wurde Abd-el-Kader 1807 geboren.

Guet N'dar, Dorf am Senegal, Saint-Louis gegenüber auf dem Festlande („pointe de Barbarie") gelegen und mit ihm durch eine Brücke verbunden; 500 Einw. (meist Wolof-Neger), die sich mit Fischfang beschäftigen und Lotsendienste verrichten.

Guettala, s. Bagué.

Guettar (El-), oder Aïn-el-Guettar, Duar in der alger. Prov. Oran, an beiden Ufern der Mina; 1866 errichtet, 1430 Einw., 10114 ha.

— Auch ein Dorf in Tunisien, in einer Oase am Fusse der den Djebel-Arbet bildenden Berge (1100 m hoch), führt diesen Namen.

Guettara, Stamm der alger. Prov. Constantine, zum Arondissement El-Milia gehörig; 1600 Köpfe.

Gufi (Arb-el-Gufi), Duar in der alger. Prov. Constantine, nach dem südwestl. von Collo aufsteigenden Djebel-Giufi (1090 m hoch) benannt; 1900 Einw. auf 7089 ha.

Gugu heisst bei den Barinegern das für die Aufbewahrung von Getreide übliche Behältnis.

Gui (Abd-el-Gui), Duar in der alger. Prov. Oran, im Thale des Schelif, an der Eisenbahn von Algier nach Oran (1867 errichtet; 8534 ha, 1880 Bewohner).

Guia (La), Stadt auf der nordwestl. Hälfte der kanarischen Insel Gran-Canaria, nahe der Meeresküste, in 200 m Höhe (1350 Einw.). — Auch eine Stadt auf der Südküste der Insel Tenerife, Distr. Orotava (1430 Einw.) führt diesen Namen.

Guibé, s. Ghibe.

Guibla (El-), ein weites wüstes Sandgebiet in der westlichen Sahara.

Guidala, grosser Ort im Reiche Labé (Vasallenstaat von Futa Djallon).

Guidimaka, s. Ghidimakha.

Guidiumé, eine Landschaft oder Provinz des zu dem Königreiche Segu gehörenden Reiches Kaarta, zwischen der Landschaft Diafunu und Kaarta's Hauptstadt Nioro gelegen; von Bambarras bevölkert. Hauptort ist Niogomera.

Guidjal, Duar in der alger. Prov. Constantine, südöstl. von Setif, an der Strasse von Batna; 2030 Einw. auf 12578 ha.

Guidra, Ruinenstätte in der alger. Prov. Constantine, im Stammgebiet der Uled-Taier, am Südhange des Kefaïed, 15 km nordwestl. von Aïn-

Tagrut, etwa 4 km östlich von Zamora.

Guier (oder Paniéful), See in geringer Entfernung vom linken Ufer des Senegal, etwa 60 km nordöstl. von Saint-Louis. Er erstreckt sich zwischen den beiden Negerreichen Walo im Westen und Dimar im Osten, ist etwa 37 km lang (von Nord nach Süd) und 9 km breit (von Ost nach West). Sein Uferland gehört zu den fruchtbarsten Strichen Senegambiens. Im Süden nimmt er den Bunun-Bach auf, der aus dem Lande der Djolof kommt. An ihm errichteten die Franzosen 1842 den Posten Merinaghen. Durch den Taway-Fluss, der aus seiner obern Spitze ausfliesst, steht er mit dem Senegal in Verbindung, den er bei Richard Toll (144 km oberhalb von Saint Louis) erreicht. Bei Hochwasserstand treibt der Senegal seine Fluten nach dem See zurück, den er dann aus seinen Ufern drängt.

Guil (Beni-Guil), Berberstamm der marokkanischen Sahara; bewohnt das Gebiet zwischen der Oase Fighig, Tafilalet, dem Djebel Akhdar und dem Djebel Aït-Ayach. Er wird in die beiden Stämme der Beni-Gumen und Beni-Gumrassen geschieden (zusammen 8000 Köpfe). Sie sind im Besitze zahlreicher Viehherden und unterhalten regelmässigen Handel mit Tafilelt. Sie wohnen in den Dörfern Aïn-Chaïr, südwestl. von der Ebene Timelelt, Bu-Kaïs (südl. von Aïn-Chaïr), Mughel und Aïn-Sfisifa. Sie sind als kühne Seeräuber gefürchtet.

Guilor, Küstenlandschaft Senegambiens, am linken Ufer des Salum-Flusses, südl. vom Land Sine (14° nördl. Br.).

Guimar, Stadt auf der kanarischen Insel Tenerife, einige km vom Meere, 4533 Einw.; in der Nähe ein Vulkan (letzter Ausbruch 1705) und die durch ihre Mumien berühmte Grotte des Barranco de Herque.

Guimbering, Insel im Ästuarium des Casamance, seit 1837 von den Franzosen käuflich erworben.

Guinea, grosses Küstenland des westlichen Afrika. Der Name „Guinea" hat weder eine ethnographische, noch eine eigentliche geographische Berechtigung; er entstand im 15. Jahrhundert aus der irrtümlichen Anwendung eines damals dunkel bekannten Namens, welcher einer grossen Sudan-Stadt am Niger (wahrscheinlich Djenne oder Jenne) gehören sollte. Allmählich hat er sich bei den Seeleuten und Geographen eingebürgert und hat Anwendung gefunden über das ganze jetzt unter dem Namen „Guinea-Küste" bekannte Küstengebiet Westafrikas.

Die gewöhnlichen Grenzen des vom Atlantischen Ozean bespülten Landbereichs Guinea sind im Nordwesten die Bucht von Sierra Leone und der Rokelle- oder Seli-Fluss (8° 40′ n. Br. und 15° 30′ w. L.), und im Südosten die Biafra-Bai, bezw. das Ästuarium des Gabon (0° 30′ nördl. Br. und 7° östl. L.). Die Länge dieses Küstengebiets beträgt mehr als 3300 km. Das Kap Palmas, unterm 10.° w. L., bildet eine natürliche Scheidelinie des Gebietes. Von Sierra Leone bis zu diesem Kap nimmt die Küste einen südöstlichen Verlauf. Am Kap Palmas biegt sie nach Osten ab und behält diese Richtung bei bis zur Biafra-Bai. Die Breite dieser Zone mag sich über 3 Grade erstrecken; genau bekannt ist sie nicht. Man hat den Namen „Guinea" häufig auch in einem viel ausgedehnteren Masse in Anwendung genommen, indem man unter ihm auch die ganze Küste bis an den Kongo hinab (bis zum 18.° südl. Br.) begriff. Wenn man den Namen „Guinea" in dieser Ausdehnung auffasst, so unterscheidet man dann zwischen „Ober-Guinea" (das eigentliche Guinea, das sich von Ost nach West nördlich vom Äquator erstreckt) und „Unter-Guinea" (das von Nord nach Süd bis südlich vom Äquator läuft). Die Verwirrung des Begriffs „Guinea“ ist durch die von den Portugiesen angenommene amtliche Bezeichnung „Portugiesisch-Guinea“ für ihre senegambischen Besitzungen (siehe den Artikel: „Guinea im portugiesischen Besitz“) eine vollständige geworden. Es ist indessen richtiger, den Namen „Guinea“ nur auf die erste dieser beiden grossen Landstrecken (nämlich die nördliche) zu beziehen und auf sie bezieht sich auch lediglich das in dem folgenden Gesagte.

Wenn man vom Kap Saint-Paul an die Sklavenküste bis zum Nigerdelta hinab segelt, ist man (so berichtet ein französischer Reisender)

Blüte und Frucht der Granate.

betroffen über die Traurigkeit ihres Anblicks. Das Gestade ist merkwürdig durch seine ununterbrochene Einförmigkeit: keinen Golf, keine Bucht, kein Creek! sein Verlauf ist ein fast absolut geradliniger. Diese Gestaltung ist jedenfalls eine Wirkung der Guineaströmung (s. d.), welche von Westen nach Osten arbeitet, die Einbuchtungen ausfüllt, die Vorgebirge wegrasiert und diese endlose Sandküste, die der Wirkung der Meereswogen einen so schwachen Widerstand leistet, zu ebnen trachtet. Die Küste ist überall niedrig und flach. Das Auge bemerkt auch in der Ferne keine Spur einer Hügelreihe. Was auf den Karten etc. als Berg bezeichnet ist, sind nur hohe

Baumgruppen. In geringer Entfernung vom Lande zeigt eine weisse, schaumige Linie die Lage der Barre an. Auf sie folgt ein langes gelbliches Band: es ist die sandige, von einem grünen Baum- und Gestrüpp-Streifen umsäumte Küste. Über sie hinaus nichts anderes als ein mit Wolken bedeckter Himmel. Die Landung ist mit europäischen Schiffen unausführbar; sie ist selbst mit den landesüblichen Pirogen noch häufig gefahrvoll. Man hat schon manche derselben in einem Augenblick kentern sehen, wo die Barre als sehr gut betrachtet wurde: die geringste Achtlosigkeit oder Ungeschicklichkeit des Fährmanns genügt, um die Piroge zum Kippen zu bringen, die dann in der heftigen Brandung verschwindet.

Die Bevölkerung der Guinea-Küste gehört der echten Negerrasse an, in physischer sowohl wie in moralischer Hinsicht. Krasse Unwissenheit, grober Aberglaube, barbarische Wildheit, eine gewisse Unfähigkeit zu jeder geistigen Anstrengung, zu jedem Begriff eines Fortschritts: das sind die der Mehrzahl der Negervölker dieses Teils von Afrika eigentümlichen Charakterzüge. Die europäische Philanthropie hat sich gegen die Sklaverei in den Kolonieen aufgelehnt: hauptsächlich aber die bei den götzendienerischen Negervölkern übliche Sklaverei sollte abzustellen angestrebt werden; denn grässliche Schilderungen von den aus der absoluten Wertlosigkeit, mit welcher ein Menschenleben in diesen Gegenden gemessen wird, entspringenden Grausamkeiten und scharenweisen Hinschlachtungen bei Opfern etc. sind von den Reisenden berichtet worden (Hutton, „A voyage to Africa"; Hutchinson, „Ten years Wanderings among the Ethiopians" etc.). Die Guinea-Neger zerfallen in eine grosse Menge von Völkerschaften, von denen mehrere Staatswesen von ziemlicher Grösse und Bedeutung gebildet haben, wie besonders die Reiche Aschanti und Dahome (s. d.) bekunden. Die Zahl der Sprachen und Dialekte ist zahllos. Indessen hat sich bei den Seefahrern dieser Gegenden — ohne Rücksicht auf die verschiedenen Völkerschaften und Sprachen — eine Einteilung der Küstenbereiche Guineas heraus gebildet, welche auch von den Geographen angenommen worden ist. Dieselbe teilt Guinea in sieben oder acht Stationen (oder Haupt-Küsten), welche sich, von Westen angefangen, in der nachstehenden Ordnung folgen:

Küste von Sierra Leone,
Körner- oder Pfefferküste (Liberia),
Zahn- oder Elfenbeinküste,
Goldküste (Aschanti),
Sklavenküste (Dahome),
Küste von Benin,
Küste von Calabar,
Küste von Biafra.

Man sehe das Nähere unter den diesen Abteilungen gewidmeten Einzelartikeln. Die Engländer haben noch eine Bezeichnung Windward-Coast für denjenigen westl Teil Guineas, welcher, im Nordwesten bis zum Kap Palmas laufend, den in diesen Strichen gewöhnlichen Winden direkt entgegen liegt.

Die seefahrenden Nationen Europas haben seit dem 16. Jahrh. an den Küsten Guineas Niederlassungen oder wichtige Handelskontore gebildet. Aber England war, bis zur Besitznahme des im Herzen des Guinea-Golfs gelegenen Kamerun durch Deutschland, die einzige Macht, welche dort ein thatsächliches Übergewicht besass, hauptsächlich infolge der Abtretung der niederländischen Kolonieen 1871. England besitzt fast die ganze Goldküste (s. d.). Ausserdem die Lagosinsel und mehrere Kontore an der Sklavenküste; doch hat auch an dieser und der Lagosküste der deutsche Einfluss bereits viel Geltung erlangt. Frankreich hat 1871 seine Niederlassungen in Grand-Bassam, Assini, Dabou, Ouidah

(Whydah), Kotonou aufgegeben, aber seine Besitzrechte an denselben aufrecht erhalten.

Mit Ausnahme des Küstengeländes ist Guinea bis auf unsere Zeit den Europäern so gut wie verschlossen geblieben. Die barbarischen Sitten der Neger sowie die Furcht vor dem verderblichen Klima haben europäische Forscher von hier ferngehalten. Abgesehen von einigen Strichen in dem östlichen Teile, ist alles übrige noch jungfräulichesGebiet für dieForschung. Auch kennt man nur sehr wenig von der inneren Geographie des Landes. Von den Flüssen und Wasserläufen (ausser dem Niger, dem Volta und dem Prah und einigen wenigen anderen) kennt man ausschliesslich nur die Mündungen. Von der Gestaltung des Landes hat man nur erst unbestimmte Kenntnis; von den Völkerschaften des Innern kennt man kaum mehr als die Namen. Die Küsten besonders an der östlichen Hälfte dieser langen Zone sind niedrig, feucht, mit einer halb im Wasser ertränkten Vegetation bedeckt und mit ungeheuren Lagunen besetzt, aus denen verderbliche Dünste aufsteigen. Die Luft wimmelt von Insekten, die Wälder von reissendem Getier, das Wasser von gefährlichen Reptilien. Soweit man indessen nach demjenigen urteilen darf, was an einigen Stellen von Europäern beobachtet worden ist, erhebt sich das Terrain terrassenförmig in demselben Verhältnis als die Entfernung von der Küste zunimmt, und mit dieser Erhebung des Bodens wird das Klima gemässigter und für europäische Konstitutionen geeigneter.

Man hat viel berichtet von einer grossen Gebirgskette, welche, von West nach Ost reichend, unter dem Namen „Kong" die ganze Länge der Guineaküste in Entfernung weniger Tagereisen vom Meere begleiten, das Guineagebiet von den Innergegenden des Sudan scheiden solle. Aber nur wenige Europäer haben diese Berge bis jetzt gesehen (Reade, Bonnat, Zweifel, Moustier).

Das Wort „Kong" bezeichnet in der Sprache der Malinke- oder Madingwe-Neger einen hohen Berg. Dass eine lange Bergkette zwischen dem innern Becken des Niger (des grossen Sudanflusses) und den zahlreichen Flüssen des Küstengebiets besteht, ist eine bekannte Thatsache; aber über die Natur, Richtung und Abzweigungen dieser Bergkette wissen wir nichts Sicheres. Alles scheint vielmehr darauf hinzudeuten, dass diese Scheidelinie durch kleine, voneinander isolierte Ketten gebildet wird, und fast als gewiss darf angenommen werden, dass sie sich ostwärts nicht soweit erstreckt als man dies angenommen hat. Ein italienischer Missionär, Borghero, welcher über das östliche Guinea schätzenswerte Bemerkungen eingeteilt hat, hat festgestellt, dass die Gegend oberhalb von Dahome und von Benin keine wirklichen Berge aufzuweisen hat, sondern lediglich ein hügelichtes Land ist. Die Linie des sogenannten „Kong" würde man demnach, statt bis zum untern Niger im 4.° östl. L., nur bis zum 4. oder 5.° westl. L., (nach Borghero's Mitteilungen, welche allerdings die Bestätigung anderer Forscher erheischen) zu ziehen haben. Sicher jedoch scheint es zu sein, dass der Niger in der Gegend des $7^1/_2$. Breitegrades, etwa 30 Meilen oberhalb seines Deltas, einen Pass durchbricht, welcher rechts und links von 400—500 m hohen Bergen gebildet wird (Laird and Oldfield. „Expedition to the river Niger" etc.).

In der unendlichen Zahl von Flüssen, welche an der Guinea-Küste münden, sind die bemerkenswertesten: der Saint-Paul (an der Küste von Liberia), der Assini, der Tando, der Prah, der Volta (an der Goldküste), der Ogun oder Lagos (an der Ostgrenze Dahomes), der Niger und sein umfangreiches

33*

Delta, endlich im Innern der Biafra-Bai der Alt-Kalabar.

Geschichtlich ist über den Küstenbereich Guinea das Nachstehende wissenswert:

Im 14. Jahrhundert spätestens fingen die Europäer an, gerüchtweise, wahrscheinlich aus dem Munde der Mauren, Kunde zu erhalten über den Handel, welchen die Kaufleute des Kaiserreichs Marokko auf Karawanenwegen mit einem reichen Lande des zentralen Afrika unterhielten, das „Ginyia" oder „Gineua" heisse, von einem Negervolk bewohnt und reich an Gold sei. Die merkwürdige katalanische Karte, welche die königl. Bibliothek in Paris aufbewahrt und das Datum des Jahres **1375** trägt, zeichnet ausdrücklich im „Ouëdy Dara'h" den Weg, auf welchem diese maurischen Handelsexpeditionen ihren Weg nach Guinea nahmen. Dies Land wurde durch Leo Africanus und Marmol so deutlich beschrieben, dass an seiner Identität mit dem Innerlande, dessen Hauptstadt Geny oder Genne jetzt durch die Berichte mehrerer Reisenden (besonders René Caillié's) bekannt geworden ist, kein Zweifel mehr aufkommen durfte. „Dies Königreich", berichtet Leo Africanus, „durch arabische Kaufleute Gheneoa, durch seine eignen Bewohner „Ghenni", durch die Portugiesen und andere Völker Europas, welche von ihm Kunde haben, „Ginea" genannt, ist zwischen Gualata im Westen, Tombutto im Osten und Milli im Süden gelegen." Solcher Art bekannt war das Land, von welchem der Infant Heinrich von Portugal nach der Einnahme von Sebta (des Ceuta der Spanier) **1415** Kunde vernahm in seinen Gesprächen mit den gelehrten Mauren, die er über die fernen Länder des innern Afrika befragte. Als später die portugiesischen Seefahrer, welche der Infant zur Entdeckung der afrikanischen Küstenländer aussandte, an den maurischen Kütten Araber gefangen nahmen, die sie dann gegen ein Lösegeld wieder freigaben, erhielten sie oftmals Neger (Yoloffs) und Gold aus Guinea an Zahlungsstatt. Ob nun die Yoloffs damals wirklich dem König von Djenne tributpflichtig waren, oder ob die Portugiesen die Sache nicht genau nahmen, kurz: sie gewöhnten sich daran, die Yoloffs als „Neger von Guinea" anzusehen und mithin den Namen Guinea dem Küstenlande zu geben, welches das linke Senegalufer als Ausgangspunkt hatte. An diesem Flusse oder wenigstens einem Arme desselben (der genau aus dem Lande flösse, welches von den Arabern Guinauha, von den Negern Gonna, Janny oder Genny genannt wurde) sollten, wie João de Barros erzählt, die grossen Städte Tungubutu und Guiné (oder Genni) liegen. Die portugiesischen Seefahrer hatten also die Überzeugung, dass sie auf die Entdeckung Guineas auszögen, und dieses Wort wurde zu einer Art Losung für sie.

Diniz Fernandez war der erste, welcher im Jahre **1446** die Mündung des Senegal erreichte und überschritt und seine Rekognoszierungen bis zum Kap Vert erstreckte. Nuño Tristão drang im folgenden Jahre abermals bis zu diesem Flusse vor, starb aber hier. Ein paar Monate nach ihm gelangte Alvaro Fernandez bis zu den Idolen-Inseln. Pedro de Cintra und Soeiro da Costa gelangten hierauf bis nach Sierra Leone, der letztere trug seinen Namen kurz darauf bis zum Assini-Flusse, während João de Santarem und Pero Escovar **1471** den Goldmarkt (später Kontor Elmina genannt) erreichten und bis zum Kap Sainte-Catherine drangen. Endlich schaute **1484** Diogo Cam auf seiner ersten Reise den Kongo; im Jahre darauf, auf seiner zweiten Reise, erreichte er das Kap Negro: den äussersten Punkt, auf welchen der Name Guinea jemals nach Süden zu sich erstreckt hat. Nachdem König Johann II.

von Portugal seinen offiziellen Titeln den Titel eines „seigneur de Guinée“ angefügt hatte, bildeten alle bis dahin durch seine Unterthanen bekannt gewordenen Küstengebiete, gleichwie das von seinen Karavellen befahrene Meer das alleinige, durch eine feierliche Urkundenahme bestätigte Besitztum der portugiesischen Krone.

Wie schon im Artikel „Goldküste“ erwähnt, behaupten die Franzosen, dass Seefahrer aus Dieppe schon drei Vierteljahrhunderte früher als die Portugiesen an der Guineaküste gelandet seien. Die betreffenden urkundlichen Nachweise hierüber sollen 1694 bei dem Bombardement von Dieppe durch die Engländer vernichtet worden sein. Als Stütze für diese Behauptung dient den Franzosen der Reisebericht eines Bediensteten der „Compagnie des Indes“, namens Villault de Bellefonds, welcher 1666 nach Guinea gereist ist und bei seiner Heimkehr nach Frankreich, in einer dem Minister Colbert 1669 gewidmeten Schrift über die Spuren dieser alten französischen Niederlassungen, die er an mehreren Punkten angetroffen habe, ausführlich berichtete. Nach ihm sollen die Dieppper Seeleute 1364 mit zwei Handelsschiffen von je hundert Tonnen Last die Kanarischen Inseln erreicht haben, von dort um Weihnachten herum nach dem Kap Vert gesteuert und vor dem Rio Fresca in der noch heute den Namen Baye de France tragenden Bucht gelandet sein. Bei ihrer Abfahrt vom Kap Vert (das sie wegen des ewigen Grüns um dasselbe so benannt hätten) seien sie nach Südost gesteuert und nach Boulombel oder Sierra Leone (wie die Portugiesen es genannt) gekommen; von dort hätten sie das Kap Moulé umschifft und an der Mündung eines kleinen Flusses nahe von Rio-Sextos Land gefasst, wo sie zwischen zwei Hügeln eine kleine Niederlassung, von ihnen (wegen der Ähnlichkeit des Platzes mit ihrer Heimat) Petit-Dieppe getauft, angelegt hätten. (Es ist die heutige Liberia-Küste, etwa 50 Stunden vom Kap Palmas.) Dort sollen sie ihre Schiffe mit Elfenbein und Malaguetta-Pfeffer beladen haben und 1365 gegen Ende Mai nach Dieppe zurückgekehrt sein. Die Gründung von „la Mine“ (heute Elmina) soll, nach Villault der Bellefonds, durch die Diepper im Jahre 1383 erfolgt sein; den Namen hätten sie ihm „wegen der Menge Goldes, die in der Gegend gefunden würde“, gegeben.

Im Jahre 1595 kamen die Niederländer an die Guineaküste, und 1604 wurden die Portugiesen von diesen und den Engländern fast ganz aus Ober-Guinea vertrieben und auf Nieder-Guinea beschränkt. Nun legten auch die Engländer Forts und Handelsplätze an, aber die Holländer neckten sie und schadeten ihnen auf alle Weise. Um sich an ihnen zu rächen, nahm eine englische Flotte 1664 mitten im Frieden alle holländischen Forts in Guinea weg, doch eroberte sie Ruyter in kurzem wieder. Auch Cape-Coast-Castle hatten 1661 die Engländer den Franzosen abgenommen und liessen es von einer privilegierten Gesellschaft regieren. Als aber diese 1750 die Regierung um Geldunterstützung ansprach, wurden die Privilegien der Gesellschaft aufgehoben und der Handel freigegeben; die politische Regierung blieb in den Händen der Afrikanischen Kompagnie, welche von der Regierung einen Zuschuss zur Erhaltung der Forts und Ortsregierung erhielt. Auch die Dänisch-westindische Kompagnie hatte Besitzungen in Guinea erworben, welche sie 1754 an die dänische Regierung abtrat. Im Jahre 1787 gründeten sodann die Briten die Kolonie Sierra Leone. In den Jahren 1818 und 1824 erlitten die europäischen Besitzungen grossen Schaden durch die Überfälle der Ashantis, doch behaupteten endlich die Engländer die Oberhand. Nordamerikanische Vereine haben inzwischen 1820 und 1833 zur Kolonisierung der freien Farbigen der Vereinigten Staaten die beiden Negerrepubliken Liberia und Maryland gegründet, welche seit 1849 die Anerkennung als selbstständige Staaten erhalten haben. Die dänischen Besitzungen, zu welchen seit 1720 auch die vom Kurfürst von Brandenburg angelegte Kolonie Grossfriedrichsburg gehörte, gingen 1849 an die Engländer über. Über die jüngsten Erwerbungen Englands (1871) sowie über die Fussfassung Deutschlands an dieser Küste ist schon weiter oben gesprochen.

Guinea-Busen (Golf von Guinea), derjenige Teil des Atlantischen Ozeans, welcher sich in dem Grossen, von Guinea im Norden und Osten umschlossenen Knie einbuchtet. Zwei besondere Einbuchtungen, die sich am äussersten Winkel des Golfes, rechts und links von dem breiten Aussprung der Deltamündung des Nigers, bilden, haben die besonderen Benennungen „Bai von Benin“ (zwischen dem Dreispitzenkap und dem Kap Formosa) und „Bai von Biafra“ (zwischen dem Kap Formosa und dem Gabon-Ästuarium) erhalten. In der letzteren liegen die Guineinseln (s. d.): Fernando Po (spanisch), Prinzeninsel, St. Thomas und Annobom (portugiesisch) in ziemlich gleichen Entfernungen von einander. — Der Guinea-Busen weist zwei ganz eigentümliche Erscheinungen auf, welchen die Seefahrer Aufmerksamkeit zu schenken haben: die tropischen, unter der spanischen Benennung „tornados“ [Drehwinde] bekannten Orkane und die Meeres-Strömungen. Der „Guinea-Strömung“ des Golfs (wie sie in der Regel genannt wird) beginnt ihren Einfluss im 11.° nördl. Br., in der Gegend der Bissagos-Inseln, fühlbar zu machen, er biegt von dort in südlicher Richtung ab, rasiert das Kap Palmas, zieht von dort östlich an der Küste entlang, um sich im Grunde der Bucht zu verlieren. Die Wirkung der Tornados beschreibt Bouez-Willaumez folgendermassen: Nirgendswo verursachen die Tornados eine solche Revolution in der Atmosphäre wie im Innern dieses Busens. Das Gewölbe des Himmels senkt sich düster, von Blitzen durchfurcht und mit Elektrizität beladen, nieder, um mit Donnerschlägen und Regenströmen unter furchtbarer Gewalt auf das Schiff zu stürzen. Zum Glück währt ein Tornado in der Regel nicht länger als drei bis vier Stunden; ihre gewöhnlichste Richtung ist aus Südosten. Hat der Tornado ausgetobt, dann ist die Luft frisch und der Elektrizität ledig; die Vegetation scheint zu neuem Leben zu erstehen.

Guinea im portugiesischen Besitz (Portugiesisch-Guinea), die offizielle Benennung, unter welcher die Portugiesen ihre Besitzungen an der senegambischen Küste (nördlich von 10° nördl. Br) führen, obgleich im allgemeinen die nördlichen Grenzen Guineas als im 8° 40′ belegen angesehen werden. Das portugiesische Guinea setzt sich (von Nord nach Süd) aus folgenden Besitzungen zusammen: Cacheu (Cacheo), Bissau (Bissao) und Bolama (Bulama). Jede derselben bildet ein concelho (Munizipalität). Cacheu zählt 1880, Bissau 540, Bolama (mit der Insel Gallinhas) 3730 Einw., zusammen also 6150 Einw., von denen 40 Portugiesen und 62 Fremde. Die Provinz wurde 1879 errichtet mit Bolama als Hauptort.

Das Concelho Cacheu besteht aus Casa Forte am linken Ufer des Cacheu- oder Sao Domingo-Flusses, zuzüglich der Bevölkerung der Umgebung des Flusses und der Presidios von Bolor (nahe der Mündung desselben); ferner aus Zegnichor oder Ziguichor am linken Ufer des Casamance und aus Farim im Innern (im Lande der Mandingos am obern Sao Domingo). Diese Faktoreien erzeugen eine als „riz de Gambie" sehr geschätzten Reis und haben auch eine ziemlich beträchtliche Viehzucht. Sonstige wichtige Ausfuhrartikel sind: Wachs, Elfenbein, Palm- (oder Dendé-) Öl, Kola-Öl, weisse Baumwolle, Weihrauch. Die Häfen von Cacheu und Bolor gestatten nur Fahrzeugen bis zu 3 m Tiefgang die Einfahrt; Zeguichor kann sogar nur kleine Barken aufnehmen.

Das Concelho von Bissau setzt sich aus dem Fort von Sao Jose auf der Insel Bissau, an der Mündung des Geba (rechtes Ufer) und den Presidios am Ja und Geba im Innern (Mandingoland) zusammen. Um den Hafen herum erheben sich sechs durch „regulos" (eingeborene Häuptlinge) regierte Dörfer, welche vom König von Fantim abhängig sind. Der Hafen von Bissau liegt gegenüber dem Eiland do Rei oder do Feticeiros („Königs-" oder „Fetischero-Insel"); Geba liefert die Hauptartikel seines Handels nach Bissau.

Das Concelho de Bolama und das Gallinhas besteht aus diesen beiden, im Ästuarium des Rio Grande gelegenen Inseln. Bolama hat den vortrefflichen Hafen das Prainhas. Man kann den Kanal, welcher Bolama vom Festlande scheidet, bei Ebbestand passieren. Die Insel ist ganz bedeckt mit Pflanzungen; sehr gutes Bauholz wächst auf ihr; ihre Gewässer sind sehr reich an Fischen und an Schildkröten.

Die Insel Bolama wurde 1607 durch den König von Guinala an Portugal abgetreten. Ein Versuch von seiten der Engländer, sie zu besetzen, und eine sogenannte Abtretungsurkunde vom Jahre 1792 veranlassten die Engländer, den Besitz von Bolama zu beanspruchen. Nach langen Hin- und Herverhandlungen wurde die Angelegenheit dem Schiedsspruch des Präsidenten der Vereinigten Staaten von Amerika überwiesen, welcher zu Gunsten Portugals ausfiel.

Guinea-Inseln, eine merkwürdige Gruppe von hohen vulkanischen Inseln an der Westküste Afrikas, welche sich von dem Kamerun-Gebirge (das in geologischer Hinsicht ihnen anzugehören scheint) in einer fast geraden Linie nach Südsüdwest in den Meerbusen von Guinea und über den Äquator hinaus erstrecken. Die erste dieser Inseln, Fernando Po, zugleich die grösste, liegt tief im Grunde des Guinea-Golfes und dem afrikanischen Festlande so nahe, dass man bei klarer Aussicht von ihr das Kamerungebirge und von der Küste den hohen Pik der Insel erblickt. Dann folgt Principe, darauf Sao Thomé mit dem unfern ihrer Südküste gelegenen und vom Äquator geschnittenen Eiland Rolas und endlich jenseits des Äquators Annobom, das letzte und aus dem Golfe am weitesten heraustretende Glied der Inselkette.

Guineaküste, siehe Guinea.

Guineaströmung heisst die zwischen den beiden, zu seiten des Äquators von Ost nach West ziehenden Äquatorialströmungen befindliche, von West nach Ost ziehende Äquatorialgegenströmung, nachdem sie westlich vom 30° w. L. ihre Intensität, nämlich eine mittlere Stromgeschwindigkeit von 15 Seemeilen (1 Seemeile = 1855 m) in einem Tage, erreicht hat. Das Wasser der G. passiert zweimal tropische Breiten. Es ist an seiner Oberfläche von sehr hoher Temperatur (am Meerbusen von Guinea im März 29° C.).

Guineawurm (Medinawurm), s. Filaria.

Guinée, Pièce de, im Tauschhandel Senegambiens eine Werteinheit (= 15 Meter eines blauen, früher indischen, jetzt vielfach auch europäischen Baumwollstoffs, der aus Belgien, England und der Schweiz eingeführt wird). Jetzt bürgert sich das französische Fünffrancsstück mehr und mehr ein.

Guinina, Dorf der Bambarra in der Landschaft Beledugu, etwa 100 km vom Niger.

Guédé am Senegal.

Guious (El-), Duar der alger. Prov. Algier, am nördl. Isser (1867 errichtet, 3093 ha); in seinem Bezirke wurde Isserville gegründet.

Guirlan, Chor in Tafilet, von Juden bewohnt.

Guissama (Quissame), Negervolk in Angola, südlich vom Coanza.

Gui-Tsawisib, Quellfluss des Uniab (Hereroland).

Guïwa, Ortschaft im Reiche Sokoto.

Gulbi-n-Bautschi, ein Nebenfluss des dem Niger tributären Gulbi-n-Gindi.

Gulbi-n-Dugu, ein Zufluss des Niger, auf der Fahrtstrecke zwischen Rabba und Gomba

Gulbi-n-Gindi, ein wichtiger Nebenfluss des Niger, der zahlreiche Wasserläufe von Nord, Ost und Süd in sich vereinigt und dem Niger zuführt (Flegel).

Gulbi-n-Golumbe, ein Nebenfluss des Gulbi-n-Gindi (Nigergebiet).

Gulbi-n-Rimi, ein Nebenfluss des dem Niger tributären Gulbi-n-Gindi.

Gulbi n-'Rua, ein Nebenname des Mayo-Ranneó oder Gulbi-n-Sokoto.

Gulbi-n-Sokoto ein nördlicher Zufluss des Niger; entspringt unter dem Namen Rima in der Prov. Katsena (Fulah-Reich), südlich von der gleichnamigen Stadt, durchfliesst die beiden Hauptstädte Wurno und Sokoto, nimmt in der Nähe von Gandi in Sokoto den Gulbi-n-Bakura auf, fliesst ferner an der Hauptstadt von Kebbi vorbei, und ergiesst sich gegenüber von Kamba, nach einem 610 km langen Laufe in den Niger. Er erhält in seinem Laufe verschiedene Namen: Maradi, Bima, Bakura, Ghindi und Mayo-Ranneo.

Gulbi-n-Tondi, Zufluss des Niger, mündet unterhalb Tondi (auf der Fahrt-Strecke zwischen Rabba und Gomba).

Guli (Gule), Berg in Sennar, ein Hauptsitz der Fundj.

Gulia (El-), Ruinenstätte in der alger. Prov. Constantine (das Castellum Arsacalitanum der Römer).

Gulla, grosse, noch völlig unbekannte Landschaft südlich von Wadaï und Darfour, zwischen 10⁰ und 11⁰ 30' nördl. Br. Sie teilt in die beiden Hälften: Gulla-el-Forawi im Osten, welche zum Teil von Darfor abhängig ist, und Gulla-el-Wadawi westlich von Wadaï.

Gulsa, Berggruppe hart am Chor-el-Gasch (s. Kassalondj). Die östlich derselben gelegenen Ländereien bis zum Basalande sind Weideplätze der drei nomadisierenden Beni-Amerstämme: Manam, Haschbirri und Haikoota.

Gulumbe, Stadt im Reich Gando (Zentralsudan). 33 km südwestlich

Karte von Ober-Guinea mit den ersten deutschen Erwerbungen.

von der Stadt Gando, in der Provinz Kebbi, in einem fruchtbaren gut bevölkerten Thale.

Gulungu nennen die Eingeborenen von Malange eine Antilopenart (Tragelaphus scriptus)

Gumara, Fluss in der abessin. Provinz Beghaumeder, entspringt auf dem Berg Miseh und ergiesst sich nach einem stark gekrümmten Laufe in den Tana-See, gegenüber von der Insel Dak.

Gumare (Gomari), s. Nilpferd.

Gumât, ein Stamm der ägyptischen Araber, westlich von Alexandrien hausend.

Gumbali, Ortschaft im Lande der Lega-Galla (Nordostafrika), in jenen Gegenden bekannt durch seine Wochenmärkte (Gabas), deren an guten Tagen fünf (von 10 Uhr morgens bis 3 Uhr nachmittags) abgehalten werden. Vergl. Gorguru.

Gumbar, ein Stück Zeug, welches

die mittel- und südnubischen Frauen um die Lenden schlagen.

Gumbarra (Gumburra), Dorf in Kordofan, im westl. Teile, 150 km nordwestl. von El-Obeïd, am Fusse des Djebel-Katul; 565 m Höhe; 14° 12′ 37″ n. Br.

Gummel, 1) eine Provinz von Bornu (Zentral-Sudan), im westl. Teile des Reichs, südl. von der Provinz Machona. Im Süden grenzt sie an die Haussa-Provinzen Katagum, Kano und Daura.

— 2) Hauptstadt darin, 450 km westl. von Kuka (1851: 12000 Einw.).

Gummi bildet ein wichtiges Handesprodukt Afrikas; seine Ausfuhr übersteigt z. B. allein in Senegambien in manchen Jahren 3 Mill. kg; im Jahre 1760 betrug dieselbe nur ca. 900000 kg und war 1827 infolge einer schlechten Ernte bis auf 613504 kg gesunken, ist aber seitdem beständig gestiegen. 1714 kostete 1 Centner G. am Senegal 20 Livres, war aber 1857 bereits auf 45 Francs gestiegen.

Gummi Euphorbium, s. Ferbioon.

Gumus, ein heidnischer Nigritierstamm des Sennar, eine Abteilung der Fundj. Sie wohnen in der sennarischen Landschaft Dar Gumus; ihre Kleidung besteht allein aus dem Schamschurz, bei den Männern aus Leder, bei den Frauen aus Zeug; das junge Volk geht meist nackt.

Guna Guna, Fluss in Abessinien, fliesst von West nach Ost durch eine gebirgige Gegend und ergiesst sich in den Mena (Alelbad-See). Ein Dorf gleiches Namens liegt an seinem Ufer (Markham).

Gundam, Stadt im westl. Sudan, in den Haussa-Staaten, 67 km südwestl. von Timbuktu, an einem kleinen Zuflusse des Niger. Die Bewohner sind ein Gemisch aus Songhai, Ruma und Fulahs.

Gundet, Bergenge in der nordabessinischen Landschaft Hamasen, bekannt durch die Niedermetzelung Arakel Bey's, des ägypt. Gouverneurs von Massaua, und seiner Truppenschar durch die Abessinier unter Kaiser Johanös.

Gundi, Stadt im Reich Baghirmi (zentraler Sudan), zwischen dem Schari und seinem Nebenflusse, dem Serbevel, im südl. Teile des Reichs gelegen; wurde von Nachtigal besucht.

Gundi-Inyanga, einer der höchsten Piks der Suta-Tongakette im nördl. Gasaland (über 4000 Fuss hoch).

Gundji, Stadt am nördl. Ufer des Kongo, südwestlich von den Upoto-Hügeln (nach Stanley: 1° 42′ südl. Br., 18° 44′ östl. L.).

Gungab, Wasserlauf im nordwestl. Hereroland.

Gunza, Ortschaft am linken Ufer des Gulbi-n-Gindi.

Guoy, Landschaft des Senegal, am linken Ufer desselben; Hauptortschaft ist Tuabo.

Gur, s Gor.

Gur (Gara), vereinzelte Felsenhügel von gewisser Form in der Sahara, der Libyschen Wüste und den ihnen benachbarten Strichen.

Gurab (Djebel-), Berg im Osten von Famaka.

Gurague, Landschaft südlich von Schoa (Ostafrika), ca. 130 km davon entfernt und von christlichen Gallas bewohnt. Im Westen wird sie durch die Landschaften Agabja, Hadiya, Yángaro und Tembaro von Enarea (s. d.) geschieden. In der Mitte von G. liegt der ziemlich bedeutende Thilalo- oder Zohahe-See. Die Bewohner sprechen einen, nach Isenberg dem abessinischen Tigrié, nach anderen Forschern dem abessinischen Amharinja verwandten Dialekt. Es hat noch kein Europäer den Fuss hierher gesetzt. Was von G. bekannt ist, verdanken wir mündlichen Berichten.

Guraja, 1) Gebirge in der alger.

Prov. Constantine (704 m hoch). — 2) Gemeinde der alger. Prov. Algier, westl. von Scherschell, zwischen dieser Stadt und Tenes, am Gestade des Mittelmeers, 9730 Seelen (29110 ha.)

Guram, Stadt im Königreich Massina (West-Sudan), um einen Hügel am östlichen Gestade des Debu-Sees gebaut. Sie zerfällt in drei Dorfschaften: Guram-Fulbe nördlich vom Hügel; Guram-Habe (von Songhai bewohnt) und Guram Surgube (von Imoschagh oder Tuareg bewohnt).

Gurara (auf berberisch Tigurarin oder Tidjuranin genannt), grosse Oase der Sahara, südlich von Algerien, zwischen 28° 50′ und 29° 50′ nördl. Br. und 1° 15′ und 1° 45′ westl. L. Sie erstreckt sich im Norden von der Sebcha Gurara, ihrem nördlichen Gestade entlang. Sie besteht aus neun Distrikten: Tin-Erkuk mit 12 Dörfern und dem Hauptort Tabalkoza, von Meharza-Arabern bewohnt; Uled Saïd mit 24 Dörfern; Djereïfat mit 14 Dörfern, von Khenafsa-Arabern bewohnt; Timimun mit 21 Dörfern; ausser Timimun, der wichtigsten Stadt von G., sämtlich am Südrande der Sebcha; El-Haïscha (oder El-Haïha) mit 9 Dörfern; Talmina im Westen mit einer Reihe von kleineren Dörfern; Tasfaut Sidi-Mussa und Charuin mit 7 Dörfern. Diese Dörfer sind sämtlich ummauert. Vorwiegend sind sie von Zenâta-Berbern bewohnt (Araber sind nur die Meharsa im Tin-Erkuk). Der Islam ist heute die einzige Religion dieses Landstriches, wo im Mittelalter noch das Judentum in grosser Verbreitung stand. Die sesshaften Berber kultivieren vorwiegend die Dattelpalme, welche ihren einzigen Reichtum bildet; auch die Feige u. Granate werden gezogen, von Feldfrüchten Gerste, Mais, Hirse, Bohnen, Erbsen, Zwiebeln, Knoblauch, Gurken, Tomaten etc. gebaut. Von Haustieren sind nur Ziegen und Esel nennenswert, von den Arabern werden auch Kamele, Hammel und Pferde gezüchtet. — Gurara gehörte im 14. Jahrhundert zum Sultanat Fez; zur Zeit des Leo Africanus stand G. seiner vorzüglichen Datteln wegen in hohem Rufe und trieb bedeutenden Handel durch die Sahara mit dem Sudan; noch 1662 gehörte G. wahrscheinlich zu Marokko und 1862 haben seine Bewohner noch versucht, die französische Herrschaft mit der marokanischen zu tauschen. Es führen drei Strassen nach G.: von Figig oder von Mogar aus, welche beide Strassen in Uled Said münden, und von Abiod Sidi Schich aus nach Tabelkusa; während von G. aus Strassen nach Aulef und nach Golea führen.

Gurara, grosse Sebcha (Salzgrube) der Sahara, an der südlichen Grenze der algerischen Provinz Oran. Sie misst in der Länge (von Nord nach Süd) im Maximum 120 km, bei einer Breite (von Ost nach West) v. 40 km. Der 29.° nördl. Br. und wahrscheinlich auch der 2.° westl. L. durchschneidet sie. Sie wurde erst 1862 von Europäern besucht: vom General Colonieu (damals Kommandant von Géryville) und vom Leutnant Burin.

Gurara (G.-Abutschi), Fluss im Kworra- oder Niger-Becken Zentral-Sudan), entspringt westlich von Yakoba, in den Gebirgen der Haussa-Provinz Zegzeg oder Soso (Teil der Fellatahstaaten), fliesst erst in westlicher Richtung, nimmt mehrere grössere Zuflüsse auf, biegt dann südwestlich ab, dann südöstlich und endlich südlich und ergiesst sich 49 km nördlich vom Einflusse des Benuë, nach einer Lauflänge von 310 km, in den Niger. Der G. ist wenigstens während der Regenzeit schiffbar.

Gurba, bedeutender westlicher Zufluss des Uëlle, nimmt seinen Ursprung im südlichen A-Sandeh-Reiche und mündet (in nicht weiter Entfernung von der Mündung des Mbruole) in den Uelle (Junker).

Gurbi, die Reiserhütte der Beduinen.

Gura (Gorghan, Gurghen, Hurghen), Stadt im Reich Bornu (Zentral-Sudan), Hauptort der Prov. Munio, westlich von den Ghedijo-Bergen; 9—10000 Einw.; Gemüse-, Getreide- und Tabak-Bau.

Gurgara, Stadt in Baghirmi (Zentral-Şudan), 170 km südlich von Massegna.

Gurghen, s. Gure.

Guri (Koghe), Stadt in der Landschaft Kaarta (Senegambien), nördlich vom Tarako-Bach, 1 km westl. von Farinkidu (15° 55' n. Br.), ummauert; seit 1847 Residenz des Herrschers von Kaarta.

Guriesa (Colobus Guereza, ein Stummelaffe, mit lang- und schlichtharigem Fell, über dessen Rückenteil ein breites schneeweisses Querband zieht. Dasselbe dient den abessinischen Soldaten zur Verbrämung ihrer Schilder.

Gurma, Negerkönigreich im zentralen Sudan, westl. vom Kworra oder Niger, von welchem es durch eine Provinz des Gando-Reiches geschieden ist. Es grenzt im Westen an das Reich Moré oder Mossi und erstreckt sich im Süden bis nach Borgu und an das Mandingo-Land. Der Gesamt-Flächenraum beträgt 50 000 qkm. Hauptstadt ist Nungu (auch Bennanaba, Nomma-Fadan'Gurna genannt); fernere wichtige Plätze sind: Sudo-Melle grosser Handelsmarkt im Südosten des Landes; Boti, Bisuggu, Djafanghe, Belang und Belussa. — Die G., welche dem Lande den Namen gegeben haben, sind ein den Mossi und den Tembo (welche im Innern des vom Nigerlaufe gebildeten Dreiecks wohnen) verwandtes Negervolk. Sie sind Heiden und gehen völlig nackt. Sie waren erst den Songhai, dann den Fulah unterthan und haben sich stark mit diesen beiden Völkern vermischt. Aber seitdem die Macht der Fulah im Reiche Gando zurückgegangen ist, haben sie sich zu einem selbständigen Reiche aufgeschwungen, in welchem neuerdings die Mandingo-Neger Terrain gewonnen haben.

Gura (El-), Duar der alger. Prov. Constantine, am Uëd-Gura, der in die obere Seybouse mündet (1870 errichtet: 1570 Köpfe; 11904 ha).

Guru- (Kola-) Nuss, die Frucht der in Zentral- und Westafrika vorkommenden Sterculia acuminata, wird weithin durch den Handel vertrieben. Ihr kastanien-ähnlich hartes bitteres Fleisch giebt ein vorzügliches anaseptisches Mittel ab.

Gusséla, Dorf am rechten Ufer des obern Senegal, zum Lande Ghidimakha gehörig.

Güssfeldt, Paul, am 14. Okt. 1840 zu Berlin geboren, übernahm nach Vollendung seiner Studien und nachdem er sich 1868 in Bonn als Dozent habilitiert und den Krieg gegen Frankreich 1870—71 mitgemacht hatte, 1873 die Leitung der von der Deutschen Afrikanischen Gesellschaft ausgerüsteten Expedition nach der Loango-Küste, an welcher sich Leutnant von Hattorf, der Arzt Jul. Falkenstein, Lindner, Major v. Mechow, Dr. Pechuël-Loesche und Botaniker Soyaux beteiligten. Die Expedition litt schon auf dem Wege nach der Loangoküste am 14. Januar 1873 bei Freetown Schiffbruch, und erreichte erst am 25. Juli bei Banana die Kongo-Mündung. An derselben errichtete G. im Verein mit Adolf Bastian die Einbruchsstation Chinchoxo (Tschintschotscho). Es gelang jedoch G. nicht, trotz wiederholter Versuche, in das Innere vorzudringen; Krankheiten und Widerspenstigkeit der Träger behinderten ihn überall, so dass er es für geraten hielt, sich am 7. Juli 1875 wieder nach Europa einzuschiffen. Indessen wurde durch die G.'sche Expedition wenigstens soviel erreicht, dass die Loangoküste jetzt zu den bestbekannten Landstrichen Afrikas gezählt werden darf. 1876 reiste G. nach Ägypten, um seine Gesundheit wieder herzustellen. Er unternahm von dort aus mit Schweinfurth einen Abstecher in die arabische Wüste. Seitdem ist er in Berlin mit der Herausgabe des Werkes: „Die Loango-Expedition zur Erforschung Äquatorial-Afrikas 1873—76" beschäftigt. Er wurde 1885 an Stelle des verst. Zoppritz als Professor nach Königsberg berufen.

Guti, Stamm der Galla (s. d.), im Norden der Umgegend von Härär hausend (Ostafrika).

Guyot, Abbé Joanni, Mitglied der algerischen Missionsexpeditionen in Zentralafrika, geboren 1841 in Montmerle, studierte im Seminar in Algier, wurde dann Lehrer am Collége Saint-Louis daselbst und später Pfarrer in Hussein-Dey. Als Pater Charmetant von der Leitung der zentralafrikanischen Mission zurücktrat, wurde G. zu seinem Nachfolger ernannt, welcher 1879/80 und 1880/81 zwei Expeditionen nach dem Tanganjika-See ausführte. Auf der Rückkehr von der letztern schlug er von Taborah eine bisher nicht verfolgte Route ein, nämlich längs des Lufidji. Leider war es ihm nicht vergönnt, die Verarbeitung seiner Aufnahmen zu beenden, da er ausersehen wurde, die katholische Propaganda auch in Westafrika, im Kongogebiet einzuleiten. Im Februar verliess er Europa, unternahm mit dem belgischen Leutnant Janssen eine Expedition nach dem Wabuma oder Kongo, an dessen Ufern er die Anlage einer Station in Aussicht genommen hatte. Auf der Rückreise ertrank er aber infolge des Umschlagens seines Bootes in der Nähe der Stanley'schen Station Msuata am linken Ufer des Kongo („Petermanns Mitteil." 1884, 3. Heft); s. Baudounet.

Guyotville, kleiner Ort in der alger. Prov. Algier, an der Meeresküste; 595 Einw.

Gvey, ein linker Nebenfluss des Gambia; er bildet die Grenze zwischen den senegambischen Reichen Tomane und Nicolo.

Gwailo, Fluss im Matabelelande.

Gwanawano, ein Nebenfluss des Kubango, im westlichen Südafrika (Serpa Pinto).

Gwandu, s. v. w. Gando.

Gwatires, ein Nebenfluss des Kubango, im westlichen Südafrika.

Gwegwegwi, Ortschaft im Gasalande, nördlich vom Sabi-Flusse.

Gwina, Katarakt im Senegal, im Lande Khasso, zwischen Medine und Bafulabe (14° 0' 45" n. Br., 13° 30' 14" westl. L.).

H.

Habab, Hirtenvolk im nordöstlichen Teile Abessiniens, am Littorale des Roten Meeres, nordwestlich von Massaua, zwischen dem Landgebiet der Bogos oder Bilen im Süden und der Beni Amer im Norden, zwischen 16° und 17° 30' nördl. Br. — Das Land, in welchem die H. wohnen, war gleich jenem der Beni-Amer bis in eine ziemlich neue Zeit unbekannt geblieben und die Karte beschränkte sich auf die Angabe der Küstengegend. Munzinger war der erste, welcher 1871 das Land in geographischer Hinsicht erforschte. Seinen Schilderungen nach ist das Gebiet der H. ein bergiges Hochland, das vom Anseba durchflossen wird und dessen Nordhang sich staffelförmig zum Roten Meere hinabsenkt, in welches sich auch zahlreiche temporäre Wasserläufe von dort ergiessen. Der höchste

Gipfel des H.-Landes, der sich in drei Spitzen teilt, liegt unter 16° 40' n. Br. und erreicht 2500—2800 m Höhe; ein zweiter Gipfel von ungefähr gleicher Höhe ist der En-Eylat (Enyelat); etwas weiter nördlich, unter 16° 50' und 60—70 km von der Küste entfernt, steigt der Nakfa auf. Die nördliche Grenze des H.-Landes (nach dem Gebiet der Beni-Amer zu) bildet der Falkat-Bach, welcher unter 16° 50' ins Rote Meer mündet.

Ausser Munzinger haben das H.-Land besucht: 1875 Heuglin (nach welchem die H. bis vor kurzem noch abessinische Christen gewesen sein sollen) mit Vieweg, desgleichen Schweinfurth, Lejean und Graf Krockow-Wickerode.

Gleich allen Nomadenvölkern haben die H. ihre Winter- und ihre Sommer-Quartiere. Vom Juni bis zum Oktober (die Sommerzeit) bleiben sie auf dem Nakfa-Hochplateau in 1300—2000 m Meereshöhe, wo ihre Rinder- und Hammelherden auskömmliche Weide finden. Im Winter steigen sie in das Sahel (die Küstenebene) hinunter. Das Sahel bildet die Nordgrenze der Elefanten-Region, und wird von diesen ebenso, wie von den H., durchschweift; steigt der H. nach der Meeresküste herab, so zieht der Elefant aus den südlicheren Strichen herauf; und zur gleichen Zeit, wenn der H. wieder zu den Bergen steigt, zieht der Elefant wieder zu Thale. Das ganze H.-Land hat gegenwärtig nicht eine einzige dauernde Wohnstätte aufzuweisen. Seitdem Massaua und Sauakin dem ägyptischen Königreich einverleibt wurden, ist es dem Chedive gelungen, die übrigens durchaus nicht kriegerischen H. und die ihnen benachbarten Beni-Amer unter seine Botmässigkeit zu bringen. Munzinger giebt die Grösse des H.-Landes auf 6222 qkm, die Stärke der Bevölkerung auf 68000 Seelen an. Die Sprache derselben ist dem Chaze ähnlich. Vergl. Ernst von Sachsen-Coburg, Reise nach Ägypten und den Ländern der H. etc. (Leipzig 1864).

Habacha, s. Habecha.

Habanieh (Hawanieh), Beduinenstämme im Grenzgebiet Kordufans (östl. Sudan); sie gehören zu den Baggara und durchschweifen (nach Prout, „General report on the province of Kordofan" 1877) das Gebiet zwischen 12° 15' bis 12° 45' nördl. Br. und 28° 55' bis 29° 40' östl. L. (von Birket-el-Rahad bis Chirkeleh im Osten und Tagalla im Süden). Ihre Zahl wird auf 8000 Köpfe geschätzt.

Habeba (Uled-H.), Volksstamm in Algerien.

Habecha (El-), Duar in der alger. Prov. Oran, 1869 errichtet, 33 km südöstl. von Relizane, auf der Strasse Mostaganem nach Tiaret (3913 ha, 790 Einw.)

Habesch (Habasch), die arabische Benennung des „äthiopischen Alpenlandes" Abessinien.

Habibi (Beni-), Volksstamm in der alger. Prov. Constantine, 30 km östl. von Djidjelli, in den Gebirgen der Küstenregion: 2830 Köpfe auf 7491 ha (seit 1867 zu den beiden Duars: Hayen mit 1175 Köpfen und 3359 ha, und Um-Aghriun mit 1655 Köpfen und 4132 ha).

Habichtsinseln, s. Azoren.

Haboucha, Duar der alger. Prov. Oran, nordöstlich von Mascara, im Nador-Gebirge (808 m), unfern der kleinen Araberstadt Kalaa am Uëd Melah (1869 errichtet, 1015 Köpfe, 8317 ha).

Habra, Fluss in der alger. Prov. Oran, entsteht etwa 30 km südwestlich von Mascara durch den Zusammenlauf der vier Bäche: Uëd Taria (oder Aïn Tifrit), Uëd Fekan, Uëd Houanet und Uëd Melrëier. Nach einem Laufe von 240 km Länge verliert er sich unfern von Perregaux in den nämlichen Sumpf wie der

Sig-Fluss, um auf der andern Seite unter dem Namen Macta aus demselben wieder abzufliessen.

Habr-Auel, Stamm der Somal, in der Nähe des kleinen Hafens von Samawonak hausend (Nordostafrika).

Habr-Gerhajis, Volk der Somal, im Hochland südlich von Berbera.

Hacco (oder Avon), Lagune an der Guineaküste, nördlich von Porto-Seguro, südlich von Povo.

Hachem, Name verschiedener Stämme Algeriens. Aus dem berühmtesten derselben, den H.-Cheraga („östliche H.") unweit von Mascara (Prov. Oran) ging Abd-el-Kader hervor. Die H.-Cheraba („westl. H.") wohnen in der fruchtbaren Ebene von Eghris und den dieselbe beherrschenden Bergen; die H.-Darough bewohnen das Küstengebiet der Prov. Oran nordöstlich von Mostaganem; sie zerfallen in die „untern H." oder H.-Darough Fouaga (1028 ha) und in die „obern H." oder H.-Darough-Tahta (3362 ha). — Auch in der Provinz Algier leben H. etwa 15 km südl. von Miliana, am linken Ufer des Scheliff in dem Duar Uëd-Deurdeur (1520 Köpfe auf 5691 ha); desgleichen endlich in der Prov. Constantine, wo sie in Stärke von 3—4000 Köpfen über ein Gebiet von 75—80000 ha verteilt sind, und seit dem Aufstande von 1871 die Errichtung der 9 französischen Kolonien: Medjana, Aïn-Sultan, Bir-Aïssa, Bir-Kasdali, El-Anasser, Bel-Imour, Chénia, Sidi-Embarek und Aïn-Tagrut, dulden mussten.

Hadamdameh, Landschaft und Chor südwestlich vom Wasserplatze Totluk am Chor-el-Gasch (ägypt. Prov. Taka). Der Chor entspringt in den Gebirgen von Sogoda und durchfliesst das Hügelland am Südufer des Gasch, um einige Stunden unterhalb Totluk sich in den Gasch zu ergiessen.

Hadareb, Bedja-Stamm im obern Nubien (teils im Thale des Chor Baraka, teils in der Gegend um Suakin und am Berg Edbaïeh).

Haddad (Danoa, Dana, Danaua, Azoa), Völkerschaft in Kanem (Zentralsudan), deren Kopfzahl Nachtigal auf 6500 angiebt.

Haddada, Duar in der alger. Prov. Constantine, 24 km von Suk-Harras, an der Grenze Tunisiens (1869 errichtet, 710 Köpfe, 8601 ha).

Haddou (Addou), Volksstamm in Algerien.

Hadendua (Hadendoa), grosser, zu den Taka (s. d.) gehöriger Bedja-Stamm im obern Nubien. Sie zählen (nach Munzinger) ca 750000 Köpfe, bilden das ungefähre Dritteil der Bevölkerung der Landschaft Taka und die Hauptbevölkerung der Landschaft Suakin, wo sie 250000 Köpfe stark wohnen. Die Häuptlingswürde unter ihnen ist erblich. Ihre Hauptortschaften sind (nach Lejean): Fillik und Miktinab, beide östlich vom Herdubflusse gelegen. Die Ägypter unterhalten dort Garnisonen, welche (nach Baker) für die Sicherheit der in diesen Gebieten Reisenden überaus nützlich sind, da den H. niemals weiter zu trauen sein soll, als man sie sieht.

Hadiya, s. Gurague.

Hadjadj (El-), s. Arba.

Hadjadja, Duar der alger. Prov. Oran, nordöstl. von Mascara, 12 km südöstl. von Perrégaux; 1878 errichtet, 885 Köpfe auf 5147 ha.

Hadjalat, s Uled-Amur.

Hadjama, Duar der alger. Prov. Oran, an der Grenze der Provinz Algier, am Uëd Sly, einem Zuflusse des Scheliff; 1365 Köpfe auf 6730 ha.

Hadjar, 1) (Bu-Hadjar), Duar in der alger. Prov. Oran, vom kleinen Flusse Rio Salado durchschnitten, an die Westspitze der Sebcha (Salz-See von Oran) stossend; 3430 Köpfe auf 27371 ha.

— 2) Batn-el-Hadjar), Teil des nubischen Nilthales, zwischen dem zweiten Katarakt (Wadi Halfa) und dem Dar Seikkot, etwa 150 km lang. Das Hauptdorf heisst Wadi Attyre.

3) (Hadjar-Roum, Hadjar-er-Roum), Dorf in der alger. Prov. Oran, 30 km östl. von Tlemssen, am östlichen Isser.

Hadjeb (El-), Ruinenstätte im südlichen Tunisien, etwa 60 km südwestlich von Kaïruan.

Hadjerez (Uled-Sidi-H.), Volksstamm in Algerien.

Hadjez (Aïun-el-Hadjez), Duar in der alger. Prov. Constantine (1868 errichtet, 1055 Köpfe auf 8771 ha); an der Bahnlinie von Constantine nach Setif; 12 km südlich vom Uëd-Atmenia.

Hadj Gilman, Dorf in der Tuat-Oase Gurara.

Hadji-Kandil, Dorf in der oberägypt. Prov. Siut, 11 km südwestl. vom Distriktshauptort Mellawi-el-Arich, am rechten Nilufer. In der Nähe Ruinen (der Tumulus des Tell-el-Amarna) und zahlreiche Höhlen mit antiken Malereien. Alter Alabaster-Bruchort.

Hadjira (El-), Oase in der alger. Prov. Constantine, 72 km nordöstl. von Wargla, an der Strasse von Tuggurt (2500 Palmbäume). In kurzer Entfernung in nordwestlicher Richtung liegen die Oasen Taïbet mit 5000, und Taïbin mit 1500 Palmbäume, ferner auch die Oase El-Alia mit 1000 Palmbäumen.

Hadjoutes, Volksstamm der alger. Provinz Algier, in der westl. Metidja. Er war lange Zeit hindurch ein gefürchteter Feind der französischen Ansiedler, ist aber jetzt völlig unterjocht, zum Teil ausgerottet.

Hadjr, s. Nere.

Hadraua, Stamm der Noba (s. d.); sie sind heller und entschiedener braun gefärbt als jene.

Hâfir (Haffir), Dorf im obern Nubien, am rechten Ufer des Nil, dem nördlichen Anfange des Oasenkomplexes Wadi-el-Gâb gegenüber (47 km nördl. von Neu-Dongola). Hier befindet sich eine Indigofabrik des ägyptischen Chedive.

Hafs, Ort in der ägypt. Mudirie Beherah, Distr. Abu-Hommos.

Hafûn (Ras), wichtiges Vorgebirge an der Ostküste der Somal-Halbinsel, 185 km südl. vom Kap Guardafui (10° 28′ 30″ n. Br., 49° 7′ 37″ östl. L.). Nach Süden verlängert sich das Vorgebirge an der Küste hin in eine Reihe von nackten Sandhügeln, die indes von einigen Hirtenvölkern bewohnt werden. Sir Bartle Frère besuchte Kap H. 1872; er schildert es als den Krater eines erloschenen Vulkans, dessen Anblick vom Meere aus dem einer schartigen Mauer gleicht. Die Bewohner schildert er als kräftig und schön gewachsen, aber so arm, dass sie sich kaum zu ernähren vermögen.

Hagal (Numida ptilorhyncha, Zegra), s. Perlhuhn.

Hager-Beni-Soliman, Ort in der ägypt. Mudirie Beni-Suef, Distr. Beni-Suef.

Hager-Michtah, Ort in der ägypt. Mudirie Gerga, Distr. Tama.

Haggada (Sahara), s. Ahaggar.

Haggara (Hoghar), s. Ahaggar.

Haggâsa, ein kleiner Teilstamm der ägyptischen Maâseh (s. d.), in der Wüste umherschweifend.

Haggenmacher, Gustav Adolf, ein Schweizer, von Haus aus Kaufmann, am 3. Mai 1845 geboren, unternahm 1865 von Chartum aus mehrere Handelsreisen auf dem Nil und in Chartums Umgebung, machte hierbei die Bekanntschaft von Munzinger (s. d.), bereiste 1873 im Auftrag des Vizekönigs von Ägypten das Somaliland, brachte die erste Kunde von dem zweiten, die Küste des Meerbusens von Aden parallel laufenden Gebirge Gan-Libah, dessen Höhe er (ohne jedoch es besteigen zu können) auf 2895 m bestimmte (vergl. seinen

Bericht „Reise im Somali-Lande" in Petermanns Ergänzungsheften Nr. 47), reiste 1875 nach der Negerrepluklik Galabat und schloss sich Munzinger auf dessen Expedition gegen die Gallastämme an. Auf dem Rückzuge starb er infolge Erschöpfung.

Haha, Küstenprovinz im südlichen Marokko, im Westen vom Atlantischen Ozean bespült, im Norden von der Provinz Chiedma, im Osten von der Provinz Rhihamina begrenzt. Die Provinz H. ist zum grossen Teile fruchtbares Kalkgebirgsland und erzeugt Getreide, Argan-Öl, Gummi (von der Acacia gummifera).

Typen der Haussa.

Auch zahlreiche Zwergpalmen wachsen hier. Die Bewohner sind ausschliesslich Berbern (vom Haha-Stamme), die in etwa zwölf Stämme zerfallen. Der Handel nimmt seinen Weg zumeist nach Mogador, wohin ausser Korn, Öl, Rindvieh, Ziegenfellen auch sehr viel Alfa-Gras geführt wird.

Hahn, Karl Hugo, in Riga am 18. Oktbr. 1818 geboren, wurde in Barmen zum Missionär ausgebildet und 1841 nach Südafrika gesandt, wo er zuerst bis 1844 im Lande des mächtigen und gewaltthätigen Namaqua-Häuptlings Jonker Afrikaner, dann seit 1844 im Damara-Lande als erster europäischer Missionär wirkte

34

und die Station Neu-Barmen gründete. Neben seiner Missionsthätigkeit studierte er die Sprache der dortigen Bewohner, und bei einer Besuchsreise in Europa (1854—55) gab er eine Grammatik und ein Lexikon der Herero-Sprache heraus. Auch unterstützte er manchen Reisenden in jenem Gebiet, wie er auch selbst mehrere Forschungsreisen unternahm, namentlich nördlich nach dem Kunene zu. So ging er 1857 und 1859 mit dem Missionär Rath, im letztern Jahre auch mit dem Elefantenjäger Green, der sich unterwegs angeschlossen hatte, bis nach Andingo, wo der König Nangoro, erzürnt, dass man ihn bei einem beabsichtigten Raubzuge nicht unterstützen wollte, die Weiterreise verbot. 1866 wurde er durch die Einladung des Königs Tjikongo in Ondongo, der die Errichtung einer Mission wünschte, veranlasst, nach Otjimbingue zu gehen, und von da aus erreichte er dann auch den Kunene-Fluss. 1870 gelang es ihm, einen dauernden Frieden zwischen den Namaqua und den Herero herzustellen, und sogleich brach er auch wieder nach dem Kunene auf. 1873 bereiste er das Herero-Land. Nach einer kurzen Besuchsreise in Deutschland 1874 kehrte er wieder nach dem alten Felde seiner Thätigkeit zurück (Embacher).

Haïf (Uled-el-Haïf), Volksstamm in Algerien.

Haifisch-Insel, s. v. w. Shark-Island.

Haik, 1) grosser See im östlichen Abessinien, zwischen Schoa und Hasta; 1882 von Stecker erforscht. — 2) (Barakan), ein grosses wollenes Umhängetuch des Beduinen.

Haikorta, ein Stamm der Beni-Amer, der am Gebiete des Chor-el-Gasch nomadisiert. Unter ihnen werden die besten Jäger in diesem Teile der ägyptischen Provinz Taka gefunden (Menges).

Haiko, Dorf am Uëd Gers (Marokko).

Haimann, Giuseppe, Commendatore der italienischen Marine, wurde 1880, als die Mailänder Società d'esplorazione commerciale do Africa die Gründung von Stationen in Cyrenaïka beschloss, mit der Leitung einer der Expeditionen beauftragt und führte im März und April 1881 dieselbe von Benghasi nach Derna und auf nördlicher Route nach Benghasi zurück („Peterm. Mitth." 1881, 326). Später leitete er längere Zeit die Station Derna. Er starb am 16. Sept. 1883 in Ramleh in Ägypten.

Haïtia, Volksstamm der alger Prov. Oran, 16—25 km nordöstl. von Mascara, an der Strasse von Relizane; seit 1863 zu dem Duar El-Bordj vereinigt (2285 Köpfe auf 8015 ha).

Haïz (El-), kleine Oase in der ägyptischen Sahara, etwa eine Tagereise südwestlich von Baharieh; Wallfahrtsort (nach dem hier befindlichen Grabe des heiligen Scheikh Ali).

Hakim Omar ben Ali, der arabische Name des Dr. Lenz.

Hâko (Oâko), Stamm der Kimbunda (s. d.) von Benguela.

Hala, Ort in der ägypt. Mudirie Dakahlieh, Distr. Mit-Ghamr.

Halaf (Ahallef), mächtiger Volksstamm des östlichen Marokko, östl. von Teza, am mittlern Laufe der Muluja.

Halaï, Ortschaft in Tigrië (Abessinien), unfern vom Berge Taranta. Es ist das Koloë des Altertums an der Strasse von Adulis nach Aksum.

Halanga, Fortsetzung der Bergreihe des Djebel Lomu im östl. Lattuka-Lande.

Halbaffe, s. Maki.

Haleb, kleine Insel im Süden der Assab-Bai (von Italien besetzt).

Hal-Eghris, Volksstamm in der alger. Prov. Oran, südöstlich von Mascara, in der fruchtbaren Ebene von Eghris;

4540 Köpfe auf 15918 ha; seit 1869 zu den beiden Duars: Maussa (2075 Köpfe, 7761 ha) und Ternifine (2470 Köpfe, 8157 ha) vereinigt.

Hal-el-Ghafor (Ahl-el-Ghafer), Volksstamm in der alger. Prov. Oran, 16 km südwestlich von Tlemssen, am rechten Ufer der Tafna (845 Köpfe, 7865 ha).

Hal-el-Ksar (Ahl-el-Ksar), Volksstamm in der alger. Prov. Algier, etwa 30 km nordöstl. von Aumale (2400 Einw., 22100 ha).

Halelu, Berg in der Landschaft Enarea (Ostafrika), unter 8° 38′ 18″ n. Br. und 34° 55′ 3″ östl. L.; an seinem Fusse vereinigen sich die Flüsse Ghibè und Kusaro (s. d.).

Hal-el-Uëd (Ahl-el-Ued), Volksstamm in der alger. Prov. Oran, 6 km nordwestl. von der französ. Kolonie Lamoricière; 3420 Köpfe auf 31336 ha.

Halenga, Stamm der Taka (s. d.); vergl. Agasi.

Halenga, s. Mareb.

Halevy, Joseph, zu Adrianopel am 15. Dezbr. 1827 geboren, bereiste 1868 von Massaua aus das nördliche Abessinien („Essai sur la langue Agaou, le dialecte des Falachas"; 1873).

Halfah, Ort in der ägypt. Mudirie Esna, Distr. Halfah.

Halfaïa, s. Halvaï.

Halg-el-Uâd (d. h. „Schlund des Flusses"), s. Goletta.

Hall, Henry, seit 1843 als Ingenieur in der Kapkolonie ansässig, fand bei der Errichtung des militär. Postens am Grossen Fischflusse Beschäftigung und benutzte diese Gelegenheit zu ausgedehnten Aufnahmen längs derselben. Er kehrte 1860 nach England zurück, und machte sich durch Artikel über die Kapkolonie vorteilhaft bekannt. Er starb anfangs 1882 in London.

Hallabah, Ort in der ägypt. Mudirie Kaliubieh, Distr. Kaliub.

Hallenga, s. Halenga.

Hallufa (Bu-Hallufa), Duar in der alger. Prov. Oran, im Bezirk von Mostaganem, 18 km nordwestl. von Inkermann, am Südhange des Dahra (Djebel Rochda, 664 m); 1868 errichtet; 1570 Köpfe auf 8303 ha.

Hallula, kleiner See oder vielmehr Sumpf in der alger. Prov. Algier.

Halluja, Volksstamm in der alger. Prov. Oran, 45 km südöstl. von Inkermann, vom Riu (Zufluss des Scheliff) durchschnitten; 4650 Einw. auf 15879 ha.

Haluan (Ägypten), s. Heluan.

Haluan (Halluan, Bu-H.), Volksstamm in der alger. Prov. Algier; östlich von Miliana, an der Eisenbahn von Algier nach Oran; seit 1866 ein Duar mit 2170 Köpfen auf 8945 ha.

Halvaï (Halvaïa, Halfaïa), Dorf im ägypt. Sudan, am rechten Ufer des Nils, zwischen dem 6. Katarakt (von Gerri) im Norden und der Stadt Chartum; 4000 Einw. Von H. bis Chartum ist wüstes Land.

Hamache (El-), Ruinenstätte in der alger. Prov. Constantine, an der Strasse von Tebessa nach Aïn-Khenchela.

Hamada, s. Hammada.

Hamadu, s. Ahmadu.

Hamadena, Duar in der alger. Prov. Oran, in der Ebene des Scheliff, an der Bahnlinie Algier-Oran; 1867 errichtet; 2200 Einw. auf 8746 ha.

Hamaïm (Amaïm), ein Stamm der ägyptischen Araber, in der Nähe und im Norden der grossen Oasn umherschweifend.

Hamakah, Ort in Ägypten (Mudirie Dakalieh, Distr. Mit-Samannud).

Hamar, Stamm der Baggara (s. d.) am weissen Nil.

Hamama (Hamamma, Hamema), grosses Nomadenvolk im südl. Tunisien, das wichtigste der Regentschaft.

Sie bewohnen das nördliche Gestade der grossen Schotts Djerid und Gharba, zwischen dem Golf von Gabes im Osten und der algerischen Grenze im Westen. Sie erstrecken sich im Norden jenseits der Oase von Gaffa bis zum Gebiete der Fréchich. Sie erkennen die Oberhoheit des Bei von Tunis nur nominell an.

Hamara (Hamra, Hamora), der eingebürtige Name der Völkerschaft der Lasta-Agau im nördl. Abessinien. Von ihnen leitet die Provinz Amhara (im südl. Abessinien) ihren Namen her.

Hamarua (Hama oder Mure), Stadt im Reiche Sokoto (Zentralsudan), in der Provinz Kalam, 185 km südöstl. von Yakuba; von Fulahs bewohnt.

Hamasan, nördlichste Provinz Abessiniens mit der Hauptstadt Dobarua (s. d.). Auf dem 300 m hohen Plateau von H. entspringen der Mareb (s. d.) und der Anseba (s. d.).

Hamba, ein Zufluss des Quango.

Hambé, einer der 7 Distrikte von Benguela (s. d.).

Hamd-Allahi (Hamdu-Allahi), Stadt im Reiche Massina (westl. Sudan), etwa 300 km nordöstl. von Segu-Sikoro und 440 km südwestl. von Timbuktu, unfern dem Zusammenflusse des Bakhoy mit dem Niger.

Hamdan (Bu-Hamdan), berberischer Volksstamm der alger. Prov. Constantine, 18 km von Guelma, am Uëd Zenati; 1869 zu einem Duar geformt (1875 Köpfe auf 8398 ha)

Hamdo, Gipfel des abessinischen Hochlandes, an dem bogenförmigen Südrande desselben (3456 m).

Hamdu, Ort in der nubischen Wüste (Ägypten), durch einen Höhenzug vom Roten Meere und von der Stadt Sauakin geschieden; seit 1865 zu Ägypten gehörig; bedeutender Handel nach Berber am Nil.

Hamdu-Allahi, s. Hamd-Allahi.

Hamed, Ksor der Tuat-Oase Tsabit, gerade inmitten derselben gelegen.

Hamedo, Thal im Gebiete des Mareb, 1350 m über dem Meere.

Hameg, ein den Kadalo benachbartes Negervolk.

Hamel (Uled-Hamel), Volksstamm in der alger. Prov. Oran, östlich von Sebdu, an der Grenze zwischen dem Tell und dem Hochplateau.

Hamel-Cheura (Chorfat-el-Hamel), Volksstamm in der alger. Prov. Algier, 10 km südwestl. von Bu-Saada; 1440 Köpfe.

Hamer, Dorf in der Tuat-Oase Tamest.

Hamerkop nennen die Boeren Südafrikas einen kleinen Watvogel (Scopus umbretta), der auch im übrigen Afrika häufig vorkommt und die kleinen Wasserläufe, sowie die Lachen versiechender Bäche frequentiert.

Hamian (Hamyan, Hameyan), Name mehrerer Volksstämme in der alger. Proz. Oran. Der bedeutendste derselben wohnt auf dem Hochplateau, 60 km südl. von Sebdu, 100 km südl. von Tlemssen. Die H.-Chaffa oder H.-Gharaba („westlichen H."), 2405 Köpfe (4 Teilstämme), wohnen in den befestigten Dörfern: Asla, Aïn Sfisifa, Aïn-Safra und Tiut Die ihnen benachbarten H.-Djembaa (11 Teilstämme) zählen 3620 Köpfe. — Die am rechten Ufer des Sleg (oder Mekerra) im Distrikt Sidi-bel-Abbes wohnenden H. sind seit 1867 zu einem Duar (655 Köpfe auf 13807 ha) geformt. — Die in der Arzeu (zwischen dem Meere, dem Sumpf der Nacta und dem Walde von Muley-Ismaël) wohnenden H.-el-Melah zählen gegen 1000 Köpfe.

Hamidech (Uled-Hamidech), Duar in der alger. Prov. Constantine, nordwestl. v. Collo, auf dem hohen Littorale des Kap Bougiarone; von Berbern bewohnt; 330 Einwohner auf 2366 ha.

Hamise (Uëd-el-Khemis), kleiner Küstenfluss in der alger Prov. Algier: entspringt im metidjischen Atlas, tritt als Uëd-Arbatache in die Ebene Fonduk und ergiesst sich in die Bucht von Algier zwischen dem Fort de l'Eau und Natifou.

Hamla (Uled-Si-Hamla), Volksstamm in Algerien.

Hamma (das Azimacia der Römer), kleiner Ort in der Bannmeile von Constantine (Algerien), am südöstl. Hange des Berges Bergli, am rechten Ufer des Uëd-el-Kebir oder Rummel; 2865 Einw., davon 263 Europäer; warme Quellen.

Hamma (El-Hamma), 1) Ortschaft in der alger. Prov. Constantine, am südlichen Hange des Djebel Afgar, an der Grenze des Hodna; mit Mineral-Quellen und römischen Ruinen. — 2) Oase des südlichen Tunisiens im Beled-el-Djerid, 8—10 km nordöstlich von Tozer (aus vier Dorfschaften bestehend, deren Palmbäume von sechs Quellen bewässert werden).

Hammada heisst die steinige, wasserlose Fläche, welche der Sahara im Westen des Ahaggarlandes bis an den Ozean, Senegal und Niger eigentümlich und durch Dünenregionen eingeteilt ist. Sie hat in der Regel eine doppelt so grosse Seehöhe wie die Lage der Dünen.

Hammam (El-), 1) Duar der alger. Prov. Algier, nordöstlich von Miliana, an der Strasse von Algier; 1868 errichtet; 1135 Bewohner auf 9067 ha. — 2) Ruinenstätte und warme Quellen in der alger. Prov. Constantine, 196 km südwestlich von Constantine, an der Strasse von Batna nach Biskra (das Aquae Herculis der Römer). —3) (Uled-el-H.), Volksstamm in der alger. Prov. Oran. — 4) Ruinenstätte im westlichen Tunisien, etwa 60 km nordöstl. von Tebessa; mit warmen Quellen.

Hammama (Hamama), s. Hammema.

Hammam-Anegued (Immadalan), Schwefelquelle in der alger. Prov. Algier, in der grossen Kabylie, am Uëd-el-Hammam, welcher sich östlich vom Kap Corbelin in das Mittelmeer ergiesst.

Hammam-Berda, s. Heliopolis.

Hammam-Bu-Ghara, warme Quelle und Bad in der alger. Prov. Oran, 12 km nordöstl. von Lella Maghnia, 42 km östl. von Tlemssen, an der Tafna.

Hammam-Bu-Halluf, warme Quelle in der alger. Prov. Constantine, in der Gegend von Djemila am nordwestl. Hange des Medjada-Berges.

Hammam-Bu Hanefia, warme Quellen und Badeort in der alger. Prov. Oran; 20 km südwestl. von Mascara, an der Strasse von Sidi-bel-Abbes.

Hammam-Bu-Sellam, Quellen in der alger. Prov. Constantine, 20 km südwestl. von Setif, in der Nähe des linken Ufers des Bu-Sellam (linksseitigen Zuflusses der Bougie).

Hammam-Bu-Thaleb, warme Quellen in der alger. Prov. Constantine, südlich von Setif.

Hammam-Cheniur (Hammam-Uëd-Cheniur), Quellen in der alger. Prov. Constantine, südlich von Guelma.

Hammam-Darradji, Ruinenstätte des nördlichen Tunisien, an einem linksseitigen Zuflusse der Medjerda, untern der alger. Grenze.

Hammam-des-Biban, Quellen in der alger. Prov. Constantine, nahe der Strasse von Algier nach Constantine.

Hammam-el-Enf, s. Hammam-el-Lif.

Hammam-el-Hadjar, Dorf in der alger. Prov. Oran, zwischen dem Rio Salade und den Ausläufern des Tessala (1063 m), östlich von der Strasse von Oran nach Tlemssen.

Hammam-el-Hout, Dorf in der alger. Prov. Oran, 10 km nördl. von Tlemssen, nahe der Strasse von Nemours.

Hammam-el-Lif (Hammam-el-Enf), Flecken im nördl. Tunisien, 15 km südöstl. von Tunis; Station der Eisenbahn von Tunis nach Sûs; warme Quellen.

Hammam-es-Salahin, s. Hammam-Ksenna und Hammam-Salahin.

Hammamet, ummauerte Stadt im nördlichen Tunisien, 71 km südöstl. von Tunis, am linken Ufer des Golfs von Hammamet; Station der Eisenbahn von Tunis nach Sus; 3000 Einw. (36° 23′ 37″ nördl. Br., 8° 17′ 23″ östl. L.).

Hammamet, Golf von, an der tunisischen Ostküste; eine schmale flache Nehrung, aus welcher der Felsen von Herkla (im Altertum Horrea Caelia) aufragt. Er trennt den langgestreckten, im Sommer ganz austrocknenden See El-Dscheriba vom Meere. Hier lag das Hadrumetum des Altertums.

Hammam-Guergour, s. Hammam-Sidi-el-Djoudi.

Hammam-Korbes (auch bloss Korbes), Dorf im nördl. Tunis, am nördl. Ufer des Golfs von Tunis, auf der Halbinsel des Kap Bon; 500 Einw.

Hammam-Ksenna, warme Quellen in der alger. Prov. Algier (auch „Hammam-Uennugha“ oder „Hammam-es-Salahin“ genannt), östlich von Aumale.

Hammam-Melouan, Duar in der alger. Prov. Algier, im Atlas, südwestl. von Rovigo, an beiden Ufern des Küstenflusses Harrach (1868 errichtet; 1910 Bewohner auf 7745 ha),

Hammam-Meskhoutin, Dorf in der alger. Prov. Constantine, 16 km südwestl. v. Guelma, Station der Eisenbahn von Bona nach Constantine; berühmte Quellen.

Hammam-Nbaïl-Nador, Ort in der alger. Prov. Constantine, am Fuss des Nador-Berges, an der Seybouse und ihrem Zufluss, dem Uëd Melah; an der Strasse von Guelma nach Suk-Harras; warme Quellen.

Hammam-Ouennougha, s. Hammam-Ksenna.

Hammam-Rirha (oder Righa), Dorf in der alger. Prov. Algier, 26 km südöstl. von Miliana.

Hammam-Salahin (Hammam-es-Salahin), warme Quellen und Badeort in der alger. Prov. Constantine, 6 km nördlich von Biskra, am Fusse des Berges Sfa.

Hammam-Sidi-Aït, Ort in der alger. Prov. Oran, unfern von Hammam-bu-Hadjar; alkalische Quellen.

Hammam-Sidi-Ali-ben-Youb, Dorf in Algerien.

Hammam-Sidi-bel-Kheir, Dorf in der alger. Prov. Oran; im Tafna-Thale.

Hammam-Sidi-Djaballah, warme Schwefelquellen in der alger. Prov. Constantine, südöstlich von Bona.

Hammam-Sidi-el-Djoudi, Ort in der alger. Prov. Constantine, 40 km nordwestl. von Setif, in den Gebirgen Guergour (auch „Hammam-Guergour“ genannt).

Hammam-Sidi-Trad, Bäder in der alger. Prov. Constantine, südöstlich von La Calle, nahe der tunisischen Grenze.

Hammam-Sidi-Yahia, Ort in der alger. Prov. Constantine, im Thale des Bu-Sellam; Schwefelquellen.

Hammamra (El-), auch „Bu-Haouch“ genannt, Duar in der alger. Prov. Constantine, einige km nördlich von Aïn-Beïda (1870 errichtet, 13 933 ha; 1185 Bewohner).

Hammam-Uled-Ali, warme Quellen in der alger. Prov. Constantine, 12 km von Guelma.

Hammam-Uled-Messaud, Ort in der alger. Prov. Constantine.

Hammam-Uled Zeïd, warme Quellen und Bäder in der alger. Prov. Constantine, 20 km nordöstl. von Suk-Harras; an der Strasse von la Calle.

Hammedj, ein Nigritierstamm des Sennar, eine Abteilung der Fundj, denen sie in Kleidung und Lebensweise nachahmen. Sie sind teils heidnisch, teils Mohammedaner.

Hammema (Hammama), 1) Volksstamm in der alger. Prov. Constantine, im Südosten von Suk-Harras.

— 2) (El-Hammema), Duar in der alger. Prov. Constantine, 22 km nordwestl. von Setif, an rechtseitigen Zuflüssen des Bu-Sellam (940 Bewohner auf 4911 ha).

Hammou (Uled-Hammour), Volksstamm in Algerien.

Hammouida (Amouïda), Fluss in der alger. Prov. Algier, entspringt auf dem Senalba, bildet die Feïd-er-Ral-Lagune, tritt nach Tademit über, schneidet im Mokta-el-Oust die Strasse von Algier nach Laghuat und ergiesst sich nach einer Lauflänge von 175 km unterhalb des Bu-Kahil linksseitig in den Uëd-Djedi.

Hamosa, s. v. w. Gomascha.

Hamr (Hamar), nomadisierender Araberstamm in der El Kadja (den zwischen Kordufan und Darfur sich ausdehnenden Steppen).

Hamra, s. Hamtönga.

Hamran, s. Homran.

Hamsa, kleiner Landstrich in der alger. Prov. Algier im Thale des Sahel; in ihm liegt das französ. Dorf Bordj-Bouira.

Hamtönga (auch Hamra oder Agaunja genannt), die Sprache der Agau. „Sie zerfällt in Dialekte, weicht nach dem wenigen, bis jetzt darüber bekannt gewordenen nicht sonderlich von den übrigen abessinischen Sprachen, namentlich aber vom Amhara, ab und scheint auch verwandtschaftliche Beziehungen zu dem Fundjdialekt von Fagoba oder Dar Gubba zu haben“ (Hartmann).

Hanâdi, ein Stamm der ägyptischen Araber; seitdem ihn die Aulad-Ali (s. d.) aus der Provinz Bahireh vertrieben haben, im Innern des Delta unfern von Koraïa hausend.

Hanakil, s. Hauakil.

Han-Ami, Höhenzug im Namaqualand (Südwestafrika).

Hanan, Ort in der ägypt. Mudirie Charkieh, Distr. El-Kanaïat.

Hanbache, Ort in der ägypt. Prov. Beni-Suëf, Distr. Beba-el-Kobra.

Handafa, Ort in der ägypt. Prov. Beni-Suëf, Distr. Beba-el-Kobra.

Handak, s. Chandak.

Handub, kleiner Hafen des Roten Meeres, südlich von Suakim, auf der Strasse von Tokar gelegen. Er ist mit Suakim durch Bahn verbunden, die bis Berber weiter gebaut werden sollte, aber durch den Krieg des Mahdi ins Stocken geraten ist.

Hanefia, s. Hammam-Bu-Hanefia.

Hanencha (Hannencha), grosser Volksstamm in der alger. Prov. Constantine, an der obern Medjerda; 9200 Köpfe.

Hanfala (Hanfila, Amphila), Bucht an der Danakil-Küste, am Roten Meere, am Fusse des abessinischen Hochlandes, mit einem Dorfe (14° 43′ nördl. Br.); der Portus Antiphili der Römer.

Hangklip, ein südlicher Ausläufer der Stormberge, bei Queenstown (Südafrika), eine 600 m sich aufgipfelnde Felsmasse und weithin als Landmarke sichtbar.

Hank (Ank-el-Djemel), Salz-See in der alger. Prov. Constantine, 75 km südlich von Constantine, zwischen Batna und Aïn-Beida; 8—10 km lang, ziemlich ebenso breit.

Hankey, kleiner Ort in der englischen Kapkolonie, 4 km nordöstlich von Humansdorp, am linken Ufer des Gamtoos-Rivier; Stationsort der englischen Missionäre; 1200 Einw.

Hannacha, s. Hanencha.

Hannencha, s. Hanencha.

Hanno, karthagischer Feldherr und Suffet, unternahm in der Blütezeit des karthagischen Staats auf den Befehl desselben mit einer starken Flotte (60 Pentekonteren oder fünfzigruderigen Schiffen) eine Handels- und Entdeckungsfahrt von Karthago aus über die Säulen des Herkules an Afrikas Westküste. Er legte zunächst am Kap Soloïs (Cabo Blanco), dann auf der Insel Kerne (Arguin) Kolonieen an, fand weiter südlich die Mündung des Chretes (vielleicht den St.-Johnsfluss), kam dann über die Senegalmündung zum Kap Verde, erschaute hierauf den Berg Theon Ochema (viel-

Blick vom Helenenberge auf den Kamerun.

leicht das Kong-Gebirge), musste aber bei Tynnamata (wahrscheinlich Kap Sierra Leone) aus Mangel an Lebensmitteln umkehren. Von der Beschreibung seiner Fahrt wurde auf Staatsbefehl ein Auszug gemacht, welchen G. im Tempel des Kronos auf einer Tafel weihte. Von dieser ist eine griechische Übersetzung (περίπλους) auf uns gekommen; sie ist eines der ältesten authentischen Denkmäler über die geograph. Kunde des Altertums. Herausgegeben wurde derselbe: 1534 von Gelenius, 1764 von Schmid, 1829 von Kluge, 1832 von Horscher etc.

Hannover, Dorf in der Kapkolonie, Grafschaft Colesberg, am Zeekon (linken Zuflusse des Oranje); 540 Einwohner.

Hansal, Martin Ludwig, zu Gross-Tajax in Mähren am 27. Okt. 1823 als der Sohn eines Häuslers geboren, ward, zum Schulfach erzogen, als Hauptlehrer nach Wien berufen, wo er während seines fünfzigjährigen Wirkens eifrig Geographie und Naturgeschichte trieb. 1853 schloss er sich dem Pater Ignaz Knoblecher an, welcher als Chef der österreichisch-ungarischen, von der verstorbenen Erzherzogin Sophie patronisierten zentralafrikanischen Mission die Stationen in Chartum, Gondokoro und Heiligenkreuz ins Leben rief. H. wurde Sekretär Knoblecher's und Instruktor der Missionsschule für die

Ruinen von Gross-Friedrichsburg (Fort Hollandia).

Schwarzen, lebte als solcher fünf Jahre in Chartum und Gondokoro und unternahm von da aus, der arabischen Sprache mächtig, mehrfach Exkursionen in die Nilländer (1855 mit Kirchner und Peney nach den Manderabergen; 1857 – 58 mit Knoblecher bis zum 4° n. Br.; 1861 mit Heuglin als dessen Sekretär und Dragoman bis Keren; 1874—75 mit Marno nach Gondokoro). H. sprach und schrieb gut arabisch und war auch der Barisprache mächtig. Er bekleidete seit 1875 den österr.-ungar. Konsulatsposten in Chartum, wo er ein kleines Anwesen besass, dessen Wert er selbst auf 6000 Thaler beziffert hat. Während fast alle anderen Europäer aus dem von dem Mahdi seit Jahresfrist bedrohten Chartum sich retteten, harrte H. auf seinem Posten aus, wurde aber bei der Einnahme Chartums (12. Febr. 1885) durch die Mahditen ermordet. — H. hat zahlreiche Berichte in den Petermann'schen „Mittheilungen", den „Mitth. der Wiener Geogr. Gesellsch." etc. veröffentlicht; Th. Kotschy teilte nach seinen Briefen „Umrisse aus den Uferländern des Weissen Nils" mit (1858); H. selbst gab 1856 „Briefe aus Chartum in Zentralafrika an F. K. Imhof“ heraus (1856).

Hanssen, Capitän der belgischen Armee und Mitglied der Stanleyschen Expedition, wurde 1883 auf der Reise von der Station Manjanga nach dem Niari, dem Nebenflusse des Kuilu, von den Eingeborenen erschlagen.

Hanssens, Kapitän, wurde von Henry Stanley 1884 mit einer Expedition von 3 Adjunkten und 50 teils sansibarischen, teils eingeborenen Dienern, ferner 3 Dampfbooten und 2 Walfischbooten, nach dem oberen Kongo ausgesandt, um die praktischen Resultate der am 20. Jan. 1884 beendeten 149 tägigen, mit Errichtung der Stationen Lonkolûla und Stanleyfalls geschlossenen zweiten Kongofahrt Stanleys im Interesse der Belgischen internationalen Association zu verwerten. H. schiffte sich am 25. März 1884 ein; die Fahrt zwischen Stanleypool und der Äquatorstation ging glatt von statten (in Kwamouth, Bolobo, Lonkolûla und am Äquator wurde er freundlich aufgenommen und die Association anerkannt). In Station Mtonsa traf H. mit de Brazza-Savorgnan zusammen und in Ngonda, zwischen Lonkolûla und dem Äquator, errichtete H. eine neue Station. Im Mai kam H. zu den gefürchteten Bangala-Stämmen, fand aber auch bei ihnen freundliche Aufnahme, erhielt ein Gebiet abgetreten und errichtete dort eine neue unter Leutnant Boquilhat's Befehl gestellte Station. 130 km weiter stromauf, noch im Gebiet der Bangalas, stiess H. auf die Einmündung des nordöstlich strömenden Ugala (mittlere Breite 600 m), der aus einem 15 Tagereisen entfernten See Bonkumba entspringen soll und auf dessen linken Ufer, nahe seiner Mündung in den Kongo, das bedeutende Dorf Molika liegt. Hierauf befuhr H. 75 km weit den durch Stanley entdeckten, ebenfalls nordöstlich strömenden Itimbiri (Mbulu oder Bulumbu), dessen Breite zwischen 400 und 800 m variiert, und dessen linkes Ufer ausserordentlich bevölkert ist. H. stellte die Existenz von 4 wichtigen Gebieten, am rechten Ufer Itembo, am linken Ufer Bonsembi, Libuki und Bumbumi fest. Itembo liegt stromaufwärts am Zusammenfluss des Itimbiri und Kongo, und ist von dem Yankooné-Stamme angehörigen Eingeborenen bewohnt; hier hielt sich H. länger auf und vollzog mit dem Häuptling Mulingi den Blutaustausch. Er fand den ganzen Teil des Kongolaufs auf dem nördlichen Ufer zwischen den Zuflüssen des Nzala und des Mbula ausserordentlich bevölkert und überall lebhaften Handel in Elfenbein und Sklaven. Der Zusammenfluss mit dem Arruchonimi wird auf beiden Ufern durch den Basokostamm, mit welchen schon Stanley 1877 so schwere Kämpfe zu bestehen hatte, bewohnt. Aber auch hier wurde H. freundlich aufgenommen, verweilte vom 21.—25. Juni und erhielt Gebiet zur Errichtung einer Station angewiesen, in welcher er einige Haussas zurückliess. Die Basokos geben dem Strome den Namen Ubingi. In betreff des Arruchouimi stellte H. fest, dass dieser gewaltige Strom in dem Teile seines Laufes, wo sich der Ubingi ergiesst, der Kongo selbst ist. Über Mayumbé, nachdem er auch die Waganya besucht, kam er am 3. Juli nach Stanleyfalls und traf am 6. August nach 136 tägiger Abwesenheit und nachdem er eine Strecke von 1700 km durchzogen, in Stanleypool wieder an. — Kurz darauf unternahm er, abermals von zwei Adjunkten begleitet, eine zweite Fahrt nach dem Ober-Kongo und schloss neue Verträge und Landabtretungen ab. Mitte Dezember kehrte er zurück, begab sich von Leopoldville nach Vivi, wollte sich am 17. Dezember nach Belgien einschiffen, entschloss sich aber auf Bitten des Generalverwalters de Winton, noch länger am Kongo zu bleiben, und starb, 42 Jahre alt, am 27. Dzbr. in Vivi (der 17. Agent der Association, der am Kongo verstorben ist).

Hantam, 1) Hantam-West: Plateauland des Kaplandes, der westliche Rand der grossen Karroo; bildet einen Teil der Grafschaft Calvinia; auf ihm entspringt der Hantam-Fluss, der in den Olifant-Rivier mündet. — 2) Hantam-East (oder New-Hantam), Gebirgslandschaft in der Grafschaft Albert.

Hanun, Ort in der ägypt. Prov. Gharbieh, Distr. Zifta.

Hanut, Ort in der ägypt. Mudirie Charkieh, Distr. El-'Arein.

Hanyane (Panyame), Fluss im Matebele-Reich

Haquas, ein östlicher Zufluss des Chor Baraka.

Harab-Dunya, ein Dorf in der Nähe von Charkodj am blauen Nil. Hier starb de Pruyssenaere. Es ist der Sitz eines berühmten Schriftgelehrten und als solcher das Centrum von mohammedanischen, aber gleichzeitig den türkischen wie den christlichen Einfluss hassenden Fanatikern.

Harâbi, ein Stamm der ägyptischen Araber, in der Nachbarschaft von Fayum hausend.

Harakta, grosser Volksstamm auf dem Hochplateau der alger. Prov. Constantine, in den weiten Ebenen um Aïn-Beïda. Er zerfällt in mehrere Teilstämme, gehört eigentlich zu der grossen Völkerschaft der Hawara, ist aber stark mit arabischen Elementen durchsetzt, und zählt im ganzen 33000 Köpfe, die über 496082 ha verstreut sind. Sie wurden 1870 in die folgenden 20 Duars gesondert: Aïn-Babuch, Aïn-Diss, Aïn Snob, Aïn-Thuila und Ksar-el-Kebb, Aïn Situn, Baghaï oder Baraï, Bu-Hauch oder El-Hammamra, Dalah, Fkrina, El-Goure, Guern-Amar, El-Hassi, El-Mechtal oder Meskiana, Medfun, Mesluln, Muladhein, Mtussa, Uled Nini, Uessah, Rahia, Ras-Zebar, Sidi-Regheiss, Terraguelt, Tusseline, El-Zerg oder Uëd Cherf. — Im Nordosten von Batna, in der fruchtbaren Ebene vor Mader und an den Ufern des Salz-Sees Djendeli, wohnen die H.-el-Mader, welche in die vier Duars: Herman, Uled-Atsman, Uled-Budjemah und Uled-Saïd, zerfallen. — Die Harakta-Djerma-Guebala, 10 km nordöstl. vom Batna-Flusse, bilden seit 1865 einen Duar, desgleichen westlich von ihnen die H.-Djerma-Dahra.

Härär (Harar, Harrar, Adar), Stadt im nördlichen Afrika, ehemals die Haupstadt eines kleinen muselmännischen Staates, zwischen den Somali im Osten, den Afar oder Danakil im Norden, den Gallas oder Ilmorma im Westen und Süden. Die gewöhnliche Benennung unter den Einwohnern der Stadt selbst ist Hararghe (ein Name, der auch unter den Abessiniern im Gebrauch ist); die Somali sagen Adar, die Galla Adare; Harar oder Harrar ist die bei den Danakil und Arabern beliebte Form. Die Ägypter besetzten H. im Jahre 1875; seitdem ist die Stadt in ihrer Macht verblieben. Härär wurde bis jetzt eigentlich nur durch den Kapitän Burton 1854 besucht (1884 auch von Paulitschke). Es ist 350 km westsüdwestlich von Berbera, 280 km südwestl. von Seila und 280 km östlich von Ankober entfernt und nach dem Messungen des ägyptischen Offiziers Mohammed Mokhtar Bei in 9° 22′ 48″ n. Br., 40° 0′ 6″ östl. L. gelegen, in 171 m Höhe, von einem Steinwall umgeben, welcher von krenelierten Türmen flankiert wird; zählt 9560 Häuser, 346 Hütten und 3500 Einwohner. — Die Bewohner der Stadt H. sprechen eine besondere Mundart („Harari" genannt); Burton gab über diese ein kurzes Vokabulär (1854) heraus.

H. ist in der Hauptsache eine Handelsstadt, ein grosses Magazin für die Völkerschaften des Innern. Karawanen aus Abessinien, dem Gallalande etc. ziehen zu ihr hin; sie selbst entsendet deren nach Berbera und Seila. Bevor die Ägypter H. besetzten, waren übrigens die H. umwohnenden Gallastämme (im Norden die Nolli und die Garsi; im Nordosten die Barteri und die Barsube; im Osten die Guirri und die Babuli; im Süden die Uburra, Ittu-Scherscher und Alla, zusammen gegen 870000 Köpfe) die Herren der Karawanenstrassen und erhoben sehr hohe Tribute.

Hararah, Ort in der ägypt. Mudirie Beherah, Distr. El-Delingat.

Harartsa, Duar der alger. Prov. Oran, ca. 15 km nordöstl. von Relizane, Station der Bahnlinie Algier-Oran; 1545 Einwohner (5440 ha).

Harawat, Duar in der alger. Prov. Algier, 24 km südwestl. von Miliana, nördlich von Amrunat (25000 ha, 1870 Eingeborene).

Haraza, Provinz Kordofans; 7 Dörfer und 2000 Einw. (Prout). Auf dem Djebel H. wohnt eine Kolonie von Danagla, die aus Debbeh am nubischen Nil stammen (Lejean).

Harb, ein kleiner Teilstamm der ägyptischen Maaseh (s. d.), auf der Strasse von Kosseir nach Keneh umherstreifend.

Harbachante, Ort in der ägypt. Mudirie Minia, Distr. El-Fachn.

Harbit, Ort in der ägypt. Prov. Charkieh, Distr. El-'Arein.

Harchawa (Archawa), Berberstamm der alger. Prov. Algier, südwestl. von Dra-el-Mizan, in der Grossen Kabylie; 1750 Köpfe. Ihr Hauptdorf ist Bu-Harun (oder Ben-Hanrun).

Harchun, Duar in der alger. Prov. Algier, 10 km südöstl. von Orleansville, am Uëd H. (der in den Uëd Fodda und mit diesem in den Scheliff fliesst); 1868 errichtet (9560 ha, 1960 Einwohner).

Hardveld, gebirgiger Landstrich im Kaplande, erstreckt sich am westlichen Littorale desselben, nördlich vom Olifant-River, und gehört teils zum Distrikt Clanwilliam, teils zu Klein-Namaqua-Land. Es ist eine dürre nackte Gegend, die zur Straussenzucht trefflich geeignet ist; sie wird von der Strasse durchschnitten, welche vom Kap zu den Kupferbergwerken von Namaqualand führt.

Haret-el-Feng, das Frankenviertel in Kairo (auch Muski genannt); Haret-el-Yahud, das Judenviertel; Haret-el-Tulum, das älteste Stadtviertel, im Süden der Stadt; Haret-en-Nassrah, das Koptenviertel von Kairo.

Haria (Aria), Stadt auf der kanarischen Insel Lanzarote; 3205 Einwohner.

Harkiko, s. Arkiko.

Harmaz (oder Sahon), in Abessinien Benennung für Elefant.

Harnich (Hanich oder Arroë), kleine Inselgruppe im nördl. Teile des Roten Meeres, nordwestlich von Moka. Sie besteht aus drei grösseren und zahlreichen kleineren Inseln, welche vom Kap Tirmeh im Süden (an der Danakilküste) bis oberhalb des 14. Grades nördl. Breite sich erstrecken. Die nördliche Insel (Djebel Sugur) wird durch den 14. Grad fast in 2 gleiche Hälften geschieden. Südlich von ihm liegt die Insel Klein-H. (11 km gross), im Südwesten von dieser Gross-H. oder Arroë (15 km lang, 5 km breit), Die Inseln sind vulkanischen Ursprungs, sehr schwer zugänglich und bieten der im Roten Meer jetzt so rege entfalteten Schiffahrt grosse Gefahren. Sie sind sämtlich wüste Steinkuppen, die nur einen spärlichen Graswuchs zeigen und ein paar Ziegenherden ein kümmerliches Dasein fristen.

Harnier, Wilhelm von, zu Eckezell in Hessen-Darmstadt 1836 geboren, diente als Offizier in der hessischen Armee, begab sich 1856 aus Gesundheitsrücksichten nach Ägypten, reiste in Syrien und besuchte 1859 von Chartum aus den Blauen Fluss und Dender. Im Juli 1860 unternahm er einen Ausflug nach dem Weissen Nil, starb aber am 23. Nov. '61 unweit von Gondokoro unter den Hufen eines Gosch (Wildbüffels). Sein Bruder Adolf veröffentlichte nach seinen Tagebüchern 1866 „W. v. Harnier's Reise am obern Nil" (in Bezug auf Illustration das wertvollste Werk über die mittlern Nilländer).

Harrach, 1) kleiner Küstenfluss in der alger. Prov. Algier, entsteht im Südosten von Blidah aus verschiedenen, vom metidjischen Atlas herabfliessenden Bächen, durchfliesst wilde Thalschluchten, tritt in die Metidja-Ebene ein, die er von Süd nach Nord durchfliesst, nimmt hier den Uëd Djema auf und mündet nach einer Lauflänge von etwa 70 km in den Busen von Algier.

— 2) (El-Harrach), Berberstamm der alger. Prov. Constantine, am rechten Ufer des Bu-Sellam. Sie sind 7155 Köpfe stark und zerfallen in die folgenden Teilstämme: Msita, Tisert, Agemun, Beni-Mohali oder Moali, Aït-n-Mauch, Aït-Khiar, Adjissa, Truna und Immulà (die letzteren am Fuss des Adraru und am rechten Ufer des Sahel).

Harrar (Harar), grosser Volksstamm der alger. Prov. Oran, auf dem Hochplateau, das sich vom Scheliff bis zum nördlichen Grossen Schott einerseits und bis zu den Tiaret benachbarten Bergen (von denen der Nahr-el-Uassel, Zufluss des obern Scheliff, und die Mina, Zufluss des untern Scheliff, herabfliessen) erstreckt. Dieses Nomadenvolk teilt sich in die östlichen (Cheraga) und die westlichen (Gharaba) H. Die ersteren zählen 12–13000 Köpfe und zerfallen in fünfzehn Teilstämme (Uled-Sidi Khaled, Uled-Kharrubi, Uled-Lakhed, Uled-Bu-Rennane etc.); die anderen zählen etwa 3300 Köpfe und zerfallen in fünf Teilstämme, deren grösster die Uled-Sian-Gharaba sind.

Harrar-du Cheliff, Duar der alger. Prov. Constantine, an den beiden Ufern des Scheliff (1866 errichtet auf dem Gebiete des Harrar-Stammes); 1880 wurde hier das Dorf Kherba gegründet.

Harras (Abu-), siehe Abu-Harras.

Harassawa, Ortschaft auf der Route von Birni-n-Kebbi nach Sokoto.

Harrira, Oase in der alger. Prov. Constantine, am Uëd Ris, etwa 15 km nordwestl. von Tuggurt; 17000 Palmbäume.

Harrogo, Distrikt des östl. Lattukalandes.

Harrusch (El-), s. Arrusch.

Harrysmith (Vreededorp), Ansiedelung im Oranjefluss-Freistaat, am Vaalfluss in reicher Ackerbaugegend gelegen; mit Bloemfontëin durch eine Strasse (über Wienburg) verbunden (Weglänge 2½ Tage).

Hart, R. C., nahm im April und Mai 1881 im Auftrage des Gouverneurs der Goldküste eine Karte des Prahflusses auf (in den „Gold Coast Affairs of the Gold Coast and threatened Ashanti invasion"; Aug. 1881 veröffentlicht).

Hartley Hill, neue Niederlassung der Engländer im Matabele-Lande (18° 31′ s. Br., 30° 49′ ö. L.), 1157 engl. Mln. von Pietermaritzburg, 3079 Fuss hoch.

Hartmann, Robert, zu Blankenburg im Harz am 8. Oktober 1832 geb., seit 1867 als Professer der Anthropologie an der Universität in Berlin thätig; begleitete im Jahre 1859—60 den Freiherrn A. v. Barnim auf seiner nordostafrikanischen Reise (siehe Barnim). Ausser der Beschreibung dieser Reise veröffentlichte H. zahlreiche vortreffliche Aufsätze (in geographischen Blättern) und Bücher über Land und Leute im dunklen Erdteil: „Naturgeschichtlich-medizinische Skizze der Nilländer" (1865—66); „Die Nigritier" (1876 ff.); „Die Völker Afrikas" (1879); „Abessinien und die übrigen Gebiete der Ostküste Afrikas" (1883); „Die Nilländer" (1883) u. a.

Harudj, 1) (Djebel-), Berg in Tripolitanien. Südwärts von ihm nimmt die Wüste ihren Anfang.

— 2) (schwarzer und weisser), s. Ahaggar.

Harun (Beni-), Landgebiet in der alger. Prov. Constantine, etwa 15 km nördlich von Mila, an der Strasse von El-Milia (6515 ha, 2540 Einw.).

Hasaba, eine Kabile (Stamm) der Afar oder Danakil (Ostafrika); s. Afar.

Hasbin, Sebcha (Salz-See) in der alger. Prov. Constantine, im Bezirk Setif; 1340 ha gross.

Haschbirri, nomadisierender Beni-Amerstamm, hat seine Weideplätze in den östlich der Berggruppe Gulsa bis zum Basalande sich hinziehenden Ländereien (ägypt. Prov. Taka).

Haschaïch (Aschekh), s. Anyad.

Haso, s. Schoho.

Hasorta, s. Schoho.

Hassaïnia, Duar der alger. Prov. Oran, südlich von Mostaganem (1867 errichtet, 7369 ha, 1500 Einw.). In seinem Gebiet wurde das Dorf Sirat errichtet.

Hâssam, Bach in Abessinien, s. Adowa.

Hassama (Sus larvatus), s. Larvenschwein.

Hassan, Ort in der ägypt. Prov. Charkieh, Distr. El-Kanajat.

Hassanieh, arabisches (ismaelitisches) Volk, um den Rababat und den Dschalin, nördlich und südlich.

Hassasna (Assassena), Name mehrerer Stämme in der alger. Prov. Oran; sie bilden die Duars: Tilmuni (an der Strasse von Mascara), El-Messabehia und Ben-Auda (in der Bannmeile von Relizane).

Hassein (Beni-), zwei Berberstämme in der alger. Prov. Constantine, in der grossen Kabylie, und ein Stamm in der alger. Prov. Algier.

Hassen (Ben-Ali-Hassen, Ben-Bel-Hassen und Duï-Hassen), Name von drei Volkstämmen in Algerien.

Hassenawa, Duar in der alger. Prov. Constantine, nördlich von Bordj-Bu-Areridj (1868 errichtet, 6392 ha. 1885 Einw.).

Hassesni (Dui-Hasseni), Araberstamm in der alger. Prov. Algier, im Thale des Nahr-el-Uassel (6328 ha., 1165 Einw.)

Hassi (El-), Duar der alger. Prov. Constantine, in der Nähe von Aïn-Beïda (1870 errichtet, 16042 ha; 1015 Köpfe).

Hassian (Ahl-el-Hassian), Duar in der alger. Prov. Oran, südlich von Mostaganem (1400 Köpfe, 4590 ha).

Hasting, eine der drei Flussstädte in Sierra Leone (die beiden andern sind Wellington und Kissy). Sie treiben den wichtigsten und grössten Handel mit den Europäern an dieser Küste.

Hatsamas, rheinische Missionsstation in Namaqualand.

Hattab (Beni-Bu-H.), Volksstamm der alger. Prov. Algier, südlich von Duperré (925 Köpfe, 7500 ha).

Hatzfeldt, Graf Paul von, am 8. Okt. 1831 zu Düsseldorf geboren und der katholischen Linie seines Geschlechts angehörend, trat nach absolviertem juristischen Studium 1859 zur diplomatischen Laufbahn über und wurde, nachdem er einige Zeit als Gesandtschaftsattaché in Paris gewirkt hatte, zum Legationssekretär ernannt. 1869 in das Auswärtige Amt berufen, gehörte er während des deutsch-französischen Kriegs dem Stabe des Kanzlers an, nahm am Beschlusse des

Friedens Anteil und verblieb bis zu seiner Sendung nach Spanien im Auswärtigen Amt. In Madrid gelang es ihm, seinem Vorgesetzten durch die Entschlossenheit und Selbständigkeit seines Vorgehens Beifall abzugewinnen. Er wurde nach Konstantinopel versetzt, wo es ihm gelang, dem deutschen Einfluss Ansehen zu verschaffen. 1881 wurde er als Staatssekretär in das Auswärtige Amt nach Berlin berufen, und lenkt ganz im Geiste des Reichskanzlers, getragen von der ruhmvollen Tradition Bismarck'scher Staatskunst, die auswärtige Politik des Deutschen Reiches. Als Stellvertreter des Fürsten Bismarck leitete er die Verhandlungen der 1884 zu Berlin tagenden Afrikanischen Konferenz.

Hauakil, grosse Bucht an der afrikan. Küste, am Roten Meer, südlich von der Dahlak-Insel ausgeschwemmt und westlich durch eine kleine Halbinsel von der Ansley-Bucht geschieden. In ihr liegen mehrere kleine Inseln; die grösste derselben trägt den Namen der Bucht.

Hauasch (Hawasch), Fluss im südlichen Abessinien, welcher etwa unter dem 9. Breitengrade in Adda Berga entspringt, in einem weiten fruchtbaren Bogen erst nach Norden, dann nach Osten fliesst, die Landschaft Schoa gegen die freien Gallaländer abgrenzend, dann sich wiederum nach Norden wendet und in der Oase Aosa in den Abhebbad- oder Aosa-See ergiesst.

— 2) Station Dr. Junkers im Lande der A-Barambo.

Haudama, s. Adamaua.

Hauk-el-meheri („Kamels-Kinnbacken"), der höchste Punkt des Djebel Tidikelt.

Hauria (El-), Dorf im nördlichen Tunisien, nahe der Meeresküste, in den Gebirgen des Kap Bon (wahrscheinlich das Hermäum der Alten).

Haussa (Hausa), grosses Land im Sudan; es grenzt im Osten an Bornu, im Westen an den Unterlauf des Niger (den es an mehreren Punkten überschreitet), im Norden an die Sahara, im Süden an ein gebirgiges, noch sehr wenig bekanntes Land, welches an das rechte Ufer des Benuë stösst. Es liegt etwa zwischen 7 und 14° nördl. Br. und 2 und 10° östl. Länge; ist sehr fruchtbar und wohlbewässert. Es bildet heute das grosse Fulah-Reich Sokoto, dessen Hauptstadt Sokoto (von Clapperton Soccatu oder Saccatu genannt) ist. Von anderen grösseren Städten sind: Kano, Zaria, Gober, Gando und Yauri zu nennen.

Der Sultan Bello erzählte Clapperton (1823), dass die Gober (ehemals der edelste und mächtigste Stamm unter der Völkerschaft der H.) aus den Kopten Ägyptens hervorgegangen seien. Man weiss ferner, dass die Gober seit undenklichen Zeiten die grosse malerische Oase Aïr (Asben) im Herzen der Sahara (im Süden von Fezzan und im Norden von Haussa) besetzt hielten, als dieselbe um die Mitte des vergangenen Jahrhunderts (um 1740) durch einen Stamm der Tuareg, die Kelowi, überflutet und erobert wurde, so dass sich der Name Gober heute dort nur noch in einem kleinen, direkt südlich von Aïr gelegenen Landstrich des H.-Reichs findet (H. wird von Aïr durch einen 4—5 Tagereisen breiten Wüstenstrich geschieden).

Eine andere wichtige Eigentümlichkeit in der Ethnologie H.'s ist der Kontrast, in welchem seine Bewohner, obgleich sie die Hauptmerkmale des Negertypus: das Vollhaar und die schwarze Hautfarbe, zeigen, zu den ihnen benachbarten Kanuri von Bornu stehen, welche Neger in der hässlichsten Bedeutung des Wertes sind. Die Schwarzen des H.-Landes dagegen stechen hervor (Barth II, 164 ff.) durch regelmässige Züge und eine angenehme Physiognomie, wie nicht minder durch Intelligenz und Moralität, so dass sie (Waitz, „Anthropologie der Naturvölker“) weniger zu den eigentlichen Negern, als vielmehr zu den Negroïden zu zählen sind. Ihre Sprache ist von dem Kanuri (oder der Bornusprache) durchaus verschieden und hat manche Berührungspunkte mit dem Temasight (oder der Tuaregsprache). Alles in allem zeigen die H. eine bedeutende Überlegenheit über die Negervölker ihrer Nachbarschaft, und zwar als Handelsvolk sowohl wie als Industrielle (Crowther, Notes on the river Niger); „ihre reiche, harmonische Sprache ist die Handelssprache im ganzen muselmännischen Nigritien geworden, und wer sie spricht, wird von der Lagosküste, von Badagry, von Porto-Novo und dem Nigerdelta, in ganz Yoruba und die Ufer des Niger hinauf bis in die Sahara in nördlicher, sowie den Benuë hinauf bis nach Adamaua in östlicher Richtung verstanden.“ Es leben H.-Neger auch in Sierra-Leone, in Cape-Coast-Castle, auf der Südküste der Insel Fernando Po. — Rev. F. Schoen hat eine Grammatik (1862) und ein Wörterbuch (1877) der H.-Sprache in London herausgegeben.

Haussonviller, Dorf in der alger. Prov. Algier, an der Gabelung der Strassen von Algier nach Dellys und dem Fort National.

Haut-Froha, Dorf der alger. Prov. Oran (seit 1879 in Thiersville umgetauft).

Haw, Dorf in Oberägypten, am rechten Nilufer, bei Farchut, gegenüber der Insel Kafr-es-Saïd.

Hawa (Beni-Hawa), Duar in der alger. Prov. Algier, 18 km östlich von Tenes, im Bezirk Orleansville; 1869 errichtet, 12 269 ha, 3280 Bewohner (Berbern).

Hawa, Stämme der Baggara (s. d.) am weissen Nil.

Hawâïtat, Teilstamm der ägyptischen Maâseh (s. d.), zwischen Suez und Kairo zu Hause. Ein Teil von ihnen hat sich in der Provinz Kaliubieh, nördlich und nordöstlich von Kairo (wo sich auch andere Stämme angesiedelt haben) sesshaft gemacht und liegt dem Ackerbau ob.

Hawamed (Hawammed, Uahmed), Volksstamm im nordöstl. Teile der alger. Prov. Algier, östlich von Bu-Saada, südlich vom Hodna-See; 87 257 ha; 1615 Köpfe (seit 1868 zu dem Duar H. vereinigt).

Hawaniëh, ein kleiner Teilstamm der ägyptischen Maâseh (s. d.), in der Wüste umherstreifend (s. Habanieh).

Hawara (Hawra, Huara), 1) arab. Stamm in der alger. Prov. Algier, südl. von Medea, am Djebel Hauara (1199 m). Er trägt den Namen eines grossen, berühmten Berberstammes, der zur Zeit der arabischen Eroberung im ganzen nördlichen Maghreb und in den Gestaden der beiden Syrten verbreitet war und von welchem sich noch zahlreiche Teilstämme im ganzen Norden Afrikas verstreut, in Algerien, Marokko, unter den Tuaregs und vornehmlich in Oberägypten, finden; Duar von 1990 Einw. und 8269 ha.

— 2) Eine der beiden grossen Landschaften, welche die Ebene von Sus bilden, und zwar die südlichere, in nur teilweiser Abhängigkeit von Marokko stehende (die nördlichere trägt den Namen Schtuka).

Hawârah, Berberstamm, aus der Gegend am Syrtebusen, seit langer Zeit in Oberägypten sesshaft und dem Ackerbau obliegend, zum grossen Teil mit den Fellachen verschmolzen.

Hawâret (Beni-), Volksstamm der alger. Prov. Oran, nahe der Grenze des Tell und der Hochplateaus, etwa 33 km südwestl. von Tiaret; 12690 ha mit 1728 Eingeborenen, zu denen die 194 Europäer, welche in Frenda wohnen, gehören.

Hawâret-Eglan, Ort in der ägypt. Mudirie Fajum, Distr. Tobhar.

Hawaret-el-Makta'r, Ort in der ägypt. Mudirie Fajum, Distr. Senures.

Hawasch, s. Hauasch.

Hawasi, s. v. w. Hauasch.

Hawâsin, ein Teilstamm der ägyptischen Maâseh (s. d.), in der Nähe von Kosseir nomadisierend.

Hawasm, ein Stamm der Baggara (s. d.) am Weissen Nile.

Hawâtèh, ein Stamm der ägyptischen Araber, im Fayum hausend.

Hawichat, Ort in der ägypt. Mudirie Gharbieh, Distr. Mehallet-Menuf.

Hawiyah, eine der grossen Abzweigungen des Somal-Volks (Ostafrika).

Hawra, s. Hawara.

Hay, Distrikt von West-Griqualand (bis 1873 Griquatown genannt).

Hayane (Beni-H.). Stamm der alger. Prov. Algier, 1869 zu dem Duar El-Meddad (16797 ha; 3185 Einw.) geformt.

Haydra, s. Haïtia.

Hayen, Duar der alger. Provinz Constantine, etwa 30 km östlich von Djidjelli (1867 errichtet, 1175 Einw. auf 3359 ha).

Hazabra, Duar der alger. Prov. Constantine, südöstlich von El-Arrouch (1864 errichtet, 1284 Einw., 695 ha).

Hazebri, s. Hezebri.

Hazedj, Stamm der alger. Prov. Oran, nordwestl. von Sidi-bel-Abbes, am Uëd Sarno; 1866 in die 5 Duars geteilt: Atmanga, Mahdid, Nemaïcha, Uled-Ghazzi und Uled-Riab (3460 Einw., 18 306 ha).

Hazem (Aïn-Hazem, Azem), Duar in der alger. Prov. Algier, östlich von Aumale (1869 errichtet, 1910 Einw., 16 185 ha).

Healdtown, Stadt in der Kapkolonie, in der nordöstl. Provinz, 13 km östlich von Fort Beaufort; 3845 Einw. Eine der wichtigsten Stationen der protestantischen Missionäre; sie wirbt ihre Jünger besonders unter den Fingokaffern.

Hebantu, Landschaft im Galla-Lande, links von der grossen Spirale des Abaï, an der südwestl. Grenze von Abessinien.

Hebla, Ksor der Oase Tsabit.

Hebron, Ansiedlungsmittelpunkt in West-Griqualand (engl. Kapkolonie).

Hecquard, Hyacinthe, ein algerischer Szpahioffizier, seit 1843 in Senegambien, bereiste 1850—51 vom Gambia aus Futa Djalon und wanderte von dort nach dem Senegal zurück. Die Beschreibung dieser Reise brachte sein Werk: „Voyage sur la côte et dans l'intérieur de l'Afrique occidentale" (1853). Er starb 1866 als Konsulatssekretär in Beirut.

Hedebat, Dorf im Ostsudan, am Blauen Nil, dient der nach dem Gebirge der Fundj führenden Kamelstrasse als Ausgangspunkt.

Hediel, s. Ediel.

Hedja, s. Bérne.

Hedjab oder Grigri heissen bei den Fundj- und Bedjastämmen die dort allgemein im Gebrauch befindlichen, in Leder eingenäheten Zauber- oder Koransprüche, die als Amulette dienen.

Hedjelidj (Zalanites aegyptiaca), Buschart der abessinischen Sambara und südlichen Nilländer, mischt sich mit seinem unschönen Laube selbst dem Hochwald bei. Seine Früchte schmecken nach einem Gemisch von Sirup und schwarzer Seife (Hartmann, „Abyssinien").

Heëlin, ein Teilstamm der ägyptischen Maaseh (s. d.), nordöstlich von Kairo, in der Nähe von Belbeïs nomadisierend.

Hefnah, Ort in der ägypt. Mudirie Charkieh, Distr. Belbeïs.

Hegazah, Ort in der ägypt. Mudirie Kena, Distr. Kos.

Heglig, s. Hedjelidj.

35

Hehia, Ort in der ägypt. Mudirie Charkieh, Distr. El-Sawaleh, in der ägypt. Mudirie Minia, Distr. Kolosna.

Hehiëh, Stadt in Unterägypten, im Nildelta, nordöstlich von Sagasig; Station der Bahnlinie Kairo-Mansurah.

Heidelberg, 1) Dorf in der engl. Kapkolonie, in der südwestl. Provinz (Grafschaft Swellendam), 340 km südöstl. von Cape-Town, an der grossen Strasse, welche nach Port Elisabeth führt; 754 Einw.

— 2) (auch Heidelburg), Stadt im Transvaal-Freistaat, 120 km nordöstlich von Potschefstroom. 1880 (während des Unabhängigkeitskrieges) war H. die Hauptstadt der Boeren. Der Distrikt H. wird im Süden vom Vaalfluss (der ihn vom Oranjefluss-Freistaat scheidet), im Westen vom Distrikt Potschefstroom, im Norden vom Distrikt Pretoria, im Osten von den Distrikten Middelburg und Wakkerstroom begrenzt; viel Viehzucht und Ackerbau.

Heidelberg, Ort im Süden des Transvaalstaates, mit dessen Hauptstadt Pretoria durch eine Strasse verbunden.

Heiligenkreutz, katholische Missions-Station im Lande der Denka (s. d.), unter 6° 46′ n. Br., von Gondokoro aus errichtet, aber schon vor dem Aufstande des Mahdi aufgehoben. Der wesentlichste Nutzen, welchen sie gestiftet hatte, bestand darin, dass sie unsere Kenntnis von den Denkastämmen erweitert hat. Pater Mitterutzner, welcher eine zeitlang Vorsteher der Station war, gab 1866 in Brixen eine deutsche Grammatik der Denkasprache heraus.

Heinrich der Seefahrer, der berühmte Infant Portugals, geboren 1394 als vierter Sohn des Königs Johann I., gestorben 1463, zeichnete sich 1415 bei der Einnahme von Ceuta aus und setzte von Sagres (Algarbien) aus den Krieg gegen die Mauren fort, war von 1416 an rastlos bemüht, die Schiffahrt Portugals zu heben, gründete zu Sagres eine Sternwarte und eine nautische Lehranstalt, berief die tüchtigsten Seeleute und berühmtesten Forscher und Entdecker dorthin, liess den jungen Edelleuten Unterricht in der Astronomie und Schiffahrt geben, rüstete Entdeckungsfahrten aus und wurde hierdurch der Schöpfer von Portugals Grösse. 1418 sandte er Schiffe längs den Küsten der Berberei aus, welche unter Gonzalez Jarco und Tristan Vaz die Insel Puerto Santo und 1419 Madeira entdeckten. 1432 folgte durch Cabral die Entdeckung der Azoren; 1434 gelang es Gil Eannes, das gefürchtete Kap Bojador, an dessen Brandung sämtliche frühere Schiffer umgekehrt waren, zu umschiffen; 1435 drang Affonso Gonzalez Baldaya bis zum Weissen Vorgebirge (Cabo blanco), 1441 in Gemeinschaft mit Nuno Tristão bis zum Grünen Vorgebirge (Cabo verde) und bis Kap Palmas, wohin auch 1445 Diniz Diaz gelangte, nachdem schon 1443 die Insel Arguin südl. vom Cabo blanco gefunden worden war. 1456 entdeckte Cadamosto die Kapverdischen Inseln, den Senegal und Gambia. Kurz vor dem Tode H.s gelang auch noch die Umschiffung des Kap Monserrado. Durch seine glücklichen Unternehmungen — als H. starb, waren ca. 4000 km Küstenlänge, die früher nie einen Europäer gesehen hatten, durch ihn und seine Seeleute befahren worden — hatte er einen Thätigkeitstrieb unter seinen Landsleuten geweckt, welcher denselben während des 15. und 16. Jahrh. einen hohen Rang unter den Völkern Europas verschaffte.

Hela, Ortschaft der Gadibursi, südlich von Zeila, von den Franzosen am 10. April 1884 besetzt.

Heleini, Ort in der ägypt. Mudirie Charkieh, Distr. Belbeïs.

Helen (Mount-), einer der höchsten Piks des Kamerun (9290 Fuss hoch).

Helena-Bai, nahe der Südküste des Kaplandes (33° s. B.).

Helia, Ort in der ägypt. Mudirie Beni-Suef, Distr. Beba-el-Kobra.

Heliopolis, 1) Ruinenstätte in Unterägypten, 10 km nordöstlich von Guelma; unweit vom Dorfe Mataryeh; — 2) kleiner Ort in der alger. Prov. Constantine, nordöstlich von Guelma; 450 Einw.; an dem Uëd-bu-Sba oder Hammam-Berda (auch Hammam-Merdes genannt), an einem Zuflusse der Seybouse.

Hellal (Uëd-Hellal oder Hallaïl, besser Helal), Fluss in der alger. Prov. Constantine, entspringt südwestlich von Tebessa auf dem Aures; fliesst durch das halb Tell-, halb Steppe-Plateau der Nemencha und verläuft sich unter dem Namen Uëd Djerech in den Schott Asludj.

Hellá, Ortschaft am Niger, auf der Fahrt zwischen Rabba und Gomba (Flegel).

Hellet-el-Chandak, s. Chandak.

Hellet-Idris, der Hauptort der Funje am Guleberge; bedeutender Handelsplatz mit jährlich im Mai stattfindender Messe.

Hellet Wad Fadl (auch Tewawa genannt), Dorfschaft in der Landschaft Ghedaref (ägypt. Sudan).

Heluan (Haluan), Dorf in Mittelägypten, am rechten Nilufer, südlich von Kairo, mit welcher Stadt es durch Bahn verbunden ist (Mudirie Gizah, Distr. Kesm-Atfieh).

Helweh, Ort in der ägypt. Mudirie Minia, Distr. Kolosna.

Hemprich, Friedrich Wilhelm, zu Glatz am 24. Januar 1796 geboren, zu Massaua am 30. Juni 1825 am Fieber gestorben, bereiste 1820 in Gesellschaft von Minutoli und Ehrenberg Siwah und Oberägypten, dann bis 1825 mit Ehrenberg allein den nördlichen Teil der Libyschen Wüste, die Sinaihalbinsel und Syrien und 1824 die Küsten des Roten Meeres. Von Massaua aus machte H. mehrere Ausflüge in das Küstengebirge.

Hennaya, kleiner Ort in der alger. Prov. Oran, 11 km nordwestl. von Tlemssen; 942 Einw. (557 Franzosen).

Henni (Beni-), alger. Volksstamm (auch Beni-Yenni genannt).

Henrique, Don, kleine Insel in der Nähe von Fernando Po.

Herbillon (auch Takuch genannt), Dorf in der alger. Prov. Constantine; 40 km nordwestl. von Bona; 280 Einw. (das Tacatua der Römer).

Herdub, Fluss in der Landschaft Taka, mündet in den Mareb (s. d.).

Herenfa, Duar in der alger. Prov. Algier, 18 km nordwestl. von Orleansville, am südlichen Hange des Dahra; 1965 Einw. auf 10221 ha.

Herero (Ovaherero), grosses Volk im südlichen Afrika, der Betschuanen-Familie angehörig. Es hat sich seit mehreren Generationen nach der westlichen Küste (in die Gegend des 20. Breitengrades) vorgeschoben und der besten Landstriche im Lande der Damara bemächtigt. Ihr Gebiet **(Hereroland)** erstreckt sich von der Mündung des Kunene im Norden bis südlich von der Walfisch-Bai; von dort östlich bis nach Rehoboth, wenig nördlich vom Wendekreise des Steinbocks, von Rehoboth zieht sich die Grenze in gerader Linie bis nach Otjimbinde ostwärts; von Otjimbinde biegt sie nördlich ab nach Otjiondarnne am Ovambo-Fluss, läuft dem Ovambo entlang, und nach dessen Einmündung in den Kunene an diesem hin bis zu seiner Mündung (die Portugiesen betrachten jedoch die beiden Mündungsufer des Kunene bis zum Kap Frio im Süden und das ganze Becken dieses Flusses als Dependenz ihrer Provinz Mossamedes).

Die Oberfläche dieses so begrenzten Landes wurde von Palgrave auf 260000 qkm geschätzt. Von diesen sind 50 000 qkm noch unerforschtes Land oder Wüstenei; 90 000 qkm bilden das besonders für europäische Kolonisation ins Auge gefasste Gebiet, der Rest gehört zu zwei Dritteln den Hereros, zu einem Drittel den Damaras. Die Bevölkerungsziffer wird auf 121 000 geschätzt; davon sind 85 000 Hereros, 30 000 Hottentott-Damaras, 3000 Buschmänner, 1500 Namas, 1500 Griquas oder Bastard-Hottentotten, und ungefähr 1500 Europäer. Die Hereros, auch oft „Damaras der Ebene" genannt, sind eine Abzweigung der Betschuanen und gehören mithin der grossen Bantu- oder Kaffern-Familie an. Sie teilen sich selbst in zwei grosse Familien: die Ovaherero (oder westlichen Herero) und die Ovambandyeroa (oder östlichen Herero). Sie sind häufig in Fehde mit den Namaqua: die Ursache hierzu bildet in der Regel der Viehraub, dessen sich die weit ärmeren Namaqua schuldig machen. Bei der durch den englischen Residenten Palgrave getroffenen Grenzregulierung zwischen beiden Völkerschaften waren die Namaquas zu Gunsten eines Hererohäuptlings, Jan. Jonker, übervorteilt worden. Der dumpfe Groll hierüber brach endlich 1880 zum offnen Kampfe aus. Derselbe nahm in der ersten Zeit einen günstigen Verlauf für die Namaquas, welche das Hereroland verwüsteten und grosse Vieh-Raubzüge unternahmen; zuletzt siegten aber die Hereros. Vergl. Duparquet, „Damaraland" (1880); vergl. den Artikel Damara.

Hereroplateau (Kupferminenplateau), die Kette mächtiger, bis zur Höhe von mehr als 2600 m aufsteigender Berggipfel, welche die Hochebene im westlichen Teile von Damara- und Hereroland krönen.

Héricourt, Rochet d', reiste 1838 über Mokka und Adel nach Schoa in Abessinien, verweilte dort, für den Negus Negesti mit der Einrichtung von Zucker- und Pulverfabriken beschäftigt, bis 1845 und bereiste während dieser Zeit das abessinische Reich in verschiedenen Richtungen. Werke: „Voyage sur la côte occidentale de la Mer Rouge, dans le pays d'Adel et le royaume de Schoa (1841); „Second voyage sur les deux rives de la Mer Rouge" (1846).

Hergla, Flecken in Tunisien, 24 km nordwestlich von Sûs, am Gestade des Golfs von Hammamet; Bahnstation der Linie Tunis-Sûs; 1500 Einwohner.

Herkla (das alte Horrea Caelia), s. Hammamet.

Herodot, der berühmte Geschichtsschreiber des alten Griechenland, geboren 484 vor Chr. in Halikarnassos an der Westküste von Kleinasien, hat auf seinen Weltreisen auch Ägypten bis nach Elefantine hinunter, sowie Lybien gesehen. Viele seiner lange bezweifelten Nachrichten über diese wie andere fremde Länder sind durch neuere Reisenden in überraschender Weise bestätigt worden. Beste Verdeutschung in der Langenscheidt'schen „Bibliothek der Klassiker des Altertums" (Berlin 1883 ff.).

Herque (Barranco de), berühmte Thalschlucht mit Guanchen-Gräbern auf der kanarischen Insel Tenerife, zwischen Arica und Guimar.

Herreró, s. Herero.

Herschel, 50. Distrikt der engl. Kapkolonie (östl. [7.] Provinz); 1875: 22664 Einw.

Hertzog, Dorf im Kaplande, nordöstl. Provinz, Grafschaft Stockenstrom, 51 km nördl. von Fort Beaufort.

Hescheïmé (El-), kleinere Oase der libyschen Wüste, zu dem Oasenkomplex El-Gâb el-Kebir gehörig.

Hesiet-Rosnah, Ort in der ägypt. Mudirie Charkieh, Distr. El-Sawaleh.

Hesset-Bermah und Hesset-Chabchir, Ort in Ägypten (Mudirie Gharbieh, Distr. Mehallet-Menuf).

Hesset-Chanchur und **Hesset Chebin**, Ort in Ägypten (Mudirie Menufieh, Distr. Subk).

Hesset-Chubra-Ris, **Hesset-Ebar** und **Hesset-Ekwa**, Orte in Ägypten (Mudirie Beherah, Distr. Chubra-Khit).

Hesset-el-Batanun, Ort in Ägypten (Mudirie Menufieh, Distr. Melig).

Hesset-el-Zarieh, Ort in Ägypten (Mudirie Beherah, Distr. Chubra-Khit).

Hesset-Ficha-el-Soghra und **Hesset-Lebecha**, Orte in der ägypt. Mudirie Menufieh, Distr. Subk.

Hesset-Melig, Ort in der ägypt. Mudirie Menufieh, Distr. Melig.

Hesset-Mit Khakan, Ort in der ägypt. Mudirie Menufieh, Distr. Melig.

Hesset-Takar-el-Hagar, Ort in der ägypt. Prov. Menufieh, Distr. Tala.

Heti, Ort in der ägypt. Mudirie Menufieh, Distr. Subk.

Heufra (Hafra), Ebene in der alger. Prov. Oran, fängt im Westen bei den Mers-el-Kebir-Bergen an und setzt sich in der „andalusischen Ebene" südwestlich vom Nordfusse des Murdjadjo fort. Hauptsächliche Ansiedelungen: Aïn-el-Turk, Bu-Sefer.

Heuglin, Theodor von, einer der verdienstvollsten Afrikaforscher, am 20. März 1824 zu Hirschlanden (Württemberg) geboren, gestorben am 5. November 1876 zu Stuttgart. Nachdem er durch naturwissenschaftliche und sprachliche Studien seinen Geist, durch gymnastische Übungen (Schwimmen, Reiten, Schiessen etc.) seinen Körper vorbereitet hatte, erprobte er (vergl. Embacher, „Reisen und Entdeckungen") seine Fähigkeiten zuerst durch grössere Reisen in Europa, begab sich dann 1850 nach Ägypten, erlernte die arabische Sprache und machte Ausflüge in die Gebirge zwischen dem Roten Meer und dem Nil und ins Peträische Arabien. Im Mai 1852 zum österreichischen Konsulatssekretär in Chartum ernannt, trat er gleich darauf von dort aus mit Reitz eine abessinische Reise an, welche sie zwischen dem Blauen Nil und Atbara zum Teil durch ganz unbekannte Gegenden über Gedaref und Galabat bis Gondar und in die Landschaft Simen führte. An die Stelle von Reitz, der 1853 dem Klima erlag, zum Geranten des österreichischen Konsulats ernannt, bereiste H. noch Ende 1853 den Weissen Nil und Kordofan und begab sich 1855 mit einer reichen zoologischen Ausbeute nach Wien. Im März 1856 setzte er seine Forschungen im Ostsudan fort, untersuchte namentlich die Bajudasteppe und machte im nächsten Jahr eine Reise nach den Küstenländern des Roten Meers und der Somali.

H. selbst schloss sich nun 1863 in Begleitung von Steudner der Expedition der holländischen Damen Tinné (s. d.) an, fuhr mit ihnen den Bahr el Ghasal hinauf bis zum See Rek und setzte von hier seine Reise bis zum Fluss Dembo im Lande der Dor fort. Unterwegs, am Waufluss, starb Steudner 10. April 1863. Auch H. erkrankte und sah sich genötigt, mit Frl. Tinné (deren Mutter ebenfalls gestorben war) nach Chartum und im September 1864 über Berber, Suakim und Suez nach Europa zurückzukehren. Nachdem er im Sommer 1870 mit Graf Waldburg-Zeil, im Sommer 1871 auf einem Dampfer des Kaufherrn Rosenthal Fahrten ins nördliche Eismeer unternommen hatte (über die er in dem dreibändigsn, 1872—74 erschienenen Werke: „Reisen nach dem Nordpolarmeer 1870—71" berichtete); brach er im Jahre 1875 abermals nach Afrika auf, nach dem noch unbekannten Gebiete der Beni-Amer. Gegen Ende des Jahres 1875 trat er auf eine kurze Zeit in die Dienste des ägyptischen Chedive. Mit der Ausrüstung einer neuen Expedition, diesmal nach der Insel Sokotora beschäftigt, starb er am 5. November 1876 zu Stuttgart.

Werke: Tagebuch einer Reise von Chartum nach Abessinien 1852—53" (1857); Reisen in Nordafrika (1857); Die deutsche Expedition in Ostafrika 1861—62 (1864); Reise nach Abessinien, den Galläländern, Ostsudan (1868); Reise im Gebiet der westlichen Zuflüsse des Weissen Nils (1869); Reise in Nordostafrika (1877). — Im Anschluss hieran auf naturwissenschaftlichem Gebiete: Beiträge zur Zoologie Zentralafrikas (1865); Systematische Übersicht der Säugetiere Nordafrikas (1867); Ornithologie Nordostafrikas (1867—75).

Heumis (Hamis), arabisches Duar in der alger. Prov. Algier, 18 km südl. von Tenes, an der Strasse von Orleansville; 3425 Bewohner auf 13832 ha.

Heuschrecken, im Norden das grosse gierige Acridium peregrinum, im Süden das robuste Acridium devastator, sind in Afrika häufig und werden, in gewaltigen Schwärmen den Kontinent durchziehend, zu einer der schrecklichsten Landplagen, welche besonders auch dem ackerbauenden Boeren Südafrikas gar häufig verderbenbringend wird.

Heuvel, van, s. Popelin und Carter.

Hewei-Semmei (Helotarsus ecaudatus; Himmelsaffe, Gaukler), die interessanteste der afrikanischen Falkenarten, ergötzt durch seine Luftkapriolen selbst die teilnahmlosen Eingeborenen.

Hex, kleiner Fluss im Kaplande, Grafschaft Worcester, mündet linksseitig in den Breede-Rivier und zwar wenig oberhalb der Stadt Worcester nach einem 50 km langen Laufe. An ihm geht die Bahn von Kapstadt nach Beaufort West entlang.

Hezebri (Hazebri; El-), Duar in der alger. Prov. Constantine, an der Strasse von Constantine nach Tebessa; 1415 Bewohner auf 8342 ha.

Hezelfyat (El-), kleinere Oase der libyschen Wüste, zu dem Oasenkomplex Wadi el-Gâb (s. Gâb) gehörig.

Hicks Pascha, ein im indischen Dienste erprobter englischer Offizier, wurde 1882 von dem ägyptischen Chedive mit der Leitung des Feldzugs gegen den Mahdi Mohammed Achmed (s. d.) betraut. Er organisierte zunächst die durch ihre Entsendung in den Sudan demoralisierten und entmutigten Truppen neu und machte sich dann an die Aufgabe, den Sennar von dem Feinde zu säubern. Im Laufe des Winters 1882/83 gelang es ihm, den Aufstand hier niederzuschlagen und das Gebiet des Blauen Nils zu sichern. Im Frühjahr '83 rückte er nun mit einer ansehnlichen Macht am Weissen Nil aufwärts, um sich die Operationsbasis zu sichern, welche als Ausgangspunkt für den mit dem Ende der Regenzeit projektierten Aufbruch des Heeres in Aussicht genommen war, lieferte im April mehreren Abteilungen der Insurgenten zwischen Kaua und Duem am Weissen Nil einige blutige Gefechte, welche zum Nachteil der letzteren ausfielen. Mit dem Ausgange der Regenzeit sammelte er sein Heer bei Duem und brach von da aus am 21. September mit 7000 Mann regulärer Truppen, ca. 4000 Beduinen und 30 Geschützen nach El-Obeid auf. Er wählte die südliche (zwar längere, aber an Brunnen reichere) Route im Thale des Chor Abu Hable über Nurabi, Rahad und Melbeis. Den Plan, unterwegs eine Reihe befestigter Punkte anzulegen, um eine Verbindung mit dem Nile zu sichern, musste er, um die Stärke seines Heeres nicht zu schwächen, aufgeben. Er gelangte bis in die Nähe von Allula, zwischen Rahad und Kaschgil und unterlag hier den wiederholten Angriffen des an Zahl bei weitem überlegenen Gegners. Die ganze Armee, H. selbst, die anderen europäischen, auch mehrere deutsche

Offiziere, die Korrespondenten grössere Zeitungen, darunter der durch seinen Ritt nach Merw berühmt gewordene Vertreter der „Daily News“, O'donovan, und der „Times“-Korrespondent Powell fanden bei dieser Katastrophe den Tod.

Hidja (Beni-) [auch **Hidjidja** geschrieben], Berberstamm in der alger. Prov. Algier, südöstlich von Tenes.

Hidjer (Beni-), s. Idger.

Hierro, s. Ferro.

Highveld, s. Hoogeveld.

Hikwa (auch **Likwa**, **Rukwa**, **Leopold-See** genannt), See im Lande der Wanika (Süd-Afrika), etwa in 8° 20'—9° 20' südl. Br. gelegen, östlich und parallel der Südhälfte des Tanganjika-Sees, nordwestlich vom Njassa-See, auf einem vom Tanganjika durch die Ufipa-Berge, vom Njassa durch die Chimboya-Berge geschiedenen Hochplateau. Der H. wurde 1880 durch Thomson entdeckt, welcher ihn Leopold-See nannte. Er nimmt im Norden den Mkafu (aus Kawendi kommend) auf, im Süden die Gewässer des Wanika-Landes. Thomson hat nur die nördliche Hälfte des Sees gesehen, bezw. besucht, er schätzt seine Länge auf 100—110 km (von Nord nach Süd) bei einer mittlern Breite von 25—30 km. Neuerdings wurde er von Cotterill besucht; nach diesem ist sein Wasser salz- oder vielmehr salpeterhaltig.

Hildebrandt, J. M., geboren am 19. März 1847 zu Düsseldorf, erst Maschinenbauer, dann infolge des Verlustes eines Auges Gärtner; unternahm mit nur geringen Mitteln 1872 eine erste Afrika-Reise, begleitete Munzinger auf einer militär. Expedition nach Nordabessinien, besuchte im Januar 1873 die Asale-Salzebene und den Vulkan Oertale, gelangte beraubt mit Mühe nach seinem Schiff zurück, das ihn im Februar nach Aden brachte, unternahm Ausflüge ins Somali-Land und reiste dann nach Sansibar weiter. Von hier unternahm er einen Ausflug in die Flussgebiete des Wami und Kingani, kehrte aber im August 1874 krank nach Europa zurück.

Zweite Reise 1875—77: Erforschung der Flora der Somalküste und der Komoren-Insel Johanna. Reise nach Kitui (3 Tagemärsche vom Schneeberge Kenia entfernt). Feindseligkeit der wilden Masai hindern ihn, trotz dreimaligen Aufenthalts, den Kenia zu erreichen. 1877 (Novbr.) Rückkehr nach Berlin mit reichen Sammlungen.

Dritte Reise (Anfang 1879 ff.): Ankunft in Nossi-Bé im April 1879; Marsch nach der Westküste zum Zweck der Erforschung von Rutenbergs Schicksal (August 1878 in der Nähe von Berawi von seiner Begleitung ermordet); Ausflug ins Amber-Gebirge im nördl. Madagaskar; Besuch der Hauptstadt Antananarivo; Ausflüge von hier nach den noch unbekannten zentralen Teilen der Insel zum Zweck botanischer und ethnographischer Forschungen; Ausflug ins Gebirge Ankaratra. In Antananarivo starb H. infolge eines Magenleidens am 29. Mai 1881.

Hilesche, Ort in Ägypten (Mudirie Gharbieh, Distr. Kafr-el-Scheikh).

Hill, Samuel, S., geboren 1799, gestorben 1869, bereiste die ganze Erde und war in dem Zeitraum von 1847—50 auch in Ägypten („Travels in Egypt and Syria“; 1866).

Hillil (El-Hillil), Dorf in der alger. Prov. Oran, 19 km südwestlich von Relizane, 106 km östlich von Oran; Station der Bahnlinie Algier-Oran.

Hillit Abu-Sin oder **Hellet**, Hauptort der Landschaft Ghedaref (ägypt. Sudan), etwa 160 km südöstl. von Abu-Harras, im 14° nördl. Br. Die Landschaft Ghedaref oder Gadarif (1880 von Mukhtar-Bei besucht), besteht aus verschiedenen, mehrere Kilometer voneinander entfernten Dörfern, von denen H. in kommerzieller wie

Insel Don Henr

Fernando Po.

in administrativer Hinsicht als Mittelpunkt gilt. Die Bewohner gehören zum Stamm der Schukurièh. Guter Tabak, auch Kaffee, Sesam, Gummi und Durra werden hier gebaut und teilweise ausgeführt. Überhaupt ist die Landschaft sehr fruchtbar.

Himmelsaffe (Helotarsus ecaudatus), s. Hewei-Simmei.

Hindel (Beni-), Berberstamm der alger. Prov. Algier, südöstlich von Orleansville; 1955 Bewohner auf 7300 ha.

Hindi, s. Banyanen.

Hiowein, Ort in der ägypt. Mudirie Gharbieh, Distr. Kafr-el-Scheikh.

Hivondro, Stadt auf Madagaskar, in der Mitte von der östlichen Küste, 12—13 km von Tamatave, nahe der Mündung eines gleichnamigen kleinen Flusses; etwa 1000 Einwohner.

Hlenga, ein im südlichen Gasaland wohnender Eingeborenenstamm, welche grosse Ähnlichkeit mit den Basutos haben. Der zentrale Teil des Gasalandes wird nach ihnen „Hlengaland" genannt.

Hluban, Ortschaft im Gasa-Lande, Gebiet der Hlenga (Südostafrika).

Ho, 1) Ort in der ägypt. Prov. Kena, Distr. Dachna.

— 2) Station der Baseler Missionsgesellschaft, 2 Tagereisen landeinwärts von Kitta.

Hoarusib, Küstenfluss im nördl. Hereroland.

Hoche' Issa, Ort in der ägypt. Mudirie Beherah, Distr. El-Delingat.

Hôchh-el-Yeoûd, Dorf in Tripolitanien, im Distrikt Ghurian gelegen.

Hochsudan, die westliche Hälfte des Sudan (s. d.), welche die Haussa- und Mandingoländer in sich begreift; vergl. Ägyptischer Sudan.

Hod-el-Tarfa, Ort in Ägypten (Mudirie Charkieh, Distr. El-Kanaïat).

Hod-Fares, Ort in der ägypt. Mudirie Beherah, Distr. Chubra-Khit.

Hodh (El-), auch **El-Haudh** genannt, weite Ebene in der westlichen Sahara, westlich von Timbuktu, zwischen Taganet im Norden, Kaarta und Bakhunu (Provinzen des Reichs Segu) im Süden. Das El-Hodh enthält Weideländer sowohl als zahlreiche, von sesshafter Bevölkerung (den maurischen Baghena und Valata-Stämmen) bewohnte Striche; auch Asswanek-Neger (Swaninke, Aser), welche hier das Reich Ghanata gründeten, sind in ziemlicher Stärke vertreten.

Hodna (Schott-es-Saïda, auch Msila-See genannt), Salz-See in der alger. Prov. Constantine, einer der grössten und wichtigsten im nördl. Afrika; südlich von der Stadt Msila (s. d.), 133 km etwa in gerader Linie vom Golf von Bougie. Seine Länge beträgt 68 km, seine Breite bewegt sich zwischen 3500 m und $17^1/_2$ km; sein Gesamtflächenraum beläuft sich auf 27654 ha; seine Höhe wurde auf 430 m geschätzt. Zahlreiche Wasserläufe münden aus allen Himmelsrichtungen in den H.-See, die meisten allerdings nur während der Regenzeit: der Uëd Challal vom Dirah d'Aumale, der Segumen vom Uëu-Nugha, der Uëd Ksab von den Maahid- und Ayade-Bergen, der Burhum, Magra, Barika, Bitam etc. vom Bu-Thaleb, der Bu-Sada von den Djalha-Bergen, der Uëd-Chaïr vom Bu-Kahil etc.

Die den Hodna See umgebende Landfläche (ebenfalls Hodna genannt) ist fruchtbar, aber noch sehr wenig angebaut. Den Römern diente sie als Kornkammer. Ihre (meist berberische) Bevölkerung wird auf 50000 Seelen geschätzt; sie zerfällt in vier Stammesbrüderschaften: die Uled-Madhi im Westen, die Uled-Derradj im Norden die Seli-man, Hawamed und Sahari im Süden.

Hod Negueh, Ort in Ägypten (Mudirie Charkieh, Distr. El-Sawaleh).

Hoeven, Jongheer van der, Vertreter der Niederlande auf der 1884 zu Berlin tagenden Afrikanischen Konferenz, hat in Leyden und Heidelberg studiert und trat 1856 in den diplomatischen Dienst. Er war zunächst Attaché und Legationssekretär in Paris, Berlin und Petersburg und bekleidete dann den Posten eines Ministerresidenten in Japan, Italien und Russland. 1882 wurde er als Nachfolger des Herrn von Rochussen am kaiserlich-deutschen Hofe zu Berlin beglaubigt.

Hofar, s. Tsehera.

Hofár (El-), kleinere Oase der libyschen Wüste, zu dem Oasenkomplex El-Gâb el-Kebir (s. Gâb) gehörig.

Hoggar (Hogar, Ahaggar), Gebiet im Lande der Tuareg, nach einem im westlichen Teile der zentralen Sahara aufsteigenden Gebirgsstock benannt. Es liegt etwa zwischen 21° 35′—25° 30′ nördl. Br. und 1—5° östl. L.; die ersten Nachrichten von ihm brachte Dr. Barth; nach ihm kamen Schilderungen vom H.-Lande durch Duveyrier und Daumas zu uns; Oberst Flatters musste den Versuch, über H. hinaus vorzudringen, mit dem Leben bezahlen. Das H. bildet einen charakteristischen Zug des zentralen Sahara-Plateaus. Es ist der Ausgangspunkt langer Thäler, welche nordwärts bis zum Schott Melghir (in der alger. Sahara), südwärts bis zum Kworra (oder Dscholiba), westlich bis an das Becken des Uëd Draa (Marokko) verlaufen; zum mindesten darf es als gewiss angesehen werden, dass ehemals, d. h. vor Beginn der langen Austrocknungsperiode, welche der Sahara ihre Wüstenform gegeben hat, der Igharghar ein Fluss war, welcher in dem Triton-See, also in das Mittelmeer abfloss, während das Tarhit Thal wahrscheinlich, parallel mit dem Tirhehert- (oder Degazert-, Tirhejirt-) Thale sein Wasser dem Draa, also dem Atlantischen Ozean, und das Tin-Tarabin-Thal durch das Tafasasset- oder Dallul-Bosso-Thal die seinigen in südlicher Richtung dem Niger (in der Gegend etwa, wo die jetzige Stadt Kirotaschi gebaut ist) zuführte. Jetzt saugen die ungeheuren Sanddünen des El-Erg (Jiguidi etc.), inmitten deren die Thäler des Igharghar und des Tirhehert nur mühsam ihren topographischen Charakter zu wahren vermögen und stellenweise sogar verlieren, gleich riesigen Schwämmen alle Niederschläge auf, welche von Zeit zu Zeit im H. fallen.

Die erste Staffel des H.-Plateaus bedeckt einen Flächenraum von 110—115000 qkm. in einer fast dreieckigen Gestalt; die Grundlinie des Dreiecks würde man in dem südwestlichen Rande des Plateaus, auf welchem ein zweites Gestock aufstiege, zu suchen haben. Im südlichen Teile desselben liegen die Berge Tachai und Ilaman (der letztere nördlich vom erstern). Im Zentrum liegen die beiden höchsten Spitzen des ganzen Stocks; der Uatellen im Südosten (2500—3000 m) und der Hikena im Südwesten (die wahrscheinlich die höchsten Berge des ganzen Kontinents unter diesem Längengrade [2—3° v. Par.] sind). Die Südausläufer des Plateaus sind: der Aghil, von welchem sich nach Norden zu die Tifedest- (Tafedest-) Berge abzweigen, mit dem Udan, dessen Höhe durch den der Flatters'schen Expedition angehörigen Ingenieur Beringer 1881 auf 2000 m geschätzt wurde. Im Westen steigen die Tureret- (Tawrirt oder Taorert-) Berge auf.

Die das H.-Land (in der Hauptsache den zentralen Teil desselben) durchziehenden Thalschluchten sind: das Igharghar, welches zwischen den Bergen Uatellen und Hikena seinen Anfang nimmt, am nordöstlichen Hange entlang zieht und die aus dem H. kommende Tedjert mit den beiden die als Salzerzeugerin seit alters berühmte Sebkha Amadghor durchziehenden Zuflüssen Wadinki und Emoghir aufnimmt. Nach Aussage der Tuareg befinden sich in den kleinen, östlich vom Tifedest herabkommenden, dem Igharghar zulaufenden Thälern Tinekert, Amghe, Adjelil, Adjelman-Ergben, Tarharhaït, Taharrakit Wasserfälle, und zwar teilweise konstante, teilweise periodische. Das vom Schikh-Ssalah und vom Tehen-Akeli auslaufende Tarhit speist, bevor es den Timissao erreicht, die Weideflächen des Selet; nimmt vom Ahaggar-Plateau die sekundären Thäler Adenek-d-Abessugh, Tin-Teheli, Temassanegguelí, Tin-Aghakeli, Telak und Eheri auf. Das unter dem Westhange sich hinschlängelnde, dann südlich abbiegende Tin-Tarabin (s. v. w. „Weiberthal") nimmt die Thäler Amessara, Iforrozzin, Sersuf, Isnagh, Tandjet, Aghsul, Tekdoren, Egharaghen, Serser, Ifek, El-Imkan, Temaghaset, Utût und Turaghen auf.

Die Fauna und Flora des H.-Plateaulandes entspricht derjenigen der südlichen Sahara. Die Sene-Pflanze ist dort sehr gemein und von trefflicher Qualität. Die Bewohner gehören zu den Tuareg. Sie heissen nach ihren Lande „Ahaggar" und bilden eine aristokratische Konföderation. Sie scheiden sich in zwei Kasten: die Kriegerkaste und die dienende Kaste (aus Hirten, Handelsleuten, selbst Ackerbauern bestehend).

Die Kriegerkaste zerfällt in vierzehn Stämme. Der Mutterstamm derselben sind die Tedjehe-n-Emma; nächst ihnen rangieren die Kel-Ahamellen- (wan-Taghert) zwischen Inssalah und dem Hoghar. Der stärkste Stamm sind die im Nordwesten des Landes nomadisierenden Kel-Rhela mit den ihnen untergebenen Stämmen der Imesseliten, Kel-Rhafsa, Kel-Ingher (zwischen Inssalah und Akabli), Kel-Rharis (im Mujdir), Kel-Tekosa, Kel-Adenek (im Thale Adenek), Kel-Tifedest (Bewohner des Tifedest), Kel-Tazholet, Kel-Tahat (am Berge Tahat), die Isandaten, Martamak und Dag-wan-Tawat; die Kel-Rhela beherrschen die Strassen, welche vom Zentrum des H.-Landes nach Algerien und nach Tuggurt führen. — Auf dem Hochplateau schweifen die als Trabantan der Kel-Rhela gefürchteten Ibogelan; sie steigen bis nach dem Asawad nördlich von Timbuktu hinab; ihnen unterthan sind die Iberberen. Die Taïtok, ein grosser fast ebenso starker Stamm wie die Kel-Rhela, beherrschen den Westhang der Ahaggar-Plateaus mit den ihnen untergebenen Kel-Ahenet (auf dem Baten-Ahenet), Tedjehe-n-Afis und den Ikelan (Nachkömmlingen freigelassener Negersklaven). — Die Tedjede-n-Eggali sind, gleich den Ikadeen, Satelliten der Kel-Ahamellen-wan-Taghert; während die ersteren eines dienenden Stammes ermangeln, sind letztere die Lehnherren der Eharhan. — Die Inemba-Kel-Inhat hausen in der Gegend um den Berg Tahta; die Inemba Kel-Emoghri durchstreifen die Thäler Wadinki und Emoghri, südlich von der Salzgrube Amadghor, mit den ihnen untergebenen Stämmen der Aït-Loahen, Ehen-n-Ehôlagh und Aït-Loahen-Kel-Tazholet. — Die Ikerremo'n hausen in der Umgebung des Thashult; die Tedjede-n-U-Sidi, die Ennitra und die Tedjede-n-Esakkal sind nomadisierende Stämme.

Hokumada, in Abessinien eine blasenartig geformte Rindhaut, welche als Fahrzeug benutzt wird. Der Reisende setzt sich wie in eine Flasche hinein. Am Vorderrande ist ein Seil befestigt, mit welchem ein Schwimmer nach dem Ufer schwimmt, um dann die Blase hinüberzuziehen, wobei ein zweiter Fährmann dem Fahrzeug folgt, um durch Schieben nachzuhelfen. Ein besseres Fahrzeug ist die Tankoa (s. d.).

Hollandia, ein Fort in der Nähe

vom Cap Tres Puntas (Westafrika). Es ist der Platz, wo Brandenburgs grosser Kurfürst, auf Hebung seines Handels bedacht, durch den Major v. d. Gröben von einem Negerhäuptling ein Stück Land erkaufen und die brandenburgische Flagge hissen liess. Das angelegte Fort Gross-Friedrichsburg blieb bis 1720 in brandenburgischem Besitz, wurde dann aber von dem allen weitaussehenden Plänen abholden Friedrich Wilhelm I. an die Holländer verkauft.

Hollo, Negervolk im Stromgebiet des Quango, ostwärts von den Jinga bis zur Einmündung des Kamba; zwischen den Jinga und den Bangala. Sie beschäftigen sich (nach Buchner) hauptsächlich mit der Gewinnung von Salz, das sie an die Bangala austauschen, für die es das wichtigste Handelsobjekt auf ihren Zügen ins Innere bildet.

Holub, Emil, einer der bedeutendsten Afrika-Ethnographen, zu Holitz in Böhmen am 7. Oktober 1847 geboren, begab sich nach Vollendung seiner medizinischen Studien (in Prag und Wien) 1872 nach den Diamanten-Distrikten von Kimberley und Dutoitspan. Von hier aus unternahm er seit 1873 drei grosse Wanderungen: auf der ersten (anfangs 1873) überschritt er den Vaal-Fluss, besuchte den Baralongen-Kraal Lekatlong, dann den Kraal Mitzima jenseits der Pokone-Berge, besuchte Springboekfontein und Wonderfontein, auch Monomotapa. Auf der zweiten Wanderung (Ende 1873) durchzog H. den östlichen und westlichen Teil des Transvaal-Freistaates, wie auch die Negerkönigreiche Seschele und Sechomo. Auf der dritten Wanderung (März 1875) zog H. am Limpopo nach Sotchong und Sescheke, der Hauptstadt des Marutse-Mabunde-Reiches, musste aber infolge einer Erkrankung am Fieber am Sambesi umkehren und traf im April 1876 auf dem Wege über Transvaal wieder in Kimberley ein. Anfang 1880 kehrte H. mit grossartigen Sammlungen wieder nach Europa (Prag) zurück. Die Mittel zu seinen Forschungen, wie auch zu seinen Sammlungen erwarb er sich durch ärztliche Praxis in den Diamantendistrikten. Auf einer neuen Forschungsreise vom Kapland über den Sambesi nordwärts zum Uëlle und Schari begriffen, starb er 1883.

Hombori (auch Tondi [Stein] und El-Hadjiri [„das steinige Land“] genannt), gebirgige Landschaft im westl. Sudan, 280 km südöstl. von Timbuktu, in dem durch den Niger gebildeten Knie. Es bildet einen Teil des Negerreiches Songhaï oder Sonrhaï; als Barth es 1855 durchreiste, gehörte es zum Reiche Massina. Nordöstlich von H. hausen die Tuareg Ireguenaten; von Osten her bedrängen die Fulah des Massina-Reiches das H.-Land.

Homeyer, Alexander von, 1834 in Pommern geboren, 1878 als Major in Ruhestand getreten, widmete sich frühzeitig ornithologischen Studien und wurde bereits 1874 von der Afrikan. Gesellschaft mit dem Auftrage nach Afrika entsandt, von Banda aus in das Innere vorzudringen und dabei die grossen Handelswege wieder aufzusuchen, auf welchen noch im ersten Jahrzehnt dieses Jahrhunderts die Pombeiros kühne Handelszüge und sogar Durchquerungen des Kontinents ausgeführt hatten. H.s Begleiter waren: der k. k. österr. Leutn. Lux, der Botaniker Herm. Soyaux und Dr. Pogge. Die Expedition ging den Kuango aufwärts bis Dondo, dann nach Pungo Andango (9° s. Br.). Hier aber erkrankte H. am Gallenfieber und musste umkehren. Während er 1875 nach Europa heimreiste, setzte Dr. Pogge die Expedition nach dem Lundareich fort, in dessen Residenz er am 9. Dezbr. 1875 einzog.

Homhom, in Abessinien s. v. w. Leonard.

Homran, Land im östlichen ägypt. Sudan, an der Grenze von Abessinien, zwischen Galabat im Süden, Ghedaref im Südosten, Taka im Norden und dem Basen-Land im Nordosten; am rechten Ufer des Bachr-Setit, Zufluss des Atbara (rechtsseitiger Nebenfluss des Nils); nach der Schilderung des ägyptischen Obersten Mukthar-Bey sehr fruchtbar (aber im Anbau durchaus vernachlässigt) und reich an wilden Tieren (Gazelle, Antilope, Giraffe, Elefant, Büffel).

Homran („die Roten"), ein die Steppen vom obern Setit und dem obern Mareb bis zum Gebiet Basa (Kunama) bewohnender Volksstamm, der von den Agau abzustammen scheint oder ismaelitischen (arabischen) Ursprungs ist. Ihre sehr dunkle Hautfarbe spielt ins Rotbraun. Aus den H. gehen (nach Baker und Hartmann) die Agagir oder Schwertjäger hervor.

Homs, s. Khoms.

Hon (Hun), arabisches Dorf in der Oase Djofra (Fessan), 14 km östl. von Sokna; nach Stecker (1879) in 28° 57′ 48″ nördl. Br.; nach Nachtigal 1560, nach Rohlfs 2000 Einwohner.

Honaïn, s. Honeïn.

Hondeklip (d. i. „Hundeklippe"), kleiner Ort an der Hondeklip-Bai (s. d.), Sitz der Distriktsobrigkeit von Klein-Namaqualand; hat infolge seines Wassermangels und seiner schweren Zugänglichkeit vom Lande her niemals Bedeutung gewinnen können, obgleich es der Sitz der Behörden für Klein-Namaqualand ist.

Hondeklip-Bai, Bucht des Atlantischen Ozeans an der Westküste des Kaplandes (Südafrika); ungefähr unter 30° 20′ südl. Br. — Sie hatte ehemals Bedeutung für die Ausfuhr aus den Kupferminen von Namaqualand, hat dieselbe aber an den von dort leichter zu erreichenden, etwas mehr nördlich gelegenen Hafen Port Nolloth verloren (vergl. Hondeklip).

Honeïn (Honaïn), Ortschaft in der alger. Prov. Oran, an der Küste, südwestlich von der Einmündung der Tafna.

Honigkukuk (Indicator, auch Bienenanzeiger genannt), ein der Familie der Bienenfresser zugehöriger Vogel, „der den Menschen", wie von den Reisenden berichtet wird, „die Bienenstöcke anzeigt, indem er zunächst durch lautes Schreien die Aufmerksamkeit auf sich lenkt, lebhaft rufend vor dem Folgenden herfliegt, zuweilen Halt macht, sich umsieht und ihn so nach dem Neste führt, in dessen Nähe er sofort verstummt. Die Eingeborenen wissen dies sehr gut und lassen die Waben mit den jungen Bienen, obgleich sie von ihnen sehr gern gegessen werden, für den H. zurück. Übrigens schreit er auch, wenn er sonst etwas ihm merkwürdig Erscheinendes bemerkt."

Hoogeveld (Highveld), Hochplateau in Transvaal, die Wasserscheide zwischen den zum Atlantischen Ozean führenden Gewässern bildend, liegt südlich vom 25. Breitengrade und erstreckt sich westlich von den Drakenbergen (welche hier die Berge Neuschottlands und Lydenbergs nach Norden rücken) an der Kette von Witte Water im Süden von Prätoria bis nach Lichtenberg, wo der Hart-Rivier entspringt, und steigt von dort, in mächtiger Höhe, nordwärts durch den Marico bis nach Schoschong und zum Matebele-Lande hinauf. Der höchste Teil des H. ist die Witte Water-Kette, welche bis zu 1220 m, westlich von Heidelberg im Pic de Jeannette (nach Serpa Pinto) sogar bis zu 1896 m, aufsteigt. Das Klima in H. ist gesund. Vom Mai bis Oktober (der Winterszeit) ist's trocken und kalt; im Sommer (November bis April) sind die Regen und Stürme zeitweise sehr stark und die Bäche schwellen zu Strömen an. Auf dem H. wachsen Feldfrüchte (Mais) und Obst. Auch wird viel Vieh- (besonders Hammel-) Zucht getrieben.

Hooker, Jos. Dalton, geb. am 30. Juni 1816 als Sohn des Botanikers Will. Jackson H., zu Halesworth in Suffolk, unternahm, nachdem er schon in anderen Weltteilen zum Zweck botanischer Forschungen gereist war, im Frühjahr 1871, begleitet von Ball und Maw eine Reise durch Marokko nach Tanger, führte eine Besteigung des grossen Atlas aus und besuchte den bis dahin auch geographisch unbekannt gebliebenen westlichen Teil der Atlaskette und brachte vortreffliche Pflanzensammlungen heim („Journal of a tour in Marocco and the Great Atlas"; 1879); vergl. auch Ball, „Spicilegium Florae Maroccanae" (1878).

Hopetown, 26. Distrikt der engl. Kapkolonie (zentrale [4.] Provinz); 1875: 6144 Einw. Der gleichnamige Hauptort ist ein unbedeutender Flecken.

Höpfner, Wilhelm, langte Ende Oktober 1877 in Lagos an, um das Ziel seiner Lebensaufgabe, zur Erforschung Afrikas und zur Civilisation seiner Bevölkerung beizutragen, zu erreichen. Im Januar siedelte er, zunächst mit zoologischen Arbeiten beschäftigt, nach Porto-Novo über und starb daselbst nach einem dreitägigen heftigen Fieber, das vom 5.—7. Febr. '78 währte.

Hophrat-el-Nahas, berühmte Kupferminen im Süden des Dar Fertit, 1877 von dem griech. Arzt Pangiotes Potagos, 1868 wohl auch schon von Schweinfurth besucht (jetzt in ägyptischem Besitz). Das Kupfer wird, nach Schweinfurths Mitteilungen, aus einem an Kies und Quarzstücken reichen, mit erdigem Malachitüberzug versehenen Geröll gewonnen; von rationellen Abbau ist keine Rede; das Kupfer gelangt (nach Hartmann) in geschmiedeten, kantigen Ringen oder in kurzen Barren in den Handel.

Hopo, eine Fanganlage für Säugetiere, bei den Betchuanen Südafrikas gebräuchlich. Sie besteht nach Livingstones Beschreibung aus zwei Verhauen oder Hecken in Gestalt des Buchstabens V, welche in der Nähe des Winkels sehr hoch und dicht sind. Anstatt dass aber beide Hecken im Winkel zusammenstossen, sind sie so angelegt, dass sie eine schmale Gasse von etwa fünfzig Armlängen bilden, an deren Ende eine Keule von 6—8 Fuss Tiefe und 12—15 Fuss Breite und Länge angebracht ist. Über die Ränder der Grube sind Baumstämme gelegt, besonders über den Rand zunächst der Stelle, wo die gehetzten Tiere in das Loch hinunterspringen sollen und auf der gegenüberliegenden Seite, über welche sie nach Voraussetzung entkommen werden, wenn sie hinuntergefallen sind. Die Stämme hängen selbst über den Rand, sodass sie das Entkommen beinahe unmöglich machen. Das Ganze ist sorgfältig mit kurzen grünen Binsen bedeckt, wodurch die Vertiefung einer versteckten Fallgrube ähnlich wird.

Hor, Ort in Ägypten (Mudirie Assiut, Distr. Teftieh-el-Nodah).

Hore, Edw. C., ein engl. Seeoffizier, verweilte im Dienste der Londoner Missionsgesellschaft drei Jahre (von März 1879 an) am Tanganjika-See und verwendete einen grossen Teil dieser Zeit auf die Aufnahme desselben. Er veröffentlichte eine vorzügliche Karte desselben, die den ganzen See umfasst und im Massstab von 1:140000 gezeichnet ist.

Horein, Ort in Ägypten (Mudirie Gharbieh, Distr. El-Gafarieh).

Hornemann, Friedrich Konrad,

geboren 1766 in Hildesheim, studierte in Göttingen Philologie und ging 1796 im Auftrag der Londoner Afrikan. Gesellschaft nach Ägypten. Er unternahm 1798 von Alexandrien aus einen Versuch, nach Innerafrika vorzudringen, wurde jedoch, infolge der Landung Bonapartes, in Kairo als Europäer verhaftet und eingekerkert. Durch die Franzosen befreit, erhielt er von Bonaparte **1799** Pässe, reiste verkleidet, mit einer von Mekka heimkehrenden Pilgerkarawane, über Siwah, Audschila und Temessa als erster Europäer nach **Mursuk** und von dort nach Tripoli. Von dem Pascha daselbst mit Geleit und Empfehlungsbriefen versehen, reiste er kurz darauf (1800) wieder nach Mursuk und von dort südwärts auf Bornu, vielleicht auch auf Timbuktu zu, starb aber im selben Jahre unterwegs. Das Tagebuch seiner Reise wurde 1802 von König in Weimar herausgegeben.

Horner, Leonard, verdienter engl. Geolog, geb. **1819**, gest. am **5.** März 1865 zu London, wurde am bekanntesten durch seine Beobachtungen über die Dicke der alljährlichen Niederschläge des Nil und durch seinen Versuch, hiernach das Alter gewisser, bei der Ramses-Statue aufgefundenen Industrieerzeugnisse zu bestimmen.

Horre, ein Stamm der Galla (s. d.). dessen Gebiet sich im Becken der Dedhesa und nach dem Abaï zu erstreckt (Ostafrika).

Horro, Landschaft am linken Ufer der grossen Spirale des Abaï oder blauen Nils, im Lande der Galla, gegenüber der südwestlichen Spitze von Godjam (südwestl. Grenze von Abessinien).

Horta, Hauptort der Azoreninsel Fayal (s. d.).

Hosabib, Wasserlauf im nordwestl. Hereroland.

Höst, G., ein Däne, 1734 in Jütland geboren, ging 1760 nach Marokko, von welchem Reiche er eine für jene Zeit ausgezeichnete Beschreibung geliefert hat Er kehrte 1738 in sein Vaterland zurück und starb 1794 als Sekretär im Ministerium des Auswärtigen. Sein Buch wurde 1779 in dänischer Sprache herausgegeben und 1781 ins Deutsche übersetzt.

Hottentosch Holland, fruchtbarer Weinstrich des Kaplandes an dem Ufer der Falschen Bai; wichtigster Ort desselben ist Stellenbosch (s. d.).

Hottentotten (Koi' Khoï, Khoin), Völkerschaft im südlichen Afrika; zwischen dem Sambesi-Becken und der Südspitze des Erdteils. Sie reicht im Westen und im Süden bis zum Ozean; im Osten ist sie teilweise auf die Gebirge beschränkt, welche dort eine schmale Zone zwischen sich und dem Meere lassen; im Norden verlieren sich die unbestimmten Grenzen ihrer Verbreitung in den den Wendekreis des Steinbockes schneidenden Einöden; im ganzen also über ein Gebiet von 10—12 Graden von Süd nach Nord, von 5—6 Graden von Ost nach West. Die H. stossen im Nordwesten auf die Neger des südlichen Kongobeckens, im Nordosten und Osten auf die Bantu- oder Kaffernvölker.

Die H. sind weder Nigritier noch Neger, sondern bilden eine von diesen verschiedene selbständige Rasse, die höchst wahrscheinlich durch Kreuzung in verschiedenen Graden zwischen Negern und der heute durch die Buschmänner (s. d.) vertretenen inferioren Zwergrasse hervorgegangen ist. Der Hottentott hat das Wollhaar und die Plattnase des Negers; die Haut aber ist nicht schwarz, sondern hat eine gelbliche schmierige Farbe; das Gesicht erinnert an den Mongolentypus.

Als die Holländer gegen Mitte des 17. Jahrhunderts ihre Niederlassung am Vorgebirge der guten Hoffnung begründeten, fanden sie nicht allein in der Umgebung desselben, sondern im ganzen südlichen Afrika ein Volk, das „überaus hässlich, wenn auch von kräftigem Bau, sich mit Tierfellen notdürftig kleidete, vom Ertrag seiner Herden und der Jagd lebte, in schmutzigen Hütten wohnte, trotz ihres schmutzigen rohen Aussehens aber gastfreundlich und friedfertigen Charakters war." Das sind die Hottentotten. Der Name H. selbst, — dessen eigentlichen Ursprung man nicht kennt, der ihnen aber zuerst von unwissenden Matrosen gegeben wurde und dem Anschein nach aus einer Verstümmelung des Namens, welchen sich die H. selbst beilegen, Khoïnkhoïn, entstanden ist — hat sich im Brauch erhalten, gehört ihnen aber nicht an. Im allgemeinen kennt und braucht, wie bei allen unzivilisierten Völkerschaften, jeder H.-Stamm nur seinen eigenen Namen (T'kukhnub, Qena, Qeuna, Kuekhuena, Quaiqua, Gaikwa etc.). Die alten Reisenden berichten überhaupt von einer ziemlich grossen Anzahl von hottentottischen Stämmen; indessen sind die im eigentlichen Kaplande verbreiteten H. niemals zahlreich gewesen; ihre Lebensweise ist überhaupt einer starken Vermehrung nicht zuträglich. Immerhin aber muss die Ziffer der eingeborenen Bevölkerung vor der europäischen Besiedelung bedeutend stärker gewesen sein als die jetzt im Kaplande gezählten 20000 Individuen des H.-Volkes. Hierzu kommt, dass diese H. nur noch eine Bastardrasse sind, die aus verschiedenen Mischungen entstammen. Alle alten Stämme sind ausgestorben, und ihre Überreste wurden, nachdem sie eine lange Zeit des Sklaventums überstanden hatten, aus welchem sie erst 1828 gesetzmässige Befreiung fanden, 1829 in einer gewissen Anzahl von Ortschaften („locations" genannt) im Osten nach der Kaffern-Grenze zu angesiedelt; im Westen des Kaplandes findet man sie nur in spärlichen Familien als Diener oder Tagearbeiter untergebracht.

Man hat den reinen H.-Typus also nicht mehr in ihrer ehemaligen Heimat, im Kaplande, zu suchen, sondern nur noch im Norden, in der untern Hälfte des Oranjefluss-Beckens und darüber hinaus in der sich bis zum Kongo hinaufziehenden Küstenzone. Hier haben die Einflüsse, welche dies Urvolk im Süden bedrängten, sich bislang nur wenig oder gar nicht geltend gemacht. — Die Forschungen, welche zeitgenössische Reisende, vornehmlich Missionäre angestellt haben, führen zu dem Schlusse, dass die Familie, welcher man die hottentottische Qualifikation zuerkennt, zur Zeit aus den folgenden vier Hauptstämmen besteht: 1) den eigentlichen Hottentotten (in den Distrikten der Kapkolonie); 2) aus den Namaquas; 3) den Koranas; 4) den Bosjesmans oder Boschimans. — Die Namaquas bewohnen das Küstengebiet nördlich vom Distrikt Kapstadt, bis zur Walfischbai hinauf; bei ihnen hat sich der Rassentypus, wie auch die Sprache am reinsten erhalten. Ein grosser Grenzstamm derselben, derjenige der Hereros oder Damara, gehört zum Teil zu ihnen. — Die Koranas wohnen östlich von den Namaquas, an den Ufern des Oranje- und des Vaalflusses; die Sprache derselben ist schon stark vermischt mit der Sprache der neben und unter ihnen lebenden Betschuanen und anderen Bantu sprechenden Völkern. Die beiden Dialekte der Kap-Hottentotten, besonders jener der westlichen, ist stark mit malaiischen, englischen, niederländischen und kafferischen Wörtern durchsetzt und den nördlicheren H. fast nicht mehr verständlich. Die Sprache endlich der ärmlichen, unter dem holländischen Spitznamen Bosjemans (engl. Bushmen) bekannten Bevölkerung, die an

36

beiden Ufern des Oranjeflusses im Süden und nördlich von den Koranas umherziehen, ist roh und unartikuliert wie das Volk selbst, das auch von den Koranas und den anderen H.-Stämmen als „wild“ bezeichnet und als „Paria“ verachtet wird. Die Hottentottensprache im allgemeinen macht auf ein fremdes Ohr den Eindruck einer Menge von raschen, aus der Brusttiefe herausgestossenen Tönen, mit rauhen Kehllauten, häufigen Doppeltönen (ou, aau, oo, uu) und unaufhörlichem Zungengeklapp vermischt. Vornehmlich aber das Zungengeklapp ist's, welches das hottentottische Sprechen auszeichnet; man unterscheidet vier Weisen desselben: das eine gleicht dem Geräusch eines springenden Pfropfen, ein anderes dem Schnalzen eines seine Pferde anfeuernden Kutschers etc. „Wenn ein halbes Dutzend von H. zusammen spricht“, berichtet ein Reisender, „könnt' man meinen, ebensoviele Gänse schnattern zu hören.“

Die H. sind von Untermittel-Grösse; nur die Koranas zeigen einen etwas grössern Wuchs (vielleicht infolge einer Kreuzung mit Kaffernblut). Sie sind bald schwächliche, bald kräftige, muskulöse Gestalten. Die Hände und Füsse des H. sind im Vergleich zum übrigen Körper klein. Die Nase ist platt und breit, die Augen haben eine leicht schräge Form und sind im innern Winkel rund. Die Iris zeigt im allgemeinen ein tiefes Braun, bisweilen streift sie sogar ins Schwarze. Die Backenknochen sind scharf hervorspringend und geben mit dem spitzherablaufenden Kinn dem Gesicht eine dreieckige Form. Die Stirn ist schmal, aber oft gewölbt; der Mund ist gross und mit guten Zähnen besetzt, die Lippen sind kräftig heraustretend. Die Ohren sind gross und ermangeln des Läppchens; die Hautfarbe zeigt ein gelbliches Braun und gleicht derjenigen eines Europäers, welcher an einer hochgradigen Gelbsucht erkrankt ist. Das Haar ist eine Art schwarzer ungekräuselter Wolle, ohne aber dicht zu sein; der Bartwuchs fehlt oder ist doch sehr selten. Ihr Schädel ist dolichokephal. Das Rückgrat zeigt eine auffällige Krümmung. Zwei besondere Eigentümlichkeiten endlich kennzeichnet das hottentottische Weib: der Fettsteiss (eine ungewöhnliche Fettansammlung am Gesäss) und die sogenannte „Hottentotten-Schürze“ (auffallende Verlängerung der Schamlefzen an den Geschlechtsteilen). Obgleich diese beiden physischen Eigentümlichkeiten in der ganzen hottentottischen Rasse vorkommen, so treten sie doch nur bei den Weibern der Buschmänner regelmässig auf; auch sollen sich diese Unförmlichkeiten bei den H. erst im geschlechtsreifen Alter oder nach der ersten Schwangerschaft zeigen, während sie bei dem Buschmannvolk schon von der Kindheit an vorhanden sind: was darauf hinzuweisen scheint, dass die H. nur ein durch Kreuzungen geschwächter Zweig der buschmännischen Rasse sind.

Die H. sind uns durch zahlreiche Schilderungen von Forschern, Reisenden und Missionären bekannt geworden; unter andern von Kolbe, Walckenaer, Sparrmann, Thunberg, le Vaillant, Lichtenstein, John Barrow, Campbell, Philip, Burchell, Thompson, Bunbury etc. Die besten Schilderungen verdanken wir Professor Dr. Gustav Fritsch.

Hottentottfisch (Sargus Hottentottus), in den südafrikanischen Gewässern heimisch, von kleiner breiter Gestalt (wird viel auf Märkten verhandelt).

Hotumlu, himyaritisches oder abessinisches Volk in der Samhara, im Küstengebiet von Massaua und bis Akik.

Hout-Bai, Bucht des Atlantischen Ozeans an der Westseite der durch die Tafelbai und die Falsche Bai gebildeten Halbinsel, auf welcher Kapstadt erbaut ist.

Hovas, das gegenwärtig fast die ganze Insel Madagaskar beherrschende Volk, in Sprache, Körperbildung und Hautfarbe fast ganz malaiisch, klein und zierlich gebaut, mit olivenfarbiger Haut und schwarzem schlichtem Haar; sie leben im Innern der Insel, haben feste Wohnsitze, treiben Landbau und Viehzucht und sind geschickte Handarbeiter, verstehen sich auf Weberei, Metallarbeiten, selbst Bijouterieen. Die H. sind heidnisch, indessen giebt es aus der Zeit, wo unter König Radama das Christentum eingeführt wurde, auch manche Christen unter ihnen.

Die H. führten, nachdem ihnen die Eroberung Madagaskars gelungen war, ein sehr kompliziertes, für die unterworfenen Völkerstämme drückendes Regierungssystem ein, dessen Aufrechterhaltung in der Insel durch befestigte Posten und Besetzungen durchgeführt wird, wozu eine Streitmacht von etwa 40—50 000 Mann, welche teilweise europäisch organisiert ist, die Mittel bietet. Nur die (schwarzen) Sakalawas haben sich mit teilweisem Glück in der neueren Zeit zu befreien gesucht. Die H. teilten Madagaskar in etwa 20 Provinzen ein (Vahimarina im Norden, Iboeni oder Boeni, Ambongo, Fiarenana, Mahafaby, Androy, Anosy, Betanimana, Mahavelona, Ivongo, Maro, Antsianaka, Ankova, Betsileo und Ankoy).

Dem H.-Stamme gehört das regierende Fürstenhaus in Madagaskar an. Viel für die Kultur des Landes that der H.-Fürst Radama, der durch englische Missionäre Schulen, eine Buchdruckerei gründen liess, auch die Residenz Antananarivo erbaute. Unter der ihm folgenden Gemahlin Ranawala begannen die Franzosen (die schon 1649 auf der damals von ihnen „Isle Dauphim" genannten Insel Fuss gefasst hatten), die Gründung von Niederlassungen auf Madagaskar, erreichten aber bis zur Stunde nur sehr geringe Vorteile.

Howarab, Berg am Westufer des Schulgulgul.

Howasma (El-), Arabervolk in Kordofan, vom Volke der Bagarra, mit denen sie von El-Birkeh ab südlich bis zu den Gebirgen des Dar-Nuba (zwischen 11° 30′ und 12° 45′ n. Br. und 27° 40′ bis 28° 25′ östl. L.) schweifen. Ihre Stärke wurde durch Major Prout 1877 auf 15 000 Köpfe geschätzt.

Howick, Dörfchen in Natal (Südostafrika), mittwegs zwischen Pietermaritzburg und Weenen; in seiner unmittelbaren Nähe der aus einer Höhe von 300 Fuss mit Donnergetöse niederstürzende Wasserfall des Umganiflusses.

Hu (Hou, Hau), Dorf in Oberägypten, am linken Ufer des Nils, 55 km südöstl. von Girgeh (26° 11′ 20″ nördl. Br., 30° 0′ 57″ östl. L.).

Huab, Fluss im Hereroland, entsteht durch den Zusammenfluss des Choiab und des durch den Okolombove verstärkten Nu-Huab (roter Huab) und mündet in den Atlantischen Ozean.

Huambo, Land in der portug. Prov. Angola, im Distrikt von Benguella. Es wird im Osten und im Süden vom Kunene, im Westen vom Zuflusse desselben, dem Kalaë, im Norden durch die Bergkette von Andrade Corvo (etwa zwischen 12° 30′ und 13° 40′ südl. Breite) begrenzt. Die Höhe des Bodens variiert zwischen 1500 und 1600 m.

Huara 1) (auch Kuara), Landschaft Abessiniens, welche die äussersten Grenzstriche der Provinz Agaumeder nach Nord und West bildet. Ihre gleichnamigen Bewohner gehören zu den Agau (s. d., 4); ihre Sprache (das Huaraza) ist jene der Falascha

36*

(s. d.). Nach H. hat noch kein Europäer den Fuss gesetzt.

— 2) Volksstamm im südl. Marokko, in dem zum Teil unabhängigen Land Ued-Sus, auf der Strasse von Marokko nach Tarudant, am südl. Hange des Atlas.

Huaraza (Kuara), die Sprache der abessinischen Falascha (s. d.).

Hübbe-Schleiden, Wilhelm, zu Hamburg am 20. Oktober 1846 geboren, und dort seit 1877 als Rechtsanwalt thätig; war während des Krieges 1870—71 dem deutschen Generalkonsulat in London attaschiert, bereiste hierauf Europa und lebte 1875—77 im westlichen Äquatorialafrika. Er gab 1879 „Ethiopien" heraus, schrieb auch vieles für geographische Zeitschriften. Er ist einer der eifrigsten Vorkämpfer für deutsche Kolonialpolitik und hat sich durch verschiedene kleinere Schriften: „Überseeische Politik" nebst „Studien über die Statistik des Welthandels" (1880); „Deutsche Kolonisation" (1881) in dieser Richtung höchst verdient gemacht. Er empfiehlt die Sudanländer als rentables Wirtschaftsgebiet der deutschen Nation zum Erwerbe.

Hügel, Karl Alexander von, zu Regensburg am 25. April 1796 geboren, bereiste 1832 ff. Ägypten und Nordafrika (wo er in Tripolis die Cholera überstand) und war 1836 in der engl. Kapkolonie. 1837 kehrte er nach Europa zurück und starb am 2. Juni 1870 zu Brüssel.

Huilla, portug. Fort in der Provinz Mossamedes.

Hulâd Hesân, Dorf in Tripolitanien, im Distrikt Ghueriân (s. d.) gelegen.

Hulk (englisch), eigens für den Zweck einer schwimmenden Faktorei, wie selbe noch aus der Zeit des Sklavenhandels üblich sind, eingerichteter, an der Küste verankert liegender Schiffsrumpf. Man benützt zu Hulks vielfach alte, nicht mehr seetüchtige Kriegsschiffe. Das ganze Deck wird zum Schutze gegen die sengenden Sonnenstrahlen mit einem dauerhaften Palmblattdache versehen. Auf dem Hinterteile wird eine luftige Behausung für die Agenten errichtet. In den H. werden die Güter der je nach Erfordernis mehrmals im Jahre eintreffenden Seeschiffe gelöscht, und an ihrer Statt die inzwischen eingehandelten Ausfuhrartikel in Empfang genommen.

Humansdorp, 33. Distrikt (2630 engl. QMeilen gross) der engl. Kapkolonie (südöstl. [5.] Provinz); 1875: 7298 Einw.; gebirgig; zwischen der Küste und dem Grossen Winterberg gelegen; Ackerbau und Viehzucht.

Humbe (Humbi), Stadt in der portugies. Besitzung Angola, 300 km südöstl. von Mossamedes, am Kunene; die letzte portugiesische Festung im Südosten. Das die Stadt umgebende Land bildet ein kleines Negerkönigreich, das etwa 80 000 Einw. zählt, mit dem Hauptort Schahongo am Kakulowar (16° 50′ s. Br.); die Bevölkerung ist gastfreundlich und gesittet.

Humboldt, Friedrich Heinrich Alexander Freiherr von, der berühmteste Naturforscher der Neuzeit, geb. am 14. Septbr. 1769 zu Berlin, gestorben am 6. Mai 1859 ebenda, betrat auf seiner Weltreise mit Bonpland (von Coruña aus) am 19. Juni 1799 den Boden des Weltteils Afrika auf der zu demselben gehörigen Insel Teneriffa, in deren Hafen Santa-Cruz er landete und dessen berühmten Pik er bestieg, um am 25. Juni 1799 die Fahrt nach Amerika wieder fortzusetzen.

Hun, s. Hon.

Hunda, Küstenplatz im Nordosten der Somalihalbinsel, zwischen den Vorgebirgen Ali und Hafûn.

Hungo, 1) Negervolk an den Ufern des Gugho (linksseitigen Zuflusses des Quango).

—2) Ein Saiteninstrument der Angolaneger, von welchem Falkenstein die folgende Beschreibung gibt: An einem $1^1/_2$ m langen, bogenförmig gekrümmten Stabe befindet sich eine Saite, während ein am untern Ende befestigter leerer halber Kürbis, der mit der offenen Rundung auf die Magengegend aufgesetzt wird, den Resonanzboden bildet. Man setzt die Saite mit einem Stäbchen in Schwingungen.

Hunir, Stamm der Baggara (s. d.) am weissen Nil.

Huram, s. v. w. Djellabie.

Hurghen, s. Gure.

Hurur, s. v. w. Härär.

Hussein-Dey, grosse Dorfschaft in der alger. Prov. Algier, am Gestade des Golfs von Algier, 6 km südöstl. von der Stadt Algier; 2000 Einw. Hier wurden die Spanier 1516 unter Diego de Vera, 1556 unter Karl V., 1775 unter O'Reilly geschlagen.

Hutchinson, Thomas Joseph, in Irland (Stonyford) am 18. Jan. 1820 geboren, wurde, nachdem er die britische Niger-Tschadda-Expedition 1854—55 an Bord der Plejade als Oberarzt mitgemacht hatte, 1855 zum britischen Konsul auf Fernando Po ernannt, und verweilte hier bis 1861, wo er nach Argentinien transloziert wurde. Seit 1873 lebt er in Irland (Balimescar Lodge; Grafschaft Wexford) und ist Ehrenvizepräsident des Institut d'Afrique in Paris. Werke: Narrative of the Niger-Tchadda and Binuë-Expedition" (1855); „Impressions of Western Africa" (1858); „Ten years wanderings among the Ethiopians" (1861) etc.

Hyänenhund (Canis pictus), s. Tekwela.

Hydromel, s. v. w. Detsch.

Hyeh, Stadt in Unterägypten, 86 km nordöstl. von Kairo, im nördlichen Teil des Delta, unfern vom rechten Ufer des Moëz-Kanals.

I und J.

Ja, Fluss und portugiesisches Presidio, zu der als „Portugiesisch-Guinea" geführten Kolonie Portugals an der Westküste gehörig.

Ja Bacher Tedscha (Manatus senegalensis, Auli, Manati), eine (nach Heuglin) im Tanasee, wie auch in mittelafrikanischen Gewässern lebende Seekuh, deren Dasein von Stecker aber bezweifelt wird.

Jabel, Dorf im Thale des Gers (Marokko).

Jabu (Djabu, Yabu), Land in Guinea, im Norden von Yoruba, im Westen durch das Egba-Land, im Osten durch den Ogun- (Ochun-) oder Ossun-Fluss, das Ufe-Land und das Reich Benin begrenzt, im Süden von der Lagos-Lagune umschlossen, deren nördlicher, von dem andern durch die Insel Povo geschiedener Teil den speziellen Namen „Jabu-Lagune" trägt. Das J.-Land führt seinen Namen nach dem Negervolk der **Jabu**, welche dasselbe bewohnen. Sie bilden eine Gruppe der Aku-Familie, deren bekanntester Zweig die Yoruba sind. Der Ona-Fluss, einer der Zuflüsse der Lagos-Lagune, teilt das Jabu-Land in zwei Hälften: die eine derselben bildet ein kleines Königreich. Die östliche Hälfte **(Jabu-Odi)** mit der Hauptstadt Ódi beherrscht die westliche (das **Jabu-Remo**). Die Jabu-Neger sind Götzendiener; sie verehren die Palmbäume. Einer der letzten, welcher die durch die englischen Faktoreien an der Guineaküste teilweise bereits der Civilisation genäherten Jabu-Neger besuchten, war der Reisende Gerhard Rohlfs.

Jabus, s. Jebus.

Jacobsdal, Stadt im Oranje-Freistaat, Distriktshauptort, 80 km westlich von Bloemfontein, an der Strasse von Colesberg nach den Diamantendistrikten; 215 Einwohner (höchst gemischt); bedeutender Handel. Der Distrikt J. umfasst 2016 qkm mit 2030 Einwohner (1035 Weisse, 995 Farbige).

Jaggas, siehe Djaggas.

Jal, ein Zufluss des Weissen Nil.

Jallakota, Hafenpunkt am Gambia, 8 engl. Meilen von der Einmündung des Nerico, ist ein umzäunter Ort von etwa 250 Hütten. Die Einwohner sprechen Mandingo. Gold und Elfenbein kommen hierher in den Handel.

Jallonka, s. Eadem.

Jambuga, Dorf am Aruwimi, dem mächtigen Nebenflusse des Kongo, unter 2° 13′ n. Br. Hier erreicht die Schiffbarkeit des Aruwimi durch Stromschnellen ihr Ende.

James, Fort-, englische Handelsniederlassung an der Einmündung des Gambia, auf einer Insel, 32 km südöstlich von Bathurst.

Jamestown, Hauptort der Insel Sankt Helena, an ihrer Nordwestküste in der Öffnung eines schmalen Thalschlundes. Festungswerke, deren Unterhaltung aber seit der Eröffnung des Suezkanals wenig Zweck mehr zu haben scheint, decken nach der Seeseite die Stadt. 5500 Einwohner.

Jamestown, s. Akra.

Jangay, Ort im Gebiete der Niam-Niam.

Jan Jonkers Werft, Dorf im Hererolande.

Jankanah, Dorf im Reiche Futah-Djallon, auf der Strasse von Labi nach Timbo.

Jansenville, kleine Ortschaft in der Kapkolonie, in der zentralen Provinz (Grafschaft Uitenhage), 118 km nordwestlich von Uitenhage; an dem in den Indischen Ozean fliessenden Zondag-Rivier, in der Gegend des Zwart-Ruggens, an der Strasse vom Port Elisabeth nach Graaff-Raynet; zumeist von Boeren bewohnt.

Janssen, belgischer Leutnant und Mitglied der Stanley'schen Expedition, ertrank im Juli im Kongo bei der Überfahrt von der Station Msuata nach dem rechten Kongo-Ufer, gerade nachdem er eine Entdeckungsfahrt auf dem Wabunna oder Kuango beendet hatte.

Jawasch, der westliche Jabus, zum Stromgebiet des Jal, eines Zuflusses zum Weissen Nil, gehörend.

Iba, rechtsseitiger Zufluss des Abaï, bildet die Nordgrenze der abessin. Prov. Godjam.

Ibaba, Stadt in Amhara (zentrales Abessinien), etwa 110 km südwestlich von Gondar, am Südufer des Tana-Sees, inmitten einer reichen, gut bebauten Landschaft.

Ibadan, Stadt in Guinea, im Reiche Yoruba, 53 km nordöstl. von Abbeokuta; 50000 Einwohner.

Ibaka, grosses Dorf an der Mündung des mächtigen Ibari Nkutu (wahrscheinlich der Kassai) in den Kongo.

Ibamé nennen die Kalabarleute die ihnen benachbarten Bonnyleute vom Bonnyfluss (Nigerdelta).

Ibara, Volksstamm im Süden und Südwesten der Provinz Betsileo (Madagaskar); ihr Gebiet wurde 1876 von Shaw besucht. Die bekannten Ortschaften desselben sind an der Nordküste Ihosy und Ivohimarina; der Berg Ivahibe, ein isolierter Kegel, ragt aus einer Ebene inmitten des I.-Gebietes auf. Die J. sind den Betsileo verbündet. Gleich den Betsileo leben sie in „Valas“ (Ansammlung von drei bis vier Hütten, die durch eine Lehmmauer und eine Kaktushecke umschlossen ist); auch sprechen sie die gleiche Sprache und scheinen von ihnen nur durch die abweichende Art, ihr Kopfhaar zu tragen, verschieden. J. Mullens schätzt (1875) ihre Anzahl auf 200 000 Individuen.

Ibari Nkutu, wahrscheinlich der als „Kassai“ bezeichnete Zufluss des Kongo (Brazza), nach anderen Reisenden der von den Portugiesen Quango genannte Fluss des äquatorialen Afrika; siehe Quango.

Ibchadah-el-Bahrieh, Ibchadah-el-Keblieh, Orte in der ägypt. Mudirie Assiut, Distr. Teftich-el-Rodah.

Ibchak, Ort in der ägypt. Mudirie Minia, Distr. Beni-Masar.

Ibchanah, Ort in der ägypt. Mudirie Gharbieh, Distr. Samannud.

Ibchawaï-el-Malak, Ort in der ägypt. Mudirie Gharbieh, Distrikt Mehallet-Menuf.

Ibchawaï-el-Romman, Ort der ägypt. Mudirie Fajum, Distr. Tobhar.

Ibchit, Ort in der ägypt. Mudirie Gharbieh, Distr. Samannud.

Ibea, ein Negervolk im südlichen Kamerun-Gebiet.

Ibia-el-Hamra, Ort in der ägypt. Mudirie Beherah, Distr. El-Delingat.

Ibiala, Chor im Lattukalande, strömt von den Lomubergen herab.

Ibiar, Ort in der ägypt. Mudirie Gharbieh, Distr. Mehallet-Menuf.

Ibîni, s. v. w. Benin.

Ibis, heiliger (Ibis religiosa), ein ibisartiger Vogel, von Alters her auf Grund seiner Heiligkeit berühmt. „Gleichwie der Nil, der Schöpfer Ägyptens, den Ägyptern als heilig galt, so auch der Ibis, welcher mit der schwellenden Flut erschien und mit sinkender Flut verschwand. Noch jetzt findet man in einer der Pyramiden von Sakhara tausende von Mumien dieses wahrscheinlich zu jener Zeit in ganz Ägypten halb gezähmten Vogels," welcher jetzt das Nilthal nicht mehr besucht, sondern mehr ins Innere Afrikas sich zurückgezogen hat.

Iberberen, s. Ibogelan.

Ibiu, grosser Ort am Westufer des Stanley-Pool; von Bentley 1881 als Station der Baptist Missionary Society erwählt.

Ibn Batuta (Abdullah Mohammed), geboren 1302 zu Tanger in Marokko, gilt als der grösste Reisende der Araber. Er gelangte, nachdem er 1325 nach Mekka gewallfahrtet und von da aus Syrien, Persien und Mesopotamien durchwandert hatte, nach Quiloa an der Ostküste Afrikas, setzte seine Reise durch Inner-Arabien und Kleinasien nach Indien und China fort und betrat, nachdem er ca. 20 Jahre lang in Asien gereist war, 1349 wieder den Boden des heimatlichen Erdteils. Er liess sich in Fes nieder, brach aber schon 1352 im Auftrag des Sultans von Marokko nach Innerafrika auf, reiste bis nach Timbuktu und von da weiter ins Mandigoland und wieder nach Fes zurück, wo er bis zu seinem, im hohen Alter (1377 oder 1384) erfolgten Tode geblieben zu sein scheint. Sein für die Geschichte und Geographie damaliger Zeit wichtiges Reisewerk erschien 1855—59 (5 Bände, 2. Aufl. 1874) zu Paris, mit französ. Übersetzung herausgegeben von Defrémery und Sanguinetti.

Ibn-n-Drarar, der arabische Name des Hauptkammes des Atlas (s. d.).

Ibo (Abo, Eboë), Stadt in Guinea (Westafrika), Hauptstadt des Igbolandes, am rechten Ufer des Quorra oder untern Niger (5° 31′ nördl. Br., 4° 9′ östl. L.; 6000 Einw.). — Ibo liegt an der Spitze des Nigerdeltas. Es ist der Haupthandelsplatz für Palmöle, welche von dort auf dem Nun- oder Nun-Kanal (dem bequemsten des Delta) oder durch denjenigen von Brass zur Küste geschafft werden. — Die Ibo sind ein den Egba des westlichen Guinea ähnliches Negervolk und strecken sich hauptsächlich östlich vom Niger bis zum Alt-Kalabar, durch welchen sie vom Moko-Lande geschieden werden.

Ibo (Wibo), Stadt an der Küste von Mozambique (portugies. Gebiet an der Ostküste), 300 km nördlich von Mozambique, Hauptort der Insel des Kap Delgado, auf der Insel Ibo, welche zu dem Quirimba-Archipel gehört (12° 23′ s. Br., 38° 13′ ö. L.); 2500 Bewohner. — Ibo ist ein für die Stämme des Innern höchst wichtiger Marktplatz. Die Portugiesen unterhalten dort ein kleines Fort. Der Archipel besteht aus 28 dicht bei einander liegenden Inseln: Ibo, Querimba (250 Einw.); Fumbo (100 Einw.), Matemo (110 Einw.), Amisa (die grösste der Inseln), Macalué (Mahato), Quiriba, Namego, Quipaco, Calaluhia, Samucar, Rolas (Crianwe), Molandulo, Inhate, Mastros, Xanga, Zanga, Minhuge, Timbusa, Zuna, Luamba, Mistunso, Mumba, Quia, Conga, Caianimo, Cungo und Ticoma). Einige derselben sind bewohnt, andere liegen jetzt ganz wüst und verlassen, obgleich ihr Klima, wie dasjenige des benachbarten Kontinents, ziemlich gut ist. Die Hauptbeschäftigung des Distrikts besteht im Schildkrötenfang und in der Sesam-, Manna- und Orseille-Ernte. Der Ackerbau ist sehr vernachlässigt. Der behördlichen Gewalt von Ibo unterstehen die auf dem

Hospital in Gorée.

Kontinent befindlichen Etablissements: Mucimba, Pangane, Lumba (alle drei am Caramacoma-Flusse), Ibo gegenüber; ferner: Quissanga, Montepes und Arimba (geschützter Hafen), ausserdem die 1857 an der Pomba-Bai (12° 56′ südl. Br.) gegründete Kolonie, welche den besten Hafen der ganzen Küste besitzt. Die Gesamtbevölkerung des Distrikts beziffert sich auf 6590 Einwohner (2960 auf dem Archipel; 37900 auf dem Kontinent); hiervon sind 1440 Freie, der Rest Sklaven.

Ibogelan, kleiner Stamm der Imoschagh des Ahaggar (s. Haggar); sie sind der Schrecken der ganzen Sahara, den Kel-Rhela befreundet und verwandt, die am Westhange des Hoggar-Plateaus ihre Lager besitzen. Von hier aus bedrohen sie die Handelsstrassen von Inssalah nach Timbuktu und die Nomadenstämme des Usawad. Den Ibogelan sind unterworfen die

Hulk im Kamerunflusse.

Stämme der Imesseliten und Iberberen.

Ibrach, Ort in der ägypt. Mudirie Charkieh, Distr. Mina-el-Kanch.

Ibrahim (oder **Kodja-**)**See**, einer der Seeen, welche der Nil in seinem Oberlaufe durchschneidet, zwischen dem grossen Ukerewe-See (Victoria-Nyanza) und dem Mwutan-See (Albert-Nyanza). Er erhielt seinen Namen durch den ägypt. Oberst Chaillé-Long, welcher ihn 1874 entdeckte. Piaggia nahm 1876 eine Karte des Ibrahim-Sees auf; nach ihm hat derselbe eine Länge (von Nordnordwest nach Südsüdost) von 50—60 km, bei einer Breite von 20—25 km. Der Nil tritt im Nordwesten in den Ibrahim-See ein und verlässt ihn kurz unterhalb der nördlichen Spitze.

Ibrahimia, Station des ägyptischen Sudan, 200 km südl. von Gondokoro, am Ufer des Unyama, nahe an dessen Einflusse in den Nil; 4° 38′ n. Br. Die Ortschaft, wo Samuel Baker diese Station gründete, wurde von Eingeborenen Afuddo genannt.

Ibrahimiëh, Kanal im mittlern oder obern Ägypten. Er nimmt seinen Anfang in Siut und durchfliesst die Provinzen Siut und Minieh. Seine Länge beträgt 98 km. Er ist erst in der Neuzeit geschaffen worden.

Ibrim, Dorf in Nubien, am rechten Ufer des Nils, 200 km südwestlich von Assuan, zwischen dem ersten und zweiten Katarakt. Es ist das Primis parva des Altertums. Ibrim ist auch jenes Dorf, wo Selim, nachdem er Ägypten erobert hatte, eine Garnison bosniakischer Soldaten stationierte, deren Nachkommen sich dort bis in das 19. Jahrh. erhielten. Gegenüber von Ibrim liegt Anibe mit alten Grabmälern.

Ibsambul, s. Abu Simbel.

Ich (Yche), Ksar und Oase der marokkanischen Sahara, an der Grenze der oranischen Sahara, etwa 60 km südwestlich von dem französ. Posten Aïn-Sefra, 50 km nordöstlich von Figig; 18 km südlich liegt der Berg Ich (Djebel-Ich). Die Franzosen haben sich des ärmlichen Fleckens 1881 bemächtigt, haben ihn aber seiner ungünstigen Lage wegen wieder geräumt.

Ichaboe (Südafrika), s. Itschaboe.

Icheblaten, Berbervolk (von den Arabern **Chellata** genannt), in der alger. Prov. Constantine, etwa 50 km südwestl. von Bougie, 30 km nordwestl. von Akbu, am Südosthange des Djurdjura.

Icheriden, Flecken in der alger. Prov. Algier, in der Grossen Kabylie, etwa 7 km südöstlich vom Fort National, an der Strasse von Beni-Mansur, 450 Einw. Im Jahre 1857, im Juni, versetzte Marschall Randon hier der Unabhängigkeit der Berberstämme den letzten Schlag; 1871 (ebenfalls im Juni) wurde hier der grosse Aufstand der Kabylie durch den General Lallemand niedergeschlagen.

Ichneumon (Herpestes ichneumon), baut am Stromufer, an Böschungen von Gräben, an alten Schächten von Wasserrädern. Es fängt kleine Säugetiere, Vögel, Reptilien, Insekten, stiehlt aber auch Hausgevögel. Bisweilen wird es zahm gehalten.

Ichogo, Volksstamm im äquatorialen Afrika, am Rhembo Ngunié (linkem oder südlichem Zuflusse des Ogowe).

Icod (Fed de los Vinos), Stadt auf der kanarischen Insel Tenerife, in einer nach der Westküste laufenden Schlucht des Pik; 5830 Einwohner; Malvasierwein.

Icollo-Bengo, Stadt in der Provinz Angola, Distrikt San Paolo de Loanda, am linken Ufer des Bengo; 7600 Einw.

Ida, Gebirge in Marokko; siehe Ida-u-Taltas.

Ida-bu-Lehas, Maurenstamm (Marabuts), den Lagelal oder El-Agelal und den Ida-u-'Ali in der senegalischen Sahara benachbart. Die I. führen selbstgewonnenen Gummi nach dem Senegal (Bakel und Matam).

Ida-u-Aïsch (gewöhnlich Duaisch genannt), grosse Familie maurischer Stämme (Berbern-Ursprungs) in der westlichen Sahara, an den Grenzen des französischen Senegal-Gebiets (s. Duaïsch).

Ida-u-'Ali, Volksstamm in der senegalischen Sahara (Marabuts). Sie bilden das Drittel der Bevölkerung des Adrar-Dorfes Schinghit und auch die teilweise Bevölkerung der Städte Wadan und Tedjigdja im Taganet. Sie sind arabischen Ursprungs.

Ida-u-el-Hadj (auch El-Hadj, Aïdu-el-Hadj genannt), grosser Volksstamm, zur Senaga-Familie der westl. Sahara gehörig; diese Familie führt bisweilen auch den Namen Darmankur. Sie gelten als die Marabuts der Duaïsch. Sie sind im Taganet, wie auch unter den Trarsas-Stämmen verbreitet. Sie teilen sich in mehrere Stämme: der wichtigste ist derjenige der Ahel Tidi Mahmud, welcher ehemals die Herrschaft im Adrâr übte. Nachdem sie durch die Kunta verjagt wurden, flüchteten sie sich 1860 nach dem zum Senegalgebiet gehörigen Sumpfe Gorguel Balleo.

Ida-u-Idderen, Maurenstamm berberischen Ursprungs in der westlichen Sahara (zur Familie der Limtuna gehörig). Sie führen an die Senegalplätze arabischen Gummi.

Ida-u-Taltas, Gebirge im südlichen Marokko, in der Landschaft Sus, 16 km südlich von der Stadt Ofaran (28° 54′ 30″ n. Br., 12° 55′ westl. L.). Das Gebirge ist in der ganzen Sahara wegen seiner altertümlichen Bauten und der in ihm belegenen Djohâla- (alter Heiden) Gräber. — Ein anderes Gebirge in der Landschaft Sus, das Ida-u-Sakra, liegt im Südwesten von Ofaran.

Idsa (Iddah, Atta), Stadt im Igara-Lande, am linken Ufer des Niger (7° 6′ 2″ n. Br., 4° 22′ 4″ ö. L.); ca. 2000 Häuser oder 8000 Einw.; Station der englischen Missionäre. — Idsa wurde 1835 durch den französ. Leutnant May besucht. Die Stadt ist mit sehr schönem Pflanzenwuchs umgeben und besitzt ein sehr gutes Klima.

Ideles, einer der spärlichen festen Wohnsitze der Imohagh oder Hoggar-Tuareg (zentrale Sahara); 1822 vom westlichen Ufer des Ighar Ghar an der Stelle des zerstörten Orts Tafuri erbaut.

Ider (Ideur, Iddeur, Idjer), auch **Benin-Ider** genannt, Berberstamm der alger. Prov. Constantine, 22 km südöstlich von Djidjelli, an der Strasse von Djidelli nach Mila; 5710 Köpfe.

Idjennaden, s. Aït-Djennad.

Idjer (Idjeur oder Hidjeb), auch Benin-Idjer-Djebel), Berberstamm der alger. Prov. Algier, in der grossen Kabylie, an der Grenze von Constantine, 26 km östlich von Fort-National; mit den ihnen verwandten Benï-Idger-Sahel zählen sie 4810 Köpfe.

Idjil, Sebcha (Salzsumpf) des Adrar im westl. Sahara. Aus ihr kommt das als „Tichit-Salz" im Sudan bekannte Salz, das durch den sesshaften Maurenstamm der Tichits bis zu den Sarracolets und Soninkes an der senegambischen Grenze in Steinen von etwa 40—60 cm Dicke verhandelt wird.

Idjuman, einer der neun Stämme der Uled-en-Nassir und Uled Mebarek, im Land El-Hodh und in den zwischen diesem und Timbuktu belegenen Strichen. Die Idjumanen scheinen ein Mischvolk aus Berbern und Arabern zu sein. Sie zerfallen in mehrere Stämme.

Idrar-n-Deren heisst der grosse Atlas bei den Marokkanern.

Idrassiah, Ort in der ägypt. Mudirie Beni-Suef, Distr. Beni-Suef.

Idutwya-Reserve, Distrikt von Britisch-Kaffraria, östlich von Fingoland (s. d.) und westlich vom Baschi-Rivier, nur 65 qkm gross. Seine aus Britisch-Kaffraria überführte Eingeborenen-

Bevölkerung betrug 1874: 16590 Köpfe.

Jean-de-Noue, kleine Insel im Indischen Ozean, seit 1814 im englischen Besitz.

Irba (Rio), s. Geba.

Jebus (Jabus), ein Nebenfluss des Dachr-el-Asrok oder Blauen Flusses (Abaï), kommt aus den südöstlichen Gallaländern. — Nach Schuver wurde die Bezeichnung „J." oder sprachlich damit verwandten Ausdrücke (Abai, Hawasch, Jub) von einem Urvolk auf alle immerfliessenden Wässer dieses Teiles von Afrika angewendet; so nennen z. B. die Berta auch den Yal, soweit er durch ihr Gebiet fliesst, „J.".

Jei, ein linker Nebenfluss des Weissen Nil. Seine Quelle wurde 1876 von Junker und Bohndorff erforscht.

Jeke, eine runde apfelartige Frucht, welche, zu einem Teig verarbeitet, das Brot für die Neger im Kamerun-Gebiete bildet.

Jellacoffee, Stadt an der Westküste (5° 52′ 40″ n. Br., 1° 2′ 50″ w. L.); sehr feuchtes Klima; die an der Küste bekannten „J.-Zwiebeln" werden hier gebaut.

Jemmapes, Stadt in der alger. Prov. Constantine, Distriktshauptort, 41 km südöstlich von Philippeville; unfern vom Küstenflusse Fendek; 2310 Einw. (230 Eingeborene); es wurde 1848 errichtet und hat einen ziemlich bedeutenden Markt. In der Nähe römische Ruinen.

Jengo, s. Marimba.

Jenné, s. Djenné.

Jerba, s. Djerba.

Jesien (Bolassa), ein Nebenfluss des Bachr-el-Asrok oder Blauen Flusses (Abaï), kommt aus Abessinien.

Ifag (Efak, Ifague), Stadt in Amhara (Abessinien), in der Provinz Beghaumeder, an einem linken Zuflusse des Tana-Sees.

Isassy, Dorf in Madagaskar an der Westküste.

Ifat (Efat), östliche Provinz von Schoa (Abessinien), nordöstlich von Ankober; durch den Hawasi (Hauasch) bewässert. In derselben liegen die Städte: Gontscho, Falenager, Gaschamutu, Dabrako, Burragwe etc.

Iffune, Chor im Lattukalande, von schönem Galleriewalde eingefasst.

Ifilo, Ort am rechten Ufer des Niger, in dichtbevölkerter Gegend, auf der Fahrt von Rabba bis Gomba (Flegel).

Iflissen, s. Flissa.

Ifrikiah (Ifriquia), bei arabischen Geographen der Name des jetzigen Tunisien (das Africa propria der Römer); bisweilen auch ist darunter der nordafrikanische Küstenstrich von Barkah bis nach Tanger zu verstehen. Der Name ist noch jetzt bei den Beduinen der nördl. Regentschaft Tunis im Gebrauch.

Igara, Land am Kworra oder untern Niger. Es ist im Norden durch die Akpcto-Länder, welche vom untern Benuë bewässert werden, im Westen durch den Kworra, im Süden durch das Land Igbo begrenzt, im Osten erstreckt es sich wahrscheinlich bis zum Oberlauf des Kaleba oder Alt-Kalabar. Die wichtigste Stadt ist Idda.

Igawâwen (arabisch Zuawa; woher das französische „Zuave" stammt), Stamm der djurdjurischen Kabylie, in obern Becken des Sebau wohnend und in die Stämme der Aït-Bethrun und Aït-Menguellat zerfallend.

Igbegbe, Dorf im westl. Sudan, am linken Ufer des Benuë, nahe seinem Zusammenflusse mit dem Niger; Station der engl. Missionäre; wichtiger Handelsplatz; die beliebteste Sprache der I. ist das Haussa; die lokale Mundart ist das Igbira.

Igbira, Land im westl. Sudan, am nördlichen Ufer des Benuë, am Zusammenflusse desselben mit dem Niger bis auf 80 km vom östlichen Ufer. Sein Hauptort ist Fanda oder Panda (auch oft Igbera-Panda genannt). Die Bewohner sind industriös und handeltreibend: zum Teil zum Islam bekehrt, zum grössern Teil Heiden. Ihre vom Igara verschiedene Sprache nährt sich dem Nupe und dem Yoruba.

Igbo, Negervolk im östl. Afrika; seine Wohnsitze erstrecken sich östlich vom Niger bis gegen Altkalabar, das sie vom Mokolande scheidet. Ihr Hauptort ist Abo (s. d.).

Igbobo, Stadt im Reiche Yoruba (westl. Sudan); 20000 Einw.

Igestan, Dorf in der südlich von Gurara folgenden Oase Sus.

Igharghar, grosses Thal, das Bett eines in alter Zeit vorhanden gewesenen heute versiegten Stromes; im Lande der Imohagh (oder Nord-Tuareg); vergl. Hoggar. Es wurde 1860—61 von Duveyrier, 1864 von Gerhard Rohlfs, 1874 von Dournaux-Dupéré, 1880—81 von den beiden Flatters'schen Expeditionen besucht.

Ighargharen, breites Thal im Lande der Tuareg Azdjer (zentrale Sahara), das sich von Südosten nach Nordwesten, dem Nordhange des Tassili entlang zieht. Seine Länge beläuft sich auf etwa 255—260 km. Es wurde 1858 von Ismaïl Bu-Darbe, 1860 von Duveyrier, 1880 von Flatters durchzogen. Es münden die folgenden Wadis: Tedjudjelt, Ihan, Tadjeran, In-Alal, Samon, Aït-Zeniten, Lemenu, Tau-Efokh und Tebalbalet in das I.

Ighir (Ghir), Kap an der südl. Küste Marokkos (in der Prov. Haha).

Ighidi (Iguidi), Dünengebiet der westlichen Sahara, das sich südwestlich als Fortsetzung der algerischen Dünenstrecke des El-Erg oder Areg bis zum Atlantischen Ozean hinzieht. Das I. wurde 1827 von Caillié, 1880 von Lenz (den einzigen Europäern, welche es gesehen haben) durchzogen. Seinen westlichen Anfang bezeichnet das Wadi Es-Saura. Es zieht sich in einer Länge von 1670 km bis zum Lande Aderar, neben welchem dies Gebiet den Namen Maghtir trägt. Im Osten erreicht das I. eine Breite von 450 km, im Westen nur eine solche von 200 km.

Ighil (Iril-n'Sekri), Berberstamm der alger. Prov. Algier, etwa 30 km nordwestl. von Fort National. 2120 Köpfe auf 4740 ha. — Ein zweiter Stamm (2765 Köpfe auf 4300 ha), ebenfalls in der alger. Prov. Algier, führt den Nebennamen Iril-n-Mula oder Ymula.

Ighil-Ali, kleiner Ort der alger. Prov. Constantine, im Gebiet des ehemals mächtigen Berberstammes der Beni-Abbes, 7 km südöstl. von Tasmalt; ehemals Waffenfabrikation.

Ighir-Ufrani, s. Ghir.

Ighoud, Duar der alger. Prov. Algier, am Fusse des Ras-el-Prarit (1787 m), im Becken des Nahr-Ouassel (oder untern Scheliff); 3959 Einw., 21888 ha.

Igli (Igeli), Ksar und Oase der marokkanischen Sahara, 180 km südwestlich von Figig, am östl. Ufer des Uëd Ghir oder Guir; 1500 Einw.

Igouchdâl (Guechtoûla), Stamm der djurdjurischen Kabylie in Algerien, am Nordhange des Djurdjura, im Bassin des Wed-Bukdura wohnend,

Igueli, s. Igli.

Iguidi, s. Ighidi.

Iguir (Ighir Ufrani), s. Ghir.

Igwandu, s. v. w. Gando.

Ihadhanaren, vornehmer, zum Azdjer-Bunde gehörender, wenig zahlreicher, aber äusserst turbulenter Stamm der Imohagh oder nördlichen Tuareg. Sie zerfallen in die Ui-Sattafenin, Ui-Temulat und Dergu. Sie lagern gewöhnlich in der Admar-Ebene, zwischen dem Tassili der Azdjer im Norden und der Anhef-Bergkette im Süden.

Ihan, s. Ighargharen.

Ihanghiro, Land im äquatorialen Afrika, an der Westküste des Victoria-See, im Süden von Usugara und westlich von der Insel Bambireh.

Es bildet ein Vasallenreich von Uganda und erstreckt sich an der Küste bis zum Ruvumbu-Flusse, auf eine Strecke von 53 km von Nord nach Süd.

Ihauokin, s. v. w. Bergdamara.

Ihehawen, Stamm der Imohagh oder nördlicher Tuareg, zum Azdjer-Bunde gehörig (zentrale Sahara). Sie haben sich im Fezzan, im Dorfe El-Fogar, nordöstlich von Djerma, sesshaft gemacht. Der Stamm der Isurrekkien ist ihnen unterthan.

Ihema, kleiner See im Bassin der Kaghera, welche zum Victoria-Nyanza fliesst; von Stanley im Lande Ruanda entdeckt. Der I. misst 130 qkm. Eine Insel ist in ihm belegen, deren Einwohner von Aussatz und Elefantiasis befallen sind (Stanley).

Ihosy (Jhusy), Dorf in der südlichen Hälfte Madagaskars, in der Prov. Ibara; 220 Einw.

Jibi, Chor im Osten des Bachr-el-Djebel.

Ijil (Idjil), Sebcha (Salztümpel) der westl. Sahara, im Adrar Temar.

Jilledi, s. Gualidi.

Jinga, Negervolk an der Quelle des Hamba (Zuflusses des Quango); s. Gola.

Jiwé, s. Djiwé.

Ikadeen, kleiner Stamm der Imohagh oder nördl. Tuareg; er gehört zu dem Bunde der Ahaggar; ihnen unterthan sind die Eharhan.

Ikeden, Teilstamm des grossen Stammes der Imedidderen (s. Imohagh).

Ikelemba (Uruki), Fluss im äquatorialen Afrika, grosser linksseitiger Zufluss des Kongo, etwa 0° 12′ s. Br.; Stanley glaubt, dass der I. kein anderer Fluss ist, als der Unterlauf des Kassabi, der nach der Aussage der Eingeborenen zwischen 2° 40′ und 4° 30′ südl. Br. einen grossen See bilden soll.

Ikerremoïn, kleiner Stamm der Imohagh oder nördl. Tuareg; zum Bunde der Ahaggar gehörig.

Iki, See im äquatorialen Afrika, westlich vom Tanganjika-See; nach Cameron liegt er unter 6° südl. Br. (zwischen 23 und 24° östl. L.); er soll identisch sein mit dem Tschebugo (Tschebungo oder Lincoln) Livingstones und würde durch den Luwembi (Bulindi) und Lomami mit dem Kongo in Verbindung stehen. Indessen ist seine Existenz noch fraglich.

Ikopa (Ikiupa), Fluss auf der Insel Madagaskar, zum Kanal von Mozambique fliessend. Er bildet sich aus einer Menge von kleineren Wasserläufen, die aus der Hochebene von Imerina kommen: die Mamba, Varahina, Sisaony, Katsaoka, Anjomaka etc. und fliesst nordwärts. Unfern der Küste nimmt er die Betsiboka auf und fliesst in die Bembatoka-Bai auf der Nordwestküste. Er bildet beim Verlassen des Imerina-Plateaus die Farahantsana-Fälle. Bei Mevatanana (135 km von der Mündung) wird er schiffbar.

Ikkotó, volkreicher Distrikt des Lattuka-Landes.

Ikoï, ein Zufluss des Munda-Ästuariums (s. Munda).

Ikondu, Stadt im zentralen Afrika, am linken Ufer des Kongo (2° 58′ südl. Br. und 23° 10′ östl. L.); nach Stanley zählt sie 2000 Einw.

Ikongo, Volk im südöstlichen Madagaskar, südlich von den zum gleichen Stamme gehörenden, gleich ihnen den Hovas der Provinz Betsileo unterworfenen Ivondro. Missionär Shaw besuchte die I. 1874—75.

Ikuku, Fluss südlich von Batta (Dtsch.-Kamerun).

Ikung, grosser Ort auf einer grossen Insel am linken Ufer des Niger (zum Reiche Jauri gehörig); mit einem bedeutenden Marktverkehr.

Igunkulo, Station am untern Kongo (linkes Ufer).

Ikutu Ya Congo (wahrscheinlich „Fluss von Congo“) nennt ein kleiner

Stamm am Äquator den Kongostrom (Stanley).

Ila, Stadt im Reich Yoruba (Sudan), Hauptort des Distrikts Igboma; 8° n. Br., 2° 35′ östl. L.; wichtiger Markt für Baumwolle.

Ilala, Land im zentralen Südafrika, am linken Gestade des Bangweolo-Sees, zwischen diesem und den Lokinga- (oder Babisa-) Bergen. In diesem Lande, und zwar im Dorfe Tschitambo (an den Ufern des Lilimala-Baches) starb Livingstone am 1. Mai 1873.

Ilecha, Stadt im Reiche Yoruba; Hauptort des Distrikts Idjecha; ein grosser, mit Mauern umgebener Platz.

Ile de France, s. Mauritius.

Ileg, s. Iligh.

Ilemtin (Kel El-Barkat), vornehmer Stamm der Imohagh oder nördl. Tuareg (zentrale Sahara); zum Bunde der Azdjer gehörig. Sie wohnen in der kleinen Ortschaft El-Barkat im Süden und Fewet im Westen von Rhat.

Ilerman, s. Harakta-el-Mader.

Ilha formosa. s. v. w. Fernando Po.

Ilhas do Ibo (Ibo-Inseln), an der Mozambique-Küste (Ostafrika) gelegen, bilden eine Comaria (Regierungsbezirk) der portugiesischen Besitzungen hierselbst. Hauptort ist der dürftige Flecken Villa de Sao Joao do Ibo, auf einer dieser Inseln gelegen. Im Hinterlande derselben liegen mehrere kleine, den Portugiesen Tributzahlende Staaten der Schwarzen.

Iligh (Ileg), Stadt im südl. Marokko; in der Landschaft Sus (zur Hälfte von Juden bewohnt).

Illahun, Dorf im mittlern Ägypten, in der Prov. Beni-Suef und Fajum; 18 km südöstl. von Medinet-el-Fajum und 22 km nordwestl. von Beni-Suef.

Illiltem, Berberstamm der alger. Prov. Algier, in der grossen Kabylie, ca. 20 km südöstl. von Fort-National.

Illorin, s. Ilorin.

Illula, Berberstamm in den alger. Provinzen Algier und Constantine, in der grossen Kabylie. Sie teilen sich in die Illula-u-Mala („Nord-I.“), 3410 Köpfe und 10 000 ha, und die Illula-u-Samer („Süd-I.“), 6520 Köpfe auf 6728 ha.

Il-Macen, Flecken in der alger. Prov. Algier, in der Kabylie des Djurdjura, Hauptort des Gemeindebezirks Haut-Sebaou, der aus 6 Stämmen (2020 Köpfe auf 15780 ha) besteht.

Ilmorma („Söhne der Menschen“), der Name, welchen sich die Galla oder Wahuma selbst geben.

Ilorin (Illorin, Ilori), Stadt in Yoruba im westl. Sudan, an der Aza, einem kleinen Zuflusse des Niger, 250 km nordöstlich von Lagos, an der Grenze von Nupe; 70 000 Einw. (nach Bowen; 1851). — I. ist eine der grössten Städte Yoruba's, der Hauptort der nördl. Provinz.

Ilu Mallam Buchari, Ortschaft an dem Niger-Nebenfluss Gulbi-n-Gindi.

Imamo, Distrikt im Südwesten der Prov. Imerina (Madagaskar), zwischen dieser Provinz und den Provinzen Betsileo im Süden und Menabe im Westen. Seine Bevölkerung wird auf 100 000 Köpfe (Hovas) geschätzt.

Imanah, derjenige Stamm der Imohagh, aus welchem vor Zeiten die Sultane derselben hervorgingen. Er ist heute auf eine sehr schwache Kopfzahl zurückgegangen. Die Frauen der I. sind wegen ihrer Schönheit und ihres musikalischen Talents berühmt. Die I. behaupten, vom Propheten Muhamed abzustammen. Die kleine Stadt Djanet in der Admar-Ebene, an einem Arme des Wadi Tafasasset (125 km südwestlich von Rhat), ist ihr bevorzugter Aufenthaltsort. Den I. unterthan sind die Stämme der Ibattanaten, der Ikurkumen, Ikendeman, Kel-Elmihan, Kel-Aherar und Ikelan.

Imanghasaten, vornehmer Stamm der Imohagh oder nördl. Tuareg, zum Bunde der Azdjer gehörig (zentrale Sahara). Sie leben bald im Thale von Tikhammalt, bald im westl. Teile von Fezzan, und zerfallen in die drei Stämme: Tedjehe-n-Abbar, Imannakaten, Tedjehe-n-Bedden. Ihnen unterthan sind die Ikelezgzgan, die Kel-Tuan und die Kel-Tamelrhik.

Imara (Assa, Imara), Volk der Afar, im Küstengebiet von Abessinien und dem Roten Meer, von der Zula-Bai bis zur Strasse Bab-el-Mandeb.

Imazighen (Amasigh) nennen sich alle Berberstämme des marokkanischen Atlas und der Landschaft Sus.

Imbalala, s. Zavora.

Imbambala (Inyarimi), s. U'Luiz.

Imboban, Ortschaft an der Küste des Gasalandes (Südostafrika).

Imbolanza, ein aus dem portugiesischen importancia vernegertes Wort, ist der ganze Betrag an Waren, den ein Händler mitgebracht hat und in Sklaven und Elfenbein umgesetzt haben will.

Imbondeira, der in Westafrika eingebürgerte portugiesische Name des Affenbrotbaumes oder Baobab (s. d.). Er soll seinen Ursprung von dem Wasser herschreiben, welches sich zwischen den Astbasen dieses wunderbar nützlichen Baumes von atmosphärischen Niederschlägen sammelt und von durstigen Reisenden gern getrunken wird.

Imbrougwana, Ortschaft im Gasalande, nördlich vom Sabiflusse (Südostafrika).

Imbunga heisst im Gasalande die von den Eingeborenen als Ersatz für Wasser genossene Frucht einer dort häufigen Kautschuk-Ranke.

Imêr, (nach Krapf, Journals 98, 107 ff.) ein Stamm der Galla (s. d.), dessen Gebiet sich im Süden der Landschaft Gurague befindet (Ostafrika).

Imerina (Emirne), zentrale Provinz von Madagaskar, zwischen den Provinzen von Sihanake im Norden, Menabe im Westen, Betsileo im Süden, Betanimena im Osten und Betsimaraka im Nordosten. Sie nimmt einen Flächenraum ein von etwa 23 000 qkm und wird von etwa 1 400 000 Menschen bewohnt. Hauptort ist Antananarivo oder Tananarive, die Residenzstadt des Hovareichs.

Die Provinz I., das Zentrum des souveränen Stammes der Hovas ist eine breite, in 1200 m Höhe gelegene Ebene, welche mit der Provinz Betsileo, ihrer südlichen Fortsetzung, den Hauptteil des zentralen Plateaus von Madagaskar bildet. Im Norden wird die Ebene durch das Andringitra-Gebige und die Manga- oder Molangana-Hügel begrenzt. Im Osten beginnt sie jenseits des Angavo-Waldes und erstreckt sich westwärts bis nach Ambohiveloma und Ilasy, wo sie sich mit den westlichen Ebenen der Insel verläuft. In diesem Teile hat die Provinz eine Breite von 145 km und eine Länge von 175 km. Der östliche Teil von Imerina grenzt an granitische Hügelketten, die von den Ostwinden bestrichen werden. Der südliche Teil, in welchem sich der Gebirgstock Ankaret mit den höchsten Gipfeln der Insel (2430—2725 m) und dem Pik Tsiafaïavona befindet, ist von vulkanischen Phänomenalgebilden stark durchsetzt. Es gibt wenig fruchtbaren Boden dort, und die Bevölkerung ist sehr dünn. Die gutbebauten Teile von I. nehmen insgesamt einen Raum von etwa 3250 qkm ein. I. enthält zahlreiche Dörfer und Städte, besonders in seinem zentralen Teile, welcher als der dichtbevölkertste von Madagaskar betrachtet wird, und reiche Bodenerträgnisse liefert. Die ihr Gebiet durchlaufenden Flüsse: die Mamba, Varakina, der Sisaony, Katsaoka, Anjomoka münden sämtlich in die Ikiopa, welche sich in die Bembatuka-Bai ergiesst. Warme Quellen sind in Betafo (54°), Sirabe etc. Hauptstadt ist Antananarivo mit 80 000 Einw.; nächstgrösste Stadt ist Ambohimanga.

Imettrilalen, vornehmer Stamm der Imohagh oder nördlichen Tuareg, vom Azdjer-Bunde; im Südwesten von Fezzan.

Immadalan, s. Hammam-Anegued.

Imohagh, Name der nördlichen Tuareg (im Unterschied von den Imoschagh oder südwestlichen Tuareg und den Kelowi oder südöstlichen Tuareg). Sie zerfallen in die beiden Hauptgruppen: die Azdjer im Osten und die Ahaggar im Westen. Das von den I. bewohnte Gebiet liegt im 11. Längengrade von Ubari im Fezzan bis zum Timissao-Brunnen an der alten Handelsstrasse von Wargla nach Timbuktu) und im 9. Breitengrade (von Aïn El-Taïba südlich von Wargla bis zu den Brunnen von Assiu an der alten Handelsstrasse von Wargla nach Kano, und der neuen Handelsstrasse von Rhat nach den Haussastaaten). Dieses Gebiet grenzt im Osten an Tripolitanien und an die Hammada, welche die Tibbu von den Tuareg scheidet; im Süden geht ihre Grenze von den Assiu-Brunnen, am Wadi Tafassasset vorbei, bis zu den Ruinen von Essuk oder Tademekka: im Westen erstreckt sich ihr Gebiet bis zu dem Wadi Akaraba und Hassi Inemdun; die Nordgrenze geht von dem letztern Punkte bis zum Wadi Lawiyet.

Der Azdjer-Bund umschliesst die vornehmen Stämme der Imanan, Oraghen, Imanghasaten, Kel-Izhaban, Imettrilalen, Ihadhanaren; die religiösen Stämme der Ifogha und Ihehawen; die gemischten Stämme der Kel Tin-Alkum und Ilemtin.

Der Ahaggar-Bund umschliesst die Stämme der Kel-Ahamellen-wân-Taghert, Tedjehe-Mellen, Kel-Rhela, Irhechchumen, Ibogelan, Taïtog, Tedjehe-n-Eggali, Ikadeen, Inemba Kel-Tahat, Inemba Kel-Emoghri, Ikerremoïn, Tedjehe-n-U-Sidi, Ennitra, Tedjehe-n-Esakkal.

Imorscharh, die nordafrikanischen Berbern (siehe Imoschagh).

Imoschagh (Imoscharh, Amoschagh), Gesamtbezeichnung für die Tuareg des Südwestens (Sahara und Nigerbecken), während die Tuareg des Nordens „Imohagh", die Tuareg des Südostens „Kelowi" genannt werden. Die ersten Nachrichten über sie brachte Barth („Reisen und Entdeckungen", Bd. V, S. 573—87). Die I. sind die Limtuna oder Lamtuna der arabischen Geographen des Mittelalters. Sie bilden im Plateau von Aderar oder Adghagh und auf den Ebenen von Azawagh oder Ahawagh, d. i. vom 15. bis zum 21.° nördl. Br. und vom 4. bis zum 5.° westl. L., einen grossen Bund. Über denselben herrscht der Amanôkal (oder König). Jeder Stamm hat ausserdem seinen erblichen Fürsten. In allen nationalen Fragen sind dieselben dem Machtspruch des Amanôkal unterworfen. Man unterscheidet im allgemeinen drei Gruppen:

1) die Gruppe der Auelimmiden. Zu ihr gehören: a) die Kel-Ekimmet oder der Stamm der Imanan, welche dem ganzen Bunde den Fürsten geben; — b) die Targhaï-Tamut, welche in die Kel-Egewek, Ikareraien, Ihiawen, Iberekiten, Idamman, Isegran, Kel-Tabonnan, Icheguettan, Ichercheren und Kel-Kabaï zerfallen; — c) die Tahabanaten, welche in die Tahabanat-Ikawelen, Tahabanat-Icheggarenen, Ibattanaten, Khorimmiden, Taradegha, Tamisguida zerfallen; — d) die Ikhormeten; — e) die Ifoghas; — f) die Tin-Eger-Egedech, welche in Ikarnayen, Kel-Takabut, Telghasem, Kel-Tikkenewen, Tarbedegem und Kel-Torfan zerfallen; — g) die Kel-Teguilalet; — h) die Kel-Heluat, von den Mauren „Id El Machil" genannt: — i) die Cherifen, welche in die Kel-

Temakkeret, Ihewan-Allen, Kel-Raror, Kel-n-Keremmar, Kel-Abanafogal, Kel-Tabariat, Kel-Arabbo, Kel-Ferian, Kel-Tefilliant, Kel-Inrawe, Kel-Goken zerfallen; — k) die Edarragaguen-ui-Chedjerotenen und die Edarragaguen-ui-Djezzolin (d. h. die grossen und kleinen Edarragaguen); — l) die Ekarrabasa, in Kel-Tikkenewen, Kel-Egwe und Tesgogamet zerfallend; — m) die Kel-Gassé; — n) die Kel-n-Endjiud; — o) die Tagagaset (oder Tegeggaset); — p) die Ibelgawen; — q) die Eghatafan; — r) die Tarka; — s) die Iguadaren, welche eine politisch unabhängige Gruppe bilden und zwischen dem Azawad in der Sahara und dem Dorf Bamba am Niger hausen und in die Teilstämme der Kel-Gogui, Tara-Banasa, Terfentik, Tel-Tebankorit, Kel-Hekikan, Kel-Terhar-art, Kel-Taborit zerfallen; — t) die Ehé-n-Dabosa (oder Ehé-n-Elali (Abzweigung der Dinnik).

Die religiösen Stämme der Auelimmiden sind: a) die Chamman-Ammas, welche ehemals der Stadt Tademekka, oder Essuk, ihre Könige gaben und jetzt eingeteilt werden in: Ikarbagenen, Iwaruaren, Kel-n-Tachdaït (auch Kel-Tibbele genannt), Kel-Amdellia (oder Ahel-Echelmat), in die El-Wankille und El-Enulli zerfallend; — b) die Deg-Abakar oder Debakar; — c) die Daw-Sehak, welche in die Kel-Abakkut, Kel-Azar, Kersesawaten, Kel-Bario, Kel-Tabalo zerfallen; — d) die Idenan (traditionelle Feinde der Kunta), in die Dindsedakkant, Idenan-Ehawen-Kidimmit, Kel-Techerayen, Isimmaten, Inheren, Tadjeredjit, Imakorda, Kel-Ghala und Ilochan zerfallend; — e) die Kel-Essuk (alte Bewohner von Tademekka), in die Kel-Takerennat (wieder in die Kel-Takerennat Ikaulen, Kel-Takerennat-Icheggarenen, Duas-Edjimmik u. Dis-Emakchil zerfallend), die Egedech, Kel-Tenakse, Kel-Essuk-wan-Essuk, Kel-Bogu, Elsalahu, Ehe-awen-Nakillu, Kel-Gunhan, Kel-Guenchichi, Ahel-Igniuch, Icharamaten, Id El-Hanefi, Ewinhaden, Kel-Djeret, Kel-Adhar, Kel-Tinkaren, Kel-Tondibi, Kel-Tedjerit, Kel-Emadjaus, Kel-Gabo und Kel-Emasen.

Unterthan sind den Auelimmiden die folgenden Stämme: a) die Imedidderen, die in die Kel-Gosi, Kel-Ehen-Cheggaren, Édebelle, Tekaute, Kel-Sammi, Iboghaliten, Erannarasen, Kel-Ankit, Ilokan, Kel-Terdit, Tadara-Djonilt, Idirmaghen, Ehe-Dekkaten, Ebondjiten und die Kel-Keres (Tafadjedjat, Ikawalaten, Ekarawayen und Arkaten) zerfallen; — b) die Auraghen, Teilstamm der Oraghen des Azdjer, der am Niger hin alles Übergewicht verloren hat und in die Auraghen-Emellulen und Auraghen-Isattasenin zerfällt; — c) die Uraghraghen; — d) die Tameltutak; — e) die Imitscha; — f) die Imesrhersen; — g) die Kel-Gosse; — h) die Ikeden; — i) die Imraran; — k) die Kel-Teneri; — l) die Keln-n-Eschëub; — m) die Kel-Tegessuan; — n) die Mekalen-Kalen; — o) die Kel-Uan; — p) die Ischemmaten; — q) die Ibilkorayen; — r) die Kel-Ulli (in Kel-Efelle und Kel-Ider zerfallend); — s) die Tefarten; — t) die Idoschan (Ilochan); die Udalen; die Kel-Ghenneh; die Kessebaten; die Id-Auragh; die Gone; die Kel-Idal; die Ilorhmaten; die Tabaknut; die Meskenderen; die Haiwe-n-Adagh, die Iderak, die Daud; — die Iletamaten, Kel-Tefiriwen, Delataye und endlich die Ibokhannen.

2) Zweite Gruppe: die Auelimmiden-uan-Bodhal oder Dinnik, östlich von der ersten Gruppe, auf einem, Aïr oder Asben ziemlich nahe gelegenen Gebiet. Vom Reich der eigentlichen Auelimmiden getrennt, bilden sie gegenwärtig einen kleinen unabhängigen Staatenbund und haben sich mit den Kel-Geres verbündet.

3) Die dritte Gruppe wird von den Tademekket gebildet, welche, nachdem sie durch die Auelimmiden

aus ihrem alten Gebiet im Norden vom Adghagh, wo sie die Herren der Stadt Tademekka waren, vertrieben worden sind, jetzt zwischen Asawad in der Sahara (im Norden) und dem Hombori-Gebirge im Herzen der Songhai-Landes (im Süden) hausen. Diese Gruppe hat von ihrer politischen Wichtigkeit und ihrer Autonomie verloren, ist aber durch die zahlreichen Beziehungen, welche sie mit den Bambara-Negern und mit dem Songhaï-Reiche unterhält, interessant. Sie zerfällt jetzt in die Stämme der Tin-Guereguef nördlich vom Niger (mit den Teilstämmen: Tin-Gueregef Ehen-Tamelelt, Ehen-Takamelit, Ehemed, Eneka und Telamedes) und der Irreguenaten, welche das Südufer des Niger besetzt halten (mit den Stämmen der Kel-Tedjiwalet, Kel-Teborit, Kel-Ehen Sattafen, Kel-Tamulait, Tedjerbokit, Adjellet, Abelaglagh, Kel-Dedje und Taketakayen).

Die religiösen Stämme dieser Gruppe sind: a) die Isaqqamaren und die Kel-Saqqamaren (Verwandte der Isaqqamaren im Hoggar); b) die Ibidukelen und drei von den Igelad gesonderte Stämme; c) die Kel-Tabaschit, und d) die Kel-Kabaje und die Kel El-Horma.

Die diesen Stämmen unterthanen Stämme sind: a) die Ehawen-Adarak (in die Kel-Efelle, Kel-Ider, Kel-Djia, Kel-Domberi, Kel-Tenelak, Kel-Tina, Tasui und Kel-Rachar); b) die Akotef (in die Hagelel und die Osgar zerfallend); c) die Ibursasen; d) die Imitteschen; e) ein Teil der Imesrhersen; f) ein Teil der Imakelkalen; g) die Kel-Remmat; h) die Tarboka.

Die vierte Gruppe bilden die Igelad. Sie leben hauptsächlich in Taganet, zwischen dem Asawad im Norden und Timbuktu im Süden. Sie zerfallen in eine sehr grosse Anzahl von Teilstämmen, deren Namen meist den Brunnen entlehnt sind, welche sie in der Wüste gegraben haben: Kel-Antsar, Kel-en-Nokunder, Kel-en-Cherea, Kel-n-Agosen, Kel-en-Bagsaï, Kel-en-Tuchawen, Kel-en-Uarrosen, Kel-n-Abellehan, Kel-en-Mamur, Kel-n-Erazar, Kel-en-Guiba, Kel-Tin-Tahon, Kel-Teneg-El-Haï, Kel-en-Nettik, Kel-en-Tismaren, Kel-en-Tin-Tasalt, Kel-n-Oschef, Kel-Inneb; Kel-Uigagelit, Kel-en-Marsasef, Kel-Tin-Udekan, Kel-Tin-Ekawat, Kel-en-Techak, Kel-Hor, Kel-Emaïhor, Kel-Tele, Kel-n-Tebaramit, Kel-Takankelt, Kel-Tadrak, Inetaben, Kel-Tschoroguen, Ibidukelen, Kel-Tarbaschit, Kel-Elhorma, Kel-Kabaï, Kel-Sakkomaren, Kel-Tadar, Kel-en-Kesem, Kel-Terchawen, Kel-Tendetas, Kel-Tin-Hellaten, Kel-n-Sa'ïd, Kel-Eschinkaï, Kel-en-Alschinen, Kel-n-Djaren, Kel-n-Ayeren, Ihewan-Nor-Eddin, Terbaz, Kel-Tegallit. Über die Kopfstärke dieser aus mindestens 95 Stämmen gebildeten vier Gruppen fehlen uns alle Anhalte. Wir wissen nur, dass die Imohagh (oder nördlichen Tuareg) zu den Imoschagh (oder südwestlichen Tuareg) nur ein sehr unbedeutendes Kontingent stellen (Duveyrier).

Impaque, Fluss im Matabele-Lande, ergiesst sich in den Mangwe und durch diesen in den Limpopo.

Impila, Zufluss des Kongo, mündet in den Stanley-Pool. Das Gebiet zwischen den Flüssen Impila und Djue wurde 1880 durch Brazza-Savorguan für Frankreich erworben.

Imri, 1) Ort in der ägypt. Mudirie Beherah, Distr. Chubra-Khit.

— 2) Dorf im Thal des Gers (Marokko).

Imsolan, Ortschaft im Gasa-Lande, Gebiet der Hlenga (Südostafrika).

Imtuga (Mtuga), Provinz im südwestl. Teile Marokkos, am nördl. Hange des Hohen Atlas.

Inagu, eine Bergkette zwischen der Mozambique-Küste und dem Schirwa-See. Konsul O'Neill überschritt sie 1883 (13. und 14. August) und bestimmte ihre Höhe auf 4800 Fuss.

In-Alal, s. Ighargharen.

Inam, eine Wasserader, welche eine Verbindung zwischen dem Amambara und dem Niger herstellt, indem sie (nach Burdo) bei Omodene im Lande Na vom Hauptstrom abzweigt und nach einem Lauf von 22 Lieues durch den Amambara unterhalb Onitscha sich wieder mit ihm vereinigt (ca. 6° 22½' n. Br.).

Inarya, s. v. w. Enarea.

Inchilla, Ruinenstätte im südl. Tunisien, am Meeresgestade, wenig nordöstl. von Sfax.

Indjarhimi, s. Gorongosi.

Induku (Kerri), eine kurze, keulenartige Waffe, deren Ende mit einer Kugel versehen ist. Sie ist bei den Bewohnern der südlichen Gegenden der grossen Seeen im Gebrauch.

Indwe, ein nördlicher Zufluss des Keï-Rivier, in Emigrant Tambukiland (Südafrika).

Indwe-Drift, Schlucht in d. Nalanga-Bergen in Tembu-Land (Südafrika).

Ine, s. Djue.

Inemba, Name von zwei Stämmen der Imohagh oder nördl. Tuareg im Ahaggar oder Hoggar (zentrale Sahara). Die I.-Kel-Emoghri schweifen im Nordwesten des Ahaggar-Plateaus; ihnen unterthan sind die Ehenn-Ehohagh, die Aït-Irahen-Kel-Tazholet und ein Teil der Aït-Irahen. Die I.-Kel-Tahat hausen im südlichen Teil des Plateaus mit den ihnen untertbanen Imesseliten.

Inenga, s. Anenghe.

Inezliwen, Berberstamm Algeriens (auch Nezliwa genannt).

Ingassana, ein heidnischer Stamm der Fundj im Sennar, bewohnt die südöstlich vom Gule gelegene Gebirgsgruppe des Djebel Tabi, ist in Ackerbau und Eisenindustrie bewandert, dabei aber wild und räuberisch und seit Jahrzehnten der Schrecken der dortigen Gegenden. Das einzige Kleidungsstück besteht in einem Schamschurz, bei den Männern aus Leder, bei den Weibern aus Zeug; das junge Volk geht nackt.

Ingenio (El-), Stadt auf der kanarischen Insel Gran Canaria; 2340 Einwohner.

Inghele, Hügelkette im Kaplande, die Grenze zwischen Griqualand East und Natalland.

Inghêmi, ein Stamm der Araber Ägyptens, oberhalb von Kerdasseh (westlich von Ghizéh) und in der Umgebung der Pyramiden nomadisierend.

Ingbubi, Ortschaft im Gasalande, im Gebiete der Hlenga (Südafrika).

Ingnighazi, Fluss im Matabele-Lande.

Ingwainya (Krokodilfluss), im Matabele-Lande.

Inhambane, Stadt an der Sofala-Küste, einer der letzten Stützpunkte der in früheren Jahrhunderten weit ins Innere sich erstreckenden portugiesischen Kolonie Sofala, 1175 km südwestl. von Mozambique, am gleichnamigen Flusse; 6480 Einw. (23° 50' südl. Br.); verhältnismässig gesundes Klima. Die Bucht von I. ist fischreich, die Küste reich an Ambra. — Der Distrikt I. besitzt eine Oberfläche von 2720 qkm und 106000 Einwohner.

Inhamé (Praia), ein von Südwest nach Nordost gerichteter Waldrücken der Guineainsel São Thome, der an seinen beiden Enden in einen Hügel übergeht (Greeff).

Inhampura (Rio), der Limpopo an seiner Mündung.

Inhamu, Dorf in der Tuat-Oase Gurarara.

Inigu, Fulbe-Ortschaft am linken Ufer des Niger, auf der Fahrtstrecke zwischen Rabba und Gomba.

Inkermann (Uêd Riu), kleiner Ort in der alger. Prov. Oran, 42 km nordöstl. von Relizane; Station der Algier-Oraner Bahn; 223 km von Algier.

Inkosi, bei den Zulus s. v. w. Häuptling. Er übt über seine Unterthanen eine unbeschränkte Macht und trägt als Auszeichnung einen aus weissen Kuhschwänzen gebildeten Mantel.

Inkplant, bei den Kolonisten Südafrikas Benennung der petunia-ähnlichen Dombeya, welche die weiten grasigen Flächen mit ihrem Blütenschmuck ziert.

Inrhar, eine Oase des Tidikeltkomplexes, von Uled Senan und Kelmellet bewohnt.

Inseln des grünen Vorgebirges, s. v. w. Kapverdische Inseln.

Insimbi, Gebirge im Gasa-Lande (Südostafrika).

Inssalah, Oase in der zentralen Sahara, im Tidikelt, im Süden des Tademaït-Plateaus. Sie heisst auch bisweilen „Oase Tidikelt". Es liegen vier Dörfer in ihr: Ksar El-Arab oder El-Kebir, der Hauptort; Ksar Bel-Kessem, Ksar-Uled-el-Hadj, Ksar ed-Derhamcha. Um diese, das eigentliche I. bildenden 4 Dörfer liegen 15 andere Dörfer in der Bannmeile derselben. Mit diesen zusammen besitzt I. etwa 50 000 Palmbäume und 8604 Bewohner. Der Stamm der Uled-Bu-Hammu bildet die nomadisierende Bevölkerung von I. I. ist ein wichtiges Handelsemporium für die Sahara, und die Zwischenstation von Tripolis, Tunis, Gadames und Timbuktu. Die Bewohner unterstehen der Einwirkung des Senusiordens. — Besucht wurde I. bisher nur von drei Europäern: Laing (1826), Rohlfs (1864), Soleillet (1873—74).

Intassen (Inthassen, Ithassen, Beni-Ithassen), Stamm in der alger. Prov. Algier, etwa 25 km östl. von Aumale; 1660 Köpfe; 30 600 ha.

Inyack, eine Insel in der Delagoa-Bai.

Inyamani, Ortschaft an der Küste des Gasalandes (Südostafrika).

Inyarimi (Imbambala), s. U'Luiz.

Inyat(i), Ortschaft im Matabelelande, 590 km westl. von Sofala (19° 35′ 38″ südl. Br., 26° 25′ 5″ östl. L.); Missionsstation.

Inyaveni, See im Gasalande (oder Umsilas Reiche), 130 km von der Küste.

Inyaleh, Berberstamm Algeriens (auch Mzalia genannt).

Joal, Seeplatz der französischen Kolonie am Senegal, 75 km südöstl. von Oran, an der Küste von Sine, halbwegs zwischen dem Kap Vert und dem Gabon: 2000 Einw. — I. war ehemals ein wichtiger Handelsposten der Portugiesen, als deren Nachkommen sich die Eingeborenen ansehen. Dieselben haben allerdings eine Art von christlichen Religionsgebräuchen: sie taufen ihre Kinder auf die Namen Manoel, Domingo, Francisco, begraben auch ihre Toten unter christlichen Bräuchen und malen sich, wenn sie in Krieg ziehen, ein Kreuz auf die Brust.

Johanna, eine Insel der Komoren (s. Andjuana).

Jogo, eine, die Südspitze der Guineainsel Sao Thomé bildende Halbinsel, welche durch eine von Osten tief eindringende Meeresbucht (dem Jogo-Jogo oder der Bahia de Jogo) und den in diese einmündenden Rio Salgado gebildet wird (Greeff).

Jogo-Jogo, s. Jogo.

Johnson, W. P., Reverend von der Universities-Mission in Rovuma, weilte im August 1881 am Nordende des Schirwa-Sees.

Johnston, 1) Keith, Kartograph, zu Edinburg 1844 geboren, bekannt durch den für Stanford's „Compendium of geography" bearbeiteten Band „Africa" (1878) und eine „General map of Africa" (1879), versuchte 1878 von Der es Salam (Sansibar gegenüber) einen Weg nach dem Nyassa-See zu eröffnen, starb aber am 28. Juni 1878 unterwegs (zu Berobero) an der Dysenterie.

— 2) H., unternahm 1884 eine glückliche Expedition nach dem Kilima Ndjaro und errichtete im Tschagga-Gebiet (5000 Fuss hoch) eine Station.

Joinville, kleiner Ort in der alger. Prov. Algier, 2 km westl. von Blida; 500 Einw.

Joinville, Kap (Westküste), s. Santa Clara.

Iola, s. Yola.

Joliba (Dscholiba, Dhioliba), s. v. w. Niger.

Jonanga-See, von Aymes 1867 als ein Hinterwasser des Ogowe erkannt, mit welchem er durch Zu- und Abfluss in Verbindung steht. Er ist durch den Ngomo mit dem Ogowe verbunden.

Jone, ein Zufluss der Alima (Ogowe-Gebiet).

Jong, Zufluss des Sherboro-River.

Jordan's Nullah, ein südlicher Tributär des Tanganyika-Sees. Derselbe wird (nach Mackay's Feststellung) von zwei oberen Armen gebildet, wodurch der scheinbare Widerspruch zwischen Speke, der den Fluss von Osten kommen lässt, und Leutnant Smith, der 1877 nur einen südwestlichen Tributär getroffen hat, gelöst wird.

Josef (Abuna J.), Berg auf dem Südostrande des abessinischen Plateaus, mit monolithischen Kirchen, die 1868 von Gerh. Rohlfs, 1880 von Raffray besucht und beschrieben wurden. Am Abuna J. führt ein 4300 m hoher Pass nach der Stadt Lalibala hinab.

Josephberg, eine der höchsten Erhebungen des abessinischen Hochlandes, an der Westseite desselben (4197 m).

Josephskanal, der bei Farchut (Ägypten) auf der westlichen Seite abgehende Arm des Nils. Er ist ein Werk der Kunst. In seinem 140 km langen Laufe folgt er dem Fusse der libyschen Bergkette bis in die Nähe von Kairo. Südlich von Terraneh vereinigt er sich mit dem Rosettaarm. Ein Arm des Josephskanals wendet sich durch die Schlucht El-Lahun nach der Provinz Fajum, welche durch ihn bewässert wird.

Iporin (Sansani), Stadt im Reiche Yoruba, etwa 40 km nordöstl. von Ilorin, an einem kleinen Wasserlaufe des Nigerbeckens; 3000 Einw.

Irawen, Kap oder Bergspitze, in welcher das Plateau von Mujdir im Ahaggarlande (zentrale Sahara) im Nordosten ausläuft.

Iraten (Aït), Berberland, s. Beni-Raten.

Irazan, kleiner Ort im südl. Marokko, am Uëd Sus (in der Landschaft Sus).

Irenga, s. Arenga.

Iril-n-Zekri, s. Ighil-n-Zekri.

Iril-u-Mula, s. Ighil-u-Mula.

Irlambe, Landschaft Senegambiens, am südl. oder linken Ufer des Senegal, zwischen Lao im Westen und Futa im Osten.

Irnangué, Landschaft im westl. Teil des Reichs Futah-Djallon.

Iro, kleiner See im zentralen Sudan, an der Südspitze von Wadai (wird vom 10° nördl. Br. durchschnitten).

Irolangh, s. Kelowi.

Ironstone (engl.), s. Pipestone.

Irrume, Chor im Lattuka-Lande, fliesst am Djebel Ghattal vorüber.

Isa (Esa), Somal-Volk im Härär-Gebiet, zwischen Seila und Härär (1875 zu Ägypten gezogen). Sie leben als Hirten in Kopfzahl von etwa 130000, und zerfallen in die 3 Stämme: Ebgal, Wardek und Dallul.

Isabel-Secunda, Eiland der spanischen Zaffarinen-Gruppe (Küste von Marokko), in 35° 11' 7" n. Br., 4° 44' 36" westl. L.

Isabella-Bai (Bahia de Santa Isabel, von den Engländern Port Clarence genannt), Bucht an der spanischen Insel Fernando Po (Guinea-Busen); an ihrem Gestade erhebt sich das Städtchen Clarencetown, das bis zum April 1879 eine Station jesuitischer Missionäre war (vergl. Clarence).

Isa-Ischaai, Volk der Somal, zwischen Seilah, Hărăr und Berbera.

Isa'ka (Mobti), Stadt im Reich Massina (Westsudan), am rechten Niger-Ufer, fast halbwegs zwischen Segu und Timbuktu.

Isakkamaren (Isaqqmaren, Sakomaren), vornehmer Stamm der Imoschagh (Sahara), in der Umgegend des alten Tademekka oder Essuk.

Isambo (Zambo), Ortschaft am rechten Nigerufer, zwischen Gbadjebo und Katandji.

Isambul, s. Abu-Simbel.

Isandschila, Stanley's zweite Station am Kongo, oberhalb der gleichnamigen Katarakte (1879 errichtet). Der Kongo bildet hier die grossen, als Isandschila-Fälle bekannten Katarakten.

Isawan, Thal im Lande der Tuareg Azdjer (zentrale Sahara), im Norden vom Egele-Plateau und den Khanfusa-Dünen, im Süden durch die Tedjudjelt-Dünen begrenzt.

Ischama (Tschama, Chamah), Fort an der Ahanta- (Sklaven-) Küste.

Ischogo, Negerstamm der Westküste, zu den am Gabon-Ästuarium wohnhaften Okanda (s. d.) gehörig.

Isenberg, Karl Wilhelm, geboren 1806, gestorben 10. Okt. 1864 zu Stuttgart, war viele Jahre (bis '44) in Abessinien, besonders in Schoa, als evangelischer Missionar thätig. Er gab heraus: „Abessinien und die evangelische Mission; Tagebuch meiner dritten Missionsreise Mai 1842 bis Dezember 1843". Englische Bearbeitung seiner abessinischen Reisen befindet sich in dem 1843 erschienenen Werk: „Journals of the Rev. Isenberg and Krapf in the kingdom of Shoa, and journeys in other parts of Abyssinia 1839–42". Vergl. Krapf.

Isgueder, auch Port Hillsborough genannt, Hafen an der Küste von Sus, am Atlantischen Ozean, im Süden Marokkos (29° 18' n. Br., 12° 36' w. L.)

Ishakah, Ort in der ägypt. Mudirie Gharbieh, Distr. Kafr-el-Scheikh.

Ishaq (Beni-), Name von zwei Stämmen in der alger. Prov. Constantine in der Kabylie von Kollo; 1900 Köpfe; 7080 ha.

Isicoco, bei den Zulus Südostafrikas der eigentümliche, als Symbol der Männlichkeit und Tapferkeit geltende Ring, welcher aus Wachs, Pech und dergleichen mehr in Verbindung mit dem eigenen Haar hergestellt wird und wie ein Diadem das Haupt umfängt. Je höher der Ring auf dem Scheitel des Kaffern emporragt, um so grösser ist das Ansehen, welches der Träger bei seinen Stammesgenossen geniesst.

Iskajkezan, s. Kelowi.

Iskaren, Volksstamm in der alger. Prov. Algier (2215 Köpfe).

Iskenderie, ägypt. Benennung für Alexandria.

Isle de France, seit 1721, während der Besitznahme durch die Franzosen, bis 1810 der Name der jetzt englischen Insel Mauritius (vergl. d.).

Isly, Wasserlauf im östlichen Marokko, in der Provinz Uchda oder Udjda, auch in der alger. Prov. Oran; vereinigt sich unter den Namen Ued-bu-Naim in Oran mit der Muila, einem Zuflusse der Tafna. — Der I. ist berühmt durch den Sieg, welchen der französ. Marschall Bugeaud am 14. Aug. 1844 gegen ein marokkanisches Heer erfocht.

Ismaïlia, 1) Stadt am Isthmus von Suez (Ägypten) 75 km von Port Saïd; am nördl. Gestade des Timsah-Sees; an der Bahn von Alexandrien nach Suez; 1863 gegründet; 3780 Einwohner. — 2) s. Gondokoro.

Ismaïlieh, Kanal in Unterägypten, geht von Kairo aus nach den östl. Teilen des Nildelta.

Isment (Sminth), Dorf in der ägypt. Oase Dachel, 16 km östlich von Kalamun; in der Nähe eine berühmte Säule mit dem Kopfe der Isis.

Ismeur, Volksstamm in Algerien.

Israeliten (in Afrika), s. Juden.

Issad (Beni-Issad), Duar in der alger. Prov. Oran, etwa 30 km südöstl. von Relizane, 1864 errichtet; 1701 Köpfe auf 8184 ha.

Isser, 1) grosser Araberstamm in der alger. Prov. Algier (über 3460 ha verbreitet), zerfällt in die Stämme der Isser-Druh (8000 Köpfe), Isser-el-Djedian (3364 Köpfe), Isser-Gharbi (2503 Köpfe), Isser-Uled-Smir (4228 Köpfe) und bildet seit 1869 die 9 Duars: Uled-Medjekan, El-Guious, Reïcha, Uled-Aïssa, Buberak, El-Dje-

Jonanga-See.

dian, Aïn-Mouder, Isser-el-Uidan, Uled-Smir.

— 2) **Westlicher I.**, Fluss in der alger. Prov. Oran, mündet rechtsseitig in die Tafna.

— 3) **Östlicher I.**, Fluss in der alger. Prov. Algier, mündet südwestl. vom Kap Djinet in das Mittelmeer.

Issers, Distrikt in der alger. Prov. Algier (66 415 Einw. auf 50 096 ha); umschliesst die Kolonie: Haussonviller (Azib-Zamun), Abboville (Boissacré), Kap Djinet und etwa ein Dutzend Duars.

Isserdan, Dorf im Thale des Gers.

Isserville, kleiner Ort in der alger. Prov. Algier, etwa 25 km westl. von Tizi-Ouzou, an der Strasse von dort nach Algier (200 Einw.).

Issini, s. Assini.

Issiny, s. v. w. Assini.

Issu (Ibba, Edschu), s. v. w. Tondj.

Issuma, eine jenseits des kleinen Kamerunberges gelegene Höhle. Hier biwakierten am 14. Januar 1885 der Weltreisende Zöllner und die Polen Rogozinski und Janikowski während ihrer Besteigung des grossen Kamerunberges.

Isurekkien, Stamm der Tuareg

Isabella-Bai auf Fernando Po.

Imohagh vom Bunde der Azdjer (zentrale Sahara).

Itanbiri nennt Stanley den Bulumba-Fluss.

Itasy, ein See auf der Insel Madagaskar (13 km lang).

Itawa, Landschaft im zentralen Afrika, vom westlichen Ufer des Tanganjika-Sees bis zum Moero-See.

Itizan, s. Kelowi.

Itschabo (Itschabu), kleine Insel an der Küste von Gross-Namaqua-Land, der nördlich von der Bai Angra Pequena gelegenen Douglas-Bucht vorgelagert (26° 18' s. Br.). Sie ist reich an Guano und bildet mit der nahen Küste eine sichere Rhede. Die Engländer ergriffen 1861 von ihr Besitz.

Ittatók, hoher Berg im Lattuka-Lande (Emin Bey).

Ittu, Stamm der Ittu, in den Ittu-Bergen hausend (41—42° östl. L., 9—10° n. Br.).

Ittu (Ittu-Tscherker), ein Stamm der Galla (s. d.), im Süden von Schoa wohnhaft.

Itumzina-Fälle, vom Kongo unterhalb des Stanley-Pool gebildet.

Juan de Nova, kleine Gruppe von Eilanden im Indischen Ozean, an der Nordspitze von Madagaskar; zwischen 10° 5' und 10° 25' s. Br. — Eine kleine Insel desselben Namens befindet sich auch im Kanal von Mozambique (17° 3' südl. Br.).

Jub (Juba), die englische Schreibung für Djuba.

Juba, s. v. w. Djub.

Jubal (Djebel), kleine Insel im nördlichen Teile des Roten Meeres in der Mitte der Einfahrt in den Golf von Suez; mit Leuchtturm und Telegraphenstation.

Jubbeh, Dorf der Wer-Singeli im Norden der Somalihalbinsel (Ostafrika).

Juden leben in Afrika, nach der Schätzung von Gerhard Rohlfs („Peterm. Mitth." 1882, S. 211 ff.) etwa 220800. Dieselben verteilen sich auf die einzelnen Länder wie folgt:

Marokko 62800 (und zwar für Arseila 100, El-Araisch 1200, Fes 10000, Mikenes 5000, Tanger 2500, Tesa 800, Arbat 5000, Dar-beida 100, Asamor 500, Marokko 6000, Saffi 300). In den östlichen Ländern Afrikas, wie im Morgenlande, liegen die J. wie in Europa hauptsächlich dem Handel ob; im westlichen Afrika sind sie Handwerker, treiben vereinzelt auch Ackerbau.

Juida, s. v. w. Weidah.

Junker, Wilhelm, Dr., zu Moskau 1840 von deutschen Eltern geboren, verbrachte seine ersten Jugendjahre in Göttingen, besuchte dann das deutsche Gymnasium in Petersburg und studierte in Göttingen, Berlin und Prag (Naturwissenschaften, Medizin, Zoologie). Nachdem er zuerst Island und darauf 1873 und 1874 Tunisien und Algerien in verschiedenen Richtungen bereist hatte, fasste er, durch den Besuch des Pariser Geographen-Kongresses 1875 angeregt, den Entschluss, in Afrika grössere Forschungsreisen zu unternehmen. Nach einer vorbereitenden Wanderung von Alexandrien durch das Natronthal in der nordöstlichen Libyschen Wüste nach Fajum im November bis Dezember 1875, begab er sich, immer auf eigene Kosten reisend, im März 1876 über Djedda und Suakim nach dem Chor Baraka und in die angrenzenden Gebiete der Beni-Amer und Hadendoa mit der Absicht, von dort aus nach Darfor sich zu wenden. Diesen Plan gab er aber auf, als er über Kassala nach Chartum kam und nach einer Fahrt auf dem Blauen Nil bis Sennar und auf dem Sobat bis Nasr, von Gordon Pascha zu einer Bereisung der ägyptischen Äquatorialprovinzen veranlasst wurde. Ende Oktober 1876 verliess er Chartum und begab sich zunächst auf dem Weissen Nil nach Lado und durch das Gebiet der Bari und Miambara nach dem Lande der Makaraka, wo er in der Elfenbein- und Sklavenstation Kabajendi (4° 28″ nördl. Br. und 30° 15′ östl. L. v. Gr.) vom Februar 1877 bis März 1878 sein Standquartier nahm. Von hier aus durchforschte er in drei grösseren Reisen gegen Norden und Westen das Gebiet der Flüsse Rohl, Djau, Tondj und Djur bis $7^1/_2{}^0$ nördl. Br. und 27° östl. L. und drang gegen Süden im Flussgebiet des Uëlle nach dem Kalikoland bis gegen 2° 40′ nördl. Br. und 31″ östl. L. vor. Ende März 1878 trat J. seine Rückreise von Kabajendi nach Lado und Chartum an und gelangte durch die Bajudasteppe nach Dongola und Wadi Halfa und drang auf dem Nil nach Kairo. Nach einjährigem Aufenthalt in Europa unternahm J. Ende Januar 1880 von Kairo aus seinen letzten Forschungszug, auf dem er bis jetzt verschollen ist. Er traf im März 1880 mit dem Dampfer an der Meschera-el-Rek ein und durchzog Dar-Fertit in südwestlicher Richtung bis Dem-Bekir, der von Schweinfurth besuchten Seriba. Von hier aus drang er in Begleitung von Bohndorf im Mai südwärts, erreichte im Juni unter 5° nördl. Br. und bei 27° 27′ östl. L. den Sitz des Niam-Niam-Fürsten Ndoruma. Von hier trat J. im Juli eine Reise nach Süden an, überschritt den Uëlle, durchzog das Mangbattu-Land bis gegen 3° 20′ s. Br. und kehrte in grossem Bogen durch die östl. Niam-Niam-Staaten im Dezember 1880 zum Fürsten Ndoruma zurück. Noch im Laufe dieses Monats machte J.'s Gehilfe, Bohndorf, einen Ausflug nach Westen zum Häuptling Kipa und brach dann mit der Hauptmasse des Gepäcks zum Fürsten Semio auf, wohin die Station verlegt wurde, während J. selbst im Januar 1881 nach Südwesten sich wandte, um zunächst den durch Miani bekannt gewordenen Bakangai stromabwärts am Uëlle aufzusuchen. Nachdem er den Fluss überschritt, wurde er mehrere Monate durch die A-Barambo zurückgehalten, bis er endlich mit Hilfe des Niam-Niam-Fürsten Sassa im Mai seinen Rückzug über den Uëlle zu den A-Madi bewerkstelligen konnte. Im September desselben Jahres drang J. abermals in das Mangbattuland ein und bereiste zum Teil mit ägypt. Truppen das Südufer des Uëlle, ging im Januar 1882 südlich vom Uëlle wieder nach Süden (bis gegen 2° südl. Br.) zum Nepoko, einem Zuflusse des Kongo, vor und kehrte erst im September 1882 zu seiner Station bei den westlichen Niam-Niam zurück. Über diese Reise berichtet J. in Briefen, welche bis zum 8. November 1882 reichen. Seitdem sind nur zwei Schreiben, eins vom 8. Dezember 1882 (6° 30′ n. Br. und 25° ö. L.) und vom 1. Oktober 1883, beide aus der Station des Fürsten Semio, nach Europa gelangt.

Jurjura, s. Djurdjura.

Ivens, Roberto, portug. Marineoffizier, der Begleiter Brito Capellos auf seiner Quango-Expedition (1877—79); s. Capello.

Ivi, Kap an der alger. Küste (Prov. Oran), Vorsprung der Dahra-Berge, etwa 12 km nordöstl. von der Mündung des Scheliff.

Ivili, Negerstamm der Westküste, zu den am Gabon-Ästuarium wohnhaften Okanda (s. d.) gehörig.

Ivindo (s. v. w. „schwarzer Fluss", eine ihm von den Eingeborenen seines dunkeln Gewässers halber gegebene Benennung), ein rechter Nebenfluss des Ogowe, in welchen er oberhalb Lopé unter ca. $12^1/_2$ östl. L. mündet. Die französischen Reisenden de Compègne und Marche gelangten 1874 bis an seine Mündung.

Ivohimarina, kleiner Ort im südlichen Madagaskar (Provinz Ibara); 50 Häuser.

Ivondro, s. Hivondro.

Ivongos, Völkerschaft der Betsimesaraka (Madagaskar), an der Ostküste, in der Gegend der Antonkil-Bai; ca. 20 000 Köpfe.

Iwan, Ort in der ägypt. Mudirie Minia, Distrikt Kolosua.

Izela, deutsche Farm-Ansiedelung in Britisch-Kaffraria.

K.

Kaarta, Land im westlichen Sudan, die Nordprovinz des Reichs Segu bildend. Seine Grenzen sind genau bestimmt: im Norden stösst es an das Gebiet des Maurenstammes Duaïsch und an den Strich El-Hodh der Sahara; im Osten an Bakhunnu und im Süden an die Bambaraländer Beledugu und Fuladugu; im Westen reicht es bis an das rechte Senegalufer; es umschliesst also so ziemlich das ganze Hochland zwischen Sahara und Senegal, dessen Bevölkerung ehemals ausschliesslich die Stämme der Soninke (s. d.) bildeten, das aber 1855 durch Hadj-el-Omar (s. d.) mit Feuer und Schwert verwüstet und seinem Reich einverleibt wurde. Es zerfällt in eine Reihe von kleineren Landschaften oder Provinzen (Diafunu, Diombokho, Gidiume, Keniareme etc.), die zum Teil unter der Herrschaft von Brüdern des Segu-Sultans stehen. Seine Hauptstadt ist Niora in der Provinz Kingui. — K. ist im allgemeinen fruchtbar; gebaut werden alle Feldfrüchte, auch Baumwolle, Tabak und Indigo. — Nach Faidherbe's Schätzung (1859) betrug sein Flächenraum 54 500 qkm und seine Bevölkerung (Bambaras und Soninkes) 300 000 Köpfe. Das Land ist wenig erforscht; den französischen Reisenden wird der Zutritt eifersüchtig von dem Sultan von Segu verweigert: Mungo Park betrat es 1796, Raffenel 1847, Mage und Quintin 1863, Péraud und Béliard 1864, Lenz 1880; Dr. Bayol versuchte 1882 vergeblich, Zutritt ins Land zu erhalten.

Kaarta-Biné, Landschaft oder Provinz des zu dem Königreiche Segu gehörigen Staates Kaarta (s. d.), südlich von der Landschaft Tamira gelegen, von Bambaras bewohnt (vergl. Bagné).

Kâb (El-) oder besser: **El-Gâb**, Oasenkette von 150—170 km Ausdehnung von Nord nach Süd, im Westen von Dongola und diesem Lande parallel in einer Entfernung von 40 bis 60 km gelegen. Westlich von ihr, in einer Entfernung von etwa 240 km, liegen die von den Arabern unter dem Namen Kab-el-Kebir (oder die „grosse Kab") benannten Oasen. Sie sind sämtlich von dem Stamme der Kababisch; ehemals waren sie stärker bevölkert als jetzt.

Kab (El-), Dorf in Oberägypten, am linken Ufer des Nil, 29 km südlich von Esneh. Es ist das Elethyia des Altertums.

Kababisch (Kobabisch, Kubabisch), Arabervolk weit verstreut im Westen vom Nil, zwischen 12° u. 15° n. Br., hauptsächlich auf der Route von Obeid (Kordofan) zum Nil in Dongola. Der Name bedeutet „Ziegenhirte", obgleich sie auch bedeutende Pferde- und Kamelzüchter sind. Major Prout schätzte ihre Kopfzahl auf 60 000.

Kabajendi, Seriba im Makaralande.

Kabango, Stadt im östl. Zentralafrika, nach Livingstone, der sie 1855 besuchte, im 9.° 31′ s. Br. u. 20.° 31′ östl. L. v. Gr. und am Tschibombo, einem Zuflusse des Kassabi, gelegen. Es ist die Hauptstadt des im Osten von Angola gelegenen Molua-Landes und eine Dependenz des Negerkönigreichs des Muata-Jamvo, dessen Hauptstadt Kabele 30 Tage etwa in nordöstlicher Richtung entfernt liegt. K. besteht aus etwa 200 Hütten und einem Dutzend Häuser, welche die portugiesischen Händler beherbergen;

Auf der Route von Kimbunda nach der Mussumba des Muata Jamvo (nach Livingstone erst wieder 1880 von Dr. Buchner besucht).

Kabao, grosser Markt im Lande der Tukette, am Lubua, wenig oberhalb seiner Mündung in den Kassai; wichtiger Platz für Elfenbein.

Kabara, Stadt im westl. Sudan, etwa 10 km südlich von Timbuktu, und ein Dutzend Kilometer vom linken Ufer des Niger; 2000 Einw. (Songhaï-Neger). Es ist der Hafen und das Handelsdepot für Timbuktu. Die Stadt besteht aus 150—2000 Häusern.

Kabba, 1) Fluss im Limba-Lande (Senegambien).

— 2) Volk am Niger; auf der Fahrtstrecke zwischen Rabba und Gomba.

Kabchari, Stadt in Bornu (zentraler Sudan), etwa 135 km nordwestlich von Kuka, am linken Ufer des zum Tschad-See gehörigen Komadugu Waube.

Kabele, Stadt in Zentralafrika, eine der Residenzen des Muata-Yamvo, etwa 1050 km östlich von Sao Paolo de Loanda (in Urua oder Molua), an einem Zuflusse des Kalanchi, welcher zum Kassaï gehörig sein soll (8° 53′ südl. Br. und 20° 47′ östl. L.). Dr. Paul Pogge, welcher 1875—76 hier war, fand nur einige Gruppen von Hütten mit höchstens 200 Einw.

Kabenda, s. Cabinda.

Kaberu, auch **Bocharja** genannt (Canis simensis), ein hochgestellter, rötlich gefärbter Wildhund mit dünner, windspielartiger Schnauze; jagt in Südsennar und Abessinien rudelweise.

Kabès, s. v. w. Gabès.

Kabinda, s. Cabinda.

Kabitaï, s. Capitay.

Kabkabia (Kabkabië), Stadt in Darfur, 180 km westl. von El-Fascher, an der Strasse von Wadaï, nördlich vom Berge Maroa. Es ist ein wichtiger Handel für Stoffe, Salz etc.; Lederwaren werden hier fabriziert.

Kabocir, s. Cabocir.

Kabs-el-Tor, s. Merisi.

Kabu (Khabu, Gabbu), 1) Provinz im Norden des Fulah-Reiches Futa-Djallon. Sie grenzt im Norden an Tumane und Firdu (Gebiete, die seit 1883 unter französischem Protektorat stehen); im Westen erstreckt sie sich bis in die Nähe der Mündungen der Casamance, des Rio Geba und des Rio Grande. Diese beiden Flüsse haben ihren Oberlauf in der Provinz. Sie ist von Mandingo bevölkert und gehört erst seit wenig Jahren zu Futa-Djallon. Der Hauptort ist Kade am Rio Grande.

— 2) Dorf am rechten Ufer des Senegal, zu dem Lande Ghidimakha (s. d.) gehörig.

Kabuankabe, niedrige Bergkette im Gebiete des Muata Kumbana (Innerafrika).

Kabyle, Dorf in Ägypten (Mudirie Beherah, Distr. Abu-Hommos).

Kabylie, Landschaft im nordöstlichen Algerien, in den Provinzen Algier und Constantine, welche ihren Namen nach den sie bewohnenden Berberstämmen führt. Die Kabylen sind die Ureinwohner der K., die später (ausgangs des 11. Jahrh.) durch Araber besetzt wurde. Die Araber, welche vorzugsweise Hirtenvolk sind, verbreiteten sich über die Ebenen, während die Eingeborenen Zuflucht in den gebirgigen Distrikten (im Massiv der Trara-Berge, im Uaransenis, auf dem Dahra, den Babor-Bergen, im Innern der Provinz Constantine, auf dem Amur-Gebirge, im Aures und Djurdjura) Zuflucht suchten, und sich dort unabhängig von den Arabern, wie auch vor den Türken zu bewahren vermochten. Man unterscheidet zwischen der Grossen und der Kleinen Kabylie. Die erstere (auch „Kabylie des Djurdjura“ genannt) bildet ein Dreieck zwischen den Küstenpunkten Dellys und Djidjelli, und dem Orte Setif im Innern des Landes. Die Kleine Kabylie grenzt im Osten an die Grosse Kabylie und begreift den Landstrich von Djidjelli bis Philippeville.

Das Land ist, dem Gebirgscharakter entsprechend, teilweise rauh und wild, fast überall schwer zugänglich, dabei aber in den Thälern gut angebaut und von ausserordentlicher Fruchtbarkeit. Die Kabylen oder Berber bilden nächst den Arabern die zahlreichste einheimische Bevölkerung von Algerien. Sie zerfallen in etwa 120 Stämme, die in etwa 1400 Dörfern wohnen, 450—500 000 Köpfe zählen (120 000 Gewehre) und zu verschiedenen Gruppen vereinigt sind, deren wichtigsten sind: 1) die Iguchdal oder Guechtula in der Landschaft Bordj-Boghni, am Nordhange des Djurdjura, im Becken des Uëd-Bukdura oder Bu-kadura; — 2) die Sedka im Südwesten des Fort National, im Becken des Uëd-Beni-Aïssa; — 3) die Igawawen oder Zwawa (woher das französ. „zouave“ stammt) im obern Becken des Sebau (hier Bu-Behir genannt), in die Aït-Bethrun und die Aït-Menguellat zerfallend; — 4) die Aït-Iraten (oder Beni-Raten) auf dem Hochplateau, in den Thalschluchten um das Fort National; — 5) die Aït-Aïssi (Beni-Aïssi) im Thalbecken des Sebau; — 6) die Ma'atka oberhalb von Tizi-Ouzou; — 7) die Flissa zwischen Palestro, dem Isser und dem Sebau; — 8) die Isser am Unterlaufe des nördlichen Isser und — 9) die Uagennun im Südosten von Dellys, zwischen dem Sebau u. dem Mittelmeer Die Kabylen sind Gebirgsbewohner, haben sich jedoch, wie der im Auresgebirge wohnende Stamm Schauja (d. h. Hirt), zum Teil auch über die anliegenden Ebenen verbreitet, ja sie fehlen selbst nicht in den Oasen, so in der Beni-Mzab. Die Kabylen bekennen sich zum Islam, haben feste Wohnsitze, treiben neben Ackerbau und Viehzucht auch eine gewisse Industrie (Weberei, Waffen und Pulver, Eisen- und Bleibergwerke im Atlas, Wassermühlen, Töpfereifabriken, Ölbereitung) und besitzen als charakteristischen Zug einen starken Handelsgeist. Ihre Kleidung, Nahrung und ganze Lebensart ist sehr einfach; doch haben sie in den grösseren Orten steinerne Wohngebäude. Eine glühende Freiheitsliebe geht durch das ganze Volk. Die Verfassung der Kabylen ist demokratisch. Die verschiedenen Stämme stehen, ausser wenn eine gemeinsame Gefahr sie vereinigt, in keiner Verbindung unter sich. Jeder einzelne Stamm teilt sich in soviel Bezirke, als er Thäler oder Berge besetzt hält, deren jeder wieder sich seinen Scheik, jedoch nur höchstens auf 6 Monate und nur mit militärischer Machtvollkommenheit, wählt. Civilstreitigkeiten entscheidet der in jedem Dorfe vorhandene Amine. Die höchste, permanente Gewalt steht bei der Zavia, der kirchlichen, von Marabuts gebildeten Gemeinde, welche auch für alle Fälle letzte Instanz ist. Gesetze beschliesst die Djemma, die allgemeine Versammlung des Ortes, worin jeder stimmfähig ist, welcher eine Flinte besitzt, also auch Knaben. Steuern ($^1/_{100}$ der Herden, $^1/_{10}$ der Früchte) werden nur für Ernährung der Armen, Verpflegung der Fremden und Erziehung der den Marabuts übergebenen Kinder verwendet. Seitdem sie von den Franzosen unterworfen worden sind, haben sich die Kabylen in bezug auf ihre Verfassung manchen Änderungen unterziehen müssen.

Die Kabylen, welche sich von jeher völlig unabhängig zu erhalten gewusst hatten, waren schon kurze Zeit nach der Einnahme von Algier in Kämpfe mit den Franzosen verwickelt worden. Doch begannen die planmässigen Expeditionen gegen sie erst mit dem Auftreten des Marschalls Bugeaud in Algerien, in zwei Feldzügen 1842 und 1843, welche gegen die Kabylenstämme westlich von Algier, südlich von der Küstenlinie zwischen Tenes und Scherschell gerichtet waren und nach langen und blutigen Kämpfen mit der Unterwerfung der dortigen Kabylen endeten, welche der Marschall durch Errichtung von Blockhäusern und militärischen Posten, sowie Anlegung von Strassen auf die Dauer zu sichern suchte. Ein von Bugeaud gleichfalls beabsichtigter Angriff auf Grosskabylien im Jahr 1844 wurde von Dellys aus unternommen, lieferte aber kein weiteres Resultat, als die Einschüchterung der Stämme, so blutig auch die Kämpfe, bes. in zwei Treffen im Thale von Taurgha und um die Höhen des Uarez-Eddin (16. Mai), gewesen waren. Erst 1847 konnte Bugeaud sein Projekt wegen der Unterwerfung von Grosskabylien wieder aufnehmen. Die beiden Angriffskolonen, je 8000 Mann stark, setzten sich von Aumale und Setif aus in Bewegung, schlugen am 16. Mai die beiden allein Widerstand leistenden Stämme, die Beni-Abbes und die Rebulas, und erzwangen die Unterwerfungen von allen Stämmen des Dschurdschuragebirges. Dass die meisten Scheikhs die ihnen angebotenen Belehnungsburnusse ausschlugen, liess ihre Unterwerfung freilich in zweifelhaftem Lichte erscheinen. Eine längere Zeit hindurch sahen sich hierauf die Kabylen im Dschurdschura-Gebirge nicht weiter beunruhigt, da Bugeaud von seiten der Kammern und der Regierung in Frankreich nicht unterstützt wurde. Erst 1851 wurde ein neuer Zug gegen das bisher noch unabhängige Kleinkabylien durch den neuen Generalgouverneur Algeriens, General d'Hautpoul, unternommen; die Unternehmung hatte sich als notwendig erwiesen wegen der beständigen Raubanfälle der Kabylen auf dem Ostabhange des Gebirges gegen Philippeville u. a. Orte der Kolonie, wodurch der Verkehr derselben bedeutend beeinträchtigt wurde. Aus diesem Grunde und wegen der, bei dem Reichtum von Kleinkabylien an wertvollen Produkten von der Unterwerfung zu erwartenden Handelsvorteile hatte diesmal auch die französische Nationalversammlung ihre Einwilligung zu der Expedition gegeben. Dieselbe begann unter Leitung des Generals St.-Arnaud im Mai von der Stadt Milah im Süden von Kleinkabylien, aus; die Stärke des, durch mehrere arabische Scheikhs verstärkten Angriffsheeres bestand aus etwa 9500 Mann. Bei dem Engpasse von Menagel, wo sich gegen 4000 Kabylen fest verschanzt hatten, kam es am 11. Mai zum ersten Treffen, in welchem die Franzosen Sieger blieben, worauf das Heer, obschon unaufhörlich durch Angriffe aus den verschiedensten Hinterhalten beunruhigt, seinen Marsch auf Djidjelli nahm, in dessen Nähe St.-Arnaud am 14. Mai sein Lager aufschlug.

Am 19. Mai, als der General sich gegen Bougie in Bewegung setzte, erfolgte ein neues Zusammentreffen mit den in Masse auf den Bergeshöhen erscheinenden Kabylen, welche jedoch auch diesmal zurückgeworfen wurden. Ernster war der Kampf am 20. Mai im Engpass Mta-el-Missia, welchen der Stamm der Beni-Amran besetzt hatte; erst nach wiederholten Angriffen wichen die Kabylen, setzten den Kampf hartnäckig auf der Flucht fort, wurden aber zuletzt übermannt. Am 21. Mai kündigten einige Stämme, die Beni-Amran und die Marabuts, ihre Unterwerfung an. Hierauf richtete St.-Arnaud seine Unternehmungen gegen die Stämme im Westen von Djidjelli und erzwang so bis zum 16. Juni, meist jedoch nur nach sehr blutigen Kämpfen, die Unterwerfung der Beni-

Foughal, Beni-Rissa, Beni-Moad, Beni-Marmi u. a., worauf er sich vom 18. Juni an mit gleichem Erfolge gegen die Beni-Siar und Beni-Affa im Osten wandte und seinen Marsch bis Collo ausdehnte. Inzwischen hatten die Generale Bosquet und Camon den Sheriff Bu-Boghla (Barghela), welcher einige Stämme von Grosskabylien, in der Nähe von Bougie, zum Aufstande gereizt hatte, am 10. Juni völlig geschlagen, einen Teil seines Lagers erbeutet und hierdurch bewirkt, dass der Sheriff vertrieben und den Franzosen kein weiterer Widerstand entgegengesetzt wurde. Mitte Juli war der Feldzug als beendigt anzusehen. Kaum waren jedoch die französischen Truppen abgezogen, als sich auch die Kabylen von neuem erhoben und durch räuberische Einfälle in die Ebene den Verkehr fährdeten. Unter Leitung des Generalgouverneurs Randon wurde daher im Mai 1853 ein neuer Zug gegen die Kabylen im Süden von Djidjelli unternommen. Unter Bosquet und Mac Mahon drangen zwei Kolonnen vor, und es unterwarfen nach einigen siegreichen Gefechten sich 45 Scheikhs am Ufer des Uëd-Agrioun, doch vermochte man die völlige Unterwerfung aller Stämme nicht zu erreichen. Als nun 1854 infolge des orientalischen Krieges Truppen aus Algerien nach der Türkei gezogen wurden, erhoben sich mehrere Stämme unter dem Sheriff Bu-Boghla abermals. Randon rückte daher in ihr Gebiet ein, schlug und unterwarf sie, ohne jedoch auch hiermit eine vollständige Obergewalt herbeiführen zu können. Erst nach Beendigung des orientalischen Krieges nahmen die Franzosen 1856 den Kampf wieder mit Energie auf. Doch trotz des siegreichen Vordringens der Generale Yussuf und Renault musste infolge der vorgerückten Jahreszeit der Kampf im Oktober abgebrochen werden, und es wurde 1857 eine neue Expedition nötig, welche unter Randon selbst nach mehreren siegreichen Treffen der Generäle Yussuf, Mac Mahon und Renault endlich die völlige Unterwerfung sämtlicher Kabylenstämme im Juli 1857 herbeiführte. Seit 1871, wo die Plätze Dellys, Bougie, Tizi-Ouzou, Dra-el-Mizan, Fort National eine regelrechte Belagerung durch die Kabylen zu bestehen hatten, sind durch die Franzosen in der K. verschiedene Kolonieen gegründet worden: Tigzirt, Azeffun, Azazga, Freha, Yaouren, Mekla, Maillot (in der Provinz Algier), Tagmalt, Alibu, Irzer-Amokran, Sidi-Aïch, Il Maten, El-Kseur, la Réunion (in der Provinz Constantine).

Kachah, Dorf in Ägypten (Mudirie Charkieh, Distr. Belbeïs).

Kachimma, Stadt in Bornu (Zentralsudan).

Kachru (Cacherou), Dorf in der alger. Prov. Oran, 20 km südöstlich von Mascara, an der Strasse von Frendah in der Eghris-Ebene.

Kachlihari, s. v. w. Kalahari.

Kachtamnah, Dorf in Ägypten (Mudirie Kena, Distr. Halfah).

Kachtukh, Dorf in Ägypten (Mudirie Menufieh, Distr. Tala).

Kacongo, s. Cacongo.

Kadalo, Negervolk in dem Gumus-Gebirge (Schuver). Die Gegend, in welcher sie wohnen, schildert der genannte holländ. Reisende als „die schönste, die er in Afrika gesehen, eine Art sächsischer Schweiz; obwohl die Felsen sich nicht mehr als 2000 Fuss über die Ebene erheben, begegnen dem Auge überall die wunderlichsten Säulen und sonstigen Gestalten von den, Pfeiferbasalt nachahmendem roten Granit, in grellstem Kontrast zu den üppig bewaldeten Thälern.“ Die Sprache der K. ist ein Gemisch von schlechtem Gumus mit etwas Berta und einigen Wörtern ihrer eigenen alten Sprache. Das Land ist reich an Giraffen.

Kadaref, s. Ghedaref.

Kaddera, Fluss im Reich Sokoto (Zentralsudan), rechtsseitiger Zufluss des Benuë; entspringt auf dem Südhange der westlich von Yakoba aufsteigenden Berge und läuft südöstlich durch die Provinz Bolobolo. Seine Lauflänge beträgt 300 km.

Kade, Hauptort der Provinz Kabu (im Reiche Futa-Djallon), nahe dem Rio Grande.

Kadê, Hauptstadt im Lande Musgu (Zentralsudan), in 11° nördl. Br. und 12° 12′ östl. L. (Vogel).

Kadei, s. Nana.

Kadenokoka, eine weite, sumpfige, mit seltenen Baumgruppen bestandene Fläche im Barilande (von den Lattuka-Leuten Kittagong genannt), ungeheue reich an Elefanten.

Kadi, s. v. w. Landesrichter.

Kadiaro, Berg an der Ostküste, südöstlich vom Kilimandjaro. Er bildet die westliche Grenze des Taïta-Landes.

Kadjaga (Gadiaga), Landschaft Senegambiens, am linken oder südlichen Ufer des Senegal, zwischen den Fulahs oder Peulhs von Damga

Alt-Kalabar.

im Westen, Khasso im Osten, Bondu und Bambuk im Süden. Seit 1855 ist sie in die beiden Hälften: Guoy (Gueÿ) diesseits und Kamera jenseits des Faleme. Guoy ist seit 1858 dem französischen Protektorat unterstellt; in Kamera befindet sich das Fort Bakel. K. wird von Sarracolets bewohnt.

Kadje, ein nigritisches Volk im Westen des Tschad-See.

Kadjiu, s. v. w. Cacheo.

Kadjumbo (Djebel-), s. Tollogo.

Kadous, Dorf in Ägypten (Mudirie Beherah, Distr. El-Negelah).

Kaduë, grosser Chor im Lande der Bari, weiter abwärts „Chor Kirinion“ genannt, bildet die Hauptbewässerung des Landes.

Kadum (Djebel-), Berg östlich von Famaka.

Kaduna (Lifun), Fluss im Zentralsudan, linksseitiger Zufluss des Niger; entspringt auf dem Westhange der in dem mittlern Sokoto aufsteigenden Gebirge, westlich von Yakoba, wendet sich erst westlich, dann südwestlich, nimmt die Mariga auf, die aus dem Basalande herströmt, tritt in das Reich Gando ein, das er auf einer Strecke von 40 km durchfliesst, und mündet in den Niger.

Kaende's Werft, s. v. w. Omburo.

Kafa, s. Kaffa.

Kafal (oder Liban) heisst das Harz des im Nordosten Afrikas heimischen Papierrindenbaumes (Boswellia papyrifera), welches zum Dichten von Gefässen und zum Räuchern benutzt wird.

Kafé, Landschaft in Senegambien, auf der Strecke von Beledugu nach Medine am Senegal; 1881 durch Vertrag mit Dr. Bayol unter französischen Schutz gestellt.

Kafe-er-raib, eine berühmte Höhle im marokkanischen Atlas.

Kaffa (Kafa), christliches Reich im östlichen Afrika, südlich von Schoa oder richtiger Enarea (welche Landschaft jetzt zum Reiche Schoa gehört). Kaffa ist der Name, welchen das Land bei den Abessiniern besitzt; der eingebürtige Name scheint Gomara (Guimira) oder Susa zu sein, doch gehört dieser letztere auch einem westlich an Kaffa stossenden Volke an. — Kaffa ist auf allen Seiten von heidnischen Gallas umgeben, hat jedoch seine politische Unabhängigkeit und seine abessinisch-christliche Religion vor denselben zu bewahren vermocht. Es erstreckt sich auf dem bergigen (12—1500 m hohen) Hochplateau, auf welchem der Godjab, Hadi, Boïto (die zusammen den wahrscheinlich den wichtigsten Quellfluss des Djub gebenden Uma bilden), entspringen im Süden der Somalküste. Höchste Gipfel des Landes sind: im Norden der Matta Gera (2562 m), der Hotta im Süden vom Godjeb (3686 m). — Das Reich zerfällt in 5 Landschaften im Nordosten: Garo (zwischen dem Kusaro und dem Godjeb); mehr im Süden: Kulo, Kullo (zwischen Godjeb und Boito, am rechten Ufer der Uma); im Süden: Gobo (in dem vom Uma und Schoka, seinem Nebenflusse, gebildeten Winkel); im Westen: Guimira (von Schaïs, einem Zweige der durch die Gallas aus Damot vertriebenen Schat); im Nordwesten: Suro, ein fruchtbares, von einem gleichnamigen Negerstamm bewohntes Land; endlich das eigentliche Kaffa (im nordwestlichen Teile des Plateaus, nördlich von Guimira gelegen). Hauptortschaft ist Bonga, am Godjeb gelegen (7° 10′ n. Br., 34° 4′ östl. L.). Die Eingeborenen gehören zu der Rasse, welche ursprünglich das ganze obere Nilbecken bewohnte, und deren Züge, abgesehen von ihrer dunklen Hautfarbe, denen der Europäer gleichen; ihre Sprache gehört der Yonga-Gruppe an. Der erste Europäer, welcher K. besucht hat, war d'Abbadie (1843 u. 1846); seitdem ist es von italienischen Reisenden und von Soleillet (1882 u. 1883) besucht worden.

Kaffali, Chor im Barilande, am Rande des sumpfigen elefantenreichen Landstriches Kadenokoka, fliesst nordwärts zum Behrlande und vereinigt sich (nach Emin-Bey) mit dem dort „Ischol" oder „Ischon" genannten Chor Ginetti, während dieser sich (nach Lupton) in Sümpfe verlieren soll, ohne sich mit dem K. zu vereinigen.

Kafferkranich (Grus caffer), ein in Südafrika sehr zahlreich vertretener Vogel, dessen flatternde, bis 1 m lange Schulterfedern den Kriegsschmuck der eigentlichen Kaffern bilden.

Kaffern (Volk), siehe Kaffraria.

Kaffernlokationen (Kaffernreservationen), Name der ausgedehnten Strecken Landes, welche die britische Regierung der Kapkolonie der eingeborenen farbigen Bevölkerung eingeräumt hat. Sie umfassen etwa ein Drittel des gesamten Areals der Kolonie. In den K. lebt der Eingeborene unter der Herrschaft seiner eigenen Häuptlinge, bildet also sozusagen einen Staat im

Staate. Die Presse Natals hat seit Jahren Reformen in dieser Hinsicht befürwortet, die im wesentlichen Aufhebung der K. in sich begreifen.

Kaffraria, s. Kafraria.

Kafirland proper, im englischen Kolonialstil die Bezeichnung für Kafraria (s. d.).

Kafis, in den islamitischen Ländern Afrikas das (fast in jedem Lande verschiedene) Hohlmass; es beträgt in Tripolis bei Datteln 4 Qumâtir und enthält sonst dort 24 Keïl, von denen jeder wieder in 8 Sâ zerfällt; in Tunis ist ein K. = 16 Neba à 12 Sâ (= 496 Liter).

Kafleh, Dorf in Ägypten (Mudirie Beherah, Distr. Abu-Hommos).

Kafouchi, Dorf in Ägypten (Mudirie Charkieh, Distr. El-Sawaleh).

Kafoueh, Ort im Distr. El-Sawaleh der ägypt. Prov. Charkieh.

Kafr Ab'adiet Saleh Pacha bi Nahiet Bureig, Ort im Distr. Mehallet-Menuf der ägypt. Prov. Gharbieh.

—*) **Abaza,** Ort im Distr. Belbes der ägypt. Prov. Charkieh.

— **'Abd-'Allah Bey 'Ezzat bi Nahiet Ichawaï el Malak,** Ort im Distr. Mehallet-Menuf der ägypt. Provinz Gharbieh.

— **'Abd-'Allah Chenfas,** Ort im Distr. El-Kanaïat der ägypt. Provinz Charkieh.

— **Abd-Allah-el-'Abde bi Nahiet-el-Chawrieh,** Ort im Distr. Dachna der ägypt. Prov. Kena.

— **'Abd-Allah-el-Khamhawy bi Kafr Nafwr Abaza,** Ort im Distr. Belbès der ägypt. Prov. Charkieh.

— **'Abd-el-Amin Hassab Allah,** Ort im Distr. Mit-Samannud der ägypt. Provinz Dakahlieh.

— **'Abd-el-Chehide Chenudah,** Ort im Distr. El-'Arein der ägypt. Prov. Charkieh.

— **'Abd-el-Haï,** Ort im Distr. Mina-el-Kamh der ägypt. Prov. Charkieh.

Kafr 'Abd el-Hamid El Cheik' Aly bi Nahiet Mit-Yazid, Ort im Distr. Samannud der ägypt. Prov. Gharbieh.

— **'Abd-el-Kuder Mohamal-el-Chawriéh,** Ort im Distr. Dachna der ägypt. Prov. Kena.

— **'Abd-el-Kawi-el-Gabali,** Ort im Distr. El-Zawieh der ägypt. Provinz Beni-Suef.

— **'Abd-el Khalek,** Ort im Distr. El-Fachn der ägypt. Prov. Minia.

— **'Abd-el-Latif Isma'il bi Nahiet Chawieh,** Ort im Distr. Dachna der ägypt. Prov. Kena.

— **Abd-el-Malek Mansur,** Ort im Distr. Ghamr der ägypt. Prov. Dakalieh.

— **'Abd-el-Mumen,** Ort im Distr. Dakarnès der ägypt. Prov. Dakalieh.

— **'Abd-el-Nabi,** Ort im Distrikt Mina-el-Kamh der ägypt. Provinz Charkieh.

— **'Abd-el-Rahman,** Ort im Distr. Zifta der ägypt. Prov. Gharbieh.

— **'Abd-el-Saïed Nawar,** Ort im Distr. Mit-Ghamr der ägypt. Prov. Dakalieh.

— **'Abëd,** Ort im Distrikt Kaliub der ägypt. Prov. Kaliubieh.

— **'Abdu,** Ort im Distr. Melig der ägypt. Prov. Menufieh.

— **'Abdu-Agha,** Ort im Distrikt Belbès der ägypt. Prov. Charkieh.

— **Abguig,** Ort im Distr. El-Zawieh der ägypt. Prov. Beni-Suef.

— **Abguigh,** Ort im Distrikt Melig der ägypt. Prov. Menufieh.

— **Abu 'Abed,** Ort im Distrikt Farchut der ägypt. Prov. Kena.

— **Abu 'Adil,** Ort im Distr. Kos der ägypt. Prov. Kena.

— **Abu 'Adnieh,** Ort im Distrikt Farchut der ägypt. Prov. Kena.

— **Abu 'Aiat,** Ort im Distr. Farchut der ägypt. Prov. Kena.

— **Abu 'Amran bi Nahit Kosseir Bakhanis,** Ort im Distr. Farchut der ägypt. Prov. Kena.

— **Abu 'Atich bi Nahiet Kom-**

*) Der Strich ersetzt hier und auf den folgenden Seiten (bis zum Artikel „Kafraria") das Wort Kafr.

el-Naga, Ort im Distr. Farchut der ägypt. Prov. Kena.

Kafr Abut 'Azuz, Ort im Distrikt Dachna der ägypt. Prov. Kena.

— **Abut Bahnassawi bi Nahiet-el-Salamat**, Ort im Distr. Farchut der ägypt. Prov. Kena.

— **Abu Bakr Saleh**, Ort im Distr. El-'Arein der ägypt. Prov. Charkieh.

— **Abu-Birri**, Ort im Distr. El-Simbellawin der ägypt. Prov. Dakahlieh.

— **Abu Chahba**, Ort im Distr. Beba-el-Kobra der ägypt. Prov. Beni-Suef.

— **Abu Chalabi**, Ort im Distrikt Aklim-el-Borollos der ägypt. Provinz Gharbieh.

— **Abu Charabieh**, Ort im Distr. El-'Arein der ägypt. Prov. Charkieh.

— **Abu Chuhcheh**, Ort im Distr. Farchut der ägypt. Prov. Esna.

— **Abu-Dahi**, Ort im Distr. Farchut der ägypt. Prov. Esna.

— **Abu Doha**, Ort im Distr. Farchut der ägypt. Prov. Esna.

— **Abu Dohn**, Ort im Distr. Mina-el-Kamh der ägypt. Prov. Charkieh.

— **Abu Daoud**, Ort im Distr. El-Ga'farieh der ägypt. Prov. Dakalieh.

— **Abu 'Edeimah**, Ort im Distr. Farchut der ägypt. Prov. Dakalieh.

— **Abu-el-Chawâreb**, Ort im Distr. Mit-Samannud der ägypt. Provinz Dakahlieh.

— **Abu-el-Goud bi Nahiet El-Aïaïcheh**, Ort im Distr. Kos der ägypt. Prov. Kena.

— **Abu-el-Hassan**, Ort im Distr. Melig der ägypt. Prov. Menufieh.

— **Abu-el-Hassan**, Ort im Distr. Samannud der ägypt. Prov. Gharbieh.

— **Abu-el-mechte**, Ort im Distr. Menuf der ägypt. Prov. Menufieh.

— **Abu-el-Rous bi Nahiet Abu Diab**, Ort im Distrikt Dachna der ägypt. Prov. Kena.

— **Abu 'Emêra**, Ort im Distrikt Farchut der ägypt. Prov. Kena.

— **Abu Fakkar-bi-Nahiet Kom-el-Naga**, Ort im Distr. Farchut der ägypt. Prov. Kena.

Kafr Abu Farrag, Ort im Distr. El-Kanaïat der ägypt. Prov. Charkieh.

— **Abu Fatma**, Ort im Distrikt Farchut der ägypt. Prov. Kena.

— **Abu Gabal**, Ort im Distr. El-Sawieh der ägypt. Prov. Charkieh.

— **Abu-Gamous bi Nahiet-el-Samtat**, Ort im Distr. Dachna der ägypt. Prov. Kena.

— **Abu Ghazali bi Nahiet-el-Deir**, Ort im Distr. Kene d. ägypt. Prov. Kena.

— **Abu Gom'ah**, Ort im Distrikt Kaliub der ägypt. Prov. Kaliubieh.

— **Abu Guergue**, Ort im Distr. Mit-Samannud der ägypt. Prov. Dakahlieh.

— **Abu Guindi**, Ort im Distr. Meh-Menuf der ägypt. Prov. Gharbieh.

— **Abu Hammad**, Ort im Distr. Belbès der ägypt. Prov. Charkieh.

— **Abu Harbieh bi Nahiet Refa'ah**, Ort im Distr. Farchut der ägypt. Prov. Kena.

— **Abu Haridi bi Nahiet-el-Salamat**, Ort im Distr. Farchut der ägypt. Prov. Kena.

— **Abu-Hebeil**, Ort im Distr. El-Sawaleh der ägypt. Prov. Charkieh.

— **Abu Hezame bi Nahiet Faou Bahari**, Ort im Distr. Dachna der ägypt. Prov. Kena.

— **Abu 'Ide**, Ort im Distr. Dachna der ägypt. Prov. Kena.

— **Abu Kanbal bi Nahiet Awled Negm Bahgura**. Ort im Distr. Farchut der ägypt. Prov. Kena.

— **Abu Kattieh bi Nahiet-el-Salamieh**, Ort im Distr. Farchut der ägypt. Prov. Kena.

— **Kibir**, Ort im Distr. El-'Arein der ägypt. Prov. Charkieh.

— **Abu Keré'i bi Nahiet-el-Salamat**, Ort im Distr. Farchut der ägypt. Prov. Kena.

— **Abu Kessaibah**, Ort im Distr. Mit-Ghamr der ägypt Prov. Dakahlieh.

— **Abu Kheirieh**, Ort im Distr. Farchut der ägypt. Prov. Kena.

— **Abu Kolé'i bi Nahiet Bahgoura**, Ort im Distrikt Farchut der ägypt. Prov. Kena.

Kafr Abu Kobul bi Nahiet-el-Salamat, Ort im Distr. Farchut der ägypt. Prov. Kena.

— **Abu Lo'ub bi Nahiet-el-Hassanat**, Ort im Distrikt Farchut der ägypt. Prov. Kena.

— **Abu Manna' bi Nahiet Bahari Samhut**, Ort im Distr. Dachna der ägypt. Prov. Kena.

— **Abu Mandour**, Ort im Distr. El-Neguélah der ägypt. Prov. Beherah.

— **Abu Mahari bi Nahiet-el-Be'érat**, Ort im Distr. Kos der ägypt. Prov. Kena.

— **Abu Mar'i bi Nahiet-el-Salamat**, Ort im Distr. Farchut der ägypt. Prov. Kena.

— **Abu Megheirah bi Nahiet Bahari Samhud**, Ort im Distr. Farchut der ägypt. Prov. Kena.

— **Abu Mere'éz bi Nahiet-el-Sàlamat**, Ort im Distr. Farchut der ägypt. Prov. Kena.

— **Abu Nabbout bi Nahiet Abu Diab**, Ort im Distr. Dachna der ägypt. Prov. Kena.

— **Abu Nabhan**, Ort im Distr. Mit-Samannud der ägypt. Prov. Dakahlieh.

— **Abu Nagah**, Ort im Distr. Mit-Ghamr der ägypt. Prov. Dakahlieh.

— **Abu Nasser**, Ort im Distr. Dakarnès der ägypt. Prov. Dakahlieh.

— **Abu 'Oruk**, Ort im Distr. Dachna der ägypt. Prov. Kena.

— **Abu Rakabah-el-Guedid**, Ort im Distr. Achmun der ägypt. Prov. Menufieh.

— **Abu Rakabah-el-Kadim**, Ort im Distr. Achmun der ägypt. Prov. Menufieh.

— **Abu Rawaï bi Nahiet Kom-el-Naga**, Ort im Distr. Farchut der ägypt. Prov. Kena.

— **Abu Rekab**, Ort im Distr. Farchut der ägypt. Prov. Kena.

— **Abu Salem**, Ort im Distr. Farchut der ägypt. Prov. Kena.

— **Abu Salim**, Ort im Distr. Farchut der ägypt. Prov. Kena.

Kafr Abu Sanad, Ort im Distr. Farchut der ägypt. Prov. Kena.

— **Abu Sir**, Ort im Distr. Chubra der ägypt. Prov. Kaliubieh.

— **Abu Tabl**, Ort im Distr. Kafr-el-Cheikh der ägypt. Prov. Gharbieh.

— **Abu Zahrah**, Ort im Distr. Farchut der ägypt. Prov. Kena.

— **Abu Zekri**, a) Ort im Distr. Melig der ägypt. Prov. Menufieh.

— b) Ort im Distr. Dakarnès der ägypt. Prov. Dakahlieh.

— **Abu Zohrah**, Ort im Distr. Mina-el-Kamh der ägypt. Prov. Charkieh.

— **Achlim**, Ort im Distr. Melig der ägypt. Prov. Menufieh.

— **'Achma**, Ort im Distr. Menuf der ägypt. Prov. Menufieh.

— **Ahmad Bey Ragheb bi Nahiet Kom 'Aly**, Ort im Distr. Menuf der ägypt. Prov. Menufieh.

— **Ahmad Borham**, Ort im Distr. El-Sawaleh der ägypt. Prov. Charkieh.

— **Ahmad-el-Menchawi bi Nahiet Baklulah**, Ort im Distr. El-Ga'farieh der ägypt. Prov. Gharbieh.

— **Ahmad Gabre bi Nahiet 'At-Allah Salamah**, Ort im Distr. El-Kanaïat der ägypt. Prov. Charkieh.

— **Ahmad Gobran**, Ort im Distr. El-Sawaleh der ägypt. Prov. Charkieh.

— **Ahmad Gohar bi Nahiet Talbant Keissar**, Ort im Distr. Mehallet-Menuf der ägypt. Prov. Gharbieh.

— **Ahmad Hachich**, Ort im Distr. Tukh der ägypt. Prov. Kaliubieh.

— **Ahmad Saleh**, Ort im Distr. El-Kanaïat der ägypt. Prov. Charkieh.

— **Ahmad-Yussef-bi-Nahiet-Nabasse**, Ort im Distr. Mehallet-Menuf der ägypt. Prov. Gharbieh.

— **'Aguibah**, Ort im Distr. El-Sawaleh der ägypt. Prov. Charkieh.

— **'Allam**, Ort im Distr. Dakarnes der ägypt. Prov. Dakalieh.

— **'Aly 'Abd-Allah**, Ort im Distr. Mit-Ghamr der ägypt. Prov. Dakahlieh.

— **'Aly-Abu Abieh bi Nahiet Nabasse**, Ort im Distr. Mahallet-Menuf der ägypt. Prov. Gharbieh.

Kafr 'Aly Bey Foda bi Nabiet mit Abu-el-Harèsse, Ort im Distr. Mit-Samannud der ägypt. Prov. Dakahlieh.

— **'Aly Charafed-Din,** Ort im Dictr. Mit-Ghamr der ägypt. Prov. Dakalieh.

— **'Aly Chekha,** Ort im Distr. Mina-el-Kamh der ägypt. Prov. Charkieh.

— **'Aly Ghali,** Ort im Distr. Mina-el-Kamh der ägypt. Prov. Charkieh.

— **'Aly Mosbah bi Nahiet Kala-el-Babe,** Ort im Distr. El-Ga'farieh der ägypt. Prov. Gharbieh.

— **'Aly Mansur bi Nahiet-Balkim,** Ort im Distr. El-'Atfieh der ägypt. Prov. Beherah.

— **Amlit,** Ort im Distr. El-'Atfieh der ägypt. Prov. Beherah

— **Amuïs,** Ort im Distr. Mina-el-Kamh der ägypt. Prov. Charkieh.

— **Ammr,** Ort im Distr. Kesm-Thani der ägypt. Prov. Guizah

— **'Amran bi Nahiet Kom-el-Naga,** Ort im Distr. Dachna der ägypt. Prov. Kena.

— **'Amran bi Nahiet-el-Salamieh.** Ort im Distr. Dachna der ägypt. Prov. Kena.

— **'Askar,** Ort im Distr. Tala der ägypt. Prov. Menufieh.

— **'Askar.** Ort im Distr. Kafr-el-Scheikh der ägypt. Prov. Charbieh.

— **'Askar Chandid.** Ort im Distr. Chubra-Khit der ägypt. Prov. Beherah.

— **'Askar Saft,** Ort im Distr. Chubra-Khit der ägypt. Prov. Beherah.

— **Asmant bi Nahiet-el-Gamb-el-Asat Kamula.** Ort im Distr. Kos der ägypt. Prov. Kena.

— **'Assam,** Ort im Distr. Mehallet-Menuf der ägypt. Prov. Gharbieh.

— **'Ata.** Ort im Distr. Achmun der ägypt. Prov. Menufieh.

— **'Atallah,** Ort im Distr. Tulik der ägypt. Prov. Kaliubieh.

— **'Atallah Salameh.** Ort im Distr. El-Kanaïat der ägypt Prov. Charkieh.

Kafr 'Atallah Soleiman, Ort im Distr. Mit-Ghamr der ägypt. Prov. Charkieh.

— **'Atia Chawiche,** Ort im Distr. El-Kanaïat der ägypt. Prov. Charkieh.

— **Ayad Kerim,** Ort im Distr. Belbes der ägypt. Prov. Charkieh.

— **Ayub 'Awad,** Ort im Distr. Mina-el-Kamh der ägypt. Prov. Charkieh.

— **Ayub Soleiman,** Ort im Distr. Belbes der ägypt. Prov. Charkieh.

— **'Awad,** Ort im Distr. Mit-Samannud der ägypt. Prov. Dakalieh.

— **'Awad Soleiman,** Ort im Distr. El-'Arein der ägypt. Prov. Charkieh.

— **'Awad Allah,** Ort im Distr. Belbes der ägypt. Prov. Charkieh.

— **'Awanah.** Ort im Distr. Chubra-Khit der ägypt. Prov. Beherah.

— **Awiad Abd el Kader bi Nahiet Bahgura,** Ort im Distr. Farchut der ägypt. Prov. Kena.

— **Awled 'Aly bi Nahiet-el-Salamate,** Ort im Distr. Farchut der ägypt. Prov. Kena.

— **Awlad 'Aly bi Nahiet Awlad Negm Bahgura,** Ort im Distr. Farchut der ägypt. Prov. Kena.

— **Awlad 'Aiich,** Ort im Distr. El-Kanaïat der ägypt. Prov. Charkieh.

— **Awlad Daud bi Kom-el-Naga,** Ort im Distr. Farchut der ägypt. Prov. Kena.

— **Awlad Dia bi Nahiet Tukh,** Ort im Distr. Kena der ägypt. Prov. Kena.

— **Awlad-el-'Adawi,** Ort im Distr. El-Sawaleh der ägypt. Prov. Charkieh.

— **Awlad-el-Cheikh bi 'Ezbet-el-Bussa.** Ort im Distr. Farchut der ägypt. Prov. Kena.

— **Awlad-el-Komi,** Ort im Distr. Belbes der ägypt. Prov. Charkieh.

— **Awlad-el-Sahbi,** Ort im Distr. El-Kanaïat der ägypt. Prov. Charkieh.

Kafr Awlad el-Sohrasil, Ort im Distr. Mina-el-Kamh der ägypt. Prov. Charkieh.

— **Awlad Gudar bi Kom-el-Naga**, Ort im Distr. Farchut der ägypt. Prov. Kena.

— **Awlad Isma'îl bi Nahiet-el-Samtate**, Ort im Distr. Dachna der ägypt. Prov. Kena.

— **Awlad 'Omar bi Nahiet Awlad 'Omar**, Ort im Distr Dachna der ägypt. Prov. Kena.

— **Awlad 'Othoman bi Nahiet Awlad Negm Bahgura**, Ort im Distr. Farchut der ägypt. Prov. Kena.

— **Awlad Sa'îd**, Ort im Distr. Aklim-el-Borollos der ägypt. Prov. Gharbieh.

— **Awlad Salâhe**. Ort im Distr. Aklim-el-Borollo der ägypt. Prov. Gharbieh.

— **Awlad Salam bi Nahiet Bakhanes**, Ort im Distr. Farchut der ägypt. Prov. Kena.

— **Awlad Samâk bi Nahiet Awlad 'Omar**, Ort im Distr. Dachna der ägypt. Prov. Kena.

— **Awlad Samrah bi Nahiet-el-Samtate**, Ort im Distr. Dachna der ägypt. Prov. Kena.

— **Awlad Sorur bi Nahiet-el-Makhadmeh**, Ort im Distr. Kena der ägypt. Prov. Kena.

— **Awlad Zeidan bi Nahiet-el-Salamate**. Ort im Distr. Farchut der ägypt. Prov. Kena.

— **'Azzaz**. Ort im Distr. Abu-Hommos der ägypt. Prov. Beherah.

— **'Azzam**, Ort im Distr. El-Simbellawein der ägypt. Prov. Dakahlieh.

— **'Azzuz bi Nahiet Kaft**, Ort im Distr. Kena der ägypt. Prov. Kena.

— **Badawi Gergis bi Nahiet-el Sinbellawein**, Ort im Distr. El-Sinbellawein der ägypt. Prov. Dakahlieh.

— **Badawi Rezk**, Ort im Distr. Mina-el-Kamh der ägypt. Prov. Charkieh.

Kafr Badrah, Ort im Distr. Mit-Ghamr der ägypt. Prov. Dakahlieh.

— **Badrain**, Ort im Distr. El-Kanaïat der ägypt. Prov. Charkieh.

— **Bahidah**, Ort im Distr. Mit-Ghamr der ägypt. Prov. Dakahlieh.

— **Bakr Bassiuni bi Nahiet Chobar**, Ort im Distr. Mehallet Menuf der ägypt. Prov. Gharbieh.

— **Barakate**, Ort im Distr. Kesm-Thani der ägypt. Prov. Gizah.

— **Barbari Soleiman**, Ort im Distr. Mit-Ghamr der ägypt. Prov. Dakahlieh.

— **Bassiuni 'Abd el Fattah We Diab Bilal bi Nahiet-el-Abnutine**, Ort im Distr. El-Ga'farieh der ägypt. Prov. Gharbieh.

— **Bata**, Ort im Distr. Melig der ägypt. Prov. Menufieh.

— **Batbas**, Ort im Distr. Melig der ägypt. Prov. Menufieh.

— **Badir**, Ort im Distr. El-Kanaïat der ägypt. Prov. Charkieh.

— **Bedwai-el-Guedid**, Ort im Distr. Faraskor der ägypt. Prov. Dakahlieh.

— **Bedwai-el-Kadim**, Ort im Distr. Faraskor der ägypt. Prov. Dakalieh.

— **Beheïr**, Ort im Distr. Faraskor der ägypt. Prov. Dakahlieh.

— **Bechtami**, Ort im Distr. Menuf der ägypt. Prov. Menufieh.

— **Beni Alim**, Ort im Distr. Belbes der ägypt. Prov. Charkieh.

— **Beni 'Aly**, Ort im Distr. Beba-el-Kobra der ägypt. Prov. Beni-Suef.

— **Beni Ghirian**, Ort im Distr. Zefta der ägypt. Prov. Gharbieh.

— **Beni Hélal**, Ort im Distr. Abu-Hommos der ägypt. Prov. Beherah.

— **Beni Korech**, Ort im Distr. El-Kanayat der ägypt. Prov. Charkieh.

— **Beni 'Othoman**, Ort im Distr. El-Zawieh der ägypt. Prov. Beni-Suef.

— **Beni Saïéde bi Nahiet-el-Kébéda Wed 'Esseirate**, Ort im Distr. Farchut der ägypt. Prov. Kena.

Kalulus T

ılu-Fall.

Kafr Beni Salem, Ort im Distr. El-Simbellawein der ägypt. Prov. Dakalieh.

— **Bir 'Ambar bi Nahiet Kafte**, Ort im Distr. Kena der ägypt. Prov. Kena.

— **Boghdadi Abzah**, Ort im Distr. Belbes der ägypt. Prov. Charkieh.

— **Boktor S'ad**, Ort im Distr. El-Kanayat der ägypt. Prov. Charkieh.

— **Bondok**, Ort im Distr. El-Kanayat der ägypt. Prov. Charkieh.

— **Buhute**, Ort im Distr. Cherbin der ägypt Prov. Gharbieh.

— **Buline**, Ort im Distr. El-Neguélah der ägypt. Prov. Beherah.

— **Chahin**, Ort im Distr. Zefta der ägypt. Prov. Gharbieh.

— **Chahin Chaker bi Nahiet Ibchawaï-el-Malak**, Ort im Distr. Mehallet Menuf der ägypt. Prov. Gharbieh.

— **Chahin-el-Marassi bi Nahiet Mit-Ghazal**, Ort im Distr. El-Ga'farieh der ägypt. Prov. Gharbieh.

— **Chammakh**, Ort im Distr. Tala der ägypt. Prov. Menufieh.

— **Chanawane**, Ort im Distr. Subk der ägypt. Prov. Menufieh.

— **Chakis Bedur**, Ort im Distr. El-Sawaleh der ägypt. Prov. Charkieh.

— **Chawiche**, Ort im Distr. El-Sawaleh der ägypt. Prov. Charkieh.

— **Chechta**, Ort im Distr. Samannud der ägypt. Prov. Gharbieh.

— **Chehatah**, Ort im Distr. Kesm-Thani der ägypt. Prov. Gizah.

— **Chelihah bi Nabiet Kosseir Bakhanes**, Ort im Distr. Farchut der ägypt. Prov. Kena.

— **Chibine**, Ort im Distr. Chubrah der ägypt. Prov. Kaliubieh.

— **Chubra Belula**, Ort im Distr. Subk der ägypt. Prov. Menufieh.

— **Chubra Hor**, Ort im Distr. Mit-Samannud der ägypt. Prov. Dakahlieh.

— **Chubra Kelug**, Ort im Distr. Zefta der ägypt. Prov. Gharbieh.

Kafr Chubra Khit, Ort im Distr. 'Atfieh der ägypt. Prov. Menufieh.

— **Chuman**, Ort im Distr. Tukh der ägypt. Prov. Kaliubieh.

— **Dabuéne bi Kafr Atalla Salameh**, Ort im Distr. El-Kanayat der ägypt. Prov. Charkieh.

— **Dahmacha**, Ort im Distr. Mina-el-Kamh der ägypt. Prov. Charkieh.

— **Dahmata Wel Saied Rabi**, Ort im Distr. Mina-el-Kamh der ägypt. Prov. Charkieh.

— **Dakruri**, Ort im Distr. Samannud der ägypt. Prov. Gharbieh.

— **Damanhur**, Ort im Distr. El-Ga'farieh der ägypt. Prov. Gharbieh.

— **Damirah-el-Kadim bi Teftich Tirah**. Ort im Distr. Samannud der ägypt. Prov. Gharbieh.

— **Damitno**, Ort im Distr. Samannud der ägypt. Prov. Gharbieh.

— **Damitoh**, Ort im Distr. El-Neguélah der ägypt. Prov. Beherah.

— **Damrawah**, Ort im Distr. Samannud der ägypt. Prov. Gharbieh.

— **Daud**, Ort im Distr. El-Neguélah der ägypt. Prov. Behera.

— **Daud Mas'ad**, Ort im Distr. Mit-Ghamr der ägypt. Prov. Dakahlieh.

— **Daud Pascha**, Ort im Distr. Chubra der ägypt. Prov. Kaliubieh.

— **Daud Saleh**, Ort im Distr. Mit-Ghamr der ägypt. Prov. Dakahlieh.

— **Darwiche**, Ort im Distr. El-Fachn der ägypt. Prov. Minia.

— **Darwite**, Ort im Distr. Tobhar der ägypt. Prov. Fayum.

— **Débé'ah bi Nahiet-el-Balabiche**, Ort im Distr. Farchut der ägypt. Prov. Kena.

— **Délaleh bi Nahiet Bahari Samhud**, Ort im Distr. Farchut der ägypt. Prov. Kena.

— **Denchaway**, Ort im Distr. Menuf der ägypt. Prov. Menufieh.

— **Denirah-el-Gedidah**, Ort im Distr. Cherbin der ägypt. Prov. Gharbieh.

Kafr Derao bi Nahiet-el-Ganèb-el-Awsat Kamula, Ort im Distr. Kos der ägypt. Prov. Kena.

— **Derwah**, Ort im Distr. Mellawi der ägypt. Prov. Assiut.

— **Dima**, Ort im Distr. Tala der ägypt. Prov. Menufieh.

— **Dokmak**, Ort im Distr. Subk der ägypt. Prov. Charkieh.

— **Duar**, Dorf in Unterägypten, 22 km südöstlich von Alexandrien, Bahnstation zwischen Alexandrien und Kairo. Hier hatte 1882 nach dem Bombardement Alexandriens durch die Engländer der Rebell Arabi sein Hauptquartier.

— **Dueih bi Nahiet-el-Ganeb-el-Bahri Kamula**, Ort im Distr. Kos der ägypt. Prov. Kena.

— **Duwah bi Nahiet Negma Wel Hamran**, Ort im Distr. Farchut der ägypt. Prov. Kena.

— **'Ebian**, Ort im Distr. Chubra der ägypt. Prov. Kaliubieh.

— **Ebrache**, Ort im Distr. Mina-el-Kamh der ägypt. Prov. Charkieh.

— **ech-Scheikh**, kleiner Ort in Unterägypten (Mudirie Gharbieh), 63 km südöstl. von Rosette, an einem in den Mensaleh-See mündenden Kanale.

— **Ekhcha**, Ort im Distr. Tala der ägypt. Prov. Menufieh.

— **Elias**, Ort im Distr. El-Sawaleh der ägypt. Prov. Charkieh.

— **'Elovan**, Ort im Distr. El-G'afarieh der ägypt Prov. Gharbieh.

— **'Elovan**, Ort im Distr. Tukh der ägypt. Prov. Kaliubieh.

— **el-Abaïdah**, Ort im Distr. Samannud der ägypt. Prov. Gharbieh.

— **el-'Abadleh bi Nahiet Kom-el-Naga**, Ort im Distr. Farchut der ägypt. Prov. Kena.

— **el-'Abdieh bi Nahiet Halfaieh**. Ort im Distr. Dachna der ägypt. Prov. Kena.

— **el-Abhar**. Ort im Distr. Samannud der ägypt. Prov. Gharbieh.

— **el-'Abêd bi Nahiet-el-Halfaieh**, Ort im Distr. Dachna der ägypt. Prov. Kena.

Kafr-el-Abnir, Ort im Distr. Farchut der ägypt. Prov. Kena.

— **el-Achkar**, Ort im Distr. Tala der ägypt. Prov. Menufieh.

— **el-Achoti**, Ort im Distr. El-Simbellawein der ägypt. Prov. Dakahlieh.

— **el-Achrâf**, Ort im Distr. Kena der ägypt. Prov. Kena.

— **el-'Addadieh bi Nahiet-el-Awassat Samhud**, Ort im Distr. Farchut der ägypt. Prov. Kena.

— **el-'Agaïzek bi Nahiet-el-Halfaieh**, Ort im Distr. Melig der ägypt. Prov. Menufieh.

— **el-'Agami**, Ort im Distr. Samannud der ägypt. Prov. Gharbieh.

— **el-'Agami bel Gabal bi Nahiet-el-'Ezab**, Ort im Distr. Dachna der ägypt. Prov. Kena.

— **el-'Akulah bi Nahiet Charki Bahgura**, Ort im Distr. Farchut der ägypt. Prov. Kena.

— **el-'Akulah bi Nahiet Hegazeh**, Ort im Distr. Kos der ägypt. Prov. Kena.

el-'Akulah bi Nahiet-el-Gab-el-Bahari Kamula, Ort im Distr. Kos der ägypt. Prov. Kena.

— **el-Akra'**, Ort im Distr. El-Ga'farieh der ägypt. Prov. Gharbieh.

— **el'-Alawi**, Ort im Distr. Tala der ägypt. Prov. Menufieh.

— **el-'Alimate bi Nahiet-el-Bahri Samhud**, Ort im Distr. Farchut der ägypt. Prov. Kena.

el-'Alimate bi Nahiet Bélad-el-Mal, Ort im Distr. Farchut der ägypt. Prov. Kena.

— **el-Amadieh**, Ort im Distr. Aklim-el-Borollos der ägypt. Prov. Gharbieh.

— **el-'Amamrah bi Nahiet-el-Zawaidah**, Ort im Distr. Kena der ägypt. Prov. Kena.

— **el-'Amàre**, Ort im Distr. Tukh der ägypt. Prov. Kaliubieh.

— **el-'Amarnéh bi Nahiet-el-**

Rakcha We Kom Ya'kub, Ort im Distr. Farchut der ägypt. Mudirie Kena.

Kafr-el-Amir 'Abdallah, Ort im Distr. El-Simbellawin der ägypt. Mudirie Dakahlieh.

— **el-Amirieh bi Nahiet-el-Avossat Samhud**, Ort im Distr. Farchut der ägypt. Mudirie Kena.

— **el-'Amrah**, Ort im Distr. Subk der ägypt. Mudirie Menufieh.

— **el-'Anabrah**, Ort im Distrikt Aklim-el-Borollos der ägypt. Mudirie Gharbieh.

— **el-'Arab**, Orte in Ägypten: a) Distr. Tukh, Mud. Kaliubieh; b) Distr. Melig, Mud. Gharbieh; c) Distr. Dessuk, Mud Gharbieh; d) Distr. Fareskor, Mud. Dakahlieh; e) Distr. Samannud, Mud. Gharbieh; f) Distr. Belbès, Mud. Charkieh; g) Distr. Zefta, Mud. Gharbieh.

— **el-'Arab-el-Bahari**, Ort im Distr. Melig der ägypt. Prov. Menufieh.

— **el-'Arabate bi Nahiet-el-Ganeb-el-Bahari Kamula**, Ort im Distr. Kos der ägypt. Prov. Kena.

— **el-'Arabid bi Nahiet Kom el-Nega**, Ort im Distr. Farchut der ägypt. Prov. Kena.

— **el-'Araki bi Nahiet Komp-el-Naga**, Ort im Distr. Mehallet Menuf der ägypt. Mud. Gharbieh.

— **el-Arbe'in**, Ort im Distr. El-Kanayat der ägypt. Prov. Charkieh.

— **el-'Assarah bi Nahiet-el-Kebli Kamula**, Ort im Distr. Kos der ägypt. Prov. Kena.

— **el-'Assalieh bi Nahiet-el-Achrâf**, Ort im Distr. Kena der ägypt. Prov. Kena.

— **el-'Attaya bi Nahiet Kosseir Bakhanès**, Ort im Distr. Farchut der ägypt. Prov. Kena.

— **el-'Atiat bi Nahiet-el-'Ezat**, Ort im Distr. Dachna der ägypt. Prov. Kena.

— **el-'Awamer bi Nahiet Belad el-Mal**, Ort im Distr. Farchut der ägypt. Prov. Kena.

Kafr-el-'Awedarte bi Nahiet el-Scheikieh, Ort im Distr. Kena der ägypt. Prov. Kena.

— **el-'Awedate**, Ort im Distrikt Achmun der ägypt. Prov. Menufieh.

— **el-'Azzazi**, Ort im Distr. El-Sawaleh der ägypt. Prov. Charkieh.

— **el-'Azzazieh bi Nahiet Dachna**, Ort im Distr. Dachna der ägypt. Prov. Kena.

— **el-Bacha**, Ort im Distr. Mit-Ghamr der ägypt. Prov. Dakahlieh.

— **el-Bachabchah**, Ort im Distr. Samannud der ägypt. Prov. Gharbieh.

— **el-Badarneh**, Ort im Distrikt Achmun der ägypt. Prov. Menufieh.

— **el-Bahanieh**, Ort im Distr. Mit-Ghamr der ägypt. Prov. Dakahlieh.

— **el-Bahchieh bi Nahiet-el-Salamat**, Ort im Distr. Farchut der ägypt. Prov. Kena.

— **el-Bagah**, Ort im Distr. Tala der ägypt. Prov. Menufieh.

— **el-Bagour**, Ort im Distr. Subk der ägypt. Prov. Menufieh.

— **el-Baïadieh bi Nahiet-el-Gabalaw**, Ort im Distr. Kena der ägypt. Prov. Kena.

— **el-Baï'ah**, Ort im Distr. Aklim-el-Borollos der ägypt. Prov. Gharbieh.

— **el-Bakrieh**, Ort im Distr. Aklim-el-Borollos der ägypt. Prov. Gharbieh.

— **el-Balad**, Ort im Distr. Fareskor der ägypt. Prov. Dakahlieh.

— **el-Bannayne**, Ort im Distr. Aklim-el-Borollos der ägypt. Prov. Gharbieh.

— **el-Bar**, Ort im Distr. Dakarnès der ägypt. Prov. Dakahlieh.

— **el-Bar bi Nahiet-Sanguid**, Ort im Distr. Mit Samannud der ägypt. Prov. Dakahlieh.

— **el-Barabra**, Ort im Distrikt Dachna der ägypt. Prov. Kena.

— **el-Barabra bi Nahiet-el-Salamieh**, Ort im Distr. Farchut der ägypt. Prov. Kena.

— **el-Baraghit**, Ort im Distrikt Farchut der ägypt. Prov. Kena.

— **el-Barahmah**, Ort im Distrikt Farchut der ägypt. Prov. Kena.

Kafr-el-Barakin, Ort im Distr. Kafr-el-Zaïat der ägypt. Prov. Gharbieh.

— **el-Baramon**, Ort im Distr. Fareskor der ägypt. Prov. Dakahlieh.

— **el Barghouti**, Ort im Distrikt Kesm Thani der ägypt. Prov. Guizah.

— **el-Barut bi Nahiet-el-Cheikieh**, Ort im Distr. Kena d. ägypt. Prov. Kena.

— **el-Batal**, Ort im Distr. Mit-Ghamr der ägypt. Prov. Dakahlieh.

— **el-Batanune**, Ort im Distrikt Kena der ägypt. Prov. Kena.

— **el-Batatkhah**, Ort im Distrikt Kena der ägypt. Prov. Kena.

— **el-Bathah**, Ort im Distr. Farchut der ägypt. Prov. Kena.

— **el-Batikh**, Ort im Distr. Chirbin der ägypt. Prov. Gharbieh.

— **el-Bedmasse**, Ort im Distr. Dakarnós der ägypt. Prov. Dakahlieh.

— **el-Békéli bi Nahiet-et-Charki Bahgura**, Ort im Distr. Farchut der ägypt. Prov. Kena.

— **el-Bérègue bi Nahiet-el-Hesseinat**, Ort im Distr. Farchut der ägypt. Prov. Kena.

— **el-Bérègue bi Nahiet-el-Kébéba Wel 'Esseirat**, Ort im Distrikt Farchut der ägypt. Prov. Kena.

— **el-Bérègue bi Nahiet Kosseir Bakhanès**, Ort im Distr. Farchut der ägypt. Prov. Kena.

— **el-Beressieh**, Ort im Distrikt Kos der ägypt. Prov. Kena.

— **el-Berkah**, Ort im Distr. Kos der ägypt. Prov. Kena.

— **el-Borg bi Nahiet Abu Manna Bahari**, Ort im Distr. Dachna der ägypt. Prov. Kena.

— **el-Cha'aurah**, Ort im Distrikt Mina-el-Kamh d. ägypt. Prov. Charkieh.

— **el-Chabtiah Wed Chekirat bi Nahiet Awlad Negm Bahgura**, Ort im Distr. Farchut d. ägypt. Prov. Kena

— **el-Chahabieh**, Ort im Distrikt Aklim-el-Borollos der ägypt. Prov. Gharbieh.

— **el-Chahawi Khater**, Ort im Distr. Samannud der ägypt. Provinz Dakahlieh.

Kafr-el-Chahid, Orte in Ägypten: a) Distr. Kaliub, Prov. Kaliubieh; b) Distr. Mit-Ghamr, Prov. Dakahlieh; c) Distr. Zifta, Prov. Gharbieh.

— **el-Chamandi bi Nahiet-el-Hesseinat**, Ort im Distrikt Farchut der ägypt. Prov. Kena.

— **el-Cha'nieh bi Nahiet-el Kasr Wel Sayad**, Ort im Distr. Farchut der ägypt. Prov. Kena.

— **el-Chamarat bi Nahiet-el-Charki Samhud**, Ort im Distrikt Farchut der ägypt. Prov. Kena.

— **el-Chamut**, Ort im Distr. Tukh der ägypt. Prov. Kaliubieh.

— **el-Charabieh**, Ort im Distr. Mina-el-Kamh der ägypt. Prov. Charkieh.

— **el-Charakwah**, Ort im Distrikt Samannud der ägypt. Prov. Gharbieh.

— **el-Charakwah**, Orte in Ägypten: a) Distr. El-Sinbellawein, Prov. Dakahlieh; b) Distr. Mit-Samannud, Prv. Dakahlieh; c) Distr. Mit-Ghamr, Prov. Dakahlieh.

— **el-Charaïlah bi Nahiet Abu Diab**, Ort im Distr. Dachna der ägypt. Prov. Kena.

— **el Chauchieh**, Ort im Distrikt Mina-el-Kamh der ägypt. Provinz Charkieh.

— **el-Chawaf bi Nahïet Abu Diab**, Ort im Distrikt Dachna der ägypt. Prov. Kena.

— **el-Chébini bi Nahiet-el-Salamat**, Ort im Distr. Farchut der ägypt. Prov. Kena.

— **el-Cheikh**, Ort im Distr. Mit-Ghamr der ägypt. Prov. Dakahlieh.

— **el-Cheikh bi Nahiet Kosseir Bakhanés**, Ort im Distr. Farchut der ägypt. Prov. Kena.

— **el-Cheikh bi Nahiet el-Baïada**, Ort im Distr. Kos der ägypt. Prov. Kena.

— **el-Cheikh 'Abassi-el-Mahdi bi Nahiet mit Heibeich-el-Barieh**, Ort im Distrikt El-Ga'farieh der ägypt. Prov. Gharbieh.

— **el-Cheikh 'Abed**, Ort im Distr. Beba-el-Kobra d. ägypt. Prv. Beni-Suef.

Kafr-el-Cheikh' Aly bi Nahiet Abu Manna' Bahari, Ort im Distr. Dachna der ägypt. Prov. Kena.

— **el-Cheikh 'Aly bi Nahiet Bakhanés**, Ort im Distr. Farchut der ägypt. Prov. Kena.

— **el-Cheikh 'Aly bi Nahiet Halfaïeh**, Ort im Distrikt Dachna der ägypt. Prov. Kena.

— **el-Cheikh 'Aly bi Nahiet Tukh**, Ort im Distrikt Dachna der ägypt. Prov. Kena.

— **el-Cheikh 'Amer**, Ort im Distr. Mit-Ghamr der ägypt. Prov. Dakahlieh.

— **el-Cheikh 'Amer bi Nahiet-el-Ganeb-el-Kebli Komoula**, Ort im Distr. Kos der ägypt. Prov. Kena.

— **el-Cheikh 'Atiah**, Ort im Distr. Chirbin der ägypt. Prov. Gharbieh.

— **el-Cheikh Chehatah**, Ort im Distr. Tala der ägypt. Prov. Menufieh.

— **el-Cheikh Daud**. Ort im Distr. El-Kanaïat der ägypt. Prov. Charkieh.

— **el-Cheikh-el-Kassabi bi Nahiet Ibchawaï-el-Malak**, Ort im Mehallet-Menuf der ägypt. Prov. Gharbieh.

— **el-Cheikh Hammad bi Nahiet Belad el-Mal**, Ort im Distr. Farchut der ägypt. Prov. Kena.

— **el-Cheikh Hassan**, Ort im Distr. El-Atfieh der ägypt. Prov. Beherah.

— **el-Cheikh Ibrahim**, Ort in Ägypten: a) Distr. Beni-Mazar, Prov. Minia; b) Distr. Melig, Prov. Menufieh; c) Distr. Tukh, Prov. Kaliubieh.

— **el-Cheikh Isma'il** Ort im Distr. Kesm-Awal der ägypt. Prov. Guizah.

— **el-Cheikh' Issa bi Nahiet-el-Makhadmah**, Ort im Distr. Kena der ägypt. Prov. Kena.

— **el-Cheikh Khalifah**, Ort im Distr. Mina-el-Kamh der ägypt. Prov. Charkieh.

— **el-Cheikh Khalifah Gom'ah**, Ort im Distr. Mina-el-Kamh der ägypt. Prov. Charkieh.

— **el-Cheikh Khalil**, Ort im Distr. Menuf der ägypt. Prov. Menufieh.

— **el-Cheik Makhluf**, Ort im Distr. Chubra-Khit der ägypt. Prov. Beherah.

Kafr-el-Cheikh Mobader bi Nahiet-el-Balabich, Ort im Distr. Farchut der ägypt. Prov. Kena.

— **el-Cheikh Mabarek**, Ort im Distr. Aklim-el-Borollos der ägypt. Prov. Gharbieh.

— **el-Cheikh Mostafa-el-Sawi**, Ort im Distr. Mina-el-Kamh der ägypt. Prov. Charkieh.

— **el-Cheikh Muftah**, Ort im Distr. El-Ga'farieh der ägypt. Prov. Gharbieh.

— **el-Cheikh Radwan-el-'Adle bi Nahiet Gueziret-el-Kabbab**, Ort im Distr. Dakarnes der ägypt. Prov. Dakahlieh.

— **el-Cheikh Rezk bi Nahiet-el-Samtat**, Ort im Distr. Dachna der ägypt. Prov. Kena.

— **el-Cheikh Rokab bi Nahiet-el-Gabalawe**, Ort im Distr. Kena der ägypt. Prov. Kena.

— **el-Cheikh Saleh bi Nahiet-el-Kharankah**, Ort im Distr. Kos der ägypt. Prov. Kena.

— **el-Cheikh Selim**, a) Ort im Distr. Tala der ägypt. Prov. Menufieh; b) im Distr. Kaliub der ägypt. Prov. Kaliubieh.

— **el-Cheikh Toémah**, Ort im Distr. El-Ga'farieh der ägypt. Prov. Gharbieh.

— **el-Cheikh Yussef**, Ort im Distr. Kesm-Thani der ägypt. Prov. Guizah.

— **el-Cheikh Warwar bi Nahiet-el-Salamieh**, Ort im Distr. Farchut der ägypt. Prov. Kena.

— **el-Chennawi**, Ort im Distr. Foreskor der ägypt. Prov. Dakahlieh.

— **el-Chobak**, Ort im Distr. Chubra der ägypt. Prov. Kaliubieh.

— **el-Chorafa**, Ort in Ägypten: a) Distr. Chubra, Prov. Kaliubieh; b) Distr. Kaliub, Prov. Kaliubieh; c) Distr. Aklim-el-Barollos, Prov. Gharbieh.

— **el-Chorafa-el-Bahari**, Ort im Distr. El-Kanaïat der ägypt. Prov. Charkieh.

Kafr-el-Chorafa-el-Charki, Ort im Distr. Tala der ägypt. Prov. Menufieh.

— **el-Chorafa-el-Kebli**, Ort im Distr. Mina-el-Kamh der ägypt. Prov. Charkieh.

— **el-Chorafa-el-Charbi**, Ort im Distr. Tala der ägypt. Prov. Menufieh.

— **el-Chorbagui**, Ort im Distr. Mehallet-Menuf der ägypt. Prov. Gharbieh.

— **el-Chouekhat bi Nahiet-el-Makhadmeh**, Ort im Distr. Kena der ägypt. Prov. Kena.

— **el-Choweh**, Ort im Distr. Aklim-el-Borollos der ägypt. Prov. Gharbieh.

— **el-Dabbussi**, Ort im Distr. Cherbin der ägypt. Prov. Gharaieh.

— **el-Dabi'i**, Ort im Distr. Kesm-Thani der ägypt. Prov. Guizah.

— **el-Daghaïdah**, Ort im Distr. Zifta der ägypt. Prov. Gharbieh.

— **el-Dalil**, Ort im Distr. Mit-Ghamr der ägypt. Prov. Dakahlieh.

— **el-Daraflah bi Ezbet-el-Bussa**, Ort im Distr. Farchut der ägypt. Prov. Kena.

— **el-Dawah bi Nahiet-el-Hamaneh**, Ort im Distr. Farchut der ägypt. Prov. Kena.

— **el-Dawah bi Nahiet-el-Negma Wel Hamran**, Ort im Distr. Farchut der ägypt. Prov. Kena.

— **el-Dawar**, Ort in Ägypten: a) Distr. Abu-Hommos, Prov. Beherah; b) Distr. Kafr-el-Zaïat, Prov. Gharbieh; c) Distr. Subk, Prov. Menufieh.

— **el-Debbah bi Nahiet-el-Charki Samhud**, Ort im Distr. Farchut der ägypt. Prov. Kena.

— **el-Debbah-el-Baharieh bi Nahiet-el-Salamat**, Ort im Distr. Farchut der ägypt. Prov. Kena.

— **el-Debbah-el-Charkieh bi Nahiet-el-Kasr Wed Sayad**. Ort im Distr. Farchut der ägypt. Prov. Kena.

— **el-Débbiat bi Nahiet-el-Samtât** Ort im Distr. Dachna der ägypt. Prov. Kena.

Kafr-el-Defrawi, Ort im Distr. El-'Atfieh der ägypt. Prov. Behérah.

— **el-Degwieh**, Ort im Distr. Kafr-el-Zaïat der ägypt. Prov. Gharbieh.

— **el-Deir**, Orte in Ägypten: a) Distr. Kaliub, Prov. Kaliubieh; b) Distr. El-Kanaïat, Prov. Charkieh.

— **el-Deir-el-Charki bi Nahiet Belad-ef-Mal**, Ort im Distr. Farchut der ägypt. Prov. Kena.

— **el-Deir-el-Gharbi bi Nahiet Belad-el-Mal**, Ort im Distr. Farchut der ägypt. Prov. Kena.

— **el-Deiri bi Nahiet-Kebeba Wel 'Esseirat**, Ort im Distr. Farchut der ägypt. Prov. Kena.

— **el-Démérah bi Nahiet-el-Hesseinat**, Ort im Distrikt Farchut der ägypt. Prov. Kena.

— **el Déréhmat bi Nahiet Tukh**, Ort im Distr. Kena d. ägypt. Prov. Kena.

— **el-Deissamis**, Ort im Distrikt Atfieh der ägypt. Prov. Guizah.

— **el-Dib**, Ort im Distr. Zifta der ägypt. Prov. Gharbieh.

— **el-Dom bi Nahiet-el-Ballas**, Ort im Distr. Kena der ägypt. Provinz Kena.

— **el Domah bi Nahiet-el-Gharbi Baghura**, Ort im Distr. Farchut der ägypt. Prov. Kena.

— **el-Domah bi Nahiet-el-Achraf**, Ort im Distr. Kena der ägypt. Provinz Kena.

— **el-Domis bi Nahiet-el-Hesseinat**, Ort im Distrikt Farchut der ägypt. Prov. Kena.

— **el-'Edeissieh bi Nahiet-el-Salamieh**, Ort im Distr. Farchut der ägypt. Prov. Kena.

— **el-'Edeissieh bi Nahiet-el-Heguerat Wed Ghoussa**, Ort im Distr. Dachna der ägypt. Prov. Kena.

— **el-'Eilah bi Nahiet Kosseir Bakhanes**, Ort im Distr. Farchut der ägypt. Prov. Kena.

— **el-'Elew**, Ort im Distr. Atfieh der ägypt. Prov. Guizah.

Kafr-el-'Emarat bi Nahiet-el-Rakcha We Kom Ya'cub, Ort im Distr. Farchut der ägypt. Prov. Kena.

— **el-'Enanieh**, Ort im Distr. El-Sinbellawein der ägypt. Prov. Dakalieh.

— **el-'Eraki**, Orte in Ägypten: a) Distr. Mina-el-Kamh, Prov. Charkieh; b) Distr. Mehallet-Menuf, Prov. Gharbieh.

— **el-'Ereibi bi Nahiet Abu Diab**, Ort in Ägypten, Distr. Dachna, Prov. Kena.

— **el-'Erk bi Nahiet-el-Kébéba Wel 'Esseirat**, Ort im Distr. Farchut der ägypt. Prov. Kena.

— **el-Fada bi Nahiet-el-Rakcha We Kom Yacub**, Ort im Distrikt Farchut der ägypt. Prov. Kena.

— **el-Fara'nieh**, Ort im Distrikt Subk der ägypt. Prov. Menufieh.

— **el-Farsi bi Nahiet Abnud**, Ort im Distr. Kena der ägypt. Prov. Kena.

— **el-Fehérah bi Nahiet el-'Ezbah**, Ort im Distr. Dachna der ägypt. Prov. Kena.

— **el-Féka'i**, Ort im Distrikt El-Minia der ägypt. Prov. Minia.

— **el-Fila**, Ort im Distr. El-Minia der ägypt. Prov. Minia.

— **el-Fokaha**, Ort im Distr. Kaliub der ägypt. Prov. Kaliubieh.

— **el-Fokara bi Nahiet Awlad 'Amr**, Ort im Distr. Dachna der ägypt. Prov. Kena.

— **el-Gabalanieh**, Ort im Distr. Farchut der ägypt. Prov. Kena.

— **el-Gadaïd**, Ort im Distr. El-'Arein der ägypt. Prov. Charkieh.

— **el-Gahiard bi Nahiet Abu Manna' Kebli**, Ort im Distr. Dachna der ägypt. Prov. Kena.

— **el-Galabtah**, Ort im Distr. Menuf der ägypt. Prov. Menufieh.

— **el-Gamus**, Ort im Distr. Chubra der ägypt. Prov. Kaliubieh.

— **el-Game' bi Nahie'-el-Samtat**, Ort im Distr. Dachna der ägypt. Prov. Kena.

— **el-Gamalieh**, Ort im Distr. Dakarnès der ägypt. Prov. Dakalieh.

Kafr-el-Gammaleh, Ort im Distrikt Menuf der ägypt. Prov. Menufieh.

— **el-Gamsah bi Nahiet-el-Marachdah**, Ort im Distr. Dachna der ägypt. Prov. Kena.

— **el-Gauichi bi Kafr 'Atallah Salamah**, Ort im Distr. El-Kanaïat der ägypt. Prov. Charkieh.

— **el-Garaïdah**, Ort im Distrikt Chirbin der ägypt. Prov. Gharbieh.

— **el-Garbah bi Nahiet Kosseir Bakhanes**, Ort im Distr. Farchut der ägypt Prov. Kena.

— **el-Garfieh bi Nahiet el-Makhadmeh**, Ort im Distrikt Kena der ägypt. Prov. Kena.

— **el-Gazeïr**, Ort im Distr. Kafr-el-Cheikh der ägypt. Prov. Gharbieh.

— **el-Gazzar**, Ort im Distr. El-Ga'farieh der ägypt. Prov. Gharbieh.

— **el-Ghabah**, Ort im Distr. Farchut der ägypt. Prov. Kena.

— **ei-Ghaliz bi Nahiet el-Salamieh**, Ort im Distr. Chubra-Khit der ägypt. Prov. Behérah.

— **el-Ghaliz bi Nahiet Dandarah**, Ort im Distr. Kena der ägypt. Provinz Kena.

— **el-Ghannamieh**, Ort im Distr. Subk der ägypt. Prov. Menufieh.

— **el-Gharaboua bi Nahiet-el-'Ezab**, Ort im Distrikt Dachna der ägypt. Prov. Kena.

— **el-Ghawanem bi Nahiet-el-Rakcha We Kom Ya'cub**, Ort im Distr. Farchut der ägypt. Prov. Kena.

— **el-Ghémi**, Ort im Distr. Mina-el-Kamh der ägypt. Prov. Charkieh.

— **el Ghoneimi**, Ort im Distr. Mit-Ghamr der ägypt. Prov. Dakahlieh.

— **el-Ghoussah bi Nahiet-el-Heguerat-Wel-Ghoussah**, Ort im Distr. Dachna der ägypt. Prov. Kena.

— **el Gohanami**, Ort im Distrikt Mit-Ghamr der ägypt. Prov. Dakahlieh.

— **el-Gohari**, Ort im Distr. Mit-Ghamr der ägypt. Prov. Dakahlieh.

— **el-Goneidi**, Ort im Distr. El-Ga'farieh der ägypt. Prov. Gharbieh.

Kafr-el-Guemal, Ort im Distrikt Kaliub der ägyptischen Provinz Kaliubieh.

— **el-Guemmezah**, a) Ort im Distr. Dachna der ägypt. Prov. Kena; b) Ort im Distr. Farchut der ägypt. Prov. Kena.

Kafr-el-Guessr, Ort im Distr. Kos der ägypt. Prov. Kena.

— **el-Guezirah**, Orte in Ägypten: a) Distr. Kos, Prov. Kena; b) Distr. Zifta, Prov. Gharbieh.

— **el-Guezirah-el-Kebliah**, Ort im Distr. Dachna der ägypt. Prov. Kena.

Landschaft am Kamerun.

— **el-Guezirah-el-Bahriah**, Ort im Distr. Dachna in der Prov. Kena.

— **el-Guezirah bi Nahiet-el Kobeba Wel 'Esseirat**, Ort im Distr. Farchut der ägypt. Prov. Kena.

— **el-Guezirieh**, Ort im Distr. Kena der ägypt. Prov. Kena.

— **el Guezirieh bi Nahiet-el-Madhadmeh**, Ort im Distrikt Kena der ägypt. Prov. Kena.

— **el-Gueneinah**, Ort im Distrikt Samannud der ägypt. Prov. Gharbieh.

— **el-Hachach bi Nahiet-el-'Ezab**, Ort im Distr. Dachna d. ägypt. Prv. Kena.

Kafr-el-Hai bi Nahiet-el-Achrâf, Ort im Distr. Kena der ägypt. Provinz Kena.

— **el Hakem bi Nahiet-el-Salamieh,** Ort im Distrikt Farchut der ägypt. Prov. Kena.

— **el-Haddadin,** Ort im Distrikt Tukh der ägypt. Prov. Kaliubieh.

— **el Haddadin bi Nahiet-el-Debei'ya,** Ort im Distr. Kos der ägypt. Prov. Kena.

— **el-Hadrah-el-Khedéwieh bi Nahiet Ibchawaï-el-Malak,** Ort im Distr. Mehallet-Menuf der ägypt. Provinz Gharbieh.

— **el-Hadiat bi Nahiet Toukh,** Ort im Distr. Kena der ägypt. Provinz Kena.

— **el-Hagar bi Nahiet Kasr-el-Saïad,** Ort im Distr. Farchut der ägypt. Prov. Kena.

— **el-Hag 'Aly Muftah bi Nahiot Damlu,** Ort im Distr. El-Ga'farieh der ägypt. Prov. Gharbieh.

— **el-Hag Daud,** Ort im Distrikt El-Ga'farieh der ägypt. Prov. Gharbieh.

— **el-Hag Ghonéme,** Ort im Distr. El-'Atfieh der ägypt. Prov. Behérah.

— **el-Hag Hamad Reguéh,** Ort im Distr. Farchut der ägypt. Provinz Kena.

— **el-Hag Hessein,** Ort im Distr. El-Sinbellawein der ägypt. Provinz Dakalieh.

— **el-Hag Isma'îl bi Nahiet el-Negma Wel Hamran.** Ort im Distr. Farchut der ägypt. Prov. Kena.

— **el-Hag Mohammad Isma'îl,** Ort im Distr. El-Sawaleh der ägypt. Prov. Charkieh.

— **el-Hag Sa'd Isma'il,** Ort im Distr. El-Ga'farieh der ägypt. Prov. Gharbieh.

— **el-Hag 'Omar,** Ort im Distr. El-'Arein der ägypt. Prov. Charkieh.

— **el-Hag Salem,** Ort im Distrikt Kos der ägypt. Prov. Kena.

— **el-Hag Sallam bi Nahiet Réfa'a,** Ort im Distr. Farchut der ägypt. Prov. Kena.

Kafr-el-Haguah, Ort im Distrikt Chubra-Khit der ägypt. Prov. Behérah.

— **el-Hamaydah,** Ort im Distrikt Abu-Hommos der ägypt. Prov. Behérah.

— **el-Hamirate bi Nahiet-el-Ballas,** Ort im Distr. Abu-Hommos der ägypt. Prov. Behérah.

— **el-Hammadieh,** Ort im Distr. El-Ga'farieh der ägypt. Prov. Gharbieh.

— **el-Hammam,** Ort im Distr. Kafr-el-Zaïat der ägypt. Prov. Gharbieh.

— **el-Hammam,** Ort im Distrikt El-Kanaïat der ägypt. Prov. Charkieh.

— **el-Hammar,** Ort im Distrikt Aklim-el-Borollos der ägypt. Provinz Gharbieh.

— **el-Hammarah bi Bender Luksor,** Ort im Distr. Kos der ägypt. Prov. Kena.

— **el-Hamran bi Nahiet-el-Négma Wel Hamran,** Ort im Distr. Farchut der ägypt. Prov. Kena.

— **el-Hamzieh bi Nahiet-el-Bacadia.** Ort im Distr. Kos der ägypt. Prov. Kena.

— **el-Hassafah,** Ort im Distrikt Kaliub der ägypt Prov. Kaliubieh.

— **el-Hassaïnieh,** Ort im Distrikt Aklim-el-Borollos der ägypt. Provinz Gharbieh.

— **el-Haramsah bi Nahiet-el-'Ezab,** Ort im Distrikt Dachna der ägypt. Prov. Kena.

— **el-Hararate bi Nahiet-el-Bahari Kamula,** Ort im Distr. Kos der ägypt. Prov. Kena.

— **el-Harrawi bi Kafr 'Atallah Salamah,** Ort im Distr. El-Kanaïat der ägypt. Prov. Charkieh.

— **el-Hares,** Ort im Distr. Kaliub der ägypt. Prov. Kaliubieh.

— **el-Hariguiah bi Nahiet-el-'Ezab,** Ort im Distrikt Dachna der ägypt. Prov. Kena.

— **el-Hatabah,** Ort im Distr. Chirbin der ägypt. Prov. Gharbieh.

— **el-Hawachem,** Ort im Distrikt Tala der ägypt. Prov. Menufieh.

— **el-Hawaleh,** Ort im Distrikt Kaliub der ägypt. Prov. Kaliubieh.

Kafr-el-Hawarnah bi Nahiet Bakhanes, Ort im Distrikt Farchut der ägypt. Prov. Kena.

— **el-Hawarni bi Nahiet Tibet Nicha**, Ort im Distr. Samannud der ägypt. Prov. Gharbieh.

— **el-Hazmieh bi Nahiet Kallahine**, Ort im Distr. Kena der ägypt. Prov. Kena.

— **el-Hebeil bi Nahiet Kasr Bakhnes**, Ort im Distr. Farchut der ägypt. Prov. Kena.

— **el-Hebeil bi Nahiet-el-Kebli Samhoud**, Ort im Distr. Farchut der ägypt. Prov. Kena.

— **el-Hebeil-el-Kebir bi Nahiet -el-Hesseinate**, Ort im Distr. Farchut der ägypt. Prov. Kena.

— **el-Hebeil-el-Soghir bi Nahiet el-Hesseinate**, Ort im Distr. Farchut der ägypt. Prov. Kena.

— **el-Hegazi**, Ort im Distr. Mit-Ghamr der ägypt. Prov. Dakahlieh.

— **el-Héguérate bi Nahiet Hegazeh**, Ort im Distr. Kos der ägypt. Prov. Kena.

— **el-Hema**, Orte in Ägypten: a) Distr. Achmun, Prov. Menufieh; b) Distr. Mehallet-Menuf, Prov. Gharbieh.

— **el-Herrawi bi Kafr 'Atallah Salameh**, Ort in Ägypten, Distr. El-Kanaïat, Prov. Charkieh.

— **el Hessah**, Ort im Distr. Tukh der ägypt. Prov. Kaliubieh.

— **el-Hicha bi Nahiet Bakhanes**, Ort im Distrikt Farchut der ägypt. Prov. Kena.

— **el-Hoche bi Nahiet-el-Gharbi Bahgura**, Ort im Distr. Farchut der ägypt. Prov. Kena.

— **el-Hosre**, Ort im Distrikt El-Kanaïat der ägypt. Prov. Charkieh.

— **el-Hout**, Ort im Distrikt El-Sawaleh der ägypt. Prov. Charkieh.

— **el-Iamani bi Nahiet-el Charâwi**, Ort im Distr. Kos der ägypt. Prov. Kena.

— **el-Iawasfah**, Ort im Distrikt Aklim-el-Borollos der ägypt. Prov. Gharbieh.

Kafr-el-Imam-el-Hut, Ort im Distr. El-'Arein der ägypt. Prov. Charkieh.

— **el-Ibrahimieh**, Ort im Distrikt El-Kanaïat der ägypt. Prov. Charkieh.

— **el-'Issc**, Ort im Distr. El-Neguélah der ägypt. Prov. Behérah.

— **el-Kabab**, Ort im Distr. Dakarnès der ägypt. Prov. Dakahlieh.

— **el-Kadi bi Bender Farchut**, Ort im Distrikt Farchut der ägypt. Prov. Kena.

— **el-Kal'a bi Nahiet Kaft**, Ort im Distr. Kena der ägypt. Prov. Kena.

— **el-Kalasa bi Nahiet-el-Ma-'arri**, Ort im Distr. Kos der ägypt. Prov. Kena.

— **el-Saied Mahmud Abu-el-Nadr**, Ort im Distrikt Dessuk der ägypt. Prov. Gharbieh.

— **el-Saied Mohammad bi Nahiet Gueziret Naknak**, Ort im Distr. Farchut der ägypt. Prov. Kena.

— **el-Sahel**, Ort im Distrikt Tala der ägypt. Prov. Menufieh.

— **el-Sahel bi Nahiet-el-Chark Bahgura**, Ort im Distr. Farchut der ägypt. Prov. Menufieh.

— **el-Sahel bi Nahiet Awlad Negm Bahgoura**, Ort im Distr. Farchut der ägypt. Prov. Kena.

— **el-Sakarneh**, Ort im Distrikt Belbes der ägypt. Prov. Charkieh.

— **el-Sakieh**, Ort im Distr. El-'Arein der ägypt. Prov. Charkieh.

— **el-Sakka**, Ort im Distr. El-Delingat der ägypt. Prov. Beherah.

— **el-Salahate bi Nahiet-el-Salahate**, Ort im Distr. El-Sinbellawein der ägypt. Prov. Dakahlieh.

— **el-Salhieh bi Nahiet-el-Gabalaw**, Ort im Distr. Kena der ägypt. Prov. Kena.

— **el-Salehine-el-Kebli**, Ort im Distr. Minia der ägypt. Prov. Minia.

el-Salehine-el-Bahri, Ort im Distr. Beni-Mazar der ägypt. Prov. Minia.

— **el-Salamieh**, Ort im Distr. Melig der ägypt. Prov. Menufieh.

— **el-Salamieh bi Nahiet-el-**

Rezka, Ort im Distr. Farchut der ägypt. Prov. Kena.

Kafr - el - Salamieh bi 'Ezbet-el-Bussa, Ort im Distr. Farchut der ägypt. Prov. Kena.

— **el-Samaïnah bi Nahiet-el-Halfaieh**, Ort im Distrikt Dachna der ägypt. Prov. Kena.

— **el-Samasmeh bi Nahiet Bahgura**, Ort im Distrikt Farchut der ägypt. Prov. Kena.

— **el-Sanabessah**, Ort im Distrikt Menuf der ägypt. Prov. Menufieh.

— **el-Sanabessah bi Nahiet-el-Wakf**, Ort im Distr. Dachna der ägypt. Prov. Kena.

— **el-Kalh bi Nahiet-el-Charki Bahgura**, Ort im Distr. Farchut der ägypt. Prov. Kena.

— **el-Kal'ieh bi Nahiet Bakhanes**, Ort im Distr. Farchut der ägypt. Prov. Kena.

— **el-Kanater**, Ort im Distr. El-Kanaïat der ägypt. Prov. Charkieh.

— **el-Kanieh**, Ort im Distr. Dachna der ägypt. Prov. Kena.

— **el-Karawine bi Nahiet-el-Achrâf**, Ort im Distr. Kena der ägypt. Prov. Kena.

— **el-Kariah bi Nahiet-el-Ganeb-el-Avosat Hamula**, Ort im Distr. Kos der ägypt. Prov. Kena.

— **el-Kariah bi Nahiet Dandara**, Ort im Distr. Kena der ägypt. Prov. Kena.

— **el-Karinah bi Nahiet-el Zawaida**, Ort im Distr. Kena der ägypt. Prov. Kena.

— **el-Karnak bi Nahiet-el-Chaurieh**, Ort im Distr. Dachna der ägypt. Prov. Kena.

— **el-Karnak bi Nahiet Kara Wel Karnak**, Ort im Distr. Farchut der ägypt. Prov. Kena.

— **el Karmene**, Ort im Distr. Subk der ägypt. Prov. Menufieh.

— **el-Kassab bi Nahiet Bakhanes**, Ort im Distr. Farchut der ägypt. Prov. Kena.

— **el Kassaksah bi Nahiet el-Ganeb-el-Bahari Kamula**, Ort im Distr. Kos der ägypt. Prov. Kena.

Kafr-el-Kassali bi Teftich Tirah, Ort im Distr. Samannud der ägypt. Prov. Gharbieh.

— **el-Kassar**, Ort im Distr. Kafr-el-Zaïat der ägypt. Prov. Gharbieh.

— **el Kassarna bi Nahiet-el-Haliminiet**, Ort im Distr. Dachna der ägypt. Prov. Kena.

— **el-Kassasba bi Nahiet Kom-el Naga**, Ort im Distr. Farchut der ägypt. Prov. Kena.

— **el-Kattah**, Ort im Distr. Samannud der ägypt. Prov. Gharbieh.

— **el Kawadi**, Ort im Distr. Kolosna der ägypt. Prov. Minia.

— **el Kawaguem bi Nahiet-el-Ganebel el-Kebi Kamula**, Ort im Distr. Kos der ägypt. Prov. Kena.

— **el-Kawatlieh bi Nahiet Refa'a**, Ort im Distr. Farchut der ägypt. Prov. Kena.

— **-el Kawi bi Nahiet Fau Bahari**, Ort im Distr. Dachna der ägypt. Prov. Kena.

— **el-Kayed bi Nahiet Abu Manna Kebli**, Ort im Distr. El-Kanaïat der ägypt. Prov. Charkieh.

— **el-Kazzaz bi Nahiet el Salamate**, Ort im Distr. Farchut der ägypt. Prov. Kena.

— **el-Kelcha**, Ort im Distr. Melig der ägypt Prov. Menufieh.

— **el-Kenawieh bi Nahiet el-Kasr Wel Saiad**, Ort im Distr. Farchut der ägypt. Prov. Kena.

— **el-Kêrétieh bi Nahiet-el-Hereguieh**, Ort im Distr. Kena der ägypt. Prov. Kena.

— **el-Khamakhmah bi Nahiet el-Rezka**, Ort im Distr. Farchut der ägypt. Prov. Kena.

— **el-Khawaled bi Nahiet el-Kara Wed Karnak**, Ort im Distr. Farchut der ägypt. Prov. Kena.

— **el Khawaled bi Nahiet Bahari Samhud**, Ort im Distr. Farchut der ägypt. Prov. Kena.

— **el-Kharabieh bi Nahiet-el Za-**

waïda, Ort im Distr. Kena der ägypt. Prov. Kena.

Kafr-el-Kharichieh bi Nahiet-el-Barahmeh, Ort im Distr. Kena der ägypt. Prov. Kena.

— **el-Khartiah bi Teflich Tirah**, Ort im Distr. Samannud der ägypt. Prov. Gharbieh.

— **el Khassas bi Nahiet-el-Achrâf**, Ort im Distr. Kena der ägypt. Prov. Kena.

— **el-Kahtatbah bi Nahiet-el-Samtat**, Ort im Distr. Dachna der ägypt. Prov. Kena.

— **el-Khawazem**, Ort im Distr. Samannud der ägypt. Prov. Gharbieh.

— **el-Kheir**, Ort im Distr. Kafr-el-Zaïat der ägypt. Prov. Gharbieh.

— **el-Kherkah bi Nahiet-el-Makhadmeh**, Ort im Distr. Kena der ägypt. Prov. Kena.

— **el-Khotbah bi Bender-el-Luksor**, Ort im Distr. Kos der ägypt. Prov. Kena.

— **el-Kotabah bi Nahiet-el-Baiadia**, Ort im Distr. Kos der ägypt. Prov. Kena.

— **el-Khowalah bi Nahiet Dachna**, Ort im Distr. Dachna der ägypt. Prov. Kena.

— **el-Kiman bi Nahiet-el-Kaft**, Ort im Distr. Kena der ägypt. Prov. Kena.

— **el-Kom bi Nahiet-el-Beherate**, Ort im Distr. Kos der ägypt. Prov. Kena.

— **el-Kom bi Nahiet-el-Khorbah**, Ort im Distr. Kena der ägypt. Prov. Kena.

— **el-Kossah bi Nahiet-el-Balabiche**, Ort im Distr. Farchut der ägypt. Prov. Kena.

— **el-Kurdi bi Nahiet-el-Kurdi**, Ort im Distr. Dakarnes der ägypt. Prov. Dakahlieh.

— **el-Lafat bi Nahiet-el-Zawaidah**, Ort im Distr. Kena der ägypt. Prov. Kena.

— **el-Lawendi**, Ort im Distr. Mit-Samannud der ägypt. Prov. Dakahlieh.

Kafr-el-Lia, Ort im Distr. Mit-Ghamr der ägypt. Prov. Dakahlieh.

— **el-Lossus**, Ort im Distr. El-Kanaïat der ägypt. Prov. Charkieh.

— **el-Ma'ache**, Ort im Distr. Aklim-el-Barollos der ägypt. Prov. Gharbieh.

— **el-Madakir bi Nahiet-el-Kaliminieh**, Ort im Distr. Dachna der ägypt. Prov. Kena.

— **el-Madanud bi Nahiet-el-Karnak**, Ort im Distr. Kos der ägypt. Prov. Kena.

— **el-Maghzali**, Ort im Distr. Beni-Mazar der ägypt. Prov. Minia.

— **el-Maharzah bi Nahiet-el-Charki Samhud**, Ort im Distr. Fareskor der ägypt. Prov. Kena.

— **el-Mahruk**, Ort im Distr. Kafr-el-Zayat der ägypt. Prov. Gharbieh.

— **el-Maiasrah**, Ort im Distr. Fareskor der ägypt. Prov. Dakahlieh.

— **el-Mallaha bi Nahiet-el-Ganeb-el-Kebli Kamula**, Ort im Distr. Kos der ägypt. Prov. Kena.

— **el-Manachi**, Ort im Distr. Beba el Kobra der ägypt. Prov. Beni-Suef.

— **el-Manasrah bi Nahiet Salalante**, Ort im Distr. Dakarnes der ägypt. Prov. Dakahlieh.

— **el-Manchi**, Ort im Distr. Melig der ägypt. Prov. Menufieh.

— **el-Manchi Abu Hamad**, Ort im Distr. Kafr-el-Zaïat der ägypt. Prov. Gharbieh.

— **el-Manchi-el-Bahari**, Ort im Distr. Kafr-el-Cheikh der ägypt. Prov. Gharbieh.

— **el-Manchi-el-Nebli**, Ort im Distr. Mehallet-Menuf der ägypt. Prov. Gharbieh.

— **el Mandara**, Ort im Distr. Mit-Samannud der ägypt. Prov. Dakahlieh.

— **el-Man'ehieh bi Nahiet-el-Nakadeh**, Ort im Dstr. Kos der ägypt. Prov. Kena.

Kafr-el-Mansurah, Ort im Distr. Mahallet-Menuf der ägypt. Prov. Gharbieh.

— **el-Mansurah el-Bahari,** Ort im Distr. Beni-Mazar der ägypt. Prov. Minia.

— **el-Mansurah-el-Kebli,** Ort im Distr. Minia der ägypt. Prov. Minia.

— **el-Marazkah,** Orte in Ägypten: a) Distr. Achmun, Prov. Menufieh; b) Distr. Kafr el-Cheikh, Prov. Gharbieh; c) Distr. Aklim-el-Borollos, Prov. Gharbieh.

— **el-Massalhah bi Nahiet-el-Salmieh,** Ort im Distr. Fareskor der ägypt. Prov. Kena.

— **el-Me'eissra bi Nahiet-el-Bahre Samhud,** Ort im Distr. Farchut der ägypt. Prov. Kena.

— **el Mekdam,** Ort im Distr. Mit-Ghamr der ägypt. Prov. Dakahlieh.

— **el-Mekdawar,** Ort im Distr. Beni-Mazar der ägypt. Prov. Minia.

— **el-Meligui Sed-Ahmad,** Ort im Distr. Mit Ghamr der ägypt. Prov. Dakahlieh.

— **el-Me'na bi Nahiet Bendar Kena,** Ort im Distr. Kena der ägypt. Prov. Kena.

— **el-Merabe'ine,** Ort im Distr. Kafr-el-Cheikh der ägypt. Prov. Gharbieh.

— **Messelhah,** Ort im Distr. Subk der ägypt. Prov. Menufieh.

— **el-Meslemieh,** Ort im Distr. El-Sawaleh der ägypt. Prov. Charkieh.

— **el-Mewasseline,** Ort im Distr. Kesm Atfieh der ägypt. Prov. Guizah.

— **el-Missate bi Nahiet Abu Manna Kebli,** Ort im Distr. Dachna der ägypt. Prov. Kena.

— **el-Mogui,** Ort im Distr. Mit-Samannud der ägypt. Prov. Dakahlieh.

— **el-Mohammadieh,** Ort im Distr. Mit-Ghamr der ägypt. Prov. Dakahlieh.

— **el-Nacharti-el-Akhrasse bi Nahiet-el-Chuwan,** Ort im Distr. Dessuk der ägypt. Prov. Gharbieh.

— **el-Nagahieh bi Nahiet-el-Salmieh,** Ort im Distr. Farchut der ägypt. Prov. Kena.

— **el Naggar bi Nahiet-el-Aussat Samhud,** Ort im Distr. Farchut der ägypt. Prov. Kena.

Kafr-el-Nahhal bi Bender Kena, Ort im Distr. Kena der ägypt. Prov. Kena.

— **el-Nahleh,** Ort im Distr. Kaliub der ägypt. Prov Kaliubieh.

— **el-Namamrah,** Ort im Distr. Aklim-el-Borollos der ägypt. Prov. Gharbieh.

— **el-Nassara bi Nahiet-el-Kamaneh,** Ort im Distr. Farchut der ägypt. Prov. Kena.

— **el-Nassara,** Ort im Distr. Mina-el-Kamh der ägypt. Prov. Charkieh.

— **el-Nassara bi Nahiet-el-'Ezab,** Ort im Distr. Dachna der ägypt. Prov. Kena.

— **el-Nawuaba'a bi Nahiet el-Kerba,** Ort im Distr. Kena der ägypt. Prov. Kena.

— **el-Nawaflah bi Nahiet Awlad 'Omar,** Ort im Distr. Dachna der ägypt. Prov. Kena.

— **el-Nawahed bi Nahiet Belad-el-Mal,** Ort im Distr. Farchut der ägypt. Prov. Kena.

— **el-Nawaitah bi Nahiet Awlad 'Omar,** Ort im Distr. Dachna der ägypt. Prov. Kena.

— **el-Nawayel bi 'Ezbet-el-Nawayel,** Ort im Distr. Farchut der ägypt. Prov. Kena.

— **el-Nazleh bi Nahiet-el-Charki Bahgur,** Ort im Distr. Farchut der ägypt. Prov. Kena.

— **el-Nefir bi Nahiet-el-Khattara,** Ort im Distr. Kena der ägypt. Prov. Kena.

— **el-Nemre,** Ort im Distr. El-Kanaïat der ägypt. Prov. Charkieh.

— **el-Ne'seri,** Ort im Distr. El-'Arein der ägypt. Prov. Charkieh.

— **el-Nessérieh bi Nahiet-el-'Echache,** Ort im Distr. Kos der ägypt. Prov. Kena.

Kafr-el-Nozeilah bi Nahiet Bakhanes, Ort im Distr. Farchut der ägypt. Prov. Kena.

— **el-Nozeilah bi Nahiet Abnud**, Ort im Distr. Kena der ägypt. Prov. Kena.

— **el-'Okb bi Nahiet-el-Charki Samhud**, Ort im Distr. Farchut der ägypt. Prov. Kena.

— **el-Org bi Nahiet-el-Barahma**, Ort im Distr. Kena der ägypt. Prov. Kena.

— **el-'Ossa**, Ort im Distr. Belbes der ägypt. Prov. Charkieh.

— **el-'Ouedate**, Ort im Distr. Achmun der ägypt. Prov. Menufieh.

— **el'Oueti**, Ort im Distr. El-Arein der ägypt. Prov. Charkieh.

— **el-Rachidate bi Bender Kos**, Ort im Distr. Kos der ägypt. Prov. Kos.

— **el-Rahmaineh**, Ort im Distr. Atfieh der ägypt. Prov. Behera.

— **el-Raiainah bi Nahiet-el-Ganeb-el Kebli Kamula**, Ort im Distr. Kos der ägypt. Prov. Kena.

— **el-Ramlah bi Nahiet-el-Salamate**, Ort im Distr. Farchut der ägypt. Prov. Kena.

— **el-Rawateb bi Nahiet-el Aussat Samhud**, Ort im Distr. Farchut der ägypt. Prov. Kena.

— **el-Rawad'aa bi Nahiet-el-Bayadieh**, Ort im Distr. Kos der ägypt. Prov. Kena.

— **el-Regalate**, Ort im Distr. Tukh der ägypt. Prov. Kaliubieh.

— **el-Rehebate bi Nahiet Kosseir Bakhanes**, Ort im Distr. Farchut der ägypt. Kena.

— **el-Reissieh bi Nahiet-el-Chawich**, Ort im Distr. Dachna der ägypt. Prov. Kena.

— **el-Refa'i**, Ort im Distr. Kesm-Thani der ägypt. Prov. Guizah.

— **el-Robe'emaya**, Ort im Distr. El-Kanaïat der ägypt. Prov. Charkieh.

— **el-Rok**, Ort im Distr. El-Sinbellawein der ägypt. Prov. Dakahlieh.

Kafr-el-Sa-adueh bi Nahiet-el-Rezka, Ort im Distr. Farchut der ägypt. Prov. Kena.

— **el-Sa'aïdah bi Nahiet Dachna**, Ort im Distr. Dachna d. ägypt. Prv. Kena.

— **el-Sabe**, Ort im Distr. Menuf der ägypt. Prov. Menufieh.

— **el-Sabi**, Distriktshauptort (Chubra-Khit) der ägypt. Prov. Beherah.

— **el-Sabriat bi Nahiet Abu Manna Kebli**, Ort im Distr. Dachna der ägypt. Prov. Kena.

— **el-Sadate**, Ort im Distr. Tala der ägypt. Prov. Menufieh.

— **el-Saied bi Nahiet-el-'Amel**, Ort im Distr. Mit-Samannud der ägypt. Prov. Dakahlieh.

— **el-Saied 'Aly-el-Bakri bi Nahiet Ibchawai Malak**, Ort im Distr. Mehallet-Menuf der ägypt. Prov. Gharbieh.

— **el-Sanadieh**, Ort im Distrikt Zifta der ägypt. Prov. Gharbieh.

— **el-Sanagrah**, Ort im Distrikt Belbes der ägypt. Prov. Charkieh.

— **el-Sarahnah bi Nahiet Awlad Negm Bahgura**, Ort im Distr. Farchut der ägypt. Prov. Kena.

el-Sarem-el-Kebli, Ort im Distr. Zifta der ägypt. Prov. Gharbieh.

— **el-Sarem-el-Bahri**, Ort im Distr. Samannud der ägypt. Prov. Gharbieh.

— **el-Sawaki**, Ort im Distr. El-Sawaleh der ägypt. Prov. Charkieh.

— **el-Sawaki bi Nahiet-el-'Amel**, Ort im Distr. Mit-Samannud der ägypt. Prov. Dakahlieh.

— **el-Sawahlieh bi Nahiet Abnud**, Ort im Distr. Kena der ägypt. Provinz Kena.

— **el-Sawalmieh**, Ort im Distrikt Tala der ägypt. Prov. Menufieh.

— **el-Sayadieh bi Nahiet-el-Aussat Samhud**, Ort im Distr. Farchut der ägypt. Prov. Kena.

— **el-Sebil**, Ort im Distr. Kaliub der ägypt. Prov. Kaliubieh.

— **el-Serti bi Nahiet el Salimate**, Ort im Distr. Farchut der ägypt. Prov. Kena.

Kafr el-Setuhieh, Ort im Distr. El-Kanaïat der ägyptischen Provinz Charkieh.

— **el-Sette bi Nahiet Awlad** Negm Bahgura, Ort im Distr. Farchut der ägypt. Prov. Kena.

Kafr-el-Sehemieh, Ort im Distrikt Zifta der ägypt. Prov. Gharbieh.

Der kleine Kamerun.

— **el-Sokrieh**, Ort im Distr. Melig der ägypt. Prov. Menufieh.

— **el-Sudan**, Ort im Distr. Dessuk der ägypt. Prov. Gharbieh.

— **el-Tabaikha bi Nahiet-el-'Ezab**, Ort im Distr. Dachna der ägypt. Prov. Kena.

— **el-Taïfah**, Ort im Distr. Kafr-

Faktorei am Kamerun.

Ufer des Kamerun.

el-Cheikh der ägyptischen Provinz Gharbieh.

Kafr-el-Tamaïmah, Ort im Distrikt Mit-Samannud der ägypt. Provinz Dakahlieh.

— **el-Tarabchah**, Ort im Distrikt Achmun der ägypt. Prov. Menufieh.

— **el-Tawilah bi Nahiet-el-Tawilah**, Ort im Distr. Cherbin der ägypt. Prov. Gharbieh.

— **el-Tebanieh**, Ort im Distr. Samannud der ägypt. Prov. Gharbieh.

— **el-Ter'a-el-Guedidah**, Ort im Distrikt Chirbin der ägypt. Provinz Gharbieh.

— **el-Ter'a-el-Kadimah**, Ort im Distrikt Chirbin der ägypt. Provinz Gharbieh.

— **el-Tina bi Nahiet-el-Touerat**, Ort im Distr. Kena der ägypt. Provinz Kena.

— **el-Tôlgui**, Ort im Distr. Mina-el-Kamh der ägypt. Prov. Charkieh.

— **el-Tout bi Nahiet-el-Aussat Samhud**, Ort im Distr. Farchut der ägypt. Prov. Kena.

— **el-Wak**, Ort im Distrikt El-Delingat der ägypt. Prov. Beherah.

— **el-Walga**, Ort im Distr. El-Kanaïat der ägypt. Prov. Charkieh.

— **el-Wassara**, Ort im Distr. Mina-el-Kamh der ägypt. Prov. Charkieh.

— **el-Wazir**, Ort im Distr. Mit-Ghamr der ägypt. Prov. Charkieh.

— **el-Wekala**, Ort im Distr. Chirbin der ägypt. Prov. Gharbieh.

— **el-Wessinieh-el-Bahrieh bi Nahiet Faw Bahari**, Ort im Distr. Dachna der ägypt. Prov. Kena.

— **el-Wessinieh-el-Keblieh bi Nahiet Faw Bahari**, Ort im Distrikt Dachna der ägypt. Prov. Kena.

— **el-Za'farani**, Ort im Distrikt Tobhar der ägypt. Prov. Fayum.

— **el-Zahayrah**, Ort im Distrikt Fareskor der ägypt. Prov. Dakahlieh.

— **el-Zohmat bi Nahiet-el-Samtate**, Ort im Distr. Dachna der ägypt. Prov. Kena.

— **el-Zagazig-el-Bahri**, Ort im Distr. El-'Arein der ägypt. Provinz Charkieh.

Kafr-el-Zagazig-el-Kebli, Ort im Distr. Mina-el-Kamh der ägypt. Provinz Charkieh.

— **el-Zaltiyne bi Nahiet-el-Gharbi Bahgura**, Ort im Distr. Farchut der ägypt. Prov. Kena.

— **el-Zaltiyne bi Nahiet-el-Salamieh**, Ort im Distr. Farchut der ägypt. Prov. Kena.

— **el-Zamami bi Nahiet-el-Ganeb-el-Kebli Kamula**, Ort im Distr. Kos der ägypt. Prov. Kena.

— **el-Za'ra bi Nahiet-el-Negou'**, Ort im Distr. Farchut der ägypt. Prov. Kena.

— **el-Zarabi bi Nahiet Belad-el-Mal**, Ort im Distr. Farchut der ägypt. Prov. Kena.

— **el-Zarabi bi Nahiet-el-Kara Wel Karnah**, Ort im Distr. Farchut der ägypt. Prov. Kena.

— **el-Zarabi bi Nahiet Kosseir Bakhanes**, Ort im Distr. Farchut der ägypt. Prov. Kena.

— **el-Zeitun**, Ort im Distr. Zefta der ägypt. Prov. Gharbieh.

— **el-Zeneka bi Nahiet Abu Diab**, Ort im Distr. Dachna der ägypt. Prov. Kena.

— **el-Zayat**, Dorf in Unterägypten (Prov. Menuf), 94 km nordwestlich von Kairo, 16 km nordwestlich von Tantah; Station der Bahnlinie Alexandrien-Kairo. Sein Hafen ist Bandar-Kafr-el-Zayat; 2810 Einw. In der Umgegend die berühmten Ruinen von Saïs.

— **el-Zeblawi**, Ort im Distr. Samannud der ägypt. Prov. Charkieh.

— **el-Zolemah bi Nahiet-el-Charki Bahgura**, Ort im Distrikt Farchut der ägypt. Prov. Kena.

— **el-Zur**, Ort im Distr. El-'Arein der ägypt. Prov. Charkieh.

— **'Emera**, Ort im Distr. Sanures der ägypt. Prov. Fayum.

— **'Enan**, Ort im Distr. Zifta der ägypt. Prov. Gharbieh.

Kafr 'Ezab Ghazaleh, Ort im Distr. Mina-el-Kamh der ägypt. Provinz Charkieh.

— **'Ezzeine**, Ort im Distrikt El-Neguelah der ägypt. Prov. Beherah.

— **Fanous Mas'oud**, Ort im Distr. Mit-Ghamr der ägypt. Prov. Dakalieh.

— **Farag Guergues**, Ort im Distr. El-Kanaïat der ägypt. Prov. Charkieh.

— **Farsis**, Ort im Distr. Tuhk der ägypt. Prov. Kaliubieh.

— **Farsis**, Ort im Distr. Zifta der ägypt. Prov. Gharbieh.

— **Fassoka**, Ort im Distrikt El-Kanaïat der ägypt. Prov. Charkieh.

— **Fazarah**, Ort im Distrikt Samannud der ägypt. Prov. Fayum.

— **Ficha-el-Kobra**, Ort im Distr. Subk der ägypt. Prov. Menufieh.

— **Ga'far**, Ort im Distr. Kafr-el-Zaïat der ägypt. Prov. Gharbieh.

— **Ganzur**, Ort im Distrikt Melig der ägypt. Prov. Menufieh.

— **Garzah**, Ort im Distr. Kesm Thani der ägypt. Prov. Guizah.

— **Ghabah**, Ort im Distr. Chubra der ägypt. Prov. Beherah.

— **Ghanem**, Ort im Distrikt El-Neguelah der ägypt. Prov. Beherah.

— **Ghanem bi Nahiet-el-Negori**, Ort im Distr. Farchut der ägypt. Prov. Kena.

— **Ghazi**, Ort im Distr. Zifta der ägypt. Prov. Gharbieh.

— **Ghibrial Rizk**, Ort im Distrikt Mit-Ghamr der ägypt. Prov. Dakahlieh.

— **Guénédi**, Ort im Distrikt El-Kanaïat der ägypt. Prov. Charkieh.

— **Guergues 'Atieh**, Ort im Distr. Mina-el-Kamh der ägypt. Provinz Charkieh.

— **Guergues Yussef**, Ort im Distr. Mit-Ghamr der ägypt. Prov. Dakahlieh.

— **Guibarah bi Nahiet-el-Heguerat Wel Ghoussa**, Ort im Distr. Dachna der ägypt. Prov. Kena.

— **Gom'a**, Ort im Distr. Beba-el-Kobra der ägypt. Prov. Beni-Suef.

— **Hachâd**, Ort im Distrikt Tala der ägypt. Prov. Menufieh.

Kafr Hadil bi Nahiet Kaft, Ort im Distr. Kena der ägypt. Prov. Kena.

— **Hafez Pacha**, Ort im Distrikt El-'Arein der ägypt. Prov. Charkieh.

— **Haggag bi Nahiet Kafr Sa'dan**, Ort im Distr. Dakarnes der ägypt. Prov. Dakahlieh.

— **Hakim**, Ort im Distr. Kesm-Awal der ägypt. Prov. Guizah.

— **Halawah**, Ort im Distr. Atfih der ägypt. Prov. Guizah.

— **Hamad Bahr bi Nahiet-el-'Aïaïcheh**, Ort im Distr. Kos der ägypt. Prov. Kena.

— **Hamad Moussa**, Ort im Distr. El-Sawaleh der ägypt. Prov. Charkieh.

— **Hamadah Khadre bi Nahiet-el-Abnoutein**, Ort im Distr. El-Ga'farieh der ägypt. Prov. Gharbieh.

— **Hammad**, Ort im Distrikt El-'Arein der ägypt. Prov. Charkieh.

— **Hamzeh**, Ort im Distr. Chubra der ägypt. Prov. Kaliubieh.

— **Hamezeh Dom bi Nahiet Faou Kebli**, Ort im Distrikt Dachna der ägypt. Prov. Kena.

— **Hanut**, Ort im Distrikt Zifta der ägypt. Prov. Gharbieh.

— **Hassân**, Ort im Distr. Samannud der ägypt. Prov. Gharbieh.

— **Hassân bi Nahiet-el-Dab'ieh**, Ort im Distr. Kos der ägypt. Provinz Kena.

— **Hassan Abu Kaiel-el-'Arabi bi Nahiet Kattamet-el-Ghabah**, Ort im Distr. Mehellet-Menuf der ägypt. Prov. Gharbieh.

— **Hassan 'Akkacheh**, Ort im Distr. El-Kanaïat der ägypt. Prov. Charkieh.

— **Hassan 'Atallah**, Ort im Distr. Mina-el-Kamh der ägypt. Provinz Charkieh.

— **Hassan Hachem**, Ort im Distr. Mina-el-Kamh der ägypt. Provinz Charkieh.

— **Hassan Helmi**, Ort im Distr. Belbes der ägypt. Prov. Charkieh.

— **Hassan Nada**, Ort im Distrikt Minia-el-Kamh der ägypt. Provinz Charkieh.

Kafr Hassan Nada Farhate We Mustapha, Ort im Distr. Mina-el-Kamh der ägypt. Prov. Charkieh.

— **Hassan Sa'd,** Ort im Distrikt Kaliub der ägypt. Prov. Kaliubieh.

— **Harbit,** Ort im Distr. El-'Arein der ägypt. Prov. Charkieh.

— **Hefna,** Ort im Distrikt Belbes der ägypt. Prov. Charkieh.

— **Hegazi,** Ort im Distrikt Samannud der ägypt. Prov. Gharbieh.

— **Hegazi,** Ort im Distr. Menuf der ägypt. Prov. Menufieh.

— **Helal,** Ort im Distr. El-Ga'farieh der ägypt. Prov. Gharbieh.

— **Hemeid,** Ort im Distr. Kesm-Thani der ägypt. Prov. Guizah.

— **Hemeid bi Nahiet-el-Héguérate Wel Ghussa,** Ort im Distrikt Dachna der ägypt. Prov. Kena.

— **Hemerah bi Nahiet-el-Deir,** Ort im Distr. Kena der ägypt. Provinz Kena.

— **Hessein,** Ort im Distr. Zifta der ägypt. Prov. Gharbieh.

— **Hessein 'Atallah,** Ort im Distr. Mina-el-Kamh der ägypt. Provinz Charkieh.

— **Hessein Bey Zaki bi Nahiet Kafr Bestasse,** Ort im Distrikt El-Ga'farieh der ägypt. Prov. Gharbieh.

— **Hessein Ibrahim,** Ort im Distr. Mina-el-Kamh der ägypt. Provinz Charkieh.

— **Hessein Ibrahim Goma'a W'Aly Dawach-el-Badawi,** Ort im Distrikt El-Kanayat der ägypt. Prov. Charkieh.

— **Hessein-el-Molla,** Ort im Distr. El-Kanayat der ägypt. Prov. Charkieh.

— **Hessein Rihan bi Nahiet-el-Chowan,** Ort im Distr. Dessuk der ägypt. Prov. Gharbieh.

— **Hetam bi Nahiet-el-Chark Samhud,** Ort im Distr. Farchut der ägypt. Prov. Kena.

— **Horein,** Ort im Distr. El-Ga'farieh der ägypt. Prov. Gharbieh.

— **Ibrahim Barakate bi Nahiet Tombarah,** Ort im Distr. Samannud der ägypt. Prov. Gharbieh.

Kafr Ibrahim Béchara, Ort im Distr. El-'Arein der ägypt. Prov. Charkieh.

— **Ibrahim Beh el Nabrawi,** Ort im Distr. Mehellet-Menuf der ägypt. Prov. Gharbieh.

— **Ibrahim Charaf bi Nahiet Chonnaissah,** Ort im Distrikt Mit-Ghamr der ägypt. Prov. Dakahlieh.

— **Ibrahim-el-'Abedi,** Ort im Distr. Belbes der ägypt. Prov. Charkieh.

— **Ibrahim-el-Chellawi,** Ort im Distr. Belbes der ägypt. Prov. Charkieh.

— **Ibrahim Kapudan,** Ort im Distr. El-'Arein der ägypt. Prov. Charkieh.

— **Ibrahim Khalil,** Ort im Distr. El-'Arein der ägypt. Prov. Charkieh.

— **Ibrahim Soltan,** Ort im Distr. El-Kanaïat der ägypt. Prov. Charkieh.

— **Ibrahim Yussef,** Ort im Distr. Mit-Ghamr der ägypt. Prov. Dakalieh.

— **Ibri,** Ort im Distr. Zifta der ägypt. Prov. Dakalieh.

— **Ikiad,** Ort im Distr. Belbes der ägypt. Prov. Charkieh.

— **Ikhwan Saweidi bi Nahiet Ibchawi-el-Malak,** Ort im Distrikt Mehellet-Menuf der ägypt. Provinz Gharbieh.

— **'Issa Agha,** Ort im Distr. El-Sawaleh der ägypt. Prov. Charkieh.

— **'Issa Sorure,** Ort im Distr. Mina-el-Kamh der ägypt. Prov. Charkieh.

— **Isma'il,** Ort im Distr. Belbes der ägypt. Prov. Charkieh.

— **Isma'il bi Nahiet Khabatah,** Ort im Distr. Zifta der ägypt. Prov Gharbieh.

— **Isma'il bi Nahiet-el-Salamieh,** Ort im Distr. Dachna der ägypt. Prov. Kena.

— **Isma'il Pacha Hakki bi Nahiet Konaisse Damchite,** Ort im Distr. Mehellet-Menuf der ägypt. Prov. Gharbieh.

— **Ismaïl Youssef bi Nahiet-el-Chawich,** Ort im Distr. Dachna der ägypt. Prov. Kena.

— **Kachach,** Ort im Distr. Chubra der ägypt. Prov. Beherah.

Kafr Kala-el-Babe, Ort im Distr. El-Ga'farieh der ägypt. Prov. Gharbieh.

— **Kalh-el-Makt'a bi Nahiet Bahgura**, Ort im Distr. Farchut der ägypt. Prov. Kena.

— **Kamhawi**, Ort im Distr. Belbes der ägypt. Prov. Charkieh.

— **Kandil**, Ort im Distr. 'Atfich der ägypt. Prov. Guizah.

— **Kansawah**, Ort im Distr. El-Sinbellawein der ägypt. Prov. Dakalieh.

— **Karehum**, Ort im Distr. Melig der ägypt. Prov. Menufieh.

— **Karkatan bi Nahiet Danfik**, Ort im Distr. Kos der ägypt. Prov. Kena.

— **Karm 'Amran bi Nahiet Abnud**, Ort im Distr. Kena der ägypt. Prov. Kena.

— **Karmut**, Ort im Distr. Mina-el-Kamh der ägypt. Prov. Charkieh.

— **Keschk**, Ort im Distr. El-Sawaleh der ägypt. Prov. Charkieh.

— **Keretna**, Ort im Distr. Kafr-el-Cheikh der ägypt. Prov. Gharbieh.

— **Khadra**, Ort im Distr. Tala der ägypt. Prov. Menufieh.

— **Khalifa**, Ort im Distr. El-Neguolah der ägypt. Prov. Beherah.

— **Khalifa 'Aly bi Nahiet Kom-el Nega**, Ort im Distr. Farchut der ägypt. Prov. Kena.

— **Khalil Ibrahim**, Ort im Distr. El-Kanaïat der ägypt. Prov. Charkieh.

— **Khalil Mussa**, Ort im Distr. Belbes der ägypt. Prov. Charkieh.

— **Kharkah bi Nahiet-el-Kebeba Wel 'Essierat**, Ort im Distr. Farchut der ägypt. Prov. Kena.

— **Khaz'al**, Ort im Distr. El-Ga'farieh der ägypt. Prov. Gharbieh.

— **Khodeir**, Ort im Distr. Chubra der ägypt. Prov. Beherah.

— **Khorehed Pacha bi Nahiet Konaïsset Damchit**, Ort im Distr. Mehellet-Menuf der ägypt. Prov. Gharbieh.

Kafr Khozam, Ort im Distr. Mallawi der ägypt. Prov. Assiut.

— **Koheir**, Ort im Distr. El-Sawaleh der ägypt. Prov. Charkieh.

— **Kombar bi Nahiet-el-Hesseinate**, Ort im Distr. Farchut der ägypt. Prov. Kena.

— **Kom Belale bi Nahiet Tukh**, Ort im Distr. Kena der ägypt. Prov. Kena.

— **Kom Chafé bi Nahiet-el-Halfaya**, Ort im Distr. Dachna der ägypt. Prov. Kena.

— **Kom-el-Dab'e bi Nahiet Tukh**, Ort im Distr. Kena der ägypt. Prov. Kena.

— **Kom Hetam bi Nahiet Kosseir Bakhanes**, Ort im Distr. Farchut der ägypt. Prov. Dakahlieh.

— **Koneiche**, Ort im Distr. Dakarnes der ägypt. Prov. Menufieh.

— **Kors**, Ort im Distr. Achmun der ägypt. Prov. Kena.

— **Lahemir**, Ort im Distr. El-Delingat der ägypt. Prov. Beherah.

— **Latif**, Ort im Distr. Mit-Samannud der ägypt. Prov. Dakahlieh.

— **Lisse**, Ort im Distr. Minia der ägypt. Prov. Minia.

— **Ma'alla bi Nahiet-el Heguerate Wel Ghussa**, Ort im Distr. Dachna der ägypt. Prov. Kena.

— **Ma'awad bi Nahiet-el-'Alekate**, Ort im Distr. Kos der ägypt. Prov. Kena.

— **Magar**, Ort im Distr. Kafr-el-Zaïat der ägypt. Prov. Gharbieh, am rechten Ufer des Rosetta-Nils (50 km südöstl. von Rosetta).

— **Magued bi Nahiet Kom-el-Nega**, Ort im Distr. Farchut der ägypt. Prov. Kena.

— **Mahallet Hassan**, Ort im Distr. Samannud der ägypt. Prov. Gharbieh.

— **Mahallet Missir**, Ort im Distr. Kafr-el-Cheikh der ägypt. Prov. Gharbieh.

— **Mahdi**, Ort im Distr. Beni-Mazar der ägypt. Prov. Minia.

Kafr Mahmud, Ort im Distr Subk der ägypt. Prov. Menufieh.

— **Mahmud Chawich**, Ort im Distr. El-Kanaïat der ägypt. Prov. Charkieh.

— **Mahmud 'Issah bi Nahiet-el-Chaurieh**, Ort im Distr. Dachna der ägypt. Prov. Kena.

— **Mahmud Naf'e**, Ort im Distr. Mit-Ghamr der ägypt. Prov. Dakahlieh.

— **Mahih Eddin**, Ort im Distr. El-Sawaleh der ägypt. Prov. Charkieh.

— **Makkawi Abu Zede bi Kafr 'Atallah Salame**, Ort im Distr. El-Kanaïat der ägypt. Prov. Charkieh.

— **Manaker**, Ort im Distr. Tukh der ägypt. Prov. Kaliubieh.

— **Manawahlah**, Ort im Distr. Subk der ägypt. Prov. Menufieh.

— **Mansur**, Orte in Ägypten: a) Distr. Kaliub, Prov. Kaliubieh; b) Distr. Mit-Ghamr, Prov. Dakahlieh; c) Distr. Beba-el-Kobra, Prov. Beni-Suef; d) Distr. Achmun, Prov. Menufieh.

— **Mansur Fodah bi Nahiet Chanâh**, Ort im Distr. Dessuk der ägypt. Prov. Charkieh.

— **Masud**, Ort im Distr. Tala der ägypt. Prov. Menufieh.

— **Mas'ud Hegazi**, Ort im Distr. Belbes der ägypt. Prov. Charkieh.

— **Mazlum**, Ort im Distr. Mina-el-Kamh der ägypt. Prov. Charkieh.

— **Mechlah**, Ort im Distr. Tala der ägypt. Prov. Menufieh.

— **Megahed**, Orte in Ägypten: a) Distr. El-Neguelah', Prov. Beherah; b) Distr. Subk, Prov. Menufieh.

— **Mehsen**, Ort im Distr. El-Kanaïat der ägypt. Prov. Charkieh.

— **Melig**, Ort im Distr. Melig der ägypt. Prov. Menufieh.

— **Messa'ed**, Ort im Distr. El-Delingat der ägypt. Prov. Beherah.

— **Mit Abu-el-Kom**, Ort im Distr. Tala der ägypt. Prov. Menufieh.

— **Mit Bachar**, Ort im Distr. Mina-el-Kamh der ägyptischen Prov. Charkieh.

Kafr Mit-el-'Absy bi Nahiet Mit-el-'Absy, Ort im Distr. Zefta der ägypt. Prov. Gharbieh.

— **Mit-el-Harun**, Ort im Distr. Zefta der ägypt. Prov. Dakahlieh.

— **Mit-el-'Ez**, Ort im Distr. Mit-Ghamr der ägypt. Prov. Dakahlieh.

— **Mit Fares bi Nakiet Mit Fares**, Ort im Distr. Dakarnes der ägypt. Prov. Dakahlieh.

— **Mit Fatêk**, Ort im Distr. Dakarnes der ägypt. Prov. Gharbieh.

— **Mit Hiwaï**, Ort im Distr. El-Ga'farieh der ägypt. Prov. Gharbieh.

— **Mit Kardak**, Ort im Distr. Kesm-Awal der ägypt. Prov. Guizah.

— **Mit Serag**, Ort im Distr. Melig der ägypt. Prov. Menufieh.

— **Mit Sohel**, Ort im Distr. Mina-el-Kamh der ägypt. Prov. Charkieh.

— **Mohamad 'Abdallah bi Gueziret Naknak**, Ort im Distr. Farchut der ägypt. Prov. Kena.

— **Mohammed Ahmad**, Ort im Distr. El-Kanaïat der ägypt. Prov. Charkieh.

— **Mohamad 'Awad bi Kafr 'Atallah Salame**, Ort im Distr. El-Kanaïat der ägypt. Prov. Charkieh.

— **Mohamad Chahine bi Nahiet-el-Beida**, Ort im Distr. El-Simbellawein der ägypt. Prov. Dakahlieh.

— **Mohamad Chawiche**, Ort im Distr. Mina-el-Kamh der ägypt. Prov. Charkieh.

— **Mohamad-el-Boghdadi**, Ort im Distr. El-'Arein der ägypt. Prov. Charkieh.

— **Mohamad-el-Chinawi bi Nahiet-el-Simbellawine**, Ort im Distr. El-Simbellawein der ägypt. Prov. Dakahlieh.

— **Mohamad 'Elewa**, Ort im Distr. Mina-el-Kamh der ägypt. Prov. Charkieh.

— **Mohamad 'Elewa bi Nahiet**

Hou, Ort im Distr. Dachna der ägypt. Prov. Kena.

Kafr Mohamad-el-Feturi, Ort im Distr. Mina-el-Kamh der ägypt. Prov. Charkieh.

— **Mohamad-el-Rasda bi Kafr-el-Lawêndi**, Ort im Distr. Mit-Samanud der ägypt. Prov. Dakahlieh.

— **Mohamad-el-Timsah bi Nahiet Tami-el-Amdid**, Ort im Distr. El-Simbellawein der ägypt. Prov. Dakalieh.

— **Mohamad-el-Youzbachi bi Nahiet Ibeawai-el-Malak**, Ort im Distr. Mehellet-Menuf der ägypt. Prov. Gharbieh.

— **Mohamad Faïed**, Ort im Distr. Mit-Ghamr der ägypt. Prov. Dakalieh.

— **Mohamad Hemeidah We Youssef 'Absi bi Nahiet Balkim**, Ort im Distr. El-Ga'farieh der ägypt. Prov. Gharbieh.

— **Mohamad Hussein**, Ort im Distr. Mina-el-Kamh der ägypt. Prov. Charkieh.

— **Mohamad Isma'ïl**, Ort im Distr. El-Sawaleh der ägypt. Prov. Charkieh.

— **Mohamad Isma'ïl bi Nahiet-el-Chaurieh**, Ort im Distr. Dachna der ägypt. Prov. Kena.

— **Mohamad Khalil**, Ort im Distr. El-'Arein der ägypt. Prov. Charkieh.

— **Mohamad Kordi**, Ort im Distr. El-Kanaïat der ägypt. Prov. Charkieh.

— **Mohamad Mobacher**, Ort im Distr. El-Kanaïat der ägypt. Prov. Charkieh.

— **Mohamad Nafi**, Ort im Distr. Mit-Ghamr der ägypt. Prov. Dakahlieh.

— **Mohamad Sehem**, Ort im Distr. Mina-el-Kamh der ägypt. Prov. Charkieh.

— **Mohamad Targhul**, Ort im Distr. Mit-Ghamr der ägypt. Prov. Dakahlieh.

— **Moharram**, Ort im Distr. Kalinb der ägypt. Prov. Kaliubieh.

Kafr Mustafa, Ort im Distr. Mina-el-Kamh der ägypt. Prov. Charkieh.

— **Mustafa-el-Bagale**, Ort im Distr. Mit-Ghamr der ägypt. Prov. Dakahlieh.

— **Mustafa-el-Kalla**, Ort im Distr. Mehallet-Menuf der ägypt. Prov. Gharbieh.

— **Mustanan**, Ort im Distr. Chubra-Khit der ägypt. Prov. Beherah.

— **Mussa 'Abdel Hadi-el Badawi bi Nahiet Ebchawai-el-Malak**, Ort im Distr. Mehellet-Menuf der ägypt. Prov. Gharbieh.

— **Mussa Chwich**, Ort im Distr. El-Kanaïat der ägypt. Prov. Charkieh.

— **Mussa Isma'ïl**, Ort im Distr. El-'Arein der ägypt. Prov. Charkieh.

— **Nachwa**, Ort im Distr. Mina-el-Kamh der ägypt. Prov. Charkieh.

— **Nafret-el-Bahari**, Ort im Distr. El-Ga'farieh der ägypt. Prov. Gharbieh.

— **Nague'-el-Berka bi Nahiet-el-Ganeb-el-Aussat Kamula**, Ort im Distr. Kos der ägypt. Prov. Kena.

— **Nague'e-el-Dar bi Nahiet Abu Manna' Kebli**, Ort im Distr. Dachna der ägypt. Prov. Kena.

— **Nague'-el-Nakhla bi Nahiet-el-Negu'**, Ort im Distr. Farchut der ägypt. Prov. Kena.

— **Nague' Fattab bi Nahiet-el-Zeinieh**, Ort im Distr. Kos der ägypt. Prov. Kena.

— **Nague' Hammadeh bi Teftich Farchut**, Ort im Distr. Farchut der ägypt. Prov. Kena.

— **Nague' Sa'ïd bi Nahiet Abu Manna Bahari**, Ort im Distr. Dachna der ägypt. Prov. Kena.

— **Nakhla Ya'kub**, Ort im Distr. Mit-Ghamr der ägypt. Prov. Dakahlieh.

— **Nawar Hanna**, Ort im Distr. El-Kanaïat der ägypt. Prov. Charkieh.

— **Nassayeh**, Ort im Distr. El-Fachne der ägypt. Prov. Minia.

Kafr Nawaï, Ort im Distr. Zefta der ägypt. Prov. Gharbieh.

— **Nazif bi Nahiet Konnaisset Damchit**, Ort im Distr. Mehellet-Menuf der ägypt. Prov. Gharbieh.

— **Nekla**, Ort im Distr. El-'Atfieh der ägypt. Prov. Beherah.

— **Ne'man**, Ort im Distr. Mit-Samannud der ägypt. Prov. Dakahlieh.

— **Nosseïr**, Ort im Distr. Mehellet-Menuf der ägypt. Prov. Gharbieh

— **Nuri bi Nahiet Balkim**, Ort im Distr. El-Ga'farieh der ägypt. Prov. Gharbieh.

— **'Oda bi Nahiet-el-Heguerate Wel Ghussa**, Ort im Distr. Dachna der ägypt. Prov. Kena.

— **'Oleim**, Ort im Distr. El-Ga'farieh der ägypt. Prov. Gharbieh.

— **'Oleim**, Ort im Distr. Kaliub der ägypt. Prov. Kaliubieh.

— **Om Turine bi Nahiet Fau Bahari**, Ort im Distr. Dachna der ägypt. Prov. Kena.

— **'Omar 'Abdel 'Al-el-Gharabli bi Nahiet Gueziret Naknak**, Ort im Distr. Farchut der ägypt. Prov. Kena.

— **'Omar 'Abdel-el-Rahim bi Nahiet Ho**, Ort im Distr. Dachna der ägypt. Prov. Kena.

— **'Omar-el-Daramalli bi Nahiet Nabasse**, Ort im Distr. Mehallet-Menuf der ägypt. Prov. Gharbieh.

— **'Omar Kordi**, Ort im Distr. El-Sawaleh der ägypt. Prov. Charkieh.

— **'Omar Mostafa**, Ort im Distr. Mina-el-Kamh der ägypt. Prov. Charkieh.

— **'One**, Ort im Distr. Achmun der ägypt. Prov. Menufieh.

— **'Othman**, Ort in Ägypten: a) Distr. El-'Atf, Prov. Beherah; b) Distr. 'Arein, Prov. Charkieh.

— **'Othman bi Nahiet-el-Heguerate Wel Ghussa**, Ort im Distr. Dachna der ägypt. Prov. Kena.

— **'Othman bi Nahiet-el-'Ezab**, Ort im Distr. Dachna der ägypt. Prov. Kena.

— **'Othman 'Effat**, Ort im Distr. Mina-el-Kamh der ägypt. Prov. Charkieh.

— **'Othman Selim**, Ort im Distr. Mit-Samannud der ägypt. Prov. Dakahlieh.

— **Rabe'**, Ort im Distr. Tala der ägypt. Prov. Menufieh.

— **Rachuan bi Nahiet-el-Salamate**, Ort im Distr. Farchut der ägypt. Prov. Kena.

— **Radwan bi Nahiet Bakhanês**, Ort im Distr. Farchut der ägypt. Prov. Kena.

— **Radovan Isma'ïl**, Ort im Distr. Mit-Ghamr der ägypt. Prov. Dakahlieh.

— **Radwan-el-Kerabi**, Ort im Distr. Mina-el-Kamh der ägypt. Prov. Charkieh.

— **Ragab**, Ort im Distr. Mit-Ghamr der ägypt. Prov. Dakahlieh.

— **Ramadan bi Nahiet Negma Wel Hamran**, Ort im Distr. Farchut der ägypt. Prov. Kena.

— **Rateb Pacha bi Nahiet Kattamet el Gahbah**, Ort im Distrikt Mehellet-Menuf der ägypt. Provinz Gharbieh.

— **Remah**, Ort im Distrikt Subk der ägypt. Prov. Menufieh.

— **Rezk**, Ort im Distr. Mina-el-Kamh der ägypt. Prov. Charkieh.

— **Romadeh**, Ort im Distr. Kaliub der ägypt. Prov. Kaliubieh.

— **Sa'd**, Ort im Distr. El-Simbellawein der ägypt. Prov. Dakahlieh.

— **Sa'dan**, Ort im Distr. Dakarnes der ägypt. Prov. Dakahlieh.

— **Sa'd-el-Damanhuri bi Nahiet Mahallet Marhum**, Ort im Distrikt Mehallet-Menuf der ägypt. Provinz Gharbieh.

— **Sa'd-el-Guindi**, Ort im Distrikt Mina-el-Kamh der ägypt. Provinz Charkieh.

— **Sa'dun**, Ort im Distr. Mehallet-Menuf der ägypt. Prov. Gharbieh.

— **Sa'fan**, Ort im Distr. Fareskor der ägypt. Prov. Dakahlieh.

Kafr Safar bi Teftich Tirah, Ort im Distr. Samannud der ägypt. Prov. Gharbieh.

— **Safar bi Nahiet-el-'Araki Wel Dahcha**, Ort im Distr. Farchut der ägypt. Prov. Kena.

— **Safieh bi Nahiet Mahellet Menuf**, Ort im Distr. Mehallet-Menuf der ägypt. Prov. Charkieh.

— **Sakarah bi Nahiet Dachna**, Ort im Distrikt Dachna der ägypt. Prov. Kena.

— **Sakre**, Ort im Distr. El-'Arein der ägypt. Prov. Charkieh.

— **Salama**, Ort im Distr. Mina-el-Kamh der ägypt. Prov. Charkieh.

— **Salama Becbara**, Ort im Distr. Mina-el-Kamh der ägypt. Provinz Charkieh.

— **Salama Hussein**, Ort im Distr. Belbes der ägypt. Prov. Charkieh.

— **Salama bi Nahiet Karamite**, Ort im Distrikt El-Sinbellawein der ägypt. Prov. Dakahlieh.

— **Saleh**, Ort im Distr. Belbes der ägypt. Prov. Charkieh.

— **Saleh Pacha bi Nahiet Boregue**, Ort im Distr. Mehallet-Menuf der ägypt. Prov. Gharbieh.

— **Salem-el-Hebâb**, Ort im Distr. Kafr-el-Zaïat der ägypt. Provinz Charbieh.

— **el-Nahhasse**, Ort im Distrikt El-Ga'farieh der ägypt. Prov. Gharbieh.

— **Salem Harnuch**, Ort im Distr. Mina-el-Kamh der ägypt. Provinz Charkieh.

— **Salib Salama**, Ort im Distrikt Mit-Ghamr der ägypt. Prov. Dakahlieh.

— **Salib Rezk**, Ort im Distr. Mina-el-Kamh der ägypt. Prov. Charkieh.

— **Saltamun**, Ort im Distr. Mina-el-Kamh der ägypt. Prov. Charkieh.

— **Samaligue**, Ort im Distrikt Melig der ägypt. Prov. Menufieh.

— **Sanhawah**, Ort im Distrikt Mina-el-Kamh der ägypt. Provinz Charkieh.

— **Sanadide**, Ort im Distr. Melig der ägypt. Prov. Menufieh.

Kafr Sanbawah, Ort im Distr. Zefta der ägypt. Prov. Gharbieh.

— **Sandahur**, Ort im Distr. Tukh der ägypt. Prov. Kaliubieh.

— **Sandawa**, Ort im Distr. Chubra der ägypt. Prov. Kaliubieh.

— **Sangale-el-Guedide**, Ort im Distr. Subk der ägypt. Prov. Menufieh.

— **Sangale-el-Kadim**, Ort im Distr. Subk der ägypt. Prov. Menufieh.

— **Sarawah**, Ort im Distr. Achmun der ägypt. Prov. Menufieh.

— **Sebak bi Nahiet Kosseïr Bakhanes**, Ort im Distrikt Farchut der ägypt. Prov. Kena.

— **Segar**, Ort im Distr. Tala der ägypt. Prov. Menufieh.

— **Selagueh bi Nahiet-el-Kammaneh**, Ort im Distr. Farchut der ägypt. Prov. Kena.

— **Selaqueh bi Nahiet-el-Gharbi Bahgura**, Ort im Distr. Farchut der ägypt. Prov. Kena.

— **Selim**, Ort im Distrikt Abu Hommos der ägypt. Prov. Beherah.

— **Serag**, Ort im Distr. El-Neguélah der ägypt. Prov. Beherah.

— **Seringa**, Ort im Distrikt Mit-Samannud der ägypt. Prov. Dakahlieh.

— **Sersamons**, Ort im Distr. Menuf der ägypt. Prov. Menufieh.

— **Sibtasse**, Ort im Distrikt El-Ga'farieh der ägypt. Prov. Gharbieh.

— **Sid Ahmad-el-Mekkawi**, Ort im Distr. El-Sawaleh der ägypt. Prov. Charkieh.

— **Singab**, Ort im Distr. El-Sinbellawein der ägypt. Prov. Dakahlieh.

— **Soleiman**, Ort im Distr. Cherbin der ägypt. Prov. Gharbieh.

— **Soleiman Ahmad bi Nahiet, Gueziret Naknak**, Ort im Distrikt Farchut der ägypt. Prov. Kena

— **Soleiman 'Awad**, Ort im Distr. El-Ga'farieh der ägypt. Prov. Gharbieh.

— **Soleiman-el-Cherkawi**, Ort im Distr. Kafr-el-Zaïat der ägypt. Prov. Gharbieh.

— **Soleiman-el-Kamhawi**, Ort im Distr. Belbes der ägypt. Prov. Charkieh.

40

Kafr Soleiman-el-Wed, Ort im Distr. Chubra der ägypt. Prov. Kaliubieh.

— **Soleiman Ghali**, Ort im Distr. Belbes der ägypt. Prov. Charkieh.

— **Soleiman Mussa**, Ort im Distr. El-Kanayat der ägypt. Prov. Charkieh.

— **Soleiman Sa'd bi Nahiet-el-Aïaïcheh**, Ort im Distrikt Kos der ägypt. Prov. Kena.

— **Soleiman Tadros**, Ort im Distr. Mit-Ghamr der ägypt. Prov. Dakahlieh.

— **Sonbate**, Ort im Distrikt Zifta der ägypt. Prov. Gharbieh.

— **Sontes**, Ort im Distr. El-'Atf der ägypt. Prov. Beherah.

— **Sontes**, Ort im Distrikt Abu Hommos der ägypt Prov. Beherah.

— **Susse bi Nahiet-el-Ganeb-el-Kamoula**, Ort im Distrikt Kos der ägypt. Prov. Kena.

— **Tabikhah**, Ort im Distr. Fareskor der ägypt. Prov. Dakahlieh.

— **Tabloha**, Ort im Distrikt Tala der ägypt. Prov. Menufieh.

— **Taha**, Ort im Distr. Chubra der ägypt. Prov. Kaliubieh.

— **Taharmes**, Ort im Distr. Kesm-Awal der ägypt. Prov. Guizah.

— **Tah Chubra**, Ort im Distrikt Melig der ägypt. Prov. Menufieh.

— **Tahleh**, Ort im Distrikt Tukh der ägypt. Prov. Kaliubieh.

— **Tahurieh**, Ort im Distr. Chubra der ägypt. Prov. Kaliubieh.

— **Taki**, Ort im Distr. Fareskor der ägypt. Prov. Dakahlieh.

— **Tanbady**, Ort im Distr. Melig der ägypt. Prov. Menufieh.

— **Tanbul el-Guedid**, Ort im Distr. El-Sinbellawein der ägypt. Provinz Dakahlieh.

Tanbul-el-Kadim, Ort im Distr. El-Sinbellawein der ägypt. Provinz Dakahlieh.

— **Tarkhan**, Orte in Ägypten: a) Distr. Kesm-Thani, Prov. Gizah; b) Distr. Atfieh, Prov. Gizah.

Takhlah, Ort im Distr. Tukh der ägypt. Prov. Kaliubieh.

Kafr Tarnah, Ort im Distr. El-Ga'farieh der ägypt. Prov. Gharbieh.

— **Tatamun**, Ort im Distrikt Mina-el-Kamh der ägypt. Provinz Charkieh.

— **Te'ailab**, Ort im Distrikt Mit-Samannud der ägypt. Prov. Dakahlieh.

— **Tenedi**, Ort im Distrikt Melig der ägypt. Prov. Menufieh.

— **Tesfa**, Ort im Distrikt Mit-Ghamr der ägypt. Prov. Dakahlieh.

— **Tidah**, Ort im Distr. Kafr-el-Cheikh der ägypt. Prov. Gharbieh.

— **Tigah bi Nahiet-el-Kebli Samhud**, Ort im Distr. Farchut der ägypt. Prov. Kena.

— **Tilbanah bi Nahiet Tilbanah**, Ort im Distrikt El-Sinbellawein der ägypt. Prov. Dakahlieh.

— **Torki bi Nahiet Kom-el-Ahmar**, Ort im Distrikt Farchut der ägypt. Prov. Kena.

— **Torki bi Nahiet Fàu Bahari**, Ort im Distrikt Dachna der ägypt. Prov. Kena.

— **Torki bi Nahiet Bakhanes**, Ort im Distr. Farchut der ägypt. Provinz Kena.

— **Torki**, Ort im Distrikt Kesm Thani der ägypt. Prov. Gizah.

— **Wahab**, Ort im Distrikt Melig der ägypt. Prov. Menufieh.

— **Wakbah bi Nahiet Abu Diab**, Ort im Distrikt Dachna der ägypt. Prov. Kena.

— **Wakf Fokara-el-Arham bi Nahiet Selma**, Ort im Distr. Mehellet-Menuf der ägypt. Prov. Gharbieh.

— **Werathà Soleiman Agha bi Nahiet Ibchawai-el-Malak**, Ort im Distr. Mehelles-Menuf der ägypt. Provinz Gharbieh.

— **Yakub**, Ort im Distr. Tala der ägypt. Prov. Menufieh.

— **Yussef Semri**, Ort im Distrikt Mina-el-Kamh der ägypt. Provinz Charkieh.

— **Yussef Salameh**, Ort im Distr. Mina-el-Kamh der ägypt. Provinz Charkieh.

Kafr Yussef Rezk, Ort im Distrikt Mit-Ghamr der ägypt. Prov. Dakahlieh.

— **Yussef Ma'lawi bi Nahiet Gueziret Naknak**, Ort im Distrikt Farchut der ägypt. Prov. Kena.

— **Yussef Ibhraim**, Ort im Distr. El-Kanaïat der ägypt. Prov. Charkieh.

— **Yussef Hassan**, Ort im Distr. Kafr-el-Cheikh der ägypt. Provinz Gharbieh.

— **Yussef Hamad bi Nahiet-el-Chawrieh**, Ort im Distr. Dachna der ägypt. Prov. Kena.

— **Yussef Chehateh**, Ort im Distr. Belbes der ägypt. Prov. Charkieh.

— **Yussef Battah bi Nahiet Nabasse**, Ort im Distr. Mehallet-Menuf der ägypt. Prov. Gharbieh.

— **Yussef 'Awad bi Nahiet-el-Balamun**, Ort im Distr. El-Sinbellawein der ägypt. Prov. Dakahlieh.

— **Yussef 'Atich**, Ort im Distrikt Mina-el-Kamh der ägypt. Provinz Charkieh.

— **Yussef 'Abdoh bi Nahiet Chubra Beloula-el-Sakhawieh**, Ort im Distrikt El-Ga'farieh der ägypt. Prov. Gharbieh.

— **Yussef bi Nahiet-el-Barahma**, Ort im Distr. Kena der ägypt. Provinz Kena.

— **Yunes bi Nahiet Kosseir Bakhames**, Ort im Distrikt Farchut der ägypt. Prov. Kena.

— **Yunes**, Ort im Distr. El-'Arein der ägypt. Prov. Charkieh.

— **Zaki Pascha bi Nahiet Tombarah**, Ort im Distr. Samannud der ägypt. Prov. Gharbieh.

— **Zarakh**, Ort im Distrikt Tala der ägypt. Prov. Menufieh.

— **Zeid Ismaïl bi Nahiet-el-Chararieh**, Ort im Distr. Dachna der ägypt. Prov. Kena.

— **Zeidan Kandel**, Ort im Distr. El-Sawaleh der ägypt. Prov. Charkieh.

— **Zein-el-Din**, Ort im Distrikt Melig der ägypt. Prov. Menufieh.

— **Ziadah**, Ort im Distrikt El-Delingat der ägypt. Prov. Beherah.

Kafraria (von den Engländern Kafirland, von den Franzosen Cafrerie genannt), Name eines umfangreichen Landgebiets an der östlichen Grenze Südafrikas, südwärts vom Sambesi. Das Wort Kaffer (richtiger Kafr) ist arabischen Ursprungs; es bedeutet „Ungläubiger" und wurde in den ersten Zeiten der Hedjra auf alle Eingeborenen des östlichen Afrika angewandt, welche sich nicht dem Gesetze des Propheten unterwarfen. Die Portugiesen entlehnten es im 16. Jahrhundert den Arabern und verstanden unter der Bezeichnung „Kaffernland" das gesamte Afrika, das sich südwärts von ihren Besitzungen am Sambesi und Kongo bis zur Südspitze des Kontinents erstreckte. In der neuern Zeit aber sind die Bezeichnungen „Kaffer" und „Kafraria" wesentlich beschränkt worden; sie gehören nur noch den Völkerschaften des östlichen Südafrika, welche sich von den Kongo- und Mozambique-Negern in physischer Hinsicht nicht minder unterscheiden, als von den das westliche Südafrika bewohnenden Hottentotten.

Geographisch versteht man unter der Bezeichnung „Kafraria" das Küstengebiet des südlichen Afrika, welches sich vom untern Sambesi bis zur Ostgrenze der englischen Kapkolonie erstreckt und auf der einen Seite vom Kanal von Mozambique umspült, auf der anderen von den das Hochland bildenden Bergketten umschlossen wird. K. erstreckt sich innerhalb dieser Grenzen von nordöstlicher nach südwestlicher Richtung über 18 Grade (= 2000 km) und hat von Osten nach Westen (zwischen der Küste und dem Gebirge) eine Breite von 200—250 km. Der Flächenraum von K. kommt also demjenigen des Deutschen Reichs ziemlich gleich. Das eigentliche „Kaffernland" aber („Kafirland proper" im englischen Kolonialstil genannt) ist

40*

bedeutend kleiner; dessen Nordgrenze wird durch die Delagoa-Bai (im 26. Breitengrade) gebildet. Für die englische Kapkolonie haben die seit 1834 wiederkehrenden Kriege zwischen den Kaffern und den Engländern regelmässig dasselbe Resultat gehabt, das heisst die fortschreitende Annexion des Kaffergebiets an den englischen Besitz. Durch den Frieden von 1835 wurde dem Kaplande das Gebiet zwischen dem grossen Fischfluss und der Keiskamma, durch den Frieden von 1847 das Gebiet zwischen der Keiskamma und dem (das Kapland jetzt vom eigentlichen Kaffernland scheidenden) Kei-Flusse hinzugefügt. Aus dem erstgenannten Gebiete (65 km Küstenlänge) wurden die Distrikte Peddie und Victoria gebildet. Das zweite (dreimal so gross als das erste) erhielt die offizielle Benennung „Britisch-Kafraria" (s. d.). Ausserdem ergriff England 1843 von Natalland Besitz, wodurch es in einen der besten Häfen der afrikanischen Küste gelangt ist; 1874 erwarb Natalland das Gebiet zwischen dem Um-Simkulu (seiner Südgrenze) und dem Um-Tamfuna, und bildete aus ihm den Distrikt Alfredia 1876 endlich wurden die bisher das eigentliche oder unabhängige Kaffernland bildenden Gebiete zwischen Britisch-Kafraria und Natalland unter dem Namen „Transkeïan Districts" von England in Besitz genommen mit Ausschluss jedoch des im Norden von Natal, zwischen dem Transvaal-Freistaat und der portugiesischen Provinz Mozambique, gelegenen, als „Sulu-Land" begriffenen Gebiets, das einen Flächenraum von etwa 163 000 qkm umfasst. Die Engländer beabsichtigen das gesamte Südafrika südlich vom Sambesi in ihren Besitz zu ziehen; deshalb ihr Streit mit Portugal um den Besitz der Delagoa-Bai und die Differenz mit Deutschland über den Besitz der Lucia-Bai, sowie die eifersüchtige Überwachung der Boeren.

K. ist im grossen und ganzen ein vortreffliches Land. Der von einer unendlichen Menge von Bächen und Flüssen bewässerte Boden eignet sich in den südlichen Strichen zu allen Kulturen der gemässigten Zonen, und je weiter man nach dem Sambesi herauf kommt, zu jenen der tropischen Zone. Der Goldgehalt zahlreicher Wasserläufe bekundet, dass im innern Land reiche, zur Zeit noch unerforschte Goldlager in Menge vorhanden sind. Zur Zeit der arabischen Herrschaft war das unmittelbar südlich vom untern Sambesi gelegene Sofala wegen seines Reichtums an Gold berühmt. Das die Küste beherrschende Gebirge steigt im allgemeinen staffelförmig auf bis zu seinem höchsten Kamme, welcher den Grat des innern Hochlandes bildet, und besteht aus einer bedeutenden, von Südwest nach Nordost streichenden Kette. Die ehemaligen holländischen Kolonisten (Boërs genannt), die noch jetzt im Westen dieses Gebirges die überwiegende Bevölkerung bilden, und auch im Osten desselben noch sehr zahlreich sind, benennen es gewöhnlich „Draakenberge" (die Eingeborenen „Quathlamba"). Der höchste Teil ist im Süden gelegen, wo es bis zu 3000 m aufsteigt und einen grossen Teil des Jahres hindurch mit Schnee bedeckt ist. Das ganze südliche Gebiet des unterhalb der Delagoa-Bai belegenen, dem englischen Einfluss mehr oder weniger unterstehenden K. (ausser Natal und Britisch-Kafraria also Sululand und Kafirland proper), ist gegenwärtig vollständig bekannt, grossenteils auch kolonisiert und wird von englischen Missionären planmässig bereist und bearbeitet. Nicht so aber das nördlich von der Delagoa-Bai bis zum Sambesi reichende Gebiet, auf welches Portugal Hoheitsrechte erhebt;

was die Karten über dieses Gebiet enthalten, ist noch jetzt kaum mehr als Zufallsnotiz; sogar die Küste ist noch unvollkommen trassiert.

Die wichtigeren der in das Meer mündenden Wasserläufe von K. sind: der Grosse Fischfluss, dessen Unterlauf bis 1835 die Grenze zwischen K. und dem Kaplande bildete; die Keiskamma und der Grosse Keï, bis 1874 die Grenze zwischen Britisch-Kafraria und Kafirland proper (mündet unter 32° 50′ südl. Br. und 26° 2′ östl. L.). Von Keï biegt die Küste direkt nach Nordosten ab und nimmt eine grosse Zahl anderer Flüsse auf: die Baschi, Umtata, den ziemlich bedeutenden Um-Simwubo (oder St. John-River; mündet unter 31° 50′), den Um-Simkulu (30° 45′), den die Nordgrenze von Natal bildenden Tughela (29° 20′). Um eine Vorstellung von dem übergrossen Wasserreichtum K.'s an dieser Küste zu geben, genügt es zu bemerken, dass zwischen dem St. John-River und Port Natal (auf einer Strecke von 230 km) 122 grössere oder kleinere Flüsse münden, die zumeist in prächtigen Kaskaden von den staffelförmigen Bergen herniederfallen. Auch von der Tughela bis zur Delagoa-Bai, und von dieser bis zum Sambesi ist der Wasserreichtum von grosser Bedeutung. Die wichtigeren Mündungen sind: der Umwolosi (in die Santa Lucia-Bai unter 28° 30 südl. Br.); der Maputa, der Tembe und der Manisse (in die Delagoa-Bai, unter 26°); der Inhampura (25° 15′), welcher die Mündung des Limpopo (einer der bedeutendsten Flüsse des Innern) zu sein scheint; der Inhambane (mündet unter 23° 34′ wenig nördlich vom Kap Correntes); der Sabia (20° 56′) und der Busi (19° 47′), welcher der letzte bemerkenswerte Wasserlauf diesseits des noch 175 km entfernten Sambesi-Delta ist. Die Mündung der meisten Küstenflüsse ist durch Sandbarren verlegt, welche die Einfahrt für tiefgehende Schiffe bedeutend erschweren oder ganz unmöglich machen.

Die Benennung „Kaffer" (oder Kafir) ist den Eingeborenen nicht bekannt oder höchstens aus dem Munde der Europäer bekannt geworden. Das Land vom grossen Fischfluss, fast von der Algoa-Bai an bis zu dem (circa 100 km) breiten Bassin der Delagoa-Bai wurde, ehe es durch die Engländer in Besitz genommen wurde, ausschliesslich von dem jetzt „Kaffern" genannten Volke bewohnt. Dasselbe besass keinen Gesamtnamen, sondern war unter den Namen der drei Hauptstämme: Amakossas, Sulus und Fingos bekannt, deren jeder wieder in eine grössere Anzahl von Teilstämmen zerfiel. Diese Dreiteilung stützt sich auf die drei zwar verwandten, aber auch deutlich unterschiedenen Mundarten dieser Hauptstämme. Die Amakossas, deren Gebiet ehemals am Fischfluss seinen Anfang nahm, wohnen jetzt zwischen dem Kei-Fluss und dem Um-Samkama. Auf sie folgen die Sulus (vom Um-Samkama bis in die Gegend der Delagoa-Bai). Die Fingos haben kein so bestimmtes abgegrenztes Gebiet, wie die beiden anderen Stämme, was jedenfalls in ihrem politischen Verhältnis begründet ist; sie werden nämlich aus uns nicht bekannten Gründen von den beiden anderen Stämmen als unrein verachtet und gewissermassen als Sklaven behandelt. Sie wohnen sowohl südlich von den Amakossas, als nördlich von den Sulus. Die in Britisch-Kafraria und in den annektierten Gebieten zurückgebliebenen Kaffern sind ausnahmslos Fingos, für welche die englische Herrschaft eine Art von Freiheitsära eröffnet hat. Die ganze Völkerschaft der Kaffern wird auch vielfach unter der Bezeichnung „Ama-Sulu" begriffen. Über die nördlich von der Delagoa-Bai, in der Richtung des untern Sambesi verbreiteten Völkerschaften der Kaffern-Rasse entbehren wir der Nachrichten. Nach Kapitän Owen's Mitteilungen hat die Sprache der Eingeborenen an der Küste von der Delagoa-Bai an bis zur Insel Basaruto (21° 35' südl. Br.) viel Ähnlichkeit mit der Suluspracbe. Nach Livingstone scheinen, je näher man dem Sambesi kommt, die nördlicheren Negervölker mit den Kaffernstämmen des Südens in starker Vermischung zu stehen. Die in Südafrika seit vielen Jahren thätigen Missionäre haben festgestellt, dass die in Südafrika, vom Äquator an bis herab zur Südspitze, gesprochenen Mundarten — mit einziger Ausnahme der Hottentottensprache — sämtlich zu einer und derselben Familie (dem Bantu oder Abantu) gehören.

Die Kaffern gehören, ihrer dunkeln Hautfarbe sowohl wie ihres Wollhaares wegen, zu den Negervölkern, müssen jedoch ein schöner Menschenschlag genannt werden, mit regelmässigen Zügen und einer kaukasisch geformten Nase („prächtige Wilde", wie sie Livingstone, „das lebende Abbild der Bronzestatuen des Altertums", wie sie Oberst Napier nannte). Ihre Hautfarbe ist nicht das Schwarz des richtigen Negers, sondern die als „Florentiner Bronze" bekannte Nüance des Kupferbraun.

Die Kaffern leben hauptsächlich von ihrem Herdenreichtum; sie sind im Grunde ein Hirtenvolk. Bevor sie mit den Kolonisten des Kaplandes und Natals in Berührung traten, bestanden ihre Herden nur aus Rindvieh; jetzt besitzen sie grosse Mengen von Hammeln, Ziegen und Pferden. Was sie vom Boden verlangen, beschränkt sich auf etwas Hirse (Holcus sorghum), von ihnen „amasimba" genannt, Bohnen und Tabak (der in grosser Beliebtheit bei ihnen steht). Ihre Kleidung ist die denkbar einfachste. Sie besteht bei den Männern aus einer gegerbten Ochsenhaut, die sie um die Schultern befestigen, so dass der ganze Vorderkörper frei bleibt. Die Frauen ergänzen dies Kleidungsstück durch zwei weitere Felle oder Stoffstücke, welche die Stelle von Kleid und Hemd bei ihnen ersetzen; weiter nördlich, in der Gegend der Delagoa-Bai, tragen die Frauen nur einen schmalen Stoffgürtel um die Hüften. Die Ackerarbeit, sowie auch die Wartung der Herden liegt den Frauen ob. Die Beschäftigung der Männer ist der Krieg und die Jagd. Ihre nationalen Waffen sind: eine lange Lanze, die sie weithin mit grosser Gewalt und Geschicklichkeit schleudern, eine kurze massige Keule zum Kampf in der Nähe und ein gewaltiger Schild, der sie fast völlig deckt. Ihre Hütten zeigen die Bienenkorb-Form. Sie sind sehr primitiv gebaut aus langen, in den Boden gesteckten, durch ein Band am obern Ende zusammengebundenen Zweigen; die Zwischenräume sind mit Laub und Kuhdünger ausgefüllt; die niedrige Öffnung dient zugleich als Thüre, Fenster und Kamin. Ein Dutzend Hütten etwa bildet ein Dorf (umsi). Wie bei allen afrikanischen Völkern, herrscht auch bei den Kaffern Vielweiberei. Jeder Stamm hat seinen erblichen Fürsten, welcher eine unbeschränkte Macht übt: in ihren Kriegen gegen die Engländer gehorchten die Stämme einem Oberbefehlsherrn. Ihre religiösen Begriffe sind die denkbar schlichtesten. Sie haben eine unbestimmte Vorstellung von einem höheren allmächtigen Wesen, das den Himmel lenkt, den Donner und Regen sendet. Aber sie widmen ihm keinen sichtbaren Kultus. Sie haben weder Götzenbilder, noch Fetische. Dagegen besteht auch unter ihnen das Institut des Zauberers, welcher zuweilen Tieropfer bringt. Die Beschneidung üben sie seit undenklichen Zeiten; der Akt gilt ihnen als Übergangspunkt vom Jünglings- zum Mannesalter. Seit etwa zwei Jahrzehnten, seitdem die englischen Missionäre unter ihnen wirken, haben die Sitten der Kaffernstämme sich wesentlich gemildert. Die Mehrzahl der eingeborenen Bewohner des Kafirland proper, wie auch des Sulu-Landes ist zum Christentum bekehrt und besitzt eine Art von Civilisation.

Der erste Europäer, von welchem die Kaffern gesehen wurden, war der Portugiese Bartholomeu Diaz (1486). Derselbe drang bis zur Algoa-Bai, $7^1/_2$ Grad ostwärts über das Vorgebirge der guten Hoffnung hinaus. Zwölf Jahre später (1498) machte Vasco de Gama mit ihnen Bekanntschaft, der an der Ostküste Afrika's hinaufsegelte, Weihnachten 1498 die Kafraria-Küste entdeckte und sie infolgedessen „Terra do Natal“ benannte. Dieser Name ist ihr geblieben. Nach Vasco de Gama segelten die portugiesischen Schiffahrer in der Regel diese Küste hinauf auf der Fahrt nach Indien. Ihnen verdanken wir die ersten Karten dieser Gebiete. Auf der grossen Afrika-Karte von D'Anville (1749) ist die Nomenklatur der Ostküste noch durchaus portugiesisch. Erst gegen Ausgang des 18. Jahrhunderts haben französische und englische Seeleute die Kenntnis dieser Küsten vervollkommnet. In das Innere von K. ist bis zur Stunde noch kein Forschungsreisender vorgedrungen, abgesehen von Natalland natürlich, das, seitdem es englischer Besitz ist, bereist zu werden anfängt. Indessen sind die Berichte der Missionäre auch hier noch immer die wichtigeren Forschungsquellen.

1) Britisch-Kafraria umschliesst das zwischen der Keiskamma und der Kei gelegene, seit 1847 der Kapkolonie einverleibte Gebiet. Seit 1866 bildet es die beiden Provinzen King Williamstown und East London. Seine Grenzen sind: im Westen die Provinzen Peddie, Victoria, Fort Beaufort und Queenstown; im Südosten der Indische Ozean; im Nordwesten Gebirge, die bis zu 2400 m aufsteigen; im Norden und Osten die transkeïanischen Distrikte (ehemals unabhängiges Kafferngebiet); vergl. im übrigen den Artikel „Britisch-Kafraria“.

2) Kafirland proper, das eigentliche Kafraria, zwischen Britisch-Kafraria und Natalland gelegen, wurde der Kapkolonie 1875 und 1876 unter der Bezeichnung „Transkeïan Districts“ (jenseit des Keiflusses gelegene Gebiete) einverleibt. Ausser dem Sululand nördlich vom Natalland gibt es kein unabhängiges Kafferngebiet mehr. Das neue transkeïanische Gebiet nimmt einen Flächenraum von etwa 41 000 qkm ein. Seine Bevölkerung wird auf 475 000 Seelen geschätzt, von denen 270 000 Pondo- und Tambukikaffern sind. Es wird in 8 Distrikte geteilt, von denen fünf: Fingoland, Idutwya Reserve, Emigrant Tambukiland, Tambukiland und Nomansland direkt von Kapstadt ressortieren und durch britische Kommissäre verwaltet werden; drei dagegen: Galekaland, Bomvaniland und Pondoland, eingeborenen Häuptlingen unterstehen.

Kaft, Ort im Distrikt Kena der ägypt. Prov. Kena.

Kafuë (Cafueué), Nebenfluss des Sambesi im mittlern Laufe. Er wird von Pombeiros aus Bihé mit Canoes bis zu seiner Mündung befahren; auf dem Mittellaufe liegt eine Handelsstadt Cainca (7—10 Tagemärsche von Lialui am Sambesi). Sie wird von Leuten aus Bihé oft besucht. Der K. soll frei von Katarakten sein. Er mündet nach einem westöstlichen Laufe durch eine reiche fruchtbare Gegend linksseitig in den Sambesi, in 26° 30' östl. L., fast gegenüber der Einmündung des Umiati.

e.

Kagehyi, Negerdorf am Südende des Ukerewe-Sees.

Kagei, Missionsstation der London Missionary Society am Tanganjika-See.

Kagera, s. v. w. Kitangule und:

Kaghera (Alexandra-Nil), Fluss in Äquatorial-Afrika, entspringt im Norden (4° südl. Br.) des Landes Urundi, fliesst nach Nordosten, durchläuft den Alexandra-See, bildet in Karagwe längs einem mit Papyrus bestandenen Thale eine Reihe von kleinen Seeen und mündet wenig oberhalb des 1.° südl. Br. ostwärts in den Victoria-Nyanza, nachdem er kurz vorher den von Westen kommenden Kibuare, seinen grössten Zufluss, aufgenommen hat. Der K. überschwemmt nach der Regenzeit oft auf weite Strecken das ihn umgebende Flachland. An seiner Mündung hat er (nach Stanley) eine Breite von 150 m, bei einer Tiefe von 50 m. Sein stahlgraues Wasser ist noch auf mehrere km weit im Victoria-Nyanza bemerkbar.

Kagneko, kleiner Zufluss des Bakhoy (Quellarm des Senegal), an der Grenze zwischen den Landschaften Birgo und Mandingo.

Kaguehyi, Hafen im Victoria Nyanza (2° 31′ südl. Br. und 30° 52′ 46″ östl. L. v. Par.).

Kaha, Hauptort im Distrikt Kaliub der ägypt. Prov. Kaliubieh.

Kahhafah, Orte in Ägypten: a) Distr. Sanures, Prov. Fajum; b) Distr. Mehallet-Menuf, Prov. Gharbieh.

Kahi, Ort am Mudschinschi, der hier durch Katarakte bricht (Osten).

Kahiun Wel Hammadein, Ort im Distrikt El-'Arein der ägypt. Prov. Charkieh.

Kahomé, Hauptort von Salum (s. d.).

Kahua, s. Eleïs.

Kaï, Ort im Distrikt Beni-Suef der ägypt. Prov. Benî-Suëf.

Kaï, Fluss in Südafrika, s. Keï.

Kaïbar, Ortschaft in Nubien, im Batn-el Hadjar, oberhalb von Senne. Der Nil ist hier zwischen enge Felsen gezwängt und bildet einen höchst malerischen Katarakt.

Kaïd (Beni-), Berberstamm in der alger. Prov. Constantine, etwa 15 km nordöstlich von Guelma; 1000 Köpfe auf etwa 3954 ha.

Kaïkab (Gheghab), kleine Oase an der Strasse von Siwa nach Faredgha, etwa 130 km nordwestlich von Siwa.

Kainiik (Kanioka, Livingstone's Kanyiki oder Kanyoka), Reich im Nordosten des Lundareichs, dessen Bewohner in regen Handelsbeziehungen zu den Arabern in Nyangwe stehen (Buchner). Es liegt in einer Seehöhe von 29 m; die mittlere Jahrestemperatur ist 12.2°; der kälteste Monat ist der Januar (12.0), der wärmste der Juli (29.1); jährliche Summe der Niederschlagshöhe im Mittel: 3 cm, der Niederschlagstage: 13.

Kairo (Masr el Kahira), Landes-Hauptstadt Ägyptens und zugleich Hauptort der Provinz Giseh, cirka 1800 m entfernt vom rechten Nilufer, wenig oberhalb von der Spitze des Delta (25 km), 200 km von Alexandria und fast ebenso weit von Rosette, Damiette und Suez; in 30° 2′ 17″ nördl. Br., 28° 53′ 58″ östl. L. v. Par., auf den Trümmern von Fostat, malerisch am Abhange eines Ausläufers des Mokattam-Gebirges gebaut; ca. 250000 Einw.; eine der schönsten Städte des Ostens, der vornehme und noch heute glanzvolle Mittelpunkt der mohammedanischen Intelligenz. Über die Stadt mit ihrem Häusermeer, ihren hochragenden Kuppeln und Minarets hinweg schaut die am Fels emporgebaute, mauerreiche, mit der zierlichen Grabmoschee Mohammed Ali's geschmückte Citadelle. Der fränk. Teil Kairos enthält stattliche, im südlichen Villenstil erbaute, von Prachtgärten umgebene Häuser, gerade mit Bäumen bepflanzte Strassen, Theater, Klub- und andere Vergnügungslokale etc. Der eingeborene Teil hat zwar enge, dumpfige Strassen, in denen aber die ungemein pittoreske Anordnung der prächtig geschnitzten Thore, Balkone, Erker etc., sowie das belebte, an den merkwürdigsten, fremdartigsten Szenen reiche Verkehrstreiben fortwährenden Stoff zur Erhebung, Anregung und selbst Erheiterung gewähren. Hier finden sich die schönsten Werke orientalischer Baukunst, die Moscheeen El Hasan, Sultan Berkuk, Achmed Ibn Tulun, El Hakim, Sitte Senab, El Hasanen etc. Die Moschee El Azher enthält die Hochschule für die islamitische Gelehrsamkeit, in welcher hunderte von Studenten aus allen Gebieten der mohammedanischen Welt ihre Studien treiben. Prächtige, mit einem kaum nennbaren Warenglanz geschmückte Bazare wechseln mit hunderten von rauchigen Kaffeebutiken. Manche Stadtteile endigen in architektonisch reich geschmückten Thoren, z. B. Bab el Nasr, Bab el Zukkarie, Bab el Fotuh, Bab Zueili etc.

K. ist Sitz der Landesregierung, der Ministerien, der hohen Gerichtshöfe etc. Hier befinden sich die früher von ausgezeichneten europäischen Lehrkräften geleiteten Fachschulen für Medizin, Ingenieur- und Staatsrechtswissenschaft, Bau- und Kriegswissenschaft, eine öffentliche Bibliothek, Primär- und Sekundärschulen, islamitische, christliche etc. Klöster. Weite, mit Palmen, häuserhohem Kaktus, mit Akazien, Sykomoren, Maulbeerbäumen etc. bedeckte Anlagen und breite Alleewege verbinden die Stadt mit ihren Vororten Altkairo und Bulak. Letzterer ist zugleich Nilhafen und enthält ein herrliches Museum ägyptischer Altertümer. Die Nilinsel Roda, auf welcher der Sage nach Moses ausgesetzt und aufgefunden sein soll, ist mit Palästen, mit den Überresten eines noch 1860 die interessantesten Palmgruppen, Bambusgebüsche etc. aufweisenden botanischen Gartens geschmückt und enthält den berühmten Nilmesser. In K.s weiterer Umgebung liegen die Pyramiden, die Sphinx, die Stätte von Memphis, der Obelisk von Heliopolis und andere Überbleibsel der Vorzeit (Hartmann, „Ägypten").

Kairuan (Keruan), Stadt ungefähr im Mittelpunkt Tunisiens, 58 km südwestlich von Sus, dem nächstgelegenen Hafen; 157 km südlich von Tunis; etwa 20 000 Einw. Sie wurde schon im Jahre 670 gegründet und steht bei den Muselmännern im Rufe der Heiligkeit. In der sie umgebenden Ebene (in welcher von Altertumsforschern der „Triton-See" des Altertums erblickt wird), befinden sich zahlreiche Salzwassertümpel (der Kelbiah, Sidi-el-Hani, Kairuan-See etc.).

Kaiser, Emil, Astronom der deutschen ostafrikanischen Expedition, am 7. Dezember 1855 zu Zerbst geb., studierte in Heidelberg, Leipzig und Bonn Astronomie und schloss sich 1880 der obengenannten Expedition an. Er machte sich durch die genaue, durch Positionsbestimmungen und Höhenmessungen gestützte Aufnahme der Route von der Küste bis zum Tanganjika-See verdient und trat 1882 eine grössere Reise an, deren Ausdehnung bis zum Moerosee beabsichtigt war; aber während er, seinen Gefährten Dr. Böhm und Reichardt vorauseilend, einen Abstecher zum Rikwa-(Leopold-)See machte, erlag er dort am 8. Novbr. 1882 einem Fieberanfall, den er sich durch Unvorsichtigkeit zugezogen hatte.

Kaja, im Osten (bei den Wanika etc.) s. v. w. Dorf.

Kajinghi (Kibaba), Stamm der Kimbunda (s. d.) von Benguela.

Kakanda, Negervolk im zentralen Sudan, am rechten Ufer des Kworra (oder untern Niger), nordwestl. von Lukodja. Rohlfs betrachtet die K. als die hauptsächlichsten Vermittler des Nigerhandels.

Kakandy, alter Handelsposten der

Franzosen in Futa-Djalon, wenige km oberhalb von Boke, am Rio Nunez (oder Kakandy), 160 km von seiner Mündung. Nach der Errichtung des Postens Boke wurde er aufgegeben; Olivier suchte ihn 1882 auf, fand aber nur leere Hütten dort.

Kakogi, Ort am rechten Ufer des Niger.

Kakolavar, Nebenfluss am rechten Ufer des Kunene.

Kakoma, Ort zwischen dem Tanganyika-See und Uniamwesi, unweit Tabora gelegen, woselbst die Deutsche Afrikanische Gesellschaft eine Station (für Ostafrika) 1880 errichtet hat (5° 47' südl. Br., 30° 9' östl. L.).

Kakonda, Stamm der Kimbunda (s. d.) von Benguela.

Kakondy, Ort in Sierra Leone, von welchem am 18. April 1827 René Caillié seine berühmte Fusswanderung über Time und Djenni an den Niger, und von da nach Timbuktu antrat, wo er am 20. April 1828 anlangte; vergl. Caconda.

Kakonkah, Insel auf der Westküste, etwa 55 km nördl. von Sierra Leone, an der Mündung des grossen Scarcies-Flusses; am 29. April 1879 durch die Engländer besetzt.

Kakriman, Fluss in Futah-Djallon, vereinigt sich in der Landschaft Soresem mit dem Kekulo oder Kokulo zum Flusse Konkurey oder Taneney und ergiesst sich als Dembia bei Kapporo ins Atlantische Meer.

Kala, aufstrebender Ort in Tembu-Land (Südafrika).

Kalaa, Stadt in der alger. Provinz Oran, 28 km nordöstl. von Maskara, an der Strasse von Relizane, nordwestl. von Nador; 3560 Einw.

Kalaa-des-Beni-Abbes (Kalah, Gelaa), Stadt in der alger. Prov. Constantine, 35 km nordwestl. von Bordj-bu-Areridj.

Kalaa-des-Beni-Hammad, Ruinenstätte in der alger. Prov. Constantine, 30 km südöstl. von Bordj-bu-Areridj.

Kalaat-es-Sean, berühmter Flecken und Ruinenstätte im westlichen Tunisien, nahe der algerischen Grenze.

Kalaa-Kebira, Stadt im mittleren Tunisien, in der tunisischen Sahel, etwa 12 km nordwestlich von Sus; 8000 Einwohner.

Kalabar (Kalebar, Kalbari), das niedrige und flache Gestade, welches die Biafra-Bucht im Norden, in dem östlichen Winkel des Guinea-Busens (zwischen dem Kamerun-Gebirge im Osten und der Mündung des Kworra oder Niger im Westen) umspült, ist von den Europäern wegen eines in einem breiten Ästuarium dort mündenden Flusses dieses Namens „Kalabarküste" benannt worden. Der gewöhnlich „Alt-Kalabar" genannte, aus Nordosten kommende grosse Fluss, dessen Mündung ziemlich unter 6° 10' östl. L. und 4° 35' nördl. Br. liegt, ist in der ganzen Ausdehnung seines Laufes bis zur Zeit noch nicht bekannt. Seine Ufer sind mit zahlreichen Negerdörfern besetzt. Die Gegend des Kalabar-Flusses war ehemals ein wichtiges Zentrum des Sklavenhandels; heute wird Palmöl in grosser Menge hier verhandelt. Die Küste ist ein Miasmenherd, die Ströme sind von sehr starkem Gefälle, das Meer ist stürmisch, von furchtbaren Orkanen heimgesucht; die Neger sind die wildesten Barbaren. Nichts Geringeres als die durch den grossen Gewinn beim Sklavenhandel wachgerufene Habgier war notwendig, um die europäischen Fahrzeuge an diese verderbenschwangeren Küsten zu locken. Dagegen befindet sich der dieses Gestade im Süden beherrschende Kamerun in einer landschaftlich und sanitär so vorzüglichen Lage, dass schon Burton, welcher ihn 1862 besuchte, ihn als Stätte für ein Sanitarium empfahl. — Es herrschen an der Kalabarküste, wie in allen tropischen Gegenden, zwei Jahreszeiten: die regelmässigen Regen währen vom

Mai bis zum Oktober; die stärksten fallen im Juli und August. Der grösste Teil der trocknen Jahreszeit über herrschen dichte Nebel an der Küste; dieselbe wird deshalb von den Engländern „smoke season" genannt; sie ist die kälteste Zeit für die Eingeborenen und die ungesundeste für diese, wie für die Europäer. In der Regenzeit (oder heissen Zeit) hat man zeitweise 36° beobachtet; für gewöhnlich bewegt sich die Temperatur zwischen 26 und 30 oder 32°. Der „König" des Landes hat seinen Wohnsitz in der ca. 30 km vom Meere gelegenen Stadt Duke Town. Die Bevölkerung von Alt-Kalabar und vom ganzen Lande bis zum untern Niger gehört dem Ibo-Stamme an, der den Jebu in der Umgegend von Lagos verwandt sein soll.

Der „Neu-Kalabar" ist ein, in 4° 36′ 15″ nördl. Br. und 4° 37′ 41″ östl. L. (beim gleichnamigen Dorfe) gelegenes Ästuarium. Es wurde lange Zeit als zum Alt-Kalabar gehörig betrachtet, hat sich aber nach den Forschungen neuerer Reisenden (Charles Girard etc.) als ein Abfluss des Nigerdeltas herausgestellt.

Kalabasse, ein hohler, als Wasserbehälter dienender Kürbis.

Kalabcheh, Dorf der oberägypt. Prov. Esneh, 65 km südwestl. von Assuan, am linken Nilufer (23° 31′ 31′ nördl. Br., 30° 27′ 54″ ö. L.). In der Mitte des Dorfes Ruinen eines aus der Zeit des Kaisers Augustus stammenden Tempels.

Kalabchu, Ort im Distr. El-Ga'farieh der ägypt. Prov. Gharbieh.

Kalaë, Zufluss des Kunene.

Kalah, Ort im Distrikt Beni-Suef der ägypt. Prov. Beni-Suef.

Kalahari (Kalakhari, Karri-Karri), grosses Landgebiet im südl. Afrika, breitet sich zwischen dem 21. u. 28.° südl. Br. über eine Strecke von etwa 900 km Länge, vom rechten Ufer des Oranje-Flusses bis zum Ngami- oder Nami-See, welcher ziemlich genau die nördliche Grenze des K.-Gebiets bildet. Im Westen wird dasselbe von den Hügeln des Namaqua-Landes begrenzt, im Osten durch niedrige Höhen vom Transvaal-Plateau geschieden. Ihr Flächenraum innerhalb dieser Grenzen beträgt 687 515 qkm (rechnet man die nordwestlich vom Transvaal-Staat liegenden wüsten Strecken hinzu, so steigt das K.-Gebiet bis auf 715 928 qkm). Das unter dem Namen K. begriffene Gebiet ist eine grosse, von Nord nach Süd streichende Ebene, welche durch das Bett ihres grossen Wasserlaufs, der unter dem Namen Nosob, Up (den beiden Armen seines Oberlaufs) und Hygap das K.-Gebiet von Nord nach Süd durchschneidet und unter 18° östl. L. das rechte Oranje-Ufer erreicht, in zwei ziemlich gleiche Hälften geschieden wird. Dieses Wasserbett, welches mit den grossen versiechten Ueds der Sahara vergleichbar ist, enthält nur selten Wasser und führt seit sehr langer Zeit keinen Tropfen Wasser zum Oranje-Flusse. Es bildet aber zur Regenzeit mannigfache Tümpel oder Salzpfannen, von den Eingeborenen makarikari genannt, welche ziemlich lange Zeit Wasser enthalten. Seine westlichen Zuflüsse sind: der Elefant-River und der Black-River, welche gleich ihm nur versiechte Flussbetten sind. Von Osten dagegen kommen der Molopo und der Kuruman, welche, wenn sie ihm auch nur selten Wasser zuführen, doch im Oberlaufe wirkliche Flüsse sind und dort die (jetzt durch die Boers besetzten) Länder der Batlapi und der Barolong bewässern. Die grösste dieser Salzpfannen wird „die grosse Makarikari" genannt und ist ein elliptisches Becken, dessen Boden 3—5 m Tiefe hat, das in seiner Länge 200—240 km, in seiner Breite 130—160 km misst und etwa in 23° nördl. Br. und 24° östl. L. liegt.

Es erhält in der Regenzeit eine sehr grosse Wassermenge, welche ihm durch die Nata, Simoane, Kualiba und andere Zuflüsse zugeführt werden. Dies Bassin steht mit dem Ngami-See durch die Botletle oder Suja in Verbindung; je nachdem der Regenfall in dem einen oder andern dieser beiden Becken stärker war, fliesst das Wasser nach Westen zum Ngami oder in umgekehrter Richtung zum Makarikari ab (Serpa Pinto).

Der Kalahari ist nach der Ansicht des Missionärs Brown nicht immer die Wüstenei gewesen, welche sie heute darstellt. Ihr Gebiet war vor Zeiten von Flüssen und Bächen durchzogen und mit zahlreichen Seeen besetzt, von denen jetzt nur die Betten vorhanden sind und Muscheln oder Knochen von Tieren, welche in den Gewässern derselben gelebt haben. Brown erblickt die beiden Hauptursachen der in dieser Gegend Süd-Afrika's jetzt herrschenden Öde in einer neuzeitlichen Erhebung ihres Bodens auf ein höheres Niveau und in der Verschiebung dieses Bodens, wodurch die seine Oberfläche vormals bewässernden Flüsse unter die Erde versunken sind. Trotz dieses Mangels an fliessendem Wasser oder unterirdischen, oasenbildenden Wasserbecken verdient das K.-Gebiet nicht eigentlich den Namen Wüste, den man ihr gemeinhin beigelegt hat. Die Holländer nennen sie „Bosjesveld" (d. h. „Buschland"), die Engländer „the Bush" (Busch); in der That hat die K. eine reiche Vegetation und besitzt auch eine verhältnismässig zahlreiche Bevölkerung. Das den Boden der K. bedeckende Gras erzeugt eine grosse Mannigfaltigkeit an Pflanzen. Man trifft in ihrem Gebiet auf weite Dickichte, die nicht allein von Buschwerk und Gestrüpp, sondern auch von hohen Bäumen gebildet werden. Es ist eine ungeheure Ebene von merkwürdig gleichartigem Charakter, an verschiedenen Stellen durch das Bett versiechter Bäche durchschnitten und in allen Richtungen von zahlreichen Herden gewisser Antilopenarten, deren Organismus wenig oder gar kein Wasser bedingt, durchzogen. Der Boden besteht im allgemeinen aus einem weichen, leicht gefärbten Sande. Das Wild, die zahllosen Nagetiere, die man in der K. antrifft, und die kleinen Arten von Raubtieren, welche aus den letzteren ihre Beute wählen, bilden die Nahrung der die K. bewohnenden Buschmänner und Bakalahari. Die ersteren sind wahrscheinlich die Eingeborenen des südlichen Teils von Afrika, und die Bakalahari rühren ohne Zweifel aus der Zeit der ersten Einwanderung der Betschuanen her. Die Buschmänner leben aus Neigung in der Wüste, die Bakalahari, weil sie dazu gezwungen sind. Aber eine tiefe Freiheitsliebe beseelt die beiden Rassen. Die Buschmänner unterscheiden sich durch ihre Sprache, ihre Gewohnheiten und ihr Äusseres. Es sind die einzigen Nomaden, die man in diesen Gegenden trifft. Sie bebauen niemals das Land und haben, abgesehen von einigen elenden Hunden, keine Haustiere, dagegen sind sie mit den Gewohnheiten der wilden Tiere ihres Landes auf das genaueste vertraut. Dem Fleisch derselben, das ihre wichtigste Nahrung bildet, setzen sie die Wurzeln und wilden Früchte zu, deren Sammeln den Weibern obliegt. Die in den sandigen, sonnenverbrannten Ebenen der K. wohnenden Eingeborenen sind durchschnittlich mager und nervig, zur Ertragung grosser Anstrengungen geschickt und ausserordentlicher Entbehrungen fähig. Viele derselben sind von kleinem Wuchse, ohne jedoch die Zwerggestalt zu besitzen (Livingstone). Die Buschmänner nennen sich selbst „Massarua". Die Bakalahari sind ihrer Sprache und ihrem Äussern nach Abkömmlinge der Betschuanen, aber stark degradiert.

Anderson, welcher die K. 1864 und von 1869 bis 1872 bereiste und erforschte, bezeichnet sie als ein wertloses Land. Der Boden hat in gewissen Teilen bedeutende minerale Reichtümer (Kohle, Kupfer, auch Gold). Dort wo sich Wasser beschaffen lässt, ist Viehzucht möglich und vielleicht auch lohnend. Es gibt schöne, gras- und wildreiche Ebenen; weite Strecken sind mit Sträuchern und auch Bäumen bestanden. In gewissen Teilen der K. ist es aber unmöglich, Wasser zu finden. Dagegen wandelt sich die Wüste in der Regenzeit (von Januar bis Mai) zur lachenden Flur. Vergl. Parker Gillmore, „The great Thirst land: a ride through Natal, Orange Free State, Transvaal and the Kalahari desert" (1878); Silver, Handbook for South Africa (1880).

Kalaah-el-Gabahlah, Ort im Distr. Belbes der ägypt. Prov. Charkieh.

Kalahum, Duar in der alger. Prov. Constantine (420 Einw., 2458 ha).

Kalaï, s. v. w. Bakelaï.

Kalaka, 1) s. v. w. Bachr-el-Arab; — 2) Landschaft des ägyptischen Sudan, im Süden der Landschaft Abadima, politisch zur Mudirie Kordofan gehörig; — 3) Ortschaft in derselben, südlich von Dara gelegen, 1879 von dem englischen Missionär C. T. Wilson auf der Rückreise vom Victoria Nyanza durchzogen.

Kala-Kafra, Stadt in Bornu (Zentralsudan), von hohen und dicken Mauern umschlossen; ca. 5000 Einw. (Nachtigal).

Kala-Kassaka, s. Ghassaka.

Kalâla, ziemlich bedeutender Ort der grossen Sahara-Oase Kauar (s. d.), aus ca. 200 Häusern bestehend (Nachtigal).

Kalam, südöstliche Provinz des Kaiserreichs Sokoto (zentraler Sudan); erstreckt sich vom Benuë (rechtsseitigem Zufluss des Niger) im Süden bis zur Gongola (rechtsseitigem Zufluss des Benuë) im Norden, welch' letztere sie im Nordosten von der Provinz Bornu's Gudjba scheidet. Im Osten und Süden befinden sich zwischen K. und Adamaua die Gebiete von unabhängigen Stämmen. Im Westen endlich grenzt sie an die Provinz Bolobolo, von welcher sie durch den Unterlauf der Kaddera (Zufluss des Benuë) geschieden wird. Hauptort ist Hania. Er liegt in dem Bereiche des Zusammenflusses der Kaddera mit dem Benuë. Rohlfs durchschnitt 1868 den nördl. Teil dieser Provinz.

Kalamchah, Ort im Distr. Tobhar der ägypt. Prov. Fajum.

Kalari, Land im westlichen Sudan; bildet den östlichen Teil des Segu-Reiches.

Kalaschi, Dorf im Lande Garbu (Senegambien), 11° 50' 16" n. Br., 12° 51' w. L. v. Gr.

Kalat-el-Ued, ein Höhenrücken im tunisischen Binnenlande. Er hiess im Altertum „Castra Cornelia", zum Andenken an den Römer Cornelius Scipio, welcher hier 204 v. Chr. sein Lager aufschlug. Damals (im Zeitalter der römischen Kriege) bildete das Meer zwischen dem Vorgebirge Apollos (Kap Farina) und der Karthagischen Halbinsel zwei Buchten, zwischen denen eine hohe felsige Landzunge in die See hinaus vorsprang; auf ihr lag damals der K., und im innersten Punkt der nördlichen Bucht lag Karthagos Rivalin Utica.

Kalbari, s. Kalabar.

Kale, Dorf im Lande der Malinkes, oberhalb von Bafulabé, am Bakhoy (Quellarm des Senegal), 1880 durch Gallieni unter französischen Schutz gestellt.

Kaleba, s. v. w. Alt-Kalabar.

Kalébue, eine an den Lomamifluss grenzende, dem Reich Kotto am Lubilasch unterthane Völkerschaft. Sie werden bereits von Arabern aus Nyangwe heimgesucht, die bis zu ihnen ihre Sklavenjagden ausdehnen.

Kalema, arabische Handelsstation

an der Grenze von Fipa oder Tongwe (Tanganjika-See); siehe Caluma.

Kalendul, Ort im Distr. Taftich-el-Rodah der ägypt. Prov. Assiut.

Kalgo, Ort am Gulbi-n-Gindi, einem Nebenflusse des Niger.

Kalhanah, Ort im Distr. Tobhar der ägypt. Prov. Fajum.

Kalh-el-Makta, Ort im Distr. Farchut der ägypt. Prov. Kena.

Kali, Dorf in der Tuat-Oase Gurara.

Kalin, Ort im Distr. Kafr-el-Cheikh der ägypt. Prov. Gharbieh.

Kalin Mtrebbia, Pass des abessinischen Hochlandes, welcher zwischen Melsa und Guna die Wasserscheide zwischen Takazzeh und Tana bildet und 2699 m hoch ist.

Kaliub (das alte Heliopolis), Hauptort des Distriktes Kaliub der unterägypt. Prov. Kaliubieh; etwa 4 km vom rechten Ufer des Nil, 17 km nördl. von Kairo; Station der Bahnlinie Alexandrien-Kairo.

Kongo-Neger.

Kaliubieh, die dritte Mudirie (Provinz) von Unterägypten. Sie zerfällt in die 3 Distrikte: Benha, Aghur und Khanssa und umfasst 3 Städte und 159 Dörfer. Ihre Bevölkerung betrug 1877: 205 380 Seelen. Hauptort ist Benha mit etwa 5000 Einwohnern.

Kalk-Bai, s. Falsche Bai.

Kallara, Dorf im Reiche Futa-Djallon (Route Timbo-Ningisuri).

Kallina, ein Leutnant der österreichischen Expedition; nahm an der letzten Stanley'schen Kongo-Expedition teil und ertrank im Dezember 1882 im Stanley-Pool infolge Kentern seines

Bootes. — Nach ihm führt eine der französischen Station Brazzaville (s. d.) ziemlich gegenüber gelegene Landspitze des Stanley-Pool im Kongo — ein Vorgebirge, welches durch eine 18 m aus dem Wasser aufragende rote Klippe gebildet wird, den Namen „Kap Kallina".

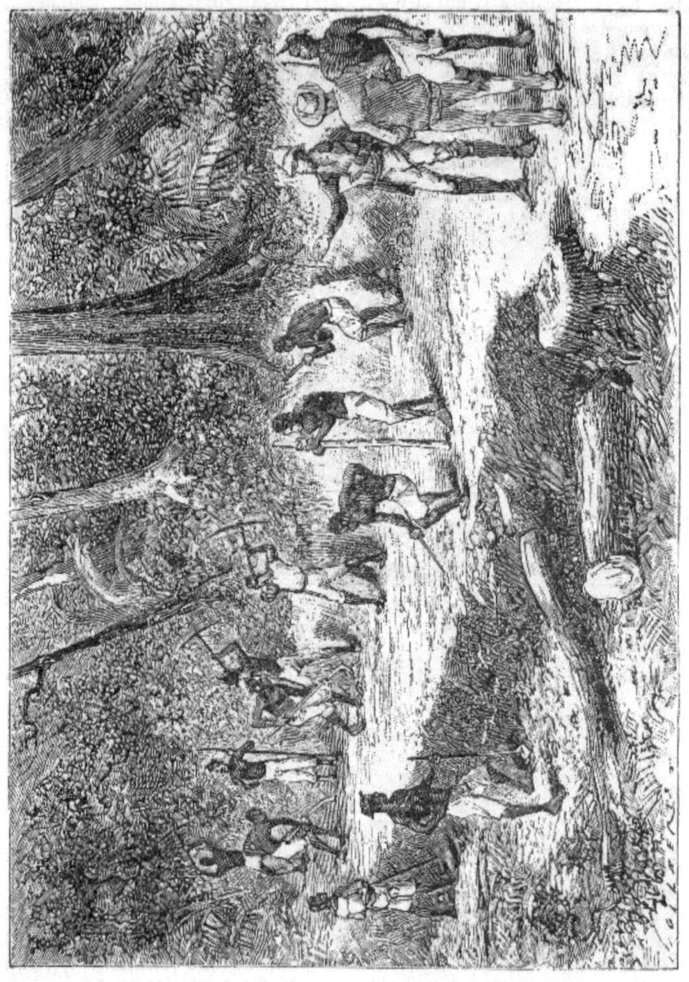

Strassenbau am Kongo.

Kalliul, Stadt im Thale Fogha in der Prov. Kebbi (Haussa-Staaten).

Kalulu, einer der Sansibarioten, welche Stanley auf seiner grossen Kongofahrt begleiteten. Er verunglückte am 28. März 1878 in einem der Livingstonfälle, welcher dann zur Erinnerung an seinen Tod Kalulufall

41

benannt wurde (siehe Seite 60../601). Drei Kanoes wurden dort von der Strömung erfasst und über die Felsen hinabgerissen.

Kamagha-Damara, s. Damara.

Kamaherero, Volksstamm u. Landschaft in Hereroland.

Kamalia, Mandingo-Stadt im westlichen Sudan, 70 km nordwestlich von Bamaku (Mungo Park 1797).

Kamaït, Berggruppe in der ägypt. Prov. Jaka (Ostsudan), im Norden des Chor Sadem oder Obelet.

Kamala, Stadt der Kuranka (Sierra Leone), am linken Ufer des Rokelleflusses.

Kamana, Landschaft in Senegambien, auf der Strecke von Beledugu nach Medine am Senegal; 1881 durch Vertrag mit Dr. Bayol unter französ. Schutz gestellt.

Kamanassie, ein Nebenfluss des Gauritz-Rivier (Südafrika), durchfliesst den Distrikt George (s. d.) der engl. Kapkolonie.

Kamanten (Kömanten), s. Agau 5).

Kamaranka, Küstenfluss Westafrikas, entspringt am Südwestabhange des erst in jüngster Zeit erforschten Lomagebirges und mündet nach kurzem Lauf an der Guineaküste in das Atlantische Meer.

Kamba, s. Camba.

Kambamha, Ort am Kuanza, der hier durch Katarakte bricht.

Kambazemhi, Stamm der Ovaherero.

Kambingana, Dorf in Hereroland (Gebiet der Ovambanderu).

Kamdebu (Camdeboo), s. Graaff-Reynet.

Kamelschekhs werden im Ostsudan die Häuptlinge der hauptsächlich die Kamelzucht betreibenden Stämme genannt.

Kamerun, 1) Gebirgsstock im Busen der Biafra-Bai, gegenüber der Insel Fernando Po, im nördlichen Winkel des Golfs von Guinea. Er wird im Osten von einem weiten Ästuarium, dem Kamerunflusse, umschlossen. Der wirkliche Name des Gebirges ist Camarãos (spanisch Camarones); er wurde dem Gestade von den Portugiesen gegeben nach einem kleinen Krustentiere, welches in grossen Mengen dort von ihnen gefunden wurde (Camarão heisst auf portugiesisch „Krabbe"). Der deutschen Benennung Kamerun liegt die englische Form des Namens (Cameroon) zu grunde; die Franzosen schreiben das Wort: Camerouns.

Der Gebirgsstock bedeckt eine Art kleiner Halbinsel, welche, unfern vom 7.° östl. L. (v. Par.) zwischen 3° 57' und 4° 25' nördl. Br. gelegen ist. Er wird im Osten durch den Bimbia-Fluss, im Westen durch den Bumbi-Fluss (einen Arm das Rio del Rey, im Süden in seinen letzten Ausläufern vom Atlantischen Ozean, bezw. von dessen Einbuchtung, dem Golfe von Guinea, bespült. Seine Ausdehnung in nördlicher Richtung ist bis zur Stunde noch nicht erforscht.

Das Kamerun-Gebirge ist ein vulkanisches Gebilde. Seine Krater sind (nach Burtons Berichten) noch nich erloschen.

Der erste Europäer, welcher die Besteigung des grossen Kamerunbergs versuchte, war der Engländer Merrick, welcher durch den Urwaldgürtel bis zu der offnen Grasfläche am obern Teil des Gebirges vordrang, dann aber durch Durst und Kälte zurückgetrieben wurde. Der zweite Reisende, welcher sich an die Besteigung wagte, war der in englischen Diensten stehende deutsche Botaniker Mann (1860). Er konnte indes nicht weiter vordringen als Merrick. Erst dem bekannten Afrikaforscher Konsul Burton gelang vom 19. Dezember 1861 bis zum 2. Februar 1862 die erste Besteigung des Kameruns. In seiner Begleitung befanden sich der obengenannte Botaniker Mann, der engl. Missionär Saker und der Spanier Calvo. Burton empfahl den Engländern das Kamerungebirge als Sanitanium, Deportationsstätte oder Kolonie. — Die zweite Besteigung gelang dem englischen Missionär Comber im April 1877 in Gesellschaft von Greenfell und Ross. Comber brauchte nur 8 Tage zu derselben, indessen schwebt, wie Hugo Zöller in der „Köln. Ztg." berichtete, über Combers Besteigung des K. einiges Dunkel, da derselbe seine Begleiter tief unten zurück liess und über seinen Aufstieg niemals Ausführliches berichtet hat. — Die dritte Besteigung wurde von dem obengenannten Weltreisenden Zöller in Begleitung der beiden Polen von Rogozinski und Jenikowski am 12. Jan. 1885 unternommen. Zöller nahm die Insel Mondoleh in der Ambasbai als Ausgangspunkt, fuhr im Boote nach dem am Festlande gelegenen Dorfe Bota herüber und erreichte bei + 35° C. am Abend desselben Tages, durch üppigen Urwald marschierend, das Dorf Boando; von da über die Mannsquelle, die Issumahöhle (jenseits des kleinen Kamerunberges), den „Götterberg" (Mongo-Ma-Loba, den höchsten Gipfel im Kamerungebirge, dessen Besteigung der dritte Tag gewidmet wurde, dann in 2800 m Höhe über grasbewachsene Berge und alte verwitterte Lavaströme nach der Hunters-Hut und von da am fünften Tag auf den Gipfel. „Um 3¾ Uhr morgens" (berichtet Zöller in der „Köln. Ztg.") „standen wir auf der höchsten Bergeshöhe Westafrikas und, so weit bisher unsere Kenntnis reicht, nächst dem Kilimandscharo (an der Ostküste) der höchsten von ganz Afrika. Von dieser stolzen, bloss einmal oder höchstens zweimal vorher erstiegenen Höhe hinunterblickend, sahen wir zu unseren Füssen eine ganze Welt von Bergen, Wolken und erloschenen Vulkanen. Nach Ansicht der Eingeborenen thront Gott selbst auf diesem Riesenkegel, den sie — wie schon Kapitän Allen 1847 mitteilte — deshalb Mongo-Ma-Loba (Götterberg) nennen, und keiner von ihnen würde durch irgendwelches Geldversprechen zur Besteigung veranlasst werden können. Auf der noch stehenden halben Kante des ehemaligen Kraters (die andere Hälfte ist herabgestürzt) sitzend, verfassten wir bei + 4° C. mit halberstarrten Händen in lateinischer Sprache eine Urkunde, welche in eine strohumflochtene Flasche gesteckt und mit dieser vergraben wurde. Darüber türmten wir Felsblöcke auf, umsaust von heulendem Sturme, der uns in diesem Augenblick in Wolken hüllte, um im nächsten wieder auf kurze Zeit einen freien Überblick zu gestatten. Die beabsichtigte neue Höhenbestimmung misslang uns, da die mitgebrachten Barometer nicht ausreichten und die zur Bestimmung des Siedepunktes des Wassers angewandten Thermometer zersprangen. Irgendwelche Spuren neuester vulkanischer Thätigkeit haben wir im Kamerungebirge nicht wahrgenommen und auch die von Burton erwähnte Solfatara nicht auffinden können. Von jenen unzähligen, schwarzen Riesengletschern gleichenden Lavaströmen, die wir überschreiten mussten, schienen einige jedoch neueren Datums zu sein, wie denn auch 1868 Kapitän und Passagiere eines Dampfers grosse Flammen- und Rauchsäulen vom Kamerungebirge haben aufsteigen sehen."

Burton taufte die beiden höchsten Gipfel des Kameruns: den obengenannten Mongo-ma-Lobah, dessen Höhe er auf 4194 m (13130') bestimmte, „Victoria-Pik"; den zweithöchsten Gipfel (dessen Messung Burton nicht gelang) „Prinz-Albert-Pik". Dagegen bestimmte Burton noch die Höhe eines im Südstock gelegenen Pik (von den Eingeborenen „Mongo-ma-Etinde" genannt) auf 1774 m. Das K.-Gebirge ist, wie bekannt, deutscher Besitz. Es wurde von dem deutschen Reisenden Ro-

41*

bert Flegel als der „für die Errichtung blühender Kolonieen und Handelsniederlassungen geeignetste Ort der Westküste“ und „als Ausgangsstätte für den deutschen Handel nach Innerafrika“ bezeichnet. Die landschaftliche Schönheit des Kamerun-Gebirges soll sich derjenigen des deutschen Alpengebietes zur Seite stellen können. Der Anblick, welcher sich dem von Westen her in die Meerenge zwischen dem Festlande und der Insel Fernando Po einfahrenden Reisenden bietet, wird als bezaubernd geschildert: zur Rechten den Pik von Fernando Po, zur Linken schroff und steil aus dem Meeresufer heraufsteigend, den dichtbewaldeten Riesenkegel des Kamerun, von welchem sich nordwärts eine Reihe kegelförmiger Höhen in das Land hineinschiebt. Bis zu 3000 Fuss hoch erstrecken sich die Alpenwälder; dann umschlingt den Berg, einem breiten Bande gleich, die Region der Riesen-Farnkräuter. Hinter ihnen ragt das kahle vulkanische Gestein, und hellblinkende Schneefelder bilden in mächtiger Höhe den Abschluss.

2) Der **Kamerun-Fluss**, welcher lange Zeit hindurch nur als ein Ästuarium, gleich dem Gabon betrachtet wurde, mündet in einer Breite von 32 km östlich vom Kamerun-Gebirge ungefähr in der Mitte des Ästuariums, und wird von dem Gebirge durch den gleichfalls in das Ästuarium mündenden Mungo-Fluss geschieden. Dies **K.-Ästuarium** ist ein flaches deltaartiges Sumpfland, welches sich längs der Biafra-Bucht in südlicher Richtung über einen Flächenraum von etwa 40 QMeilen ausbreitet, dicht bewaldet ist und von zahlreichen Flüssen gebildet wird. Die Eingeborenen nennen den K.-Fluss an der Mündung Madimba ma Dualla, im Oberlaufe Wuri. Seine breiten Seitenarme bilden mit einer Unzahl von kleineren Wasseradern ein labyrinthartiges Netz von Kanälen. Die Strömung des Flusswassers macht sich durch die, von zahlreichen Sand- und Schlammassen herrührende schmutzigelbe Farbe weit in die See hinaus bemerkbar. Über die Handelsbewegung auf dem K.-Flusse gibt das 5. Heft der „Kolonialzeitung“ (1885) die folgenden bemerkenswerten Ziffern: Es liefen ein 1883: 15 deutsche Dampfer mit 20035 Tons, 15 englische Dampfer mit 20963 Tons, 2 deutsche Segler mit 726 Tons, und 6 englische Segler mit 2052 Tons. Ausgelaufen sind 14 deutsche Dampfer mit 19309 Tons, 13 englische Dampfer mit 18219 Tons, 1 deutscher Segler mit 398 Tons, und 3 englische Segler mit 1049 Tons. Im Jahre 1884 sind eingelaufen 27 deutsche Dampfer mit 37791 Tons, 21 englische Dampfer mit 19450 Tons, 1 deutscher Segler mit 1600 Tons und 7 englische Segler mit 2005 Tons. Ausgelaufen sind im Jahre 1884: 26 deutsche Dampfer mit 36901 Tons, 20 englische Dampfer mit 28898 Tons, kein deutscher Segler und 6 englische Segler mit 1836 Tons. Kriegsschiffe irgend welcher Nationalität sind dabei nicht mit einbegriffen.

In betreff der Produktenausfuhr ist anzunehmen, dass monatlich von den 2 deutschen Firmen 180 bis 200 Tonnen Öl und von den 6 englischen Firmen nicht ganz ebensoviel angekauft wird. Von den drei Plätzen König Bells-Stadt, König Acquas-Stadt und Dido-Stadt werden jährlich etwa 4500 Tonnen Öl verschifft. Der nächstbedeutende Ausfuhrartikel sind Palmenkerne, von denen die Deutschen bis zu 200 Tonnen im Monat, die Engländer dagegen beinahe gar nichts aufkaufen. Auch der Elfenbeinhandel (etwa 50000 Pfund jährlich) ruht fast ausschliesslich in den Händen der Deutschen. Der schwerste jemals hier gekaufte

Zahn wog 150 Pfund. Von sonstigen zur Verschiffung gelangenden Landeserzeugnissen sind noch Rotholz, Stuhlrohr (Ratang), Ebenholz, Gummi (in kleinen Mengen), Kaffee (erst ganz neuerdings in kleinen Mengen aus dem Innern kommend) und Erdnüsse (Arachiden) zu erwähnen, welch letztere aber zu teuer sind, als dass die Kaufleute sich auf grössere Ankäufe einlassen könnten. Im Innern stecken jedenfalls noch sehr viel unbekannte Schätze, aber um das Innere zu erschliessen, muss die Macht der Zwischenhändler, welche das grösste Hemmnis für die Entwickelung des Handels darstellen, gebrochen werden. Die Thatsache, dass der Handelsumsatz der deutschen Häuser beständig steigt, derjenige der englischen Häuser beständig fällt, ist hauptsächlich dem Umstande zuzuschreiben, dass die Deutschen mässig gute Waren billiger als die Engländer zu liefern imstande sind. Der grösste Teil der von den hiesigen deutschen Häusern verkauften Waren, die Manufakturwaren nicht ausgeschlossen, ist deutschen Ursprungs. Von Eisenwaren, Pulver, Spirituosen u. s. w. versteht sich das beinahe ganz von selbst. Alles hier in Umlauf befindliche Geld ist englisch, aber der grösste Teil des hier betriebenen Handels ist reiner Tauschhandel. Die hauptsächlichsten Ausfuhrartikel, nämlich Palmöl und Palmkerne, werden in sehr verschiedenen Mengen zugeführt, teils in sehr geringen Mengen von den Produzenten selbst, teils schon in Fässern oder auch einer grössern Anzahl von Fässern seitens jener Händler (trader), denen man einen recht beträchtlichen Kredit (trust) zu gewähren genötigt ist.“

Von Süden her mündet in das Ästuarium des Kamerun der Quaqua, ein Arm des Malimba. Unterhalb dieses Armes teilt sich der Hauptstrom nochmals, in den Bongo und und M'benga, welcher letztere sich ebenfalls in zwei Arme spaltet. Unsere Kenntnis des Flusses reicht noch nicht viel weiter als bis zur Quaquamündung, etwa 17 km aufwärts von der Bongo-Mündung, der ganze Flusslauf aber ist nach beiläufigen Schätzungen 28—30 km lang. Als der Hauptstrom ist der Bongo-Arm zu betrachten, welcher trotz einer die Einfahrt zum Teil sperrenden Barre auch in der trockenen Jahreszeit Schiffen von 7—8 Fuss Tiefgang zugänglich ist. Mit Booten kann man zu jeder Jahreszeit das an einem Wasserfall etwa 10 Kilometer oberhalb des Quaqua gelegene Odia oder Idia erreichen, den grössten Handelsplatz am Flusse. — Eine zweiter westlicher Zufluss des K., ausser dem Mungo, ist der noch wenig bekannte Yabiang oder Abo (s. d.), der durch das Land der Abo-Leute fliesst.

Die Mündung des Kamerun-Flusses ist, gleichwie diejenige des sich vom Mungo abzweigenden, mit dem K.-Ästuarium durch die beiden Arme des Matumal und Mordekai verbundenen Bimbia, durch eine Sandbarre versperrt. Die Ufer sind mit Mangroven bedeckt. Zahllose Vögel, Silberreiher, Eis- und Wasservögel aller Art beleben sie. Die deutschen Kaufleute haben im **K.-Lande**, dessen politische Grenze südwärts durch den in die Campo-Bai mündenden Itema-Fluss gebildet wird, viele Faktoreien. Die Rhede von Bimbia gilt als die verhältnismässig sicherste. Hier liegt der grosse, gleichfalls unter deutschem Schutze stehende Negerort King-William's Town. Östlich v. Bimbia liegt das in der Neuzeit oft genannte Victoria an der Man of War-Bai (sogenannt, weil die englischen Kriegsschiffe daselbst zu ankern pflegen). Gegenüber liegt Fernando Po mit seinem Pik und der deutschen Kohlenstation. In der Ambas-Bai liegt die Insel Mandoleh, auf welcher der Pole Rogozinski seine Station hatte. Die Baptisten-Missionäre haben ihrer Kolonie Victoria die Bergdörfer Bongala, Bonjongo, Mossumba, Evongo, Boana u. das Sopo-Gebiet einverleibt. H. Zöller schloss Schutzverträge ab mit Mapanja, Bwassa, Bonjoko, Bullikova, Bonganpa, Bonjemal, Bomote und dem grossen Ort Bongandjo am Südabhange des Kameruns. Nordwärts erstreckt sich das Kamerun-Gebiet bis zum Bakundu-Lande mit dem grossen Orte Kumba (2000 Einw.); innerhalb des letztern liegt der Balombi ma Mbu oder Elefanten-See (noch deutscher Besitz). Westwärts von der Kolonie Victoria erstreckt sich das deutsche Gebiet bis zum Rio del Rey.

Die an der Biafra-Bai wohnenden Neger gehören sämtlich zum Bantustamme, sprechen aber verschiedene Dialekte und unterscheiden sich wesentlich einer vom andern durch ihre Lebensweise, ihre Sitten und Gebräuche. Die im eigentlichen Kamerun, in dem Gebirgsgebiete, wohnenden Negerstämme sind die Bakwileh oder richtiger Bakwiri, welche von Burton als eine hellfarbigere Rasse geschildert werden, ähnlich den Bubi von Fernando Po; sie sollen wenig gastfreundlich, aber friedfertig sein. Ihr Hauptort ist das 2500 Fuss hoch gelegene Mapama (mit Sanitarium für Fieberkranke). Im Gebiete des Kamerunflusses wohnen die Stämme der Bamboko, Botougo, Ilubu, Mungo, Madenga', Qua (Lova), Moko etc. Unmittelbar an den Ufern des Kamerun wohnen die Dualla, das Handelsvolk par excellence unter den Kamerunvölkern, welche den Vorteil wohl auszunutzen verstehen, den ihnen ihre Wohnsitze an der Flussmündung bieten. Sie haben den ganzen Handel monopolisiert, und die Kaufleute können augenblicklich noch bloss durch ihre Vermittelung mit den Stämmen im Innern verkehren, aus deren Gebiet das Elfenbein, Palmöl, die Palmkerne und Erdnüsse kommen, welche den Haupthandelsartikel am Kamerun bilden. Die Duallas wohnen in grossen, freundlich aussehenden Dörfern, welche sich durch die Reinlichkeit, welche überall, sowohl in den Strassen als in den Häusern herrscht, auszeichnen. Ihre, in der letzten Zeit vielgenannten Ortschaften sind (von Süd nach Nord): King Bell's Stadt, King Aqua's Stadt, Dido's Stadt, John Aqua's Stadt, Kinga-ba-Kay (sämtlich auf dem linken Ufer des Kamerun-Flusses). Nächst den Duallas sind die Edea- oder Idia-Leute zu nennen, deren Gebiet sich zwischen den noch unerforschten Flüssen Lungasi und Idia erstreckt. Wie am Kamerun die Dualla, haben auch sie hier den Handel mit dem Binnenlande monopolisiert. An die Wohnsitze der Idialeute reihen sich flussabwärts jene der Bakokos, zunächst auf beiden, dann nur auf dem rechten Ufer, während auf dem linken Ufer auf einer kleinen Strecke Pongos wohnen, worauf wieder Bakokos beide Flussufer einnehmen, bis zu dem Gebiete der Malimbas, welche am Bongo- und M'benga-Arm ihre Niederlassungen haben. Die Malimbas schätzt man auf etwa 1000—1500 Seelen, die Sklaven mit eingerechnet. Sie wohnen in den Ortschaften Bongo, Malimbojeddo, M'benga und Molongo, deren jede unter einem eigenen König steht. Streitigkeiten zwischen den einzelnen Orten bilden die Regel. Die Weissen haben hier grossen Einfluss und können sogar einen König, der ihnen nicht behagt, absetzen, was jedoch grosse Kosten verursacht. Die Malimbas leben vom Handel, von Fischfang und Jagd; Ackerbau wird wenig getrieben, und sie beziehen den grössern Teil ihrer Nahrungsmittel von den Bakokos. In das Innere kommen auch die Malimbas nicht.

Zum ersten Gouverneur des deutschen Kamerunlandes wurde bekanntlich der Freiherr von Soden ernannt, welcher mit seinem Adlatus Referendar v. Puttkamer seit Anfang 1885 daselbst amtiert.

Kamies, Bergkette in der Kapkolonie, ein Teil des Küstengebirges im Westen derselben, im Distrikte Klein-Namaqualand. Ihr höchster Gipfel ist der Welcome-Berg (1564 m). Auf dem nordwärts sich erstreckenden Hochplateau liegt die Wesleyanische Station Kamiesberg oder Lilyfontein inmitten einer Art Oase, deren Fruchtbarkeit mit der trübseligen Dürre der umliegenden Landschaft merkwürdig kontrastiert.

Kamiesberg (Lilyfontein), s. Kamies.

Kammane, Stadt im Kaiserreich Sokoto (zentraler Sudan), in der Provinz Sanfara, 15—20 km südlich von Syrmi, durch ihre Industrie aus der Trostlosigkeit des übrigen Landes hervorstechend. Die Bewohner von K. bauen nicht allein Baumwolle und Indigo, sondern treiben auch Weberei und Färberei. Auch ist es ihnen bisher gelungen, ihre Stadt vor den Einfällen der heidnischen Goberawa sicher zu stellen.

Kamolondo (Kamorondo), Wasserläufe und Seeen im Gebiet des obern Kongo oder Zaïre. Die ersten Berichte derselben brachte Livingstone, welcher sich folgendermassen über sie aussprach: „Der K.-See misst ungefähr 25 Meilen (40 km) in der Breite. Er nimmt den Lufira auf, dessen Breite bei Katanga der Tragweite eines Pfeilschusses gleichkommt. Östlich von der Einmündung des Lufira liegt Tschakomo; Kilonse-Kalansa und die Mkanas (die unterirdischen Wohnungen) liegen nach Westen; einige dieser letzteren liegen nur zwei Tagereisen von Katanga, das zehn Tagereisen von Komolondo entfernt ist.“ Die späteren Forscher, besonders Cameron, haben genauere Berichte gebracht, obgleich auch sie nur auf Erkundigungen bei Eingeborenen beruhten. Nach Camerons Bericht entspringt der Kamolondo-Fluss (der bisweilen auch Lualaba genannt wird), aus dem Kassali- oder Kikondja-See und fliesst nach Nordosten, um unter 6° südl. Br. in den Lualaba Webb's, des obern Laufs des Kongo, zu münden. Es ist indes richtiger, den K. eine fortlaufende Reihe von Seeen (Kowamba, Kahando, Ahimbe, Bembe und Siwambo) als einen Fluss zu nennen. Die einzelnen Seeen stehen unter einander in Verbindung und werden durch Flüsse gespeist, welche auf dem Urua-Gebirge im Südosten entspringen.

Kamuke, westliche Provinz des Kaiserreichs Sokoto (zentraler Sudan), an der Grenze des Königreichs Gando. Sie wird von Norden nach Süden durch einen rechtsseitigen Nebenfluss des dem Niger zuströmenden Kaduna durchschnitten.

Kanariensekt, der auf den Kanarischen Inseln gebaute und hauptsächlich von Tenerifa zur Ausfuhr kommende Wein; vergl. Palmensekt.

Kanarier werden an der Küste von Mozambique und Sofala die handeltreibenden Abkömmlinge von Portugiesen und indischen Weibern genannt.

Kanarische Inseln, Inselgruppe im Atlantischen Ozean (auch „Glückliche Inseln“ genannt und schon dem jüngern Plinius bekannt), wurden frühzeitig wieder entdeckt: im 12. Jahrh. durch Araber, im 13. Jahrh. durch Genuesen unter Daria und Vivaldi, 1341 durch den Florentiner Tegghia, teilweise 1406 durch den Normannen Béthencourt erobert, seit 1478 im spanischen Besitze. Die Gruppe wird von zwölf Inseln gebildet, davon sind sieben (Lanzerote, Fuerteventura, Gran Canaria, Tenerifa, Gomera, Palma und Ferro) bewohnt, die übrigen 5 unbewohnt. Ihr Gesamtumfang beträgt

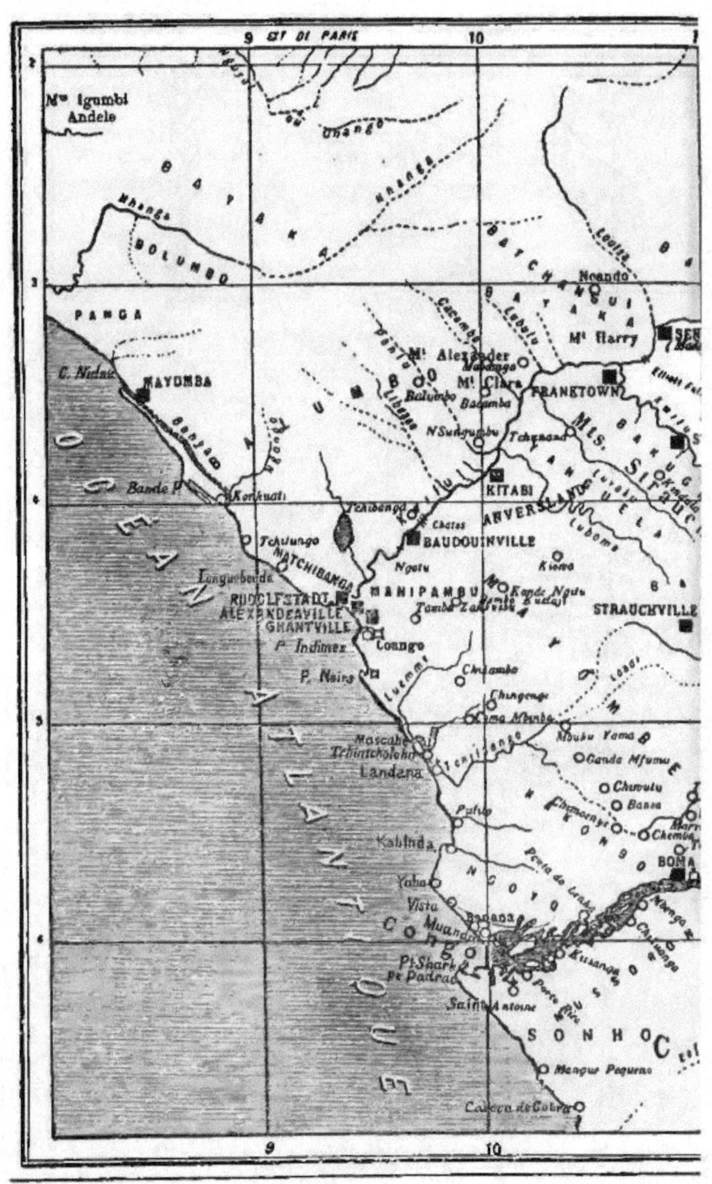

Karte der S

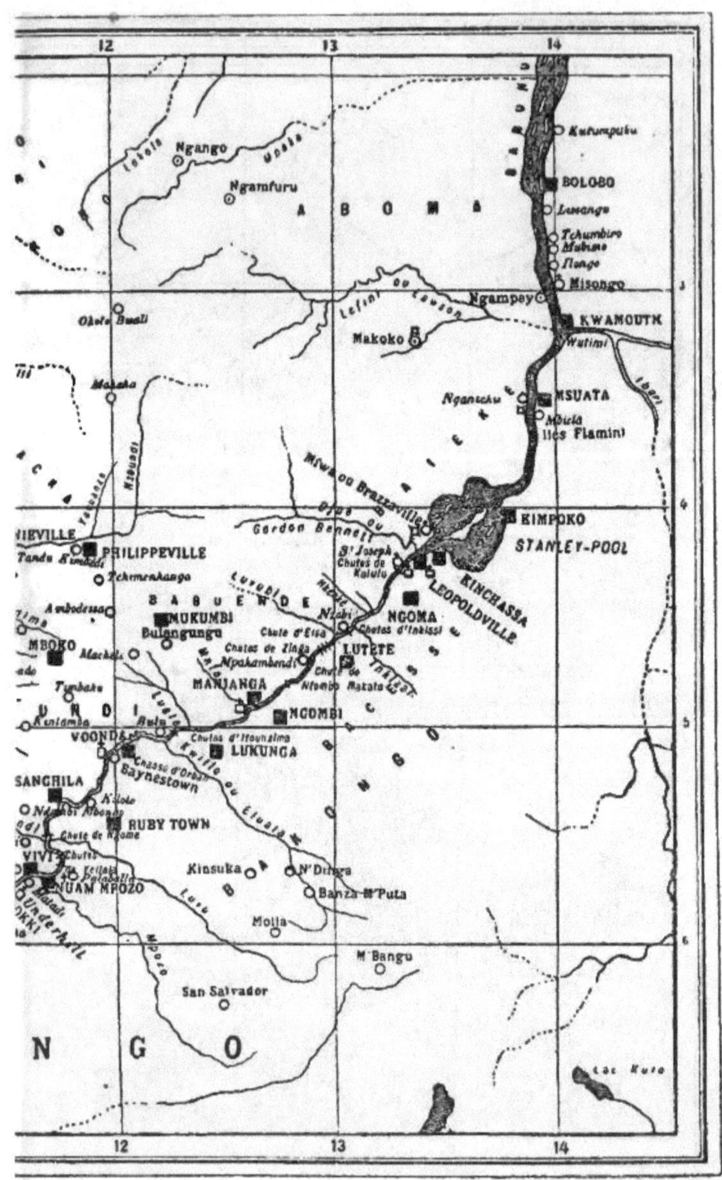

ı Kongogebiet.

7273 qkm. Sie bildet gegenwärtig die 49. spanische Provinz; an der Spitze der Verwaltung steht ein Gouverneur; geistlicher Oberhirt ist ein Bischof.

Die Kanarischen Inseln sind vulkanischen Ursprungs. Der Boden ist äusserst fruchtbar, das Klima trefflich. Haupterzeugnisse sind: Zucker, Baumwolle, Seite, Cochenille, Orseille und besonders Wein (Kanarien- und Palmensekt), der aber häufig durch Traubenkrankheiten gefährdet ist. Eine Eigentümlichkeit der Tierwelt ist der jetzt über das ganze Europa verbreitete Kanarienvogel. Die Industrie ist unbedeutend, der Handel ganz in englischen Händen.

Die friedfertige, wahrscheinlich hamitische Urbevölkerung der Guanchen (s. d.) ist bis auf äusserst spärliche Reste entweder ausgestorben, oder längst mit den normannischen und spanischen Eroberern vermischt; die gegenwärtige Bevölkerung bezifferte sich 1870 auf 283859 (1864: 255400) Köpfe.

Ein Teil von jenen Gelehrten, welche das ehemalige Dasein der sagenhaften grossen Insel Atlantis, jenseits der Säulen des Herkules im Atlantischen Ozean, als Wahrheit annahmen (unter ihnen der grosse Kant, ferner Baudelot u. a.) und ihre Zerstörung als durch eine gewaltige, von Süden kommende Wasserflut bewirkt glaubten, hielten die Kanarischen Inseln und die Azoren für Überbleibsel der Atlantis. Man vergleiche die Einzelartikel: Fuerteventura etc.

Kanâtir (El-), s. Ganâtir.

Kandalla, Stadt im Osten, an der Küste des Somali-Medjertin-Landes; 3000 Einwohner.

Kandia, Landschaft an der Mündung des Cassini (Senegambien); unter französ. Protektorat, wogegen aber Portugal Widerspruch erhob.

Kandji, Ortschaft am rechten Ufer des Niger, zwischen Kpatatschi und Garapiri (Flegel).

Kandjii, Stamm der Ovaherero (Hereroland).

Kane, Elisha Kent, der durch seine Forschungsreisen in China, Mexiko und im arktischen Amerika berühmte Weltreisende, zu Philadelphia 3. Febr. 1820 geboren, gestorben 16. Febr. 1857 zu Havana, bereiste 1845—46 Ägypten bis an die Grenze Nubiens, dann Südafrika und Dahomé.

Kanem, Land im nördlichen Sudan, an der nördlichen Grenze von Bornu. Es bildet das nördliche und nordöstliche Uferland des Tschad-Sees, im Osten grenzt es an Wadaï, im Norden an das Land der Tibbu oder Tebu. Es liegt etwa zwischen dem 14. und dem 16.⁰ nördl. Br. und dem 12. und 14.⁰ östl. L. Es ist ein flaches, von zahlreichen Dattelthälern durchschnittenes Land. Ein grosses Wadi (von den Arabern **Bachr-el-Ghasal**, von den Kanemleuten **Burrum**, von den Tibbu **Fede** genannt, schneidet das Land an seiner Ostgrenze von Nord nach Süd. Die Hauptstadt ist Mao; sie liegt etwa 60 km vom östlichen Ufer des Tschad-See. In früherer Zeit war die Hauptstadt von K. Njmiye, nordwestlich vom Tschad-See. Seit langer Zeit verfallen und verlassen, ist Njmiye durch die ausgetretenen Wassers des Tschad-See zerstört worden. Am Abhang eines Hügels, in einer etwas höhern Lage, wurde ein neues Dorf Ngegimi, gebaut. Mao ist ein grosses Dorf, das heute nach den Berichten der Eingeborenen etwa 3—4000 Einwohner zählt, obwohl seine Umwallung, wie es im Sudan Brauch, von einer bedeutenden Ausdehnung ist. Seine Einwohner werden von den Tebu „Beranema" genannt (was an den Namen Berauna erinnert, welcher den Tebu von den Fessaniern gegeben wird)

K. hat ehemals in der Geschichte des Sudan eine bedeutende Rolle gespielt. Leo Africanus berichtet, dass die ersten Herrscher dem Tibbu- oder Teda-Stamme von Bardoa angehörten. Im 11. Jahrhundert drang der Islam nach K. Die Sultane breiteten ihre Macht binnen kurzer Zeit über alle Stämme der östlichen Sahara aus. Zu Anfang des 12. Jahrh. dehnte sich ihr Reich, nach dem Berichte arabischer Reisenden, vom Fezzan bis an die Grenzen von Ägypten und Nubien. Bornu war damals ein Teil seines Gebietes. Im 14. Jahrh. zerfiel das Reich K. infolge von Kriegen, die zwischen den einzelnen Stämmen ausbrachen. Zu jener Zeit schwang Bornu sich zum selbständigen Reiche auf, dessen Herrschern es zu Anfang des 16. Jahrh. gelang, K. unter seine Botmässigkeit zu bringen. Seitdem ist K. nur noch ein Weideland, dessen Besitz sich die Unterthanen der Sultane von Bornu und von Wadai, desgleichen die aus dem Syrtengebiet ausgewanderten Araberstämme wechselseitig streitig machen.

Bis zur Stunde ist K. noch von keinem Europäer vollständig erforscht worden; wir besitzen nur einzelne Tourenberichte. Barth zog nach K. mit dem auf einem Raubzug dorthin begriffenen Stamme der Uled-Sliman (3. Bd. seines grossen Reisewerkes). Beurmann wurde im Februar 1863 zu Mao ermordet. Nachtigal, dessen Sudanreise (1869—74) die Kenntnis K.s bedeutend gefördert hat, musste sich des gleichen Mittels wie Barth bedienen, um auf der Reise nach Borgu K. zu durchschneiden.

Kanem (im weitesten Sinne des Wortes genommen) wird im Westen durch die Strasse begrenzt, welche die Oase von Kauar mit der Nordspitze des Tschad-See verbindet. Im Norden hat es eine Linie zur Grenze, welche von der Station Belgajifari (oder Belkachifarri) an der vorgenannten Strasse bis nach Birfo führt. Von Birfo ab beugt sich die Grenze ostwärts ab, fast parallel mit dem Tieflande Egaï, läuft sodann an Billori (arabisch Bu-Fummin) vorbei südostwärts in der Richtung des Bachr-el-Ghasal, ohne denselben aber zu erreichen, und stösst von dort aus linksseitig an das nordöstliche Ufer des Sees. Das also begrenzte Gebiet umfasst etwa 70—80000 qkm einschliesslich der Brunnen und Weideplätze, welche von den nomadischen Stämmen nur zeitweise besucht werden. Der dauernd bewohnte Teil von K. beläuft sich auf höchstens ein Dritteil des gesamten Territoriums von K.; dessen Grenzen sind: im Norden der Aussenrand der Distrikte Schitati und Lilloa; im Osten eine Linie, welche nach dem Bachr-el-Ghasal zu läuft; im Südwesten der Bachr-el-Ghasal selbst. Es stellt demnach ein Dreieck dar, dessen Grundlinie sich auf den See stützt, und dessen südöstlicher Teil in der heimischen Sprache allein den Namen trägt, welchen wir der ganzen Gegend zu geben gewöhnt sind. Im Norden von diesem eigentlichen oder engeren K. erstreckt sich der Distrikt Manga, wohin man durch langsamen Anstieg vom Tschad-See aus gelangt, und von wo aus man unmerklich in das im Nordosten gelegene Tiefland von Egaï gelangt.

Die Quellen des nordwestlichen Teils von Manga werden von den umherschweifenden, in der Regel weiter südlich, in der Nähe der Strasse von Kuka wohnenden Stämmen besucht; diejenigen des südöstlichen Teils von den Nomaden des Lilloa-Distrikts; nur wenige Thäler, in denen der Wasserreichtum grösser ist, werden zeitweise durch die Daura angebaut. Die Weideplätze und Brunnen werden auch durch die Nomaden Schitatis besucht, welche ihre Wanderungen oder Kriegszüge bisweilen bis nach Egaï ausdehnen. Die anerkannten Herren aber des Landes sind verschiedene Stämme oder Teile von Stämmen, welche in gewisser Hinsicht hier ihr Vaterland haben. Dies sind im Nordwesten die Gunda, ein Zweig des Tibesti-Volkes gleiches Namens, welche ein paar Kamele, auch ein paar Ochsen und Pferde besitzen und die nahen Weideplätze an der Strasse von Bornu nach Agaden im Norden besuchen. Mit ihnen weiden Abteilungen der Atereta, Teilstämme von Worda-Kuja und Worda-Ueddia, deren Brüder, die Worda-Sukkoma, in der Umgegend von Mondo wohnen. Weiterhin, im nämlichen Teile von Manga, wohnen die Osima (eine Unterabteilung der Yurva), welche vorzugsweise die Weideplätze von Luro, Rehi, Yunko und Madere aufsuchen und sich am liebsten in der Nachbarschaft von Belgajifari aufhalten; dann die Yorumma, eine Abteilung der Dasa-Sakerda, welche vor Zeiten aus der Gegend des Bachr-el-Ghasal und Egai gekommen sein sollen und aus zwei Gruppen bestehen: den Tommulma und den Kadjeloa. Die vorgenannten Stämme dringen selten bis nach dem eigentlichen Kanem, mit welchem wir uns hier vorzugsweise beschäftigen; jenem Kanem, dessen von der Natur bevorzugter Boden einer sesshaften Bevölkerung Nahrung giebt; jenem Kanem, das ehemals in der Geschichte des Herzens von Afrika eine hervorragende Rolle gespielt hat, welches die Wiege des Bornu-Staates gewesen ist. Dies K. gehört nur in seinem nördlichen Teile (Schitati, Lilloa etc.) dem nomadischen Element an. Alle seine südlichen Distrikte sind, etwa vom 14. Breitengrade an, von einem Kern sesshaften Volkes besetzt; und diese mehr oder weniger von Wadaï abhängigen Distrikte, als dessen Hauptstadt Ma'o angesehen wird, bilden genau das Gebiet, welches man speziell hierzulande mit dem Namen „Kanem“ belegt.

Kanem teilt sich demnach in zwei Teile: das eine von den Nomaden besetzte Gebiet, während das andere (das K. der Arbeit und der Produktion) im Besitze von sesshaften Bewohnern ist.

Es ist wahrscheinlich, dass die Kanembu (Kanem-Leute), die historischen Herren des Landes, ehemals aus Norden gekommen sind. Das Wort „Kanem“ bedeutet in Wirklichkeit „Land des Südens“; es ist aus dem Tubu-Wort anem oder anum, das soviel wie „von Süden“ bedeutet und der Präfix K, welche zur Bildung von Substantiven dient, gebildet. Die Tubu-Stämme sind wahrscheinlich Eingeborene von Tu (Tibesti), und dort oder in Kufra ist der Ausgangspunkt der Herrschaft jener Bardoa zu suchen, welche mit anderen, aus Norden ausgewanderten Völkerschaften an der Gründung des Königreiches Kanem gearbeitet haben. Aber die Kanembu waren vor ihnen in diesem letztern Lande sesshaft, denn die Chronik Ahmeds erwähnt des sagenhaften Königs Sef (Saef) als Gründer einer Dynastie, welche über die Berbern, Tubu, Kanembu und andere Völkerschaften geherrscht hat. Zu welcher Zeit sie dorthin gewandert sind, weiss man nicht genau. Vielleicht haben sie, ehe sie Besitz von K. ergriffen, eine Zeitlang in den benachbarten Gebieten des Ostens, Egaï und Badele, gewohnt, die damals besser bewässert gewesen sein mögen als heute. Uebrigens scheint, abgesehen vom Sinne des Wortes Kanem, ihr nördlicher Ursprung aus der Verwandtschaft ihrer Mundart mit derjenigen der Tubu hervorzugehen. Ein anderer Beweis für die enge Verwandtschaft zwischen den beiden Völkerschaften und ein Anzeichen, dass die Kanembu aus dem Norden haben wandern müssen, ist die überraschende Ausbreitung des Tubu-Stammes der Tomaghera und die Thatsache, dass ein Teilstamm der Gruppe der Kubari-Kanembu den Namen „Borkuleute“ (Borkubu) trägt, was sehr wohl auf eine Bewegung von Nord nach Süd hindeutet. Die Tomaghera werden in der bornuanischen Chronik, in den ersten Zeiten des Kanem-Königreichs unter dem Namen „Kara-Leute“ erwähnt. Seitdem lebten sie mit den Kanembu zusammen hier oder wurden selbst Kanembu. Barth ist der Meinung, dass sie ihren Namen dem bornuanischen Distrikt Demagerim gegeben haben.

Ein anderer Stamm von Tubu-Ursprung, die Koyam, war ebenfalls in Kanem sesshaft seit den ersten Anfängen des Königreichs. Der Rest der Bevölkerung scheint zu späteren Zeiten dorthin gekommen zu sein. Aber ihre Elemente haben frühzeitig äusserst zahlreich sein müssen, da man in der bornuanischen, durch Barth aufgefundenen Chronik, die bis zum Beginn des 13. Jahrh., in der Zeit des Tsilim Ben Bekru, heraufsteigt, findet, dass die Mütter der Könige fast durchgängig Tubu-Weiber waren: ein Umstand, durch welchen es erklärlich wird, wie die vornehme Familie der Sefiya, die aus Arabien stammte, und in deren Händen die Herrschaft verblieben ist, ziemlich lange Zeit hindurch ihren hellen Teint bewahren konnte. Tsilim Ben Bekru, welcher als der erste dunkelfarbige Fürst genannt wird, hatte eine Kanembu-Frau aus Dobiri zur Mutter. Man erkennt gleicherweise den Einfluss der Tubu in dem durch Ibn Batuta berichteten Gebrauch der Könige von Kanem, sich das Gesicht mittelst des „litham“ zu verschleiern, und ferner in der aristokratischen Konstitution des Königreichs, dessen äussere Form sich bis in die Gegenwart hinein in Bornu erhalten hat.

Die später kommenden Stämme, welche die Chronik unter dem generellen Namen „Teda“ begreift, ermangelten in ihrer Eigenschaft als undisziplinierte Nomaden nicht, bald mit der geregelten Herrschaft im Lande und seiner sesshaften Bevölkerung in Konflikt zu geraten. Hieraus erwuchsen langjährige Feindseligkeiten, welche die Kanembu allmählich zu einer gänzlichen politischen Unterordnung führten. Überall wo die beiden Elemente, die Arbeiter der Scholle und die Nomaden, sich zusammenfanden, blieb den zweiten die Oberhand. Der Sieg, welchen Ende des 16. Jahrh. der König Idri über die Bulala, die Verbündeten der Tubu, erfocht, wurde ebenfalls, wie es scheint, für viele von ihnen die Ursache, nach Bornu auszuwandern. Seitdem hatte sich die politische Lage nicht erheblich verändert, bis in der jüngsten Zeit die Uled Sliman kamen und gewaltsam von Kanem Besitz ergriffen, wodurch die Auswanderung nach dem Süden einen neuerlichen Vorschub erhielt (Nachtigal).

Die Bevölkerungsstärke Kanems schätzt Nachtigal auf höchstens 100 000, was also, bei einem Flächenraum von 70—80 000 km, einem Menschen pro qkm gleichkommt. Er kommt zu diesem Schlusse durch die folgende (wie er selbst sagt, nur höchst relativ richtige) Aufstellung der einzelnen Völkerschaften:

Tubu (Teda und Dasa).

1) Reine und nomadische Stämme (Gunda, Atereta, Worda, Yorua, Mada, Yorumma, Wandala, Dogorda) 10 000
2) Reine und sesshafte Stämme (Beharoa, Morda, Norea, Aredda) 3000
3) Vermischte u. nomadische Stämme (Kadama, Dibbiri, Orabba) 4000
4) Vermischte, mehr oder weniger sesshafte Stämme (Kumosoalla, Hawalla, Mo'allemin, Orabba) 5500

Kanembu, Kanuri, Mapomi und Dalatoa.

1) Kanembu (Tomaghera, Konku, Galabu, Kuburi, Sugurti, Tyiora etc.) 20 000

2) Kanuri (Buloa, Ansyahbu, Bogodobu, Biradui, Biriwa, Melemmia, Forebu, Maniyau, Ngalmu, Magomi von Fuli, Dima- u. Galaleute) 5000

Dalatoa.

A'Mao, Yagubberi, Metalla, Mortofu, Djugu, Gumso etc. . . . 3000

Bulala und Kuka.

Ngidjem, Redde, Sarabu, Tirra etc. 5000

Danoa (arabisch: Haddad; auf Dasa: Asa).

Darkawa, Arigimma oder Arigiwa, Amediya, Bekaroa) . . . 6000

Arabische Elemente.

1) Tundjer, Nas-Leute, Yusef-Leute, Abid-Leute, Maina-Leute, Kagustema-Leute, Akid-Leute, El-Djellabi-Leute, El-Fokkera-Leute, Bulul-Leute 5000
2) Schoa (Beni Hasen, Beni Waïl) 500
3) Wasili (auf Kanuri), Mimmmine (auf Dasa), Uled Sliman aus Schitati, Mephareba aus Lolloa 4500

Zusammen 70 000

Kangaha, ein Hauptort der Malinke, im Süden des Sultanats Segu.

Kangoa, Häuptling am Tanganjika-See, trat an den Belgier Cambier (s. d.) 1878 den Ort Karema zur Errichtung einer Station ab.

Kangue, Station der protestantischen amerikanischen Missionäre am Ogowe.

Kani (Aït), kleiner Berberstamm der alger. Prov. Algier, in der grossen Kabylie, nordöstlich von Beni-Mansur (2260 Köpfe).

Kanieti (Baker), s. v. w. Ginetti (Emin-Bei).

Kaniett heissen im ganzen Gebiet des obern weissen Nils die Brote, in welchen der Lattuka-Tabak (s. d.) geformt wird.

Kaniarema, nördliche Provinz von Kaarta (westlicher Sudan), zwischen dem Lande des Maurenstammes der Duaisch im Norden und Gidnum im Süden. Hier lag Koghe, die alte Hauptstadt von Kaarta, am Oberlaufe des Tarakole, rechtsseitigen Zuflusses des Senegal.

Kaniki (Ostküste): ein Stück gestreiftes oder karriertes Zeug in blauen und roten Farben aus den Fabriken von Manchester etc. (weisses wird Merikani genannt); es vertritt auf den dortigen Märkten (Udschidschi etc.) die Stelle des Kurantgeldes.

Kanioka, s. Kainiik.

Kaniza (Korata), Stadt in Abessinien, am südöstlichen Ufer des Tana-Sees, auf einem Basaltfelsen gelegen. Von hier wird ein lebhafter Handel getrieben; regelmässiger Wochenmarkt (rohe Baumwolle, die von hier auf Eseln nach Gondar und Massaua geschafft wird). Den Mittelpunkt der Stadt bilden die Kirchen; K. ist Sitz von vielen Geistlichen.

Kankan, Stadt im westl. Sudan, am linken Ufer des hier mehr als 100 m breiten Milo, rechtsseitigen Zuflusses des Dscholiba oder obern Niger, etwa 260 km südwestlich von Bamaku, 10° nördl. Br. — K., einer der berühmtesten Handelsplätze dieser Gegend des Sudan, wurde 1827 durch Cailliaud besucht, den einzigen Europäer, welchem es gelang, bis hierher zu dringen. Es ist der Hauptort von dem an beiden Ufern des Milo sich hinziehenden Neger-Lande Batedugu, das von Bambarras und von Soninkes bewohnt wird; die letzteren sind, obgleich sie an Zahl schwächer sind, die einflussreichsten und beherrschen das Land. Man zählt acht grosse Ortschaften auf diesem Gebiet, mit einer Bevölkerung von zusammen etwa 6000 Seelen; davon entfallen auf K. 2000. — K. ist einer der bekanntesten Sklavenmärkte dieser Gegend des Sudan. Aus Wassulu, Sankaran und den von Samory verwüsteten Landstrichen werden die Sklaven hierher getrieben. Dieser Fürst hat das von seinem Volksstamme bewohnte K. verschont und ihm nur einen Tribut auferlegt. Es wird auch, da es hinter der engl. Kolonie Sierra Leone gelegen ist, oft von englischen Händlern besucht.

Kankare (Kankeri), Stadt im westlichen Sudan, am linken Ufer des Sangarni oder Fandube, rechtsseitigen Zuflusses des Dscholiba oder obern Niger. Es ist der Hauptort des kleinen Bezirks Baya, welcher zwischen Kenieradugu und Keleyadugu gelegen ist, und ein sehr bekannter, ziemlich dicht bevölkerter Marktplatz.

Kankodi, Dorf im Lande Garbu (Senegambien).

Kankulla, eine Prov. von Bambuk (s. d.) am Bafing.

Kanno, einer der bedeutendsten Marktplätze in Innerafrika.

Kannop (Khana, Otyosemba), nördlicher Zufluss des Tsoachaub.

Kannu, s. Khannu.

Kano, Stadt im Kaiserreich Sokoto (zentraler Sudan), etwa 500 km südwestlich von Kuka, 475 km südöstlich von Sokoto, 650 km nordöstlich von Lokoja (nach Barths Itinerar); in 10° 59' n. Br. und 8° 42' östl. L. v. Gr. (nach Clapperton); ihre Bevölkerung schätzte Barth auf mindestens 30000 Seelen (Clapperton bedeutend höher). Kano behauptet nicht allein die erste Stelle im Sudan bezüglich der Industrie, sondern besitzt ausserdem das Handelsmonopol in diesem ganzen Striche Zentralafrikas. Nach den von Barth eingezogenen Erkundigungen scheint es, als ob K. in der zweiten Hälfte des 16. Jahrh. noch nicht existierte und an seiner Stelle nur der Dala-Felsen sich befand, eine Art natürlicher Festung, die den Anstrengungen Edris Alorma's, des Königs von Bornu, Widerstand leistete. Später verjagte der König von Kororofa (einer am rechten Ufer des Benuë gelegenen Landschaft) aus Kano den ersten Gouverneur, welchen der König von Bornu dorthin gesetzt hatte, und ersetzte ihn durch seinen eignen Leutnant. Diese Lage scheint bis zur Eroberung des Landes durch die Fulah angedauert zu haben. Durch die Fulah erhielt der Islamismus Boden unter den Kanaua. Die Eroberung Haussa's durch die Fulah wurde für die Stadt Kano vorzugsweise von der höchsten Wichtigkeit. Nach dem Falle von Katsena wanderten alle grossen Kaufleute nach Kano aus, welches auf diese Weise das grosse Handelszentrum für die nördlich vom Äquator gelegenen zentralen Länder Nigritiens wurde.

Die jetzige Stadt ist mit einer Mauer umgeben, deren Umkreis nicht weniger als 30 km beträgt und ein merkwürdiges, sehr gut unterhaltenes Bauwerk darstellt. Der ungeheure Raum, welchen diese Mauer einschliesst, scheint zweifellos niemals ganz von Häusern, bezw. Hütten bestanden gewesen zu sein. Zur Zeit besteht der bewohnte Teil nur aus dem südwestlichen Teil der Umwallung, zwischen dieser und dem Dala-Felsen. An dieser Stelle stösst die Mauer an die Häuser, während sie überall anderswo durch grosse Felder von denselben geschieden ist. Im Norden und Westen kann die Entfernung ungefähr eine Meile betragen, während sie im Osten weniger bedeutend ist. Die Stadt wird von Osten nach Westen durch den Djakara-Sumpf in zwei Hälften geschieden, deren grössere die südliche ist. Die nördliche wird durch die von den Haussa unterjochte Rasse bewohnt, während die andere die Araber und die Leute vom herrschenden Stamme der Fulah (deren Zahl unaufhörlich wächst) beherbergt. Wenn man Kano das London des zentralen Sudan nennt, kann der die Stadt scheidende Djakara nicht mit Unrecht der Themse verglichen werden, obgleich er nur eine stagnierende Wassermasse bildet. Die ganze Stadt ist höchst schmutzig und wird für die Europäer zu allen Zeiten eine der ungesundesten Örtlichkeiten sein. Die Lehmhütten und Lehmhäuser stehen im ganzen Kano bunt durcheinander, doch überwiegen die ersteren im südlichen Stadtviertel. Kano bleibt,

Strasse am Kongo.

in architektonischer Hinsicht, hinter Agades und Timbuktu weit zurück. Gleichwie in allen grossen Handelszentralen, ist die Bevölkerung auch in K. sehr gemischt. Die Hauptbestandteile bilden die Haussas, die Kanuri (oder Eingeborenen von Bornu), die Fulah und die Nyffawa oder Tagwa; es befinden sich hier nur sehr wenige Wangarawa, während die Araber in einer ziemlichen Stärke vorhanden sind; ihr Handel und ihre Industrie tragen in einem sehr grossen Masse zum Wohlstande der Stadt bei. Die Bewegung der Fremden und der nomadischen oder zeitweiligen Einwohner ist eine sehr beträchtliche.

K. ist die erste Handels- sowohl als Industrie-Stadt des zentralen Sudan nördlich vom Äquator. Der grosse Vorteil K.s beruht in dem Umstande, dass Handel und Industrie hier Hand in Hand gehen und fast jeder Familie Beschäftigung geben.

Eingeborene von Vivi (Kongo).

Die Handelsbeziehungen der Stadt erstrecken sich nordwärts bis nach Mursuk, Rhat und sogar Tripoli; im Westen nicht allein bis Timbuktu, sondern bis an das Gestade des Atlantischen Ozeans; im Osten umschliessen sie ganz Bornu bis nach Baghirmi, obgleich sie in diesen beiden Ländern gegen die einheimische Konkurrenz anzukämpfen haben. Während diese grosse Ausdehnung des Handels einer Stadt des zentralen Afrika mit Recht unsere Verwunderung wachzurufen vermag, bietet ihre Ausdehnung nach Westen bis Timbuktu ein um so grösseres geschichtliches Interesse, als dieser Umstand vor Barths Reise vollständig unbekannt war. Alle schönen Kleiderstoffe, welche in dieser letztgenannten Stadt getragen werden, kommen aus Kano. Den Preis, welchen Kano'sche Kattunstoffe hier haben,

42

wird hinlänglich durch den bedeutenden Umweg erklärt, welchen man diese Waren machen lassen muss, um sie vor den Gefahren zu bewahren, welche die die beiden Städte scheidende direkte Strasse bietet. Dieser Umweg besteht darin, dass die Waren zuerst nach Norden, durch Rhat, Ghadames, Tuat, geführt werden und dass sie erst von dort wieder südwärts über Arauan nach Timbuktu gelangen. Dieser Handel ist im höchsten Grade bedeutend, insofern als er die noch unerforschten Gebiete Zentralafrikas und Länder, in welchen ehemals reiche und mächtige Staatswesen bestanden, d. h. die im obern Gebiete des Niger gelegenen Länder, miteinander in Beziehung setzt. Ausser gewebten und gefärbten Zeugstoffen besitzt Kano noch einen ziemlich beträchtlichen Handel mit Hemden oder schwarzen, in Nupe erzeugten Gewändern. Ein weiteres wichtiges Erzeugnis der heimischen Industrie K.s stellen die Sandalen dar, welche hier mit sehr grossem Geschick gefertigt werden. Grosse Quantitäten dieser Fussbekleidung werden durch die arabischen Handwerker Kano's nach dem Norden Afrika's ausgeführt. Die Zubereitung der Häute (Leder) ist ein weiterer Zweig der industriellen Thätigkeit Kano's; wirklich gegerbte Ochsenhäute (koulabou), sowie Hammelfelle, die mittels des aus den Stengeln des Sorgho gezogenen Saftes rotgefärbt werden, kommen bis nach Tripoli hinauf. Es bestehen noch viele andere Gewerbszweige in K.: die Fabrikation kleiner Schachteln und Beutel aus Leder oder Dattelkernen etc. Die Kurz- und Stahlwaren-Fabrikation steht auf einer ziemlich hohen Stufe; Lanzen, Dolche, Messer, Pflugwerkzeuge etc. werden in Menge erzeugt. Das Eisen K.s kommt demjenigen anderer Teile Zentralafrika's bei weitem nicht gleich. Auch Kupfer und Silber werden hier verarbeitet; die Schmiede erzeugen aus dem letzteren Metall mit ziemlichem Geschick Ringe und Spangen für Arme und Beine. Von Naturprodukten bilden der Buchweizen und die Gurunuss Grossoartikel des Handels. Der Buchweizen wird gegen das von den Tuareg eingeführte Salz umgetauscht. Die Gurunuss (Frucht von Sterculia acuminata) nimmt ihren Weg weit nach der Küste hin. Die Zahl der in K. verhandelten Sklaven beträgt etwa 5000; sie werden zumeist nach Bornu, andere nach Rhat und Fessan verführt. Eine gewisse Anzahl verbleibt auch im Lande selbst. Während K. nur einen Teil der eingeführten Gurunüsse wieder zur Ausfuhr bringt, passieren ganz bedeutende Natronmengen von Bornu durch Kano nach Nupe; man darf dieselben auf mindestens 20000 Ochsen-, Esel- oder Lastpferde-Lasten schätzen. Nur sehr wenig davon bleibt in Kano selbst. Ein anderer Ausfuhrartikel, aber von weit geringerer Bedeutung, ist Elfenbein, von welchem nicht mehr als höchstens hundert Kamelladungen von hier aus verführt werden.

Die Einfuhr von Waren nach Kano erfolgt teilweise aus anderen Gegenden Afrika's, teilweise aus Europa. Hauptartikel aus den ersteren ist das Salz von Aïr. Auch arabische Kleiderstoffe (Burnusse, Kaftane, Beinkleider, Jacken) werden hierher gebracht; die geschätztesten Artikel dieser letztern Kategorie kommen aus Tunis, in grösserer Zahl auch aus Kairo; vornehmlich die bei den Negern und den Tuaregs so sehr beliebten weiss- und rotberänderten Kopfbedeckungen. Gleicherweise wird Weihrauch (besonders Oliban und Djawe), Gewürz und Rosenöl nach K. gebracht. Ein Artikel, welcher die durch grosse Räume geschiedenen Länder Afrika's miteinander in Beziehung erhält, ist das Kupfer. Man nimmt viel Altkupfer aus Tripoli, aber die grössten Vorräte dieses wichtigen Metalls werden durch die Djellaba von Nimro (in Wadaï) zur Stelle geschafft, welche die im Süden Darfurs (El-Hofra) befindlichen Minen ausbeuten. Was die Edelmetalle betrifft, so führen einige nomadische Händler etwas Silber in das Land ein. Gold kommt nur von Zeit zu Zeit in kleinen Mengen hierher durch die von Timbuktu aus Kano durchziehenden Pilgrime. Die kursierende Münze, die „Kourdi“ (Cyprea moneta) bildet selbst einen Handels- und Einfuhrartikel an diesem Platze. Sie kommen von den östlichen Küsten des Kontinents nach Badagry, von wo aus sie nach dem Innern geschafft werden; sie haben schon in sehr früher Zeit von Haussa aus ihren Weg nach Bornu genommen.

Die wichtigsten der aus Europa nach Kano den Weg findenden Waren sind weisse und bedruckte Kattunstoffe aus Manchester, französische Seidenzeuge; rote Leinwand aus Sachsen und aus Livorno, ungeheure Quantitäten ordinäre Seide und grobe rote Feze (ebenfalls aus Livorno), Glasperlen aus Venedig, ordinäres Papier, Spiegel, Nadeln und Kurzwaren aus Nürnberg; Dolchklingen aus Solingen, Rasiermesser aus Steiermark und endlich Zucker aus Marseille. Fast sämtliche französische Seidenwaren werden wiederum nach Yoruba und Gudja ausgeführt.

Die Provinz Kano enthält in den einen grossen Teil des Landes ausmachenden fruchtbaren Distrikten eine sehr grosse Zahl von wichtigen, stark bevölkerten Ortschaften: ausser der Hauptstadt nicht weniger als 27 ummauerte Städte, unter denen sich auch das durch seine Färbereien berühmte Kura befindet. Die Bevölkerung beziffert sich nach Barth auf etwa 300 000 Freie und mindestens ebensoviele Sklaven. Der Gouverneur kann eine bewaffnete Macht von 7000 berittenen und 20 000 Fusssoldaten aufbieten. Der Boden ist einer der fruchtbarsten auf dem ganzen Erdboden; er hat die üppigsten Weiden und erzeugt Getreide im Überfluss. Seines Reichtums halber ist K. sehr oft bedrängt von den Nomaden- und sesshaften Völkern seiner Nachbarschaft.

Kantang, grosser wohlhabender Ort im Reiche Keffi (zentraler Sudan), eine Stunde südlich von dem hier Koki Kantang genannten Ssungo-Flusse. Er verdankt seine Wohlhabenheit dem lebhaften Tauschhandel mit den zahlreichen auf den Hügeln rings um ihre grossen Viehherden weidenden Nomaden. Fast alle Bewohner des Ortes, teils Haussa- und teils Kadje-Neger, teils sesshafte Fellatah, gehen bekleidet. Ältere Männer drehen ihren Bart unterm Kinn zu einem mit Stroh umflochtenen Zopfe zusammen; die jüngeren scheren sich den Kopf zu beiden Seiten kahl und lassen das übrige Haar, ähnlich wie die Frauen der Tebu, vorn auf der Stirn in Gestalt einer spitzen Düte oder eines Hornes emporstehen (Rohlfs, „Quer durch Afrika“ II., 185).

Kantara (El-), 1) Flecken in der alger. Prov. Constantine, 55 km nördlich von Biskra; 1800 Einw.; 15 000 Palmen; in der Nähe Ruinen eines römischen Fleckens (Calceus Herculis).

— 2) Stadt in Unterägypten, am Suez-Kanal, nördlich von Ismaïlia, 44 km südlich von Port-Saïd; 2000 Einw.; Karawanen-Durchzugsort.

— 3) Dorf auf der Insel Djerba (Tunisien), im südlichen Teile derselben. Es ist auf dem Platze des alten Meninx aufgebaut, dessen Ruinen ein 3 km langes Feld bedecken.

Kantarek, ein Quellfluss des Garasit.

Kantora, Distrikt im nördlichen Futa - Djalon, am linken Ufer des Gambia. Es wird im Norden vom

42*

Gambile begrenzt, welcher es von Bondu scheidet, im Westen durch Firdu und Diamaru, im Süden durch Futa-Djalon, und bildete ehedem eine kleine unabhängige Negerrepublik. 1879 wurde es von seinen mächtigen Nachbarn überschwemmt und buchstäblich verwüstet, so dass Gouldsbury hier 1881 nur eine vollständige Wüstenei fand. Das Land wurde mit Futa-Djalon vereinigt, und nach dem im Juli 1881 mit Bayol geschlossenen Vertrage wäre es in den vollständigen Besitz Frankreichs übergegangen. Die französische Faktorei Yarbutende liegt in Kantora.

Kantur (arab.), s. v. w. Termitenhügel.

Kantur (El-), Dorf in der alger. Prov. Constantine, unfern der Bahnlinie Constantine-Philippeville; 2750 Einw., davon 2540 Eingeborene (mit Einbezug der Annexorte: Col des oliviers, Sainte-Wilhelmine, Armée française, Oum-el-Chouk); Viehzucht; Ölbäume; in der Umgegend Ruinen.

Kanuri, Völkerschaft im zentralen Sudan, welche den Stock der Bevölkerung von Bornu ausmacht. Die K. sind Menschen von fast schwarzer Hautfarbe, vierschrötigem Bau und grobem Gesicht. Nach ihren Überlieferungen sind sie von Norden her in das von ihnen jetzt besetzte Gebiet gewandert, und diese Meinung steht in voller Übereinstimmung mit der Ähnlichkeit, welche ihre Sprache, das Kanuri, mit derjenigen der Teda oder Tibbu, der Bewohner des Südwestens der libyschen Wüste, d. h. der Länder im Norden und Nordosten des Tschad-Sees, aufweist. Auch zeigen zahlreiche Namen von Brunnen der Sahara und von Weideplätzen im südlichen Tripolitanien noch heute deutlich die kanurische Form. Nachtigal fand 1877: 5400 K. in Kanem. Da die K. eine der ersten Völkerschaften sind, welche zum Islam bekehrt wurden, so haben dieselben ohne Zweifel eine grosse geschichtliche Rolle im Sudan gespielt. Die K. ermangeln ohne Zweifel der gesellschaftlichen Eigenschaften, welche ihre westlichen Nachbarn, die Haussa, auszeichnen; aber sie scheinen die Disziplin besser zu verstehen, als diese; und dank dieser Naturanlage hat das Reich Bornu mehrere Jahrhunderte hindurch eine unbestreitbare politische Wichtigkeit bewahrt.

Die Kanuri-Sprache stellt einen besondern linguistischen Typus dar; indessen steht die Sprache der Kanembu und der Tebu (das Teda) mit ihr in Zusammenhang. Zwei Europäer haben das Kanuri studiert (Koelle und Barth); Koelle gab eine Grammatik, Barth ein Vokabulär desselben heraus.

Gerh. Rohlfs („Quer durch Afrika", Bd. II, S. 7) schildert die K. folgendermassen:

Die Eingeborenen von Bornu oder Kanuri sind eine im ganzen wohlgestaltete Menschenrasse. Ihr Körperbau hält ungefähr die Mitte zwischen den vollen plastischen Formen der Haussa-Neger und der sehnigen Magerkeit der Tebu; unter den Vornehmen gibt es allerdings auch viele fette und korpulente Gestalten. Die Beine stehen in richtiger Proportion zum Oberkörper und entbehren nicht, wie bei den meisten Negerstämmen, der Waden. An Grösse erreichen die Männer das europäische Durchschnittsmaass, während das weibliche Geschlecht weit hinter demselben zurück bleibt. In der Kopfbildung prägt sich entschiedener als im Wuchs der echte Negertypus aus: krauses wolliges Haar, rundes Gesicht, vorstehende Backenknochen, wulstige Lippen; nur tritt die Nase mehr als sonst bei den Negern aus dem Gesicht heraus, ich sah äusserst selten ganz platte, häufig vielmehr wirkliche Adlernasen. Drei Längsschnitte auf der Wange fehlen nie. Der Ausdruck in den Gesichtszügen, namentlich im Blick verrät bei den meisten Gutmütigkeit und Wohlwollen und hätte mich noch sympathischer berührt, wenn nicht durch die gelbe Bindehaut des Auges die vorteilhafte Wirkung etwas abgeschwächt würde. Das Kopfhaar wird von den Männern glatt abgeschoren, und tagelang lassen sie die heissen Strahlen der Tropensonne auf den kahlen Schädel brennen, nur die Wohlhabenden bedecken das Haupt mit einer weissen baumwollenen Mütze, die Vornehmen mit dem roten Fes. Hingegen verwenden die Frauen Sorgfalt auf ihre freilich nicht langen Haare, indem sie dielben entweder in eine Menge kleiner Zöpfe flechten, die rings um den Kopf hängen oder in einen helmartig von hinten nach vorn über dem Kopfe liegenden Wulst zusammenbinden. In betreff der geistigen Bildung stehen die Kanuri den Nachbarvölkern keineswegs nach; ihre natürlichen Neigungen sind vorwiegend dem Guten zugewendet, daher Völlerei und andere Laster, denen sich z. B. die Maba oder die Abessinier hingeben, in Bornu selten oder gar nicht vorkommen. Die mohammedanische Sitte, die Vielweiberei, haben nur die Fürsten und Grossen angenommen, der Mann aus dem Volke führt ein geordnetes Familienleben mit einer Frau und manche Ehe ist mit einem Dutzend Kinder gesegnet. Obwohl die Mädchen schon mit 12 Jahren die geschlechtliche Reife erlangen, heirathen sie selten vor dem sechzehnten Jahre; freilich gestatten sich die Töchter der Reichen vor ihrer Verheiratung grosse Freiheiten im Umgang mit Männern, ohne dass der Bewerber um ihre Hand daran Anstoss nimmt. Nach der Verheiratung ist die Frau Eigentum des Mannes, und Ehebruch wird in Karu, wie es scheint, nach den strengen Gesetzen des Koran bestraft. Indessen wenn auch die Frau dem Manne wie eine Sklavin unterthan ist und erst als Mutter zahlreicher Nachkommenschaft zu einer etwas geachteteren Stellung gelangt, so hat sie doch hier nicht wie in Zentralafrika die Last der Arbeit allein zu tragen. Vielmehr machen die Kanuri unter den Negern, denen im allgemeinen mit Recht Trägheit und Arbeitsscheu vorgeworfen wird, eine rühmliche Ausnahme. Die Frauen spinnen und weben die Baumwolle, die Männer nähen die langen Streifen Zeug zu Kleidungsstücken zusammen, welche sie oft mit fleissiger Handstickerei bedecken. Von anderen Handwerkern, Schuhmachern, Schmieden, Töpfern u. s. w. gilt ganz das Nämliche, genug, die K. oder die Bornuer sind unstreitig das betriebsamste von allen Negervölkern. Neben den gewerblichen Hantierungen versäumen die Frauen auch nicht die Pflege und Erziehung ihrer Kinder; Schulen, in welchen die Knaben einen äusserst dürftigen Unterricht empfangen — die Mädchen sind ganz ausgeschlossen — gibt es nur in den grösseren Städten. Welch wichtigen Faktor die Familie im Leben der Kanuri bildet, davon zeugt unter anderen die Reichhaltigkeitihrer Sprache an Bezeichnungen für die verschiedenen Verwandtschaftsgrade. Sie haben z. B. ein eigenes Wort für den älteren Bruder (gaya), und für den jüngeren (kerami), für den Oheim von väterlicher und von mütterlicher Seite, für eine eben erst Witwe gewordene Frau und für eine Witwe, wenn sie sich wieder verheiraten darf.

Kanyenye, Dorf im äquatorialen Afrika, im Lande Ugogo, 470 km westlich von Sansibar, an einem kleinen Zuflusse des in den Rufidji fliessenden Kasogo; an der Strasse von Sansibar nach Udjidji (nach Cameron in 6° 23′ 38″ südl. Br. und 908 m Höhe).

Kaoko, der nordwestlichste Teil des Hererolandes südwärts vom Kunene bis zum 21. Breitengrade, meistens sehr steinig und gebirgig und von vielen Regenflüssen durchzogen. Nach dem Berichte der rheinischen Missionäre J. Böhm und F. Bernsmann, welche K. im Juni und Juli 1877 bereisten, scheint dasselbe zwar dünn bevölkert, fast menschenleer (die Namaqua und später auch die südl. Herero haben durch ihre fortwährenden Raubzüge die K.-Herero teils ausgerottet, teils über den Kunene ins portugiesische Gebiet getrieben), aber sonst zum Teil nicht übel zu sein; die Vegetation ist üppig, Gras wächst bis nahe an die See.

Kaolak(h), französischer Handelsposten in Senegambien, im Bezirk Goree des Landes Salum, am Salumflusse, etwa 100 km vom Meere; 470 Einwohner.

Kaole, kleiner Hafen an der Suaheli- oder Sangebarküste; 7 km südöstlich von Bagamoyo; kleines Fort mit einer Garnison Belutschis. Von hier brachen Burton und Speke zu ihrer grossen Entdeckungsfahrt auf.

Kap (Vorgebirge) der Guten Hoffnung (englisch: Cape of Good Hope; französisch: Cap de Bonne-Espérance), Vorgebirge des südl. Afrika (34° 22′ südl. Br. und 16° 8′ 35″ östl. L.), eine lange Halbinsel, welche in zwei Spitzen: das Kap Maclear im Westen, und das Cape Point im Osten ausläuft. Der sie beherrschende Hügel (268 m) trägt den Namen: Vasco de Gama. Es wurde 1486 durch Bartolomeu Diaz entdeckt (siehe: Kapland und Kapstadt).

Kapdoktor wird in Südafrika (Kapstadt etc.) scherzhaft der heftig und anhaltend wehende Südostwind des Sommers genannt, weil er die in dem Thalkessel der Tafelberggruppe stagnierende ungesunde Luft wieder auffrischt.

Kapgans, ein Wasservogel im südl. Afrika (Sula capensis), der an den felsigen Küsten der südlichen Buchten nistet.

Kapkolonie (Kapland, von den Engländern „Colony of the Cape of Good Hope“, von den Franzosen „Colonie du Cap“ genannt), grosses Land an der Südspitze Afrika's, Besitztum der Krone Grossbritanniens, zu beiden Seiten vom Meere umschlossen: im Westen vom Atlantischen, im Osten vom Indischen Ozean. Im Jahre 1847 wurde die Grenze des kolonialen Territoriums im Norden bis zum Oranjefluss vorgeschoben, etwa 650 km von der Südküste, während die westliche Grenze der kleinen Gebirgskette der Witte-Berge, den Stormbergen und endlich dem Laufe des Indwe und der Keï bis zum Meere folgte. Seit dieser Zeit aber sind die Grenzen durch allmähliche Annexionen ungeheuer ausgedehnt worden. Zuerst wurde 1871 West-Griqualand, das sich nördlich vom Oranjeflusse bis über den 28. Breitegrad (zwischen 20 u. 23° westl. L. v. Par.) erstreckt, dann im nämlichen Jahre das im nordöstlichen Winkel der K., zwischen den Draakenbergen und dem Oranjefluss-Freistaat gelegene Basutoland, einverleibt. Im Jahre 1875 erfolgte der Anschluss des zwischen dem Keï-Flusse und Natalland gelegenen unabhängigen Kaffirlandes (Kafirland proper) als „Transkeian Districts“ (siehe den Artikel: Kafraria). Endlich 1876 das weite, am Gestade des Atlantischen Ozeans hinaufziehende Gebiet zwischen der Mündung des Oranjeflusses und der Walfisch-Bai, Gross-Namaqualand, wodurch die Nordgrenze der K. am Atlantischen Ozean bis zum 23.° südl. Br. vorgeschoben wurde. Ihren Absichten auf Damara-Land (nördlich von Namaqualand), deren Verwirklichung schon 1876 auf dem Programm der Regierung des Kaplandes stand, kam bekanntlich in letzter Stunde noch das Deutsche Reich zuvor; andernfalls würde der britische Besitz des südlichen Afrika sich bis zum 20.° südl. Br. herauf erstreckt haben. Die Engländer haben, wie man sieht, die bedeutende Rolle, welche ihnen in Afrika aufbewahrt ist, mit sehr scharfem Blick erfasst; sie versäumen es nicht, einen Löwenanteil bei der Teilung dieses Erdteils sich zu sichern. Sie sind zur Stunde Herren des schönsten Teils von Südafrika, besitzen die ganze Küste von der Walfisch-Bai am Atlantischen Ozean bis zur Delagoa-Bai am Indischen Ozean; und wenn auch die Portugiesen ihnen im weitern Vordringen an den Küsten im Wege stehen, so hindert sie doch nichts, auf dem Wege durch das Innere das Sambesi- und das Bangweolo-Gebiet zu erreichen. Die grossbritannische Regierung zieht es bereits seit Jahren in Erwägung, aus ihren südafrikanischen Besitzungen, nach dem für ihre nordamerikanischen Besitzungen geschaffenen Vorbilde, einen grossen Staatenbund zu bilden, welcher ausser der Kapkolonie und Natalland auch den Oranjefluss-Freistaat und die Transvaal-Republik umschliessen soll. Die diesbezüglichen Verhandlungen, welche schon im August 1876 geführt wurden, scheiterten zunächst an der Weigerung der beiden unabhängigen Republiken. Die finanziellen Schwierigkeiten, mit welchen die Transvaal-Republik seit Jahren zu kämpfen hat, werden jedenfalls die Angelegenheit zu Gunsten der Engländer in raschern Fluss bringen.

Regelrecht organisiert ist die Kapkolonie zunächst nur erst in ihren alten (1871er) Grenzen, welche im Norden durch den Oranje- oder Gariep-Fluss gebildet wurden, durch dessen Mittel- und Unterlauf sie von den Namaquas, Griquas und anderen Stämmen des Hottentottenvolkes geschieden wird, während dessen Oberlauf sie vom Oranjefluss-Freistaat scheidet. Im Osten bildet die hohe Bergkette der Stormberge, der in den Keï fliessende Indwe und der Keï von der Einmündung des Indwe an bis zum Meer die Grenze nach Kafraria zu. Innerhalb dieser Grenzen (die eine Länge von 880 km und eine zwischen 700 und 300 km sich bewegende Breite darstellen), zwischen dem 28. und 35.° südl. Br. und 14. und 27.° östl. L. v. Par., liegt das Gebiet der „eigentlichen“ oder „alten“ Kapkolonie; sie befindet sich also auf der südlichen Hemisphäre des Kontinents in der gleichen Entfernung vom Äquator wie Marokko und Algerien auf der nördlichen. Der Gesamtflächenraum der K. lässt sich auf annähernd 500 000 qkm bestimmen; derselbe ist aber durch die langjährigen Gebietshinzufügungen um mehr als die Hälfte angewachsen. Das Land hat seinen Namen vom „Kap“ (Vorgebirge der Guten Hoffnung), das an seiner Südspitze gelegen ist, entlehnt. Kapstadt (engl. Cape Town, von den Franzosen „la Villa du Cap“ oder „Le Cap“ genannt) ist in 30—32 Tagereisen per Dampfer von London aus zu erreichen.

Die Gestaltung des südlichen Afrika ist eine höchst merkwürdige; sie zeigt eine Reihe von staffelförmig aufeinander geschobenen Terrassen, welche der Südküste parallel laufen und sich allmählich an immer höher aufsteigende Gebirgsketten anlehnen. Die nächste und zugleich niedrigste Kette trägt von Osten nach Westen zu die Namen Karaduw, Lange Kloof, Utenika, Lange Berge, Swellendam und Zonderend-Berge. Zwischen ihr und dem Meere liegt nur eine hügelichte Strecke von 20—80 km Länge. Diese erste Terrasse trägt ein dürres Hochland (von den Eingeborenen „Karroo“ genannt), das 30—50 km breit ist und an die unter dem Namen „Zwarte Berge“ (Schwarze Berge), weiter westlich an die unter dem Namen „Witte Berge“ (Weisse Berge)

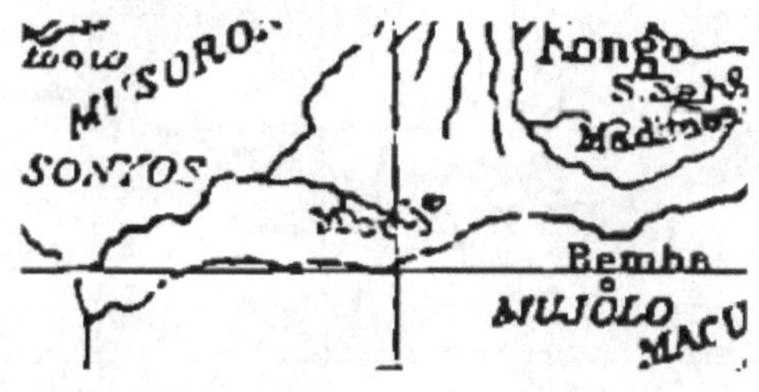
Kongo
SONYOS
Bemba
MACU

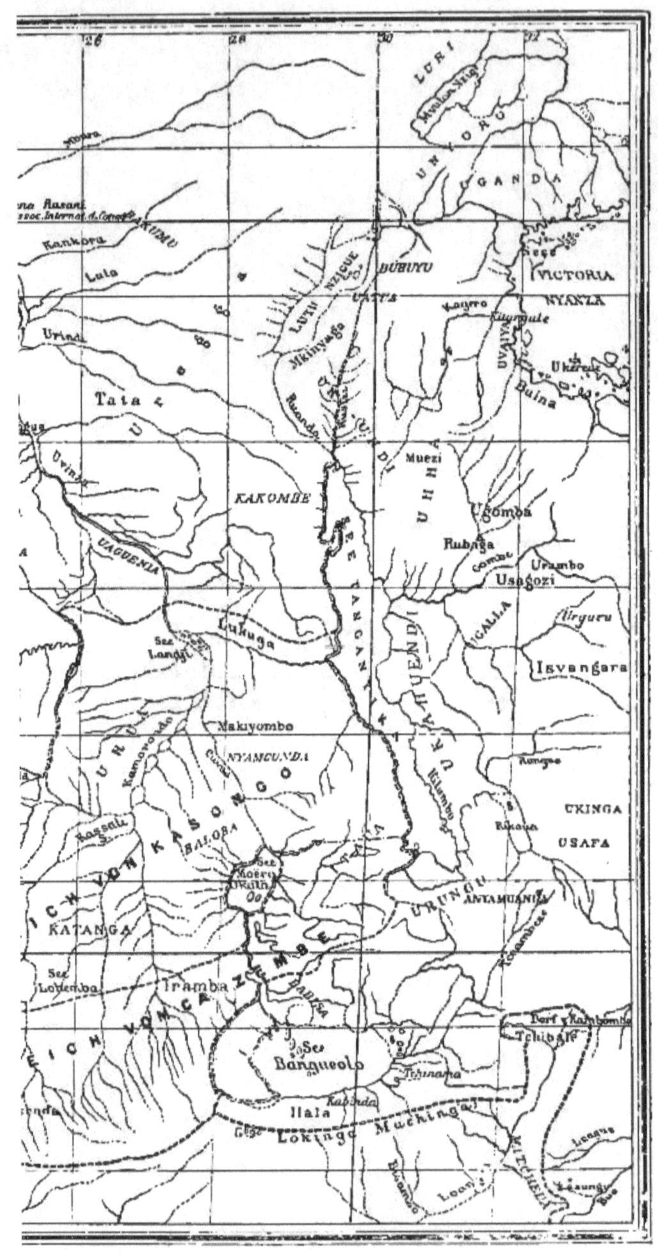

bekannte zweite Höhenkette stösst. Jenseits dieser Berge befindet sich ein zweites Hochland, das zwei- bis dreimal breiter ist als das vorige und aus diesem Grunde „Grosse Karroo" genannt wird. Es ist eine im allgemeinen dürre und kahle Ebene in einer durchschnittlichen Höhe von 800—900 m. Die dritte Bergkette, an welche die Grosse Karroo sich lehnt, bildet die Wasserscheidelinie zwischen den südwärts nach dem Indischen Ozean laufenden Gewässern der Karroo und dem Becken des in allgemein westlicher Richtung nach dem Atlantischen Ozean laufenden Oranjeflusses. Die Gebirge, welche diese Kette (eine westl. Verlängerung der grossen Kette der Draakenberge oder Quathlamba) bilden, führen von Ost nach West die Namen: Stormberg, Suurberg, Sneeuwberg, Nieuweveld und Roggeveld. Ihr höchster Gipfel ist der im Sneeuwberg liegende Kompassberg (2600 m). Eine andere querlaufende Kette, Drakensteenberg, Cardon, Olifant, Cedarberg etc. genannt, ein westlicher Ausläufer der Karroo und in mässiger Entfernung vom Atlantischen Ozean, bildet auf dieser Seite das Plateau-Land. Der Winterhoek, der höchste Gipfel dieses westlichen Systems, überragt den Ozean in einer Höhe von 2222 m.

Die beiden Hauptstrecken des zentralen Gebirgsstocks Sneeuwberg bestimmen natürlicherweise auch die beiden Flusssysteme. Im Norden laufen sämtliche Gewässer dem linken oder südlichen Ufer des Oranjeflusses zu, welcher sie dem Atlantischen Ozean zuführt. Im Süden strömen sie durch die Karroo und die Zwischenketten hindurch dem Indischen Ozean zu. Die wichtigeren linksseitigen Zuflüsse des Oranje sind: der Tees, der Kraï, der Stormberg-Keï, der Suurbergkeï, der Malapo, der Seekoe, der Brak, der Hartebeest-Fluss. Unter den Flüssen, welche im Süden des Gebirges laufen und in den Indischen Ozean münden, sind die Keï, die Keïskamma, der Grosse Fischfluss, der Buschmanns-River, der Zondag-, Gamtoos- und Gauritz-River (welcher letztere sich aus den beiden Armen, dem Olifant und dem Groote bildet), endlich der Breede - River zu nennen. Der westliche Olifant-Fluss, der einzige beträchtliche Wasserlauf, welcher sich südlich vom Oranjefluss in den Atlantischen Ozean ergiesst, wird gleich dem Gauritz - River aus zwei Armen gebildet. Der eine derselben, von geringerer Bedeutung, hat sein Bett zwischen der ersten und zweiten Kette, der andere, der Doorn, durchfliesst die westliche Hälfte der Grossen Karroo. Von allen diesen Flüssen ist ein einziger, der Breede, schiffbar; an seiner Mündung liegt die Stadt Port Beaufort.

Die Küstenlänge des 1871er Gebiets der Kapkolonie beträgt mehr als 2000 km. Der nordwestliche, vom Atlantischen Ozean bespülte Teil, welcher ausserhalb der gewöhnlichen Schiffahrtslinie liegt, ist unvollständig bekannt. Man weiss nur, dass er von Sandflächen, welche Strauch- und Buschwerk tragen, umschlossen ist. Im Südwesten und Süden nimmt das Land einen neuen Charakter an und zeigt eine fast ununterbrochene Folge von Vorsprüngen und Einbuchtungen. Die Vorsprünge bilden bisweilen hohe Vorgebirge; die beiden wichtigsten sind: das Vorgebirge der guten Hoffnung (sicher das berühmteste aller Vorgebirge des Erdteils), und das 150 km südlicher als jenes in den Ozean hinausragende Agulhas- oder Nadelkap.

Unter den Einbuchtungen, welche die Küste der K. bildet, befinden sich eine grosse Anzahl von geräumigen Baien; aber keine derselben, mit einziger Ausnahme der an der Westküste befindlichen Saldanpa-Bai, besitzt hinreichenden Schutz, um alle

Bedingungen eines guten und sichern Ankerplatzes zu erfüllen.

In der Nähe des Kaplandes bilden sich unter dem Einflusse eines Nordwestwindes, welcher die Wogen um das Kap treibt, nachdem sie schräg das südatlantische Meer durchschnitten haben, die grössten bis jetzt bekannten Wellen; dieselben schlagen hier, vom tiefsten Punkte des Wellenthals bis zum Kamm gemessen, 18 m hoch empor.

Die geologische Formation der Gebirge zeigt eine grosse Gleichförmigkeit. Die regemässige Wiederkehr der zum Teil sehr auffallenden Tafelberg-Form, von welcher der Tafelberg bei Kapstadt ein so berühmtes Beispiel zeigt, lässt (vergl. Fritsch, „Süd-Afrika", S. 14 ff.) von vorn herein darauf schliessen, dass dieser Erscheinung eigentümliche Verhältnisse zu grunde liegen, wie sie im übrigen Teil der Erde nicht gewöhnlich sind. Es scheint, dass die vulkanistischen Revolutionen, welche meist die durch Neptunismus gebildeten Schichten knickten, durchbrachen und zuweilen so sehr verwarfen, dass das unterste Glied eines Systems zuoberst gekehrt ist, in Südafrika milder und weniger heftig aufgetreten sind, in der Art, dass stellenweise Hebungen und Senkungen in den Vordergrund treten, die gewaltigeren Veränderungen aber weniger häufig vorkommen. Die von unten andrängenden, feuerflüssigen Massen, welche die Schichten in grösserer oder geringerer Ausdehnung erhoben, veränderten in vielen Fällen die ursprüngliche horizontale Lage derselben wenig oder gar nicht, was sonst meist nur als Ausnahme vorzukommen pflegt. Es entstanden so die für Südafrika charakteristischen Tafelländer mit den schroffen, senkrecht abfallenden Rändern; war die Ausdehnung der Erhebungen geringer, oder blieb nur ein kleinerer Teil der erhobenen Schichten erhalten, so entstand ein Tafelberg, welcher bei noch engerem Zusammenrücken der Ränder in jene Form übergeht, wie wir sie am Löwenkopf und so vielen ähnlichen Bergen des Innern, gewöhnlich „Los-Kopjes" (Losgerissene Kuppen) genannt, auftreten sehen. Häufig gruppieren sich diese Formen, wie das Kap selbst als Beispiel lehrt, und es finden sich so vor Tafelländern Tafelberge vorgeschoben, welchen die Kopjes gewissermassen als Trabanten zur Seite stehen und dadurch den regelmässigen Wechsel in die südafrikanischen Bergformationen bringen. Die Stellung der Tafelberge in Reihen, der grösste Durchmesser ihrer Gipfelebenen, sowie das Anschliessen der Kuppen an bestimmte Seiten scheint die Richtung anzudeuten, in welcher die vulkanistischen Kräfte ihren Verlauf nahmen, als sie die geschichteten Steine sprengten und stellenweise erhoben. Der höchste Teil der Kuppen wird mitunter von einem so kleinen Rest der Schichten gebildet, dass dieser als ein einziger Felsblock unersteiglich vom Gipfel des Berges aufragt. Ein solcher befindet sich z. B. in den Wittebergen an der Grenze des Basutolandes, wo die äusserste Felspartie ihrem Querdurchmesser um mehr als die Hälfte in der Höhe übertrifft bei senkrechtem Seitenabfall, eine riesige Landmarke, weit hinein in das Land sichtbar. Ist andererseits die Ausdehnung der noch in natürlicher Lagerung erhaltenen Tafelländer eine grosse, so imponieren sie zwar von der untern Terrasse aus gesehen als mächtige Berge, aber ersteigt man die vor dem Beschauer so imposant aufsteigenden Abhänge, so sieht man sich oben zu seiner Überraschung häufig in einer völligen Ebene, welche für Meilen und Meilen ohne bedeutende Bodenerhebungen hinzieht. Es handelt sich in solchem Falle somit nicht um einen Berg, sondern um den Rand eines Tafellandes, mit welchem Ausdruck derartige Formationen von den Kolonisten auch bezeichnet werden (z. B. Zuiker-Bos-Rand; Witte-Waters-Rand). Auch der sogenannte Drakensberg ist in grösster Ausdehnung wesentlich Plateau-Rand und zeigt gegen Kafraria, Natal, Sululand schroffe Abhänge von Tausenden von Fuss, während nach dem Innern zu nur vereinzelte, wie Maulwurfshügel auf der Hochebene stehende Erhebungen den Rand selbst hier und da überhöhen. Zuweilen erscheint bei etwas ungleicher Wirkung der hebenden Kräfte nur die eine Seite eines Tafelberges als steiler Absturz, während die entgegengesetzten Schichtenköpfe durch den Schuttkegel verdeckt sind, oder es sind auf die Hebungen wieder teilweise Senkungen erfolgt, welche Vertiefungen erzeugten, die vielfach von den Leuten irrtümlicherweise für vulkanische Krater gehalten werden, wenn sie auf den Gipfeln der Tafelberge vorkommen. Viele Leute, die gedankenlos durch die Urgebirge Europas, welche einst im feuerflüssigen Zustande aufstiegen, gewandert sind, machen sich hier auf einmal Gedanken über vulkanistische Einflüsse, angeregt durch die sonderbaren, charakteristischen Gestaltungen der südafrikanischen Berge, welche unwillkürlich zu Betrachtungen über ihre Entstehung hinleiten. Und doch ist das, was sie hauptsächlich zu ihrer Annahme bestimmt, die Schroffheit der Formationen, wahrscheinlich mehr wie in den meisten andern Ländern durch den entgegengesetzten Einfluss, das Wasser, zu stande gekommen. Die Sandsteine, welche die Gipfel der in Rede stehenden Berge bilden, sind der Zerstörung durch das Wasser je nach ihrer Beschaffenheit bald wenig bald stark ausgesetzt; viele zeigen demnach deutlich die Spuren, dass dies mächtige Element an ihnen genagt hat. Auch giebt die grosse Verbreitung der durch Wasser zerstörten Gesteinstrümmer und Schwemmablagerungen, sogenannter Seifengebirge, einen unzweifelhaften Beweis, wie hoch wir hier den Einfluss dieses Elementes veranschlagen müssen. Neptunistischen Kräften ist auch jedenfalls die Zerstörung der höhergelegenen jüngeren Systeme zuzuschreiben, häufig ist kaum eine Spur der auflagernden Schichten auf dem Plateau zurückgeblieben, das Wasser hat sie bis auf den letzten Rest hinweggespült; zuweilen ist aber von den nächsten Schichten ein grösserer oder geringerer Teil übrig, welcher die oberste Fläche der Sandsteine als flacher Hügel bedeckt oder als deutlich geschichteter Kegel mit meist auffallend geraden Seitenlinien von ihnen aufsteigt. Nicht selten erscheint auch ein Tafelberg auf den andern gesetzt, indem ein tieferes und gegen Verwitterung widerstandsfähigeres System die untere breitere Terrasse darstellt, auf welcher sich unter Vermittelung eines niedrigen Schuttkegels die höhere in ihrem Aussehen ähnliche von geringerer Ausdehnung erhebt. Nächst diesen Sandsteinformationen sind es besonders Grünsteine, deren Kuppen für weite Strecken Südafrikas charakteristisch sind. Dieselben sind den Tafelbergen mit ihren mächtigen Schichten unähnlich, indem die Bekrönung des Schuttkegels niedriger und weniger regelmässig begrenzt zu sein pflegt. Krystallinische Eruptivgesteine, besonders Gabbro, bilden den geschichteten Gesteinen auflagernd, meist die Gipfel, indem die unregelmässig durcheinander geworfenen Blöcke derselben, die tieferen Schichten vor der Verwitterung schützten*.

Über die hydrographischen Verhältnisse der K. ist wenig zu sagen. Die Flüsse sind im Hinblick auf die grosse Ausdehnung des Landes höchst spärlich (trotzdem die Karten ein ziemlich reiches Flussnetz zeigen); sie sind zum weitaus grössten Teil periodischer Natur, d. h. im Sommer vertrocknet. In dem Mangel an Südwasser liegt das grosse Gebrechen der K.; aus diesem Mangel entspringt vorwiegend der kahle nackte Zustand des Landes, das kaum einen einzigen Wald besitzt. Aus dem Umstande, dass das südliche Afrika, mit Ausnahme eines bestimmten Gebietes im Südosten und einiger isolierten Stellen, schnee- und waldbedeckter Gebirge, die anderwärts unerschöpfliche Wasserreservoirs bilden, ermangelt, geht hervor, dass es das Wasser, dessen der Boden bedarf, nur durch zufällige, fast immer unzulängliche Regenfälle erhalten kann. Diese Thatsache wiegt um so schwerer, als die Sonnenglut und der sandige oder mit Sand und Lehm vermischte Boden das vom Himmel gespendete Nass ungeheuer rasch aufsaugt, und die Gebirge des Ostens die Wasserdünste, welche vom Indischen Ozean aufsteigen, fast vollständig über den ewiggrünen Flächen des ausserhalb der Ostgrenzen des Kaplandes liegenden Kafraria festhalten. Höchstens die der Grenze benachbarten Landstriche erhalten in einem gewissen Masse ihren Anteil an dem Segen dieser wohlthätigen Niederschläge. Es gibt Sommer im Kaplande, wo dieser Wassermangel zu einer wirklichen Kalamität wird. Zu tausenden fällt dann das Vieh.

Der trockne („starre") Ackerboden in der K. ist weit häufiger als der weiche. Der salzhaltige Sand, mit welchem er gewöhnlich überdeckt ist, tötet oder verschlechtert den Pflanzenwuchs und macht das Wasser untrinkbar. Seeen oder, Lachen ähnlich den Sebchas der algerischen und marokkanischen Sahara und den Natronseeen im Isthmus von Suez, haben, gleich jenen, einen stark salzhaltigen, oft mehrere Meter hohen Bodensatz.

Über das Klima des Kaplandes ist nach dem Vorhergesagten nur noch wenig zu bemerken. Man hat das Jahr des Kaplandes vielfach nur in zwei Zeiten: den Sommer und den Winter, geteilt. Indessen lassen sich hier, gleichwie in Europa, vier Jahreszeiten genau unterscheiden. Der Frühling beginnt am 1. September und endigt am 1. Dezember; der Sommer währt vom Dezember bis März; der Herbst vom März bis Juni, und der Winter vom Juni bis zum September. In der Zeit vom September bis April herrschen im Kaplande die Südostwinde; die durch diese Winde herbeigeführten Wolken werden durch die ersten hohen Gebirge festgehalten, denen sie begegnen, ballen sich hier zusammen und schlagen nieder derart, dass für die westlich gelegenen Striche nur wenig oder nichts verbleibt. Das umgekehrte Phänomen wird durch die im Winter wehenden Nordwestwinde erzeugt; die von ihnen herbeigeführten Wolken absorbiert der westliche Teil des Kontinents. Im übrigen besitzt die K., dank diesen periodischen, die Atmosphäre reinigenden und die Sonnenhitze mildernden Winden, das schönste und gesündeste Klima. Die Temperatur steigt selten über 32 und 33° und sinkt im Winter selten unter 8° Wärme. Man könnte demnach die Behauptung aufstellen, dass es im Kaplande keinen eigentlichen Winter gebe, wenn er nicht durch den Stand des Pflanzenwuchses angezeigt würde und die dann herrschenden Winde nicht bisweilen sehr scharf wären. Indessen zeigt sich auch der Schnee bisweilen in einem gewissen Striche der grossen Karroo und besonders in den dem Nieuweveld und dem Sneeuwberg benachbarten Ebenen.

Trotz dieser in vieler Hinsicht ungünstigen Bedingungen beruht das

Landleben der K. nichtsdestoweniger fast ausschliesslich auf dem Ackerbau. Die K. hat eigentlich keine andere Industrie, als solche, welche mit dem Ackerbau zusammenhängt. Die Bauernhöfe sind fast immer am Fusse der Gebirge gelegen, überall wo Wasser gefunden werden konnte. Von dort erstrecken sich die bebauten Äcker weithin über Ebenen von oft sehr bedeutender Ausdehnung, und die Haustiere (Ochsen, Hammel, Ziegen, Pferde, Maultiere) grasen auf dem oft untermittelmässigen Boden, wo das Gras fetten scharfen Pflanzen, Sumpfgewächsen, Strauch- und Buschwerk der verschiedensten Art den Platz räumt. Die Tiere sind an diese Nahrung gewöhnt und gedeihen dabei, obgleich sie an zahlreichen Orten darauf angewiesen sind, gelbes stinkendes Schmutzwasser zu saufen.

Die im Innern der K. gelegenen Distrikte sind die am besten zur Viehzucht geeigneten und erzeugen die feinste Wolle. Dieser Teil der Kolonie umfasst bedeutende Agrikultur-Anlagen; es giebt Bauern, welche 15000 - 20000 Hammel besitzen. Bis 1840 kannte man im Kaplande mit wenigen Ausnahmen nur das einheimische, breitschwänzige Schaf, das mit Fett überladen, aber arm an Wolle war. Jetzt kann man in allen Wolldistrikten Herden der besten Sorten aus allen Ländern sehen. Die einheimischen Hammel werden ausschliesslich als Schlachtvieh gezüchtet und in grossen Mengen verzehrt. In vielen Distrikten hat man sich auch mit Eifer auf die Zucht von Angoraziegen geworfen. Eine ganz neue Erwerbsquelle, die in kurzer Zeit zu bedeutenden Umfängen gediehen ist, hat man in der Straussenzucht gefunden. Vor etwa fünfzehn Jahren fingen die ersten Landbauern an, den Strauss zum Haustier zu machen, und heute wird es von Kapstadt bis zu den Stormbergen kaum ein Bauernhaus geben, das nicht ein Volk Strausse besässe. Die Straussenzucht ist eine Merkwürdigkeit des Kaplandes. Sie wirft hübsche Erträgnisse ab, hat aber auch ihre Schattenseiten, da die Tiere leicht eingehen. Ausser einer beträchtlichen Menge geniessbaren Fleisches bilden die Federn einen wichtigen Ausfuhrartikel (1874 bereits 5 Mill. Stück); indessen besitzen die Federn der domestizierten Strausse bei weitem nicht die schöne Färbung der in der Wildnis lebenden Tiere. — Die Pferde des Kaplandes (englischer, spanischer, holländischer und selbst arabischer Rasse) sind wohlbekannt; ihre vorzüglichste Eigenschaft ist Ausdauer in der Arbeit und im Laufen.

Von der Vegetation an allen jenen Orten, wo das Wasser nicht vollständig mangelt, berichtet ein scharfer Beobachter, vermag man sich keine richtige Vorstellung zu machen. Mit unglaublicher Gewalt entwickelt die Sonne die produktive Kraft des Bodens in einem Lande, wo das sandige und lehmige Terrain doch vielmehr schlecht als günstig ist. Die Früchte gedeihen zu einer ganz aussergewöhnlichen Grösse, und alles wächst wie von selbst, fast ohne Sorgfalt, fast ohne jegliche Arbeit. Die Sonne besorgt alle Arbeit, und sehen muss man, wie sie ihrer Aufgabe gerecht wird! Fast den grössten Teil des Jahres hindurch bringt der Boden dort, wo Wasser vorhanden ist, beinahe alles, was man von ihm verlangt; man erntet zwei-, bisweilen dreimal im Jahre. Durch ihre äusserst günstige Temperatur, welche die Mitte hält zwischen derjenigen der gemässigten und derjenigen der tropischen Zone, erzeugt die Kapkolonie neben vielen tropischen Gewächsen beinahe alle Früchte und Gemüse Europas. Von Getreidearten werden vorwiegend Korn und Weizen gebaut; in den südwestlichen Distrikten wird viel Reis gebaut; die Kartoffel gedeiht fast überall und ist schon bis zum Sambesi hinauf gedrungen.

Der die Kapstadt umschliessende Distrikt ist von einer grossen Anzahl von Dörfern, Gehöften und Wohnungen besetzt, deren Lage eine äusserst malerische ist und die durch prächtige, mit Eichen und australischen Fichten, Gummibäumen (Eucalyptus globulus), Ulmen, Pappeln und anderen Bäumen eingefasst sind. Diese ganze Landstrecke, die aus den Gemeinwesen von Mowbray, Rondebosch, Claremont, Newlands, Wyeburg gebildet wird, ist wunderbar schön und mit einer luxuriösen Vegetation geschmückt; in einem leicht gesenkten Terrain gelegen, von grossen, ungeheuren Bäumen dicht bestanden und umschlossen, liegt sie fast vollständig geschützt vor Wind und Sonne. Hier wohnt die feine Welt der Kapstadt; in diesem Distrikt (in einem Umkreise von 60—80 km von Kapstadt), werden die sogenannten, ehemals renommierten Kapweine gebaut, von denen der Constancia-Wein, zwischen der Stadt und der Falschen-Bai gezogen, als der beste gilt. Die bergigen Distrikte der Ostgrenze sind das „Busch"-Gebiet, von den Engländern so genannt des grossen Reichtum an Aloe- und ähnlichen Bäumen wegen, die buschweise in allen möglichen Varietäten hier wachsen.

Die vor der Kolonisation des Landes durch die Holländer überreiche **Fauna** ist seit dem zweiten Jahrzehnt unseres Jahrhunderts ganz bedeutend zurückgegangen. Ausgangs des 18. Jahrhunderts lebte der Elefant noch herdenweise im Gebiet des Kaplandes, und Rhinoceros, Flusspferd und Löwe waren am Kap noch sehr häufig. Heute ist der Elefant verschwunden; 200—300 Meilen vom Kap müssen die Jäger, welche sich mit dem Elfenbeinhandel en gros befassen, landeinwärts ziehen, um die Tiere zu jagen. Das letzte Rhinozeros im Kapgebiet wurde 1853 in der Nähe von Port Elizabeth erlegt. Flusspferde findet man vereinzelt im Grossen Fischfluss, welcher den östlichen Teil des Kaplandes durchfliesst. In den Flüssen, welche an der Küste von Kafraria münden, sind sie noch sehr zahlreich, desgleichen auch im Oranjeflusse unfern von seiner Mündung. Den Löwen trifft man jetzt nur noch im östlichen Teile der Kolonie, in den Distrikten Queenstown und Albert sowie an der Grenze des Buschmännerlandes und des Distrikts Beaufort. Die Kapbewohner benennen unrichtigerweise den in der K. sehr häufigen Leopard oder Panther mit dem Namen „Tiger"; derselbe wagt sich sogar nicht selten bis auf wenige Kilometer an die Kapstadt heran. Der Strauss lebt noch an verschiedenen Punkten der K. wild.

Das Rebhuhn, die Wachtel, die Schnepfe, das hier mit Unrecht Fasan genannt Frankolinhuhn, der Hase, das vom europäischen sehr verschiedene Steinkaninchen sind ungemein zahlreich am Kap. Aber es ist vielleicht kein anderes Land so arm an Süsswasserfischen wie das Kapland, dessen Flüsse fast vollständig fischarm sind. Dagegen giebt es Seefische an den Küsten im Überflusse. Das Zebra wird täglich seltener im Gebiete der K. und wird nur noch im innern Lande angetroffen. Die interessante Familie der Antilopen ist im südlichen Afrika zahlreicher als irgendwo anders auf der Welt. Es kommen hier mehr als dreissig Arten dieses Tieres vor. Der Büffel kommt in den grossen Wäldern des Kuysna-Distrikts und in den Büschen, welche das Ufer des Grossen Fischflusses umsäumen, vor. Er ist bei weitem weniger stark und dichter behaart als der asiatische Büffel und ein ungemein wildes Tier (vergl. Büffel).

Wirklich bedeutende Minen kommen in dem alten Gebiete der K. nicht vor. Die neu annektierten sind dagegen sehr reich an solchen. Namaqualand hat bedeutende Kupfer- und Silberlager, und Griqualand besitzt die seit einigen Jahren so berühmt gewordenen Diamantfundstätten.

Eine Fabrikindustrie besitzt die K. wie gesagt nicht. Alles Derartige kommt aus dem Mutterlande. Die Erzeugnisse des Ackerbaues, besonders des Weinbaus, sowie diejenigen der hiermit in Zusammenhang stehenden Industrieen, kommen allein zur Ausfuhr. Das grosse Handelszentrum der westlichen Gegenden des Kaplandes ist die Kapstadt. Hier befinden sich die Magazine der grossen Handelshäuser, aus denen die kleinern Häfen dieses Teils der K. und die Städte im Innern versorgt werden, wo sich wieder Agenten befinden, welche den Verschleiss an die Krämer und Bauern vermitteln. Bei diesen letzteren tauschen die Landleute und Bauern ihre Erzeugnisse und Waren: Wolle, Hörner, Getreide, Wein, Alkahol, Aloë, Elfenbein, Straussenfedern etc. gegen alle ausländischen Artikel um, deren sie bedürfen.

Das Bahnnetz der K. ist noch wenig ausgedehnt. Die Linie Kapstadt-Wellington mit Zweigbahn nach Malmesbury geht jetzt bis Worcester, von wo sie bis Beaufort in der Grossen Karroo am Fusse der Nieuweveld-Berge weitergeführt werden soll. Ferner sind Port Elizabeth und East London (der Hafen von Britisch-Kafraria) an der Mündung des Buffalo-Flusses, mit Bahn verbunden.

Die Kapkolonie war vor 1874 administrativ in zwei Provinzen eingeteilt: die Westliche mit der Hauptstadt Kapstadt, und die Östliche mit der Hauptstadt Grahamstown. Diese beiden Hauptstädte sind 950 km voneinander entfernt. Seit 1874 ist diese Einteilung abgeändert und die K. in 7 Provinzen gegliedert worden. Jede Provinz zerfällt in eine grosse Anzahl von Wahlkreisen, die sich wieder in verschiedene Gerichts- und fiskalische Bezirke gliedern. Die Einteilung der K. war nach der offiziellen Aufstellung von 1875 die folgende:

Distrikt:	Bevölkerungsziffer.
I. Westliche Provinz.	
1. Kapstadt (Cape Town)	34885
2. Cape Division	22859
3. Stellenbosch und Somerset West	10541
4. Paarl und Wellington	18114
	86399
II. Nordwestliche Provinz.	
5. Malmesbury	18214
6. Piquetbay	8218
7. Worcester	9801
8. Tulbagh	9943
9. Clanwilliam	8404
10. Calvinia	7452
11. Namaqualand	12351
	74383
III. Südwestliche Provinz.	
12. Caledon	11303
13. Bredasdorp	4285
14. Swellendam	10005
15. Robertson	7986
16. Riversdale	12725
17. Oudtshoorn	15129
18. George	11766
19. Mosselbay	5059
20. Knysna	3118
	81446
IV. Zentrale Provinz.	
21. Beaufort West	8314
22. Prince Albert	6187
23. Victoria West	13257
24. Frazerburg	8996
25. Richmond	7607
26. Hopetown	6144
27. Murraysburg	3778
28. Graaff-Reinet	16774
	71057
V. Südöstliche Provinz.	
29. Albany	16441
30. Bathurst	5803
31. Port Elizabeth	14450
32. Uitenhage	21476
33 Humansdorp	7298
34. Alexandria	6020
35. Victoria East	7970
36. Peddie	16596
	96054

Die Adderleystrasse in der Kapstadt.

VI. Nordöstliche Provinz.

37. Port Beaufort	15657
38. Stockenstrom	6499
39. Somerset East	10858
40. Bedford	8636
41. Cradoch	11313
42. Albert	11522
43. Middleburg	6938
44. Colesburg	10187
	80610

VII. Östliche Provinz.

45. East London	15466
46. King William's Town	168041
47. Queenstown	50711
48. Alival North	8107
49. Wodehouse	26570
50. Herschel	22664
	291559

Eingeborenen-Distrikte:

Basutoland	140000
Fingoland	45000
Tambukieland	70000
Idutwya Reserve	18000
Nomansland	62000
Gross-Namaqualand	(unbekannt)
	335000
Gesamtbevölkerung der K.:	1056580

Dieselbe verteilt sich nach den Nationen in der folgenden Weise:

Europäer und Weisse	236780
Kafern	214130
Hottentotten	98560
Fingos	73510
Malaien	10820
Mischlinge	87185

Die Abkömmlinge der ersten holländischen Kolonisten, die „Boers" (soviel wie Bauern) bilden noch gegenwärtig den Hauptbestandteil der weissen Bevölkerung. Die Engländer, welche an Zahl schwächer sind, bewohnen hauptsächlich die Städte. In einigen Distrikten findet man noch Abkömmlinge der durch den Widerruf des Edikts von Nantes aus ihrem Vaterlande verjagten Hugenotten. Die Hottentotten, welche das Land bis zur Ankunft der Europäer besassen, sind jetzt die dienende Rasse: sie arbeiten bei den Kolonisten im Hause, auf den Feldern, und vorzugsweise als Viehhirten. Manche von ihnen haben sich auf den von der Regierung abgetretenen Ländereien angesiedelt. Die Kaffern wohnen im östlichen, Kafraria benachbarten Teile der Provinz. Englische Sitten, englischer Geist, englische Gewohnheiten überwiegen natürlich in den Städten und in den Hauptbevölkerungszentren. Man begegnet hier fast allen Sekten der reformierten Religion; aber der katholische Kultus, obgleich er in einer starken Minderheit sich befindet, wird frei ausgeübt. Der römische (hier „römisch-holländische" genannte) Kodex ist das Gesetz der Kolonie geblieben bis auf gewisse, durch Kolonialgesetze und Handelsinteressen herbeigeführte Abänderungen.

Nächst Kapstadt, der Hauptstadt der Kolonie, sind Grahamstown, die Hauptstadt der alten Ostprovinz, und Port Elizabeth, grösster Hafen derselben Provinz, die beiden wichtigsten. Kapstadt zählte 1865: 28500, Grahamstown 6000, Port Elizabeth 8700 Einwohner. Das sind die einzigen wirklich bedeutenden Hauptorte; die übrigen sind zumeist armselige Marktflecken. Hält man an der alten Einteilung der K. fest, so ergeben sich, abgesehen von den Eingeborenen, für die westliche Provinz 277075, für die östliche 443729 Einwohner. Die Osthälfte nimmt überhaupt Anlauf zu einer ganz bedeutenden Entwickelung. Ihre Ausfuhr überwiegt diejenige der westlichen Provinz um mehr als 31 Millionen Franken im Jahr. Das rapide Wachstum dieses Teiles erklärt sich aus den folgenden Umständen: Die westliche Provinz führt nur dasjenige ein und aus, was mit ihrer eigenen Produktion und ihrem eignen Konsum in Beziehung steht; ihre Nordgrenze wird nur von wüstem Land umschlossen, wo armselige Völkerschaften mit knapper Not den dürftigsten Lebensunterhalt finden. Die östliche Provinz dagegen arbeitet nicht allein für ihre eigenen Bedürfnisse, sondern vorzugsweise auch für die reichen Nachbarländer im Osten,

Nordosten und Norden, wie Kafraria, Basutoland, Oranjefreistaat und Transvaal, Ost- und West-Griqualand, alles Gegenden, welche auf die K. (Grahamstown und Port Elizabeth) angewiesen sind, um ihre Ein- und Ausfuhr zu bewerkstelligen. Nicht ohne Bedeutung für das Wachstum der östlichen Provinz ist auch der Umstand, dass die Bevölkerung der östlichen seit jüngerer Zeit erst kolonisierten Provinz mehr aus englischen Elementen besteht, während in der westlichen Provinz das holländische Element überwiegt.

Die Zunahme der Bevölkerung der K., seitdem sie in englischen Besitz übergegangen ist, wird durch die folgende Zusammenstellung anschaulich:

1823	112870	Einwohner
1825	118125	„
1830	124789	„
1835	154250	„
1840	156088	„
1845	178480	„
1851	207113	„
1860	267096	„
1865	570132	„
1875	1056580	„

Die K. besitzt eine repräsentative Verfassung und wird durch einen Gouverneur (mit dem Titel „Lord-Kommissär“) verwaltet, welchem zwei Kammern und ein gesetzgebender Rat zur Seite stehen. Die Mitglieder der ersten Kammer führen den Titel „Honourable“. Die zweite Kammer heisst offiziell „Assembly of the Colony of the Cape“.

Im Jahre 1486 erreichte Bartolommeu Dias, nachdem die portugiesischen Forscher bereits 71 Jahre lang die Westküste Afrikas befahren hatten, endlich das hohe Vorgebirge, welches im Süden die äusserste Spitze des Erdteils markiert. Die heftigen Stürme, gegen welche er hier zu kämpfen hatte, bestimmten ihn, dem Kap den Namen „cabo de los Tormentos“ (Kap der Stürme) zu geben. Aber der König Johann II. von Portugal, welcher in dieser Entdeckung den Markstein einer gewaltigen Zukunft für den Handel und die politische Macht seines Reiches erblickte, gab ihm den Namen „cabo de Boa Esperanza“ („Vorgebirge der guten Hoffnung“). Elf Jahre später, 1497, umschiffte Vasco de Gama das Kap und eröffnete hierdurch die direkte Handelsstrasse nach Indien.

Lange Jahre hindurch war das Kap für die Portugiesen, wie für die anderen seefahrenden Nationen Europas Zwischenstation auf ihren Fahrten nach den Ländern des Ostens. Aber keiner derselben fiel es ein, eine Kolonie hier zu gründen. Die Portugiesen haben jedoch schon frühzeitig, wie aus der 1588 veröffentlichten „Geografia“ Livio Sanuti's hervorgeht, schon frühzeitig eine sorgfältige Aufnahme der Küste bewerkstelligt. Die ersten Berichte, welche über die Hottentotten, die eingeborenen Völker dieser südlichen Länder Afrikas, nach Europa drangen, stammen von den Niederländern (1609). Im Jahre 1620 nahmen zwar zwei Schiffe der Englisch-Ostindischen Handelsgesellschaft Besitz vom Kap im Namen Grossbritanniens; diese Besitznahme war aber nur eine nominelle, denn die englische Regierung unterliess es, ihr einen amtlichen Charakter zu geben. Den Niederländern gebührt die Ehre, die erste wirkliche Niederlassung (1652) am Kap gegründet zu haben. Vier Jahre vorher hatte eines ihrer Schiffe an der Küste Schiffbruch gelitten; einige Leute von der Bemannung desselben hatten sich ans Land gerettet und die Zeit, welche sie bis zum Anlaufen eines andern Schiffes warten mussten, benutzt, um das Land in der Nähe des Kaps zu erforschen. Infolge des Berichtes, welchen diese Matrosen gaben, erkannte die Niederländisch-Ostindische Kompagnie endlich die Vorteile, welche sie aus einer festen Ansiedelung an

43*

der prächtigen, im Westen durch die lange Halbinsel, deren Spitze das Kap bildet, geschützten Bai gewinnen musste, und sandte im Jahre 1651 eine erste Kolonistenschar von achtzehn Köpfen an das Kap. Die Gründung von Kapstadt geschah auf der nämlichen Stelle, welche die Stadt noch heute einnimmt, am Fusse des Tafelberges. Die Niederländer blieben bis zum Jahre 1793 im ungestörten Besitze des Kaplandes, dessen Grenzen sie allmählich erweitert hatten. Um diese Zeit bekamen die Boers oder Kolonisten Unabhängigkeitsgelüste. Ein Aufstand brach aus, der Gouverneur wurde vertrieben, die Freiheitsfahne wurde aufgepflanzt. Es war ein direkter, wenn auch ferner Widerhall der in Europa sich vollziehenden Ereignisse. England hatte seit langer Zeit schon den Wert erkannt, welchen eine derartige Kolonie in seinem Besitze darstellen, bez. erlangen würde. Es säumte nicht, die Gelegenheit, welche sich jetzt bot, beim Schopfe zu fassen. Im Namen des damals (seit der Besetzung der Niederlande durch die Franzosen) nach London geflüchteten „Stathouder", und kraft eines mit dem entthronten Fürsten abgeschlossenen Vertrages, entsandte England ein Geschwader nach dem Kap, welches sich der Stadt bemächtigte und Besitz von dem Lande nahm (1795). Im Frieden von Amiens (1802) musste Grossbritannien die K. an Holland (damals „Batavische Republik") zurückgeben, nahm sie aber durch den Bruch dieses Friedens wieder in Besitz und hat denselben seit dieser Zeit behauptet, nachdem er ihm durch den europäischen Vertragsschluss des Wiener Kongresses garantiert wurde. Seitdem spitzt sich die innere Geschichte des Landes, abgesehen von den administrativen Massnahmen, welche die Kolonie total umgewandelt und ihre kommerzielle und politische Bedeutung ungeheuer gesteigert haben, zu einem langwierigen Streite gegen die Antipathie der niederländischen Kolonisten oder Boers und zu einer Reihe von Feindseligkeiten gegen die an der Ostgrenze sesshaften Kaffern zu. Ein beträchtlicher Teil der alten Kolonisten hat das Gebiet der K. verlassen, um weiter oben im Norden zwei republikanische Staatswesen, den Oranjefluss-Freistaat und die Transvaal-Republik zu gründen. Die Kaffern-Kriege haben ihren Abschluss durch die Annexion von ganz Kafraria (s. d.) erhalten. Durch die Einbeziehung von Griqualand, Basutoland und ungeheurer Küstengebiete am Atlantischen Ozean, nördlich von der Mündung des Oranjeflusses, ist die Ausdehnung des kolonialen Territoriums verdoppelt worden.

Seit der Errichtung der niederländischen Kolonie (1652) hatte sich die Kenntnis von Land und Leuten der K. langsam erweitert, obgleich die engherzige Politik der Holländer diese selbst nicht viel in dieser Richtung thun liess. Von den im 17. Jahrh. im Gebiete der K. unternommenen Reisen sind die von Lancaster (1601), von Schutten (1663—72), Dapper (1686), Tachard (1685), Lejardière (1687) zu nennen. Was uns zu Ende des 17. Jahrh. hiervon bekannt war, hat Dapper in seiner Beschreibung Afrikas (1685), besser noch Valentyn (1726) in seinem grossen Werke: „Oud en Nieuw Oost-Indien" zusammengefasst. Besonders der Missionär Pater Tachard (der die östliche Länge des Kap noch auf 18° 5' angab) trug, gleichwie auch der Kommandant Van der Stel, welcher einen fünfmonatlichen Ausflug nach „Namaqualand" (nördlich von Kapstadt) machte, und die Existenz von Kupferminen nachwies, wesentlich zur Erweiterung unserer Kenntnis der K. bei. Im Laufe des 18. Jahrhunderts wurde besonders die Kenntnis der Hottentottenvölker und die naturwissenschaftliche Kenntnis des Landes gefördert; von den Reisenden dieser Zeit sind zu nennen: Peter Kolbe („Caput bonae speï hodianum“) 1701—1703, Kupt (1703), Jaar und Vogel (1702—16), die Missionäre G. Schmidt und Thunberg (1737), la Caille (1751—52), Francken 1759 (Delagoa-Bai), Heinr. Hooz und Friedr. Bank (1761—67), Bernardin de Saint-Pierre (1771), Andreas Sparrmann und K. Pet. Thunberg (1772—76), Stavorinus (1774), Will. Paterson 1777 ff. (der den von Gordon entdeckten Oranje-Fluss genauer untersuchte und die Hottentotten und Kaffern mehrfach besuchte), François Le Vaillant (1780 ff.), Cornel de Long (1790—91), John Barrow (1797—98). Der erste, welcher tiefer nach dem Innern der K. drang, war der portugiesische Händler Manuel Pereira (1786), ihm folgte 1797—98 Franz José de Lacerda (beide von den portugiesischen Besitzungen am Sambesi ausgehend); von Missionen, welche Glaubensboten nach dem Gebiete der K. entsendeten, war die herrnhutische Mission (1734) eine der ersten. Die Zeit der eigentlichen Entdeckung im Gebiete der K. beginnt mit der Besitznahme derselben durch die Engländer. Schon 1801 gingen die Engländer Trutter und Somerville durch das Gebiet der Betschuanen (als die ersten, welche die grosse Karroo im Norden durchzogen) bis nach Litaku. John Barrow (1801—4) drang zu den Kaffern und Lichtenstein (1803—6) zu den Betschuanen vor. Seit 1807 drangen die Missionäre der mährischen Brüder, sowie der Wesleyaner tief in das Innere vor und liessen sich unter den freien Völkern nieder. Burchell forschte 1810—12. Campbell 1812 und 1820 im eigentlichen Kaplande; der letztere drang bis Natal und am Oranjefluss bis zu dem Namaqua vor und gründete Missionen unter den Betschuanen. Auf diese folgten: La Trobe (1815), Philip (1820), G. Thompson (1821—24), Ecklon (1824), Helbeck (1827), der nach Tambukieland vordrang, Cowie und Green (1828), die bis zur Delagoa-Bai gelangten; Moffat (seit 1817), der nördlich von der Kapstadt unter den Namaqua, später in Kuruman im Matabele-Lande wirkte: Hamilton, Kay, die Franzosen Arbousset und Daumas (1834 ff.), die Engländer Steedman, Andr. Smith (1834—36), die durch die Kalahariwüste bis zum Limpopo, und Alexander, der 1836—37 in Namaqualand forschte.

Mit der Zeit der Auswanderung der Boers (seit 1835) rücken die bis dahin schwer zugänglichen Länder des Südostens in das Bereich unserer Kenntnis. Die Jäger Harris (1836 ff.), Wahlberg (1839 ff.). Cumming (1845 ff), drangen tief in das Innere vor. Mit Livingstone's Niederlassung in Südafrika (1841) kam die Entdeckung dieser Länder in vollen Fluss; ihm vor allen anderen sind die wichtigtigsten Forschungen zu verdanken. 1850 ff. drangen Francis Galton und Ch. J. Andersson vom Damaraland aus ins Innere; der letztere durchforschte auch Namaqualand. 1851 durchzog Gassiot Natal und Transvaal, Shelley mit Orpen 1852 die Kalahari, J. Campbell (1852), Walwitch (1853), Chapman (1853—55), Bleck (1855—56), Santa Rita Montanha (1855—56), Sanderson, Robertson, Merenski, Hardeland u. a. trugen mehr oder weniger zur Erforschung des Gebietes der K. bei; von den neueren Forschungsreisenden (seit 1860) sind als hervorragend zu nennen: Fritsch (1864—66) im Oranjefreistaat und Betschuanenland; Baines (Transvaal und Kalahari); Karl Mauch (1864 ff.), Eduard Mohr (1869), A. Hübner und Vincent Erskine (1868 ff.), Elton (1868—71) im Limpopo-Gebiet; Thomas (1867) und

Wood (1868) im Sambesi-Gebiete; Griesbach (1871), E. v. Weber (1871—75), Holul (seit 1873), Oates und Dawnay (1874), Gillmore (1876), Rutenberg (1877) u. a. — Aus der zahlreichen Litteratur über Südafrika sind von deutschen Büchern: E. v. Weber, „Vier Jahre in Afrika" (1878, 2 Bde.), Fritsch, „Drei Jahre in Südafrika" (1868) und „Die Eingeborenen Südafrikas" (1872) die hervorragendsten, von fremdsprachlichen: Silva, „Handbook for South Afrika" (London 1875), Andersson, „Lake Ngami, or discoveries in South Africa" (1856, 2 Bde.), Wilmot, „An historical and descriptive account of the Colony of the Cape" (1863) zu nennen. Man vergl. auch den Artikel „Boers".

Kapnist, Graf Peter von, seit Anfang 1884 russischer Gesandter im Haag und an Stelle des an einem Augenleiden erkankten Botschafters zu Berlin, Fürst Orloff, für die in der deutschen Kaiserstadt 1884 tagende „Afrikanische Konferenz" besonders beglaubigt, ist im Jahre 1839 geboren und hat in Moskau und Heidelberg studiert. Er begann seine diplomatische Karriere 1850 in der politischen Kanzlei des Fürsten Gortschakoff und gewann hier an bevorzugter Stelle einen tiefen Einblick in die russische und auswärtige Politik. Drei Jahre später wurde er der Gesandtschaft beim Papste attachiert, welche aber infolge der zwischen der Kurie und dem Petersburger Kabinett entstandenen Zwistigkeiten bereits 1854 aufgehoben wurde. Graf K. blieb aber gleichwohl als offiziöser Geschäftsträger in Rom und hat diesen schwierigen Posten elf Jahre lang bekleidet. Die Verhandlungen über die Besetzung der Diözesen nahmen ihn hierbei dauernd in Anspruch. Er erlebte während dieser Zeit den Zusammentritt des Konzils und sah auch seine diplomatischen Bemühungen zur Herstellung eines bessern Einverständnisses mit dem Papst von Erfolg gekrönt. 1876 wurde Graf K. nach Paris versetzt als Botschaftsrat, 1884 als Gesandter nach dem Haag. Er wurde als besonderer Gesandter Russlands vom deutschen Kaiser empfangen, während die nur als Delegierte fungierenden Herren sich dieses Vorzugs nicht zu erfreuen hatten.

Kapporo, Ort an der atlant. Küste, an der Einmündung des Dembia.

Kapstadt (englisch „Cape-Town", französ. „Le Cap" genannt), Hauptstadt der englischen Kapkolonie, am Südende Afrikas (18° 28' 55" östl. L. v. Gr., 33° 56' südl. Br.) am Südufer der geräumigen Tafel-Bai (englisch Table Bay), die ihren Namen nach dem Berge mit dem abgeplatteten Gipfel führt, welcher sich südlich von der Stadt in einer Entfernung von etwa 3 km erhebt. K. liegt 50 km nordwärts vom Kap der guten Hoffnung, welches die Südspitze einer hohen Halbinsel bildet. Ihre Bevölkerung bezifferte sich 1865 auf 28457 Seelen (davon 15118 Europäer); 1875 auf 32907 Seelen. — Kapstadt ist in 12 Distrikte, jeder Distrikt in 4 wards (Stadtviertel) eingeteilt. Es ist schön gebaut. Die Häuser sind sauber und nicht hoch; viele zeigen noch heute das niederländische Gepräge. Die Strassen sind breit und schneiden sich rechtwinkelig; sie münden zumeist auf weite Pläze und sind so angelegt, dass sie die herrschenden Südost- und Nordwestwinde direkt aufnehmen. K. hat keine Kais; auf der einen Seite wird es durch eine Citadelle, auf der andern durch die Batterie Amsterdam geschützt. Protestantische Tempel und Kirchen, wie auch eine katholische, befinden sich hier; ferner Museum, botanischer Garten, Bibliothek (mit 30000 Bänden), ein Theater, zwei Hospitäler etc.; ausserhalb der Stadt, etwa 8 km entfernt, liegt das Observatorium (berühmt durch Herschels Arbeiten). Es erscheinen hier mehrere englische und holländische Journale. Kapstadt wurde 1652 durch die Niederländer auf der Stelle, wo es sich noch jetzt befindet, gegründet; es verblieb in dem Besitze derselben (mit Ausnahme der Jahre 1795—1802) bis 1806. Seit 1806 ist es eine britische Stadt. Der Handel Kapstadts ist sehr bedeutend; 1874 verkehrten hier 1105 Schiffe mit einem Gehalt von 635836 Tonnen; die Einfuhr wertete 135000, die Ausfuhr 103000 Pfd. Sterl. Hauptausfuhr-Artikel sind Wolle und Diamanten.

Briefe von Berlin nach der K. laufen 34 Tage. — Seit dem Kriege der Engländer gegen die Sulu läuft von Aden aus über Sansibar und Natal ein submarines Kabel bis zur K.

Kaptaube (Procellaria hastata), ein Wasservogel im südlichen Afrika, der an den felsigen Gestaden der südl. Buchten sein Wesen treibt.

Kapverdische Inseln (Inseln des grünen Vorgebirges), im Atlantischen Ozean, wurden 1856 durch den portugiesischen Seefahrer Cadamosto entdeckt und befinden sich seitdem in portugiesischem Besitze. Sie liegen 750 km nordwestlich vom Cabo Verde unterm 14° 45′ bis 17° 30′ nördl. Br., 4° 30′—7° 30′ westl. L. v. Ferro (25°—27° 45′ westl. L. v. Par.). Die Gruppe besteht aus zehn grösseren Eilanden. Hiervon sind São Antão, São Vicente, Santa Lucia, São Nicolao mit den Inselchen Branco und Razo (zwischen Santa Lucia und Sao Nicolao) die westliche, über dem Winde gelegene Gruppe, sechs (Brava, Fago, São Thiago, Boavista, Majo und Sal, wozu noch die beiden kleineren zwischen Fogo und Brava gelegenen unbewohnten Klippeninselchen Grande und Rombo gehören) die östliche, unter dem Winde gelegene Gruppe. Den südöstlich gelegenen Eilanden giebt die vulkanische Beschaffenheit gebirgigen Charakter, unter den nördlich gelegenen bestehen einige aus flachen Sandhügeln. Gesamtflächenraum (nach Behm): 3851 qkm (nach Lopes): 427085 qkm mit (1873) 81864 Einwohnern (Mischrasse von Portugiesen und Negern). — Haupterzeugnisse sind: Baumwolle, Kaffee und Seesalz; die auf den sandigen Eilanden gefundenen Schildkröten bilden eine Hauptnahrung der Bevölkerung. Das Klima ist für Europäer ungesund (mittlere Temperatur 21½° R.), die Bewässerung äusserst sparsam, daher Dürre nicht selten und Hungersnot eine häufig wiederkehrende Landplage (z. B. in den Jahren 1831, '32, '33, '64 und '65). Hauptinsel ist São Thiao oder Santiago (s. d.).

Auf den Kapverdischen Inseln landet das, Portugal mit Brasilien verbindende unterseeische Kabel.

Die Kapverden sind nicht selten Ausgangspunkt für die unter dem Namen „Hurrikane" bekannten tropischen Wirbelstürme, welche sich über den Atlantischen Ozean hin den Westindischen Inseln aus Südost nähern und dann nach Nordwest ziehen.

Kara, s. Kavirondo.

Karaba, Dorf im nördl. Hererolande.

Karacha, Ort im Distr. El-Sawaleh der ägypt. Prov. Charkieh.

Karadis, Ort im Distr. Mit-Ghamr der ägypt. Prov. Dakahlieh.

Karagah, Ort im Distr. El-'Arein der ägypt. Prov. Charkieh.

Karagah, Ort im Distr. Kafr-el-Cheikh der ägypt. Prov. Gharbieh.

Karagga-Wora, Provinz im Südwesten des Reiches Bornu (zentraler Sudan); ein schönes, dicht mit Wald bestandenes Land; sehr häufig ist der gigantische Affenbrotbaum (Adansonia digitata). Die gleichnamige

Kimberley

Hauptstadt liegt an der Strasse von Duka nach Gudjba.

Karagwe, eine gebirgige Landschaft an dem von Henry Stanley (1876) entdeckten Akeniaru- oder Alexandra-See; sie wird vom Kitangule, dem Abfluss dieses Sees, durchrauscht und wird als eine herrliche, fruchtbare Gegend geschildert.

Der erste Europäer, welcher das Land K. sah (Dezember 1861 bis Januar 1862) war der Kapitän Speke; derselbe bestimmte die Lage des Dorfes, in welchem der König, Vasall Mtesa's, des Königs von Uganda, residierte, auf 1° 42′ 42′ südl. Br. und 28° 41′ 25″ östl. L. — Das Klima von K. ist, trotz der sündflutartigen Regen, welche hier fallen, weit gesünder, als es seine Lage fast unter dem Äquator vermuten lässt. Seine Bewohner, deren Zahl Stanley (welcher im Februar 1876 hier war) auf 150000 schätzt, scheinen zwei verschiedenen Rassen anzugehören: den Wa-Nyambo, welche Neger sind und den Hauptstock der Bevölkerung bilden, und den die Herrschaft übenden Wa-Huma, welche zu den Hallas oder einem von ihnen herrührenden Mischvolk gehören. Die wichtigste Ortschaft des Landes ist Kafurra, wo die arabischen Händler wohnen.

Karaiu, (Krapf, Journals 84 ff.) ein Stamm der Galla (s. d.), im Süden von Schoa, am Hawasch hausend.

Karakas, Ort im Distr. Abu-Hommos der ägypt. Prov. Beherah.

Karakuse, eine wohlschmeckende Gurkenart des nordöstlichen Afrika.

Karamit, Ort im Distr. Simbellawein der ägypt. Prov. Dakahlieh.

Karanchawah, Ort im Distr. Kafr-el-Zaïat der ägypt. Prov.

Karâsba, ein Teilstamm des algerischen Stammes der Ghossel (s. d.).

Karanfil, Ort im Distr. Kaliub der ägypt. Prov. Kaliubieh.

Karasta (El-), die türkische Benennung der Waldungen am Gestade des Golfes von Bougou (Algerien).

Kara-Sudak („Schwarzes Wasser") heissen die Türken die älteste Besitzung, welche die Franzosen an der algerischen Küste besitzen: die Bastion de France oder Vieille Castle in der alger. Prov. Constantine (wahrscheinlich mit Anspielung auf die drei Sümpfe, welche noch heute die Umgebung von la Calle vergiften).

Karbit, Ort im Distr. Dessuk der ägypt. Prov. Gharbieh.

Karchah, Ort im Distr. Halfa der ägypt. Prov. Esna.

Kardusse, Ort im Distr. El-Duweir der ägypt. Prov. Assiut.

Kardidah, Ort im Distr. El-Kanaïat der ägypt. Prov. Charkieh.

Karema, Dorfschaft an der Ostküste des Tanganjika-Sees (Zentralafrika), 7° 49′ südl. Br., 28° w. L., wohin Leutnant Cambier 1879 nach Crespel's Tode die 1877 von der Internationalen Association ausgerüstete Expedition führte. Der Häuptling Kangoa trat im Septbr. 1879 an Cambier hier Land zur Errichtung einer Station ab, die sich nun etwa 6 m hoch auf einer in den See vorspringenden Landzunge erhebt, wo nicht nur wissenschaftliche Untersuchungen angestellt werden, sondern auch eintreffende Reisende (im Sommer '80 z. B. französische Missionäre) Schutz und Unterstützung finden. Der englische Reisende Joseph Thompson, welcher '79 den Tanganjika-See bereiste, spricht in seinem Reisewerk „To the Central African lakes and back" (1881, 2 Bde.) über die Wahl dieses Ortes sehr ungünstig. Seine Meinung bestätigte auch Wauters. „Sie liegt (n. Thompsons Schilderung auf der Spitze eines kleinen Hügels, welcher früher als Vorgebirge in den Tanganjika-See hineinragte, jetzt aber nach Zurücktreten seiner Wassermassen mehrere hundert Fuss vom Ufer entfernt liegt. Vom Innern ist sie durch eine Hügelkette abgeschnitten. Ein beständiger Wasserlauf, grössere ackerbaufähige Felder befinden sich nicht in der Nähe. Sie besitzt weder jetzt, noch hatte sie früher einen Hafen, sie wird von keiner Karawanenstrasse berührt und ist deshalb von jedem Verkehr sowohl zu Wasser als zu Lande abgeschnitten." (Peterm. Mitth. 1882, S. 36). Kapitän Popelin, welchem die Station von Cambier bei dessen Rückreise nach Europa übergeben wurde, erlag 1881 daselbst einem Fieberanfall.

Karemdulen, s. Androï.

Karesas, s. Khareza.

Kargo, Stamm der eigentlichen Nuba, in Kordofan, hauptsächlich in dessen zentralen und südlichen Distrikten (11° - 13° n. Br.).

Karimouya, Dorf im Lande Susu (Route Timbo — Sierra Leone).

Karka, Ort im Distr. El-Kanaïat der ägypt. Prov. Charkieh.

Karkar, ein noch unerforschtes Gebirgsland an der Somalküste (Ostafrika) Révoil sah es 1881 von Norden (vom Darror-Thale) aus, und es scheint sich das K.-Gebirge westlich nach Gid-Ali zu, bis zu den Gebirgen der Warsingeli (45° 20′ östl. L.) zu erstrecken und zwischen 11 und 12° nördl. Br. bis zur Halbinsel Hafun zu laufen.

Karkirah, Ort im Distr. Mit-Samannud der ägypt. Prov. Dakahlieh.

Karkodj, ein grosses Dorf am obern rechten Ufer des Blauen Nil; eine der Hauptniederlassungen im östlichen Sudan. — Es ist der einzige grosse Marktplatz am Blauen Nil.

Karkora (das alte Carothus), kleiner Hafenplatz Barkahs, am Ostufer der grossen Syrte.

Karmala, Ort im Distr. Belbes der ägypt. Prov. Charkieh.

Karmut-el-Béhwe, Ort im Distr. Mit-Samannud der ägypt. Prov. Dakahlieh.

Karmut Sohérah, Ort im Distr. Mit-Ghamr der ägypt. Prov. Dakahlieh.

Karnak, Dorf in Unterägypten, in der Nähe von den beiden Nilstädten Keneh und Esneh; mit den berühmten Ruinen des Hypostyles aus dem Reichstempel des alten ägyptischen Theben; 500 m vom rechten Ufer des Nils (25° 42′ 57″ nördl. Br., 30° 15′ östl. L.).

Karneschim, himyaritisches (abessin.) Volk in der Samhara, im Küstengebiet um Massaua und bis Akik.

Kaross, der Mantel der Bantu und Hottentotten, aus den Fellen der Antilopen, Genettkatzen, Hyänen und selbst Panther zusammengenäht; auch beim Kaffernvolk Benennung der Felldecke.

Karree-Berge, Gebirgskette im Kaplande; erstreckt sich von Westen nach Osten in einer Länge von etwa 300 km, in Form eines Bogens, dessen Konvexität nordwärts in den Grafschaften Frasersburg und Victoria West gelegen ist. Trotz seiner im Mittel bis zu 1680 und 1970 m aufsteigenden Höhe ist es doch nur eine Hügelreihe, welche das öde Plateau, auf welchem sie sich erhebt, und dessen südliche Ausläufer die Roggeveld- und Nieuweveld-Berge sind, nur um einige hundert Meter überragt. Versiegte Strombette (der Olifants Vly und der Hartog) nehmen die seltenen und spärlichen Gewässer der K. auf, die sich dem linken Ufer des Oranje-Flusses zulenken, ohne ihn aber zu erreichen. — Eine zweite Gebirgskette des gleichen Namens, an der westlichen Küste der Kolonie (in den Grafschaften Clanwilliam und Klein-Namaqualand) erstreckt sich von Nordwesten nach Südosten in einer Länge von etwa 80 km.

Karri-karri heissen die Sanddünen-Komplexe der Kalahariwüste. Der Name ist auch für Kalahari im allgemeinen üblich.

Karroo (Karroe, Karrou), das Hochplateau in der Kapkolonie, welches die im Süden gelegenen Distrikte mit gemässigtem Klima von der halbwüsten Steppenregion scheidet. Es lehnt sich im Westen und Süden an die Kette der Kamies-, Cedar-, Witte-, Kleine Zvarte und Zvarte-Groote-Berge, und erstreckt sich nordwärts bis an den Fuss der Roggeveld-, Nieuweveld-, Winter- und Koudveld-Berge etc. Dieses K.-Gebiet dehnt sich in einem kreisförmigen Bogen über eine Länge von etwa 755 km, von den Kamies-Bergen im Westen bis zum Zondag-Flusse im Osten (in einer Breite von 100 – 120 km von Nord nach Süd und einer mittlern Höhe von 800 m). Während der Regenzeit sind die Karroo-Flächen von einer aussergewöhnlichen Fruchtbarkeit. Aber diese gesegnete Zeit ist von einer kurzen Dauer, und die Dürre, welche die grösste Zeit des Jahres über hier herrscht, ist bald wieder zurückgekehrt. Der Austrieb der Herden in die K. zu leider nur kurzer Weidezeit ist für die Bewohner ein Fest. Dies weite Plateau wird durch mehrere kleine Hügelketten durchschnitten und in mehrere Regionen geteilt: im Westen die Bosjesmans-Karroo, die Bokkeveld-Karroo, dann das kleine Roggeveld, die Groote (oder grosse) Karroo im Zentrum und Zvart Ruggens im Osten. In administrativer Hinsicht gehören die K. zu den Grafschaften Calvinia, Tulbagh, Worcester, Prince Albert, Beaufort und Graaff-Reynet. Die Grosse K. wird jetzt von Südwesten nach Nordosten durch die Bahnlinie Worcester-Beaufort durchschnitten. — (Karroo ist ein Wort hottentottischen Ursprungs.)

Karsas, die Hauptstadt der Sania, am l'Ued Ssaura; Moschee; mit den Sklaven ca. 2000 Einw.

Karta, Ort im Distr. Abu-Hommos der ägypt. Prov. Beherah.

Karubi (Kharrubi), algerischer Volksstamm.

Karuma, ein Distrikt Unyoros.

Karuvapu, Dorf der Ovaherero (Hereroland).

Karzas, s. Karsas.

Kasafara, s. v. w. Kogon.

Kasaï, s. Kassaï.

Kasbah, die ehemalige Citadelle von Algier, liegt auf dem höchsten Punkte der Stadt (124 m über dem Meere). Sie ist durch eine Zinnenmauer von der Stadt geschieden, bildet ein ziemlich umfangreiches festes Kastell, das ganz von Stein erbaut, aber sehr winkelig ist und von den Franzosen zu Kasernen eingerichtet wurde.

Kasbah (El-), auch Henschir-el-Kasbah genannt, Ruinenstätte im nördlichen Tunisien, etwa 50 km südwestl. von Tunis, am Ued Melian (oder Miliana); das Thuburbo Majus der Römer.

Kasbâh, der letzte Ort am l'Ued Ssaura, der einzige am rechten Ufer gelegene.

Kasbah-Bachallah, Dorf der Tuat-Oase Buda.

Kasbah-Bellöl, Dorf der Tidikelt-Oase Aulef.

Kasbah-Kedima, das älteste, wichtigste und bevölkertste Dorf der Oase Mdaghra; ca. 1500 Einw.

Kasbah Masuna (besser Quaçba Masuna geschrieben), Duar in der alger. Prov. Oran, im Bezirk Mostaganem, am Südhange des Dahra-Berges; 5665 Bewohner auf 7483 ha.

Kasbaït, Ruinenstätte in der alger. Prov. Constantine, an der Strasse von Setif (16 km südwestl.) nach Djemila (16 km nordöstlich); Ruine des alten römischen Platzes Mons.

Kaschaga, Fluss im Lande der Lega-Galla.

Kaschef (ägypt.), s. v. w. Distriktsvorsteher.

Kaschgil, Ortschaft im westlichen Sudan (Mudirie Dongola), zu trauriger Berühmtheit gelangt durch die Vernichtung der englischen Armee unter Hicks Pascha durch die Mahditen am 18. Oktober 1883, bei welcher auch deutsche Offiziere (Major v. Seckendorff u. A.) ihren Tod fanden. Die Schlacht bei K. ist eine der blutigsten in dem beispiellos fanatischen Aufstande des „ägyptischen Propheten"; 12 000 ägyptische Leichen und vielleicht doppelt soviel der aufständischen Araber bedeckten das Schlachtfeld.

Kaseh (Kazeh), die Hauptstadt von Uniamwesi, woselbst Speke auf seiner Reise 1860 nach dem Ukerewe-See mehrere Monate Station machte. Es ist derselbe Ort wie Tabora (s. d.).

Kaseu, Berg zwischen Massaua und dem abessinischen Hochlande (s. Kretsa).

Kasr, s. v. w. Gassr.

Kasr (El-), Ortschaft in der ägypt. Oase Bahariêh, mit Ruinen aus der Römerzeit; etwa 200 km westlich von Abu - Girgeh; 3500 Einw. Es ist die bevölkertste Ortschaft der Oase; in der Umgegend schöne Gärten mit Orangen-, Bananen- u. Olivenhainen. — Auch Hauptort der Oase Dachel.

Kasr Boghdad, Ort im Distr. Tala der ägypt. Prov. Menufieh.

Kasr-el-Adjdabieh, s. Adjdabieh.

Kasr-el-Akabah, s. Akabah.

Kasr-el-Kebir (Alkazar-Kebir), Stadt im nördl. Marokko, ca. 9000 Einw.; bedeutender Handelsplatz. Am 4. Aug. 1578 wurde hier König Sebastian von Portugal durch die Mauren besiegt und erschlagen.

Kasr-es-Saïad, Ortschaft in Oberägypten, auf der gleichnamigen Insel, welche sich gegenüber von Haw im Nil erhebt . K. liegt auf dem Platze des alten Chenoboschion, von welchem ein in Trümmern liegender Kai das einzige Überbleibsel ist. Interessante Gräberhöhlen befinden sich hier. Die Insel besitzt eine sehr schöne Vegetation.

Kasr-ez-Zit, Ruinenstätte in Tunisien (siehe Ksar-ez-Zit).

Kasr Ghurian, s. Ghurian.

Kasrin (Kasserin), Ruinenstätte in Tunisien; siehe Feriana.

Kasr-Kerun, Ruinenstätte in Fajum (Mittelägypten), 47 km westlich von Medinet-el-Fajum, 2 km vom südwestlichen Ufer des Birket-el-Kerun; mit Ruinen eines ägyptischen und eines römischen Tempels.

Kasr Uled Ali, Dorf der Ghenanema-Berbern in der Sahara (Rohlfs, „Reise durch Marokko"; 1868).

Kassa, Ortschaft am linken Ufer des Niger, zwischen Buka und Bassubadji (Flegel).

Kassâbi (El-), Dorf der Ghenanema-Berbern in der Sahara (Rohlfs, „Reise durch Marokko"; 1868).

Kassai (Kasai, Kassabi), Fluss im Kongo-Becken, von welchem bis zu der unten bemerkten Reise des Leutnants Wissmann nur der Oberlauf bekannt war. Durch seinen westlichen Zufluss, die Ischikapa, nimmt das Kassaï-Becken im Kibokwe seinen Anfang, am Osthange der Serra Mosamba. In seinem Oberlaufe durchschneidet der K. das Königreich des Muata-Djamvo. Bei Kikasse (im Reich Tupende), fanden die Reisenden Pogge und Wissmann den K. in einer Breite von 300—400 m. Eine Tagereise weiter stromauf, nahe der Stadt Maï-Munene, bildet der K. einen hohen Wasserfall. Nach Stanley sollte der K. nur der Oberlauf des Ikelemba sein.

Über die jüngsten Forschungen, welche Leutnant Wissmann über den K. und dessen Becken glücklich vollendet hat (1884), wird wie folgt berichtet:

Wissmann befuhr den Kassaï, den Pogge 1883 zwischen dem 21. u. 22. Grade östlicher Länge von Greenwich, überschritt, in der Meinung, dass er mit dem unter 0.25 Grad nördlicher Breite, 17.5 Grad östlicher Länge mündenden Ruki identisch sei. Jetzt zeigt sich, dass die Wissmann'sche Expedition durch die Mündung des Kuango (alle anderen Schreibweisen dieses Flusses sind willkürliche) unter dem 3. Grade südlicher Breite und unter 16.5 Grad östlicher Länge in den Kongo gekommen ist. Der Kassaï muss also nordwärts vom 5. Grad, wo ihn Pogge überschritt, eine neue Bestätigung für die in letzterer Zeit aufgestellte Vermutung, dass das grosse zentralafrikanische Gebiet, welches wir jetzt als das „Kongobecken" bezeichnen, sich im allgemeinen westwärts abflacht und so alle Zuflüsse nordwärts und südwärts vom Kongo in eine fast direkte oft westliche Bewegung bringt. Die Mündung des Kuango wird von den Eingeborenen Kua (Kwa) genannt. Daselbst befindet sich die Station Kua Mouth. Die Mündung wird aus den sich etwa 25 km ostwärts trennenden Felsen Mbihe und Mfini gebildet. Der Mfini, welcher nach den im Jahre 1877 von Stanley fälschlich erhaltenen Nachrichten auf unseren Karten Nkuta genannt wird, stellt sich nach der Befahrung desselben durch Stanley im Mai 1882 als der Ausfluss des Sees Leopold II., der nach den bisherigen Untersuchungen keinen weiteren Ab- und Zufluss hat. Darnach würden also der von Süden kommende Mbihe zugleich die Wasser des Kuango und des Kassai (oder Kassabi) mit sich führen, dementsprechend wird der Mbihe von den Eingeborenen als ein grosses, reissendes, für die Kahnschiffahrt sehr gefährliches Wasser bezeichnet. Beide Flüsse, der Kuango und Kassaï, entspringen nahe dem 12. Grade südlicher Breite nach den fast nur von deutschen Forschern (Pogge, Wissmann, v. Mechow u. a.) angestellten Untersuchungen. Der Kuango hat demnach eine Länge von ungefähr 1200 Kilometern, während der Kasaï wohl auf 1600—2000 zu schätzen ist. Trotz ihrer beträchtlichen Länge und Wassermenge machte die Mündung des Kua doch auf Stanley keinen allzu grossen Eindruck, da die Ufer und die Inseln, sowie der Fluss selbst unübersehbare Schilfmassen trugen, wie bei so vielen anderen afrikanischen Flüssen. Man darf sich dabei nur an die Schilderungen Schweinfurths von den Zuflüssen des oberen Nils erinnern.

Kassala, Hauptstadt der sudanesischen Landschaft Taka (Tara), am Chor-el-Gasch, in 15° 30′ n. Br. und 33° 15′ östl. L.; und am Fusse des gleichnamigen Granitberges (2500 m hoch) gelegen; durch eine Citadelle (Gasr-Gala) gedeckt und nach Charthumer Art gebaut. Sehr schmutzig, ca. 15000 Einwohner. Bedeutender Handelsplatz für lebende Tiere an zoologische Gärten (seit 1857 von Hagenbeck, Reiche etc. in geordnete Bahnen gelenkt). 1860 nahm hier v. Krockow-Wickerode mit Munzinger Höhenmessungen vor. — K. ist zur Zeit die bedeutendste Stadt zwischen dem Roten Meer und dem Nil und auch als militärische Position wichtig. Es wurde 1840 von den Ägyptern besetzt u. diente denselben als Waffenplatz gegen die Abessinier; jetzt haben es die Engländer dem Negus von Abessinien überliefert als Vorposten gegen die islamitischen Stämme der Ebene. Vor dem Kriege des Mahdi hatte K. den Transit der Baumwolle und Manufakturen von Leder, Seife, Matten; es war seit 1874 — nachdem ein erster, 1865 gemachter Versuch, bei dem 30000 Kamele zu grunde gingen, gescheitert war — durch eine Telegraphenlinie mit Berber, Suakin und Massauah verbunden; man zählte von K. nach Massauah 16 Tagereisen, und längs dem Telegraphendraht war der Weg mit Brunnen von Station zu Station angelegt

Jetzt ist Alles zerstört: Stationen, Telegraph und Brunnen sind verschwunden. — Auch Name des in der Nähe der Stadt liegenden Berges (2400 Fuss hoch).

Kassali-See, s. v. w. Kikondscha-See.

Kassalondj, ein ca. 800 – 1000 Fuss hoher Berg, nördlich von Barbaro und nur durch ein schmales Thal vom Chor-el-Gasch getrennt; eine hervorragende Felsspitze, die nach Norden mit dem Berge von Schubaït und den vor Sabderat lagernden Bergen in Verbindung steht; ist seit Jahren ein gefürchtetes Räubernest; geflüchtete Barea haben sich hier sowohl wie in den Bergen von Gulsa und Abu Gamel festgesetzt und machen hier ihre Streifereien gegen die Herden der Beni-Amerstämme (Menges).

Kassansche (Feira K.), Hauptort der Dongala (s. d.), ein bedeutender Marktplatz, an welchem sich zahlreiche portugiesische Händler niedergelassen haben, um die Produkte des Innern, Elfenbein aus den Lundastaaten, Kautschuk aus dem Kioko-Gebiete, Wachs aus den Songo- und Ganguella-Landschaften (welche von den mit Vorteil auf Reisen sich begebenden Bangala des Handels wegen durchzogen werden) einzutauschen. Als Ausgangspunkt für Reisende, welche nach dem Norden vorzudringen beabsichtigen, ist K. ein ungünstiger Punkt, weil die rauflustigen Bangala mit den benachbarten Stämmen in steten Fehden liegen.

Kassar (Al-), s. Kasr-el-Kebir.

Kassarawa, Ortschaft im Reiche Sokoto.

Kasserin, s. Kasrin.

Kassongo, grosses Neger-Königreich in der zentralen Gegend des südlichen Afrika (bisweilen so genannt nach dem Titel, welchen der Souverän führt), sonst Urua genannt.

Kassonke (Khassonke), Negervolk am Senegal, ein Zweig der Soninke Sie bewohnen vornehmlich das Land Khasso (von welchem sie den Namen führen); auch in Ghoy, Kamera und Natiaga sind sie sesshaft, sowie am Senegal von der Einmündung der Falema bis Bafulabe. Sie teilen sich in die beiden Hauptzweige der Gadiaga (am linken Senegal-Ufer) und der Guidimaka (am rechten Ufer). Sie gelten im allgemeinen als Kreuzungsprodukt zwischen Soninke und Mauren, Fulahs oder Peulhs.

Kassu, eine kleine Nuss in schwarzer Schale. Die Neger im Kamerun-Gebiete reichen sie dem Fremden zum Genuss, was einen friedlichen Empfang bedeutet.

Kassuba, Chor im Barilande.

Kastal, Ort im Distr. Halfah der ägypt. Prov. Esna.

Kasuku heisst bei Stanley der Lufubu, Zufluss des Lualaba.

Kata'ah, Ort im Distr. Melig der ägypt. Prov. Menufieh.

Katagum, Stadt im Reiche Sokoto (zentraler Sudan), 216 km nordöstlich von Kano, am Yew, Zufluss des zum Tschadsee gehörigen Waube, an der Grenze von Bornu; 8000 Einw.; befestigt und Hauptort einer Provinz oder eines kleinen Haussastaates, welcher zu dem Reiche Sokoto im Vasallenverhältnis steht.

Katakwa, Landschaft unfern vom Tanganjika-See. Auf dem 1882 von der deutschen ostafrikan. Expedition dorthin veranstalteten Kriegszug wurde Dr. Böhm am 25. März verwundet.

Katandji, Ort am linken Nigerufer, zwischen Gbadjebo und Eyakede (Flegel).

Kateir, Ort im Distr. El-'Arein der ägypt. Prov. Charkieh.

Katèr, ein Stamm der ägyptischen Araber, in der Nähe von Girgeh umherschweifend.

Kat-Fluss, ein linksseitiger Zufluss des grossen Fischflusses.

Kathlamba (Kahlamba, Qua[u]thlamba), s. v. w. Drakenberge.

Katombela, Ort an der Westküste Afrikas, zwei Meilen nördlich von Benguela. — Hier erreichte Cameron nach seiner Durchquerung Afrikas von Udschidschi am Ostufer des Tanganyika-Sees aus den Atlantischen Ozean.

Katonga, Fluss im äquatorialen Afrika, Zufluss des Viktoria Nyanza, kommt aus dem Lande Ngunda, fliesst erst süd-, dann ostwärts durch ein an Sümpfen reiches Land und erreicht den See in einer kurzen Entfernung an dem nordwestlichen Gestade südlich vom Äquator.

Kat River Settlement, Neben-Benennung des Distrikts Stockenstroom der engl. Kapkolonie (vergl. Stockenstroom).

Katrun, s. Gatron.

Katsena, Stadt im Reiche Sokoto (zentraler Sudan), etwa 150 km nordwestlich von Kano und 270 km östl. von Sokoto; mit starker Umwallung, von der aber nur ein kleiner Teil durch feste Wohnungen bestanden ist, welche die eigentliche Stadt bilden.

Das Land Katsena, welches ehemals einen kleinen selbständigen Staat im eigentlichen Haussa bildete, ist gegenwärtig nur eine von Sokoto abhängige Provinz, deren Ausdehnung in der letzten Zeit bedeutend beschnitten worden ist. Nach Barth (1858) betrug dieselbe 28 630 qkm. Ausserdem haben seit der Eroberung des Landes durch die Fulah zahlreiche Landstriche der Provinz durch die beständigen Einfälle der noch unabhängigen Haussas gelitten, so dass die Bevölkerung sich gegenwärtig auf höchstens 300 000 Seelen beziffert. Unter den zahlreichen Ortschaften giebt es nicht weniger als 40, welche 4000 Einwohner zählen. Diese Provinz ist trotz ihres Niederganges eine der schönsten des ganzen Sudan; genau zwischen dem Niger und dem Tschadsee gelegen, in einer mittleren Höhe von 300—500 m. Hügelicht, stellenweise gebirgig und reich bewässert, gehört sie zu den gesundesten Gegenden des tropischen Afrika. Der Boden gibt reiche Frucht; die Nutzbäume sind in K. zahlreicher als anderswo im Kontinent unter diesem Breitengrade. Auch Bananen (hier Ayaba genannt) und „Gonda" (Carica Papaya) finden sich hier, während die Dosoa (Parkia), die Tamarinden und die Kadena (Bassia Parkii) in der ganzen Provinz stark verbreitet sind und stellenweise dichte Gruppen, sogar kleine Wälder bilden.

Katséna-Allah, eine Kolonie der Haussa in Adamaua.

Kattah, Ort im Distr. Halfah der ägypt. Prov. Esna.

Kattamah-el-Chark, Ort im Distr. Cherbin der ägypt. Prov. Gharbieh.

Kattamah-el-Ghabah, Ort im Distr. Mehallet-Menuf der ägypt. Prov. Gharbieh.

Kattanni (Ras), die südlichste Spitze der Insel Sokotora.

Kattieh We Kattieh, Ort im Distr. El-'Arein der ägypt. Prov. Charkieh.

Katumba, Dorf im Hereroland am obern Tsoachaub.

Katyapya, Dorf im Hererolande, am Oberlaufe des Tsoachaub.

Katyauro, Dorf der Ovaherero (Hereroland).

Katyorun, Dorf am Otytuo (nördl. Hereroland).

Katyovavanda, Dorf im nördl. Hereroland.

Katyura, Dorf der Omaheke (Hereroland).

Katzetai, s. v. w. Aritepe.

Kaua (Gawa), 1) Ortschaft im ägyptischen Sudan, wenig nördlich von der Insel Aba (13° 20′ n. Br.) im Weissen Nil. Hier sammelte die Regierung des Sudan 1881 Streitkräfte zur Bezwingung des Mahdi Mohammed Achmed, musste sich aber vor den Scharen desselben zurückziehen. Im April 1883 lieferte Hicks Pascha mehreren Abteilungen derselben in der Nähe von K. blutige Gefechte. — 2) Bedeutender Ort im Reich Bornu, der gegen 1500 Hütten zählt, folglich, auf die Hütte einschliesslich der Sklaven 7 Bewohner gerechnet, eine Bevölkerung von etwa 10 000 Seelen haben muss. Nur die Spitzen der Dächer ragen aus den Koura-Bäumen und dem hohen Grase heraus; ca. 1½ Stunden vom Tschad-See.

Kauar (Kawar), grosse Oase der mittlern Sahara, an der Karawanenstrasse von Fessan (Tripolitanien) nach Bornu (im mittlern Sudan), etwas südlich von 20° n. Br. gelegen. Sie bildet im Mittelpunkt der Wüste eine lange und schmale Depression von 80 km Länge von Nord nach

Die Kapstadt. (Nach Holub.)

Süd bei 8—10 km Breite. Ihr Gesamtflächenraum beträgt ca. 2750 qkm, ihre Meereshöhe variiert zwischen 350 m im Norden und 300 m im Süden. Im Osten wird sie von felsigen Bergen begrenzt, während sie im Westen kaum merklich aus der Sahara emporsteigt. Sie birgt mehrere kleine Salz-Seeen (einer bis zu 2 km lang). Ihr Boden ist wohlbewässert, seine Ertragfähigkeit aber gleich Null, da die dem Tuaregstamm der Tebus oder Tedas angehörigen Bewohner (nach Rohlfs 3000, nach Nachtigal 3770 Köpfe) ausschliesslich dem Handel (besonders mit Salz) obliegen. K., zu welchem auch die kleinere Oase Bilma (s. d.) gerechnet wird, besitzt, nach Nachtigals Angaben, 11 bewohnte Ortschaften: Anaï, Anikumma, Aschenumma, Eldjé, Tigomani, Babuhs, Dirki, Schimmedru, Emi-Madema, Garu, Kalàla. Sie sind meistens durch eine auf den sie um-

44

gebenden Bergen angelegte Felsenburg geschützt, wohinauf die Bewohner bei der häufig drohenden Gefahr durch räuberische Überfälle flüchten. Bereist und durchforscht wurde K. 1822 von Oudney, Denham und Clapperton, 1855 von Barth, 1866 von Gerhard Rohlfs, 1870 von Dr. Nachtigal.

Kauar ist, nach Rohlfs, der arabische Name, während der echte Teda-Name des Landes „Henderi-Tege" ist.

„Die Oase hat Dattelpalmen in grosser Menge, doch erreichen dieselben hier nicht mehr die Höhe der Entwickelung wie in den nördlichen Oasen, und auch die Früchte sind von weit geringerer Qualität. Gemüse oder Getreide zu bauen, verwehren den Kauarern die in Aïr wohnenden Tuareg, welche ihnen Getreide vom Sudan zuführen, um Salz dagegen umzutauschen, folglich ein Interesse daran haben, dass sich die Bewohner nicht mit Landbau, sondern mit Salzgewinnung aus ihrem Sebcha beschäftigen. Das einzige Produkt, das ihnen diese Herren der Wüste zu bauen erlauben, ist Klee, welcher getrocknet ein treffliches Kamel-, Pferde- und Ziegenfutter abgiebt.

„Die älteste Stadt von K. ist Kisbi, zur Zeit der Denham-Clapperton'schen Expedition noch Residenz, jetzt aber verfallen. Sie bedeckte einen niedrigen Hügel am Westufer der Oase, das sich nicht wie das östliche zu einem Gebirge erhebt; sie mag 1000 oder noch mehr Einwohner gehabt haben. Ausser Salz liefert K. keine Produkte. Die Dattelpalme trägt hier nur wenige und schlechte Früchte, denn sie bedarf zu ihrem Gedeihen einer jährlichen Durchschnitts-Temperatur von 21°, die in K. wahrscheinlch schon um einige Grade überschritten wird. Als Gemüse dienen den Bewohnern Kürbisse und Wassermelonen, sowie ein Gemisch von Klee- und Mlochiablättern (Mlochia ist Hibiscus esculentus nach Duveyrier, Corchorus clitorius nach Barth). Kleine Schafe ohne Wolle, verkrüppelte Ziegen, etliche von Bornu eingeführte Rinder bilden nebst dem afrikanischen Kamel den ganzen Haustierbestand. Nur einige Vornehme halten sich Pferde; Grauschimmel, die von Norden her eingeführt werden, zieht man den von Norden kommenden Füchsen oder Braunen bei weitem vor (Rohlfs, „Quer durch Afrika").

Kau-el-Kebir, Ortschaft in Ober-Ägypten, nahe dem rechten Ufer des Nils, 50 km südöstlich von Siut (26° 53' 33" n. Br., 29° 7' östl. L.); bis 1823 standen hier noch die Ruinen des alten Antaeopolis; sie gingen im genannten Jahre durch die Überschwemmung zu grunde.

Kauri-Schnecke (Cypraea moneta) bildet in dem Tauschhandel Westafrikas die Rechnungseinheit; 1000 St. derselben stellen ungefähr den Wert einer Reichsmark dar, 10 Stück derselben sind gleich einem aus fünf Ringen von zusammen 100 kleinen, hauptsächlich roten europäischen Glasperlen bestehenden Bündel, welches die nächsthöhere Scheidemünze bildet. 175—250 Kauris, je nach dem Vorrat derselben, sind gleich einem Bano (eiserne Hacke bestimmer Form). Die grösste Rechnungsmünze ist ein Sack voll Kauris (= 20000 Stück); eine grosse Baumwolldecke oder das zur Anfertigung eines Kleides genügende Stück Zeug kostet einen Sack Kauris; ein fertiges Kleid hat, je nach Stoff und Ausführung, den Wert von vier Sack Kauris.

Das Gebiet der K. als Zahlmittel umfasst die Gold- und Sklavenküste, das Nigerdelta, Dahome, Yoruba, Benin, Haussa, die Fellata-Staaten und Bornu, Gurma, Mossi, Tombo und Massina, so dass der untere Niger, dann wieder der Volta-Fluss und der Assini-Fluss die Grenzen bezeichnen.

Kautschuk, ein hervorragendes Erzeugnis Afrikas, bildet südlich bis zum Kongo und den portugiesischen Besitzungen den Haupthandelsartikel; sein Markt beginnt bei Bata zwischen Gabon und Kamerun.

Kavalee, Ort an der Südwestecke des Mwutan-See (1° 22' 20" n. Br., 30° 31' 23" östl. L. v. Gr.).

Kavingaya, Stamm der Ovaherero (Hereroland).

Kavirondo (Kara Kuri), Neger-Volk an der Ostseite des Victoria Nyanza, dominiert vom Wa-Soga-Gebiet bis zur Insel Kerewe an der östlichen Ecke des Sees. Die Sprache scheint eine Negersprache zu sein, verwandt mit der Schilluksprache. Ihr Häuptling residiert in Nyawa. Der grösste Ort aber ist Kabodo. Die K. (oder Wakavirondo, während Kavirondo eigentlich nur das von ihnen bewohnte Land bedeutet) sind Ackerbauer und besitzen grosse Pflanzungen. Sie sind ein friedliebendes, dem Handel geneigtes Volk.

Kawar, s. Kauar.

Kawe-el-Gharb, Ort im Distrikt Tama der ägypt. Prov. Guerga.

Kawele, ein von den Völkerschaften Uguhas, Uwiras, Urundis und vielen anderen, am Gestade des Tanganjika-Sees wohnenden Stämmen lebhaft besuchter Markt in Udjidji. Als Münze gelten hier Perlen („Sofi" genannt), die ähnlich wie in kleine Stücke gebrochene Pfeifenröhre aussehen.

Kawende (Tongwe), Landschaft am Tanganjika-See (Ostküste); auch Ort im Reiche des Muata Jamvo.

Kayaba, ein Bach in dem senegambischen Lande Kita, welcher unfern des Forts Bakel die Sümpfe Baguia und Dalaguia bildet, mündet in den Farako und durch diesen in den Bakhoy.

Kayala, im weissen Nilgebiet Benennung für Palmenwald.

Kayes, Ortschaft am Senegal, 11 km unterhalb Médine, im Lande Khasso, am linken Ufer des Senegal, gegenüber der Einmündung des Khulu (410 km von Saint-Louis). Sie war als Ausgangspunkt für die durch die Franzosen projektierte, transsaharische Eisenbahn ausersehen, welche den Senegal mit dem Niger verbinden sollte. Hier hört die Schiffahrt auf dem Senegal zur Zeit des Hochwasserstandes auf. Der Platz ist nicht befestigt, hat aber eine permanente Garnison.

Kazeh, s. Kaseh.

Kazembe, s. Cazembe.

Kebab, eine Nationalspeise des Ägypters, besteht in mit Reis und mit Pistazien oder Rosinen gefüllten Lammfleisch.

Kebabo, Oase der libyschen Wüste, südlich von den Oasen von Kufra (s. d.), hat eine Seehöhe von 400 m.

Kebbeb (Khebbeb), Uled-K., algerischer Volksstamm.

Kebbi, eine Provinz des Sudan-Staates Gando (s. d.) und zwar (nach Barth) eine der bedeutendsten; sie besitzt grosse Pflanzungen von Ignamen und Tabak, hat schöne, von zahlreichen Bächen durchschnittene und von starken Viehherden bedeckte Wiesen. Das Pflanzenreich wird hauptsächlich vertreten durch die Darva (Parkia) und die nützliche Kadeña (Bassia Parkii). Das Thal Gulbi-n-Sokoto, welches ganz K. von Ostnordost nach Westsüdwest durchschneidet, ist breit und bietet den für den Ackerbau geeignetsten Boden.

Die Stadt (auch Birni-n-Kebbi genannt) ist 47 km westlich von Gando gelegen, auf dem Nordrande eines das Thal des Gulbi-n-Sokoto (linksseitigen Zuflusses des Niger) auf etwa 75 m beherrschenden Plateau; 9000 Einw. Die jetzige Stadt ist ein paar Kilometer entfernt vom Platze der alten, jetzt in Trümmern liegenden Stadt, die im 16. Jahrh. durch die eingeborene Dynastie der Kanta ge-

44*

gründet wurde. Nachdem diese die Macht der Sonhaī gestürzt hatten, wurde ihre Hauptstadt das Zentrum eines mächtigen Königreichs, das alle dem Niger benachbarten Territorien umfasste. K. war ein wichtiger Zwischenhandelsort (vorzugsweise für das einheimische Gold); es wurde 1806 durch die Fulah erobert und geplündert.

Kebbuch (Ksar-Kebbuch), Berberndorf in der alger. Prov. Constantine, 45 km südwestlich von Bougie; mit römischen Ruinen.

Kebdana (von den Spaniern Gibadana genannt), Gebirge im Mittelmeer-Littorale Marokkos; wird von dem 36. Breitengrade durchschnitten, begleitet das linke Ufer der Maluja oder Moluja in verschiedener Entfernung bis an ihre Mündung und endigt in Vorgebirgen, welche gegenüber den zu den spanischen Presidios gehörigen Chaffarinen-Inseln in Vorgebirgen auslaufen.

Kebilli (Gebli, Guebli), Ksar oder befestigtes Dorf im südlichen Tunisien, im Beled-Nefsawa (Oasenarchipel, welcher am Schott-el-Djerid oder Sebcha Faraun entlang zieht); mit Mauern und Gräben umgeben; Gärten, Palmbäume (von den fünf Brunnen [Râs-el-Aīn] bewässert); römische Ruinen.

Kef, 1) Wüstenstadt Nubiens, am Westufer des Roten Meeres, gegenüber der Insel, auf welcher Suakim liegt (mit dem es in direkter Verbindung steht). Kef ist, nach Rohlfs, bedeutender als Suakim; dieser „Vorort“ hat im Sommer 3000, im Winter 5000 Einwohner. Es besteht hier noch Sklavenhandel, der aber im geheimen betrieben wird.

— 2) (El-Kâf), Stadt im nördlichen Tunisien, 174 km südwestlich von Tunis, etwa 40 km von der alger. Grenze, in einem Striche, wo manche Gebirge einen sehr deutlichen vulkanischen Charakter tragen; auf der Böschung eines Felsens, an dessen Fusse der in die Medjerda fliessende Uëd-Mellegue vorbeiläuft. K. ist das alte Sicca Veneria, dessen der Venus gewidmeter Tempel hochberühmt war. Die Stadt, welche etwa 4000 Einwohner zählt, wurde 1881 durch Frankreich in Besitz genommen. Sie hat schöne Gärten, Burnusfabrikation, Oliven-, Getreide-, Alfahandel und ist mit einer bastionnierten Mauer umgeben.

Kefe (od. Balach) heisst das Leichentuch der mohammedanischen Afrikaner. Es besteht aus reinem Baumwollzeuge. Jeder fromme Moslemin führt das K. selbst auf Reisen mit sich. Es wird gewissermassen durch den Turban repräsentiert.

Kef-el-Akhdar (Kaf-el-Akhdar, ehemals Titeri), Gebirge in der alger. Prov. Algier, 92 km südöstlich von Algier, südwestl. von Aumale, südöstlich von Medel gelegen. — Ehemals führte eines der drei Beyliks Algeriens diesen Namen; dasselbe bildet heute die Provinz Algier.

Kef-el-Aktar, Sandsteinberg in Algerien; s. Aīn-Bu-Sif.

Keffi-Abd-es-Senga, grosser Ort im Reich Sokoto (zentraler Sudan). Hauptort eines Distrikts der Provinz Segoy oder Sariya, 260 km südwestlich von Yakoba, 110 km nördlich vom Benuë (linksseitigem Zuflusse des Niger); Residenz eines Häuptlings, welchem etwa 20 Ortschaften der Umgegend gehören und der an den Gouverneur von Sariya einen Tribut zahlte. „Keffi ist im Jahre 1819 von Abd-es-Senga, einem Malem aus Sária, gegründet worden. Derselbe regierte 9 Jahre und 4 Monate und hinterliess die Herrschaft seinem Bruder Màisábo, der sie 14 Jahre bis zu seinem Tode, inne hatte. Màisábo's Nachfolger war der älteste Sohn Abd-es-Senga's, Djibrin Bana (d. h. Kapuzenträger), dessen Regierung 25 Jahre währte. Nach seinem Tode folgte sein Bruder

Hamedo, der jetzige Sultan, im Alter von 40 Jahren. Das **Sultanat Keffi** umfasst ausser der Stadt Keffi Abdes-Senga gegen 20 kleinere Ortschaften und steht unter der Oberhoheit des Sultans von Sáriya, dem es einen jährlichen Tribut an Sklaven und Muscheln zu entrichten hat. Dagegen bezieht der Sultan von Keffi nicht unbedeutende Einkünfte. Sultan Hamedo wird wegen seiner Freigebigkeit gerühmt. Die Stadt liegt an der Ostseite eines Hügels. Sie ist durch feste Mauern geschützt und von zwei Rinnsalen durchschnitten. Da nun aller Unrat auf den Strassen liegen bleibt und Hunde, die ihn verzehren würden, nicht geduldet werden, muss namentlich zu Beginn der Regenzeit der Aufenthalt in der Stadt sehr lästig sein. Neben den runden Hütten gibt es hier auch schon viereckige, eine Form, die eigentlich erst am untern Niger und südlich vom Benuë als die gebräuchliche vorkommt. Bei der Gelegenheit sei wieder daran erinnert, dass man sich unter einer Negerwohnung nicht eine einzelne Hütte, sondern einen Komplex von Hütten denken muss, deren jede, etwa wie die verschiedenen Stuben unseres Wohnhauses, einem andern Zwecke dient. Die Bevölkerung, aus mohammedanischen Fellata, Haussa und Segseg und aus heidnischen Afo nebst anderen Negerstämmen gemischt, ist etwa 3000 Seelen stark, aber in rascher Zunahme begriffen, seitdem Handelskarawanen ihren Weg über hier statt über Bautschi nehmen. Männer und Frauen gehen bekleidet, nur an Markttagen sieht man nackte Neger beiderlei Geschlechts, die aus den umliegenden Dörfern zur Stadt kommen (Rohlfs).

Keffi, ein räuberisches Volk zwischen dem Niger und dem Benuë.

Keffi-n-Bauta, Stadt im Reiche Sokoto, 48 km nordwestlich von Yakoba; von nur tausend Menschen (zumeist Sklaven) bewohnt, obgleich die hier stehenden Hütten zahlreich genug sind, um die zehnfache Einwohnerschaft zu beherbergen.

Kefie, ein langes, weites Hemd von Seide, das mit dem Kamelhaarstricke befestigt wird und einen der Überwürfe des Beduinengewandes bildet.

Kef-Um-Thebul (Khef-Um-et-Tobul), Flecken in der alger. Prov. Constantine, 11 km von La Calle, zwischen der Regentschaft Tunis und dem Lac des Poissons (einer der drei Sumpflagunen in der Nähe von La Calle); wichtige Blei-Gruben.

Kehli (Djebel-), Berg im Berta-Lande (Nordostafrika); östlich von Famaka.

Keï (Kaï), 1) Fluss im südlichen Teile von Südafrika, Zufluss des Indischen Ozeans. Er entsteht aus mehreren Armen, von denen die bedeutendsten sind: von West nach Ost der Svarte Keï (schwarze Keï), die Witte (weisse) Keï und der Indwe, welche sämtlich auf dem Südhange der Stormberge (südlicher Zweig der grossen Kette der Kathlamba oder Draakenberge) entspringen. Diese verschiedenen südwärts laufenden Arme bewässern die Thäler der Grafschaft Queenstown (östliche Provinz der Kapkolonie). Sie vereinigen sich in einer Entfernung von etwa 85 km vom Meere, um die Groote Keï (grosse Kaï) zu bilden, welche, sich südöstlich wendend, ein wenig nördlich vom Kap Morgan in den Ozean mündet. Die grosse Keï und ihr östlicher Arm, der Indwe, bilden die Grenze zwischen der Kapkolonie und dem unabhängigen Kafraria, welch letzteres, 1875 durch England annektiert, den Namen „Transkeïan Districts" (Ländereien jenseits der Keï) angenommen hat. Die Hochthäler des Beckens der Keï (800—1000 m), getrennt durch die Gipfel des im Hangklip 2040 m hohen Stormbergs, gehören zu den schönsten, lachendsten des südlichen Afrika. Die gesamte Lauflänge der Keï, von der Quelle der Witte Keï an bis zum Ozean, beträgt ziemlich 150 km. — 2) Keï ist auch der Name einer der beiden oberen Arme des Grossen Fischflusses. Es ist übrigens ein hottentottisches Wort, welches soviel wie „gross" bedeutet, und das sich in einer grossen Menge von Flussnamen enthalten findet (Keï-Garib im Oranjestaat, Keïba oder Mooder, Keïskamma etc.).

Keïba (Modder), s. Keï.

Keicha, Quelle mit Niederlassung der Bergdamara (nördl. Hereroland).

Keï-Garib (Oranjestaat) s. Keï.

Keïkuap, Plateau im Lande der Orlam (Südafrika); auf demselben entspringt unter 23° 12′ südl. Br. der in die Angra-Pequena-Bai mündende Fish-River.

Keïl, s. Kafis.

Keïskamma (Kaïskamma), kleiner Fluss in der Kapkolonie, mündet in den Indischen Ozean. Er entspringt im Nordwesten der Grafschaft King William, unter den Amatola-Bergen, welche die östlichen Ausläufer der Groote Winterberg-Kette (2373 m) sind. Die K. fliesst südwestlich bis an die Grenze von Victoria, wo sie durch das Flüsschen Alice vermehrt wird, wendet sich dann nach Südosten, bildet die Grenze der Grafschaften King William und Peddie und fällt auf dem Gebiete der letztern, wo sie den kleinen Hafen Hamburg bespült, ins Meer. Das Hochthal der K. (in den Amatola-Bergen) war ehemals der Hauptsitz der Galeka-Kaffern; es bildet jetzt unter der Benennung Keïskamma Hock einen der reichsten Distrikte der Kolonie, ist reich bewaldet, hat frisches Wasser im Überfluss und ist mit Kolonisten holländischen und englischen Ursprungs bevölkert.

Keïskamma-Hoek, siehe Keïskamma.

Kekulo (Kokulo), ein Quellarm des Dembia.

Kel, ein Wort der Imohagh (nördl. Tuareg-) Sprache, welches soviel wie „Leute aus" bedeutet. Es wird den Namen der Stämme vorangesetzt, und schliesst dann den Begriff der Sesshaftigkeit in sich, kommt im letztern Sinne auch bei Namen von Stadt-, Dorf- oder Ksarbewohnern vor, z. B. Kel Djanet (die Bewohner des Dorfes Djanet); wie auch bei nomadischen Stämmen, z. B. Kel-Emoghri (Nomaden aus dem Emoghri-Thale in Ahaggar). Im weitern Sinne wird das Wort auch für die ganze Bevölkerung eines Bundesgebiets gebraucht, z. B. Kel-Azdjer, die Bewohner von Azdjer.

Kela'a, das wichtigste Dorf des Kabylenstammes der Aït-Abbehs (s. d.), ca. 3 Tagereisen südöstlich von Bougie gelegen.

Kel-Adenek, s. Kel-Rhela.

Kel-Adhar, s. Kel-Essuk.

Kel-Adgeru, Stamm der Kelowi.

Kel-Afarar, Stamm der Kelowi.

Kel-Agaten, Stamm der Kelowi.

Kel-Agellal, Stamm der Kelowi.

Kel-Aghelel, s. Kel-Geres.

Kel-Aghrimmat, Stamm der Kelowi.

Kel-Ahamellen, Stamm der Imohagh oder nördlichen Tuareg, welcher vor Zeiten das ganze Ahaggar-Land bevölkerte. Er zerfällt in etwa vierzehn Teilstämme, die sich aber jeder selbständig regieren und verstreut noch jetzt in dieser Gegend der Sahara hausen. Der wichtigste Stamm, welcher die alten Eigentümlichkeiten noch am strengsten gewahrt hat, sind die Kel-Ahamellen-wa-n-Taghert, welche auf dem Mujdir-Plateau, zwischen Inssalah und Ahaggar, leben und die algerischen Oasen El-Golea, Methlili und Wargla hier und da in kommerzieller Absicht aufsuchen.

Kelaï, s. v. w. Bakelaï.

Kelaïbât, ein kleiner Teilstamm der ägyptischen Maaseh (s. d.), in der Wüste umherstreifend.

Kel-Anwischeren, Stamm der Kelowi.

Kel-Aril (Kel-Aghil), Stamm der Kelowi.

Kel-Asaneres, Stamm der Kelowi.

Kel-Asar, s. Kel-Geres.

Kel-Asavar. Stamm der Kelowi.

Kel-Aselalet, Stamm der Kelowi.

Kel-Atarar, Stamm der Kelowi.

Kel-Awellat, Stamm der Kelowi.

Kel-Baghsen, Stamm der Kelowi.

Kelbiah (Kelbija). See im mittlern Tunisien, in der Ebene nordöstlich von Kairuan, am Fusse der Swatir-Berge, an der nordwestl. Grenze des Sahels von Sus. Sein Wasser ist süss und fischreich. Er nimmt den Ued Baghla auf, der nach grossen Regengüssen aus dem mittlern Tunisien unter dem Namen Ued Menfes kommt, um sich in die littorale Sebcha von Djeriba, nordwestlich von Sus, südöstlich von Hergla zu ergiessen.

Kel-Bogu, s. Kel-Essuk.

Kel-Djanet, Stamm der nördlichen Tuareg (Sahara), Bewohner des Dorfes Djanet, 125 km südwestl. von Rhat, in der Admar-Ebene, südlich vom Tassili der Azdjer. Sie leben vom Ackerbau in ihrer Oase. Sie sind zugleich Sklaven der Oraghen und der Imanan, ihrer politischen Nebenbuhler.

Kel-Djeret, s. Kel-Essuk.

Kel-Duga, s. Kel-Geres.

Kel-Ekimmet, der königliche Stamm des Auelimmiden- (oder südwestl. Tuareg-) Bundes, aus diesem Grunde Kel-Amanokalen (oder königliche Leute) genannt. Sie zerfallen in zwei Stämme. Ihr Oberhaupt war 1854 Kutub Ed-Din.

Kel-Elar, Stamm der Kelowi.

Kel-Emadjaus, s. Kel-Essuk.

Kel-Emassen, s. Kel-Essuk.

Kel-Enusuk, Stamm der Kelowi.

Kel-Erarar, Stamm der Kelowi.

Kel-Erhla, s. Kel-Ihela.

Kel-Esakan-Embeggan. siehe Kel-Essuk.

Kel-Eselle, Teilstamm der Ehawen-Adarak, Sklaven der Iregenaten (südl. Tuareg), mit dem grossen Bunde der Kel-Ulli eng zusammenhängend. Sie waren die Beschützer des Doktors Barth während seines Aufenthaltes in Timbuktu (1853 – 54).

Kel-Essuk, oder **Kel-E'Suk**, Bewohner der alten Stadt Essuk (oder Tademekka in der südl. Sahara), volkreicher Marabut-Stamm des Auelimmiden- (oder südwestl. Tuareg-) Bundes. Sie teilen sich in die Kel-Tekerennat (die wieder in die Kel-Tekerennat-Ikewalen, Kel-Tekerennat-Ischeggarnen, Dwas, Edjimmik und Dis-Emaschil zerfallen), Kel-Tenakse, Egedech, Kel-Essukwa-n-Essuk, Kel-Bogu, El-Salahu, Ehawen-Nakillu, Kel-Gunhan, Kel-Genschischi, Abel-Igiusch, Ischaramaten, Id El-Hanefi (auch Kel-Esakan-Embeggan genannt), Ewinhaden, Kel-Djeret, Kel-Adhar, Kel-Tinharen, Kel-Tondibi, Kel-Tedjerit, Kel-Emadjaus, Kel-Gabo, Kel-Emassen. Als Sklaven dienen ihnen die Deletaje und die Ibokhannen

Kel-Essukwa-n-Essuk, s. Kel-Essuk.

Keleyadugu, Landschaft im obern Nigerbecken (westl. Afrika), nordöstlich von Kenieradugu, am rechten Ufer des Fandulu, südlichen Zuflusses des Niger. Keleya, der Hauptort, liegt etwa 100 km südöstl. vom französ. Posten Bamaku. Das Land gehört den kriegerischen Malinkes. K. stand 1884 unter der Herrschaft des Häuptlings Samory, dem Rivalen der Franzosen im obern Nigergebiet. K. ist 646 qkm gross und zählte 1881: 32055 Einwohner.

Kel Fade, den Kelowi (s. d.) verbündeter Auelimmiden-Stamm.

Kel-Fares, Stamm der Kelowi.

Kel-Ferwan, Auelimmiden-Stamm, den Kelowi verbündet.

Kel-Gabo, s. Kel-Essuk.

Kel-Garet, s. Kel-Geres.

Kel-Genschischi, s. Kel-Essuk.

Kel-Geres, grosser Stamm der

Imoscharh oder Tuareg vom Afr. Die K. bilden mit den ihnen verwandten Itisan einen von denjenigen der Kelowi verschiedenen Bund. Bis 1825 oder 1835 lagerten die K. und die Itasan am Fusse des Bergstocks von Baghsen, zwischen 17 und 18" nördl. Br. Um diese Zeit vertrieben

Der zerlegbare Dampfer Stanley auf dem Kongo.

die Kelowi die K. und die Itasan im Westen und Südwesten von Agades, neben dem Auelimmiden-Bunde. Sie sind weniger zahlreich als die Kelowi, und stellen nur 5000 Dromedar-berittene Krieger. Unter den Teilstämmen der K., die an der direkten Strasse von Sokoto nach

Agades lagern, sind die Kel-Teghseren (oder **Tadmukkeren**), die Kel-Ungwar, die Kel-Garet, Kel-n-Sattafan, Kel-Tadeni, Tadada, Tagajes, Tilkatinen, Iberubat, Taschib, Taginna, Kel-Asar Irhalaf, Tojammawa, Isoka, Tegibbu, Raïna, Tudji. Die K. sind Verbündete der Anelimmiden-wen-Bodhal,

Warentransport im Kongogebiete.

einer der beiden Bünde der Imoscharh oder südwestl. Tuareg.

Die Itasan zerfallen in die Stämme der Kel-Tagaï, Telamse, Maginet (oder Mafidet), Tesidderak, Kel-Magsem, Allaren, Kel-Innek, Kel-Duga, Kel-Uyeh und Kel-Aghelel.

Kel-Gunhan, s. Kel-Essuk.

Kelibia (das Clypea des Altertums), an der Ostküste der tunisischen Halbinsel, im Süden des Kap Bon, seit alters ein bedeutender Platz; der kleine Hafen ist versandet; die im Westen des schildförmig gewölbten Hügels, welcher der Stadt den Namen gab, gelegene Bucht ist nur gegen Süden offen und bildet für Fahrzeuge, deren Nord- und Nordostwinde die Umsegelung des Kap Bon verwehren, einen guten Bergeplatz. Sie zählt etwa 1200 Einwohner.

Kelichan, Ort im Distr. El-Neguélah der ägypt. Prov. Beherah.

Kel-Imekketen, Stamm der Kelowi.

Kel-Ingher, Tuareg-Stamm in der Tidikelt-Oase (Sahara), welcher die Dörfer Aqbur und Irhsan bewohnt und das Gebiet halbwegs zwischen Inssalah und Aulef beherrscht. Sie stehen unter den Tuareg als Banditen im Rufe.

Kel-Innik, siehe Kel-Geres.

Kel-Ishaban, kleiner vornehmer Stamm der Imohagh oder nördlichen Tuareg, vom Bunde der Asdjer. Ihnen unterthan sind die Ikelsen.

Keliub, s. Kaliub.

Kel-Maghsem, siehe Kel-Geres.

Kelmellel, Araberstamm, in der Oase Inrhar wohnhaft, der aber Sprache und Sitte der Tuareg hat, auch meist in blossen Hütten aus Palmzweigen oder kleinen Lederzelten wohnt.

Kel-n-Neggaru, Stamm der Kelowi.

Kel-n-Sattafan (Kel-n-Sabtafan), siehe Kel-Geres.

Kelowi, der mit Negerblut vermischte Berberstamm, welcher seine Wohnsitze in dem Oasenlande Aïr hat. Ihr Sultan wohnt in Agades. Sie sind zum grossen Teil Nomaden. Ihre Hauptnahrungsquelle ist der Handel, besonders mit Salz, das sie einmal jährlich in sehr zahlreichen Karawanenzügen von den Tibbus holen und nach dem mittlern Sudan und an die Tuaregs abgeben. Ihre Frauen beschäftigen sich mit Flechtarbeiten. Sie sind der Hauptstamm eines grossen Bundes von südlichen Tuaregstämmen, welcher nach ihnen seinen Namen führt. Die wichtigeren Stämme dieses Bundes sind die folgenden: die Irholan, welche Tafidot, Tin-Tellust und ein Dutzend anderer Ortschaften östlich und südöstlich von Tin-Tellust bewohnen; die Kel-Asaneres, Verbündete der Irholan, deren Hauptdorf Asaneres Ausgangspunkt für die von Aïr nach den Salzgruben von Bilma ziehenden Karawanen ist; die Ikeskesan (Ikeschkeschen), volkreicher Stamm, der mit den Oraghen im Asdjer verwandt ist und ebensowohl in Tamar, als in Damerghu sesshaft ist; die Kel-Tafidet, in Tafidet (östlich von Aïr) an der Strasse von Bilma; die Kel-n-Neggaru, ehemals in der Stadt Neggaru, jetzt in Asodi und Egellal heimisch, ihrem Stamme wird der Amanokal oder Kelowi-König entnommen; die Kel-Fares in Tin-Tejjat, nordöstlich von Tin-Tellust; die Ifadeen (Fadai, Fade, Efadai), die im Norden von Aïr wohnen und sich durch ihren kriegerischen Charakter und ihre räuberischen Neigungen vor anderen Stämmen hervorthun; die Kel-Tedele und die Kel-Tidik, in der Umgegend der Dorfschaften Tedele und Tidik; die Imasrodan; die Kel-Rhasar, die das Thal Ezhazar, in welchem die Dörfer Selufiet und Tin-Tarhode liegen, bewohnen; die Kel-Elar; die Kel-Rharus; die Endefar; die Tanul-Mellet; die Abirken; die Tesebet; die Kel-Telag; die Aseiken; die Kel-Ulli; die Feddalala; Kel-Asarar (in Asara oder Sarara); die Kel-Teguet; die Imesuksal (in Agwau); die Kel-Ensusk, Kel-Takrisa, Kel-Agellal, Kel-Tadenak, Kel-Wadigi, Kel-Tegermat (in Asawreiden), die Kel-Erarar, Kel-Seggedan, Kel-Taghmart, Kel-Afarar, Kel-Imekketen, Kel-Sadawat, Kel-Tafist, Kel-Agaten, Kel-Baghsen, Kel-Tschemia, Ikademawen, Kel-Adjeru, Itegen, Kel-Idakka, Kel-

Tesarenet, Kel-Tawar, Kel-Tafasass, Kel-Taranet, Kel-Atarar, Kel-Aril (Kel-Aghil), Imersuten. Kel-Aselalet, Kel-Anwischeren, Kel-Taferaut, Kel-Aghrimmat, Kel-Awellat.

Ausser diesen, den Kelowi-Bund bildenden Stämmen zählen noch drei fernere Gruppen der Bevölkerung von Aïr (die dem Sultan von Agades direkt unterthan sind) zu den Verbündeten der Kelowi; nämlich: die Imegedehen (Bewohner von Agades), die Kel-Fade (Auelimmiden-Räuberstamm), Kel-Ferwan (den Oraghen verwandt) und die Iseraren (zwischen Agades und Damergu).

Die Zahl der berittenen Streiter, welche die K. zu stellen vermögen, schätzt Barth auf 10 000. Die gesamte Kopfzahl würde demnach etwa 44 000 betragen.

Kel-Rhafsa, ein den Imoscharh oder Ahaggar-Tuareg unterthaner Stamm, in den Landschaften Wahellidjen und Arhafra zu Hause; wegen des Sene, das hier produziert wird, in der Sahara in hohem Rufe.

Kel-Reres, Gruppe von vier Imoscharh (oder südl. Tuareg-) Stämmen: die Taladjedjat, Ikawalaten, Ekararayın und Arkaten), welche zu den den Auelimmiden-Stämmen unterthanen Sklavenstämmen gehören.

Kel-Rharis, siehe Kel-Rhela.

Kel-Rharus, Stamm der Kelowi.

Kel-Rhasar, Stamm der Kelowi.

Kel-Rhela (Kel-Erhla), vornehmer und zugleich der zahlreichste und mächtigste Stamm der Ahaggar-Tuareg. Sie leben im nördlichen Teile dieses Plateaulandes, und verfügen über zahlreiche Sklavenstämme: Imesseliten, Kel-Rhafsa, Isaqqamaren, Kel-Ingher, Kel-Rharis, Kel-Tesoka, Kel-Adenek, Kel-Tifedest, Kel-Tashokt, Kel-Tehat, Isandaten, Martamaq und Dag-wan-Tawat.

Kels (Abu-), Ort im Distr. Menuf der ägypt. Prov. Menufieh.

Kel-Sadawat, Stamm der Kelowi.

Kel-Seggedan, Stamm der Kelowi.

Kel-Tadenak, Stamm der Kelowi.

Kel-Taneni, siehe Kel-Geres.

Kel-Tafasass, Stamm der Kelowi.

Kel-Taferaut, Stamm der Kelowi.

Kel-Tafidet, Stamm der Kelowi.

Kel-Tafist, Stamm der Kelowi.

Kel-Tagaï, siehe Kel-Geres.

Kel Taghmart, Stamm der Kelowi.

Kel-Tahat, siehe Kel-Rhela.

Kel-Takrisa, Stamm der Kelowi.

Kel-Taranet, Stamm der Kelowi.

Kel-Tashelet, siehe Kel-Rhela.

Kel-Tawar, Stamm der Kelowi.

Kel-Tedele, Stamm der Kelowi.

Kel-Tedjerit, siehe Kel-Essuk.

Kel-Tegermat, Stamm der Kelowi.

Kel-Teget, Stamm der Kelowi.

Kel-Teghseren (od. Tadmukkeren), siehe Kel-Geres.

Kel-Tekerennat, siehe Kel-Essuk.

Kel-Telag, Stamm der Kelowi.

Kel-Tenakse, s. Kel-Essuk.

Kel-Tesarenet, Stamm der Kelowi.

Kel-Tesoka, siehe Kel-Rhela.

Kel-Tidik, Stamm der Kelowi.

Kel-Tifedest, siehe Kel-Rhela.

Kel-Tin-Alkum, freier Stamm der Imohagh oder Tuareg des Asdjer-Landes.

Kel-Tinharen, siehe Kel-Essuk.

Kel-Tondibi, siehe Kel-Essuk.

Kel-Tschemia, Stamm der Kelowi.

Kel-Uhat, Stamm der Imohagh des Ahaggar oder Hoggar (nördl. Tuareg). Teilstamm der Isaqqamaren. Er leistet den Tedjehe-Mellen Gefolgschaft.

Kel-Ujeh, siehe Kel-Geres.

Kel-Ulli („Leute mit Vieh"), Gesamtname der den Imohagh und den Imoscharh unterthanen Sklavenstämme.

Kel-Ungwar, siehe Kel-Geres.

Kel-Wadigi, Stamm der Kelowi.

Kemanta (Ghemanta), Berbernstamm der alger. Prov. Algier, nordwestlich von Laghuat, nördlich von Tadjemut, in den Gebirgen des Djebel-Amur, am Hange des saharischen Flusses Ued-Msi.

Kembutumane, s. Farabana.

Kemi (Keme), im Altertum der einheimische Name Ägyptens. Es bedeutet soviel wie „schwarzes Land", bezog sich aber nicht auf die dunkle Hautfarbe der Einwohner, denn diese war rotbraun, sondern auf die schwarze Erde, welche, vom Nil angeschwemmt, den fruchtbaren Thalboden von der angrenzenden blendend hellen Wüste auffällig genug unterschied.

Kemp, J., Ingenieur unter Gordon Pascha in Ägypten, untersuchte 1874 von Goudokoro aus den Bachr-el-Djebel bis Dufile.

Kena, Ort im Distr. Kena der ägypt. Prov. Kena.

Kenan (El-), Dorf in Oberägypten, am linken Ufer des Nils, 18 km oberhalb von Esneh; wahrscheinlich das ptolemäische Chnubis.

Kenatsa (Qenadsa), Ksar in Marokko, 166 km von der algerischen Grenze, 418 km südwestlich von Georgville, am saharischen Hange des Atlas; 2000 (nach Rohlfs 5000) Einwohner.

Kenboch, Ort im Distr. Beba-el-Kobra der ägypt. Prov. Beni-Suef.

Keneh (das alte „Koenopolis"), Stadt in Unterägypten am rechten Nilufer; erzeugt irdenes Geschirr, das vom Nil nach Kairo und dem Delta geschwemmt wird. Zwischen K. und dem südlich gelegenen Esnah (Isna) befinden sich die Ruinen des alten ägyptischen Theben, in deren Nähe die Dörfer Luksor und Karnak (Ruinen des Hypostyles aus dem Reichstempel).

Keneiber, Ort im Distr. El-Simbellawein der ägypt. Prov. Dakahlieh.

Kene-Kosseir, die 12. Mudirie (Provinz) Ägyptens und die 3. von Oberägypten. Sie zerfällt in 4 Distrikte: Keneh, Farchut, Guso und Kosseir, mit zusammen 5 Städten und 102 Dörfern. Ihre Bevölkerung war 1872: 297614 Seelen. Hauptstadt ist: Keneh mit 15200 Einwohnern.

Keng-Othman, Ort im Distr. Abu-Hommos der ägypt. Prov. Beherah.

Kenia, Schneeberg des äquatorialen Afrika, welcher sich wenig südlich vom Äquator (0° 10' 5" südl. Br., 34° 25' östl. L.), etwa 400 km nordwestl. von der Suaheli-Küste (an der Einmündung des Tana) und etwa 300 km östlich vom nordöstlichen Gestade des Victoria-Nyanza erhebt. Seine Höhe ist approximativ auf 5400—5500 m geschätzt worden. Er bildet einen Teil der von Nord nach Süd streichenden Gebirgskette, dessen mächtiger Ausläufer durch den Kilima Ndjaro gebildet wird. Dieser letztere ist etwa 300 km vom Kenia entfernt.

Dr. Krapf ist (nachdem Rebmann am 11. Mai 1848 den Kilimandjaro entdeckt und vom Vorhandensein des Kenia Kunde erhalten hatte) der erste Europäer, welcher 1849 seine „beiden" schneeigen Gipfel gesehen hat; nächst ihm versuchte v. d. Decken von Mombas aus bis zum K. vorzudringen, gelangte aber nur bis zum Kilimandjaro (dessen Höhe er auf 4300 m bestimmte); dann bereiste der englische Missionär New das Gebiet der Schneeberge Ostafrikas; er soll die Schneegrenze des Kilimandjaro zuerst erreicht haben, konnte aber ebenfalls nicht bis zum K. vordringen. Auch Hildebrandt (1877) suchte von Mombas aus durch das Land der Wakamba zum Kenia vorzudringen, musste aber ebenfalls in seiner Nähe (110 km entfernt) infolge der Feindseligkeiten der Eingeborenen umkehren („Berliner Zeitschrift" 1879 [14], S. 241 ff., 312 ff., 321 ff.). Der Engländer Thomson unternahm 1883, nachdem er das Gebiet der Masai von Naivascha hinter sich gelassen hatte, mit einer aus nur dreissig Mann bestehenden kleineren Expedition eine Reise durch den Lykipia - Distrikt nach dem Berg Kenia. Sein diesbezüglicher Bericht lautet: Am 6. Oktober wurde der Marsch angetreten und die südliche Thalmulde mit ihren zahlreichen reizenden Seeen verlassen, um das Lykipia-Plateau zu erreichen, das 8400 Fuss hoch liegt und von grossen Scharen von Wa-Kwafi bevölkert ist. Der Reisende fand hier einen wundervollen Koniferenwald, der eigentlich mehr in eine europäische Landschaft als in afrikanische Regionen hineinpasste. Trotzdem die wilden Eingeborenen den Marsch des Reisenden soviel wie möglich zu verhindern und zu erschweren suchten, gelang es ihm doch, dies Gebiet, eines der interessantesten des ganzen inneren Afrika, zu durchwandern. Nachdem Mr. Thomson eine hohe Bergkette, die er nach dem Vorsitzenden der Geographischen Gesellschaft Aberdare-Gebirge nannte und welche in der Richtung von Nord nach Süd verläuft und fast bis zur Höhe von 14 000 Fuss ansteigt, überschritten hatte, gelangte er nach den grössten Mühseligkeiten und Entbehrungen, und von dem langen ängstlichen Wachen bei Tag und Nacht völlig erschöpft, endlich am Fusse des Kenia an. Der Berg erhebt sich als ein ungeheurer vulkanischer Kegel, dessen Fuss einen Durchmesser von etwa dreissig englischen Meilen hat. Bis zur Höhe von 15 000 Fuss sind die Seiten des Berges nicht sehr steil und verhältnismässig wenig von Schluchten und Spalten zerrissen; dann steigt der Pik plötzlich steil wie ein Zuckerhut empor, mit welchem der Gipfel noch um so mehr ähnlich ist, weil die höchstens 3000 Fuss messenden Spitzen stets mit Schnee bedeckt sind. An manchen Stellen sind die Felswände jedoch so steil, dass der Schnee nicht liegen bleibt, und da ragen schwarze Punkte aus der weissen Fläche hervor. Die Masai nennen den Berg deshalb den Donyio Egari, d. h. den gesprenkelten oder grauen Berg. Am sechsten Tage nach dem Abmarsche vom Kenia-Berge befand Mr. Thomson sich in Baringo, von wo er, aus einer Höhe von 8100 Fuss, einen prachtvollen Blick auf die südliche Thalmulde hatte; vergl. Kilima-N'djaro.

Keniareme, eine Landschaft oder Provinz des zu dem Königreiche Segu gehörenden Reiches Kaarta, nördlich von der Landschaft Guidiumé gelegen, von Soninkes bewohnt; 1882 durch Vertragsschutz mit Dr. Bayol unter französischen Schutz gestellt.

Keniéba, Stadt des Königreichs Bambuk (s. d.), im Norden desselben gelegen, ca. 100 km südöstlich von Bakel am Senegal; hat einen französischen Militärposten. K. ist einer der grössten Sklavenmärkte am obern Niger.

Kenkob (Bettan), Pygmäenvolk im Lufumland (Innerafrika); vergl. Akka.

Kensi (im Plural Kenus), der eingebürtige Name der Bewohner des unteren Nubien, von der Grenze Ägyptens an bis nach Sebua unfern von Korosko. Der Hauptteil dieser Gegend des Nilthals (die bebaubare und von einer sesshaften Bevölkerung bewohnte Fläche überschreitet das schmale Flussthal nicht), also die Strecke zwischen Assuan und Meharraka, entspricht der im Altertum „Dodeka schoenos“ (12 äg. Schönen = 720 grch. Stadien = 133 km) genannten Strecke. Die Kenus sind bekannter unter dem Namen Barabra oder Berberi. So werden sie in Ägypten genannt, wohin viele von ihnen zeitweilig wandern.

Kenus, s. Mattoki.

Keraïch (Kherraïch), Stamm in der alger. Prov. Oran, nahe der Grenze von Algier; in den Bergen von Waransenis.

Keram (Bu-Keram), Duar in der alger. Prov. Algier, etwa 15 km südöstl. von Arba (6575 ha, 2165 Köpfe).

Kerando, Dorf im Thale des Gers (Marokko).

Kercha, Dorf in der alger. Prov. Constantine, am Uëd Kercha, südlich vom Gernin-Berge.

Kerdassah, Ort im Distr. Kesm-

Awal der ägypt. Prov. Gizeh; auch Dorf in der oberägypt. Prov. Esneh, 50 km südwestl. von Assuan.

Kerek, Gebirge im Barilande; sehr reich an Eisen. Hier rekrutieren sich zum grossen Teil die in Afrika eigentümlichen Wanderschmiede.

Kerem, Stadt an der Nordküste des Somalilandes, im Gebiet der Habr-Geradji; 4000 Einw. (Brenner, 1870).

Keren, Hauptort im Bogosland (Obernubien), in hoher (1450 m) und angenehmer Lage, aus 300—400 Hütten bestehend, nach Heuglin in 15° 10′ 35″ östl. L. v. Par. gelegen; Zentralstelle der katholischen Missionäre Abessiniens.

Kerewe, Insel in der südöstlichen Ecke des Victoria-Nyanza.

Kerimba, Querimba (Assuetada), lange Kette von Inseln und Eilanden an der Ostküste Afrika's, am nordwestl. Ende des Kanals von Mozambique. Sie erstreckt sich zwischen der Bai von Pomba (12° 56′ s. Br.) bis in die Nähe des Kap Delgado (10° 41′), mithin über einen Raum von 2¼ Graden oder etwa 250 km von Süd nach Nord, die Zahl der grösseren Inseln beträgt etwa dreissig; sie sind alle madreporischer Formation. Die Insel Kerimba, welche ihren Namen der ganzen Kette giebt, liegt unter 12° 26′ südl. Br. und 38° 19′ östl. L. (nach Owen). Ibo, mit einem gleichnamigen Dorfe (12° 20′ südl. Br., 38° 18′ östl. L.), liegt nördlich von der Insel Kerimba; Amiza oder Amipa ist die äusserste Insel der Kette, abgesehen von einigen Eilanden, welche noch nach dem Kap Delgado zu liegen. Die K.-Inseln, die sämtlich sehr niedrig sind, waren ehemals gut bebaut, sind aber seit längerer Zeit wieder in ihren primitiven Zustand zurückgesunken.

Kerkaris, Ort im Distr. Assiut der ägypt. Prov. Assiut.

Kerkena-Inseln (Cercina im Altertum), an der Nordostseite der Kleinen Syrte, der Festlandküste gegenüber; wegen ihrer Untiefen von den Schiffern gefürchtet (34° n. Br.). Die kleinste, Garbi (oder westl. Insel), liegt 25 km von Sfax, die grössere (Charki oder Chergi) 40 km von Sfax. Es ist das Cercina oder Cercinna des Altertums.

Kermuda, Duar der alger. Prov. Constantine, aus welchem 1881 die drei Kolonieen: Kermuda, Seraphna, Redjas-el-Farada, gebildet worden sind (westlich von Milah, im Gebirgslande der Suaghu).

Kerrai, s. Dschib.

Kerrata, Volksstamm in der alger. Prov. Constantine (auch „Beni-Fellaï" genannt).

Kerri (Induku), eine kurze, keulenartige Waffe, deren Ende mit einer Kugel versehen ist; bei den Bewohnern der südlichen Gegenden der grossen Seeen im Gebrauche.

Kerryküste, der etwa 200 Meilen lange Küstenstrich im Norden von Sierra Leone, in welchem die Flüsse Nunez, Pongo, Forecaria, Dubrika, Mallecorry, Scarcies in das Meer münden. Sie führt ihren Namen nach dem zu 2—3000 Fuss aufsteigenden Kerry-Gebirge, in dessen Waldungen der Kopalbaum vorherrscht. Von Produkten ausser dem Kopal, der einen wichtigen Handelsartikel bildet, werden genannt: Sesam, Erdnüsse (von denen nach Marseille 30 - 40 000 Bushel versandt werden), Ingwer (der nach England und Amerika geht), Kautschuk, Elfenbein und Gold (von Fullah-Karawanen aus dem Innern gebracht), Kuh- und Ochsenhäute (100—130 000 Stück im Jahr, meist nach Amerika). Der Kaffeebaum wächst hier wild, „im dichtesten, fast undurchdringlichen Wald, fast völlig verborgen unter den ihn umschlingenden Lianen."

Die Regenzeit währt von Mai bis August; sie gilt aber an der K. für erträglich, wenigstens sollen die an der Westküste sonst gang und gäben Fieber hier nicht vorkommen.

Die Fullah - Karawanen tauschen Gewehre mit Feuerschloss (welche speziell für West-Afrika in Belgien und zu Sheffield in England fabriziert werden), Pulver, Schwertklingen (aus Solingen), eiserne Töpfe und andere Eisenwaren, Messingschalen, welche hier zur Salzbereitung gebraucht werden, irdene Geschirre, weisse Baumwollstoffe, Tabak, Rum (aus Hamburg) und Genèvre (aus Holland). Seifen und Pomaden, schlechte Haarölsorten u. s. w. ein. Deutsche sind sowohl am Import als am Export der K. stark beteiligt: Merk am Dubrika, Rosenbusch aus Hamburg und Weber am Mallecory. Der Dubrika-Mündung gegenüber hat sich auf den Los-Inseln ein französisches Handelshaus niedergelassen, während auf der vor dem Mallecory gelegenen Insel Matacong das englische Haus Randel & Fischer eine Niederlassung besitzt. Auch Amerikaner haben sich schon bei der Ausbeutung der Schätze der Kerryküste beteiligt. Das unter dem Namen „Kerryküste" begriffene Gebiet, dessen nördlichen Teil das Kobaland, dessen südlichen das Land Kabitai bildet, besitzt in den Flüssen Dubrika und Dembiah und den Nebenflüssen des letztern, Kakubo und Kakriman, vortreffliche Wasserstrassen und ist eine der wenigen Gegenden an der Westküste Afrikas, deren Klima dem Europäer zuträglich ist. Es wurde jüngst für das Stuttgarter Handelshaus Fr. Colin erworben, worauf die Aufhissung der deutschen Flagge erfolgte.

Kersa (Salvadora pertica), eine hochbuschige Pflanze des nordöstlichen Afrika, in Ostsudan Schan, in Mittelsudan Suak genannt.

Kersas, Hauptdorf der Ghenanema-Berbern in der Sahara; ca. 2000 Einwohner (Rohlfs, „Reise durch Marokko"; 1868) am Uëd Gir; 2000 Einwohner. Es ist der wichtigste Platz des Wadi Es-Saura; berühmtes Kloster (Zawja) mit Schule.

Kersten, Otto, Dr., seit 1878 Herausgeber der zu Berlin erscheinenden „Geographischen Nachrichten für Welthandel", in Altenburg geboren; wurde durch Dr. Barth dem Baron v. d. Decken empfohlen und schloss sich demselben in Sansibar an. Von dort begleitete er Decken auf seinem dritten Zuge zum Kilima N'Djaro (Oktober 1862). Er bestieg mit Decken die Ngaao-Berge, die Djagga-Berge, besuchte die Königreiche Uru und Mossia und erstieg den vulkanischen Schneeberg Kilima N'Djaro bis zur Höhe von 4200 m („Berl. Zeitschr." 1863, Bd. 14 und 15). Nach der Küste zurückgekehrt, untersuchte er mit Decken und Grandidier einige Partieen der Ostküste, mit letzteren auch den Kingani-Fluss, und ging 1864 nach der Nordwestküste von Madagaskar und nach der Insel Gross-Comoro. 1865 kehrte er nach Europa zurück, veröffentlichte 1869—79 das von Decken gesammelte Material in dem Prachtwerk „Baron K. K. v. d. Decken's Reisen in Ostafrika 1859—65" (4 Bde.). Er wurde 1870 beim deutschen Konsulat in Jerusalem angestellt, besuchte 1872 das tote Meer, lebt aber seit 1875 in Berlin.

Keruan, s. Kairuan.

Kerun (Birket-el-), grosser See in der Provinz Fajum (Mittelägypten); er erstreckt sich von Südost nach Nordwest, über eine Länge von 50 km, bei einer mittlern Breite von 7—9 km. Seine Tiefe ist verschieden. Sie beträgt im östlichen Teile ungefähr 10 m. Sein Wasser ist sumpfig und salzig.

Kesadaro, ein Dörfchen am Fusse des grossen Gebirgsstockes von Daba Matta (Abessinien), bisweilen auch für diesen selbst gebraucht.

Kesara, Volksstamm in Algerien: s. Chesara.

Kessera (Kissera), Stadt im mittlern Tunisien, an der Strasse zwischen dem Kef und Kairuan; 2500 Einw. (mit guten Quellen und Olivengärten). Das Plateau K. (Hamadet-el-K.) ist ein wildes, zerklüftetes Gebirge mit jähem Temperaturwechsel; zwischen der Medjerda und den Salz-Seeen von Kairuan (Becken des Ued-Menfes). Der Ued Siliana, einer der drei grossen Zuflüsse der Medjerda, schlängelt sich am Fusse des K.-Plateaus nach dem Lande der Uled-Ajar, welche gegen die Eroberung des Landes durch die Franzosen 1881/82 heftige Kämpfe geführt haben.

Kesseria, Ruinenstätte in der alger. Prov. Constantine. in der fruchtbaren aber dürren Chemorra-Ebene.

Kesta, Ort im Distr. Kafr-el-Zaïat der ägypt. Prov. Gharbieh.

Keta (Ketta, Quetta), Stadt im obern Guinea, an der Sklavenküste, auf einer schmalen Halbinsel zwischen dem Meere und einer Lagune, welche sich ostwärts von der Mündung des Volta öffnet; 45 km nordöstlich vom Kap Saint-Paul (5° 54′ nördl. Br., 1° 19′ westl. L.); 5000 Einw. Es ist auf den Trümmern des alten dänischen Forts Prindsensteen erbaut und bildet mit seinem Gebiete einen Teil der englischen Kolonie an der Goldküste; Anlegestation der Paketdampfer.

Ketana, Berbervolk im nördlichen Afrika.

Kete, s. v. w. Quittah.

Kétsa, Berg am Niger, unfern von Géba, mit dem Teufelsfelsen (Sitz des Fetischpriesters).

Ketur, Ort im Distr. Kafr-el-Cheikh der ägypt. Prov. Gharbieh.

Keurboom (Virgilia capensis), mit duftenden, rosagefärbten Schmetterlingsblüten und gefiederten Blättern, findet sich besonders an den Rändern des südafrikanischen Hochwaldes, an den Ufern der ihn durchschneidenden Flussläufe und an ähnlichen freieren Standorten. Er ist ein geschätztes Werkholz und gleichzeitig herrliches Ziergewächs.

Kfudu (Strepisceros capensis), hirschartige Antilopenart des südöstlichen Afrika mit mächtigen, spiralförmig gewundenen Hörnern.

Khabbatah, Ort im Distr. Kafr-el-Cheikh der ägypt. Prov. Gharbieh.

Khabu, s. Kabu.

Khachna, grosser Araberstamm in der alger. Prov. Algier; in der östlichen Metidja.

Khadidja (Khapudia, Ras), das „Vorgebirge der Untiefen“ an der Kleinen Syrte.

Khadidja, s. Khedidja.

Khadra (El-), Ruinenstätte in Algerien (s. Duperré).

Khaled (Uled-K.), arabische Volksstämme in Algerien und Tunisien.

Khaled 'Amer (nazleh), Ort im Distr. Minia der ägypt. Prov. Minia.

Khalfa (Uled-), Volksstamm in Algerien.

Khalfalla (Kralfalla), Ort in der alger. Prov. Oran, an der Bahnstation von Saïda nach Mescheria; Alfa-Region.

Khalfun (Beni-Khalfun), Volksstamm in der alger. Prov. Algier, 20 km südöstlich von Ménerville (11305 ha; 4334 Einw.).

Khalifa, 1) Volksstamm und Duar in Algerien.

— 2) (Uled-), Volksstamm in Tunisien.

Khalifa, s. Khelifa.

Khalil (Abu-), Ort im Distr. Manfalut der ägypt. Prov. Assiut.

Khallad (Khaled), Fluss im nördlichen Tunisien, einer der bedeutenderen rechtsseitigen Zuflüsse der Medjerda; 120 km lang; er durchläuft die Ebene von Sers.

Khallafa (Khellafa), Volksstamm in der alger. Provinz Oran; ziemlich 2000 Köpfe.

Khama (Nord-Bamangwato), Neger-Königreich im südlichen Afrika. Es erstreckt sich vom rechten Ufer des

Kruneger.

Sambesi in der Gegend der Victoriafälle, im Norden bis zum linken Ufer des Limpopo, der es im Südosten von der Transvaal-Republik scheidet; im Osten grenzt es an das Königreich der Matabele, im Westen an die Gegend des Ngami-Sees, im Süden grenzt es an die Kalahari-Wüste. Im Innern ist es von einer Reihe von Seeen und Lagunen, die zum System des Ngami-Sees gehören, besetzt. Die Residenz des Fürsten ist Schoschong, im Südosten des Reiches gelegen, an einem Nebenflusse des Limpopo, in 1024 m Meereshöhe. Seine Bewohner sind Betschuanen und Bakalahari.

Khamanten, siehe Agau.

Khamir, Volk der Afar im Lasta-Gebiet (Abessinien).

Khamis (Khemis), Ort in der alger. Prov. Oran, etwa 40 km südwestlich von Tlemssen, in dem Thale des in die Tafna mündenden Ued-Khamis-Takraret. Der Ort K. liegt im Gebiete des Teilstammes der Beni-Snes-Khamis oder Khemis, welche in einer Kopfstärke von 2310 Mann über 20682 ha verbreitet sind.

Khammies, Dorf im südl. Hereroland.

Khamta (Khamtinga), einer der nationalen Namen der Lasta-Agau Abessiniens.

Khamtinga, s. v. w. Agaunja.

Khana, s. v. w. Kannop.

Khandak (Handak, Hellet-el-Khandak), Dorf in Nubien, 60 km südöstlich von Dongola, am linken Nilufer; fast halbwegs zwischen Alt- und Neu-Dongola.

Khanek (El-) [besser El-Khaneq zu schreiben], kleines Land in der marokkanischen Sahara, ein Teil von Tafilelt; auch ein Gebiet der westl. Sahara, westlich von der Strasse von Tafilelt nach Timbuktu, zwischen Igidi im Norden und Aftot im Süden, führt diesen Namen.

Khanga (Khenga, Sidi - Nadji), Flecken in der alger. Provinz Constantine, 89 km südöstlich von Biskrah, im Djebel-Chechbr, 254 m hoch; 670 Einw.; zahlreiche Palmbäume.

Khanguet-el-Aoun, Duar der alger Prov. Constantine, 10 km südl. von La Calle, an der tunisischen Grenze, 1861 errichtet.

Khanguet-Sabath, Duar der alger. Provinz Constantine, 1869 errichtet, von der Eisenbahn Constantine-Bona durchzogen; zahlreiche Olivenbäume.

Khanka, Distriktshauptstadt in der ägyptischen Provinz Kaliubieh.

Khannu (Kannu), Volksstamm in der alger. Prov. Algier, etwa 25 km südöstl. von Orleansville; 3905 Einwohner auf ca. 19000 ha.

Khapudia (Khadidja, Ras-), das „Vorgebirge der Untiefen" an der Kleinen Syrte.

Kharaigh (El-), Dorf in Fessan (Nordafrika), im westlichen Teile des Wadi El-Gharbi (s. d.).

Khardjeh (Ouah El-), oder El-Khargeh, die französische Schreibung für Chargeh (s. d.).

Khareza (Karesas), Volksstamm in der alger. Provinz Algerien, in der Bannmeile von Bona, am Uëd Budjima.

Kharib (Djebel), Gipfel des als nördliche Fortsetzung des abessinischen Hochlandes zu betrachtenden Randgebirges an der Küste des Roten Meeres (2000 m).

Kharidj, s. Angad.

Kharkali, Ort im Distr. Deirut der ägypt. Prov. Assiut.

Kharket Guerga, Ort im Distr Guerga der ägypt. Prov. Guerga.

Kharket-el-Menchah, Ort im Distr. Guerga der ägypt. Prov. Guerga.

Kharoga, ein Vorort von Médine in der Landschaft Khassa (Senegambien).

Kherraïch, s. Keraïch.

Kharrubi, Volksstamm Algeriens (s. Karubi).

Kharsit, Ort im Distr. Mehallet-Menuf der ägypt. Prov. Gharbieh.

Khartum, s. Chartum.

Khasso, Landschaft in Senegambien; Hauptort ist Medine; sie ist jetzt auf das linke Ufer des Senegal beschränkt und zählt in 29 Dörfern gegen 10000 Einwohner (Khassonkes), von denen 6000 Médine und die beiden Vororte Dinguira-Bougou und Kharoga bewohnen.

Khassonke, die Bewohner der senegambischen Landschaft Khassa; sie entstammen einer Vermischung der Mandingo, Fellatah, Mauren und Sarracolets (s. Khasso) und teilen sich in zwei grosse Stämme: die Gadiagas (die wieder in Bakiri oder Krieger und in Saybobes oder Ackerbauer zerfallen) und Gidimakas.

Khateb, s. Khetab.

Khäuâtil, s. Chäuâtir.

Khebbeb, ein Volksstamm Algeriens.

Khebcha (Uled-), Araberstamm der alger. Provinz Constantine, zwischen dem Uëd Chellal und dem Uëd Melusa.

Khebu, Landschaft im Reiche Futah-Djallon, zwischen den Provinzen Akkolemadji und Maci und dem von Frankreich beanspruchten Küstenstrich.

Khedara, Duar der alger. Provinz Constantine, an der tunisischen Grenze, zählte 1872: 2061 Bewohner auf 14400 ha. Er wurde 1869 errichtet.

Khedidja (Khadidja, Bordj-K.), Dorf in Tunisien, im Sahel; dicht am Kap Khapudia (Promontorium Capud-Vada der Alten). Hier bewerkstelligte Belisar seine Landung, um das Vandalenreich zu bekriegen.

Kheider (Kreider), Fort in der alger. Prov. Oran, 100 km südl. von Saida, auf dem Hochplateau.

Kheiran, Oase der alger. Provinz Constantine, am Südabhange des Aures.

Khelif (Uled-), Volksstamm in der alger. Prov. Oran, an der Grenze des Tell und des Hochplateaus.

Khelifa (Khalifa), Duar in der alger. Prov. Algier, westl. von Tizi-Ouzou; 2250 Bewohner auf 1100 ha; auch ein Stamm in der Prov. Oran, und ein Duar in der Prov. Constantine führen diesen Namen.

Khelili (Aït-), Berberstamm der alger. Prov. Algier, in der grossen Kabylie; 3169 Einw. auf 2000 ha.

Khellafa, s. Khallafa.

Kheluet 'Abd-el-Nabi, Ort im Distr. Kaliub der ägypt. Prov. Kaliubieh.

Kheluet Abu Hatab bi Kafr 'Atallah Salamah, Ort im Distr. El-Kanaïat der ägypt. Prov. Charkieh.

Kheluet Abu Messallem bi Nahiet Bahtit, Ort im Distr. Belbes der ägypt. Prov. Charkieh.

Kheluet Abu Messallem bi Nahiet-el-Suah, Ort im Distr. Belbes der ägypt. Prov. Charkieh.

Kheluet-el-Barad'ah, Ort im Distr. Kaliub der ägypt. Prov. Kaliubieh.

Kheluet-el-Cha'rawi, Ort im Distr. El-Kanaïat der ägypt. Prov. Charkieh.

Kheluet-el-Cheikh Salim Goma'ah bi Nahiet Bahnabay, Ort im Distr. El-Kanaïat der ägypt. Prov. Charkieh.

Kheluet-el Cheikh-el-Seddawi bi Nahiet Banayus, Ort im Distr. El-Kanaïat der ägypt. Prov. Charkieh.

Kheluet-el-Cheikh Khaled bi Nahiet-el-'Alim, Ort im Distr. Belbes der ägypt. Prov. Charkieh.

Kheluet-el-Ghalban, Ort im Distr. Zifta der ägypt. Prov. Gharbieh.

Kheluet Nour-el-Din, Ort im Distr. Melig der ägypt. Prov. Menufieh.

Khemaïs (El-), Duar in der alger. Prov. Algier, 1870 errichtet; 1400 Bewohner auf 17578 ha.

Khemis, Duar der alger. Provinz Oran, 1866 errichtet; 1238 Einw.: 8531 ha.

Khemis, s. Khamis.

Khemissa (Khamissa), Ruinenstätte in der alger. Provinz Constantine, 26 km südwestl. von Sukh-Arrhas; 910 m Seehöhe.

Khenchela (Aïn-K.), 1) Ort in der alger. Prov. Constantine, mit megalithischen Nekropolen. — 2) Duar der alger. Prov. Constantine, 1869 errichtet.

45*

Kheneg (Kreneg), Ruinenstätte in der alger. Prov. Constantine (23 km nordwestl. von Constantine).

Khenga-Sidi-Sadji, s. Khanga.

Kherabcha (Kerabcha), Volksstamm der alger. Prov. Constantine; 1847 Köpfe stark.

Kherache (Abu-), Ort im Distr. El-Atfe der ägypt. Prov. Beherah.

Kherba, Dorf der alger. Provinz Algier, 40 km westl. von Miliana; 5—6 km von Uëd-Ruïna (Station der Bahnlinie Algier-Oran).

Kherbelah, Ort im Distr. El-Neguelah der ägypt. Prov. Beherah.

Kherbet-Djessessia, s. Djessessia.

Kherbet-Guidra, s. Guidra.

Kherbet-Ksar-el-Tir, Duar in der alger. Prov. Constantine, 1866 errichtet; 692 Bewohner, 2140 ha.

Kherdji (El-), kleine Oase der Libyschen Wüste, zu dem Oasenkomplex El-Gâb-el Kêbîr gehörig.

Kherbetma, Ort im Distr. Belbes der ägypt. Prov. Charkieh.

Khers (Abu-), Ort im Distr. Abu-Tig der ägypt. Prov. Assiut.

Khetab (Khettab, Khateb), Name verschiedener Volksstämme in der alger. Prov. Constantine.

Khete, s. Sofi.

Khetloa (Rhinoceros africanus), die Spielart der zweihörnigen afrikanischen Art des Nashornes.

Khettab, s. Khetab.

Khezara, kleiner Berberstamm in der alger. Prov. Constantine, 15 km südwestl. von Guelma.

Khiran, siehe Kheïran.

Khobbaza, Berberstamm der alger. Prov. Algier, 46 km südwestl. von Miliana.

Khoï (Koïn, Koï-Koïn), der nationale Name der Hottentotten.

Khoiab, Quellfluss des Huab (Hereroland).

Khoikhoin, s. v. w. Hottentotten.

Kholobo, Stadt im Königreich Bambuk (s. d.), am Faleme.

Khomair, s. Krumir.

Khoms (Homs), Distrikt in Tripolitanien, am Westrande der grossen Syrte; die beiden Hauptorte sind: Lebda und Masrata.

Khoneizah, Ort im Distr. El-Neguelah der ägypt. Prov. Beherah.

Khor (Bender Khor), grosser Ort an der nördl. Somalküste, im Lande der Medjertin, am Fusse eines hier bis zu 2000 m aufsteigenden Küstengebirges (das 150 km östlich vom Kap Gardafui endigt); 5000 Einw.

Khorfan (Korfan), Duar der alger. Prov. Constantine, 1863 errichtet, am rechten Ufer des obern Safsaf, 1479 Bewohner, 3937 ha.

Khosseir (Uled-K.), algerischer Volksstamm.

Khroub (Le), Stadt in der alger. Prov. Constantine; Station der Bahnlinie Constantine-Setif und Bona-Tunis; 6940 Einw., grösster Viehmarkt von Ostalgerien.

Khrouf, Duar der alger. Provinz Oran, dicht bei Saint-Denis-du-Sig; 1866 errichtet; 1900 Einwohner.

Khumir, s. Krumir.

Khutu, Land im östl. Zentralafrika, ca. 110 km westl. von der Sansibarküste. Es erstreckt sich im Norden des Kingani bis zu den Bergen von Usagara. Die Bewohner (die Uakhutu) sind ihren Nachbarn in moralischer und physischer Hinsicht bedeutend untergeordnet. Burton entwirft kein günstiges Bild von K. „Es lässt sich nichts Schmutzigeres denken als einen Weiler von Khutu. ‚Ein paar ärmliche, weit voneinander liegende Hütten bilden die ganze Örtlichkeit. Die Öffnung einer solchen Hütte ist kaum grösser als die eines Schweinestalles und das sie bedeckende Stroh reicht so tief hernieder, dass man nur kriechend in den innern Raum gelangen kann; die Hütten zeigen bald die konische Form, bald gleichen sie einem Heuschober oder einem Bienenstock. Sie haben 12—15 m Umfang. Die Hütten der Häuptlinge sind bisweilen grösser. Alle diese Dörfer sind von einem dichten Wall hohen Grases umsäumt, das man absichtlich hoch wachsen lässt, damit die Bewohner sich im Angriffsfalle in dasselbe flüchten können.

Khuwaïlid, ein Stamm der ägyptischen Araber, in der Nähe von Isment lagernd.

Khuzam, Ort im Distr. Kos der ägypt. Prov. Kena.

Kiaïba, Duar der alger. Provinz Oran, etwa 20 km nördlich von Relizane (1867 errichtet, 1807 Bewohner).

Kiama, Stadt im Reiche Borgu (südlicher Sudan), etwa 500 km nordwestlich von Lukodje, der englischen Handelsniederlassung am Zusammenflusse des Benuë mit dem Niger. Nach Clapperton in 9° 37′ 33″ n. Br., 3° 2′ 41″ östl. L.); 30000 Einw.

— 2) Eine grössere Insel der Witu-Gruppe (Ostafrika), wenige Stunden Fahrt von der Mündung des Djuba entfernt. Die gleichnamige Ortschaft auf derselben hat ausser einer Moschee nur einige wenige Steinhäuser. Der Rest sind Lehmhütten, das Fort ist nur noch ein Trümmerhaufen. Die Bevölkerung baut Bananen und Wassermelonen. Auf den unbebauten Flächen der Insel ist ausser wenigen vereinzelten Bäumen ein spärlicher Graswuchs vorhanden, kaum genügend zum Futter für das Vieh, welches die Inselbewohner von den Somali eintauschen. Scharen von Wasservögeln beleben das sandige Ufer. Man trifft Zwergantilopen, Tauben und Perlhühner an.

Kian, Mandingo-Land am linken oder südlichen Ufer des unteren Gambia, zwischen Badibu (von welchem es durch den Fluss im Norden getrennt ist) und Yassi im Süden (von welchem es durch den Songrugu-Fluss, rechtsseitigem Zufluss der Casamance, getrennt ist).

Kibaba, s. Kakinghi.

Kibala, Stamm der Kimbunda von Benguela.

Kibali, Fluss, entspringt auf den blauen Bergen westlich vom Mwutan-See und bildet mit dem Gadda den Uëlle.

Kibikinda, grosse Ortschaft am rechten Ufer des Kongo, ziemlich nahe an der Grenze des Gebietes der Basundi, auf einem hohen Hügel gelegen.

Kibir (Abu-), Ort im Distr. El-'Arein der ägypt. Prov. Charkieh.

Kibla (Qibla, Gebla, Gibla), bedeutet immer die Richtung nach Mekka; in algerischen und tunisischen Worten z. B. also die südöstliche Richtung. In Algerien wird es von den Eingeborenen bisweilen auch gebraucht, um die Richtung des Plateaulandes, bezw. die Lage daselbst, von den Eingeborenen des Plateaulandes dagegen, um die Richtung nach der Sahara zu bezeichnen.

Kibo heisst bei den Dschaggaleuten der Kilima-N'djaro (s. d.).

— 2) Land im westlichen Zentralafrika, zwischen 11 u. 13° südl. Br. gelegen und durch den östl. Meridian von 16° 40′ in zwei Hälften geteilt. Es stösst im Westen an die Olo-Wikenda-Berge und grenzt im Osten an das Lowale-Land. Es wird von den ersten südwestl. Zuflüssen des Kassai (Kongobecken) und von den ersten nordwestlichen Zuflüssen der Liba (Sambesibecken) bewässert. Es misst etwa 27500 qkm. Seine Bevölkerung beträgt 750000 Seelen.

Kibokwé, 1) Camerons Schreibweise für Chiboqués.

Kich (Kichiga, Kirch), s. Gherf-Hosseïn.

Kidal, Land der südlichen Sahara, zwischen 17 und 18° nördl. Br., im südwestl. Teile des Aderar-Plateaus, 200—300 km nordöstlich vom Niger gelegen; bemerkenswert durch seine Fruchtbarkeit und Schönheit.

Kidálo, Negervolk im obern Nilgebiet.

Kidi, Land im äquatorialen Zentralafrika, nördlich vom Nyassa. Es wird im Westen durch den Nilarm, welcher den Nyassa mit dem Albert-See oder Mwutan-Nsige verbindet, von Ungoro getrennt.

Kienien (Djebel-), Berg in den Gallaländern, 70 km östlich vom Gebel Quba.

Kifussa, ein unseren Masern sehr ähnlicher Ausschlag.

Kikondje, siehe Kikondscha.

Kikondscha (Kassali), See südöstlich von Kilemba, der Hauptstadt von Urua, einem südwestwärts vom Lualaba gelegenen Negerreiche. Er wurde 1874 von Cameron auf seiner Durchquerung Afrikas von Sansibar (Ostküste) aus nach Katombela (Westküste) entdeckt.

Kikonkeh, Landgebiet des westl. Afrika, von der englischen Kolonie Sierra Leone abhängig (1881: 52 Einw.).

Kilima-N'djaro (das heisst „Berg [Kilima] der Grösse“ oder „der Karawanen“ [N'djaro]), von den Dschagga „Kibo“ genannt; Berg im östlichen Afrika, vulkanischen Ursprungs und mit ewigem Schnee bedeckt trotz seiner Lage nahe dem Äquator. Er steigt als ein isolierter Berg empor, welcher den südlichen Ausläufer der Gebirgsketten bildet, deren nördliches Ende, unter dem Äquator, der Kenia zu bilden scheint. Er liegt unter 3° 6' südl. Br. und 35° 3' ö. L., etwas weiter als 300 km nordwestl. vom Hafen von Mombasa. Die Missionäre Rebmann und Krapf sind die ersten Europäer, welche 1848 diesen merkwürdigen Berg gesehen und das Vorhandensein von Schneebergen angezeigt haben.

Die Wahrheit dieses Phänomens wurde seitdem mehrfach bestätigt, nämlich durch Baron von der Decken, welcher 1861 mit Thornton von Mombas aus eine Expedition nach den hohen Bergländern des Kilima N'djaro unternahm und die Höhe dieses vulkanischen Schneeberges bestimmte, während derselbe Reisende auf einer zweiten Expedition im Oktober 1862 den Berg in Begleitung des Altenburgers Otto Kersten bis zu einer Höhe von 4236 m erstieg; er bestimmte die Höhe des westlichen Gipfels auf 5694 m, diejenige des östlichen auf 4954 m. Der ewige Schnee steigt auf dem höhern Pik bis zu 4700, selbst 3600 m herab; jede Vegetation hört zwischen 3600 und 3700 m auf. Im Jahre 1871 hatte in Begleitung des Karawanenführers Sadi der englische Missionär New von Mombas aus eine Expedition nach dem Kilima N'djaro unternommen, den er bis zur Schneelinie erstieg und auf welchem er bis zu derselben hinauf sieben Vegetationszonen unterschied. Im Jahre 1877 sah Hildebrandt den Kilimandjaro abermals, ohne ihn zu ersteigen. 1883 erforschte Thomson auf seiner Reise zum Victoria Nyanza von der südöstlichen oder östlichen, dann auch auf der nördlichen Seite und hat den Anstieg auf mehreren Punkten bewerkstelligt. Seinen Angaben erst verdanken wir die genaue Kenntnis der Lage, sowie der Begrenzung des Bergstocks; dieselben entfernen sich von denjenigen Deckens nur wenig: für den westlichen Pik (den Kibo der Eingeborenen) nennt er eine Höhe von 5746 m, für den östlichen (Kimawendsi genannt) 4944 m. Wie bekannt, hat die deutsche ostafrikanische Gesellschaft durch die Eroberung von Djagga ihr Gebiet im Osten Afrikas bis zum Kilima N'djaro erstreckt.

Die Litteratur über den K. ist bereits recht bedeutend: Krapf, „Reisen in Ostafrika, ausgeführt in den Jahren 1837—1855 (Kornthal 1858, 2 Bde. 8°); Krapf, „Travels, Researches etc., in Eastern Africa“ (London 1860);

Kersten, „Baron K. K. v. d. Deckens Reisen in Ostafrika 1859—65" (4 Bde., 1869—79); „Lettres du baron von der Decken et de son compagnon le Dr. Kersten" (vergl. „Zeitschrift für Allgem. Erdkunde" Nr. 101, S. 369; Nr. 115, S. 41; Nr. 117, S. 348; Nr. 121, S. 141 u. 149); Baron v. d. Decken, „On the snowy mountains of Eastern Equatorial Africa"; Proceedings of the Royal Geogr. Soc., vol. VIII. S. 5; Thornton, ibidem vol. VI. S. 47; Dr. Roth, „Beschreibung der zweiten Reise der von Herrn von der Decken aus der Gegend des Kilimandscharo mitgebrachten Gebirgsarten (Zeitschrift für Allgemeine Erdkunde Nr. 126, S. 543, mit einer Decken-Kiepert'schen Karte); Hassenstein, „Bemerkungen zur Karte der Region des Kilima N'djaro und Kenia in Ostafrika (Petermanns Mitth. 1864, Nr. 12, S. 449, mit Karte); Charles New, „Life in Eastern Africa" (London 1873); Hildebrandt, „Meine zweite Reise in Ostafrika" (Globus XXXIII, 1878, Nr. 17, 18 und 19); Hildebrandt, „On his travels in East Africa" (Proceedings of the Royal Geogr. Soc. 1878, T. VI, S. 436); Achille Raffray, Voyage chez les Ouanika, sur la côte de Zanguebar (Le Tour de Monde 1878, Bd. XXXV, S. 289 ff.), J. Thomson, „Through the Masay Country to Victoria Nyanza" (1884); Dr. Fischer, Reise durchs Masai-Land (1885).

Kilkile (abessin.), Strohkorb mit konischem Deckel.

Killa, Landschaft in Senegambien, auf der Strecke von Beledugu nach Medine am Senegal; 1887 unter französ. Schutz gestellt.

Killa werden im Westsudan halbwollene Stoffe, in Indigo gefärbt, genannt; Handelsmarkt für sie ist Gassi-Gouma.

Kilo, Ortschaften am rechten Nigerufer, auf der Fahrtstrecke von Rabba bis Gomba.

Kiloa (Quiloa), Stadt an der Sansibarküste, auf einer Insel der Bucht von K., südlichster Hafenplatz des Sultanats Sansibar, mit gutem Hafen; einst von den Portugiesen besetzt und im 16. Jahrh. blühend, jetzt zurückgegangen; ihre Einwohnerzahl wird sehr verschieden, bald 3000, bald 12 000 Köpfe stark, angegeben.

Kilua (Kilwa), See im Südosten vom Nyassa-See, welcher durch Johnson 1881 gesehen und für den Schirwa Livingstone's gehalten wurde. Aus ihm fliesst nordwärts der in den Rovuma mündende Ludjende.

Kimawendsi, s. Kilima-N'djaro.

Kimberley, Stadt im Kaplande; der Hauptort von West Griqualand und der Grafschaft oder Division Kimberley; 860 km nordöstlich von Kapstadt, 30 km vom linken Vaal-Ufer, an der Grenze des Oranjefluss-Freistaates; 13 590 Einwohner (6485 Weisse, und zwar meist Boers, die übrigen Kaffern und Hottentotten). In der Nähe der Stadt liegen die bekannten Diamantengruben, aus welchen die kostbaren Steine nach Europa verführt werden. Der Wert der Diamanten, welche ihren Weg seit 1876 durch die Postbureaux von Kimberley genommen haben, wird wie folgt angegeben:

1876 . .	1 807 532	Pfd. Sterl.
1877 . .	2 112 427	„ „
1877 . .	2 672 744	„ „
1879 . .	2 846 621	„ „
1880 . .	3 367 897	„ „
1881 . .	4 176 202	„ „
1882 . .	3 992 502	„ „
	20 975 937	Pfd. Sterl.

Von 1872—77 betrug die Diamantenausfuhr etwa 200 Millionen Mark, von 1878—82 das doppelte, 400 Millionen Mark. In den Gruben von Kimberley arbeiteten 1883: 420 Europäer und 2100 Eingeborene. Eine Wasserleitung von ca. 30 km Länge führt jetzt aus dem Vaalflusse genügendes Wasser nach K., das vorher verdurstete. Der Ort führt den Namen „Kimberley" seit 1871. Früher hiess er De Beers New Rush, Colesberg Koppe Nr. II. oder Voorwitzigt.

Die Grafschaft oder Dirision Kimberley umfasst die Bezirke: Kimberley-Newton, De Beer's Rush Du Toit's Pan und Bultfontein. Sie zählte 1877: 10710 Einwohner (9310 Eingeborene, 1 240 Europäer).

Kim'bunda, s. Am'bunda.

Kimbundu, wichtige Karawanenstation des zentralen Afrika, die 1874 durch Dr. Paul Pogge und Leutnant Lux von Angola aus über Malange erreicht wurde. Sie hat eine Höhe von 1230 m.

Kimiari, Gebiet im Lande der Waschimba (Ostafrika).

Kimorie, Station der Livingstone Inland Mission an der Mündung des Kongo (Südufer).

Kindertäuscher (Tachydromus), s. Wüstenläufer.

Kindi, eine Ölpflanze, im Innern und im Westen von Afrika heimisch (Hyptis spicigera).

Kingani, Fluss im östlichen Afrika, dessen Mündung in dem die Sansibar-Insel vom Kontinent teilenden Kanal erfolgt, wenig nördlich von der kleinen Stadt Bagamoyo (6° 22' s. Br.). Der Name stammt von dem Suaheliwort Kingani, welches soviel wie „Mündung" bedeutet. Ein kleines, an seiner Mündung gelegenes Dorf führt gleicherweise den Namen Kingani. In Bagamoyo wird der Kingani auch Mto (soviel wie „Fluss") genannt. Er ändert seinen Namen je nach der Sprache der verschiedenen Stämme, deren Gebiet er durchläuft. So führt er, 12 km weiter oben, bei den Wasaramos, den Namen Rufu („Fluss"); die Wakami nennen ihn Mbesi, welches die nämliche Bedeutung hat. Dieser Fluss entspringt in den Kufuta-Bergen (in Khutu), welche mit den Mkambaku-Bergen im Nordosten und den Rubeko-Bergen im Nordwesten eine Gruppe bilden. Der K. und seine Zuflüsse bewässern rechtsseitig die Landschaften Khutu und Usaramo, links Ukami und Ukwere. Er ergiesst sich 5 km nördlich von Bagamoyo ins Meer. Seine Zuflüsse sind zahlreich, aber keiner von ihnen ist bedeutend. In Gungu (7° 2' s. Br., 36° 17' östl. L.), 80 km von Dar-es-Salam, ist er 70 m breit. Nach Stanley wird der K. durch den Zusammenfluss der Mgeta mit dem Ungerengeri gebildet, welche beide vom Westhange der Mkambaku-Berge herniederströmen, von denen der erstere sich südwärts wendet, während der zweite, der im nördl. Teile desselben Hanges seinen Ursprung findet, die entgegengesetzte Richtung einschlägt und mit dem Rufu zusammenfliesst, welchen Namen der Fluss hierauf bis zu seiner Mündung behält.

Kinguela (oder Tschenghela), einer der Hauptorte der Landschaft Cacongo (Südwestküste).

Kingui, Landschaft oder Provinz des zu dem Königreich Segu gehörenden Reiches Kaarta (s. d.), ein reiches, von Diawaras (die eine grosse Rolle in den Kriegen zwischen den Bambaras, Kaartas und den muselmännischen, Eroberern gespielt haben) bewohntes Gebiet. In der Provinz K. liegt Niora, die Hauptstadt von Kaarta und Residenz des mächtigsten Bruders des Sultans von Segu (zwei andere Brüder residieren in Kumakary in der Landschaft Dianbokho und in Diala in der Landschaft Tomora.

Kingungi, eine 600 Schritt lange Steinbarre im Kuango (5° 5' s. Br.), welche der Strom durch Steinmassen, Blöcken, Geröll, Sand selbst angeschwemmt haben soll. Sie bildet den nördlichsten Punkt Major v. Mechows auf dessen Kuangofahrt 1880—81.

King William's Town, 46, Distrikt der engl. Kapkolonie (östl. [7.] Provinz); 1885: 118 041 Einw. Die

Kru-Wohnungen am Kongo.

gleichnamige Hauptstadt (5170 Einw.) ist 80 engl. Mln. von Grahams-Town, nahe dem Buffalo-River, gelegen und ist ein Haupthandelsplatz für die dortigen Gegenden. K. wurde 1866 aus einem Teile von Britisch-Kafraria gebildet und erstreckt sich auf dem rechten Ufer des Keï-Flusses, welcher die Grenze zwischen dem eigentlichen Kafraria und dem transkeïanischen Distrikt bildet. Im Süden wird sie durch die schmale Grafschaft East London vom Indischen Ozean geschieden. Die Grafschaften Queenstown, Victoria und Peddie umgeben sie im Norden und im Westen, wo die Keïskamma seine Grenze bildet. Ihr Gesamtflächenraum beträgt 4613 qkm. Das Land ist gebirgig, aber gut bewaldet und gut bewässert. Ausser dem Hauptort, von welchem die Grafschaft den Namen führt, bestehen zahlreiche Ortschaften, in deren Nähe europäische Kolonisten grosse Strecken Landes kultiviert haben. Die Eisenbahn von Queenstown nach East London geht durch K.

Kiniabo (Kinjabo, Krinjabo), Stadt an der Pfefferküste (Westafrika), am linken Ufer des Assinie, nahe seiner Mündung in die Ahy-Lagune (5° 18′ nördl. Br., 5° 23′ westl. L.); 12000 Einw. Es ist ein bedeutender Handelsplatz und Wohnsitz eines Häuptlings, dessen Gebiet 1884 unter französischen Schutz getreten ist.

Kinjanga, Ort am rechten Ufer des Kongo, oberhalb des Bolobolo Pool.

Kinsuka, Stadt im alten Kongo-Reiche, 80 km nördlich von San Salvador, etwa 100 km südöstlich von Isanghila; nach Comber (1880) eine grosse Handelsstadt, in der die Europäer aber sehr ungern gesehen sind.

Kintain, ein Zufluss des Gambia (von Süden aus kommend) an seinem Unterlaufe.

Kintar, ein Gewicht in Marokko (à 100 Artal = 46 kgm).

Kintschassa, Station am obern Kongo (linkes Ufer).

Kinyumbi, Station der französischen Missionäre in Nguru (östl. Zentralafrika), nahe beim Luseru oder Mwue, einem Zuflusse des Wami (6° 5′ s. Br.).

Kinzelbach, Gottlob Theod., Afrikareisender, geb. am 24. Juni 1822 zu Stuttgart, ward Mechaniker und gründete 1854 ein Geschäft in Konstantinopel, nach dessen Auflösung er mehrere Jahre lang verschiedene Teile des türkischen Reichs, namentlich Kleinasien, Syrien und Palästina, bereiste und die türkische Sprache fertig sprechen lernte. 1859 nach Deutschland zurückgekehrt, schloss er sich der Heuglin'schen Expedition an, besuchte 1860—62 den Norden von Abessinien und ging dann mit Munzinger über Chartum nach Kordofan, wobei ihm die geographischen Ortsbestimmungen, die Höhenmessungen und meteorologischen Beobachtungen zufielen. 1862—64 studierte er in Stuttgart die orientalischen Sprachen, liess sich dann in Kairo geschäftlich nieder und trat 1866 eine neue Reise nach der Somaliküste an, um dem Schicksal des Barons v. d. Decken nachzuforschen. Von Sansibar begab er sich Anfang 1867 nach Barawa und Makdischu, vermochte aber nicht in das Innere des Landes vorzudringen und starb Ende Januar 1867 in der Somalistadt Dschilledi bei Makdischu (Embacher).

Kioko, ein grosses und mächtiges Negerreich zwischen dem Kuango und dem Kassai (bis 7° s. Br.). Es anerkennt zwar zur Zeit noch die Oberherrschaft des Muatiamvo von Lunda, ist aber in stetem Vordringen nach Norden begriffen und bedroht den Bestand des Lundareichs ernstlich, indem es ihm binnen kurzem die direkte Zufuhr europäischer Artikel abschneiden wird (Buchner). Sein Flächenraum wird auf 41500 qkm geschätzt.

Kiraghwo, s. Kaghera.

Kitatfa, Ort in der abessinischen Provinz Beghameder (in Amhara).

Kiratza schreibt Rüppell für das Korata Stecker's.

Kirchâh (Girchèh), s. Gherf-Hosseïn.

Kiri, Ortschaft am Nil, auf niedrigem Hügel (in 4775 m Meereshöhe und unter 4° 18′ 10″ nördl. Br., 31° 40′ 28″ östl. L. v. Gr.); von hier führt eine Strasse nach Latuka.

Kirinion, Chor, s. Kadua.

Kirk, John, geboren 1833 in Forfarshire (Schottland), studierte zu Edinburg Medizin und Naturwissenschaften, machte den Krimkrieg mit und schloss sich dann als Naturforscher Livingstone an, den er auf seinen Reisen im Gebiete des Sambesi, des Schire, des Nyassa-Sees begleitete. Er wurde später britischer Generalkonsul in Sansibar, in welcher Stellung er vermöge seines Einflusses beim Sultan viel zur Unterdrückung des Sklavenhandels beitrug, auch manchen Afrikareisenden mit Rat und That unterstützte. Er hat aber auch selbst noch mehrere Exkursionen in den Küstenlandschaften Ostafrika's unternommen. So bereiste er mit Kapitän Malcolm 1873 die südliche Somalküste und in demselben Jahre mit Kapitän Wharton das zwar schon 1859 von Roscher untersuchte, aber nicht beschriebene Mündungsgebiet des Lufidschi.

Kirota, Ortschaft in Unyoro.

Kirotaschi, Stadt in Gando (zentraler Sudan), in der Prov. Zaberma, am linken Ufer des Niger, 50 km oberhalb von Saï.

Kirri, s. Kiri.

Kirrie, eine Waffe der Sulus im südöstlichen Afrika, welche aus einem mit dicken Knopfe versehenen, keulenartigen Stocke besteht.

Kirsba (Kirseba), der 10—15 Fuss hohe Lehmtopf, in welchem der Nubier das Getreide aufbewahrt.

Kis, s. v. w. Adjerud.

Kisanga, Ort an der Küste von Mozambique, der Insel Ibo gegenüber.

Kisbi, s. Kaua.

Kischar, ein Nebenname des Jawasch oder obern Jal.

Kismaju, Ort im Gebiete der Benadir (Ostküste).

Kisra heisst im nubischen Nilthal ein kompaktes Brot, das aus einem groben, mit Wasser befeuchteten Brei gebacken wird.

Kissama, s. Quissama.

Kissembo (Quissembo), Fluss im südlichen Guinea. Seine Mündung ist 25 km nordwestl. von Ambriz, südlich von der Kongo-Mündung, am Fusse eines nach ihm benannten Vorgebirges. Der Hafen, an dessen Ufer mehrere Faktoreien errichtet sind, ist sehr schwer zugänglich.

Kissendi, s. v. w. Massongo.

Kissera, siehe Kessera.

Kissi, Land im westlichen Afrika, im Süden von Senegambien; eine hügelichte Ebene, an dessen westl. Ende die Quellen des Tembi (also des Dscholiba oder Niger) liegen. Der Mittelpunkt von K. würde, nach der Karte von Zweifel und Moustir, etwa in 18° 35′ n. Br. (12° 40′ westl. L.) zu suchen sein.

Kissi-Kissi, s. v. w. Kakriman.

Kissuga, ein Distrikt Unyoro's; auch Ort daselbst, auf niedrigem Hügel gelegen.

Kissy, s. Hasting.

Kisuara (Kisuera), Hafen an der Suaheli-Küste, südlich von Quiloa, an einer kleinen Bucht, wo ein kleiner Küstenfluss einmündet. Es ist dem Sultan von Sansibar unterthan.

Kita, eigentlich der Name des Bergstocks, welcher wie eine Festung im Süden von Fouladougou aus der Hochebene emporsteigt, 22 km von Bakhoy entfernt. Nach ihm benannten aber die Malinkes den Staat, welchen sie mit 20 Ortschaften in seiner Umgegend gründeten. Die

Bevölkerung zählt etwa 10000 Seelen. Sie hatte von den Überfällen der Toucouleurs viel zu leiden und nahm deshalb die Franzosen gern auf. Ihr Hauptort ist Makan'Diambougou, in dessen Nähe ein Fort am Südost-Abfalle des Massivs inmitten einer 500—600 m breiten Schlucht erbaut worden ist.

K. ist ein wichtiger Knotenpunkt verschiedener Strassen: nach Bafulabe und dem obern Senegal, nach Nioro und den maurischen Märkten der Sahara, nach Bammako und dem Niger, nach dem in die Goldländer von Bure etc. führenden Bakhoy-Thale. Es ist seit Gallieni's Expedition 1880 Sitz eines französischen Militär- und Handels-Etablissements.

Kitabi, Station am linken Ufer des Kuilu.

Kitanda, 1) s. v. w. Bettlade (in Nubien).

— 2) s. v. w. grosser Markt im Innern Afrika's, am obern Kongo etc., der meist von Frauen abgehalten wird. „Zu diesen Märkten, erzählt Dr. Pechuel-Loesche, kommen Tausende von Eingeborenen aus der Nachbarschaft und ferneren Gegenden zusammen, um unter sich Feldfrüchte, Haustiere und sonstige Nahrungsmittel, sowie Werkzeuge und Geräte auszutauschen. Selbstverständlich spielen Frauen die Hauptrolle. Es finden sich aber auch viele Männer ein, Angehörige aller Schichten der Bevölkerung. Bekanntschaften werden angeknüpft, interessante Neuigkeiten besprochen; man zeigt sich im Staate, man schwatzt und lacht, isst und trinkt miteinander, handelt und amüsiert sich. So gewinnt ein Kitanda zugleich den Charakter eines eigenartigen Volksfestes. Durch einen Marktmeister wird auf dem Platze die Ordnung streng aufrecht erhalten, jeder Streit sofort geschlichtet. Verpönt sind alle Vorkommnisse, welche den öffentlichen Frieden stören, eine Panik der erregten Menschenmenge erzeugen könnten, und schwer geahndet werden Prügeleien oder schlimmere Vorfälle. Daher bleibt das lärmende Treiben, das tolle Gedränge der Marktbesucher geradezu musterhaft harmlos, und ein Bruch des Marktfriedens ist ein die ganze Gegend für lange Zeit aufregendes Ereignis.

„Die Kitanden wiederholen sich regelmässig in schneller Folge, in grösseren, dicht bevölkerten Distrikten sogar Tag für Tag. In diesem Falle wechseln sie an verschiedenen Orten ab. Die Sammelplätze liegen stets auf Höhen, selten unmittelbar neben Dörfern, niemals innerhalb derselben. Diesmal mochten ungefähr tausend Weiber versammelt sein. Die Verkäuferinnen hatten sich auf die Erde gesetzt und ihre Waren in den landesüblichen, aus Ölpalmenwedeln geflochtenen, langen und schmalen Körben, in bis einen Meter im Durchmesser haltenden flachen Strohschüsseln und Holztrögen rings um sich aufgelegt. Da gab es leckere Bananen, köstliche Ananas, feurigrote Amomumfrüchte, Erdnüsse, Hühner, Eier, Kohl und sogar römischen Salat, der wahrscheinlich von den portugiesischen Kolonieen im Süden bis hierher vorgedrungen war. In überwiegender Menge fanden wir jedoch die Wurzelknollen und die aus diesen bereiteten Präparate der überaus nützlichen Maniokpflanze zum Verkauf gestellt. An einer andern Stelle boten die Töpferfrauen ihre Erzeugnisse feil: kleine und grosse halbrunde Näpfe, schön geformte Wasserkrüge mit engen schlanken Hälsen, andere mit weiten kurz angesetzten Öffnungen, und sehr grosse Thongefässe, die einem der Spitze beraubten Ei glichen. Die meisten Gebilde zeigten auf rötlichgrauem Grunde das sehr hübsch in dunkler Farbe nachgeahmte Muster der Zeichnung des Malachits.

Um die Mittagszeit begannen die Männer einzutreffen und boten auch mancherlei Waren feil, indem sie dieselben gleich den Weibern auf der Erde auslegten oder mit sich herum trugen; kleine und grosse, nicht selten am Hefte mit Messing hübsch verzierte Messer, Beile, von der Küste gebrachtes Steinsalz in Bastsäckchen, Schiesspulver in Fässchen, europäische Kattune und einheimische Stoffe, feingearbeitete Mützen mit erhabenem Muster u. dgl. m. Fische vom Kongo, teils frisch, teils getrocknet, fanden schnellen Absatz, und von Haustieren führte man manchmal originell ausgeputzte Ziegen und Schweine auf, auch Hunde von guter Abkunft wurden eifrig begehrt.

„Wie es ihre Würde erheischte, erschienen die Honoratioren der Gegend zuletzt. Dorfälteste im besten Staate, kleine Häuptlinge tauchten auf, und ein Elfenbeinmakler von jenseits des Kongo stolzierte grossthuerisch einher. Der Ton mehrerer Klingeln, das rhythmische Klappern und Schlagen einheimischer eiserner Doppelglocken, die in Gestalt unseren Kuhglocken ähneln, verkündete die Ankunft hoher Häuptlinge. Gravitätisch unter grellfarbigen Regenschirmen sich bewegend, schritten zwei Mächtige der Gegend durch die Menge daher. Vor ihnen liefen Herolde, welche die Glocken, andere, welche die hübsch geformten, am Griff mit blanken Messingbeschlägen verzierten grossen Messer trugen. Diese gelten, wie bei uns die Zepter, als Würdezeichen. Hinter ihnen drängte sich ein zahlreiches Gefolge in wunderlichem Aufputz.

„Die wichtigste Verkehrsmünze bildeten etwa erbsengrosse eckige Bruchperlen von durchsichtigem, lasurblauem Glase, welche an der Südwestküste allgemein im Gebrauche sind. Zu hundert oder fünfzig auf Schnüre gereiht oder auch in kleineren Mengen gewissenhaft abgezählt, wechselten sie von Hand zu Hand. Um drei Uhr hörte das Kosten, Betasten, Prüfen und Feilschen auf, der eigentliche Markt war zu Ende; doch erst als sich die Sonne zum Untergange neigte, d. h. gegen 6 Uhr, hatten auch die letzten Nachzügler den Ort verlassen und zogen ihrer nicht eben entfernten Heimat zu.“

Kitangule (Kagera), ein Hauptzufluss des Ukerewe-Sees, welcher 1876 von Stanley erforscht wurde und als ein ziemlich bedeutender, 20—40 m tiefer Strom geschildert wird. Er entspringt aus dem, gleichfalls von Stanley entdeckten Akenjaru- oder Alexandra-See (unter 2—3° südl. Br. und 31° östl. L. v. Gr.), welcher nach Stanley's Forschungen als die eigentliche Quelle, der K. hingegen, als der grösste Zufluss des Ukerewe, als der eigentliche Quellfluss des Nils anzusehen ist.

Kite, Insel an der Küste von Koba, mit 8 Ortschaften darauf, von Sufu bewohnt.

Kitewe (Quitewe), Land an der Sofala-Küste, zwischen Kisanga und der Sofala-Bai (20° südl. Br.).

Kitsch, Stamm der Dinka, Negervolk in der Provinz Bachr-el-Ghasal (östlicher Sudan).

Kittagong, s. Kadenokoka.

Kitter ist Ebenholz von Acacia mellifera.

Kityah, Dorf im senegambischen Lande Gerbu (60 Häuser).

Kiwu, kleiner See in Uniambungu (Zentralafrika). Er soll zwischen dem Akenjaru und dem Tanganjika liegen und die Erweiterung des das Verbindungsglied zwischen den beiden grossen Seeen darstellenden Lufitse sein (Stanley).

Kizir, ein zum Becken des Weissen Nils gehörendes Thal im Berta-Lande, westlich von Fadasi.

Kjäk, Stamm der Denka (s. d.).

Klaarwater, s. v. w. Griquatown (engl. Kapkolonie).

Klaffschnabel (Anastomus lamelligerus), Vogel aus der Familie der Störche, in Afrika heimisch.

Kleb, ein kleiner Fluss Algeriens, gehört zum System des Roumel.

Klein-Batanga, siehe Batanga.

Kleincznik, ein Österreicher, aus Krain gebürtig, lebte längere Jahre als Elephantenjäger in Afrika und unternahm 1862 mit dem Leipziger Schumann, nach dessen Entlassung aus dem Verbande der Heuglin'schen Expedition, von Chartum aus eine Reise nach dem Gebiete der Niam-Niam. Während Schubert unterwegs in Kosanga 1863 starb, ging K. nach dem See Rek, um sich der Tinné'schen Expedition im westlichen Nilgebiete anzuschliessen.

Klein-Leptis, s. Lamta.

Kleine Oase (Oasis parva des Altertums), s. Baharieh.

Klein-Povo (Little Popo), s. Povo.

Kletterfisch (PteriophthalmusKohlreuteri), ein Fisch, welcher sich in den Mangrovedickichten findet und mit seinen Bauchflossen nicht nur an den dünnen Stämmchen hinaufzuklettern, sondern sich auch auf ebener Erde sprungartig fortzubewegen vermag. Falkenstein („Westküste," S. 97) fing davon Exemplare, welche die Grösse einer Hand hatten. Die Augen stehen wie grosse schwarze Perlen aus dem Kopfe heraus.

Klipdrift (Barkley), Stadt in der Kapkolonie, Prov. West-Griqualand, Hauptort des Distriktes Barkley, 45 km nordwestlich von Kimberley; am rechten Ufer des Vaalflusses, gegenüber von Priel; 465 Einw. (davon 200 Europäer). Man hat in der Umgegend von K. bedeutende Mengen von Diamant gefunden.

Der Distrikt Barkley umschliesst den nördlichen Teil von West-Griqualand und ist das nördlichste Territorium des Kaplandes. Seine südliche Gegend wird vom Vaal durchflossen, der hier den aus Nordost kommenden Hart aufnimmt. Es grenzt an das Betschuana-Gebiet Kuruman. Seine Bevölkerung bezifferte sich 1875 auf 14 795 Einw. (davon 1285 Europäer).

Klippdachs, s. Aschkoko.

Klipdrift, Ansiedelungsmittelpunkt im West-Griqualand (engl. Kapkolonie).

Klippsalamander nennt der Boeren-Kolonist Südafrikas eine Edagame (Uromastix), ihrer Vorliebe für Steingeröll halber.

Klip River Country, Distrikt in dem nördlichsten Teile der Kolonie Natal; reich an abbaufähigen Kohlenlagern.

Klunzinger, Karl Benjamin, ein deutscher Arzt, bereiste von 1863 bis '75 von Kosseïr aus, wo er seinen Wohnsitz nahm, das Nilthal, Oberägypten, die Wüste und die Küsten des Roten Meeres. Man verdankt ihm nicht unwichtige Aufschlüsse über die Bewohner, die Pflanzen- und Tierwelt dieser Gebiete. Er veröffentlichte ausser zahlreichen Aufsätzen: ‚Bilder aus Oberägypten' (Stuttg. 1877).

Kmira (Bu-Kimra), Duar der alger. Prov. Constantine; 1866 errichtet; in der Bannmeile von Bona; 779 Bewohner auf 13 562 ha.

Knoblecher, Ignaz, Afrikareisender, geb. 6. Juli 1819 zu St. Cantian in Unterkrain, wurde apostol. Generalvikar für die von Gregor XVI. 1840 gestiftete Mission in Innerafrika, residierte seit 1848 in Chartum und drang Ende 1849 auf dem Bahr el Abiad bis 4° 10' nördl. Br. vor, errichtete bei Gondokoro eine Station „Zu unserer lieben Frau" und führte über seine in jenen Gegenden ausgeführten Reisen ein sorgfältiges Tagebuch. Die 1850 zurückgebrachten ethnographisch. Sammlungen schenkte K. teils der Stadt Laibach, teils dem Naturalienkabinett in Wien und veröffentlichte: ‚Reise auf dem Weissen

Nil" (2. Aufl. 1852). Er starb 13. April 1858 in Neapel. Vgl. J. E. Mitterrutzner, Dr. J. K., eine Lebensskizze (1869).

Knysna, 20. Distrikt der engl. Kapkolonie (südwestl. [3.] Provinz); 1875: 3118 Einw. Sie misst 1357 qkm und ist zwischen dem Indischen Ozean und der Küstengebirgskette, welche hier die Namen Utenika und Lange Kloof (1600 m) trägt, gelegen. Ihr Hauptfluss, der Knysna, mündet 75 km östlich von Mossel-Bay in den Ozean. Der kleine Hafen, welcher an seiner Mündung liegt, ist einer der besten Zufluchtsstätten an dieser ungastlichen Küste. Das Land selbst ist mit dichten Wäldern bestanden, das aus ihnen gezogene Bauholz bildet den Hauptbandelsartikel der Provinz. Hauptort ist Knysna, 35 km südöstlich von Georgetown; in guter Entwickelung begriffen.

Koab, Quellflüsschen des Omurambau-Ovambo (nördl. Hereroland); hier ist die Südgrenze der Baumwolle.

Koao-Mgungo, s. Kondoa.

Koarata (Abessinien), s. Korata.

Koba, der nördliche Teil des unter dem Namen „Kerryküste" begriffenen Gebietes an der Westküste Afrikas (siehe Kerryküste).

Kobabisch, s. Kababisch.

Kobban, Ort in der oberägyptischen Provinz Esneh, 11 km südwestlich von Assuan, am rechten Nilufer, gegenüber von Dakkeh, mit sehr alten Ruinen.

Kobe, zweitgrösste Stadt in Darfur im östlichen Sudan, 50 km nordwestlich von El-Fascher, im Thale des Wed-el-Ko; 6000 Einwohner.

Kobelt, Dr. W., bereiste 1880 mit Unterstützung der Rüppellstiftung ausser Spanien auch Oran und Nordmarokko behufs Erforschung der Konchylien-Flora.

Kolis, Quelle mit Niederlassung der Bergdamara (nördl. Hereroland).

Kobt (Koft, Kaft), Stadt in Oberägypten, in der Prov. Keneh, 283 km südöstlich von Siut, 663 km südöstlich von Kairo, am rechten Ufer des Nils; das Coptos der Alten.

Kobur-el-Emri, Ort im Distr. El-Delingat der ägypt. Prov. Beherah.

Koceir, s. Kosseir.

Kodscha (Ibrahim-Pascha-See), s. Somerset.

Kodiet-el-Islam, Ort im Distrikt Deirut der ägypt. Prov. Assiut.

Kodiet-el-Nassara, Ort im Distr. Deirut der ägypt. Prov. Assiut.

Kodjur heisst ein bei den Bari-, Schuli-, Niam-Niam- und anderen Negern des östlichen Sudan üblicher, mitten in jedem Dorfe stehender Baumstumpf, der mit Antilopen- und Büffelhörnern, Rindschädeln oder den Köpfen erlegten Wildes (Löwen, Leoparden und Wildkatzen), behängt ist und als eine Art Wahrzeichen gilt.

Kodroï (Abu-Senun), Volksstamm in Wadaï (zentraler Sudan), im Norden von Abeschr (140 Dörfer).

Kofur Belchai, Ort im Distr. Kafr-el-Zaïat der ägypt. Prov. Gharbieh; desgleichen ein Ort im Distrikt El-'Arein der ägypt. Prov. Gharbieh.

Kofur-el-Mazarek, Ort im Distr. Kesm-Thani der ägypt. Prov. Guizah.

Kofur-el-Sawalem, Ort im Distr. Chubra-Khit der ägypt. Prov. Beherah.

Kofur-el-Soleih, Ort im Distr. Kolosna der ägypt. Prov. Minia.

Kofur Hanut Zefta, Ort im Distr. Zifta der ägypt. Prov. Gharbieh.

Kofur Haram Wahbi Pascha bi Nahiet Kattamet-el-Ghabah, Ort im Distr. Menuf der ägypt. Prov. Gharbieh.

Kofur Negm, Ort im Distr. El-'Arein der ägypt. Prov. Charkieh.

Koghe, Marktort im Sultanat Segu (in der gleichnamigen Landschaft); Pferde, Sklaven, Salz und Steinschlossgewehre bilden den Handelsartikel.

Koghe, s. Guri.

Kogon (auch Kasafara genannt), Fluss in Senegambien.

Kohd, Bernhard, ein jüdischer Tierhändler, der zu Kassala im Ost-Sudan seinen Wohnsitz hatte und vielfach mit Europäern, Reisenden und Jägern sowohl wie Menageriedirektoren (dem Schönbrunner Kraus) und Tierhändlern (Karl Hagenbeck in Hamburg), in persönliche und kommerzielle Beziehungen trat. Er verstarb am 30. August 1884 zu Kassala in hohem Alter.

Kohs, Chor im Lattuka-Lande, der von Tarrangole heraufkommt.

Koi, eine Provinz des Priesterstaates Futa-Djallon.

Koidjabia, s. v. w. Sodai.

Koikoin, s. v. w. Hottentotten.

Koki heisst bei Speke die ägypt. Station Fatiko im äquatorialen Sudan.

Kokoro, Bach, südlich von Niagassola, mündet in den Niger.

Kok's Camp, einer der Hauptorte von Nomansland, im nördlichen Teile (Adam Kok's Land) gelegen (Britisch-Kafraria).

Kokstad, Ort im Pondo-Land (Südafrika).

Kokulo (Kekulo) ein Quellarm des Dembia.

Kola (Nuss von Sterculia acuminata), gilt fast bei allen Negervölkern West-Afrikas und des Sudans als Delikatesse und ist bei vielen ein tägliches Nahrungsmittel. Sie wächst am Kap Mount etc. wild (s. Guru).

Kolaby, eine Provinz des Priesterstaates Futa-Djallon.

Koladschi, Stamm der eigentlichen Nuba, in Kordofan, hauptsächlich in dessen zentralen und südlichen Distrikten (11^0—13^0 n. Br.).

Kolanguil, Ort im Distr. Fareskor der ägypt. Prov. Dakahlieh.

Kolanuss, s. Kola und Gurunuss.

Koldaga, Stamm der Noba (s. d.); sie sind heller und entschiedener braun gefärbt als jene.

Kolea, s. Colea.

Koleb Ibiar, Ort im Distr. Kafr-el- Zaïat der ägypt. Prov. Charkieh.

Koli, bei den Mandingo Name des Rio Grande (s. d.), den die Fulbe Majokabu heissen.

Koliang, ein Distrikt des Langolandes (s. Lango).

Kolkol, Stadt in Darfur (östlicher Sudan), 240 km von El-Fascher, am Wadi Asun (Zufluss des Bachr-el-Selanat).

Kollé, s. Mettar.

Kolobeng, Ort im südafrikanischen Reiche der Bamangwato (s. d.), im Lande Sitscheli's (westl. Betschuanenland); Niederlassung der englischen Missionäre; ist auch Ort für den Tauschhandel (Straussenfedern, Felle, Elfenbein) der Eingeborenen mit den Händlern aus Transvaal und Kapland. Er wurde durch Livingstone gegründet und ist die dritte Station, welche er in Afrika bewohnte. Von dort brach er am 1. Juni 1849, in Gesellschaft von Oswell und Murray, nach dem Ngami-See auf, dessen Entdeckung die Reihe der grossen Errungenschaften auf geographischem Gebiete eröffnet, welche wir dem berühmten Engländer zu danken haben. K. wurde 1852 durch die Boers zerstört, welche Setscheli ruinieren wollten, weil derselbe sich weigerte. die Griquas und Engländer aus seinem Gebiete zu verjagen.

Kolobus (Colobus,) s. Guriesa.

Kolonnadenthaler (spanischer Thaler), s. Abu Medfa.

Kolomello, grosse Höhle im Bari-Lande.

Koloquinte (Citrullus Colocynthis, wie auch Citrullus vulgaris Schrad., die Abart der Wassermelone, und die Art mit kleiner bitterlicher Frucht, Citrullus amarus, Schrad.), wächst in weiten Strichen Innerafrika's, wurde von Schweinfurth auch in der ägypt. Oase Chargeh (dort Arandj genannt) und in Nubien (dort Gjerma genannt) angetroffen, von Barter (nach Dr. Hooker in Oliver's Fl. of Trop. Afr. II. 549) auch in Nupe (Nyfe) gesammelt.

Kolosna, Ort im Distr. Kolosna der ägypt. Prov. Minia.

Kolqual (Euphorbia abyssinica, Kolkwal), ein kaktusähnlicher Baum mit schuppigem Stamme, von dem die sich immer wieder teilenden

Der Kibo.

knotigen, dornigen Äste kandelaberartig abgehen. Er ist in Abessinien heimisch, erscheint in 1500 m Höhe und steigt bis zu 3600 m Höhe empor.

Koltsche, Erdmandel, Erdnuss.

Koma, ein nigritisches, südwestlich von den Berta (s. d.) hausendes Bergvolk. Der holländische Reisende Schuwer besuchte jüngst ihr Gebiet (Komaland) und schildert dasselbe als ein wahres irdisches Paradies, gesund und von üppiger Fruchtbarkeit. „Die Koma-Männer gehen gänzlich nackt. Diejenigen, welche über ein Stück Dammur verfügen, tragen dies wie ein Halstuch. Die K.-Jäger schmücken sich den Kopf mit Streifen borstigen Eberfelles. Als Putz dienen sonst kupferne Ohrringe (bis zu acht auf jeder Seite) und Halsbänder von Ziegen-, Schaf-, Hunde-, wie auch selbst von Menschenzähnen. Die Weiber verhüllen ihre Schamteile mit einem Stückchen Dammur, oder, wenn sie verheiratet sind, mit einer 300 mm langen, 200—400 mm breiten Schürze, die aus Tausenden kleinerer sorgfältig abgedrückter und aneinander gereihter Stückchen Strausseischalen besteht." — Die K. treiben Ackerbau. Haustiere sind: Ziegen, Hunde und Schafe, auch Perlhühner. Haupterzeugnis des Landes ist Honig von wilden Bienen. Galla und Watawit kommen als Tauschhändler (Salz, Dammur, Glasperlen und Eisen gegen Honig und Baumwolle) hierher. Hauptdorf der K. ist Boscho.

— 2) Bei den Negervölkern Ostafrika's (Wanika, Wangaro etc.) sowohl die Geister der Verstorbenen, welche nach dem eigentümlichen Glauben an Seelenwanderung, der unter diesen Völkerschaften verbreitet ist, zu Geistern noch nicht geborener Kinder werden — wie auch unsichtbare, im Blitz und Donner u. s. w. weilende Wesen, welche Opfer annehmen, und endlich die Wasser- und Baumgeister, namentlich diejenigen der Kokospalmen, welche in hoher Verehrung stehen und deren Vernichtung als ein schweres Verbrechen betrachtet wird.

Komá, Ortschaft im Reich Gandu, am linken Ufer des Niger.

Kom Abu Cheil, Ort im Distr. Abnub der ägypt. Prov. Assiut.

Kom Abu Haggar, Ort im Distr. El-Doweir der ägypt. Prov. Assiut.

Kom Abu Khallad, Ort im Distr. Beni-Suef der ägypt. Prov. Beni-Suef.

Kom Abu Radi, Ort im Distr. El-Sawieh der ägypt. Prov. Beni-Suef.

Kom Achfine, Ort im Distr. Kaliub der ägypt. Prov. Kaliubieh.

Kom Adriga, Ort im Distr. El-Zawieh der ägypt. Prov. Beni-Suef.

Komadugu: Aloa und Uaubé, zwei Wasserläufe Bornu's (Zentralsudan), münden beide in den Tschad- oder Tsad-See. Der erstere (auch Ngadda genannt) durchfliesst den Distrikt Udju, an dem anderen liegt die Trümmerstadt Gambarú.

Komaggas, Dorf im Kaplande, in der Grafschaft Klein-Namaqualand, 40 km südwestlich von Springbokfontein; protestantische Mission.

Kom 'Aly, Ort im Distr. Mehallet-Menuf der ägypt. Prov. Gharbieh.

Komandu, ein Baumriese Innerafrika's (von Rohlfs, „Quer durch Afrika" II. 23 in Bornu angetroffen), dessen Holz eine ganz besondere Festigkeit und Dauerhaftigkeit besitzen soll.

Komanten (Kamanten), s. Agau 5.

Kom Asfaht, Ort im Distr. El-Doweir der ägypt. Prov. Assiut.

Komaua, ein Baumriese Innerafrika's, von Rohlfs, „Quer durch Afrika" II. 21 in Bornu angetroffen), mit Früchten von Geschmack und Grösse der Citrone.

Kom 'Ayad, Ort im Distr. Achmun der ägypt. Prov. Menufieh.

Kom Bada, Ort im Distr. Tama der ägypt. Prov. Guerga.

Kom Baddar, Ort im Distr. Suhag der ägypt. Prov. Guerga.

Kom Bakarah, Ort im Distr. Farchut der ägypt. Prov. Kena.

Kom Beni Mirath, Ort im Distr. Dakarnes der ägypt. Prov. Dakahlieh.

Kom Beni Mirath, Ort im Distr. Fareskor der ägypt. Prov. Dakahlieh.

Kom Bouha Bahari, Ort im Distr. Deirut der ägypt. Prov. Assiut.

Kom Buha-el-'Abyd, Ort im Distr. Manfalut der ägypt. Prov. Assiut.

Kom Choreik, Ort im Distr. El-Neguelah der ägypt. Prov. Beherah.

Kom Chekawe, Ort im Distrikt Tama der ägypt. Prov. Guerga.

Kom-el-Achraf, Ort im Distr. Mit-Ghamr der ägypt. Prov. Dakahlieh.

Kom-el-Arab, Ort im Distr. Tama der ägypt. Prov. Guerga.

Kom-el-Atrun, Ort im Distr. Tukh der ägypt. Prov. Kaliubieh.

Kom-el-Bega, Ort im Distr. Farchut der ägypt. Prov. Kena.

Kom-el-Chahid, Ort im Distr. Manfalut der ägypt. Prov. Assiut.

Kom - el - Cheikh 'Ebeid, Ort im Distr. Melig der ägypt. Prov. Menufieh.

Kom-el-Dabe', Ort im Distr. Subk der ägypt. Prov. Menufieh.

Kom-el-Derbi, Ort im Distr. Mit-Samannud der ägypt. Prov. Dakahlieh.

Kom-el-Gharbi, Ort im Distr. El-Doweir der ägypt. Prov. Assiut.

Kom-el-Kasal, Ort im Distr. Beni-Mazar der ägypt. Prov. Minia.

Kom-el-Lufi, Ort im Distr. Kolosna der ägypt. Prov. Minia.

Kom-el-Maganine bi Nahiet Kebli Samhud, Ort im Distr. Farchut der ägypt. Prov. Kena.

Kom-el-Mahras, Ort im Distrikt Minia der ägypt. Prov. Minia.

Kom-el-Naggar, Ort im Distrikt Kafr-el-Cheikh der ägypt. Provinz Gharbieh.

Kom-el-Nur, Ort im Distrikt Mit-Ghamr der ägypt. Prov. Dakahlieh.

Kom-el-Nur, Ort im Distr. Beba-el-Kobra der ägypt. Prov. Beni-Suef.

Kom-el-Raheb, Ort im Distr. Kolosna der ägypt. Prov. Minia.

Kom el-Raml-el-Bahari, Ort im Distr. Beni-Suef der ägypt. Provinz Beni-Suef.

Kom-el-Raml-el-Kebli, Ort im Distr. Beba-el-Kobra der ägypt. Prov. Beni-Suef.

Kom-el-Sa'aïdah, Ort im Distrikt Bardis der ägypt. Prov. Guerga.

Kom-el-Sa'aïdah, Ort im Distrikt Farchut der ägypt. Prov. Minia.

Kom-el-Ta'aleb, Ort im Distr Dakarnes der ägypt. Prov. Dakahlieh.

Kom-el-Tesse, Ort im Distr. Achmun der ägypt. Prov. Menufieh.

Kom-el-Zahr, Ort im Distr. Minia der ägypt. Prov. Minia.

Kom-Gaber bi Nahiet Belad-el-Mal, Ort im Distrikt Farchut der ägypt. Prov. Kena.

Kom Gharib, Ort im Distr. Tama der ägypt. Prov. Guerga.

Kom Hakiteinne, Ort im Distrikt Mina-e'-Kamh der ägypt. Provinz Charkieh.

Kom Hammadah, Ort im Distrikt El-Neguelah der ägypt. Prov. Beherah.

Kom Ingassah, Ort im Distrikt Deirut der ägypt. Prov. Assiut.

Kom Mâzen, Ort im Distr. Tala der ägypt. Prov. Menufieh.

Kom Matay, Ort im Distrikt Kolosna der ägypt. Prov. Minia.

Komo (Como), Fluss im westl. Afrika; mündet in das Gabon-Ästuarium.

Kom-Ombo (M'bo), Dorf in der oberägyptischen Provinz Esneh, 47 km nördl. von Assuan; gegenüber der grossen Insel Mansurieh; das Ombos des Altertums; Ruinen eines grossen Hor-Tempels.

Komoren, ein Archipel von vier Inseln, welcher im nördlichen Teile des Kanals von Mozambique gelegen ist, zwischen dem nordwestlichen Teile von Madagaskar und der Küste von Afrika. Diese vier Inseln bilden eine Kette von ca. 245 km Ausdehnung in der Richtung von Südost nach Nordwest. Die östlichste Insel ist Mayotte, welche seit 1841 französisches Besitztum ist. Die grösste (und westlichste) der Gruppe ist Ngasija (zumeist Gross-Comoro genannt) 310 km südöstlich vom Kap Delgado ge-

46*

legen. Halbwegs zwischen Mayotte und Gross-Comoro liegt Njuana, häufiger Andjuana und bei den Engländern Johanna genannt. Zwischen Gross-Comoro und Andjuana liegt Mohil (Moheli, Mohilla), die kleinste der vier Inseln. Der Flächenraum der Komoren wird wie folgt angegeben:

Gross-Comoro	1104 qkm
Moheli	291 „
Andjuana	373 „
Mayotte	356 „
zusammen	2124 qkm

Die Bevölkerung dieser vier Inseln beziffert sich auf 65 000 Seelen, nämlich:

Gross-Comoro	35 000
Moheli	6000
Andjuana	12 000
Mayotte	12 000
zusammen	65 000

Mayotte (auch Domoni genannt) ist durch ein Korallenriff eingeschlossen und von allen Seiten hoch ansteigend (bis über 3600 F. Höhe), hat aber gute Ankerplätze, ist sehr wasserreich und fruchtbar, hat gesundes Klima und ist durch seine Lage als Handelsplatz wichtig. Die Insel war bis 1843 durch die Auswanderungen, welche infolge der räuberischen Einfälle der Sakalawas der Insel Madagaskar stattfanden, sehr entvölkert worden und hatte nur etwa noch 2000 Einw.; 1843 erhielten sie die Franzosen durch Cession von dem Sultan und legten daselbst eine befestigte Niederlassung an. Seitdem hat sich die Insel wieder gehoben und ist der Sitz eines Gouverneurs, der zugleich die von den Franzosen in Besitz genommenen Inseln an der Nordwestküste Madagaskars unter seiner Verwaltung hat.

Andjuana wurde lange Zeit am häufigsten von den europäischen Indienfahrern angesprochen. Die Engländer hielten hier bis in die jüngste Zeit eine Kohlenstation. Die ursprünglichen Bewohner waren Schwarze von der afrikanischen Küste. Aber die Tradition berichtet, dass gegen Anfang des 17. Jahrhunderts Araber vom Roten Meer infolge innerer Kriege auswanderten und sich der K.-Inseln bemächtigten. Obwohl diese Okkupation in nicht sehr ferner Zeit erfolgt ist, so ist ihr Blut doch schon durch die gesetzlich geduldeten Ehen vermischt worden, welche sie mit den schwarzen Kreolen des Landes eingingen. Diese Araber sind im Verkehr mit den Europäern friedliebend und entgegenkommend. Es giebt zwei Städte auf der Insel: Mussamudu und Romoni. Mussamudu ist der Sitz des Häuptlings und Hafenstation; am Meeresstrande erbaut, am Fusse von zwei durch einen kleinen Bach getrennten Hügeln, mit Mauern umgeben und durch ein starkes Fort geschützt. Die Häuser sind aus Stein gebaut. Die andere Stadt liegt ebenfalls an einer Rhede (12° 17′ 30″ südl. Br., 42° 5′ östl. L. von Par.).

Moheli (Mohilla), die kleinste der Komoren, ist zugleich auch die niedrigste. Der auf ihr gelegene Ort heisst Fumboni. Seit 1828 haben sich Hovas von Madagaskar auf ihr niedergelassen.

Gross-Comoro ist von einer ziemlich regelmässigen Rechteck-Form. Ihre Länge beträgt 66 km bei 24 km Breite. Kaum auf 3 oder 4 Punkten, und auch hier nur bei gutem Wetter, zugänglich, wird sie weniger besucht und ist auch weniger bekannt als Andjuana und Mayotte. Im Mittelpunkte der Inseln erhebt sich ein Vulkan, welcher 1865 noch in Thätigkeit war. Sie ist von mehreren Bächen durchzogen und hat auch verschiedene Quellen, welchen man durch Cisternen nachzuhelfen sucht. Sie hat drei Wohnplätze, welche das Prädikat „Stadt“ besitzen, nämlich: Muroni, die Residenz des höchsten Sultans (denn die Insel hat deren mehrere), Islanda und Muschamuli.

Die Häuser sind aus Stein gebaut und mit Mauern umschlossen. Die Bevölkerung von Gross-Comoro ist dieselbe, wie diejenige von Andjuana. Das Arabische ist die Verkehrssprache; die Religion auf den Inseln ist der Islam.

Komös, in Abessinien s. v. w. Bischof. Dem K. liegt die Einsegnung und Reinhaltung der Bundeslade ob, auch die Gewährung des Ablasses, endlich hat er den neueintretenden Priestern das Zeichen des Kreuzes auf die Stirn zu bringen.

Kompassberg (Spitzkop), der höchste Gipfel der Sneeuw- oder Schneeberge Südafrikas, 2590 m hoch, ist somit auch der höchste Gipfel des Kaplands überhaupt.

Komra wird das kleine Pferd von Futatoro, das auch in anderen Gegenden Westsudans vorkommt, genannt.

Kom Sa'ïd-el-Charki, Ort im Distr. El-Doweir der ägypt. Prov. Assiut.

Kom Sa'ïd Tama, Ort im Distr. El-Doweir der ägypt. Prov. Assiut.

Komsberg, tafelförmige Kuppe im Beaufortdistrikt (Südafrika), 1615 m hoch.

Komuila (Rio dos tigres), ein Zufluss des Lucunga (der unterhalb Porta da Lenha in den Ozean mündet.

Kom Waly, Ort im Distr. Kolosna der ägypt. Prov. Kena.

Kom Ya'cub bi Nahiet el Rakcha, Ort im Distrikt Farchut der ägypt. Prov. Kena.

Kom Zamran, Ort im Distr. El-Delingat der ägypt. Prov. Beherah.

Konah, Ort im Distrikt Kafr-el-Cheikh der ägypt. Prov. Gharbieh.

Konap, ein linksseitiger Zufluss des Grossen Fischflusses (Südafrika).

Konaysset Chubra Towa, Ort im Distrikt Kafr-el-Zaïat der ägypt. Prov. Gharbieh.

Konaysset Damihit, Ort im Distr. Mehallet-Menuf der ägypt. Provinz Gharbieh.

Konaysset-el-Saradoni, Ort im Distrikt Dessuk der ägypt. Provinz Gharbieh.

Konaysset-el-Zahrieh, Ort im Distr. Chubra-Khit der ägypt. Prov. Beherah.

Konda, ein Zufluss des Luculla (Kongo-Becken).

Konde, Land im südlichen Zentralafrika, am nordwestlichen Ende des Nyassa-Sees. Es bildet eine Art von dreiwinkeliger Einzahnung, die tief in das zentrale Plateau einschneidet, dessen Höhen zu 1800—2400 m aufsteigen, während es sich in der Richtung nach dem See hin zu einer weiten Ebene öffnet. Nach Nordosten zu bildet sich das Plateau zu einer Gebirgskette („Konde-Gebirge“), welches den nördlichen Ausläufer des grossen, das östliche Ufer des Nyassa umsäumenden Livingstone-Gebirges bildet. Das Konde-Land, welches eine bedeutende Fruchtbarkeit besitzt, wird durch drei bedeutende Flüsse durchzogen: die Lufira, die Djumbaka und den Lukuwiro, welche sämtlich in den Nyassa-See münden. Ihre Mündungen bilden sumpfige Deltas. Es wird von Wakinga-Negern, die aus der nördlich von Konde gelegenen Wakingalandschaft stammen, bewohnt.

Kondjara, s. Kundjara.

Kondoa, französische Station der internationalen Association, die in Usagara (nördl. Äquatorial-Afrika) am Mkondoa- oder Mukondo-Kua, Zuflüsse des Wami, errichtet wurde. Bloyet, Kapitän der Handelsmarine, wurde zum Leiter derselben 1881 bestimmt. Der eigentliche Name der Station ist Koao-Mgungu.

Kondu, s. Kundu.

Konduchi, ein kleines, am Indischen Ozean gelegenes Dorf. Hier endigte die Erforschungsreise Burtons und Spekes nach einer Dauer von 25 Monaten.

Kondutschi, kleiner Hafen an der Sangebar-Küste, südöstlich von Bagamoyo, südwestlich von der Südspitze der Sansibar-Insel. Es ist Kopfstation einer Karawanenstrasse, welche durch das Thal des Kingani nach der grossen Strasse von Bagamoyo nach Uniamwesi und den grossen Seeen führt.

Konfal, Volk im östlichen Afrika, zwischen Kuara und Agaumeder; seine Sprache soll ein Gemisch sein aus Äthiopisch und Agau (d'Abbadie).

Kong, Bergland am Westrande des Sudan, das ca. 1300 m Höhe erreichen soll, aber noch unerforscht ist. An seinem Nordhange, dem Lomagebirge, entspringt, der Niger oder Dscholiba.

Kong, Stadt im obern Guinea, 450 km nordöstlich von Cape-Coast-Castle, 270 km nördl. von Kumassie, im Lande der Mandingo Wakore oder Wangara. Kein europäischer Reisender hat diese Stadt besucht. Sie soll nach Aussage der Eingeborenen ein bedeutender Ort und der grösste Marktplatz der dortigen Gegend sein. Kattunstoffe, die im östlichen Sudan hoch im Rufe stehen, werden dort fabriziert.

Kong-Gebirge, grosses noch unerforschtes Gebirge. Es soll im Norden das obere Guinea bedecken und vom obern Becken des Dscholiba oder Niger-Stromes scheiden. Das Gebirge, welches jedenfalls eine weit geringere Ausdehnung hat, als die alten Karten angeben, erhebt sich zu keiner bedeutenden Höhe. Seine Wichtigkeit wurde früher überschätzt. Es beschränkt sich, wenigstens in seinem östlichen Teile, auf die Verhältnisse eines blossen Wasserscheide-Rückens. Seinen Namen führt es entweder nach der Stadt Kong, die an seinem südlichen Fusse gelegen ist, oder nach der von Mungo Park beschriebenen Gebirgslandschaft Kongkadu. Nach Zweifel und Moustier, den Erforschern der Nigerquellen, heisst bei den Kissi das den Kongo vom Koranko scheidende Gebirge „Kong".

Soweit angenommen werden darf, ist das Kong-Gebirge eine dem Äquator parallele Höhenkette, die von Ost nach West streicht und ihren Mittelpunkt im Meridian von Cape Coast Castle zu liegen hat. Die Länge des Kong-Gebirges mag 800—1000 km betragen, in der Gegend vom 9. und 10. Breitengrade. In ihrem westlichen Teile biegt die Kette nach Norden herum hinter das Kap Palmas, von wo sie dem Littorale folgt. In ihrem nordwestlichen Ende auf der Höhe von Sierra Leone teilt sich die Kette, in ein Netz von Höhen ohne eine allgemeine Richtung, das sich ohne Zweifel mit den senegambischen Alpen oder den Gebirgen Futa-Djalons vereinigt. Im Norden sendet das Kong-Gebirge seine Gewässer zum Niger, welcher auf ihm seine Quellen hat. Im Süden speisen die Gewässer des Kong die durchziehenden Flüsse Guineas.

Diese Gebirgskette ist wahrscheinlich nur der Sockel der grossen sudanischen Ebene, und ihre mittlere Höhe erscheint wenig beträchtlich. Bis jetzt scheint man den Daro Pik, östlich von Sierra Leone, als ihren Kulminationspunkt ansehen zu dürfen. Clapperton, welcher das Gebirge nördlich von Lagos durchzog, fand nur eine Höhe von 750 m. Die Kette des Kong ist in dem Punkte, wo sie vom untern Niger durchschnitten wird, auf der Höhe von Iddat, bekannt, aber man weiss bis zur Stunde noch nicht, ob sie sich weiter nach Osten hin dehnt.

Es scheint aus den verschiedenen Beschreibungen hervorzugehen, dass die Kette des Kong aus demselben grauen Granit gebildet ist, welche den Untergrund der Halbinsel Sierra Leone und der Goldküste bildet, wahrscheinlich gemischt mit Syenit und Porphyr. Kapitän Burton meint, dass die Kette des Kong reich an metallhaltigen Quarzen sein müsste. Er kommt zu diesem Schlusse durch die

Goldhaltigkeit des von den Guinea-Flüssen mitgeführten Sandes.

Kongese, s. v. w. Kongo-Neger.

Kongi, Fuldeortschaft am rechten Nigerufer, auf der Fahrtstrecke zwischen Rabba und Gomba.

Kongo, 1) grosses Landgebiet an der Westküste des äquatorialen Afrika; es erstreckt sich von Süd nach Nord über drei, von West nach Ost über drei bis vier Grade. Es berührt die Küste des Atlantischen Ozeans im Süden vom Kongo-Flusse (oder Zaïre), welcher ihm als Grenze dient, und wird zwischen 5° etwa und 7½° südl. Br. begriffen. Indessen hat der Name Kongo oft eine ausgedehntere Bedeutung, indem man ihn braucht, um die Gesamtheit der Negerländer zu bezeichnen, welche mit dem Delta des Ogowe, wenig diesseits vom 2.° südl. Br., anfangen und sich an der Wüste entlang bis zum Kap Negro, in der Gegend des 16. Breitengrades erstrecken. Dieses Landgebiet, das einer bestimmten allgemeinen Bezeichnung ermangelt, ist von den Geographen bald „Nieder-Guinea", bald „Süd-Nigritien", bald „Angola-Küste" und noch anders benannt worden. Die Bezeichnung „Kongo" eignet sich für dieses Landgebiet um so besser, als nach den alten Berichten die Mehrzahl dieser Länder ehemals Teile eines grossen politischen Reiches gebildet haben, an dessen Spitze das eigentliche Kongo gestanden ist. Alle vom Ogowe bis zum Kap Negro gesprochenen Dialekte haben grosse Verwandtschaft unter sich. Sie scheiden sich voneinander, soweit man sie kennt, nur durch mundartliche Abweichungen, ohne indessen ein genau bestimmtes Sprachgebiet darzustellen; man hat zwar ein solches unter der Bezeichnung „Bunda" oder „Bonda"-Sprachen auszubilden versucht; bei dem Stande aber, welchen die Philologie im dunkeln Erdteil gegenwärtig noch einnimmt, haben derartige Klassifikationen noch keinen andern als nur einen provisorischen Wert.

Die Hauptlandstriche, welche gemeinhin unter der Bezeichnung Kongo (im kollektiven Sinne) begriffen werden, sind:

Loango, das eigentliche Kongo, Angola und Benguella.

Die ganze Küstenzone vom 3. und 4.° nördl. Br. an bis zum 15.° südl. Br. zeigt jenen gemeinsamen Gestaltungszug, dass vom Meeresgestade an, dessen Flachland sich niemals weit von der Küste erstreckt, eine Reihe von staffelförmigen Erhebungen nach dem innern Hochlande zu aufsteigt. Diese Gestaltungsform übt einen grossen und heilsamen Einfluss auf das Klima, indem es die ausserordentliche Hitze dieser tropischen Gegenden abschwächt.

Man unterscheidet nur zwei Jahreszeiten: die trockne Jahreszeit vom März bis Oktober, wenn die Sonne in der nördlichen tropischen Zone steht, und die Regenzeit vom Oktober bis März, wenn das Gestirn die Linie überschritten hat und gerade über den Ländern des Südens steht. Die Regen fallen in sündflutartigen Strömen; die Sturmwinde sind von einer ausserordentlichen Heftigkeit, vornehmlich in der Zeit vom Februar bis zum Anfang April. Die Jahreszeiten verändern sich übrigens ein wenig je nach der grössern oder geringern Nähe an der Linie. Die Winterregen geben einer zahllose Menge von Wasserläusen Nahrung; aber es giebt auf der ganzen, 1500—2000 km. langen Küstenstrecke nur zwei, welche den Namen eines Stromes verdienen, das sind der Ogowe und der Zaïre oder Kongo; weiter südlich sind noch von den an der Küste mündenden Gewässern der Koanza und der Kunene zu nennen. Über diese vier Flüsse hat uns erst die neueste Zeit genauere Nachweise gebracht durch die glücklichen Forschungen Livingstone's,

Camerons, Stanley's, Brazza's und zahlreicher deutscher Reisenden.

Die Bevölkerung der vier Landgebiete, welche unter dem Begriffe Kongo im weitern Sinne zusammengefasst werden, zeigt im allgemeinen einen weniger hässlichen Typus, als ihn die Neger Guinea's zeigen. Sie scheint sich der Klasse der Negroïden (oder Mischrassen) des südlichen Afrika zu nähern. Ihre gewöhnlichen Waffen sind der Bogen, ein aus sehr hartem Holze gefertigter Säbel und ein sichelartig geformtes geschliffenes Beil. Sie verstehen, ihre Pfeile zu vergiften. Als Schutzwaffen tragen sie einen Schild oder decken sich mit einer Tierhaut; einige bemalen sich, um durch ihren Anblick Schrecken zu bereiten, den Körper mit Figuren von Schlangen und anderem wilden Getier. Die Frau lebt bei ihnen, wie in den meisten afrikanischen Ländern, im Zustande der Sklaverei; sie ist nur wenig besser daran als ein Lasttier. Das europäissche Element, welches bis in die jüngste Zeit in den portugiesischen Besitzungen im Verhältnis zur eingebornen Bevölkerung äusserst schwach war, wächst seit einigen Jahren in bemerkenswerter Weise, vornehmlich am Unterlaufe des Koanza und in Mossamedes.

Bei der barbarischen Rohheit, in welcher die Eingeborenen dieser Gegenden noch versunken sind, ist von irgend welcher Ausnutzung der natürlichen Fruchtbarkeit des Bodens keine Rede. Das dem Meeresgestade naheliegende Flachland ist oft überschwemmt und infolgedessen ungesund. Im Innern sind ungeheure Strecken mit undurchdringlichem Wald bedeckt. Aber auf weite Strecken hin schmückt sich der Boden auch mit einer herrlichen Pflanzenwelt. Die Grasebenen in der Nähe von Flüssen und in den gebirgigen Gegenden sind mit wohlriechenden Blumen angefüllt und weite Felder- und Ackerstrecken erzeugen eine Menge von Körner-Früchten, von deren Verschiedenheit man in Europa keine Vorstellung besitzt. So wird eine Art genannt, welche bei den Eingeborenen „lubo“ oder „lunoo“ heisst, und ein sehr weisses, im Geschmacke dem Käse gleichkommendes Brot liefert. Der Mais wird dreimal im Jahre geerntet.

Eine grosse Anzahl von Küchengewächsen, welche durch die Portugiesen eingeführt worden sind, gedeihen vorzüglich. Alle der Tropenzone eigentümliche Frucht gedeiht hier im Überfluss; die Tabakpflanze und das Zuckerrohr wachsen gewissermassen ohne Pflege. Es wachsen verschiedene Arten der Palme hier, darunter die Elaïs sylvestris, deren Saft einen milden, sehr angenehm schmeckenden Wein liefert, während die Frucht ein gutes Brennöl giebt. Die Wälder bergen kostbare Bäume in Mengen, und die Ufer des Zaire oder Kongo sind mit Tamarinden und Zedern von mächtigem Wuchse bestanden. Unter den übrigen Bäumen ragt der Baobab mit dem riesigen Stamm und den Brot spendenden Früchten hervor. Die botanische Wissenschaft vermag sich aus diesen Gegenden durch eine Unzahl exotischer Gewächse zu bereichern. Die Baumwollstaude gedeiht hier; ihre Kultur hat sich seit 1859 in bedeutender Weise gesteigert. Das gleiche gilt vom Kaffeebaum und Zuckerrohr.

Jaspis. Eisen und Kupfer, Porphyr und Marmor bergen die Gebirge; Kohlenlager sind an zahlreichen Punkten gefunden worden; Salz wird auf mannigfache Weise an der Küste gewonnen.

Die Fauna in diesen Gebieten ist ungeheuer reich. Von den wilden Tieren sind hier zu finden: der Elefant, Leopard, Löwe, das Wildschwein, der Büffel, der Schakal, das Zebra, verschiedene Antilopenarten, das Sta-

chelschwein, eine grosse Menge von Affenarten, unter ihnen der Gorilla, der grösste der anthropomorphen Affen. Die Flüsse bergen Flusspferde, Krokodile und Schildkröten. Die Küsten wimmeln von Fischen, von denen hier mehrere in Europa unbekannte Arten vorkommen. Die Reptilien sind zahlreich, aber wenige von ihnen sind giftig; die bemerkenswerteste Art ist die ungeheure Pythonschlange; auch Chamäleons, fliegende Eidechsen (die für die Eingeborenen ein Gegenstand der Verehrung sind) sind hier anzutreffen. Von Vögeln giebt es Strausse, Pfaue, verschiedene Papageienarten, auch zahlreiche europäische Vögelarten bevölkern die dichten Wälder. Eine Unmenge von schädlichen Insekten lebt in diesen Landgebieten: der Moskito, der Banzo (dessen Stich als tödlich gilt), ungeheuer grosse und gefrässige Ameisen; der Jesondi, welcher in den Rüssel des Elefanten kriecht und das Tier unter Wutausbrüchen zum Tode bringt; Termiten, welche Waren, Lasten, das Zimmerwerk der Häuser, kurz alles ihnen Zugängliche zu Staub zernagen. Zahlreiche Bienenschwärme irren in den Wäldern und geben einen kostbaren Honig. Fast sämtliche Haustiere Europas sind durch die Portugiesen akklimatisiert worden.

Das eigentliche Kongo-Land (das alte Kongoreich) ist ein Land von einer beträchtlichen Ausdehnung. Im Norden vom Kongo, im Süden durch den Lodse- oder Bamba-Fluss begrenzt, umschliesst es drei Breitengrade, in seiner grössten Ausdehnung, vom 5. Grade etwa an bis zum 8. Grade. In der Breite erstreckt es sich von den Küsten des Atlantischen Ozeans (mittlere Länge 10° 30' östl. v. Par.) nach dem Innern über 5-6 Grade vom Meere. Sein Flächenraum entspricht etwa einem Viertel des deutschen Reiches. Dem im Vorhergehenden über Gestaltung, klimatologische Verhältnisse, Produkte, Tier- und Pflanzenwelt Gesagten ist nur die Schilderung Cavazzi's anzufügen: „Der Winter im Königreiche Kongo hat die Milde des Frühlings oder Herbstes in Italien. Das Land ist vom Regen nicht abhängig, sondern es fällt an jedem Morgen ein die Erde befruchtender Tau". Eines der bemerkenswertesten Gebirge des Innern wird in den Berichten der Portugiesen als „Montes Queimados" (oder „Abrasados", s. v. w. „verbrannte Berge") genannt. Der Name deutet auf den vulkanischen Ursprung des Gebirges hin. Weiter nach Osten hin sind verschiedene, zu dem zentralen Plateauland gehörige Ketten unter den Namen: „Serra do Sol" (Sonnenberge), „Serra de Salnitre" (Salpeterberge), „Serra de Crystal" (Kristallberge) bekannt. Dieser letztere Name findet sich weiter nördlich, dem Äquator zu, wiederum und soll ihm, wie man wissen will, infolge seines Kristallreichtums gegeben worden sein. Mit Ausnahme des von den Seeen im Osten herströmenden Kongo kommen sämtliche, das Land bewässernde Bäche und Flüsse von den Bergen des Hochplateaus herab und nehmen ihren Lauf dem Ozean zu. Die hauptsächlichsten zwischen dem Kongo und dem Lande sind: die Lunda (oder Lelunda), die Ambrisette, die Selanga, die Lodse (auch Rio de Ambris nach der an seiner Mündung gelegenen Stadt genannt), der Onso oder Onsoni und endlich die Lufune.

Das eigentliche (alte) Kongo-Reich umschliesst also eine ziemlich grosse Zahl von Ländern, welche ebensoviele Eingeborenen-Reiche waren bezw. noch sind, und deren Häuptlinge den Titel „sova" oder „mani" tragen. Es giebt deren sechs grössere, welche von den Portugiesen, zur Zeit ihrer Alleinherrschaft am Kongo, zu Provinzen erhoben worden unter den (für ein solches Land wenig geeigneten) Titeln von Herzogtümern oder Grafschaften. Es sind dies die Territorien von Sonho und Sundi im Norden, am rechten Ufer des Kongo; Bamba im Westen am Atlantischen Ozean; Pemba, Batta und Pango im Innern. Die Bewohner des Batta-Landes nennen sich Masombi oder Asombi. Unter den Landschaften im Innern werden genannt: Mossulu, Encoghe, Oando, Vamma etc.; von Völkerstämmen im Innern: die Mossoro, Dembo, Amulassa, Angonga, Mahoanga u. a. Die Kongo-Neger, zum mindesten die mit den Portugiesen in Verkehr stehenden, geben sich den generellen Namen „Mosicongo". In der Gegenwart besitzen die Portugiesen nur noch ein gewisses Ansehen in den Küstengegenden.

Das auf den Karten dieser Gegenden oft genannte Wort „banga" bedeutet Stadt; ein Flecken oder Dorf wird von den Eingeborenen „libatte" genannt. — „Banga Kongo" oder die Kongostadt bestand gewiss schon vor der Ankunft der Portugiesen als die Hauptstadt des Landes. Bei den Eingeborenen heisst sie Ambassi. Sie liegt im Gebiete von Pemba, 170 km östlich von der Kongo-Mündung, 350 km nordöstlich von Sao Paolo de Loanda. Hier residierte der „sôva" oder König des Landes. Nach den beiden Reisen von Diogo Caõ, welcher, wie bereits gesagt, im Jahre 1484 die Küsten entdeckte und den Kongo-Strom 1485 und 1487 ziemlich weit hinauf fuhr, empfing der Negerkönig unter dem Namen Don Joao de Sylva die Taufe, und bald kamen von Lissabon Missionäre, um an der Bekehrung des Heidenvolkes zu wirken. Entzückt von der glücklichen Lage der Königsstadt auf einer Höhe, welche den Aufenthalt für Europäer zu einem gesunden machte, erwählten sie dieselbe zu ihrem Zentralsitze und gaben ihr den Namen Sao Salvador. Als die Herrschaft der Missionäre an Ausdehnung gewann, als das Kongo-Reich und seine Nachbarländer als portugiesischer Besitz erklärt wurden, als man die Gebiete der Häuptlinge in Distrikte und Provinzen, die schwarzen Häuptlinge in Herzöge, Fürsten und Marquis wandelte, wurde San Salvador als die zivile und kirchliche Hauptstadt der portugiesischen Besitzungen des westlichen Afrika betrachtet, ohne dass dieselbe aufhörte, Residenz des Eingeborenenfürsten von Pemba (mit der Eigenschaft eines Königs von Kongo) zu sein. Kirchen, Klöster, öffentliche und Privatgebäude erstanden in San Salvador, welches halb zur europäischen Stadt wurde. Portugiesische Familien liessen sich in derselben nieder. Aber eine schreckliche Katastrophe brach über sie herein um die Mitte des 16. Jahrhunderts. Kannibalenhorden aus dem Innern Afrikas, deren Namen Giaphi oder Djagga lange Zeit ein Gegenstand des Schreckens gewesen ist, verwüsteten das Kongoreich mit Feuer und Schwert und trugen die Verheerung bis nach San Salvador, das sie dem Erdboden gleich machten. Dank einer portugiesischen Armee, welche den eingeborenen Fürsten zu Hilfe kam, wurden die Djagga-Horden vertrieben; die Stadt erstand wieder; die Bauten wurden schöner und zahlreicher wiederhergestellt, als vordem. Zu Anfang des 17. Jahrhunderts, welches die Zeit ihrer höchsten Blüte war, zählte die Stadt San Salvador beinahe 40 000 Einwohner. Der Regierungs-Palast war ein grosser Holzbau, den eine Steinmauer umgab. Lange Jahre hindurch wurde ein Jesuitenkolleg und ein Mönchskloster von der Lissabonner Regierung hier unterhalten; ein Bischof hatte hier seinen Sitz. Ausser einer grossen und schönen Kathedrale zählte man nicht weniger als zehn Kirchen oder Kapellen in San Salvador. Aber diese glückliche Zeit währte nur ein halbes Jahrhundert. Im Jahre 1626 brach der Krieg aus zwischen dem Kongo-König und dem Fürsten von Sonho (einem Lande, welches an das südliche Ufer des Kongo zwischen San Salvador und dem Meere stösst). Der König, welcher sich nach den hierarchischen Regeln Europas als Herr des Landes betrachtete, hatte das Sonho-Land an die Lissabonner Regierung abgetreten. Der Häuptling desselben aber hielt sich, trotzdem man ihm den Herzogstitel verehrt hatte, als unabhängig und verweigerte die Einwilligung zu dem zwischen dem Kongokönig und der Lissabonner Regierung getroffenen Abkommen. Ein Krieg brach aus, an welchem die Portugiesen sich beteiligten. Nach verschiedenen Wechselfällen endigte derselbe mit einer totalen Verschiebung der Macht der Portugiesen im Kongo-Reiche. Der „sova“ von Sonho behielt nicht allein seine Unabhängigkeit, die er noch heute besitzt, sondern der Kongo-König wurde genötigt, seine Lehenschaft der portugiesischen Regierung aufzukündigen und alle Verbindung zwischen seiner Hauptstadt und der Küste abzubrechen. Seit dieser Zeit sahen sich der Bischof, die Missionäre und anderen Europäer genötigt, San Salvador zu verlassen, das seit zwei Jahrhunderten und länger wieder eine „banza“ geworden ist, d. h. eine vollständige Negerstadt, in deren Umgebung eine völlige Stille herrscht.

Was in dieser Zeit eines zweihundertjährigen Verfallens aus San Salvador geworden ist, hat uns endlich Bastian berichtet, als er 1857 ins Innere der portugiesischen Besitzungen Westafrikas vordrang und das Wagnis einer Reise nach San Salvador ausführte, welches seit zwei Jahrhunderten von keinem gebildeten Europäer betreten worden war, zu welchem der Zutritt lange Jahre hindurch jedem Weissen verboten war. Was San Salvador war, davon zeugt nur noch ein Haufen von Erdhütten, der halb unter hohem Grase versteckt liegt. Von der alten Stadt erkennt man kaum noch die Spuren ihrer Lage; geschweige von den alten Steinbauten der Kirchen und Klöster. Die in einzelnen Gruppen verstreut liegenden Hütten der Schwarzen sind mit starken Hecken umgeben, hier und da von Baumgruppen überschattet, aus deren Mitte Palmen ihre Wipfel herausrecken. Nichtsdestoweniger wohnt der schwarze Häuptling, der sich nach wie vor König von Kongo nennt, auch jetzt noch hier. Er führt (nach Livingstone) auch den Titel eines Herrschers von Angola und schreibt an den Gouverneur in Loanda nie anders wie an einen von ihm abhängigen Vasallen. Desgleichen lässt er sich auch jetzt noch durch katholische Priester weihen, welche zu diesem Zweck aus Loanda berufen werden.

Nach den alten Traditionen Kongos (vergl. Bastian, „Die deutsche Expedition an d. Loango-Küste“, S. 144 ff.) soll ursprünglich eine grosse Zahl unabhängiger Fürsten im Lande geherrscht haben, bis sich Nimi-a-Luqueni zum Oberherrn erhob. Ihm folgte Nanga-quiá-Tinu und diesem Cuu-a-Tinu, Vater des Nizinga-a-Cuu, der als Juan I. getauft wurde und seinen Sohn Alfonso I. (Ginga-a-Leumla) zum Nachfolger hatte in Banza-Ambassie (San Salvador oder Congo-di-Angungo) oder (nach Marmol) Ambos-Kongo. Noch zu Cavazzi's Zeit wurde im Walde zu Criquilu ein heiliger Ort gezeigt, der nicht angeblickt werden durfte, da dort die Wohnung von Kongos erstem König gewesen.

Von der die Hauptstadt (Ambassie) enthaltenden Provinz Pombe aus, mit Bamba zwischen Ambriz und Lodse (mit der Hauptstadt Panga) verbunden, scheint sich das kongesische Reich ausgedehnt zu haben, nachdem das von den Mosombi (s. Labat) bewohnte Batta (zwischen Sundi und Pembe) oder (nach Purchard) Aghirimba freiwillig zugetreten war. Sundi (von Pango zum Bancari) war die Kronprovinz des Erbprinzen, und die Sitten Sundi's wurden mit Waffengewalt in das eroberte Pango (von Sundi oder Kongo) eingeführt. Kondi und Pango de Okango (östlich von Batta) wurde (nach Dapper) durch einen dem Mani von Batta unterwürfigen Fürsten beherrscht.

Sonho, an der Mündung des Zaire, war stets ein unsicheres Besitztum und machte sich ganz unabhängig (1570), als Loanda an die Portugiesen cediert wurde. Die durch den Fluss Lombige oder Zenza von Golungo Alto geschiedene Provinz der Dembos berief sich oft den Portugiesen gegenüber auf nominelle Abhängigkeit von Kongo. Jenseits des Flusses Dande traf Battel Musicongos aus Bamba (durch den Burge-Fluss von Pembe getrennt), wo der Giaga Cassange (nach Kreuzen des Coanza) verwüstend einfiel. Die Abundos sind die Sieger, und sie veränderten die Bedeutung der Mucha-Kongo oder Acha-Kongo aus Reich der Lenker (Erben oder Herren) in Reich der Schuldner, als Unterworfener (nach Cannecattim). Diese Eroberer mögen (gleich den späteren Jaga) aus dem Innern (von den sprachverwandten Molua) gekommen sein, und ein Zweig derselben, der seine Dynastie auf den Thron des Königreichs Kongo setzte, bildete, mit den Eingeborenen vereinigt, einen neuen Staat, der von der Hauptstadt Kongos beherrscht wurde und seinerseits wieder dem Prinzen Angola zur Eroberung Dongos (Dongo-Angolas) absandte.

Battel spricht von einem Feldzug der Portugiesen im Innern von Kongo, auf welchem diese nach vielem Blutvergiessen die Provinz Ingombi eroberten und dann (über Sagno) Engoy-Kayongo [Kakongo] mit der Hauptstadt Kabinde (in Angoy), sowie Loango, Bengo, Colongo oder Cilongo, Mayombe, Monikesoche und Matamba.

Als Admiral Houtebeen (Cornelius Cornelis on Jol) Loanda erobert und Cesar de Menezes auf den Bengo zurückgeworfen (1641), knüpften die Holländer mit König Alvaro von Kongo Verhandlungen an (1642), und die Portugiesen haben später keinen Einfluss wiedergewinnen können. Sa da Bandeira spricht von einer Einnahme holländischer Faktoreien u. Festungen in Loango und Pinda, als Salvador Correa de Sa nach Wiederherstellung der portugiesischen Macht in Angola (1648) dieselbe auch in Cabinde, Loango und am Zaire befestigte. Der Gouverneur D. Manoel Pereira vertrieb im Jahre 1606, sowie 1609 die holländischen Korsaren von Pinda (an der Mündung des Zaire).

Von einem Regierungswechsel berichtet Zuchelli (1702): „Jetzo ist vor vielen Jahren zur Königlichen Hoheit in Kongo erhoben und vielmehr eingeschoben worden Dom Pietro Aqua Rosata, allein er hat noch bis diese Stunde das Reich nicht unter sich bringen, noch sich in der Hauptstadt dieses Königreiches, welches Sankt Salvator ist, können krönen lassen, welche daher verwüstet und zerstöret liegt.“

Vor dieser neuen Dynastie herrschten (seit der Entdeckung): Joao II. († 1492) Nginga-anen, Alphonso II. († 1525) Nepenba-anginga, Pedro II. († 1530) Necanga-ampemba, Francisco († 1532) Nepuri-anginga, Diego († 1540) Necumba-ampuri, Henrique († 1542) Nerica-umpuri, Alvaro I. († 1587) Nenime-aluqueni-luambamba, Alvaro II. († 1614) Nepanzo-animi, Bernardo († 1615) Nenimi-ampanzu, Alvaro III. († 1622), Pedro Affonso II. († 1624), Garzia († 1626), Ambrosio I. († 1631), Alvaro IV. († 1636), Alvaro V. († 1637), Alvaro VI.

(† 1642), der als Herzog von Bamba den Thron Kongos bestieg, Garcia II. († 1657), als Necanga-aluqueni (früher Marquis von China), Antonio II. († 1666), als Nevita afanga, Alvaro VII. († 1667), als Nepanza-amassundu (durch den Grafen von Sonho gestürzt), Alvaro VIII. († 1670). Dann fiel die Herrschaft an Pembe (vor dessen als Pedro gekröntem Marquis der König von S. Salvador nach Bemba flüchtete), nach längeren Kriegen mit den Portugiesen, von denen besonders Louis Lopez de Siqueira die auf dem Gebiet des Dembo von Ambuilla vermuteten Goldminen zu erkämpfen gesucht hatte. Die (1781) nach Kongo reisenden Missionäre hörten „que era vivo um D. Pedro V., verdadeiro rey do Congo" (unter der Regierung D. Josés I.).

Nach dem Tode D. Antonios (in Onlanga) wurde Kongo durch bürgerliche Kriege der Prätendenten zerrissen, bis zur Erwählung D. Pedro VI. (1694), der nach längeren Kämpfen die Empörer besiegte (1709), obwohl noch von den Moxilongos Sonhos bedroht (s. Pedro Mendez). Dom Afonso (1517) betitelt sich: Rey de Congo e Senhor dos Embundos oder (1512) Rey de Manicongo e Senhor dos Ambudos (in Briefen an den König Portugals). In einem Schreiben an Papst Paul III. (1532) heisst es: Dom Affonso pella graça de deos Rey de comguo Ibungu e cacomgo emgoyo, daquem e dalem uzary Senhor dos ambundos e damgolla daquisyma e (musuauru) musuaru de matamba e mulylu (muyllu) e de (musuco) musucu e dos amzicos e da conquista de panzu (pamzo) alumbu (panzalumbo) etc.

Nach den Königen Angolas: Angola Aquiloangi, Angola Ambandi, Angola Aquiloangi, Rainha Ginga, D. Antonio Carrasco, Rainha, D. Barbara da Silva, D. Joam Guterres Angola Canini, D. Luis, D. Francisco Guterres Angola Canini, D. Veronica Guterres (Rainha de Matamba) folgten, im Reino de Dongo: D. Felippe de Souza e Angola, D. Joam de Souza (bis 1680).

Als Liste der getauften Könige Kongos giebt Cadornega: Dom Joam I., D. Afonso, D. Alvaro, D. Alvaro II., D. Alvaro III., D. Pedro Affonso I., D. Pedro Affonso II., D. Garcia, D. Antonio, D. Afonso Afonso, D. Rafael, D. Daniel de Gusmam, D. Garcia, sowie D. Francisco und D. Henrique.

Der Brief Dom Manuels (1512) ist gerichtet an D. Affonso, als Rei de Manicongo e Senhor dos Ambudos. Nach Cavazzi stammen die Könige von Kongo aus Carimba. D. Pedro Affonso (filho legitimo do duque de Sundi, D. Affonso Mobica an Tumba) stammte vom primeiro Kei e conquistador do Congo, porque elle se chamou Motinu (Mucinu ó rei) e por outro nome Nimi. Seinem Sohn Encu a Motinu (quarto rei do Congo) folgte Nginga ancu (quinto rei do Congo), der als D. Joao (1491) getauft wurde (s. Rodrigues) 1624. König Pedro von Kongo wurde beunruhigt, da guerra de Engombe e Cabenda, que o Capitaõ Sylvestre Soares destruio com o quilombo dos Jagas, sowie durch die Zerstörung des Königreichs Bango pelos Jagas com consentimento del rei de Loango, cousa que el rei sentio mucho por sero tronco e origem aquello reino dos Reis de Congo (bei Rodrigues).

Bei Miguel de Castro befindet sich als Liste der Könige Kongos: Dom Joam I., D. Afonso I., D. Pedro I., D. Diogo I., D. Bernardo I., D. Francisco I., D. Alvaro I., D. Alvaro II., D. Bernardo II., D. Alvaro III., D. Pedo II., D. Gracia I., D. Ambrosio I., D. Alvaro IV., D. Alvaro V., D. Alvaro VI., D. Gracia II., D. Antonio I., D. Alvaro VII., D. Alvaro VIII., D. Pedro III., D. Alvaro IX., D. Rafael I., D. Alfonso II., D. Alfonso III., D. Daniel I. (1681).

Auf Pedro II. († 1688) folgte Sebastião mit der Königin-Mutter Donna Potencia, und dann wurde das Reich durch die Jaga verwüstet, aus deren Stamm Don José oder Nepavi-giaconga schliesslich den Thron bestieg († 1784). Der Aufstand Jozam tambas gegen den kongesischen König D. Afonso Afonso wurde unterstützt durch die Nazacas (Majacas), que som ferozes como os Jagas) (Cadornega). Dom Bernardo (König von Kongo) fiel im Kriege gegen die Suquas (s. Baptista).

Auf José II. folgte (1784) sein Bruder (der Marquis von Pembe), als D. Affonso V. oder Necanga-a-cenga (im Februar 1784), und in fernerer Succession, worin wieder der König Heinrich (1798) auftritt, werden in einer Liste, die Herr Vasconcelhos Abreu anfertigen zu lassen die Güte hatte, folgende Namen aufgezählt: Don Antonio II. (Nevita-apangu), D. Alvaro XI. (Necanga-a-canga), D. Aleixo II. (Nepanzu-amabanda), D. Henrique I. (Nemassaquimassange), D. Alvaro XII. (Nepanzu-animi), D. Garcia IV. (Necanga-amabundu), D. Garcia V. (Necanga-amabunda) 1814 – 1825, D. André II. (Nebigié-aluquiene) 1825 - 1842 und D. André III., D. Henrique (Nepanzu-axendi-animi-aluqueni) 1842 — 1856, dem sein Neffe D. Pedro V. (Marquis von Catenda) folgte (1860 — 1867) und dann der jetzt regierende Fürst. (Siehe auch: Ein Besuch in San Salvador, Hauptstadt des Königreichs Kongo. Bremen 1859).

Über die Organisation des alten Kongostaates zur Zeit, als die Portugiesen den Fuss an den Kongo setzten, giebt dieselbe Quelle die folgenden Nachweise:

Das von den Mussi-Konge bewohnte Königreich Kongo, das im Gegensatz zu Kakongo oder Klein-Kongo als Gross-Kongo (Kongo di angungo oder Kongo gangunga) bezeichnet wird, enthält die Provinzen Umganda, Kelúndua, Lunzéghi, Gosélla, Tschimamuinghu, Tuku diakililenge, Kimiála, Makúta, Bansam tanda, Somba, dann Basam puto, als Grenzprovinz gegen die portugiesischen Kolonieen, und Sundi als Grenzprovinz gegen die Mantetje, ferner Noki zwischen der Hauptstadt San Salvador und dem Zaïre. Cardozo de Castellobranco e Torre nennt als kongesische Fürstentümer (mit denen von St. Joze de Encoge gehandelt wurde) die der Dembos, Quitexe, Damby, Ambuila, Dala-Malundo, Duque de Quina u. a. m. (1825). Zu Lopez' Zeit erstreckte sich Bamba vom Fluss Ambriz bis zum Coanza, die Provinz Sognus vom Ambriz (über die Flüsse Lelunda und Zaire) bis an die Rupes rubras (an der Grenze Loangos). Die Hauptstadt der Provinz Sundo lag in der Nähe der Katarakten, die Hauptstadt Pangos (Panguelungos) am westlichen Ufer des Flusses Barbela (der sich oberhalb der Katarakten mit dem Zaire verbindet). Die Provinz Batta (nördlich von der Konfluenz der Flüsse Barbela und Casinga) erstreckte sich östlich über den Fluss Barbela hinaus bis zu d n Sonnenbergen (ad montes Solis). In der in Pemba gelegenen Hauptstadt Kongos herrschte Don Antonio Manipemba (Sohn des verstorbenen Königs Alvaro). Bei Battels Feldzug war die Unterwerfung der Provinz Ingombe (am Kongo) besonders schwierig für die Portugiesen und kost te viel Blut. Nach Besiegung des Königs zog das Heer über Songo gegen Engoy-Kayongo und dann nach Cambamba. Als unterworfen wurden genannt: Engoy, Loango, Bengo, Colongo oder Cilongo, Mayomba, Manikesok und Matamba.

Die portugiesische Regierung erhob bekanntlich Ansprüche auf das gesamte Gebiet des Kongo. Ihre Hoheit besteht im Süden desselben, in

Angola und Benguella, wurde aber im eigentlichen Kongo-Lande thatsächlich stark bestritten und ist in Loango gleich Null. Als die Nordgrenze wurde, bis zu den Beschlüssen der Berliner Afrikanischen Konferenz (s. d.), gemeinhin der Lodse- oder Bamba-Fluss, welcher im Hafen von Ambris in den Ozean tritt (7°48' sdl. Br.) angenommen. England beanspruchte sogar die Grenze bis zum 8. Grad hinaufzurücken (Cameron, „Across Africa" II., 276). Als die Portugiesen sich 1862 des nördlich vom Laufe gelegenen Kinsabo bemächtigen wollten, wurden sie durch ein englisches und ein amerikanisches Kriegsschiff hieran gehindert. Damals schienen sich die Portugiesen mit der Lodse-Grenze zu begnügen; 1876 aber erweiterten sie ihre Ansprüche und dehnten dieselben bis zur Malemba-Bai, also einschliesslich der Zaïre- od. Kongo-Mündung, hinaus. Über die infolge der epochemachenden Entdeckungen des Amerikaners Stanley auf der Berliner Afrikanischen Konferenz festgesetzten Gebietsabgrenzungen vergleiche man den Artikel „Afrikanische Konferenz" und Abschnitt 2) dieses Artikels. Im letzten Jahrzehnt begannen die Portugiesen für dies Gebiet ihrer Besitzungen, welches ohne jeden Zweifel kostbare Elemente für eine agrikulturelle Entwickelung in sich birgt, mehrfache, den Anforderungen der Gegenwart entsprechende Einrichtungen zu treffen: sie verband Lissabon mit den lusitanischen Inseln Afrikas durch eine Dampferlinie, welche einen regelmässigen Dienst zwischen San Paolo de Loando und England vermittelt; eine gleiche Linie zwischen Loando und Hamburg wird von Portugal subventioniert, eine dritte wurde zwischen Loando und Dembo (am Unterlaufe des Kuanza) errichtet; die portugiesische Regierung baute ferner eine Eisenbahn von Dembo nach Ambaca; sie gewährt den Pflanzern hohe Vorteile, ruft Kolonisten herbei, lässt das Land durch Gelehrte erforschen, errichtet Schulen in den verschiedenen Bezirken und hat in Loando ein Seminar begründet, um eingeborene Missionäre heranzubilden.

Die Entdeckung und erste Erforschung der Kongo-Küste gehört den Portugiesen. Eine von Diego (oder Diogo) Caõ befehligte Karavelle, auf welcher sich der Nürnberger Kosmograph Martin Behaim befand, der Verfasser des berühmten, in Nürnberg noch jetzt aufbewahrten Globus, erreichte gegen Ende 1484 die Kongomündung, zwei Jahre vor der Entdeckung des Vorgebirges der Guten Hoffnung durch Bartolomeu Dias und drang 1485 bis zum Kap Negro vor. Die ersten portugiesischen Missionäre trafen im Kongo-Gebiete im Jahre 1821 ein, und die von Zeit zu Zeit durch einige derselben veröffentlichten Berichte waren so ziemlich die einzigen Nachrichten, welche man über diese Gegenden besass. Die wichtigsten dieser Berichte sind diejenigen von Odoardo Lopez, welche Filippo Pigafetta 1591 veröffentlichte; von Angelo de Cattina und Carli de Piacenzi 1672, von Cavazzi 1687, von Zuchelli 1698 und diejenigen der französischen Missionäre von Loango, welche 1776 durch den Abbé Proyart herausgegeben wurden. In diesen Berichten findet man nützliche Hinweise über Sitten, Bräuche und Gewohnheiten der Kongo-Völker, nicht minder über die Natur und die Erzeugnisse des Bodens; man kann aus ihnen topographische Nachweise in Menge schöpfen, desgleichen zahlreiche Listen von Länder- und Völkernamen dieser Gegenden; aber man darf von diesen alten Aufzeichnungen der Missionäre keine wissenschaftliche Genauigkeit begehren. Im Verlaufe von nahezu drei Jahrhunderten hat kein einziger Reisender im eigentlichen Sinne dieses Wortes, noch weniger ein wissenschaftlicher Forschungsreisender das Gebiet der Kongoländer, sowie der ganzen westafrikanischen Besitzungen Portugals betreten. Die portugiesische Regierung selbst hat immer nur höchst unvollständige Berichte über diese weiten Gebiete, die ihrer Hoheit mehr oder weniger unterstanden, veröffentlicht, und d'Anville bedurfte all' seines seltenen Scharfsinnes, um das spärliche Material für seine 1749 veröffentlichte Karte Afrika's zusammenzufinden.

Baron Walckenaer fasste in drei Bänden seiner unvollendeten „Histoire des Voyages" (XIII—XV; 1828) die alten Missionsberichte über die Kongoländer zusammen.

Die neueren Reisen im Kongo-Gebiet.

Seit dem Beginn des gegenwärtigen Jahrhunderts wurden ernstere Bestrebungen zur Erforschung der Kongoländer gemacht, und mehrere gute Unterweisungen sind uns zu jenen alten Berichten hinzugekommen. Kapitän

Station Vivi am Kongo.

Tuckey erforschte mit Smith den Unterlauf des Kongo im Jahre 1816 bis über Sundy Usanga hinaus; seine durch den Tod unterbrochene Arbeit wurde 1825 durch Vidal (der den Kongo hinaufzufahren versuchte), sowie durch Kapitän Owen (der seine Mündung und einen Teil des Unterlaufes aufnahm), endlich wieder aufgenommen; 1828 hat Douville zahlreiche Nachweisungen veröffentlicht, die leider durch den betrügerischen Vorwand, dass er dieselben selbst am Ort und Stelle gesammelt, an Wert und Ansehen verloren. Sicherere Nachweise wurden zuerst durch den deutschen Reisenden, den Arzt Tams (1841: „Die portugiesischen Besitzungen in Südwest-Afrika"; herausg. 1845) gebracht; 1843—46 durchzog der Portugiese Graça das alte Kongoland bis nach Benguella hinunter; 1848 befuhr der Ungar Ladislaus Magyar den Kongo bis zu den Katarakten von Faro Songo; 1852 durchzog der Portugiese Travasso Valdez das Küsten-Gebiet des Kongo; 1857 führte Ad. Bastian, der die alte Königsstadt am Kongo, San-Salvador, besuchte, seine wichtige Reise aus, und 1858 durchzog der englische Bergmann J. J. Monteiro (bis 1873) welchem die beiden Portugiesen, Fra Cardozo und Francisco Valdez, folgten, den alten Kongostaat in allen Richtungen. Auf Livingstone's Entdeckung des Lualaba im April 1868 folgte Bastians neue Reise an die Kongoküste, und mit ihr begann die Beteiligung Deutschlands an der Erschliessung des eigentlichen Zentralkernes von Afrika. Die deutsche Loango-Expedition unter Bastian und Güssfeldt (mit Falkenstein, Pechnël-Loesche, Lang, v. Mechow, Lindner, Soyaux, Lux, Pogge, Homeyer, Schütt, Buchner) 1873—76 förderte die Kenntnis der Küstengebiete in hervorragender Weise; 1875 wurden von Medlycott und Flood an der Kongomündung Aufnahmen gemacht; 1874 (21. Febr.)—1875 (7. Novbr.) gab Cameron in nicht völliger Übereinstimmung mit Stanley die Nachricht, dass „der Luowa, der nur von den Arabern Lualaba genant werde, nach Nordwesten, der wirkliche Lualaba aber westlich davon durch mehrere Seeen flösse, auch Kamorondo genannt werde, sich später mit dem Luowa vereinige und durch den Landje- in den Saukorra-See flösse; 1876—78 folgte Brazza-Savorgnan's Ogowe-Reise (die den kühnen Franzosen bis in das Gebiet der rechten Zuflüsse des Kongo führte), Stanley's berühmte Kongofahrt von 1876 (27. Mai) bis 1877 (8. August), durch welche dargethan wurde, dass der Kongo, den Äquator in seinem Mittellaufe überschreitend, bis fast 2° nördl. Br. reicht, viele grosse Nebenflüsse empfängt und durch eine grosse Zahl von reichen Ländern fliesst; durch welche ferner die ganze Länge des Stromes festgestellt wurde, so dass der bisher unbekannte Riesenlauf dieses äquatorialen Stromes in die Karten verzeichnet werden konnte; 1877 erforschte Capello mit Ivens die Wasserscheide zwischen Kongo und Sambesi (das Quioco-Plateau); 1878 hellte der deutsche Ingenieur Schütt die bisher unbekannte oder ungenügend gekannte Hydrographie der grossen Zuflüsse des Kongo, wie des Kassabi u. a., zum ersten male auf; an die zweite grosse Kongofahrt Stanley's (1879 ff.) schloss sich Brazza's Reise (1880) mit Ballay vom Ogowe nach dem Kongo; Mac Call's, des englischen Missionärs, Reise über die Yellala-Fälle hinaus, des französischen Missionärs Augouard Marsch von der Loangoküste nach Vivi, Hanssens' Kongofahrten, Dr. Ballay's Reise vom Ogowe nach dem Stanley-Pool, Mechow's Kuango-Fahrt, Israels Kuilu-Fahrt, Wissmanns Erforschung des Kassai, die von Deutschland abgesandte Schulze-Büttner-Kund'sche Expedition von Ambrisette nach Noki am untern Kongo und zum Kuango. etc. (man vergleiche hierüber auch die den einzelnen Reisenden gewidmeten Artikel).

Der Kongo-Strom.

Der gewaltige, durch Stanley's zeitgenössische Entdeckungsfahrten der Wissenschaft endlich erschlossene Strom führt, seitdem der von Stanley vorgeschlagene Name „Livingstone" bei den Geographen keine Aufnahme gefunden hat, jetzt allgemein den Namen „Kongo". Für den Oberlauf ist neben diesem der Name „Lualaba", für den Unterlauf der von den Portugiesen gewählte Name „Zaïre" im Gebrauche. Die Eingeborenen nennen ihn kurzweg „Fluss" (je nach den einzelnen Dialekten Nsari, Niadi, Njadi, Niari etc., in welcher Benennung wahrscheinlich die Urform zu dem portugiesischen „Zaïre" zu suchen ist). Bis um die Mitte des 16. Jahrhunderts war der dem Flusse von seinem Entdecker Cão (1459) nach einem an der Mündung errichteten

Gedenkpfeiler gegebene Name „Rio de Padrão (oder „Pfeilerfluss") üblich.

Der Kongo ist der Abfluss des westwärts von der Südspitze des Tanganjika-Sees gelegenen Moero-Sees und wurde als solcher bereits zu Anfang des Jahres 1868 entdeckt. Er führt hier den Namen Luowa, fliesst in einer nordwestlichen Richtung, nimmt rechtsseitig (im Lande der Kabuire) den Lofunso, im Lande Molua, ebenfalls rechtsseitig, die Luvipila auf, bildet kurz darauf den Lanji-See, dessen östliche Spitze vom 25. Längengrade durchschnitten wird, nimmt hier rechtsseitig den als Abfluss des Tanganjika's geltenden Lukupa auf und erhält hier auch mehrere aber noch unerforschte linksseitige Zuflüsse. Nach dem Austritt aus dem Lanji-See führt er nur noch den Namen „Lualaba" und bildet als solcher die Westgrenze des grossen Manjema-Landes. Hier nimmt er rechtsseitig die Luama auf, an deren Ufer Stanley (auf seinem Marsche vom Tanganjik herüber) am 11. Oktober 1876 anlangte, um am 18. Oktober in Mwana-Mamba, der ebenfalls noch an der Luama gelegenen arabischen Handels-Station, mit Tippu Tib seinen Transportvertrag abzuschliessen. Der nächstbekannte Zufluss ist der ziemlich gegenüber von dem grossen Orte Njangwe (wo Stanley, nachdem er den Lualaba schon am 18. Oktober von einer Höhe des Luama-Thals gesehen hatte, über das Dorf Kane-Kirumbo, das er am 15. Novbr. erreichte, am 19. Novbr. anlangte), linksseitig einmündende Lufaba, der weit aus Süden herauf kommt. Die Lage Njangwe's wurde von Stanley auf 3° 35′ südl. Br. und 25° 49′ ö. L. bestimmt. Von Njangwe bis nach Ikondu, einem grossen Dörferkomplex (unter 2° 53′ südl. Br.), wohin Stanley am 3. Dezember gelangte, ist der bedeutendste Zufluss der linksseitig ebenfalls aus Süden herströmende Ruiki, dessen Mündung etwa hundert Meter breit ist, während der Lualaba-Kongo hier bereits eine Breite von 1600 m erreicht; auch bildet der Lualaba-Kongo zwischen der Mündung des Ruiki und Ikondu die ersten Stromschnellen, die Stanley am 27. November erreichte. „Felseninseln lagen in der Mitte des Stromes, und dort brauste dieser, zahlreiche Wirbel bildend, dahin, aber zwischen dem linken Ufer und den Inseln befand sich ein schmaler Kanal ruhigen Fahrwassers, welchem Stanley etwa 2 Meilen abwärts folgte. Bei dem Dorfe der menschenfressenden Bakusu, Usako Ngongo, mündet ein kleiner Nebenfluss; unterhalb desselben kommt der grosse Marktplatz Ukongeh, welcher von den Wahika besucht wird. Hier beginnt auf dem linken Ufer das Land des Watwa-Zwergvolkes.

Unterhalb Ikondu's mündet die von Osten her, aus dem Lande der Bakombe, kommende Liva, welche die Grenze zwischen dem Lande der Uwinsa und der Upwire bildet. Auf dem linken Ufer, in der gleichen Entfernung vom Lova, wie Ikondu, liegt der grosse Ort Unya-N'singe (eine, nach Stanley's Beschreibung, etwa 1 Meile lange Stadt), die von dem kriegerischen Stamme der Wansongora Mena (das Volk mit den spitzgefeilten Zähnen) bewohnt wird, mit denen Stanley bis zum 22. Dezbr. blutige Kämpfe zu bestehen hatte. Im Lande Vinya-Dschara, ziemlich weit unterhalb des gleichnamigen grossen Dorfes und etwa gegenüber von dem auf der rechten Seite gelegenen Kinsanga Sanga, mündet linksseitig der Kasuku. Die Breite des Kongo steigt hier auf 1650 m und er durchströmt nun den volkreichen Distrikt Luvala, um kurz darauf rechtsseitig den aus Südosten kommenden Urindi aufzunehmen, dessen Mündung eine Breite von 365 m

47*

hat, während die Ufer des Kongo hier eine Höhe von 21—24 m erreichen. Von Ost-Süd-Ost her tritt nun, mehr als 1000 m breit, der imposante Low-wa oder Row-wa (der sich im Lande der Turu mit dem von Ost-Nord-Ost kommenden Lulu vereinigt) in den Kongo. Alle hier hausenden Stämme, die Amu-Nyam, die Nwa Mtaba etc. sind Kannibalen, und Stanley hatte fortwährende Kämpfe zu Lande und Wasser mit ihnen zu bestehen. Linksseitig, die Babisa von den Wakuna trennend, mündet der mächtige, weit aus dem Süden, aus dem Lande der Bassonge, kommende, durch zahlreiche Nebenflüsse, Bungolai, Lukalla etc., verstärkte Lomami in den Kongo. Gegenüber, wenig unterhalb von ihm mündet 180 m breit der aus Nordosten kommende Kankora ein, welchem Stanley zu Ehren des Königs der Belgier den Namen „Leopold-Fluss" gab. Bald darauf verengert sich der Strom, um den ersten der sieben Katarakte der Stanley-Fälle zu bilden. Stanley schildert denselben als „einen kleinen, etwa 180 Meter breiten Wasserarm, der von dem eigentlichen Hauptstrom durch einen Seitendamm von Feuersteinfelsen getrennt wurde. Dieser Hauptstrom führte das Boot unversehrt ein paar Meilen mit sich fort. Darauf erschienen alsbald andere Dämme, einige nur als niedrige und schmale Felskämme, andere aber viel breiter, mit hohen Bäumen bestanden und von dem Baswa-Stamme bewohnt. Zwischen zahlreichen Inselchen stürzte sich der Strom zur Linken in Wasserfällen oder schiefen, schaumbedeckten Flächen über niedrige Terrassen mit einem Fall von 1 Fuss auf 10 Fuss herab. Die auf diesen Eilanden hausenden Baswa sind ohne Zweifel erst vor kurzem auf diese Inselchen als sichere Zufluchtsörter vor irgend einem mächtigen, westlich vom Flusse im Binnenlande wohnenden Stamm geflohen. Der etwas über 800 m breite Hauptstrom lief mit Ungestüm nach Ost-Nord-Ost und stiess sich nach einer Meile voll Stromschnellen gegen einen Bergrücken, der von Nord nach Süd strich und dessen Kamm etwa 90 m über dem Strome lag. An diesem, seinem Laufe sich entgegenstellenden Bergrücken schien der Strom sich in einer Art Wasserbecken zu sammeln, aus dem er über einen Wall zu einer Szene voll unbeschreiblicher Wirrnis in schreckliche Strudel und einen ganz tollen Zusammenfluss brausender und sich über einander wälzender Giessbäche hinabstürzte." Nach mühseliger Umgehung dieses ersten Wasserfalles, etwa 150 m von ihm entfernt, verkündete donnerndes Brausen den zweiten Wasserfall. „Östlich von der grössern Insel Tscheandoah", erzählt Stanley, „wurde der rechte Arm des Stromes wieder von einer Insel gabelförmig geteilt; seine ganze Oberfläche war über alle Beschreibung wild und der Lärm seiner tobenden Wellen betäubend, während der westliche Arm — so gross war seine Gewalt — eine Terrasse hinabrauschte und dann in einem ausgedehnten Becken, indem er an der äussern Rundung hinjagte, einen so gewaltigen Strudel bildete, dass das Wasser in der Mitte ganze 18 Zoll niedriger stand als an dem äussern Rande. Dicht an dem Ufer waren Winkel und beckenartige Formationen in den Trappfelsen, in welchen das Wasser dann und wann stark aufwirbelte, und nachdem es dann ungefähr einen Fuss tief gefallen war, pflegte es sich wieder mit gewaltigem Ungestüm und furchtbarem Rauschen zu heben." Nachdem Stanley nach vier Tagen voll schrecklicher Anstrengungen unterhalb der Fälle wieder an den Fluss gelangt war, stiess er nach kurzer Fahrt auf ein neues Hindernis. „Am nördlichen Ende der Insel Ntunduru vereinigen sich vier getrennte, von Tscheandoah und den benachbarten Inseln herabfliessende Flussarme, und ihre vereinigten Gewässer stürzen sich in einen ungeheuern aufsprudelnden und wallenden Kessel, aus dem bisweilen Wasserwälle sich emporheben, um dann mehrere Fuss weit mit entsetzlichem Lärm zusammenzustürzen." An die dicht beieinander gelegenen 2. und 3. Katarakte, die Stanley soeben umgangen hatte, reihte sich der 4. und 5., „eine der wildesten Wasserszenen, die man sich nur denken kann".

Erst am 19. Januar setzte Stanley seine Fahrt fort. Unterhalb der Insel Asama fand er den Strom über 1800 m breit und 10—14 m tief. Den Kandschabe-Inseln gegenüber nahm auf dem rechten Ufer das Land Aruko (ein Distrikt von Uregga) seinen Anfang; auf dem linken Ufer liegt hier die Grenze von Wandeiwa. Unter steten Kämpfen mit den Stämmen der Bakumu, Wawa-Rukura etc. erzwang Stanley sich den Weg in das Land Koruru auf dem rechten, und das Land Yambarri auf dem linken Ufer, und gelangte am 20. Januar zum 6. Katarakt, welcher durch eine breite, grünliche Schieferfelsenmasse hervorgebracht wird, die wallartig aus dem Fusse der steilen Ufer an der linken Seite des Stromes hervorspringt. Da dieser Thonschiefer aus vielen dünnen Schichten besteht, so hat die Strömung allmählich zahlreiche Spalten und Klüfte in denselben hineingerissen, und eine dieser Felsspalten an der linken Seite, wo die Strömung am gewaltigsten und die Szene der tobenden Gewässer am wildesten ist, hat eine bedeutende Breite und Tiefe. Näher nach dem rechten Ufer zu ähnelt der Katarakt in seinem Aussehen mehr einer Reihe wütender Stromschnellen, und ein schmaler Arm hat sich zwischen den zahlreichen Wana-Rukura-Inseln und dem rechten Ufer gebildet, welcher über 1 Dutzend Terrassenstufen von 6 Zoll bis 2 Fuss Höhe und in einer Reihe seichter Stromschnellen 6 Meilen weit hinabfällt, wo er dann das Niveau des Hauptstromes unterhalb des 6. Katarakts erreicht." Am 23. Jan. hatte Stanley den Katarakt überwunden, am 25. überwand er den letzten der Stanley-Fälle, den siebenten und grossartigsten von allen, ebenfalls unter fortwährenden Kämpfen mit den an ihm in zahlreichen Dörfern, in Stärke von mindestens 6000 Köpfen, wohnenden Wenya. „Man kann nicht sagen, dass der Strom in diesen letzten Katarakt der Stanley-Fälle herabfällt, schildert Stanley diesen Katarakt; er wird eine ganze Strecke hin heruntergestürzt. Die Ripon-Fälle am Ausflusse des Viktoria-Sees erschienen nur matt und schwach im Vergleich mit diesem pfeilschnellen Herunterfliessen an einem Abhange und mit diesem ungestümen Vorwärtsstürzen. Der Viktoria-Nil bietet, während er in seinem jäh abschüssigen Bett nach Unyoro zu herabeilt, ein sehr hübsches, malerisches und sogar ziemlich aufregendes Schauspiel dar, aber der Livingstone, dessen Wassermasse reichlich zehnmal so gross ist als die des Viktoria-Nil, bringt uns, obgleich das Strombett hier auch nicht breiter ist, in viel grossartigerer Weise den Charakter unwiderstehlicher Gewalt zur Anschauung und vereinigt eine gewaltige Tiefe mit einem wildlärmenden Hinabstürzen."

Unterhalb des Falles wendet sich der Strom, dessen Richtung oberhalb desselben eine nördliche war, nach West-Nord-West. An der Mündung des von Nordost her rechtsseitig einmündenden Mbura u. des tief aus dem Süden, aus der Gegend des 10. Breitengrades her strömenden, im Bassonge-Lande durch den Zusammenfluss mit dem Lubi entstandenen mächtigen Lubilasch (linksseitig) vorbei, unter fortwährenden Kämpfen mit den Stämmen der Ituka etc., erreichte Stanley am 1. Februar die Mündung des gewaltigen Aruwimi. Hier hatte Stanley eine förmliche Schlacht zu bestehen gegen 54 stark bemannte Neger-Kanoes. „Es ist eine mörderische Welt," schildert der kühne Amerikaner sein Vordringen in dieser Gegend des obern Kongo, „und wir fühlen zum ersten male, dass wir solch schmutziges, gefrässiges Gesindel hassen, das sie bewohnt. Wir lichten deshalb unsere Anker und verfolgen die Kannibalen stromaufwärts auf dem rechten Ufer entlang, bis wir, um eine Landspitze herumfahrend, ihre Dörfer zu Gesicht bekommen. Darauf fahren wir geradewegs auf das Gestade los und setzen das Gefecht in den Dorfstrassen mit denen, die gelandet sind, fort, verjagen sie in die Wälder und lassen erst dann zum Rückzug blasen, nachdem wir den verwegenen Kannibalen in etwas rauher Form einen Gegenbesuch abgestattet haben." In einem der Dörfer fand Stanley ein 4 Fuss hohes Götzenbild unter einem von 33 Elefantenzähnen getragenen kreisrunden Dache. Seine Leute bemächtigten sich dieser Zähne und brachten ausserdem noch 100 Stück Elfenbein in die Kanoes, darunter viele Stücke, die zu Kriegshörnern, Mörserkeulen, kleinen Hämmern, Armbändern u. s. w. verarbeitet waren. Eine Menge Gegenstände, welche auf eine nicht geringe Kunstfertigkeit dieser raubgierigen Kannibalen schliessen liessen, prächtige grosse Messer in mit Eisen besetzten Scheiden. Massen von Speeren aller Grössen, Zangen, Hämmer, Pfriemen, Pfahlbrenner, Haarnadeln; Angeln, Arm- und Beinringe von Eisen und Kupfer, Eisenperlen und Bänder um das Handgelenk, eiserne Glocken, Äxte, Kriegsbeile, Dechsel, Hacken, Hauen u. s. w. wurden in den Dörfern gefunden. Grosse und kleine, aus Holz geschnitzte Götzenbilder waren ebenfalls in Menge vorhanden, und in der Holzschnitzkunst schienen die Aruwimi bereits bedeutende Fortschritte gemacht zu haben, wie die vorgefundenen Flöten, Trommeln, Tröge, Schöpfkellen, Löffel, Ruder u. s. w. bewiesen. Sehr schön waren ihre irdenen Gefässe und ihre Pfeifen. Auf Schritt und Tritt begegnete man Anzeichen, dass hier ein wohlhabendes und in vielen Handfertigkeiten erfahrenes Volk lebe, und doch war dasselbe zweifellos noch dem Kannibalismus ergeben.

Unterhalb der Mündung des Aruwimi gewinnt der Strom eine ungeheure Breite und wird durch mehrere Reihen langer Inseln in 4—6 Arme geteilt. Auf die Stämme der kannibalischen Bemberri folgten unterhalb der Mündung (rechtsseitig) des von Nordost aus dem Georgios-Gebirge herströmenden Itimbiri die milder gesinnten Rabunga, bei denen Stanley zuerst wieder auf Feuergewehre stiess: für ihn ein sicheres Anzeichen, dass er sich allmählich wieder zivilisierteren Gegenden näherte. Aus dem Lande der Rabunga gelangte Stanley in das Land Uvangi, dann unter heftigen Kämpfen mit dessen Bewohnern in das Land Mpakiwani. Die hier im Strome liegenden Inseln sind, wie Stanley erzählt, mit einer wundervollen Vegetation bedeckt; auch die Tierwelt ist durch die mannigfaltigsten Arten vertreten: Elefanten, kleine rote Büffel in Herden, Paviane, Makis und kleine langschwänzige Affen, Flusspferde, Krokodile und Warner sah Stanley in Menge.

Am 14. Februar kam Stanley in das Land der Mangalla. An der Mündung des gleichnamigen, von Nordosten her (aus dem Bulumba-See) strömenden Flusses wurde er von 63 Kanoes mit über 300 Gewehrträgern angegriffen. Am 17. Febr. kurz vor Sonnenuntergang bemerkte

Stanley, dass der Strom sich allmählich nach Süden wandte. An der Mündung des Lulengu und des Ikelembe (die beide aus Südosten kommen) und der gewaltigen Mündung des tief aus dem Süden heranwogenden Urruki oder Kassai vorbei passierte Stanley am 18. Februar um 7 Uhr morgens den Äquator, hatte also den grossen Bogen zurückgelegt, welchen der Strom über dem Äquator beschreibt. Unterhalb des linksseitigen Irebu, welchem Dorfe gegenüber der mächtige, unter $2^1/_2$ Grad n. Br. den Ngirri-See bildende Siboko (Ubangi) einmündet, wurde der Strom wieder breit wie ein See und war mit zahllosen Inseln bedeckt. „Es war Wasser genug vorhanden, um die riesigsten Dampfboote, welche den Mississippi befahren, flott zu erhalten. Hier und da schimmerten zwischen den im frischesten Grün prangenden Inseln breite Bänke weissen Sandes hervor, aber zu beiden Seiten strömte das Wasser mehrere hundert Meter breit und hatte in den Kanälen immer 3 Faden Tiefe.“ Am Nachmittag des 26. Februar erblickte Stanley, aus den Inselgruppen herausfahrend, vor sich den ungeteilten Strom, der hier etwa 3700 m breit war. Auf dem linken Ufer erhoben sich die steilen, aber doch bebauten Abhänge von Bolobo, und auf dem rechten Ufer befand sich ein Hochland. Die Abhänge von Bolobo waren mit vielen Dörfern bedeckt, deren Bewohner sich freundlich zeigten.

Am 1. März landete Stanley, nachdem er seit dem 28. Februar der Gast des „Königs“ vom Tschumbirri gewesen war, 6 Meilen unterhalb der Einmündung des Flusses Ibari-Nkutu (Ostufer), gegenüber derjenigen des Lefini (Lawson), wo er das letzte Gefecht (das 32.) mit den Wilden zu bestehen hatte (14 seiner Leute wurden verwundet). Gegen Mittag des 12. März lag vor den Augen des kühnen Reisenden die jetzt unter der Benennung „Stanley-Pool“ bekannte seeartige Erweiterung des Stromes, dessen Breite hier von 1500 auf 2300 m stieg. „Sandige Inseln erhoben sich und zur Rechten türmte sich weissschimmernd eine lange Reihe von Klippen auf, welche denen von Dover so ähnlich sahen, dass Frank (ein von Stanley geworbener Engländer) sogleich ausrief, das sei ein Stückchen England.“ Auf Franks Vorschlag erhielten die Klippen den Namen Doverklippen und die etwa 30 □Meilen bedeckende seeartige Erweiterung, welche alle sofort als einen Pfuhl bezeichnet hatten und die sich ostwärts bis zu 4° 3′ südl. Br., westwärts bis zu den Livingstone-Fällen erstreckt, wurde Stanley-Pool benannt. Die Ufer desselben sind dicht bevölkert; auf dem linken Ufer wohnen die Nschasa, Nkunda und Ntamo, auf dem rechten die Bateke, welche Menschenfresser sein sollen, aber Stanley freundlich entgegenkamen.

Der erste Katarakt der Livingstone-Fälle befindet sich unmittelbar unterhalb des von Westen her einmündenden Djuë (oder Gordon-Bennett-River), und zwar 349,39 m über dem Ozean. Schäumend stürzt sich von da der Livingstone auf einer von Felsenklippen eingefassten, fast 39 deutsche Meilen langen Strecke hinab in den breiten Kongo, welcher etwa 335 m unter dem ersten Katarakte liegt. Die Eingeborenen berichteten Stanley von 3 Katarakten, welche sie das „Kind“, die „Mutter“ und den „Vater“ nannten. Der gefährlichste war der letzte. „Man nehme“, berichtet Stanley, „einen 4 Meilen langen und eine halbe Meile breiten Streifen des Ozeans und lasse einen Orkan auf ihm wüten, und man wird von diesen hochaufspringenden Wogen einen ziemlich genauen Begriff erhalten. Einige der Wassertröge waren 1000 m lang, und von dem einen stürzte sich der rasende

Neger au

gogebiet.

Strom in den andern. Zuerst rauschte das Wasser auf einer schiefen Ebene in den Grund eines ungeheuern Troges hinunter, und dann hob sich bloss durch die Wucht seines mechanischen Gewichtes das enorme Wasservolumen steil empor, bis es, zu einem förmlichen Bergrücken angesammelt, plötzlich sich 6—9 m hoch gerade emporschleuderte, bevor es sich zum nächsten Troge hinabwälzte. „Wenn ich auf dieses furchtbar wilde Naturspiel auf- und niederblickte, sah ich jeden Zwischenraum von 50—100 m momentan durch Wellentürme bezeichnet, ich sah sie in Schaum und Flugwasser zusammenstürzen, ich hörte das tolle Gerassel und Brausen der Hügel bildenden Fluten, der zurückrollenden Wasserfälle und der mit riesiger Gewalt sich emporhebenden Wogen; dabei war zu beiden Seiten der Uferrand, der aus einer langen Reihe zu Mauern aufgetürmter, riesiger Felsblöcke bestand, in dem wilden Aufruhr der ungestümen Brandung vergraben. Der Lärm war fürchterlich und betäubend. Ich kann ihn nur mit dem Donnern eines durch einen Felstunnel fahrenden Schnellzuges vergleichen. Wollte man mit seinem Nachbar sprechen, so musste man ihm ins Ohr schreien.“

Unter einer Reihe von Unfällen wurden die Katarakte passiert. Drei Boote wurden von der reissenden Strömung (beinahe $13^1/_2$ m in der Sekunde) den sie an Seilen haltenden Männern aus den Händen gerissen, und nur zwei konnten noch gerettet werden; Stanley's bestes, beinahe 23 m langes Canoe ging unter. Auf den von den Wellen glatt polierten Felsen stürzten mehrere Leute und verletzten sich nicht unerheblich, und Stanley selbst trug beim Sturz in eine Grube einige Quetschungen davon. Am 28. März geriet das „Krokodil“, in welchem sich Stanley's Lieblinge Kalulu, Mauredi und Feradschi nebst noch 5 Leuten befanden, unmittelbar oberhalb des nachher „Kalulu-Fall“ genannten Falles in die stärkste Strömung und schoss in den Abgrund hinab. Die Mannschaft eines zweiten Kanoes, welches unmittelbar hinterher auf den Fall zuschoss, kam wie durch ein Wunder über die Fälle hinweg und konnte sich weiter unten an das linke Ufer retten, ein drittes Canoe jedoch, in welchem sich der brave junge Soudi befand, wurde von grossen Wogen ergriffen, wild herumgewirbelt und verschwand. Man hielt Soudi für tot und war daher freudig überrascht, als er sich am 1. April nebst zwei anderen, auch ans Ufer Verschlagenen wieder einfand. „Indem ich mich fest an mein Canoe klammerte“, erzählte Soudi, „trug mich der wilde Strom immer weiter hinab, immer tiefer und tiefer, ohne Rast von Ort zu Ort, bisweilen dicht an einen Felsen, dann wieder ungefähr in seine Mitte, bis eine Stunde, nachdem es dunkel geworden war; da sah ich aber einen Felsen ganz in meiner Nähe, ich sprang hinaus, und es gelang mir, mein Canoe zu erfassen und es an das Ufer zu ziehen.“ Im nächsten Augenblick wurde Soudi von Männern überfallen, gefesselt und in ein Dorf gebracht. Dort sah ihn ein Mann, der ihn schon in Ntamo gesehen hatte. Er erkannte ihn wieder und bewirkte seine Freilassung. Man gab ihm sein Canoe zurück und Lebensmittel dazu, und trug ihm auf, seinem Herrn zu erzählen, dass er Freunde getroffen habe. Er traf später mit den beiden auf dasselbe Ufer Verschlagenen zusammen, und sie wagten vereint die Überfahrt, welche gelang.

Noch immer war kein Ende der fürchterlichen Stromschnellen abzusehen, und auch die Verluste hatten kein Ende. Am 3. April verlor Stanley in den Stromschnellen ein Canoe, welches 50 Elefantenzähne und einen Sack Perlen trug. Bei den „Lady

Alice-Stromschnellen" kam Stanley selbst in Lebensgefahr. Die „Lady Alice", in der er sich befand, war den Leuten entschlüpft, welche sie an einem Kabel vorsichtig über den Wasserfall hinablassen wollten, und schoss nun in dem tobenden Strom blitzschnell dahin, bald auf zischende Schaumkämme emporgehoben, bald wieder in Abgründe hinabtauchend. Zwei Meilen jagte sie so dahin, und Stanley's Genossen hielten sich bereits für verloren. „Ein plötzliches, polterndes und raschelndes Geräusch, wie der abgeschwächte Ton eines Erdbebens, liess uns nach unten blicken", schreibt Stanley, „und wir sahen, wie sich der ganze Strom leibhaftig nach oben hob, wie wenn ein Vulkan eben begönne, ungeheure Wassermassen auszuspeien. Hinauf zu dem Gipfel dieses Wasserfalles wurden wir jetzt getrieben, und dann, im Vorgefühl dessen, was in den nächsten Augenblicken geschehen würde, schrie ich: „Rudert, Leute, es gilt Euer Leben!" ... Einige rasende, energische Ruderschläge trieben uns nach der untern Seite des Walles vorwärts, und ehe sein Zusammensturz erfolgt war und ehe die Gewässer ihren verhängnisvollen Malstrom gebildet hatten, wurden wir über einen kleinen Wasserfall vorwärtsgejagt und schossen nun hinab der Einfahrt zu, in welche der Nkenké-Katarakt stürzte, unterhalb der tiefsten Linien der von den Lady-Alice-Stromschnellen erregten Brandung." Um die Canoes auf der Strecke, welche Stanley in etwa 15 Minuten zurückgelegt hatte, an Tauen herabzulassen, brauchte man 4 Tage. Am 20. April dehnte sich der Strom wieder zu etwa 730 m Breite aus, und bald darauf berichteten Uferbewohner vom Stamm der Basessé, welche Lebensmittel brachten, dass nur noch ein Katarakt vorhanden sei, welcher aber von bedeutender Höhe herabfalle. Diese Fälle werden „Inkisi" (der Zauber) genannt. „Sie bilden keinen bestimmt begrenzten Wasserfall, sondern der durch eine nur 450 m breite Kluft hindurchgezwängte Strom hat zu beiden Seiten grosse, sich kräuselnde Wellen von zerstörender Wut, welche sich in der Mitte treffen, übereinander wegspringen und gegen einander schlagen, während tief unten ein absolutes Chaos von tollaufgeregtem Wasser, hochaufspringenden Wogen, tiefen Mulden, mit einander kämpfenden Wasserrücken entsteht und sich wie im wildesten Taumel 2 Meilen weit fortwälzt. Den Anfang dieses Schlundes bildet eine langgestreckte Insel, welche ein Stück oder gleichsam ein abgeschnittener Streifen des Tafellandes zu sein scheint, der von einer Höhe von 300 m platt auf den Boden heruntergestürzt ist." Eine Fahrt über diese Fälle war unmöglich, und Stanley beschloss, die Canoes über die Berge schleppen zu lassen. Bis zum Abend war mit Hilfe der vielen Äxte, über welche die Expedition verfügte, ein 1400 m langer Weg durch den Bergwald gebahnt, welcher mit abgehauenen Zweigen belegt wurde. Am nächsten Morgen wurde das Boot und ein kleines Canoe glücklich auf die Höhe hinauf gebracht.

Stanley befand sich jetzt in dem von den Babwende, welche häufig die Küstenplätze zu besuchen pflegen und von denen einige auch Embomma (Boma) kannten, bewohnten Mowa-Lande und gelangte nunmehr zu den Massassa-Fällen. „Bei Massassa endigt der verhältnismässig eng eingemauerte Kanal, durch welchen der Strom in grösster Unruhe von den Mowa-Fällen und dem tiefern Bassin (durch die Massassa-Fälle) in das „Bolo-bolo-" (ruhig, ruhig) Bassin hinabstürzt. Wegen der grossen Breite des Mowa-Beckens (1650 m) wälzt sich der Strom von oben eine Meile weit mit einem gewaltige Wogen auftürmendem Laufe durch den etwa 450 m breiten Spalt in den Felsendamm, scheint aber bei Massessé seine Geschwindigkeit zu vermindern. Hier wälzt der Strom, sich stauend, einen Teil seiner Wassermasse längs der Flanken nach oben zurück, und diese Gegenströmung streicht an dem Fusse der Mowa-Klippen vorbei und fliesst dann in die Mowa-Bucht hinein. Nachdem sie in die zungenähnliche Bucht wie eine Flutwelle hineingestürmt ist, lässt sie schnell nach, zieht sich längs des Fusses des Mowa-Felsdammes zurück und trifft nach einem 2 Meilen langen Kreislaufe mit den grossen Fällen und mächtige Wogen bildenden Stromschnellen zusammen, und nun entsteht ein wilder Kampf zwischen den beiden entgegengesetzten Strömungen. Von Massessé aus nimmt dann der Strom seinen reissend schnellen, gleichmässigern Lauf wieder auf, nur dass sich an allen Vorsprüngen Wellen bilden, aber im allgemeinen mit einer scheinbar ruhigen Oberfläche, wobei er freilich von dem eigentümlich gurgelnden Tone begleitete Strudel bildet. Wenn er sich dann der Massassa-Spitze nähert, eine Meile unterhalb Massessé, so rennt er gegen hervorragende Felsmauern und hebt sich auf beiden Seiten zu kräuselnden Wellen, welche sich mitten im Strome etwa 200 m weiter unten begegnen; ein Wogenkamm schlägt hier gegen den andern, eine Welle trifft die andere, sie schlagen übereinander hinweg und ringen miteinander, sinken dann scheinbar ermattet zusammen, um sich gleich wieder in tiefbraunen Wogenbergen mit lautklatschenden Gipfeln hoch emporzuheben. Eine halbe Meile weit wälzen sich wilde Gewässer dem Bolo-bolo-Bassin zu, wo sie sich auf diese Weise schliesslich in einem ruhigen Teiche sammeln, woher der Name stammt."

Anderthalb Meilen unterhalb der Massassa-Fälle befinden sich die viel wilderen Zinga-Fälle. Am 3. Juni brach Stanley mit der „Lady Alice" auf, um das auf dem Wasserwege zwei Meilen näher als auf dem Landwege liegende Zinga zu erreichen. Etwa $^3/_4$ Meile ging die Fahrt ohne Unfall von statten, dann aber geriet die „Lady Alice" in die Wirbel hinein und entrann nur durch verweifeltes Rudern einer Art Malstrom, der sich plötzlich vor ihr gebildet hatte. Stanley setzte infolge Leckwerdens seines Bootes die Reise zu Lande fort. Von dem ihm im Canoe „Jason" über die Fälle nachfolgenden Gefährten kam sein letzter weisser Gefährte, Frank Pocock, durch Ertrinken um. Erst am Abende des 25. Juni waren sämtliche Boote über die Fälle gebracht (20 Tage hatte Stanley gebraucht, um die 3 Meilen lange Strecke von den Mowa-Fällen bis unterhalb Zinga zu bewältigen). Die Ingulufi-Fälle erwiesen sich als blosse Stromschnellen, über welche die Boote leicht hinwegschossen. Auch die Mbelo-Fälle wurden glücklich zurückgelegt und dann die Landung am Strande von Kilanga bewirkt. Am 6. Juli traf Stanley in Kinsoré ein, von dort bis Mpakambendi bot der Strom keine Gefahren. Von Mpakambendi unterbrachen nur hier und da kleine Stromschnellen die Fahrt. Hinter die Wanson-Fälle, die in einem Seitenkanal überwunden wurden, folgten die Ntombo-Mataka-Fälle (16. Juli). Am 20. Juli wurde der Mata (rechtsseitig) erreicht. An den Dörfern Kibonda, Elwala (von den streitsüchtigen Basundi bewohnt) vorüber ging es zu den wütenden Itunsima-Fällen, die am 25. Juli erreicht wurden. Von hier an, am Distrikt Kilolo vorüber, floss der Strom bis zu den Isangila-Fällen (30. Juli) „so ruhig dahin, wie man ihn seit Monaten nicht gesehen hatte". Von hier aus schlug Stanley den Landweg ein, da jeder Zweifel, dass der von ihm „Livingstone" genannte Fluss identisch mit dem Kongo sei, abgeschnitten war, und am 9. Aug. 1877 traf er in Boma ein.

Stanley hatte die ganze Länge des Riesenstromes festgestellt. Der gesamte Lauf desselben konnte in die Karte eingetragen werden. 630 Meilen beträgt derselbe! Von ihnen ist der 225 Meilen lange, oft seeartig erweiterte mittlere Teil für die grössten Schiffe befahrbar. Von hohem Interesse ist die nachstehend gegebene Charakteristik des Stromes, welche Stanley unter Vergleichung desselben mit den anderen grossen Strömen des Erdballs in seinem neuesten Werke entwirft.

Als Stanley seine Reise antrat, war streng genommen nur das eigentliche Mündungsgebiet des Kongo bekannt. Der Kongo entsendet dort nach allen Seiten eine Menge kleiner Flussarme, Creeks genannt, als suche er in seiner Hast, das Meer zu erreichen, unablässig nach einem nähern Wege zu demselben, aber alle diese Creeks bilden nur Sackgassen, und ungeteilt wälzt sich die gewaltige Wassermasse in den Ozean.

„Mit welchen Augen", sagt Stanley, „würde man den Kongo betrachten, wenn man auf einem Dampfer stände, wie sie den Mississippi befahren, der mit einer Geschwindigkeit von 12 Knoten den Strom durchschneidet und ein von einem bewährten Sonnensegel geschütztes Promenadendeck besitzt, auf welchem man auf- und niederschreiten kann, während in üppigster Weise auch für Kost und Logis gesorgt ist. Ich glaube, man würde dem Kongo den Vorzug vor allen anderen Flüssen geben. Unwillkürlich stellt man Vergleiche an. Der Rhein? Nun, der Rhein ist selbst an seinen malerischesten Stellen nur ein mikroskopisches Miniaturbild des untern Kongo; aber um diesen gehörig zu sehen und zu würdigen, muss man auch den Rheindampfer mit seinem Wein, seiner Tafel und bequemen Einrichtung haben. Der Mississippi? Der Kongo ist anderthalbmal länger und gewiss acht- und zehnmal so breit als der Mississippi; man kann wohl ein Dutzend Kanäle auswählen, an denen man eine hübschere Vegetation findet, als an dem amerikanischen Strom. Es fehlt diesem die Palme und der Calamus, während jener ein Dutzend Palmarten, Herden von Flusspferden, unzählige Krokodile, am Ufer des Festlandes und der Inseln lustig umherspringende Affen, wie Schwildwachen im Zwielicht des dunkeln Waldes stehende Elefanten, auf der reichen Grasebene weidende braune und schwarze Büffel, grosse Scharen von Ibissen, schwarze, grüne und weisse Papageien und Perlhühner aufzuweisen hat. Der Mississippi ist ein ziemlich breiter Fluss von grauer Farbe, der zwischen niedrigen Ufern eingeengt wird und an dem hier und da Städte mit Holz- und Steinhäusern liegen; aber der Kongo ist auf seiner linken Hälfte theeartig und auf seiner rechten fast kreideweiss. Man hat die Wahl, Thee oder Milch, Bordeaux- oder Rheinwein. Und was die Städte anbetrifft, so hoffe ich, dass die auch noch entstehen werden, wenn die allgütige Vorsehung unser Werk segnet; vorläufig ist an seinen geräumigen Ufern Raum genug für sie und das halbe Europa, und noch Platz übrig. Der Nil? Man frage die braven englischen Soldaten, welche sich über die Katarakte hinaufgearbeitet haben, wie sie über einen Festtagsausflug auf dem Nil denken. Die Donau? Sie kann hinsichtlich der Szenerie im Vergleich mit dem Kongo gar nicht genannt werden. Die Wolga? Noch weniger. Der Amazonenstrom? Auch nicht. Man muss den Amazonenstrom sehr weit hinauffahren, ehe man eine Landschaft findet, welche auch nur annähernd der Kongo-Szenerie gleichkommt." (Stanley, „Der Kongo", Leipzig 1885.)

Das Mündungsgebiet des Kongo.

Gleich in der Mündung des Kongo liegt die alte holländische Niederlassung **Banana**, ein Platz, der (vergl. Roskoschny, „Europa's Kolonieen“, Bd. II, S. 111) berufen sein dürfte, in der fernern Entwickelung des Handels auf dem Kongo eine der wichtigsten Rollen zu spielen. An der Südseite des Stromes ragt dort die Landzunge Padrão ins Meer hinaus, auf welcher sich hinter einem Walle von Mangroven prächtiger Wald ausbreitet, und die Nordseite bildet eine kleine sandige Halbinsel, auf welcher die holländische Niederlassung liegt. Streng genommen ist Banana eine Insel, da es nur durch einen dichten Gürtel von Mangroven mit dem Festlande zusammenhängt und dieses nur zu Wasser erreicht werden kann. Der Platz war, als die Holländer sich dort festsetzten, zu einer Niederlassung wenig einladend, aber andererseits gerade wie geschaffen für ein Volk wie das holländische, welches den Boden seiner Heimat durch gewaltige Dammbauten dem Meere abgerungen hat und den Kampf mit demselben gewöhnt ist. Auf der einen Seite benagt der Kongo die schmale Halbinsel, und von der andern stürmt die Brandung des Atlantic gegen dieselbe heran. Mit derselben unermüdlichen Ausdauer, die sie daheim bethätigt, haben die Holländer starke Pfähle in den Meeresboden getrieben, den so gebildeten Damm durch Aufschütten von Erde und grossen Steinen befestigt und erhöht, und dem lockern Boden der Halbinsel durch Anpflanzung zahlreicher Palmen mehr Halt und Zusammenhang zu geben versucht. So haben sie sich einen Posten an der vortrefflichen Fahrstrasse gesichert, welche an der Halbinsel vorbeiführt. Der Kongo ist bei Banana so tief, dass ihn die grössten Schiffe befahren können, und eine ganze Kriegsflotte findet dort noch einen hinreichend grossen, bequemen Ankerplatz. Das etwa 70 km weiter stromaufwärts gelegene **Ponta da Lenha**, der nächste bedeutende Handelsplatz am Kongo, bietet ein ähnliches Bild wie Banana. Auch dort hat der Mensch den zu seiner Niederlassung nötigen Boden dem Strome mühsam abringen müssen, und ohne die sorgsam unterhaltenen Dammbauten würde schon längst der Kongo seine Wellen über die Stelle wälzen, auf welcher die Station liegt, die von den Portugiesen den Namen Ponta da Lenha (Holzplatz) erhielt, weil dort die stromaufwärts gehenden Dampfer ihre Holzvorräte zu erneuern pflegen. Der Boden bei Ponta da Lenha liegt nur unmerklich höher als der Wasserspiegel, und so ist es dem Strom nicht schwer geworden, vor kurzem eine französische Faktorei, die gegen seine Minierarbeit nicht genügend geschützt war, völlig wegzuspülen. Wo sie einst stand, ist jetzt 6 m tiefes Wasser. Ponta da Lenha liegt bereits ausserhalb der Mangrovenregion, aber noch 70 km stromaufwärts, wo bei Boma vor Stanley's Reise die Kenntnis des Kongo ihr Ende erreichte, ist das Klima ein höchst ungesundes. Grosse Sümpfe, welche unmittelbar hinter den Wohnungen der Europäer beginnen, machen **Boma** zu einem der gefährlichsten Plätze im Kongogebiete. Bösartige Fieber herrschen dort, Scharen grosser Muskitos, welche die Sümpfe ausbrüten, bilden eine der fürchterlichsten Landplagen, und zu alledem gesellt sich noch eine erdrückende Hitze, so dass noch kein Reisender länger als gerade unumgänglich nötig war, in Boma verweilt hat.

Das Landschaftsbild, welches der Kongo bei Boma bietet, ist dagegen weit grossartiger als in Banana und Ponta da Lenha. Der mit vielen Inseln, welche Myriaden von Wasservögeln beleben, bedeckte Strom hat eine majestätische Breite. Eine üppige Vegetation bedeckt die Ufer, aber Unmassen gefrässiger Krokodile hausen im Wasser, denen schon manches Menschenleben zum Opfer gefallen ist und die, wie Johnston sagt, „geradezu die Pest des Landes bilden.“ Über die gegenwärtigen Umzäunungen der hiesigen Faktoreien hinaus herrscht eine Üppigkeit vegetablischen Wachstums, welche jeglicher Darstellung mit Feder oder Pinsel spottet. Die heisse Sonne ruft auf dem weichen Schlamm eine Vegetation ins Leben, deren schlanke Grossartigkeit und monströses Wachstum an die Wälder der Steinkohlenperiode erinnert und vor unseren Augen in unserer entarteten Zeit die Majestät desPflanzenreichs vergangener Epochen wieder hervorzaubert. An den sumpfigen Stellen in der Nähe des Stromufers finden sich Massen von glänzenden Orchideen (Lissochilus giganteus), einer Festlandsart, welche oft bis zu sechs Fuss Höhe vom Boden aufschiesst und oben eine solche Menge rötlich lilafarbener Blüten mit goldigem Kelche trägt, dass kaum eine Blume der Welt ihr an Schönheit und Zartheit der Formen gleichkommt. Diese Orchideen mit ihren hellgrünen lanzettförmigen Blättern und ihren langen herabhängenden Blütenstengeln wachsen in Gruppen von 40—50 Exemplaren zusammen, oft sich widerspiegelnd in dem seichten Pfuhl der um ihre Wurzeln stagnierenden Gewässer und den Vordergrund des tiefdunkelgrünen Waldes mit zarter pfirsichfarbener Luft erfüllend, so dass nach meiner Meinung kein Europäer es ohne Bewegung anschauen könnte. Die portugiesischen Kaufleute freilich, welche inmitten dieser lieblichen Natur wohnen, beachten sie kaum und lachen über den Eifer, mit welchem ich dieses „Capim“, dies gemeine Gras oder Rohr, wie sie es nennen, sammelte und zeichnete. Gruppen einer Art Zwergpalme, Phönix spinosa, welche eine halbwegs essbare trockene Dattel trägt, schützen diese herrlichen Orchideen vor der Wegführung durch den Strom und erscheinen als eine Art Wassermarke, welche die Flut selten übersteigt; aber das Wasser dringt doch oft durch diese schlammige und vegetabilische Schranke und bildet innerhalb des Zauns von Zergpalmen viele kleine stille Lagunen, die nicht gerade ungesund zu nennen sind, weil ihr Wasserinhalt von der Meeresflut ergänzt und bewegt wird. In diesen von hohen Orchideengebüschen mit ihren langen spatelförmigen Blättern und den weissglänzenden Deckblättern ihrer Blütenkelche, von Schraubenbäumen, wedelnden Ölpalmen und auf ihren vielen Wurzeln sich wiegenden, ihre Blätter gegen den glänzenden Himmel wie gotische Bogenfenster ausbreitenden Mangrovebäumen umstandenen Lagunen und ihren Flächen stillen Wassers hausen und leben Myriaden tierischer Wesen.“ (H. H. Johnston, Der Kongo. Reise von seiner Mündung bis Bolobo nebst einer Schilderung der klimatischen, naturgeschichtlichen und ethnographischen Verhältnisse des westlichen Kongogebietes. Leipzig 1884. Seite 26).

Der neue Kongo-Staat.

Das neue Staatswesen am Kongo (vergl. H. Wichmann, „Petermanns Mitth.“ IV, S. 137 ff.), welches den bestehenden Staaten Europas und Amerikas vollkommen ebenbürtig zur Seite steht, muss seinen Ursprung zurückführen auf die Gründung der Association Internationale Africaine, welche am 15. September 1876 erfolgt war, nachdem auf Einladung des Königs Leopold II. hervorragende Reisende, Geographen und Staatsmänner in Brüssel zusammengetreten waren, um die Erforschung und Erschliessung Zentralafrikas für Handel und Verkehr energischer zu betreiben, als bisher durch die Zersplitterung der Kräfte möglich gewesen war, zugleich aber die Errungenschaften durch Gründung von Stationen, welche sich zu Stützpunkten für Forschungsunternehmungen, zu Kristallisationspunkten von Ansiedelungen entwickeln sollten, zu sichern. Nach dem Stande der damaligen Kenntnis wurde Ost-Äquatorialafrika als Ausgangspunkt gewählt. Bevor aber noch die ersten Expeditionen ausgegangen waren, um auf der grossen Karawanenstrasse von Sansibar ins Seeengebiet vorzudringen, erfolgte Stanleys Entdeckung des Kongo-Laufes, ein Ereignis, welches ganz neue Bahnen der geographischen Forschung eröffnete und um so mehr die Entschliessungen der neugegründeten Association beeinflussen musste, als der Fortgang der Expeditionen in Ostafrika nicht den gehegten Erwartungen entsprach. König Leopold II. war der erste, welcher sein Augenmerk auf die günstigeren Aussichten richtete, welche der Kongo selbst für die Förderung seiner philanthropischen Pläne bieten konnte. Nach Rücksprache mit dem kühnen Forscher gründete der König der Belgier, da er eingesehen hatte, dass die am Kongo zu bewältigenden technischen Schwierigkeiten grössere Mittel erheischen würden, als der Association zu Gebote standen, am 25. November 1878 in Brüssel das Comité d'études du Haut-Congo.

„Zum Führer des grossartigen Unternehmens, welches mit einem Schlage die fruchtbaren Gefilde am Mittellaufe des Kongo zugänglich machen, aber auch zugleich vor den Auswüchsen der Zivilisation schützen sollte, wurde Stanley selbst gewonnen, welcher im August 1879 wieder an dem Schauplatze seiner einstmaligen glorreichen Thätigkeit erschien, nachdem er sich von Sansibar die erforderlichen Hilfskräfte, welche er unter den Eingeborenen der Westküste nicht erwarten konnte, zur Ausführung seiner Pläne mitgebracht hatte. Ohne Säumen ging der rührige Amerikaner an die Ausführung seiner schöpferischen Pläne. Als Ausgangs- und Stützpunkt seines Vordringens bedurfte er einer vom Meere leicht und stets zu erreichenden Niederlage, wo die zur Unterstützung seiner Leute erforderlichen Vorräte, Utensilien, Waffen, Werkzeuge etc. aufgespeichert werden konnten. Zu diesem Zwecke gründete Stanley in Vivi, dem äussersten, zu Schiff zu erreichenden Punkte am untern Kongo, 184 km von der Mündung des Stromes entfernt, die erste Station, welche im Januar 1880 so weit unter Dach war, dass er vorwärts eilen konnte.

„Die nächste Aufgabe war eine bedeutend schwierigere, denn es galt jetzt die durch Stromschnellen und Fälle versperrte und somit nicht benutzbare Strecke des Flusses zu umgehen, sämtliche Vorräte auf dem Landwege nach Osten zu schaffen, bis der Fluss wieder eine Schiffahrtsstrasse darbot. Namentlich der erste Teil dieses Landweges, auf welchem die Yellala-Fälle umgangen werden mussten, bot kolossale Terrainschwierigkeiten, da diese Strecke ein von tiefen, steil abfallenden Schluchten zerrissenes Hügelland bildet, welches zudem keine Subsistenzmittel für die grosse Karawane darbot. Um das umfangreiche Material, welches auch die einzelnen Stücke der zerlegbaren, für den Mittellauf des Kongo bestimmten Dampfboote enthielt, vorwärts zu schaffen, bedurfte es erst der Entfernung der grössten Hindernisse in dem Terrain; im Wege stehende Felsmassen mussten entfernt, die jähen Abstürze und schroffen Anstiege in die Schluchten und wieder aus diesen heraus mussten erleichtert werden, und somit kam es, dass die Bewältigung der nur 83 km betragenden Strecke von Vivi bis Isangila, welche ein einzelner Reisender ohne bedeutendes Gepäck in 5—6 Tagen zurücklegen konnte, 11 Monate in Anspruch nahm. Erst im Dezember 1880 wurde bei Isangila der Kongo wieder erreicht und hier eine zweite Station errichtet, welche als Niederlage erforderlich war, da von hier aus für die nächsten 118 km wieder die allerdings durch kleinere Stromschnellen gefährliche Wasserstrasse des Kongo nutzbar gemacht werden konnte. Im Mai 1881 wurde die dritte Station in Manianga, dem Endpunkte dieser schiffbaren Strecke, gegründet. Von hier aus musste wieder zu Lande der Transport besorgt werden, da bis zum Stanley-Pool der Fluss wiederum durch eine Reihe von Stromschnellen, welche nur auf ganz kurzen und daher keine Erleichterung gewährenden Strecken die Benutzung des Wasserweges gestatteten, versperrt wurde.

„Obwohl kaum von einem zweimonatlichen Krankenlager erstanden,

Stromschnelle am Kongo.

eilte Stanley seiner Karawane voraus und kam im Juli 1881 am Stanley-Pool an, von wo aus der Mittellauf des Kongo eine ca. 1700 km lange, ununterbrochene Fahrstrasse nach Osten bis zu den Stanley-Fällen, mitten in das Herz des Kontinentes hinein, darbietet. Hier am Stanley-Pool stiess Stanley auf unerwartete Schwierigkeiten. Während er selbst sich der Mühe unterzogen hatte, durch möglichste Beseitigung der Terrainschwierigkeiten für die Dauer die Erreichung des schiffbaren Mittellaufes zu erleichtern, durch die Gründung von Stationen, Anlage von Kulturen und Hereinziehung der Eingeborenen zur Arbeit die zivilisatorischen Pläne des Königs auszuführen, hatten dieselben durch den französischen Marineleutnant Savorgnan de Brazza eine Störung erlitten, welcher, mit einer kleinen Karawane vom Ogowe aufbrechend, glücklich den Mittellauf des Kongo erreichte und, wohl ohne Kenntnis von den idealen Bestrebungen König Leopolds zu haben, hier im Oktober 1879 den Häuptling des mächtigen

48

Bateke-Stammes, den Makoko, bewogen hatte, sich dem Protektorate der französischen Republik zu unterwerfen. Dieses Ereignis drohte für die Unternehmung Stanley's verhängnisvoll zu werden; denn es war zu befürchten, dass die Eifersucht der von verschiedenen Beweggründen geleiteten Nebenbuhler schliesslich von Intrigen und Aufhetzungen zu offnen Feindseligkeiten übergehen würde, wodurch natürlich die Erschliessung des Gebietes einen empfindlichen Stoss erlitten haben würde. Einstweilen fand Stanley das Feld frei und offen, da Savorgnan wieder am Ogowe weilte und nur einige senegalesische Soldaten mit einem Unteroffizier in dem neu erworbenen Gebiete zurückgelassen hatte. Diesen Vorsprung wusste Stanley trefflich auszunutzen.

„Da das rechte Ufer des Stanley-Pool kraft des Vertrages mit dem Makoko von Frankreich beansprucht wurde, verlegte Stanley, schnell entschlossen, seine Operationsbasis auf das linke Ufer, wo er, nachdem nach Überwindung bedeutender Schwierigkeiten seine ganze Karawane beisammen war, die Station Leopoldville bei dem Dorfe Ntamo anlegte, welche im Februar 1882 vollendet war. Schon vorher im Dezember 1881 war das erste Dampfschiff, der „En avant", am Stanley-Pool zusammengesetzt worden, und sofort hatte der kühne Forscher die erste Fahrt stromaufwärts angetreten; er bewies seine Umsicht dadurch, dass er von dem linken Ufer des Kongo Besitz ergriff, indem er die Station Msuata, den Besitzungen des Makoko gegenüber, gründete, indem er dadurch verhinderte, dass beide Ufer des schiffbaren Stromes in die Hand Frankreichs fielen und der Kongo dadurch zu einem französischen Flusse wurde. Weiter stromaufwärts lenkte Stanley in den Kuango hinein, den er ebenfalls schiffbar fand, und setzte die Fahrt auf dem Hauptarme bis in den See Leopold II. fort.

„Nachdem Stanley nach kurzem Aufenthalte in Europa Ende 1882 zum Kongo zurückgekehrt war, entsandte er mehrere Expeditionen in das Gebiet nördlich seines Unterlaufes, um dasselbe, wo in dem Thale des Kuilu (Niadi) Savorgnan de Brazza 1881 eine leichtere Zugangsstrasse nach dem Stanley-Pool entdeckt zu haben glaubte, für die Zwecke des Comité d'études du Haut-Congo zu sichern. Das Unternehmen glückte vollkommen; bevor Savorgnan de Brazza an die Loango-Küste zurückkehrte, hatten Stanley's Emissäre in verschiedenen Richtungen das Land durchkreuzt, überall Erwerbungen von Grund und Boden gemacht und eine Reihe von Stationen gegründet, welche in den Jahren 1883 und 1884 noch bedeutend vermehrt und nördlich bis Sette Cama ausgedehnt wurden. Gleichzeitig hatten auch Vertreter der französischen Republik von einzelnen Küstenpunkten Besitz ergriffen und versuchten ebenfalls im Innern festen Fuss zu fassen. So drohte auch hier das kaum entdeckte Gebiet ein Zankapfel zwischen beiden Rivalen zu werden.

„Am untern und mittlern Kongo waren während Stanley's Abwesenheit bedeutende Fortschritte gemacht worden. An beiden Ufern des Stromes waren neue Stationen errichtet worden, um die Verbindung des Binnenlandes mit dem Meere zu sichern und Stützpunkte für die Erschliessung der stromaufwärts gelegenen Gebiete zu gewinnen. Die Ende 1883 mit drei Dampfern ausgeführte Fahrt auf der ganzen Ausdehnung des schiffbaren Mittellaufes bis zu den Stanley-Fällen, wo auf der Insel Wana Rusani die fernste Station gegründet wurde, ergab die gewünschten Resultate; durch die Anknüpfung von Verhandlungen mit verschiedenen Völkerschaften, durch welche 6 Jahre früher mit Waffengewalt der Durchzug hatte erzwungen werden müssen, waren die Wege für die Ausdehnung der Besitzungen geebnet worden, und schon auf der nächsten Fahrt vermochte Kapitän Hanssens an den wichtigsten Punkten, bei den Bangala, bei den Basoko an der Mündung des Ubingi (Aruwimi), festen Fuss zu fassen und Stationen zu gründen, an anderen solche vorzubereiten.

„Inzwischen hatte das Comité d'études selbst eine Wandlung durchgemacht. Die Leiter desselben hatten erkannt, dass die Zeit des Studiums vorüber sei, dass es sich jetzt darum handele, den erschlossenen Gebieten, den schon zu beträchtlichem Umfang gelangten Erwerbungen eine endgültige und dauernde Organisation zu geben, welche denselben Lebensfähigkeit als selbstständiges Gemeinwesen verlieh. Es war keine Aussicht vorhanden, dass die belgische Kammer jemals ihre Zustimmung zu einer Verbindung dieser Erwerbungen mit dem Königreich Belgien, sei es als Kolonialbesitz, sei es als Schutzstaat, geben würde, und so traf man, um die Gebiete des Kongo nicht in die Hände eines anderen Staates fallen zu lassen, welcher für seine eignen Unterthanen Handel und Verkehr monopolisieren möchte, den Ausweg, ein neues Staatswesen zu schaffen, welches einstweilen von Brüssel aus verwaltet wurde. Das Comité d'études du Haut-Congo nahm daher 1882 in aller Stille den Namen Association Internationale du Congo an, und während in Afrika die geographische Forschung sowohl, wie die Besetzung der Landstrecken vorwärts ging, begannen in Europa die diplomatischen Verhandlungen, um die Anerkennung des Freistaates durchzusetzen und den Besitzstand desselben durch endgültige Verträge zu sichern.

„Eine Regelung der Verhältnisse wurde immer dringender, da einesteils Portugal mit seinen alten, von allen Mächten bisher bestrittenen und ignorierten Ansprüchen auf den Besitz des Unterlaufes des Kongo und der ganzen Küste bis 5° 12' s. Br. wieder hervortrat, anderenteils Savorgnan de Brazza nicht damit zufrieden war, einen bedeutenden Teil des rechten Kongo-Ufers Stanley weggeschnappt zu haben, sondern jetzt noch das linke Ufer von der Kuango-Mündung bis zum Stanley-Pool für Frankreich in Anspruch nahm. Er stützte sein Verlangen auf eine angebliche Oberhoheit des Makoko über die diesen Teil des linken Ufers bewohnenden Bateke, was scheinbar Bestätigung fand durch die Unterzeichnung seines mit Makoko abgeschlossenen Vertrages durch den Häuptling Ngalieme von Ntamo, am linken Ufer des Stanley-Pool. Diese Ansprüche konnte die Association nicht anerkennen, wenn der Kongo-Staat jemals in Kraft treten sollte, denn der Kongo wäre, da der Stanley-Pool damit in ausschliesslich französischen Besitz gelangen würde, völlig in die Gewalt der französischen Regierung geraten und der Verkehr zwischen dem Mittellaufe und dem Meere von ihrem und ihres Vertreters guten Willen abhängig geworden.

Ein Versuch, die französischen Ansprüche herabzustimmen durch die Zusicherung des Vorkaufsrechtes für den Fall, dass die Association einst gezwungen sein sollte, ihre Stationen und Besitzungen zu veräussern, hatte nicht den erwarteten Erfolg, wenn auch zeitweilig ein günstigeres Verhältnis zwischen den beiderseitigen Pionieren am Kongo sich anzubahnen schien. So gestalteten sich die Aussichten für die Verwirklichung der philanthropischen Pläne des Königs der Belgier im allgemeinen recht trübe, als es den Leitern der Association gelang, die am Handel im Kongo-Gebiete beteiligten Kreise für die

Idee der Schöpfung eines neuen Staates zu gewinnen und zwar hauptsächlich durch die Entscheidung, dass an dem gegenwärtigen Zustande der zollfreien Einfuhr der Waren keine Änderung eintreten sollte. Fielen die Mündungen des Kongo in portugiesischen Besitz, wurde das andere Einfallthor zum Mittellaufe, das Kuilu-Niadi-Gebiet, und der Mittellauf selbst französisches Eigentum, so war sicher vorauszusehen, dass es mit der Gleichberechtigung des Handels aller Nationen, welche bisher an den thatsächlich herrenlosen Ufern geherrscht hatte, vorbei sein würde; beide Nationen würden keinen Anstand nehmen, die üblichen Zölle und Abgaben zu erheben, um einesteils wirklich pekuniären Vorteil aus diesen Erwerbungen zu ziehen, anderenteils durch Begünstigung der eignen Unterthanen die Konkurrenz anderer Handlungshäuser zu erdrücken und die schon bestehenden einem allmählichen aber sichern Untergang entgegenzuführen. Diese Erwägungen veranlassten zuerst die Vereinigten Staaten von Nordamerika, sich auf Seite der bedrängten 'Association zu stellen und bereits am 22. April 1884 die Anerkennung der Gesellschaft und der von ihr gegründeten oder noch zu errichtenden Gemeinwesen als einer befreundeten Macht zu vollziehen, wogegen die Association Internationale du Congo sich verpflichtete, keine Einfuhrzölle oder besondere Abgaben für den zur Umgehung der Kongo-Fälle gebahnten Weg zu erheben. Die Staaten Europa's mochten Anstand nehmen, dem von den Vereinigten Staaten gegebenen Beispiele zu folgen, indem sie durch Anerkennung des Freistaates auch die von ihm als Besitztum beanspruchten Landesteile den anderen Bewerbern abgesprochen hätten, und so fand die vom Deutschen Reiche ausgehende Einladung, in gemeinsamen Beratungen der Mächte die künftige Gestaltung der Länder am Kongo festzustellen, allseitige Zustimmung.

„Die Konferenz trat am 15. November 1884 in Berlin zusammen; die Verhandlungen über die territoriale Abgrenzung der streitigen Gebiete, welche nicht den Gegenstand der Beratungen bildeten, deren Erfolg aber Vorbedingung für die Anerkennung der Association sein musste, zogen sich bedeutend in die Länge, und es bedurfte erst eines starken Druckes seitens der anderen Mächte, um eine schliessliche Einigung zu erzielen. Vor allem handelte es sich bei den Verhandlungen darum, dass der Association der ungehinderte Zugang zu ihren Besitzungen am Mittellaufe des Kongo gesichert wurde; dazu bedurfte sie des Besitzes einer Küstenstrecke, sowie mindestens eines Ufers des Unterlaufes, auch durften an keiner Stelle beide Ufer in die Hände eines Staates fallen, welcher dadurch in Stand gesetzt werden konnte, gelegentlich den Fluss für den Verkehr zu sperren.

„Zuerst erfolgte eine Einigung mit der Französischen Republik, welche durch den am 5. Februar 1885 in Paris abgeschlossenen Vertrag die Association als befreundete Macht anerkannte. Die Grenzen der beiderseitigen Besitzungen wurden im Artikel 3 folgendermassen festgesetzt:

Der Fluss Tschiloango vom Ozean bis zu seiner nördlichsten Quelle; die Wasserscheide des Niadi-Kuilu und des Kongo bis zum Meridian von Manianga;

eine noch festzustellende Linie, welche soweit als möglich einer natürlichen Scheide folgen und zwischen der Station Manianga und dem Ntombo Mataka-Katarakte an einem an der schiffbaren Strecke des Flusses gelegenen Punkte münden soll;

der Kongo bis zum Stanley-Pool;

die Mittellinie des Stanley-Pool;

der Kongo bis zu einem noch festzustellenden Punkte oberhalb des Licona-Nkundja;

eine noch festzustellende Linie von diesem Punkte bis 17° ö. L. v. Gr., welche soweit als möglich der Wasserscheide des Licona-Nkundja-Bekkens, das zum französischen Gebiete gehört, folgen soll;

der 17.° ö. L. v. Gr.

„Die Association hatte also das Opfer gebracht, ihren Besitz im Kuilu-Niadi-Gebiet, am rechten Kongo-Ufer von Manianga bis zum Stanley-Pool und die ganze Küste von Sette Cama bis zum Tschiloango aufzugeben und von den hier errichteten 18 Stationen — nur Mukumbi, unweit Manianga, bleibt im Besitze der Association — 17 ohne irgend welche Entschädigung an Frankreich zu überliefern, welches nur den Ansprüchen auf das linke Ufer vom Stanley-Pool bis zur Kuango-Mündung entsagte.

„Schwieriger war es, mit Portugal, welches auf das Recht der Entdeckung und der ersten vor 400 Jahren erfolgten Besitzergreifung fussend, von seinen historischen Ansprüchen auf Besitz der ganzen Küste von 5° 12' bis 18° s. Br. nicht ablassen wollte, zu einer Einigung zu gelangen. Erst die Aussicht, dass infolgedessen die Berliner Konferenz resultatlos auseinander gehen würde, dass dann aber die Grossmächte, welche die Rechtmässigkeit der portugiesischen Ansprüche niemals anerkannt und nur den Besitz der Küste von 8° (Ambriz) bis 18° s. Br. zugestanden hatten, die thatsächliche Besitzergreifung beider Kongo-Ufer durch die Association begünstigen würden, vermochte dieses einst mächtige Kolonialreich von seinen Forderungen abzulassen. Endlich kam auch mit diesem Staate der am 14. Februar in Berlin unterzeichnete Vertrag zu stande, welcher die Anerkennung des Kongo-Staates aussprach und zugleich im Artikel 3 die Grenzen der beiderseitigen Besitzungen folgendermassen festsetzte:

Im Norden des Kongo- (Zaïre-) Flusses das rechte Ufer der Mündung des Flusses, welcher südlich von der Kabinda-Bucht, nahe bei Ponta Vermelha, bei Capo-Lombo, in den Atlantischen Ozean sich ergiesst;

der Parallelgrad dieses Punktes fortgesetzt, bis er den Meridian des Zusammenflusses des Culacalla mit dem Lucalla trifft;

der so bestimmte Meridian bis zum Zusammentreffen mit dem Flusse Lucalla;

der Lauf des Lucalla bis zu seiner Mündung in den Tschiloango (Loango Luz);

der Lauf des Kongo (Zaïre) von seiner Mündung bis zur Einmündung des kleinen Flusses Wango-Wango;

der Meridian, welcher durch die Mündung des kleinen Flusses Wango-Wango zwischen der holländischen und portugiesischen Faktorei hindurchläuft, in der Weise, dass die letztere auf portugiesisches Territorium zu liegen kommt, bis dieser Meridian mit dem Parallelgrade von Noqui (Noki oder Nokki) zusammentrifft;

der Parallelgrad von Noqui bis zum Schnittpunkte mit dem Kuango- (Cuango-) Flusse;

von diesem Punkte an in südlicher Richtung der Lauf des Kuango (Cuango).

„Wenn auch die Association in den an Portugal überlassenen Küstendistrikten, der Enklave von Kabinda, nördlich vom Kongo, und dem Südufer des mächtigen Stromes, sowie dem südlichen Küstenstriche bis nach Ambriz hin, bisher keine Oberhoheit ausgeübt, keine Stationen errichtet hatte, so muss ihre Zustimmung zu dieser Ausdehnung der portugiesischen Herrschaft doch als ein Opfer betrachtet werden, da sie sich damit eine für die Entwickelung des Kongo-Staates wichtige Küstenstrecke entzog. Der neue Staat besitzt jetzt an der Küste nur eine Strecke von 37 km Ausdehnung, d. h. von Banana am Nordufer der Kongo-Mündung bis Capo Lombo, südlich von Kabinda; einen Ersatz bietet allerdings der Besitz des Nordufers des Kongolaufes, welcher bis Noqui von den grössten Seeschiffen befahren werden kann, während kleinere Fahrzeuge noch bis Vivi stromaufwärts gelangen.

„Bevor aber die Existenz des Kongo-Staates durch die Verträge mit den angrenzenden Kolonialmächten gesichert war, hatte die Konferenz die Grundbedingungen festgestellt, durch welche sämtliche Staaten ihre Unterthanen vor Benachteiligung zu schützen suchten, gleichsam als Entschädigung dafür, dass sie keinen Versuch gemacht hatten, selbst auf diese bisher herrenlosen, für die Zukunft vielversprechenden Gebiete Hand zu legen. Dies war erreicht worden durch die Festsetzung, dass für alle Nationalitäten Handel und Schiffahrt frei sein solle. Die Konferenz begnügte sich auch nicht damit, nur für den Kongo-Staat die Handelsfreiheit auszusprechen, sondern, in der Voraussicht, dass ein bedeutender Teil des dort aufblühenden Verkehrs andern Zugangsstrassen zum Kongo-Becken sich zuwenden würde, da die schmale, dem jungen Staate zugefallene Ausgangspforte an der Mündung des Stromes zur Bewältigung des Verkehrs schwerlich ausreichen könnte, ferner unter der Berücksichtigung der Interessen derjenigen Nationen, deren Angehörige auf der ganzen Küste zwischen der französischen Kolonie Gabun und der portugiesischen Kolonie Angola von 2—8° südl. Br. zahlreiche blühende Faktoreien errichtet und bisher zoll- und abgabenfrei europäische Waren eingeführt hatten, war ein grosser Teil der an Frankreich und Portugal angrenzenden Gebiete in die Zone des Freilandes eingeschlossen worden. Ebenso hatte man nach Osten hin diese Zone bis zur Küste hin ausgedehnt, da die Gegenden des noch zum Kongo-Becken gehörenden Tanganjika naturgemäss auf die Ostküste, auf Sansibar und, sobald die von den englischen Missionen begonnene Verbindung zwischen Tanganjika und Nyassa beendet und gesichert ist, auf die portugiesischen Kolonieen der Ostküste, Mozambik und Quilimane, für den Bezug europäischer Handelsartikel angewiesen sein werden. Allerdings war der Vorbehalt gemacht worden, dass die auf der Konferenz nicht vertretenen Mächte, welche an der Ostküste von Afrika Besitzungen haben, erst ihre Zustimmung zu diesen Beschlüssen zu geben hätten. Da es sich nur um Sansibar, welches den Wünschen der Konferenzmächte schwerlich Widerstand leisten kann, handelt — denn Portugal, welches ausser diesem Inselstaate allein Kolonialbesitz an der Ostküste hat, gehörte zur Konferenz —, so ist nicht mehr daran zu zweifeln, dass künftig auch an der ganzen Ostküste sämtliche Waren frei eingeführt werden dürfen.

„Die Bestimmungen über die Abgrenzung des Freihandelsgebietes in Äquatorialafrika lauten im ersten Artikel des I. Abschnittes:

Der Handel aller Nationen soll vollständige Freiheit geniessen:

1) In allen Gebieten, welche zum Becken des Kongo und seiner Zuflüsse gehören. Dieses Becken wird begrenzt durch die Gebirgsrücken gegen die angrenzenden Stromgebiete, d. h. namentlich aufgeführt, die Becken des Niari, Ogowe, Schari und Nil im Norden; durch die Wasserscheide der östl. Tanganjika-Zuflüsse im Osten; durch die Gebirgsrücken gegen die Gebiete des Sambesi und Loge nach Süden. Es umfasst demnach alle Ländereien, welche vom Kongo und seinen Zuflüssen unter Einschluss des

Tanganjika-Sees und seiner östlichen Zuflüsse entwässert werden.

2) In dem Küstenstriche, welcher sich am Atlantischen Ozean von dem Parallelgrade unter 2° 30′ südl. Br. bis zur Mündung des Loge erstreckt.

Die Nordgrenze soll dem Parallelgrade unter 2° 30′ südl. Br. von der Küste bis zu einem Punkte folgen, wo er mit dem geographischen Becken des Kongo zusammentrifft, jedoch mit Umgehung des Ogowe-Stromgebietes, auf welches die Bestimmungen dieses Vertrages keine Anwendung finden.

Die Südgrenze soll dem Laufe des Loge bis zur Quelle dieses Flusses folgen und dann sich nach Osten bis zum Zusammentreffen mit dem geographischen Becken des Kongo fortsetzen.

3) In dem Landstriche, welcher sich östlich vom Becken des Kongo, wie es oben festgestellt ist, bis zum Indischen Ozean erstreckt, von 5° nördl. Br. bis zur Mündung des Sambesi im Süden; von diesem Punkte soll die Grenzlinie dem Sambesi folgen, bis 5 Meilen (eine engl. sea mile = 1855,11 m (60 = 1°) oberhalb der Schire-Mündung, und sich auf der Wasserscheide fortsetzen, welche die dem Nyassa zuströmenden Gewässer von den Sambesi-Tributären scheidet, um endlich die Wasserscheide zwischen den Gewässern des Sambesi und Kongo zu erreichen.

Ausdrücklich wird bemerkt, dass bei Ausdehnung des Freihandelsprinzipes auf diesen östlichen Landstrich die auf der Konferenz vertretenen Mächte nur für sich selbst eine Verpflichtung übernehmen, und dass dieses Prinzip auf Gebiete, welche gegenwärtig einem unabhängigen Staate oder Fürsten angehören, keine Anwendung finden soll, bis dass dieser seine Einwilligung dazu giebt. Die Mächte verabreden, ihre guten Dienste bei denjenigen Regierungen, welche an der afrikanischen Küste des Indischen Ozeans bestehen, zur Geltung zu bringen, um diese Zustimmung zu erlangen und jedenfalls dem Transit aller Nationen die günstigsten Bedingungen zu sichern.

In dem so begrenzten Gebiete sollen die Schiffe aller Nationen freien Zugang sowohl zu den Küsten- als Flusshäfen haben und mit völliger Gleichberechtigung zum Transport von Waren bei Küsten- und Flussschiffahrt benutzt werden können. Waren, einerlei woher sie stammen, unter welcher Flagge, ob zu Lande oder zu Wasser sie eingeführt werden, unterliegen nur billigen Abgaben, welche als Ausgleich für Aufwendungen zum Schutze und zur Erleichterung des Verkehrs betrachtet werden. Einfuhr- und Transitzölle dürfen nicht erhoben werden. Die Mächte behalten sich das Recht vor, nach Ablauf von 20 Jahren zu entscheiden, ob die unumschränkte Befreiung der Einfuhr von Zöllen aufrecht erhalten werden soll oder nicht. Irgend welche Vorrechte oder Monopole zur Ausbeutung eines Handelsartikels dürfen nicht erteilt werden.

„Eine für die künftige Gestaltung des Kongo-Staates einschneidende Bestimmung ist die in Artikel II ausgesprochene Aufhebung und mit allen Mitteln durchzuführende Unterdrückung des Sklavenhandels. Es ist von vornherein anzunehmen, dass die Ausführung dieser Bestimmung zum grossen Teil ein toter Buchstabe bleiben wird. Die härtesten Massregeln, welche Gordon-Pascha während seiner Verwaltung des ägyptischen Sudan ergreifen liess, vermochten dem Handel, welcher tief in alle afrikanischen Völkerschaften eingewurzelt ist, nur Steine in den Weg zu legen. Ebensowenig konnte Englands scharfe Überwachung der Sansibar- und Mozambik-Küste das schändliche Gewerbe im Indischen Ozeane völlig ausrotten; denn trotz der Abnahme der Ausfuhr, welche infolge des beständigen Aufenthaltes englischer Kriegsschiffe an der ostafrikanischen Küste eintrat, ist der Bedarf an Sklaven ein sehr grosser gewesen, dass die arabischen Sklavenhändler aus Sansibar Veranlassung hatten, ihre Raubzüge weit nach Westen auszudehnen. Während noch zur Zeit von Stanley's Aufenthalt in Nyangwe, 1876, dieser Punkt die Westgrenze ihrer Menschenjagden war, traf derselbe Forscher auf seiner Fahrt stromaufwärts 1883 die Raubhorden bereits unterhalb der Stanley-Fälle in der Gegend von Mawembe am rechten Kongo-Ufer; Pogge traf auf seiner Rückkehr von Nyangwe zum Mukenge 1882 am Flusse Lomani

Laptot vom Senegal.

mit dem plündernden und die fruchtbaren Gebiete entvölkernden Gesindel zusammen; mithin hatte, seitdem Stanley's Zug in Begleitung von Tippu Tib der Furcht der Araber vor den wilden Völkerschaften in Westen und Norden von Nyangwe ein Ende gemacht hatte, eine ganz bedeutende Ausdehnung dieser Raubzüge stattgefunden. An der Westküste ausserhalb des Bereiches mohammedanischer Stämme hat allerdings seit der Unterdrückung der Sklavenausfuhr nach Amerika der Sklavenhandel an Umfang und Bedeutung abgenommen und viel von seinen früheren Schreck-

Rhede von Libreville.

nissen verloren, wenn er auch noch nicht gänzlich unterdrückt ist, und noch immer ein Austausch zwischen den verschiedenen Völkerschaften stattfindet. So lange es nicht möglich ist, der weitern Ausbreitung des Mohammedanismus ein Ziel zu setzen, mit welcher das Vordringen des Sklavenhandels von Osten nach Westen, und zwar in seiner schrecklichsten Form, stets gleichen Schritt gehalten hat, um den Bedarf in Ägypten, Arabien und den türkischen Gebieten zu befriedigen, wird seine Unterdrückung ein frommer Wunsch bleiben. Der Beschluss der Konferenz, dass die christlichen Missionäre besondern Schutzes und Förderung geniessen sollen, wird schwerlich im stande sein, bessere Zustände herbeizuführen.

„Für die Entwickelung des Kongo-Staates von hervorragender Bedeutung ist die in Kapitel 3, Art. 10 u. 11, ausgesprochene Bestimmung, dass derselbe den Schutz völliger Neutralität geniessen soll. Die Vorteile dieser Sicherheit vor Kriegsgefahren sollen ferner dem ganzen Becken zu gute kommen, in welchem der Freihandel zur Geltung kommt. Durch solche Bestimmungen ist in der That dem neuen Staatswesen die Möglichkeit geboten, seine ganze Kraft ausschliesslich für das Ziel einzusetzen, welches vom deutschen Reichskanzler als das treibende Motiv für den Zusammentritt der Konferenz bezeichnet wurde: die Eingebornen Afrika's an der Zivilisation teilnehmen zu lassen. Der Staat bedarf keiner grossen Aufwendungen zum Schutze seines Gebietes, er braucht keine Flotten und Heere zu halten, für die nächsten Jahrzehnte dürfen voraussichtlich die bereits auf dem mittlern Kongo entstandene und jedenfalls schnell sich mehrende Dampferflottille, wie auch die in den Faktoreien beschäftigten Arbeiter genügen, um mit Hilfe der modernen Feuerwaffen etwaige Angriffe der einheimischen Stämme abzuwehren. Bedeutenderen Aufwand wird die Herstellung von Kommunikationen zur Umgehung der nicht schiffbaren Strecke des Kongo erfordern. Wenn auch zum Bau der hierfür nötig gehaltenen Eisenbahn eine Aktiengesellschaft die Geldmittel hergeben sollte, so wird zweifelsohne der Staat einen bedeutenden Zuschuss oder eine Zinsgarantie übernehmen müssen; auch sonst werden die Ausgaben für Hafenanlagen, Besoldungen, Fahrzeuge etc. solche Dimensionen annehmen, dass das neue Reich wohl einem schweren Kampfe ums Dasein entgegengehen wird, um so mehr als durch die Konferenzbeschlüsse die bequemsten Einnahmequellen, welche in sämtlichen europäischen Kolonieen in Afrika die Haupterträge liefern, die Einfuhrzölle, abgeschnitten worden sind.

„Auffallend muss es erscheinen, dass bei der besondern Betonung des Interesses für Einführung der Zivilisation in Zentralafrika, die Anregung der italienischen Regierung: die grössten Feinde der Zivilisation, die Einfuhr von Feuerwasser und Feuerwaffen nebst Zubehör, einer scharfen Kontrolle zu unterziehen und möglichst zu verhindern, keine Berücksichtigung in dem endgiltigen Vertrage gefunden hat. Es ist dies ein Beweis dafür, dass das Handelsinteresse für die Eingebornen überwiegt; nicht um die Neger der Zivilisation zuzuführen handelte es sich, sondern um neue Absatzgebiete für die Produkte der Industrie und Gewerbe zu schaffen; und da gerade diese Artikel sicherer und beständiger Abnehmer gewiss sind, musste es unthunlich erscheinen, gerade den Handel mit diesen ertragreichen Waren zu erschweren. Aufgabe der Regierung des Kongo-Staates und der benachbarten Kolonieen wird es jetzt sein, die Eingebornen vor diesem schädlichen Einflusse zu bewahren. Ob sich aber ein gemeinsames Vorgehen in dieser Frage herbeiführen lässt, muss billig bezweifelt werden.

„Welche Staatsform die Regierung des Kongo-Staates annehmen, ob eine Verbindung mit einer europäischen Macht, wie Belgien, dessen Beherrscher derselbe seine Entstehung zu danken hat, geschaffen werden wird, ist zur Zeit noch nicht entschieden. Welche Wendung die hierüber schwebenden Verhandlungen noch nehmen werden, jedenfalls liegt der künftigen Regierung die Pflicht ob, alle Kräfte einzusetzen für die Herbeiführung solcher Zustände, in denen Handel und Verkehr sich stetig entwickeln und zunehmen können. Nachdem jetzt aber die Existenz des Staates völlig gesichert ist, wird auch wohl die Erforschung der unberührten weiten Strecken im Norden und Süden des Stromes, der Gebiete bis zum Benue, Schari und Nil im Norden und Nordosten, der Landflächen bis zum Albert Nyanza, Muta Nzige und Tanganjika im Osten, der Verbindung der südlichen Kongo-Zuflüsse mit dem Hauptstrome im Süden beschleunigt werden; denn es muss der Staatsverwaltung daran liegen, bald die Hilfsquellen ihres weiten Gebietes kennen zu lernen und möglichst schnell die Bewohner desselben als Abnehmer europäischer und amerikanischer Produkte heranzuziehen.

Die Grenzen des seiner räumlichen Ausdehnung nach zu den grössten Staaten der Erde zählenden Kongostaates stellen sich hiernach wie folgt: Von der Mündung des Kongo geht die Grenze aufwärts mitten im Strom bis Noki, von dort auf dem Parallelkreise dieses Ortes (annähernd 5° 40′ südl. Br.) bis zum Kuango, diesem Strome folgend bis zum 6°. südl. Br. und auf letzterem entlang zum 24. Längengrade, dann südlich zur Grenze der Freihandels-Zone und längs dieser zum Bangweolo- und Moero-See, alsdann weiter zum Westufer des Tanganjika, dieses entlang zum Nordostende des Nzige-Sees, von dort parallel mit dem 30. Längengrade bis zum 4. Breitengrade, auf diesem bis zum 17. Längengrade, auf diesem südwärts bis 0° 20′ nördl. Br., von dort zum rechten Kongo-Ufer gegenüber der Mündung des Ruki. Nun liegt die Grenze wieder mitten im Strom bis zu den Katarakten von Ntombo Makata, wendet sich dann nordwestwärts und folgt der Wasserscheide zwischen Kongo und Kuilu Niadi bis zum Tschiloango, zieht sich längs dieses Flusses westwärts, worauf sie bis etwa 5° 38′ nach Süden zurückweicht und dort dem Breitengrade parallel zur Meeresküste läuft. Das ganze Gebiet umfasst etwa 2 400 000 □ Kilometer und ist (Schätzung Stanley's) von 38 bis 40 Millionen Menschen (Negern) bewohnt.

Stationen.

Die Association zählte in dem ihr überlassenen Gebiete 1884: neunundzwanzig Stationen und zwar fünf am Unterlaufe des Kongo, Bona, Ikungula u. das zum Sitze der Verwaltungsbehörden dieses Distriktes bestimmte Vivi am Nordufer; Nokki und Nuam Mpozo am Südufer; 18 am Mittellaufe, von welchen Isangila und Manianga am Nordufer, Mukumbi landeinwärts nahe der Quelle des nördlichen Zuflusses Kenga liegen, während Ruby Town, Voonda, Lukunga, Ngombi, Lutete und Ngoma am Südufer der durch Stromschnellen unschiffbaren Flussstrecke, Léopoldville, die künftige Hauptstadt und Sitz des Generalgouverneurs, Kintschasa und Kimpoko am Südufer des Stanley-Pool, Msuata, Kwamouth, Bolobo, Lukolela und Ngondo am linken Ufer des Mittellaufes, und Mbushie am Kuango unterhalb seiner Vereinigung mit dem

Nkutu liegen; am Oberlaufe, nördlich vom Äquator, befinden sich 6 Stationen, die Äquatorstation am linken Ufer, Liboko (Bangala), Upoto und Aruwimi am rechten Ufer, Fallstation auf der Insel Waua Rusani und Mpala am Westufer des Tanganika. Die Verbindung zwischen diesen beiden Stationen muss erst hergestellt werden.

Die Kongo-Neger.

Die Bevölkerung des Kongo-Gebietes gehört zum weitaus grössten Teile der grossen Bantu-Familie an, welche sich wie ein breiter Keil zwischen die Niederlassungen der Hottentotten und Buschmänner im Süden und der verschiedenen Negerstämme im Norden einschiebt und das ganze Gebiet vom Tanganjika und Ukerewe bis zur Kongomündung und hinab bis zum Sambesi bevölkert. Nur vereinzelt trifft man am Kongo zwischen den Bantustämmen andere Rassen. Der Flussmündung zunächst wohnen die Kakongo und Mussi- oder Basikongo, ein entarteter, wahrscheinlich mit einer vor dem Eindringen der Banturasse hier ansässigen Negerbevölkerung vermischter Zweig, der von Banana bis zum Stanley-Pool ansässigen Bakongo, welche dieselbe Sprache (das „Fiote") sprechen. Auf die Basikongo folgen die Basundi, Babwende, Wabuno. Die am obern Kongo wohnenden Völker repräsentieren wahrscheinlich die unverfälschte Banturasse mit schokoladenähnlicher Hautfarbe. Westlich vom Stanley-Pool bis zum Gordon-Bennet-Fluss und über diesen hinaus wohnen am Nordufer die Bateke, deren Wohnsitze sich bei Kintamo auch auf das südliche Ufer erstrecken. Weiterhin folgen die Wabumba und Bajansi. „Von Charakter sind die Rassen des oberen Kongo gutmütig, leichten Sinnes und sehr empfänglich für Schönheit. Sie sind Verehrer von Farben und Musik und lieben den Tanz, den sie graziös und mit Verständnis ausführen. Sie haben entschieden verliebte Anlagen, aber es liegt eine gewisse Poesie in ihren Gefühlen, welche ihre Liebe veredelt und über die rein geschlechtliche Sinnlichkeit des Negers erhebt." (Johnston, „Der Kongo", Leipzig 1884.) Eine Religion besitzen sie nicht, nur eine verschwommene Vorstellung eines göttlichen Wesens (die Bezeichnung für dasselbe wird auch für „Himmel" und „Luft" gebraucht); auch glauben sie an ein Leben nach dem Tode, weshalb am Grabe eines Häuptlings Sklaven geschlachtet werden, die demselben auf seiner Reise ins Jenseits als Begleiter dienen sollen. Der Zusammenhang zwischen den einzelnen Bantu-Stämmen ist im Laufe der Zeit zerrissen worden, und nirgends am oberen Kongo trifft man auf grosse Staatenbildungen. Die Häuptlinge herrschen immer nur über wenige Tausend Unterthanen, und gewöhnlich bildet jedes Dorf einen Staat für sich, ohne alle Verbindung mit den benachbarten Dörfern.

Missionsthätigkeit am Kongo.

Hierüber giebt das schon obenzitierte Werk („Europas Kolonieen", II. Bd., S. 206 etc.) des Dr. Hermann Roskoschny (Leipzig 1885) die folgende Schilderung:

Drei Missionen sind im Kongo-Gebiet thätig: die Livingstone-, die Baptisten- und die römisch-katholische Mission. Bevor nun Stanley am Pool festen Fuss gefasst hatte, und während ihm von den Eingeborenen, um ihn zu vertreiben, die Lieferung von Lebensmitteln verweigert wurde, traf dort schon ein französischer Missionär ein, P. Augouard, welcher 27 Tage gebraucht hatte, um von Vivi zum Pool zu gelangen. König Makoko, der den Vertrag mit Brazza unterzeichnet hatte, nahm den Missionär zwar freundlich auf, wollte ihm aber doch vor der Rückkehr Brazza's, welche vor 6 Monaten nicht zu erwarten war, nicht gestatten, irgend welche Thätigkeit zu beginnen. Auch das Geschenk eines roten, goldverzierten Mantels, der ihm grosse Freude bereitete, vermochte daran nichts zu ändern, doch versprach er P. Augouard, wenn er später wiederkomme, ihm die Niederlassung in seinem Gebiet zu gestatten. Der Missionär trat auf dem Dampfer „Royal", den Stanley ihm zur Verfügung stellte, den Rückweg an.

Seitdem haben sich die Missionen am Kongo rasch vermehrt. In Boma befindet sich eine blühende katholische Mission. Weiter flussaufwärts hat sich in Underhill die Mission der Baptisten niedergelassen. Als Johnston im Jahre 1882 den Kongo hinauf fuhr, war das kleine Missionshaus noch im Bau. Das Material, das zum Bau desselben, wie überhaupt fast aller Gebäude am untern Kongo verwendet wurde, nennen die Portugiesen „Bordão", die Engländer „Bambu". „Es ist nichts anderes als die starken Rippen der vollausgewachsenen Wedel von Phoenix spinosa, einer Art Zwergpalme, die in Überfluss auf den morschigen Strichen und flachen Schlammufern wächst, welche den untern sich weitenden Stromlauf bis zum Meere einfassen. Das Gerippe des Hauses wird zuerst durch ein Gerüst starker Pfähle gebildet, wozu die jungen Bäume des benachbarten Waldes dienen müssen, und zwischen diesen werden die Bambusstäbe verflochten, welche dann eine ausgezeichnete und starke Scheidewand bilden, durch deren Ritzen die Luft frei durchstreichen kann." Weiter vorgeschritten war damals bereits die Livingstone - Binnenland-Mission in Pallaballa, unweit Vivi. Johnston spricht zwar der Bevölkerung von Pallaballa alle Veranlagung ab, das Christentum zu verstehen, das ändert aber doch nichts an der Thatsache, dass es dem Missionär gelungen war, eine stattliche Gemeinde, welcher auch der König Mpaka angehörte, um sich zu versammeln. Einer religiösen Vertiefung scheint der Neger auf seiner jetzigen Kulturstufe nicht fähig zu sein, und Johnston verlangt wohl zu viel von den Neubekehrten, wenn er hervorhebt, dass der König während der Predigt stets verstohlene Blicke auf seine vor dem Hause arbeitenden Weiber warf, um ihre Thätigkeit zu kontrollieren. Der Gottesdienst wurde entweder in dem von der Mission errichteten Schulhause, oder im Hause des Königs abgehalten. Der Missionär hielt zunächst eine Predigt in Fiote, der Landessprache, wobei der König stets „das Ende einer jeden Periode auffasste und es mit patronisierendem Interesse nach dem Missionär wiederholte, um damit seine Aufmerksamkeit kundzugeben", während die übrigen Anwesenden stumm und unbeweglich dasassen; dann folgte ein Gesang in Fiote, und ein kurzes Gebet beschloss den Gottesdienst, worauf noch eine Zeremonie folgte, auf welche die Eingeborenen nicht verzichten wollen: einer nach dem andern trat an den Missionär und die anderen anwesenden Weissen heran und reichte ihnen mit einem „Gu' Nacht, Herr" die Hand. Sie haben diese Begrüssung von den Missionären gelernt und auf seiner Wanderung durch das Dorf wurde Johnston überall mit „G' Morgen!" begrüsst.

Am Stanley-Pool hatten sich schon im Jahre 1882 zwei englische Missionen niedergelassen, beide auf Grund und Boden, der ihnen von der Association abgetreten wurde, die eine rechts, die andere links von der durch Stanley errichteten Station.

„Die eine liegt auf dem Leopold-Berg und nennt sich die Arthington-Mission der Baptistenkirche; die andere führt keinen besonderen Namen und gehört der Livingstone-Inland-Kongo-Mission an. Die erstere stand unter Aufsicht des Herrn T. J. Comber, die zweite wurde von Dr. Sims geleitet; beide Herren haben ein warmes Herz für ihre Anstalt, sind ausserordentlich energisch und zeichnen sich durch grossen Eifer bei Wahrung der ihnen anvertrauten wichtigen Interessen aus. Es war ein scharfer Wettkampf um ein grosses Ziel: die Baptisten gewannen am Stanley-Pool den Sieg; Dr. Sims war der erste, welcher die Gewässer des obern Kongo befuhr. Die Baptisten kamen den Konkurrenten mit der Anlage einer Station oberhalb des Stanley-Pool zuvor, doch hatten diese dafür sich bald darauf auf einer Station am Äquator festgesetzt. Die Baptisten besassen den ersten Dampfer auf dem Kongo, aber auch die Livingstone-Missionäre bauten sich einen solchen in Leopoldville, als jener vom Stapel lief. Es war ein seltsamer religiöser Zweikampf, welchen diese beiden Missionen der protestantischen Kirche miteinander ausfochten; die Chefs von beiden hatten abwechselnd einer dem andern den Rang abgelaufen und ausserordentliches individuelles Geschick bewiesen. Wann und wo dieser eigenartige Wettstreit aufhören wird, weiss niemand. Solange die Missionen durch die jährlichen Beiträge ihrer gläubigen und getreuen Anhänger unterstützt werden, wird derselbe zweifelsohne fortgesetzt, bis das Kongobecken überwunden, moralisch besiegt und dem christlichen Glauben gewonnen ist."

Die Baptisten sind auch noch weiter vorgedrungen und haben in Lukolela eine Station errichtet, und kaum dass sie dort festen Fuss gefasst hatten, rüsteten sie sich zu einer grossen Expedition, zu welcher Mr. Arthington 40000 Mark zur Verfügung stellte: sie wollten versuchen, vom obern Kongo zum Ukerewe und nach Muta Nzige vorzudringen. Jedenfalls können sie mit ihren bisherigen Erfolgen zufrieden sein, denn seit der Gründung ihrer ersten Station in San Salvador, welche 1878 durch die Missionäre Comber und Grenfell errichtet wurde, haben sie es bis auf ein halbes Dutzend Stationen am Kongo gebracht: San Salvador, Underhill, Bayneston, Wathen (Manyanga gegenüber), Arthington am Stanley-Pool bei Leopoldville und Lukolela. Sie haben am Stanley-Pool einen eigenen Missionsdampfer „Peace" erbaut, mit welchem zunächst eine Rekognoszierungsfahrt auf dem Kuango unternommen wurde, wobei man in 5 Tagen bis oberhalb des Zusammenflusses von Kuango und Wabuma vordrang. Für die fernere Ausbreitung des Wirkungskreises der rührigen Mission wird dieser Dampfer gewiss noch von grosser Wichtigkeit werden.

Die englische Mission hat ihre Erfolge nicht leicht errungen. Es galt hartnäckigen Widerstand der Eingeborenen zu besiegen, und die ersten Errungenschaften der Missionäre waren mit Blut erkauft. Die Missionäre Comber und Hartland liessen sich durch die unfreundliche Haltung der Eingeborenen nicht abschrecken und drangen bis zum Kiloa, einem Zufluss des Kongo vor. Dort änderte sich die Szene. Die Eingeborenen flohen nicht mehr vor ihnen wie bisher, sondern nahmen eine drohende Haltung an. „Nie", schreibt Combers Begleiter, „werde ich den Empfang vergessen, der uns zuteil wurde. Wir treten in das Dorf und fragen die Einwohner nach seinem Namen. Man antwortet uns nicht. Die Eingeborenen ziehen sich ein wenig zurück; dann schreit ein Mann: „Udabonga nkeli; vaunda mundele!" (Holet die Gewehre! Tötet die weissen Männer!) Sie stürzen fort, kommen aber bald wieder, bewaffnet mit langen Stöcken, mit grossen Steinen, mit Messern und Gewehren. Ohne sich in eine Unterhandlung einzulassen, beginnen sie um uns herum zu tanzen und zu springen und ihre Waffen zu schwingen. Herr Comber setzt sich vor ein Haus, und ich will soeben dasselbe thun, als unsere Angreifer schreien: „Auf! Auf!“ Nie habe ich so grausame, so wilde, so teuflische Gesichter gesehen. Wir erheben uns; wir rufen ihnen zu, einzuhalten, und sagen, dass wir schon gehen. Alles vergebens! Steine fliegen hinter uns her, man schwingt Stöcke und Messer gegen uns. Wir sehen ein, dass diese Leute entschlossen sind, nicht nur uns aus ihrem Dorfe zu vertreiben, sondern uns zu ermorden. Unsere einzige Hoffnung auf Rettung beruht in der Flucht, aber unsere Lage erscheint verzweifelt. Wir sind alle verwundet, aber es gelingt uns, einen Hügel zu erreichen. Da hören wir mitten in dem Geheul hinter uns einen Schuss und sehen Herrn Comber, der uns voraneilte, fallen. Ich stürze auf ihn zu und will ihn beim Aufstehen unterstützen, aber er sagt: „Nein, John, es ist unnütz . . . ich bin verwundet . . . rettet euch!“ — Zum Glück war Herr Comber nur leicht verwundet und vermochte den Fliehenden zu folgen. Man erreichte das nächste Dorf und durchzog dasselbe, trotzdem man jeden Augenblick das Eintreffen der Verfolger fürchten musste, in langsamem Zug, um keinen Verdacht zu erregen. Die Einwohner hatten den Schuss gehört und kamen bewaffnet aus ihren Häusern, waren aber unschlüssig, was sie thun sollten, und liessen die Flüchtlinge ungehindert vorbeiziehen. Bald kamen aber einige hinter ihnen her und verfolgten sie mit Steinwürfen noch mehrere Stunden weit, bis die Ermüdung sie bewog, die Verfolgung aufzugeben. Obwohl Herr Comber sehr entkräftet war, wurde die Flucht doch noch bei Nacht fortgesetzt, bis man endlich Träger fand, welche den Verwundeten in 2 Tagen zum Kongo brachten, wo die Kugel aus der Wunde gezogen wurde.

Um dieselbe Zeit drangen 2 andere Missionäre, Herr Crudgington und Herr Bentley, ins Innere vor. Sie beabsichtigten den Stanley-Pool auf dem Nordufer des Kongo zu erreichen. Am 17. Februar verliessen sie Vivi und erreichten nach einem Marsch von 21 Tagen Niamo. Am Gordon-Bennett wurden sie zwar von einem Häuptlinge freundlich aufgenommen, der ihnen erzählte, dass Weisse in der Nähe seien, aber als sie am folgenden Tage den Stanley-Pool erreichten, sahen sie sich plötzlich von 150 bis 200 Schwarzen umringt, welche drohend ihre Speere schwangen. Brazza's Vertreter, der Sergeant Malamine, stellte sich bald darauf ein, aber er vermochte nicht zu helfen, sondern riet, sobald als möglich die Gegend zu verlassen. Die Missionäre befolgten den Rat, aber beim Dorfe Nshasa fanden sie sich wieder einem bewaffneten Haufen gegenüber. Alle Beteuerungen, dass sie Freunde der Franzosen seien, nützten nichts: die Neger erklärten, da sie nicht Franzosen seien, müsste man sie als Feinde betrachten, und es blieb ihnen schliesslich keine andere Wahl als die Umkehr.

Diese Expedition der beiden Missionäre versetzte die Baptisten am Kongo in die grösste Aufregung. Sie begannen eine fieberhafte Thätigkeit zu entwickeln. Stanley hatte ihnen den Weg gewiesen, den sie einzuschlagen hatten, um mit Aussicht auf Erfolg ins Innere vorzudringen. Er riet ihnen, dem Landweg von Vivi bis Isanghila zu folgen und dann ein gutes eisernes Schiff ins Wasser zu lassen, auf dem sie leicht bis Manyanga gelangen könnten. Die Baptisten boten sofort alle ihre Kräfte auf, um dieses Ziel zu erreichen. Ein Geschenk von 80000 M., das ihnen um diese Zeit zufiel, setzte sie in den Stand, ihre Pläne in grossem Massstabe auszuführen. Von dieser Summe bestimmten sie 20000 M. für den Bau eines Dampfers, welcher nach Stanley's Angaben in Limehouse erbaut wurde und den Namen „Plymouth" erhielt. Als im Juli 1881 einer der beiden Missionäre, welche den Stanley-Pool erreicht hatten, nach London kam und dort eifrig für die Kongo-Mission zu wirken begann, waren bald 40000 Mark gesammelt. Die Missionäre wanderten abermals zum Stanley-Pool hinauf, wo die Mission ein kleines Gebiet erworben hatte. Sie gründeten zunächst eine Station in Manyanga, wo sich rasch auf einem Hügel auf dem rechten Ufer ein freundliches Häuschen erhob, dann eine zweite in Isanghila. Nun lag die schiffbare Flussstrecke vor ihnen, kein Hindernis stand mehr ihrem Vordringen entgegen. Heute besitzen die Missionäre zwei Dampfer auf dem Strom, „Plymouth" und „Peace", und in Underhill, dem frühern Wanga-Wanga, wohin sie bald ihr Zentral-Depot von Mussuko verlegten, eine feste Basis am Unterlauf des Flusses, von wo aus alle tiefer landeinwärts gelegenen Stationen leicht mit allem Nötigen versehen werden können.

Vergleiche „Lualaba" und „Zaïre".

Kongone, siehe Sambesi.

Kongwoi, Ortschaft am linken Ufer des dem Niger tributären Gulbi-n-Bindi, von Haussas bewohnt.

Koni, kleiner Küstenfluss West-Äquatorial-Afrikas, mündet von Norden her in das Gabou-Ästuarium.

König Aqua's Stadt, grosser Ort im Kamerunlande, am östlichen Ufer des Kamerunflusses, ziemlich dicht an seiner Mündung.

König Bell's Stadt, grosse Stadt im Kamerunlande, am östlichen Ufer das Kamerunflusses, ziemlich dicht an seiner Mündung.

König Dido's Stadt, grosser Ort im Kamerunlande, am östlichen Ufer des Kamerunflusses, ziemlich dicht an seiner Mündung.

König Georgs Fluss, auf der Ostküste Südafrika's, mündet nach einem nordsüdlichen Lauf in die Algoa-Bai.

König Japite's Stadt, grosser Ort am Batange-Flusse, etwa 11 km von der Woermannschen Faktorei Batanga.

Königs-Fluss (Rio del Rey), Fluss in Oberguinea, nimmt den Kim auf und mündet in grosser Breite in die Biafra-Bai.

Königsinsel (King's Island), kleine Insel an der Küste des südlichsten Teiles von Oberguinea (seit 1838 den Portugiesen gehörig).

Koningsteen, dänisches Fort am Volta-Fluss, auf der Goldküste; seit 1849 im britischen Besitze.

Konkadugu, eine Provinz von Bambuk (s. d.), am Faleme.

Konko (N'konko), Art Trommel der Neger, gleicht einem kleinen Kanoe, dessen länglichen schmalen Schlitz man sich oben geschlossen zu denken hat. Sie wird auf eine hölzerne Unterlage gesetzt und mit einem Holzklöppel angeschlagen. Ihr Schall reicht sehr weit. Sie dient ausschliesslich zu Signalzwecken. Am häufigsten wird sie benutzt, um alle Dörfer weit in der Runde zum nächtlichen Tanz zusammenzurufen oder auch um Gefahr zu signalisieren.

Konkuati, Ort an der Westküste Afrika's, zwischen der Kuilu-Mündung und Majumbe. Hier erreichte Leutn. Mizon auf seiner Überlandtour vom obern Ogowe aus das Meer.

Konkuray (Temery) heisst der Dembia in seinem Oberlaufe.

Konore, Stamm der Bambarra (s. d.).

Konso, ein Stamm der Galla (s. d.), in den noch unerforschten Gebieten im Süden von Hārār hausend.

Konsua, Hauptort des Negerreiches Quoja auf der Sierra-Leone-Küste (Ober-Guinea).

Kontagora, die Hauptstadt des Reichs Jauri (im Niger-Benue-Gebiet).

Kontscha, Ort in Adamaua, ca. 7 Tagereisen südlich von Jola (Flegel).

Koobis, Dorf im nördl. Hereroland.

Kooibank (auch vielfach als Scheppmannsdorf auf den Karten bezeichnet), ein Dorf der Hottentotten (Namaquas) in Damaraland am Kuisipflusse (der nur alle 3—4 Jahre einmal aus dem Innern kommt, wenn dort starke Regengüsse fallen), wenige Meilen landeinwärts von Sandwich-Harbour gelegen. Der Weg von dort führt durch hohe Sanddünen. Es ist besonders deshalb in gutem Rufe bei den in den dortigen Gegenden Reisenden, weil man hier von der Küste aus auf den ersten (im Bett des Kuisip stehenden) Baum trifft.

Kopal, das Harz eines kaum mehr bekannten, jetzt fast ausgestorbenen Baumes (von den Eingeborenen Msandarusi genannt). Es wird im Sande, in Gestalt von Körnern, Klumpen und Platten mit aussen verwitterter Schale gegraben, und enthält häufig Insekten als Einschlüsse. Das Sansibarprodukt liefert den feinsten Kopallack.

Kopje, im Boeren-Dialekte der südafrikanischen Ansiedler soviel wie Kuppe, eine eigentümliche Form des dort vorherrschenden Tafelberges, die mitunter von einem so kleinen Reste der Schichten gebildet wird, dass ihr höchster Teil als ein einziger Felsblock unübersteiglich vom Gipfel des Berges aufragt.

Kopnenzen, s. v. w. Amatonga.

Koppenfels, Hugo von, hielt sich 1873—76 hauptsächlich als Gorilla- und Elefantenjäger an der Westküste Afrika's im Ogowe-Gebiet auf und begab sich 1877 wieder dorthin. Er untersuchte auch die Gegenden am Munifluss, Noyo, Balingi und Tampuni und empfahl als Transportmittel für Reisen in Afrika Elefanten, welchem Vorschlag Petermann beistimmte, während Bastian sich dagegen aussprach. Er starb am 28. Jan. 1884 in einem Hospitale zu Berlin.

Kopten, die christlichen Nachkommen der alten Ägypter, welche sich noch jetzt vorzugsweise in Ägypten, in geringer Zahl auch in Nubien, Abessinien, auf Cypern und anderwärts finden. Ihr Name ist eine Verstümmelung des Wortes Aigypti (im Lande heissen sie Quibt). Ihre Zahl wird auf etwa 150 000 geschätzt, wovon etwa $^1/_{10}$ auf Kairo kommt. Die K. sind nicht gross von Statur, haben schwarze Augen, ziemlich dunkles Haar und gleichen noch in vielen anderen Stücken den alten Ägyptern, von denen sie auch die Sitte der Beschneidung überkommen haben. Ihr Charakter ist im ganzen düster, betrügerisch und geldgierig. Weil sie sich von jeher durch ihre Gewandtheit im Rechnungswesen und ähnlichen Geschäften auszeichneten, so werden sie noch gegenwärtig fast allgemein von der Regierung zu Rechnungsbeamten, Schreibern, Unterhändlern und ähnlichen Posten verwendet. Ihre Tracht ist von der der Moslems nur wenig verschieden, doch pflegen sie sich gern durch einen schwarzen Turban von den anderen zu unterscheiden. Ihres Glaubens nach sind sie Christen (koptische Christen), gehören zur Partei der Monophysiten (s. d.) und haben eignes Ritual. Der Klerus besteht aus dem Patriarchen von Alexandrien, der in Kairo wohnt, 9 Bischöfen, mehreren Oberpriestern (Kamosats), Priestern (Kasses), Messknaben (Schemmes) u. Vorlesern (Anagnosten). Die koptische Sprache ist die jüngste Gestalt der altägyptischen Sprache. Sie wurde bis zur arabischen Eroberung Ägyptens neben der griechischen allgemein im Lande gesprochen; seit dem 10. Jahrh. wurde das Koptische in Unterägypten nicht mehr gesprochen, während es sich in Oberägypten einige Jahrhunderte länger erhielt, bis sie auch hier, wie im ganzen Lande, durch das Arabische verdrängt wurde. Gegenwärtig wird das Koptische weder grammatisch erlernt, noch irgendwo gesprochen. Doch beten noch alle koptischen Christen, welche in der Schule unterrichtet worden sind, sowohl in der Kirche wie im Hause in kopt. Sprache; in den Schulen werden die Psalmen, die Evangelien und Apostolischen Briefe arabisch, die Evangelien und die Briefe auch koptisch gelernt; die heilige Schrift wird in den Kirchen noch jetzt koptisch gelesen, aber arabisch erklärt.

Kora, Insel im Nigerflusse, dicht oberhalb von Kabara, dem Hafen Timbuktu's, $2^3/_4$ engl. Meilen lang, 1 Meile breit und zu Timbuktu gehörig. Auf ihr befinden sich die Ruinen einer Stadt Gakoyra.

Koraï, ein Stamm der Galla (s. d.), in den noch unerforschten Gebieten im Süden von Härär hausend.

Korana, ein nomadisierender Hottentottenstamm, welcher im Gebiete des Oranje- und Vaalflusses, in dem jetzigen West-Griqualand, noch bis heute eine gewisse nationale Selbständigkeit zu bewahren gewusst hat. Das ist die Hauptgruppe der K. Eine kleinere Gruppe wohnt in dem Thale des Hart- oder Kolang-Flusses, welcher rechtsseitig in den Vaal-Fluss mündet, über der Grenze von Griqualand und Transvaal. Auch sie hat sich ihre Selbständigkeit teilweise gewahrt und bildet eine Art unabhängigen kleinen Fürstentums, eine Enklave des Betschuanenlandes. Nach dem Berichte des britischen Kapitäns Harrel (1880) bilden die letztgenannten K. mit den Batlapins (Kaffern oder Bantu) der Landschaft Taung eine Gruppe von etwa 5000 Köpfen (zwischen den Flüssen Molopo und Vaal), wo ihre Hauptortschaft, Manusa, liegt. Die Gesamtzahl der Korana wird auf 15000 geschätzt. Die K. haben sich manches fremde Element angeeignet; man darf bei ihnen nicht die reine Hottentottenrasse suchen. Manche sind mittleren, bisweilen auch hohen Wuches, von eckigem, knochigem Bau und kräftigem Aussehen. Andere wieder sind auffallend klein und schlecht gebaut. Ihre Nase ist besser entwickelt als die der anderen Hottentotten. Die Augen sind charakteristisch durch ihre Spaltform und schiefe Stellung; das Kinn tritt kräftig heraus (Fritsch). Die K. sind friedfertigen Charakters; aber sie haben einen ziemlich stark ausgeprägten Hang zum Diebstahl, sind träge und teilnahmlos; den Predigten der Missionäre folgen sie gern so lange, wie die Tabakverteilung erfolgt; sobald dieselbe zu Ende ist, reissen sie hurtig aus Kirche und Schule aus. Sie trinken leidenschaftlich gern starken Schnaps; Liechtenstein bemerkt überhaupt, dass sie der Völlerei ergeben sind. Nach Holub bewohnen die K. halbkreisförmige Hütten, deren Wände aus Zweigen gebildet sind, die in die Erde gesteckt werden und sich oben zu einem Dache formen. Dieses primitive Bauwerk wird mit Stroh- und Binsenmatten bedeckt. Eine solche Hütte misst in der Höhe etwa 1,33 m, im Durchmesser etwa 3,35 m. In der Mitte ist der Boden schüsselförmig ausgehöhlt; hier befindet sich die herdartige Feuervorrichtung. Diese Hütten haben alle in der dem herrschenden Winde entgegengesetzten Seite einen schmalen Zugang. Ein K.-Dorf ist das elendeste, was man sich denken kann (Holub, „Sieben Jahre in Südafrika"). Gleich den Griquas besitzen die K. einige Viehherden und bauen kleine Flächen Land in der Umgebung ihrer Dörfer an. Aber ihr Zustand ist ein höchst kümmerlicher; sie sind durch den Schnaps, welchen Boers und Engländer ihnen verkaufen, gänzlich demoralisiert und haben durch ihn die letzte Widerstandskraft gegen das harte Dasein in den öden Steppengegenden der Kalahari eingebüsst. Sie verlieren ihre hottentottische Mundart so rasch an Stelle des „Boeren-Deutsch", dass die Missionäre seit längerer Zeit schon des Koranna-Dialektes sich nicht mehr bedienen.

Koranko (Kuranko), Land im westlichen Afrika, in der Nähe des 9. Grades nördl. Br. gelegen, etwa 160 km westl. von Sierra Leone, zwischen Sulimania im Norden, Sangara im Osten, Kissi im Süden und Limba im Westen. Das Gebirge, welches K. von Ost nach West durchschneidet, heisst gemeinhin „Loma-Berge"; es stösst im Südwesten an das Kong-Gebirge. Einer seiner Gipfel, der Yekinan, misst 1083 m in der Höhe, ein zweiter, der Kuruworb, 1178 m; weiter südwärts, nahe dem Vereinigungspunkte mit den Kong-Bergen, steigt der Daro bis zu 1240 m auf (ist also der höchste Gipfel dieses Gebirgsstocks, soweit wir dasselbe kennen). Auf diesen Gebirgen entspringen der Rokelle- und der Karamanka-Fluss, welche beide einen westlichen Lauf nehmen und an der Sierra-Leone-Küste (der zweite ein wenig südlich vom ersten) münden. Ihr östlicher Hang gehört dem Niger-Becken an, dessen Hauptquelle auf dem Tembi-Berge, an der Grenze von Koranko und Kissi, ihren Ursprung nimmt. Das Land ist fruchtbar und gut bevölkert. Die Kurankos ähneln in Sprachen und Sitten sehr den Mandingos, von denen sie wahrscheinlich einen Zweig bilden. Die wichtigeren Ortschaften des Kuranko-Landes sind: Simera, Kalakonka oder Kulakonka und Kumato. — K. bildete ehemals einen mächtigen Staat, aber die Fulahs von Futa-Djalon und die Sulimanas haben einen grossen Teil seines Gebietes besetzt. Es wurde 1826 durch den Major Laing, 1869 durch W. Reade, 1879 durch Zweifel und Moustier besucht.

Koranna, s. Korana.

Korassat, Berg in der südlich von Algaden und Daura (ägypt. Prov. Taka) gelegenen Kette.

Korata (Koarata, Kuarata). Stadt in der abessinischen Provinz Beghameder, 60 km westlich von Debra-Tabor, am südöstlichen Gestade des Tana-Sees, nahe der Mündung des Reb und der Gumara, nordöstlich von der Insel Bet-Manso, ein Dutzend Kilometer vom Austritte des Abaï oder Blauen Nil. Die Stadt liegt auf einem basaltischen Vorgebirge, das in den Tana-See vorspringt, und bedeckt einen ziemlich beträchtlichen Flächenraum. Jede besere Familienwohnung ist mit einem Garten umgeben; die Strassen sind überschattet von Cypern, Sykomoren und Fruchtbäumen, aus denen nur die konisch geformten Dächer der Häuser heraussehen. Korata ist die schönste Stadt Abessiniens; sie ist auch lange Zeit die volkreichste gewesen. Sie zählte zur Zeit, als d'Abbadie dort war, 12 000 Einwohner; 1864 war diese Ziffer bis auf 2000 (nach Raffray) gesunken, auf 800—1000 (nach Stecker). Im Jahre 1881 mussten sämtliche muselmännische Bewohner sie räumen. Sie ist indessen das Centrum eines wichtigen Handels geblieben. Zahlreiche „Tankoen" unterhalten den Verkehr mit den am Gestade des Seees gelegenen Ortschaften. Die Stadt verdankt ihre Wichtigkeit einer alten, auf einem heiligen Hügel gelegenen Kirche, in welche der Negus Negesti und der Bischof (abbuna) allein zu Pferde eintreten dürfen. In der Nachbarschaft werden rötliche Steine gebrochen; weiter im Norden baut man einen vortrefflichen Kaffee. Gleichwie das nördlicher gelegene Ifag, so war auch Korata in ganz Abessinien berühmt durch seinen vorzüglichen Wein, dessen Stock seinerzeit durch die Portugiesen eingeführt worden, aber 1855 zum weitaus grössten Teile zu grunde gegangen ist.

Korbes (Tunisien), s. Hammam-Korbes.

Kordofan (oder, nach der arabischen Form, **Kordofâl**), Land im östlichen Sudan, welches westlich vom Weissen Flusse (Bachr-el-Abyad), in einer Entfernung von 30—37 km südwestlich von Chartum, beginnt, bis 1883 einen Bestandteil der ägyptischen Besitzungen im Sudan bildete, aber 1885 durch den Aufstand des Mahdi losgerissen wurde. Kordofan liegt etwa zwischen 12 und 15° nördl. Br. und 26° 30′—29° 10′ östl. L.; ist im Norden und Westen, nach Nubien und Darfur zu, von Sandsteppen umgeben, welche zum Teil auch das Land im Osten, nach dem Bachr-el-Abyad zu, bedecken; im Süden erstreckt sich ein von Baggaras und Schilluks bewohntes Waldgebiet. Diese Grenzen sind nicht völlig genau fixiert; sie werden nur durch dürre, das bewohnte Land einschliessende Teile umschlossen. Der Flächenraum von K. wird von Prout (welcher 1875 K. bereiste) auf 108000 qkm geschätzt, die Bevölkerung auf 280000 Seelen (= 2½ pro qkm).

Kordofan stellt eine Reihe von bebauten Landflächen bald grössern, bald kleinern Umfanges dar, welche von unbebauten Flächen kleineren Umfanges durchsetzt sind. Der Boden ist im allgemeinen von sandiger Beschaffenheit, mehr flach als gebirgig; indessen unterbrechen isolierte Hügel- oder Berggruppen bisweilen die Einförmigkeit der Fläche. Im Süden wird das Land völlig gebirgig. Nach den barometrischen Beobachtungen Russeggers liegt das Plateau, auf welchem die Hauptstadt El-Obeid gebaut ist, beinahe im Mittelpunkte des Landes und in einer Höhe von etwa 200 m über Chartum, 655 m über dem Mittelmeere, von welchem die Stadt 2000 km (18 Grade) entfernt ist. Nach den jüngsten Beobachtungen (welche Prout 1877 angestellt hat) liegt das Flachland in einer Höhe von 490—580 m und senkt sich in den dem Nil zunächst liegenden Teilen bis auf 910 m herab. Nach Russeger ist der höchste Berg des eigentlichen Kordofan, mit Ausnahme des Djebel Katul, der „Djebel Kordofan“, welcher in geringer Entfernung von El-Obeid zu 229 m über das Niveau der Stadt aufsteigt, während die höchsten Gipfel von Dar-Nuba und Teggele, d. h. also der gebirgigen Landstriche im Süden des Landes (der Djebel Scheibun, der Djebel Daïer, Djebel Turban etc.) nur bis 100 und 300 m über das Niveau von El-Obeid aufsteigen. Im Nordwesten des Landes dagegen steigt der Djebel Katul bis mindestens 844 m empor. In geologischer Hinsicht lässt sich K. in zwei Gebiete scheiden: Der nubische Sandstein, welcher zu den tertiären Formationen gehört, ist der vorherrschende Fels von Dongola-el-Urdu an bis zu den Brunnen von Es-Safi in Kordofan; seine Farbe variiert vom Braun bis zum Gelb, hat bisweilen sogar eine rötliche Färbung infolge der in ihm eingeschlossenen Eisenoxydmengen. Im Süden von Es-Safi bis nach El-Obeid, selbst noch weiter nach Süden und Westen, treten kristallinische Felsarten, Quarz, Gneiss, Hornblende, an Stelle des Sandsteins.

Obwohl Kordofan an das Nilbecken stösst, hat es doch keinen eigentlichen Fluss, sondern „khor's“ (in der Mehrzahl „kheran“ genannt), d. h. Wadi's oder temporäre Flüsse, gleich denjenigen der südlichen Sahara. Ihr Lauf ist von Osten nach dem Nil zu gerichtet. Unter ihnen ist der bedeutendste der Khor Abu Habel (oder Khor Abu Hable), welcher vom Djebel Kulfaug im Dar-Nuba herabkommt. Zur Regenzeit bilden sich mehrere

Wasserläufe, die aber bald vom dürren Boden aufgesaugt werden. Hier und und da trifft man Lachen, welche das Wasser das ganze Jahr hindurch halten, z. B. die Lache von Ketschmar oder Kagmar, an der nördlichen Grenze. In Ermangelung von permanenten Flüssen besitzen die Bewohner des Landes während der trocknen Zeit nur zwei Mittel, sich Wasser zu verschaffen; sie müssen es entweder in Reservoiren sammeln oder Brunnen graben. Diese letzteren besitzen in manchen Distrikten des nördlichen K. eine bedeutende Tiefe (bis 40 oder 50 m), z. B. die Brunnen von Kagmar und Bara. Die Arbeit der Viehtränke wird hierdurch begreiflicherweise sehr erschwert, was in einem Lande wie K., dessen Bevölkerung, besonders die Baggara, dem Hirtenstande angehört, sehr ins Gewicht fällt.

Klima. Man unterscheidet in K. zwei Jahreszeiten: die trockne oder den Sommer, und die Regenzeit oder den Winter (von den Eingeborenen „kharif" genannt); die Wassermenge, welche während derselben fällt, wird auf 30—40 cm geschätzt. Der Sommer endigt im Monat Mai; die Temperatur der Luft um diese Zeit variiert im Schatten zwischen 32 und 49°, es fällt kein Niederschlag, die Bäume verlieren ihr Laub. Kordofan scheint in einem gewissen Masse das Klima der Sahara zu besitzen; in der Menge der fallenden Regen wird hier thatsächlich eine grosse Verschiedenheit bemerkt. So war das Jahr 1867 ein fast vollständig dürres Jahr, und 1873 erlebten die Missionäre einen solchen Wassermangel gegen Ausgang des Sommers, dass ein Krug Wasser mit einem Maria-Theresia-Thaler aufgewogen wurde.

Der Boden Kordofans ist im grossen und ganzen nichts weniger als unproduktiv. Er ist fast überall mit Gras, Bäumen und Strauchwerk bestanden. Wenn die Regenzeit kommt, erzählt ein Europäer, welcher lange Jahre hier gelebt hat, gelangt die Vegetation plötzlich, wie durch einen Zauberschlag, zur Entwickelung, und die Natur zeigt sich in ihrer ganzen Macht- und Schönheitsfülle. Balsamische, fast berauschend wirkende Gerüche erfüllen die Luft; man könnte meinen, in die Feengärten der arabischen Märchen versetzt zu sein (Pallme). Der engl. Oberst Colston (welcher mit Prout zusammen K. bereiste) entwirft ein nicht minder verlockendes Bild von den Oasen Kordofans: „Das von dem brennenden Sande ermüdete Auge ruht mit Wonne auf dem Smaragdgrün des einer grossen, sich schlangenartig entlang windenden Prairie gleichenden Landes. Vier Monate lang ist diese Prairie ein See: den übrigen Teil des Jahres hindurch findet man das Wasser dicht an der Oberfläche des Erdbodens und schöpft es aus mehr als zweihundert Löchern, welche am Saume des mit Gras bedeckten Bodens entlang gegraben sind. Tagtäglich sieht man tausende von Kamelen aus den umliegenden Steppen zur Tränke heranziehen. Sobald ein paar hundert dieser Tiere abziehen, kommen sofort neue an ihre Stelle, und fortgesetzt hat man den Anblick von 4—5000 Kamelen, die einen Raum von 20 bis 30 Joch überdecken. Grosse Ochsen-, Ziegen- und Hammelherden ziehen ebenfalls zur Tränke heran. Am Saume dieser Gras-Oasen steht ein Dutzend Dattel- und ebensoviele Dum-Palmen (Crucifera thebaica): ebenso einige Feigenbäume. Hier bauen die Bewohner (vom Stamme der Kababich) Dochn, Getreide, Baumwolle, Bamia. Tausende von Vögeln der verschiedensten Gattungen, unter denen der schwarze und weisse Storch vorherrscht, tragen zur Belebung des Landschaftsbildes vorteilhaft bei." Ein anderer

Reisender, Dr. Cuny, welcher in seiner Eigenschaft als Arzt weniger Enthusiasmus zeigt, schildert K. als ein Land der Dschungeln, denen die Regenzeit eine rasche und kräftige Entwickelung gibt, das aber nur auf einer sehr geringen Fläche bebaut ist; was bei den fast durchaus den Hirtenvölkern angehörenden Bewohnern erklärlich ist. „Man säet in der Regenzeit, aber nur auf einigen Strichen. Man stellt dort, seitdem die ägyptische Herrschaft Fuss gefasst hat, Schöpfvorrichtungen (schaduf, noria) auf, mittels deren der Anbau einiger Gemüsearten gelungen ist.“ Das Flachland, bemerkt Dr. Cuny, wird nur zur Regenzeit bewohnt; es wird nur in gebirgigen Gegenden, wo Brunnen vorhanden sind, und in der Nähe der in kleiner Zahl über das Land verstreuten Wasserbehälter von den Herden der nomadischen Bewohner durchzogen. Kordofan liefert dem Naturforscher den Beweis, dass der Humus oder der vegetale Boden der Vegetation durchaus nicht unersetzlich ist und dass gewisse Pflanzen auch die zu ihrem Wachstum nötigen Stoffe ebenso zu erlangen vermögen, wenn sie auf dem Sande wachsen, wie wenn sie auf dem fruchtbaren Boden stehen.

Die beiden wichtigsten Produkte des Planzenreiches sind eine Art von Getreide, „Dochn“ genannt (Penicetum typhoidum und Penicillaria spicata) und Gummibäume. In den letzten Tagen des Mai bereiten die Bewohner die Erde für die Aussaat des Dochn. Diese Arbeit besteht in dem Ausgraben der Wurzeln von Gräsern und stachelichten Pflanzen, welche seit der letzten Ernte gewachsen sind. Hierauf warten sie die ersten Regenfälle ab und graben dann mit einer Hacke von höchst primitiver Form Löcher in den Erdboden, in welche sie die Dochn-Körner legen, und mit der aufgegrabenen Erde wieder zudecken. Nach Verlauf von drei bis vier Monaten, bei Wiederkehr des guten Wetters, können sie die Ähren schneiden. Der Dochn gibt ihnen zugleich die eigene Nahrung und das Futter für ihr Vieh. Ausserdem erzeugt man in Kordofan Tabak, Sesam, etwas Baumwolle, verschiedene Kürbisarten und Gemüsesorten. Ein ausgezeichnetes arabisches Gummi wird in den Wäldern gewonnen und zwar in grossen Mengen. Dagegen muss Werkholz mit grossen Kosten aus Europa eingeführt werden (Dr. Pfund). Haustiere sind: Pferd, Kamel, Esel, Maulesel, Kuh, grosse Buckelochsen, Ziegen, Sudanschafe, Hund, Katze, und mehrere Sorten Geflügel. Das Rhinozeros, der Löwe, Leopard, Panther, die Hyäne, Wildkatze, der Schakal, die Giraffe, verschiedene Antilopen und Affenarten etc. durchstreifen die Wälder, Strausse die Ebene.

Die Industrie ist in K. sehr wenig entwickelt. Etwas Töpferei, Gerberei, eine primitive Art von Baumwollweberei, auch Eisenschmieden und Kohlengruben sind vorhanden. Das arabische Gummi, die Straussenfedern, Häute und Gold stehen unter den Tauschartikeln in erster Reihe. Dagegen sind die Elefanten jetzt verschwunden und das Elfenbein steht nicht mehr unter den Ausfuhrgegenständen. Die Goldgruben Dar-Nuba's sind seit langem berühmt. Indessen fehlt es an der Ausbeutung. Die Schwarzen sammeln nur den Goldstaub, welcher von den Strömen angeschwemmt wird. Der Wert der Erzeugnisse, welche 1877 nach Kairo aus Kordufan gelangten, betrug annähernd $1^1/_2$ Millionen Mark für Straussenfedern, $^1/_2$ Million Mark für Felle.

Die Bevölkerung von Kordofan ist äusserst gemischt. Sie setzt sich aus drei verschiedenen Klassen zusammen:

1) Neger (mit dem hier üblichen Namen „Nuba“ genannt);

2) aus dem abessinischen Hochland und aus dem obern Nubien eingewanderte Stämme (im allgemeinen als „Äthiopier" bezeichnet, ein Name, welcher schon bei den alten Griechen im Brauche war); statt seiner hat man in der Gegenwart häufig den Namen „Barabra" in Anwendung genommen;

3) Beduinen, ihrer Behauptung nach Abkömmlinge der Araber.

Man könnte eine vierte Klasse: diejenige der Mischrasse hinzufügen, wenn nicht thatsächlich der grösste Teil der den obigen drei Kategorieen angehörigen Individuen deutliche Spuren einer Vermischung dieser verschiedenen Elemente in allen Stufen an sich trüge.

1) Die reinen Nuba (die Araber sagen im Singular „Nebowi") sind Neger in der eigentlichsten Bedeutung des Wortes, und Munzinger, „Ostafrikanische Studien", bringt ihre Sprache mit derjenigen der Barabra Nubiens in Zusammenhang. Ihr eigentlicher Mittelpunkt liegt in einem gebirgigen Distrikt im südlichen Teile Kordofans (zwischen 11° 15' und 12° 15' nördl. Br.), an den Grenzen des das linke Ufer des Bachr-el-Abyrd berührenden Schilluklandes. Einer ihrer Stämme trägt den arabischen Beinamen Hadrawa; andere bewohnen im Osten von Dar Nuba einen besondern Distrikt, Tegele oder Tagalla genannt; es sind das ganz sicher die Eingeborenen Kordufans, welche die Ausdehnung der Barabra und der Araber in ihre jetzigen Zufluchtsorte gedrängt hat. Man trifft sie vornehmlich im Djebel Daïer, aber auch sonst im Lande an. Die Nuba sprechen eine eigentümliche Sprache, die in mehrere Dialekte zerfällt; einige derselben, besonders das „Koldaghi", verrät die starke Vermischung, sogar das Vorherrschen des im obern Nubien vertretenen berberischen Elementes (oder des Dongolawi) in den Gesichtszügen und dem physischen Bau.

Ausser von den Nuba wird Kordofan durch Individuen sehr verschiedenen Ursprungs bewohnt. Die sesshafte Bevölkerung in den kordufanischen Dörfern nördlich vom 13. Breitengrade, d. h. also so ziemlich des ganzen Landes, mit Ausnahme von Tegele oder Tagalla und Dar Nuba, hat den fremden Namen Kordofani angenommen. Diese Bevölkerung gehört der schwarzen Rasse nicht an. Sie teilt sich wieder in die Ghodiat (oder Qadayat), Gilledat (oder Djeleïdat) und Gowame. Ein Forscher hat die Entdeckung gemacht, dass die südlich und östlich vom Djebel Kordofan wohnenden Ghodiat oder Kadayat, sowie die Tegele-Leute Verwandte der Fundj (Fupe) sind; — die in El-Obeid lebenden Leute heissen Musebat oder Mesaba'at, und behaupten, Verwandte der Kundjara zu sein; übrigens leben in El-Obeid selbst beispielsweise zahlreiche, aus Darfur dorthin wandernde Kundjara.

2) Die eingeborenen Stämme des obern Nubien oder Nigritiens, welche sich, zu welcher Zeit weiss man nicht, in Kordofan niedergelassen haben, sind hauptsächlich Barabra und von ihnen vorzugsweise wieder Dongolawi oder Danagla. Diese letzteren beschäftigen sich in El Obeid (vergl. Rüppel „Nubien") ausschliesslich mit Gartenbau; sie lassen die Erde durch ihre Sklaven begiessen, welche das Wasser aus Brunnen schöpfen; alle sind Handelsleute; viele wohnen in den bergigen Distrikten des Südens, mitten unter den freien Nuba, und verheiraten sich dort, um ihren Geschäften besser nachgehen zu können. Die Nuba gestatten jedoch weder einer solchen Frau noch den aus einer solchen Ehe hervorgegangenen Kindern niemals, ihren Mann, bezw. Vater in das Flachland hinab zu begleiten, aus Furcht, dass der Vater

Marktplatz in S

de Loanda.

sie verkaufe (welcher Fall durchaus nicht ohne Beispiel ist). Alle diese Dongolawi sprechen ausschliesslich Barabra; die Männer verstehen jedoch auch Arabisch.

3) Die Beduinen oder Kordufanischen Hirten teilen sich in zwei Klassen: die Kababisch (oder Kubabisch) und die Baggara. Diese beiden Benennungen, welche man sehr oft, aber mit Unrecht, als Eigennamen aufgefasst hat, bezeichnen einzig und allein die Hauptbeschäftigung dieser beiden Klassen (obgleich in der That ihr beständiger Gebrauch im Sudan fast zwei ethnologische Begriffe aus ihnen geschaffen hat). Kababisch bedeutet Schafhirte, während Baggara Ochsenhirte bedeutet. Die Kababisch sind die wichtigste Klasse der kordufanischen Beduinen. Zu ihr gehören mehr als zwanzig Ferkah oder Teilstämme: Nura-Tura el-Khadra, Galayan, Atawije, Kebeschab, Berar, Amr, Aulad 'Ogba, Aulad El-Muta, Siredjab, Feth-Allah u. s. w.: unter ihnen sind die Murab die zahlreichsten. Die Baggara, welche in die Selime, Djemelije („Kamelleute"), Hawa, Hawasme, Djime (oder Gime), Habanieh, Beni Hamar und Beni Hamr (zu welchen die Risegat gehören) zerfallen, sind gleicherweise sehr zahlreich; sie haben wenig Kamele und verwenden die Ochsen für alle Arten des Transportes. Sie bedienen sich ihrer auch als Reittiere und führen sie mittelst eines durch die Nase gezogenen Eisenringes, an welchen der Zaum befestigt ist. Sie bewohnten vormals nur die Ufer des Weissen Nils. Aber das Auftauchen eines „Yati" genannten Insekts, dessen Stiche ihrem Vieh tödlich wurden, hat sie zur Aufgabe ihrer alten Wohnsitze genötigt.

Neben den Kababisch und den Baggara sind die wichtigsten Nomaden-Stämme Kordufans und des sich nordwärts bis nach Chartum erstreckenden Landes, von Nordosten angefangen: die zum Teil sesshaften, Arabisch sprechenden Dja'alin (oder Ga'alin), welche sich in sehr zahlreiche Unterstämme gliedern, wie z. B.: Djimmie, Djimeab, Gereschab, Nifeab, Sa'adab, Mohammedab, Mikringa, Bedjeleb, Uadin, Gebalab, Kaliab, Djaud-Allahab, Meïrefab, 'Omaiab (unter denen sich die das Nubizeh der Mahas, eines Amrab-Stammes, sprechenden Schekijeh befinden), die Kiteyab, Aliab, Seidab, Mekaberab, Mosellemab, Timerab, Giaberab, Glubarab, Chatinab und Megiadib. Die Djaalin zählen nicht zur wirklichen Bevölkerung Kordofans, aber sie sind diejenigen Nachbarn, welche das Land am häufigsten durchziehen. Dann folgen die Hassanieh im Nordosten des Landes, die Maganin, die Maramra, Ulad Gosch, Feïsara, Sijade, Beni-Fadhl, Ma'ali und Gjatene. Die sich häufig findende Endung „mab" (die in der Bischarinsprache „abo" lautet), ist das Kennzeichen der Thätigkeitswörter; man ist hierdurch darauf geführt worden, eine Verwandtschaft der Kababisch, Dja'alin und Beda unter einander zu vermuten. Die Kababisch, Baggara, Dja'alin, Hassanyeh etc. sprechen alle ohne Ausnahme Arabisch, obwohl sie ihre Frauen mit Vorliebe aus den Töchtern der freien Leute von El-Obeid nehmen, deren Sprache das Darfur ist. Die Djerar, Kababisch und Feïssarah lagern im Norden und Nordosten. Im Winter gefährden sie die Strassen nach Dongola und Schendi. Die Beni Fadhl und die Ma'ali lagern an dem Wege von El-Obeïd bis zum Schilluklande und Sennar; durch sie wird der beste Weihrauch herbeigebracht. Im Sommer ziehen sich alle diese Stämme auf die bebaute Landfläche, wo sie Weideplätze für ihr Vieh finden. Sie haben alle treffliche Pferderassen und sind ihrer kriegerischen Neigungen wegen im

Lande weit und breit gefürchtet. Viele von ihnen sind auf der Scholle sesshaft geworden und bilden einen Grundstock für eine dereinstige Ackerbau-Bevölkerung. Alle diese Araber haben die Hautfarbe der Dongolaner und Berbern. Kaum kupferfarbig bei ihrer Geburt, bekommen sie infolge ihres fortwährenden Aufenthalts unter der brennenden Sonne die volle Färbung, welche zwischen Akajou- und Ebenholz die Mitte hält. Ihre Züge sind fein und ihre Haltung vornehm (sagt Escayrac de Lauture). Die Scheiks sind alle dickbäuchig. Der Bart ist grob und spärlich; ihr Haar lassen sie frei wachsen und flechten es in Strähne, deren Zahl und Beschaffenheit von einem Stamme zum andern wechselt. So tragen beispielsweise die Beni - Djerar vier, dagegen die Kababisch fünf bis sieben, und die Baggara eine grosse Anzahl sehr dünner Strähne. Dieser Brauch ist übrigens bei der Mehrzahl der barbarischen Völker vorherrschend. Die Bischarieh von Takah und Saakim, welche ihre Haare nicht flechten, bilden aus ihnen drei ungeheure Puffe, deren einer oben auf dem Kopfe steht, während die beiden anderen das Gesicht flankieren.

Diese Hirtenvölker üben wenig Industrie. Sie erzeugen nur die für ihren persönlichen Gebrauch benötigten Gegenstände. Ihre Hauptbeschäftigung nächst der Obsorge für das Vieh ist die Jagd auf das Straussenmännchen, die Giraffe und Antilope. Sie bewältigen alle diese Tiere durch Hetzjagden; die Elefantenjagd ist hier selten; sie beginnt erst einen Grad südlicher und an den Ufern des Weissen Nils.

Die Hauptstadt von Kordofan ist El-Obeïd (Lobeïd oder Obeïd); ihre Bewohner nennen sich Lobeid (vielleicht nur eine Zusammenziehung der arabischen Form und des Artikels). Es ist eine Negerstadt in der eigentlichsten Bedeutung des Wortes, zum Teil aus Lehmhütten, zum Teil aus Ziegeln gebaut, die in der Sonne gebrannt sind; sie sind in der Regel mit einem cylindrischen Strohdach, ähnlich dem Oberteil eines Bienenstocks, bedeckt. Die Stadt mag eine halbe Stunde im Umkreise haben und unterscheidet sich von den übrigen Ortschaften des Landes allein durch ihre Moschee mit Minaret und die Bauten der ägypt. Behörden, sie zählt (nach Colston) 20—30 000 Einwohner. Trotz der Armut des heutigen Kordofan hat El-Obeïd einen ziemlich bedeutenden Markt, auf welchem täglich bedeutende Umsätze zwischen den 4—5000 Käufern und Verkäufern stattfinden, die hierher strömen; man findet auf ihm Rindvieh, Kamele, Getreide, Holz, Heu und sogar manche europäische Produkte zum Verkauf ausgestellt. Indessen kommen das arabische Gummi und die Straussenfedern (diese beiden wichtigsten Handelsartikel) fast niemals auf den offenen Markt. Der Ein- und Verkauf derselben vollzieht sich im Innern der Handelshäuser; die Kaufleute lernen bereits sich des Telegraphs bedienen zur Konsultierung der in Alexandrien herrschenden Preise. Die Eröffnung der Telegraphenstation zu El-Obeïd erfolgte bereits im Jahre 1875. Die anderen, halbwegs wichtigen Ortschaften Kordofans sind: Bara, 70 km nördlich von El-Obeïd, und Kadjmar, etwas weiter noch entfernt in der nämlichen Richtung; auch Melbes, vier Stunden südlich von El-Obeïd, ist zu nennen.

Im Jahre 1838, als Pallme das Land bereiste, war dasselbe eingeteilt in fünf Distrikte und zwei Bezirke (Tegele u. Dar-Nuba, welche mehr als Annexe denn als integrierende Bestandteile Kordofans anzusehen sind), nämlich: Khorsi, Bara, Kagmar (oder Kadjmar), Abu-Harase und Dafer (oder Dafara).

Unter der ägyptischen Verwaltung bildete K. eine Mudirie oder Gouvernement, das in 4 Departements und einen Distrikt geteilt war, ungerechnet die Hauptstadt El-Obeïd. Diese vier Departements sind die von Khorsi oder Khursi (359 Dörfer, 42 000 Einw.), Tayara (119 Dörfer, 18 000 Einw.), Bara (171 Dörfer, 23 840 Einw.), Abu-Harass (80 Dörfer, 16 830 Einwohner): hierzu der Distrikt der Ghodiat-Leute, welcher 32 Dörfer und 6870 Einwohner zählte. Der Rest der sesshaften Bevölkerung, welcher in 92 an den Grenzen isoliert liegenden Dörfern wohnt, wird auf 27 200 Köpfe geschätzt; unter ihnen befinden sich 4000 Fullah- oder Fellata-Bauern und eine starke Kolonie von Takruri (oder westl. Tuareg). Rechnet man zu diesen Ziffern 114000 Nomaden, so erhält man für ganz Kordofan 278 740 Einwohner, mit Ausschluss allerdings der so gut wie unabhängigen Gebirgsbewohner, durch welche sich die Gesamtziffer auf 280 000 erhöhen dürfte.

Rüppel („Reise", 134) bemerkt, dass man nicht sicher wüsste, ob das durch die Nuba bewohnte Land, welches durch die Araber und die ägyptischen Kaufleute mit dem Namen „Kordofan" belegt worden sei, jemals ein durch ein politisches Band verknüpftes Ganze gebildet hätte. Soviel stehe aber fest, dass zu der Zeit, wo die Herrschaft der Sennarkönige sich über die vom Nil bewässerten Landschaften bis zum 20. Breiten-Grade erstreckte, der Fürst des Flachlandes um El-Obeïd herum ihr Vasall gewesen sei, und einen indirekten Einfluss auf die benachbarten Negerrepubliken ausgeübt habe. Es scheint, dass von der Mitte des 18. Jahrh. an die Herrscher Darfurs den Herrschern Sennars die Oberhoheit über Kordofan streitig zu machen anfingen. In den ersten Jahren des 19. Jahrh. vertrieb endlich der Melik Makdum und Musalem, der Kommandant der Darfur'schen Truppen, den dem König von Sennar verbündeten Melik El-Hachema. Musalem schlug hierauf seine Residenz in El-Obeïd auf und herrschte hier unter dem Namen Mohammed über Fatel, Sultan von Darfur. Im Jahre 1820 wurde er in der Schlacht von Bara durch Mohammed Bey Defterdar geschlagen und getötet. Seit dieser Zeit sind die Türken Herren des Landes. Ägypten hat, seitdem es einen unabhängigen oder, wenn man will, Vasallenstaat der Pforte bildet, Kordofan immer bis zum Jahre 1883 zu seinen sudanesischen Besitzungen gezählt. Die im östlichen Sudan durch den Mahdi Mohammed Achmed organisierte aufständische Bewegung hat dem Khedive diese schöne Provinz entrissen. Die Engländer, die heutigen „Protektoren" Ägyptens, scheinen infolge der trüben Erfahrungen, die sie im 1884er Feldzuge unter Wolseley gemacht haben, den Gedanken an eine im Namen ihres Schützlings durchzuführende Wiedereroberung der verlorenen Provinz aufgegeben zu haben. Sie unterhandelten sogar 1885 mit dem Mahdi in dem Sinne, den Rebellen als Sultan von Kordofan, vielleicht gar auch als Sultan von Darfur anzuerkennen. Alles berechtigt jedoch zu der Hoffnung, dass trotz dieses Wechsels in der staatlichen Hoheit Kordofan den europäischen Reisenden geöffnet bleiben werde. Mit Ägypten und den anderen Sudanländern in Verbindung, nimmt Kordofan eine hochwichtige Stellung ein im Hinblick auf die Ausdehnung des europäischen Handels nach Zentralafrika.

Von einer geographischen Geschichte Kordofans lässt sich im Grunde bislang nur sehr wenig sagen. Der Name Kordofan war in Europa um Mitte des letzten Jahrh. nicht bekannt; er ist auf der grossen Karte Afrikas von d'Anville (1749) nicht aufgeführt.

Bruce hörte bei seiner Rückkehr aus Abessinien (1772) im Sennar von Kordofan als von einem Gouvernement dieses Königreichs sprechen („Travels" VI, 370, Ausg. von 1804), und Browne nennt es (1796) ohne irgendwelche Einzelheit unter den Nachbarländern Darfurs („Voyage" II.). Burckhardt sammelte 1813 im obern Nubien ziemlich eingehende Nachrichten über Kordofan, besonders über die arabischen Stämme (Nubia, S. 437); aber im grossen und ganzen hat uns erst die ägyptische Eroberung (1820) die Nachrichten gebracht, welche wir jetzt über das Land und seine Bewohner besitzen. Der Ruf der goldreichen Distrikte Dar-Nuba's ist auf dieses Ergebnis nicht ohne Einfluss gewesen. Trotz seiner in gewissen Hinsichten relativen Bedeutungslosigkeit ist Kordofan eigentümlicherweise durch europäische Reisende auffallend bevorzugt worden. Seit der türkischen Besitznahme ist es von einer ganzen Reihe von gelehrten Forschern zum Studienfelde erwählt worden. Zu nennen sind: Rüppell (1825), Russegger (1837), Holroyd und Parkyns (1837, 1849), Theodor Kotschy (1839), Arnaud Bey (1839), Lambert, Ignaz Pallme (1838—39), Brehm (1848), Escayrac de Lauture (1850), O. Schliefen (1853), Dr. Cuny (1857—58), Antinori und Lejean (1860), Munzinger (1861—62), Marno (1875), Stone, Prout und Colston (1876), Dr. Pfund (1874—76), Fraccaroli und Casati (1880), Matteucci, Massari und Fürst Borghese (1880).

Aus den über Kordofan veröffentlichten Werken und Schriften sind herauszuheben: Ed. Rüppell, „Reisen in Nubien, Kordofan etc." (Frankfurt am Main 1829, 8⁰); J. Russegger, „Reisen in Ägypten, Nubien etc." (Stuttg. 1844); Th. Kotschy, Reise nach Kordofan (Petermanns Mittheil., Ergänzungshefte No. 7, 1861, 4⁰); Holroyd, Notes of a Journey of Kordofan (1836—1837); Journal of the Royal Geogr. Soc, vol. IX, 1839; J. Pallme, Beschreibung von Kordofan (Stuttgart 1843, 8⁰); Mansf. Parkyns, „The Kubbabish Arabs between Dongola and Kordofan"; Journal of the Royal Geogr. Soc., vol. XX, 1851; Brehm, „Reiseskizzen" (I. Bd.); Escayrac de Lauture, „Notice sur le Kordofan"; Bulletin de la Soc. de Geogr. (4. Serie 1851); Cuny, „Voyages de Liout à el-Obeid (1863, 8⁰); Munzinger, „Reise von Massua nach Kordofan" (Petermanns Mitth., Ergänzungsheft No. 13, 1864); ibidem. „Bemerkungen über Ethnographie von Kordofan" (Schaffh. 1864, 8⁰); Hartmann, „Naturgeschichtl. medizin. Skizze der Nilländer" (1865); Prout, General report on the province of Kordofan (Kairo 1878, 8⁰); Marno, „Reise in der ägypt. Äquatorialprovinz und in Kordofan" (1874—76); Colston, „Notes sur les tribus des Bédouins de Soudan et du Kordofan (1876; Bull. de la Soc. khédiv. de Géogr. du Caire); dto., „Report on northern and central Kordofan" (Kairo 1878, 8⁰); Dr. Pfund, „Reisebriefe aus Kordofan und Darfur" (Mittheil. der Hamburg. Geogr. Gesellschaft 1877).

Kordufan, s. v. w. Kordofan.

Korfan, s. Khorfan.

Körnerküste (auch „Pfeffer-" oder „Malaguettaküste" genannt, nach den hier häufig vorkommenden Paradieskörnern, welche die Portugiesen Malaguettapfeffer nannten), der südwestlichste Teil von Oberguinea, vom Vorgebirge Mesurado bis zum Kap Palmas. Die ganze Küstenstrecke hat keinen Hafen, nur in der Nähe des Kap Palmas einen guten Ankerplatz, und ist durchweg flach und einförmig, nur im südlichsten Teile steigt das Land sogleich vom Meere aus terrassenförmig hoch auf; in dem Lande schliesst sich an die Küstenzone ein dichtbewaldetes, von Elefanten und Raubtieren bevölkertes Bergland an.

An der Küste münden viele Flüsse, darunter der St. John. Der Boden der Küstenzone ist meist fruchtbar und bringt ausser Paradieskörnern, Reis und Palmöl in Menge hervor, ernährt auch zahlreiche Herden. Die Einwohner sind Neger, in der Küstenzone zum Stamme der Ashantis gehörig, unter verschiedenen Namen: Dey, Bassa, Mena u. a.; zu einem grösseren Staate ist die Bevölkerung nie vereint gewesen. Der Handel hat seit der Gründung Monrovias, der Hauptstadt von Liberia, sehr an Ausdehnung gewonnen und steigt immer mehr, namentlich werden Wachs, Häute, Farbehölzer, Reis, Gold und Schildkrötenschalen ausgeführt. Wichtig geworden ist erst die K. seit 1820, seitdem nordamerikanische Missionsgesellschaften Niederlassungen befreiter amerikanischer Negersklaven daselbst anlegten, aus denen 1847 die Republiken Liberia und Maryland-in-Liberia entstanden, denen sich nun mehrere der benachbarten Volksstämme angeschlossen haben. Ausser diesen republikanischen Staaten sind noch die Negerstaaten Sanguin, ehemals eins der mächtigsten Reiche Guinea's, und Kru bekannt.

Korofa, Provinz des Königreichs Sokoto (Zentralsudan); ihr Gebiet erstreckt sich am Ufer des Benuë (linker Zufluss des Niger).

Koroko, der östliche Quellfluss des Senegal. Er entspringt ganz nahe dem Oberlaufe des Niger und verbindet sich mit dem Bafing (s. d.), kurz nachdem derselbe die Gewinakatarakte durchrauscht und in das Tiefland eingetreten ist, und dem von Westen her kommenden (590 km langen) Faleme zum mächtigen Strome des Senegal.

Kororofa, noch unerforschtes Land im südlichen Sudan, südlich vom Benue-Flusse, westlich von Adamaua. Die Hauptstadt ist Wukari oder Ukari. Ehemals ein mächtiger Staat, wird K., welches vormals einen Kanuri-Gouverneur aus der Stadt Kano vertrieb und diese Haussa-Provinz annektierte, jetzt von den Fulah stark bedrängt und scheint der Macht derselben unterliegen zu müssen. Im Jahre 1855 schon hielten die Fulah am südlichen Ufer des Benue die Städte Gandiko und Ghibu besetzt. K.s Bevölkerung wird durch mehrere Rassen gebildet; die herrschende Rasse ist diejenige der Djuku. Andere Völkerschaften oder Stämme von K. tragen die Namen: Koanna, Mitsi, Tiwi, Agawi, Djimmolo, Tschuribolo, Baschikkari, Djemsali, Bakawelino, Kewe, Indau oder N'dau, Binderi, Djaufeni (Barth).

Korosko, Ort im Distrikt Halfah der ägypt. Prov. Esna; am linken Ufer des Nils, 180 km südwestlich von Assuan.

K. besteht nur aus zwölf bis fünfzehn Hütten im traurigsten Zustande, mit einem Khan, d. h. einer Umwallung für die Karawanen und Kamele. Aber der Ort ist wichtig als Halte- und Ausgangsstation der aus Ägypten nach dem Sudan und umgekehrt ziehenden Karawanen. Von K. nach Abu-Hamed, wo die Karawanen den Nil erreichen, genügen neun Tage, um den Teil der Nubischen Wüste, welchem man gewöhnlich den Namen „Wüste von Korosko" giebt, zu durchschneiden. Die Entfernung beträgt etwa 400 km.

Kors, Ort im Distr. Achmun der ägypt. Prov. Menufieh.

Kortah, Ort im Distr. Halfah der ägypt. Prov. Esna.

Korti, Dorf in Nubien, 180 km südöstlich von Dongola, am linken Nilufer, nahe der Stelle, wo der seit Abu-Hamed südwestlich laufende Fluss seinen Lauf wieder nach Norden biegt. Hier hatte General Wolseley (1884 bis 85) das Hauptquartier der englischen Armee aufgeschlagen. Eine Karawanenstrasse schneidet von hier aus durch die Bajudasteppe, die in dem grossen Bug des Nils liegt, und erreicht den Fluss wieder bei El-Metammeh gegenüber von Schendi.

Koruibá, Dorf im nördl. Hereroland.

Korumbalia (Gorumbelia), Flecken im nördlichen Tunisien, 39 km südöstlich von Tunis, an der Strasse von Hammamet, in dem Tieflande, welches sich vom Golf von Tunis nach dem Golf von Hammamet, zwischen dem Gebirgsstock von Tunis-Zaphouan und der Halbinsel des Kap Bon erstreckt; 1000–1200 Einwohner; fruchtbarer Boden, Olivenhaine; Ölfabriken.

Koruru, Land eines kannibalischen Stammes, an der Mündung des mächtigen Aruwimi in den Kongo. Derselbe griff auf Stanley's erster Kongofahrt das Geschwader desselben mit einer stark bemannten Flotte erstaunlich grosser Kähne an, und rief eines der hitzigsten Gefechte hervor, die Stanley zu bestehen hatte.

Korvie River, Küstenfluss des Kaplandes, mündet nach kurzem Lauf in den Port Alfred.

Kosi, Ort im Griqua-Lande gegen Kuruman zu.

Kossasse, ein blassgrüner Strauch (von Rohlfs in den Sudanländern angetroffen).

Kosseir Bakhanes, Ort im Distr. Farchut der ägypt. Prov. Kena.

Kosseïr (von den Franzosen Quoçeir geschrieben) [das Wort bedeutet im Arabischen so viel wie „kleines Schloss"], Hafenstadt in Oberägypten, in der Prov. Keneh, 192 km östlich vom Hauptorte derselben (Keneh), am westl. Ufer des Roten Meeres (26° 7' nördl. Br., 31° 44' 50" östl. L.); 1200—1500 Einwohner. — Die Stadt liegt an einer Einbuchtung, welche kaum den Namen Bucht oder Bai verdient. In dieselbe mündet ein sehr flaches Wadi (Wadi Ambagui), welches von den in Entfernung von 6 km nach Westen zu gelegenen Höhen herabkommt und sich zur Zeit der Winterregen hier und da mit einer ungeheuren Masse Wasser füllt. Korallenbänke, welche der Küste vorgelagert sind, bilden eine Art natürlichen Molos, in dessen Schutze die Barken von mittlerer Grösse ziemlich dicht bei der Stadt Anker werfen können. Die grösseren Schiffe gehen ausserhalb der Bänke vor Anker. Vom Meere gesehen, zeigt Kosseïr einen ziemlich günstigen Anblick mit seinen vier Moscheen und seinen weissen Erdhäusern. Die Strassen sind schmal, wie in allen Städten der heissen Länder des Orients, aber sauber und regelmässig. Die Zitadelle, welche durch den Sultan Selim gebaut wurde, liegt auf einer Höhe ausserhalb des nordwestlichen Teiles der Umwallung. Sie ist mit einigen Geschützen bewaffnet, die durch die französische Expedition dort gelassen wurden. Die Bevölkerung setzt sich aus Ägyptern und Arabern aus dem Hedjas zusammen. Sie sind sämtlich Handelsleute, Lotsen und Fischer. K. ist ein Zwischenhandelsplatz. Die Hauptquelle seiner Einkünfte bildet die Getreideausfuhr von Ägypten nach Arabien, und die Einfuhr von dort bestand vornehmlich in Reis, Kaffee, Gewürzen, Gummi etc. Die Stadt war auch Einschiffungsstation für Mekkapilger. Aber die Eröffnung des Suezkanals und die ägyptischen Eisenbahnen haben diesen Handel ruiniert. Die Bevölkerung, welche sich auf ziemlich 7000 Einwohner belief, nimmt seitdem fortwährend ab; der Ort schreitet sichtlich zurück. Das grösste Hindernis für das Gedeihen Kosseirs ist der Mangel trinkbaren Wassers. Das Regenwasser hält sich schlecht in den Zisternen und das von den Bergen herabgeschleppte ist schlammig. Die Umgebung von K. ist kahl u. öde.

Was man gewöhnlich „Alt-Kosseir" nennt, ist ein Ruinenplatz etwa 6 km nördlich, an einem andern Wasserlaufe der Küste, dessen Mündung durch Sandmassen versteut ist. Man vermutet in den Ruinen den Philoteras Portus od. Albus Portus der Alten.

Kosseïr (Khosseïr, Koçeir), algerischer Volksstamm.

Kota-Kota, Ort am westl. Ufer des Nyassa-Sees. Von hier aus laufen arabische Schiffe über Marimba nach dem östlichen Ufer. Die erste Erwähnung von K. verdanken wir Livingstone (1865), der jedoch von ihm als von einer Insel und einer Bucht sprach, was sich als unrichtig herausgestellt hat. Gegenwärtig ist K. im Besitze der Araber und der bedeutendste Platz an den Gestaden des Nyassa-Sees geworden. Die Bevölkerung wird durch den vorteilhaften Handel hierher gezogen. Die Umgebung von K. aber ist wenig geeignet zum Anbau; der Boden ist sehr mager.

Kote'et Mobacher, Ort im Distr. El-Kanaïat der ägypt. Prov. Charkieh.

Kote'et-el-'Azizieh, Ort im Distr. Mina-el-Kamh d. ägypt. Prov. Charkieh.

Kotoko, Provinz des Reiches Bornu (zentraler Sudan), erstreckt sich am südlichen Ufer des Tschad-Sees bis zum linken Ufer des Schari und wird im Süden durch Logon und im Westen durch Gamerghu begrenzt, welch beide Landschaften dem Sultan von Bornu tributär sind. K. ist vollständig ebenes Land, das sich leicht nach dem See zu senkt, welche zur Zeit der grossen Regen sein Gebiet weithin überschwemmt. Ein Teil von K. wandelt sich dann zum Sumpfe und es geschieht oft, dass zahlreiche Dörfer miteinander nur durch Barken verkehren können. Zahllose Ableitungskanäle (vom Schari) durchfurchen das Flachland. K., das teilweise mit dichtem Wald bedeckt ist, besitzt eine hohe Fruchtbarkeit und ist vollständig bebaut. Die wichtigsten Fruchtsorten, welche hier wachsen, sind: Dochn (penicillaria), Sorgho, Mais; auch Baumwolle, Indigo, Sesam, Araschiden, Bohnen, Melonen werden gezogen. Die Bevölkerung besteht aus Kotoko- oder Makari-Negern, welche sich bis nach dem Logon-Lande erstrecken. Sie ist islamisiert und nahe verwandt mit den Inselbewohnern des Tschad-Sees, der heidnischen Völkerschaft der Musgu, Gamerghu und der Mandara-Leute. Man nimmt im allgemeinen an, dass sie aus den mittleren Ländern des Schari gekommen sind und die von ihnen jetzt bewohnten Gebiete nach Vertreibung oder Aufsaugung der eingeborenen Elemente, z. B. der So, besetzt haben. Die Kotoko oder Makari unterscheiden sich von den Kanuri wesentlich. Sie sind durchschnittlich von dunklerer Farbe als jene, von massigem Bau, mit regelmässigen Zügen und vorwiegend zur Dickbäuchigkeit beanlagt. Sie widmen sich mit Eifer dem Ackerbau, der Industrie und dem Fischfang. Die Hauptortschaften der Provinz Kotoko sind: Ngala, Afade, Maffete, Qulfei, Kusseri, Tillam und Sangaia. Jeder Ortschaft ist ein eingeborener Häuptling vorgesetzt, an dessen Seite ein bornuanischer Gouverneur amtiert, welcher jedoch meistenteils nur eine nominelle Machtvollkommenheit besitzt. Die Hauptstadt der Provinz ist Afade, ein grosser, mit Mauern umgebener Flecken, welcher vormals eine grosse Wichtigkeit besass, jetzt aber nur noch ein Haufen von halbzerstörten, im Schmutz und Kot vergrabenen Hütten ist.

Koto-Nkarifi, Dorf im innern Sudan, im Fellatah-Staate Efitako, 140 km südwestlich von Keffi-Abd-es-Senga, nahe dem linken Ufer des Niger, etwa 50 km von der Einmündung des Benuë entfernt; Marktplatz von einiger Bedeutung.

Kotonu (Cotonu, Appi) [bedeutet soviel wie „Toten-Lagune"], Stadt in Oberguinea, an der Sklavenküste,

Pandanusbaum von der Loangoküste. 50

27 km südwestlish von Porto-Novo, 34 km nordöstlich von Wydah. Es ist zugleich der Hafen von Abomey Calari und von Porto-Novo, aber diese letztere Stadt hat jetzt einen besondern Landungsplatz mit Magazinen etwa 18 km südöstlich von Kotonu, in der Nähe von Appi. K. liegt auf einem 600 m breiten, auf der andern Seite vom Denham-See bespülten Küstenstreifen. Die rechte Seite desselben gehört Frankreich, welchem es der König von Dahome im Jahre 1868 vertragsweise abgetreten hat. Die Franzosen haben 1878 ihre Besitzrechte auf dieses Gebiet erneuert durch einen Vertrag, in welchem auch festgesetzt wurde, dass Frankreich zu jeder Zeit in Dahome das Recht der meistbegünstigten Nation besitzen solle. Zufolge der Besetzung von Porto-Novo durch die Franzosen (1883) wurde Kotonu dem französischen Territorium Porto-Novo einverleibt. Am K.-Gestade unterhält Frankreich drei Faktoreien.

Kotschy, Theodor, geb. 15. April 1813 zu Ustron in Österreichisch-Schlesien, ursprünglich Theolog, dann tüchtiger Botaniker und Reisender, begleitete 1836—38 Russegger auf dessen Reise nach Kilikien, Syrien und den Nilländern bis Kordofan, besuchte 1838 nochmals Kordofan war 1840 in Cypern, 1841 in Kleinasien, 1842—43 Persien, wo er den Demawend bestieg, und kehrte 1843 über Erzerum, Trapezunt und Konstantinopel nach Wien zurück. 1853 bereiste er von neuem Kilikien, 1855 Ägypten und Palästina, 1859 abermals Cypern, Kleinasien, wo er durch Kilikien nach dem Argäus vordrang, dann von Trapezunt aus das nordöstliche Kleinasien und Kurdistan, 1862 zusammen mit Professor Unger nochmals Cypern und Nordsyrien. Auf allen diesen Reisen hat K. nicht nur wertvolle botanische Studien gemacht, sondern auch in mancher andern Beziehung, namentlich durch Höhenmessungen, der geographischen Wissenschaft bedeutende Dienste geleistet. Er starb am 11. Juni 1866 als Kustosadjunkt am botanischen Museum in Wien. Seine Hauptwerke sind: „Reise in den kilikischen Taurus über Tarsus“ (1859); „Die Eichen Europa's und des Orients“ (1859—62, 40 Blätter); „Über Reisen und Sammlungen des Naturforschers K. in der asiatischen Türkei, in Persien und den Nilländern“ (1864); sodann Bearbeitungen der Knoblecher'schen, Binder'schen und Tinné'schen Pflanzensammlungen vom obern Nilgebiet und das mit Unger herausgegebene Werk „Die Insel Cypern“ (1865): ausserdem zahlreiche Abhandlungen in deutschen und österreichischen Zeitschriften (Embacher).

Kotto, Reich am Lubilasch, das von verschiedenen Völkerschaften gebildet wird; die Residenz liegt am linken Ufer des Lubilasch (5° 7' 18" südl. Br.); Wissmann war dort 1882.

Kotwikuara, Dorf im Ovaherero (Hereroland).

Kouachi (El-), Duar in der alger. Prov. Constantine, nahe der Grenze der Sbakh (Salz-Seeen); an der grossen Strasse von Philippeville nach Biskara; 1500 Einwohner (11 107 ha); 1868 errichtet.

Kouanin, Dorf der alger. Prov. Algier, Bezirk Tizi-Ouzou, unfern der Strasse von Algier nach Dellys, zwischen Haussonviller und Reybeval; nahe einem linken Zuflusse des Sebau; 2620 Einw. (1697 ha).

Kouba, Flecken in der alger. Prov. Algier, 9 km südöstl. von Algier, auf einem Hügel, von wo aus man die Stadt Algier, ihre Rhede, die prächtigen Anlagen Hussein-Deys, auf der andern Seite die Metidjen und den Atlas überschaut; 1525 Einw. (385 Eingeborene). Es ist, nächst Deli-Ibrahim, die erste Kolonie, welche die Franzosen in Algerien gegründet haben (1832). In der Umgegend wachsen gute Weine, die selbst nach Frankreich exportiert werden. Der Ort hat eine Kirche mit schönem Kuppeldach und ein Seminar.

Koudial-Hamra, Duar der alger. Provinz Algier, etwa 20 km nordwestlich von Aumale; 1867 errichtet; 1260 Einw.; 4642 ha.

Koufi (Kouffi, Koutfi), **Beni-**, Berberstamm der alger. Prov. Algier, 9 km südöstlich von Draa-el-Mizan, am Nordhange des Djurdjura, im obern Becken des Bukdura oder Uëd-Aïssi (1640 Köpfe).

Kouga, 1) Fluss im Kaplande, mündet in den Gamtoos. — 2) (Kouga-Berge), Bergkette, schliesst sich an die Kammannassin-Berge und zieht im Norden des K., im Süden des Gamtoos von Westen nach Osten bis zur Vereinigung beider.

Kous (das alte Apollinopolis parva), kleine Handelsstadt in Oberägypten; nahe dabei die Ruinen des alten Theben.

Koussin, Fluss auf der Westküste Südafrikas, in Klein-Namaqualand, mündet südlich vom Oranjeflusse.

Kowara, Ortschaft am Gulbi-n-Biri (Nebenfluss des Niger), an einer teichartigen Erweiterung desselben (Flegel).

Kowesni, Ort im Distrikt El-Ga'farieh der ägypt. Prov. Gharbieh.

Kowie (auch Port Alfred genannt), Hafen an der Küste der Kapkolonie, östlich von der Algoa-Bai, wenige km von Bathurst. Er ist jungen Datums und wird gebildet durch das Ästuarium des K., eines kleinen, von den Hügeln in der Umgegend von Grahamstown herabkommenden Küstenflusses. Der Hafen ist für Schiffe mit niedrigem Tiefgang zugänglich und mit Grahamstown durch Eisenbahn verbunden.

Koyâm, eine Provinz des Königreichs Bornu (Zentralsudan).

Es ist ein fruchtbarer und an Brunnen, wie Kamelherden reicher Landstrich. Es wird zum Teil von Schua (mit Kanuris vermischte Araber) bewohnt.

Kozman, Ort im Distrikt Kafr-el-Cheikh der ägypt. Prov. Gharbieh.

Kpatatschi, Ortschaft auf einer grossen Insel am linken Ufer des Niger, ist ca. 15 Minuten vom Landungsplatz entfernt und besteht aus verschiedenen Hüttenkomplexen, die mitten auf der Insel zerstreut liegen (Flegel).

Kraai, ein linker Zufluss des Oranje-Flusses.

Kraal, im südöstlichen Afrika Name der Umzäunungen, welche entweder aus niedrigen Steinmauern oder aus Schilfgeflechten, hier und da wohl auch aus Dornenhecken hergestellt sind und in denen sich je nach der Anzahl der dort wohnenden Familien eine grössere oder geringere Zahl der niedrigen bienenkorbförmig gebauten, bisweilen auch oben spitz zulaufenden, aus einem Gerüst von Ästen und Stäben, dessen Zwischenräume mit Grasbündeln oder Schilfgeflecht ausgefüllt werden, bestehenden Hütten befindet.

Kranich, ein auch in Afrika in mehreren Arten weitverbreiteter Vogel; z. B.: Pfauenkranich (Grus pavonia) in Westafrika; numidische Jungfrau (Ardea virgo) in Ägypten.

Kranz nennen die Kolonisten Südafrika's die von flachen Schuttkegeln eingefassten, mit steilen Abstürzen lang an den Bergen hin oder ganz um sie herum ziehenden Köpfe der geschichteten Gesteinmassen. Besonders bekannt wegen der bei ihm geschlagenen Schlachten gegen die Zulus ist der „Blauwe Kranz“ in Natalland geworden.

Krapf, Dr. Ludw., ein um die Erforschung Afrika's hochverdienter Missionär, am 11. Januar 1810 zu Derendingen bei Tübingen geboren.

50*

am 26. November 1881 zu Kornthal bei Stuttgart gestorben.

Erster Aufenthalt (seit 1837): Im Dienste der Church Missionary Society ging K. nach Abessinien, wurde 1838 ausgewiesen und drang 1839 in Gemeinschaft mit dem Missionär Isenberg über Tadschurra nach Ankober in Schoa, wo er bis 1842 thätig war und schöne Erfolge in der Erforschung dieses Gebietes und der angrenzenden Galläländer erzielte. Unter grossen Entbehrungen und Gefahren kehrte K. 1842 durch Abessinien nach Massaua zurück, konnte aber im nächsten Jahre infolge des Widerstandes der Abessinier seine Station nicht wieder erreichen. Statt von Norden begann nun K. die Bekehrung der Gallas von Süden her, und damit gab er den Anstoss nicht allein zu der segensreichen Wirksamkeit der Missionäre an der äquatorialen Ostküste, sondern auch zu der Erforschung des äquatorialen Afrika. Von der 1845 errichteten Missionsstation aus unternahm K. Reisen: 1848 u. 1852 nach Usambara, 1849 u. 1851 Ukambani. Die Entdeckung der Schneeberge Kilima Ndscharo und Keina sind seinen, wie seines Gefährten Rebmann Reisen zu verdanken, gleicherweise veranlassten die gemeinsam mit Erhardt eingezogenen Erkundigungen über den grossen Binnensee Tanganyika die Aussendung der englischen Reisenden Burton und Speke.

1853 Rückkehr nach Europa infolge einer durch den Aufenthalt in Afrika verursachten Erschütterung seiner Gesundheit.

Zweiter Aufenthalt (seit 1854): Expedition nach Abessinien, um König Theodor für die Duldung der Mission zu gewinnen. Kurzer Aufenthalt in Gondar. Reise über Sennar und Chartum nach Ägypten. Rückkehr nach Europa infolge Zerrüttung seiner Gesundheit. Er lebte seitdem in Kornthal bei Stuttgart. 1867—68 begleitete er die englische Expedition nach Abessinien als Dolmetscher.

Seine und Isenbergs Tagebücher aus Schoa wurden 1843 veröffentlicht (Journals of the Rev. M. Isenberg and Krapf 1839—42). Seine „Reisen in Ostafrika“ erschienen 1858 (vergl. „Travels, researches and missionary labours in Eastern Africa“ 1860); ausserdem gab K. Grammatiken, Vokabularien u. Übersetzungen von Auszügen der Bibel in den Galla-, Kinika-, Suaheli- und Wakuafi-Dialekten heraus.

Krause, Gottlob Adolf, junger deutscher Reisender, verliess aus Enthusiasmus für die Erforschung Afrika's das Gymnasium, landete in Tripolis und fand 1869 einen Dienst bei Fräulein Tinné, musste damals aber seinem Wunsch, ausgedehntere Reisen zu machen, entsagen und kehrte noch vor der Ermordung seiner Herrin (1. Aug. 1869) nach Europa zurück. Zu Anfang 1878 hatte er das Glück, in der öffentlichen Bibliothek auf Malta eine arabische Handschrift aus dem Ende des vorigen Jahrhunderts zu finden, welche wichtige Beiträge zur Geschichte Fezzans und Tripolis' enthält. Bald darauf erhielt er eine Unterstützung seitens der Afrikanischen Gesellschaft in Deutschland, um nach Wadaï zu gehen, änderte aber sein Ziel, als die Rohlfs'sche Expedition nach dorthin abging, und schlug die Richtung in das Gebirgsland der Tuarik Ahaggar ein, in der Absicht, später Sokoto zu besuchen.

Kredi (Kerdi, Kirdi oder Kreki) werden die im Dar-Fertit wohnenden Negerstämme häufig verächtlicherweise von der muselmännischen Bevölkerung dieser Gegend genannt. Nach Schweinfurth sind diese Stämme in dem gesamten Gebiete des oberen Bachr-el-Arab verstreut, hauptsächlich im Westen der Bongos-Neger. Sie gehören zu den hässlichsten aller

Negervölker und sind den ihnen benachbarten Negern bedeutend unterlegen. Sie sind gleich den Bongos kupferfarbig, aber die Schmutzdecke, welche auf ihrer Haut lagert, macht sie mindestens dreimal dunkler als sie es in Wirklichkeit sind. Im Norden grenzen die Kredi an das Land der Baggara-el-Homr. Drei und eine halbe Tagereise nordwestlich vom Dem de Siber wohnen die Mangas, welche eine von den K. verschiedene Rasse bilden sollen und sich nach Westen zu fünf bis sechs Tagereisen vom Dem Gudju ausdehnen; weiterhin an den Ufern des obern Bachr-el-Arab die Bendas, deren Gebiet lange Zeit hindurch das fernste Ziel der darforischen Sklavenjagden bildete (von diesen deshalb Dar-Benda genannt); weiterhin kommen die Abu-Dinga, die weder zu den K., noch zu den Niam-Niam in Verwandtschaft stehen. Die wichtigsten K.-Stämme des westlichen Teils sind die Adya, Baja und Mere. Im Südwesten berühren die K. den Wüstenstreifen, welcher die Grenze vom Lande des mächtigen Niam-Niam-Fürsten Mofio bildet. Im Süden wohnen Golos und Schre's. Auf Schweinfurth, welcher 1869 in diesen Gegenden reiste („Im Herzen von Afrika" 1875) folgte 1877 der griechische Arzt Potagos („Voyage à l'ouest du Haut-Nil"; 1880).

Kredsch, Negervolk um den Oberlauf des Bachr-el-Arab, jenseits der ägypt. Grenze.

Kreider, s. Kheider.

Kreliland (Südafrika), derjenige Teil von Kafraria, welcher zwischen der Mündung der Kei und der Umlata gelegen ist; siehe Fingoland und Galekas-Land.

Kremer, Alfred von, namhafter Orientalist, geboren 13. Mai 1828 zu Wien, studierte daselbst erst Philosophie, dann Rechtswissenschaft, trieb daneben auf eigene Hand Neugriechisch, Arabisch, Hebräisch und Persisch und bereiste 1849—1851 mit einem Stipendium der Akademie der Wissenschaften Syrien, wo er auch Palmyra besuchte, und Ägypten. Nach seiner Rückkehr erhielt er die Professur des Vulgär-Arabischen am Wiener Polytechnikum, die er indessen schon im Mai 1852 wieder niederlegte, um als erster Dolmetsch des österreichischen Konsulats nach Ägypten zurückzukehren. Er wurde im Jahre 1858 Vizekonsul, 1859 Konsul in Kairo, 1862 in Galatz, 1870 in Beirut, 1872 als Ministerialrat in das Ministerium des Auswärtigen nach Wien berufen und 1880 Handelsminister. Schriften: „Beiträge zur Geographie des nördlichen Syrien" (1852); „Mittelsyrien und Damaskus" (1853); „Topographie von Damaskus" (1855); „Ägypten, Forschungen über Land und Volk" (1863); „Über die südarabische Sage" (1866); „Geschichte der herrschenden Ideen des Islams" (1868); „Kulturgeschichtliche Streifzüge auf dem Gebiete des Islam" (1873); „Kulturgeschichte des Orients unter den Chalifen" (1877) u. a.

Kremortat-Boom (Adansonia digitata), ein ungeheurer Baum Südafrikas mit länglichen gurkenförmigen Früchten, von den Boeren so genannt wegen der weisslichen, an weinsteinsauren Salzen reichen und zur Erzeugung einer Art von Limonade benutzten Pulpe im Innern der holzigen Schale seiner Früchte.

Kreneg, s. Kheneg.

Krerma (Kerarma), Volksstamm in der alger. Prov. Oran, nordwestlich von Saïda.

Kretsa heisst der Berg Kasee (westl. von Massana) am Fusse; auf halber Höhe heisst derselbe Udanam, noch höher Gerara (Rohlfs).

Krich-el-Ued, Dorf im nördlichen Tunisien, 7—8 km nordöstlich von Medjez-el-Bab, am rechten Ufer der Medjerda.

Krichtel (Christel), arabisches Dorf in der alger. Prov. Oran.

Krinjebo, s. Kinjabo.

Kristallberg (Sierra de Crystal). Gebirgskette des westlichen Afrika, streicht in Entfernung von 160—240 km von der Küste des Guinea-Golfs zwischen der Biafra-Küste und dem Gabon-Ästuarium. Es ist noch unerforscht; man glaubt jedoch, dass sein höchster Gipfel der „Elefant-Mount" ist, welcher etwa 520 m erreichen mag.

Kriz, s. Griz.

Krobu, Negervolk an der Goldküste, westlich von Akim, 5000 Köpfe.

Krockow-Wickerode, Karl, Graf v., am 27. Januar 1825 in Sachsen geboren, reiste 1864 über Suakim nach Kassala, wo er mit Werner Munzinger zusammentraf. Er nahm mit demselben die Höhe des Mokran-Gebirges bei Kassala auf, durchzog das Land bis zum Setit und kehrte dann nach seiner Heimat zurück. Er gab heraus: „Reisen und Jagden in Nordafrika" (1867, 2 Bde.).

Krokodil (auch Nil-Krokodil oder gemeines K. genannt; Crocodilus niloticus, Cr. vulgaris Cuv., Lacerta cr. L.), grünlich, mit schwarzen Querstreifen; Kiefern gleich lang, im Nacken sitzen sechs gekielte Platten; in allen grossen Flüssen Afrika's, den Alten besonders aus dem Nil bekannt, kommt jedoch nur noch in Ober-Ägypten vor, lebt tagsüber auf dem Lande, fischt zu bestimmten Zeiten und in Gesellschaft, kann nicht lange im Wasser ohne Atem zu holen aushalten, legt die Eier in Sand; hat Feinde an der Pharaonsratte und an Affen, welche Junge oder Eier fressen. Dagegen ist die Sage, dass der Ichneumon dem K., wenn es schlafend im Sande liegt, in den Leib krieche, eine Erdichtung; wahr soll es aber sein, dass Sumpfvögel, bes. Strandläufer, die Blutegel u. dgl. aus dem Rachen des K. wegfressen, welche sich im Wasser an demselben ansaugen. In Ägypten war das K. dem Typhon heilig und wurde in den Nomen von Koptos, Arsinoe und Ombos göttlich verehrt; in letzterem wurden sie in eigenen Teichen gehegt und abgerichtet, und die Mütter freuten sich, wenn die K. ihre Kinder frassen. Das K. galt als heilig, weil es 60 Jahre lebe, 60 Tage trächtig sei, 60 Eier lege und 60 Zähne und Gelenke habe; die Zahl 60 aber gehörte zu den heiligen. In anderen Distrikten wurde es getödtet, z. B. in Tentyra, in Apollinopolis an Bäume gehängt, erschlagen und gegessen. Unter dem Leviathan des Alten Testaments verstehen die meisten Interpreten das K. Das K. lässt sich etwas zähmen; Fleisch ist essbar, doch nicht ganz schmackhaft.

Krokodilenfluss (Ingwainya), sogenannt wegen seines Reichtums an Krokodilen; s. v. w. Limpopo.

Krokodil-See, s. v. w. Timsah-See (Ägypten).

Krokodilwächter (Charadrius ægyptiacus), ein der Familie der Regenpfeifer angehörender Vogel, einer der häufigsten Vögel des Niltbals; er ist Warner und Wächter für andere Tiere; denn alles Verdächtige und Auffällige wird von ihm durch Geschrei angezeigt. „Auf den Sandbänken und flachen Ufern pflegen die Krokodile ihr Mittagsschläfchen zu halten oder sich zu sonnen, dort liest ihnen der K. die Insekten und Blutegel vom Panzer ab. Bemerkt er etwas Verdächtiges, so schreit er laut und oft genug mag das Krokodil durch ihn erweckt und so zur Flucht bewogen werden" (Hartmann).

Kroonstad, nördlichste Ansiedelung im Oranjefluss-Freistaat (Südafrika). — Der Distrikt K. misst 13864 km und zählt 14175 Bewohner (6200 Weisse, 7975 Farbige).

Kropf-Ibis (Geronticus carunculatus), besucht die ostafrikanischen

Küsten, kommt aber auch in den Bergwiesen bis zu 10 000 Fuss Höhe vor.

Kru (Kru-Neger, von den Engländern „Croomen", von den Franzosen „Croumanes" genannt), Negervolk in Guinea zum Teil auf der Körner-, zum Teil auf der Elfenbeinküste, gehören zum Stamme der Ashanti, haben einen wohlgebauten, kräftigen Körper, sind intelligent, zeigen grosse Thätigkeit, treiben Feldbau, zum Teil auch Kleinhandel und werden als Arbeiter sehr gesucht. Ihr Land ist reich an Edelhölzern; zum Teil hat sich das Volk an die Republik Liberia angeschlossen. Sie sprechen eine eigene Sprache; siehe Kru-Neger.

Kru, ein gewisses Mass Palmöl und die Werteinheit, nach welcher im Gebiet der Nigermündungen, dem Handelsgebiet der sogenannten Ölflüsse (zu welchem auch Kamerun und die beiden südlicheren Häfen Malimba und Kleinbatanga gehören), europäische Waren verkauft und afrikanische Erzeugnisse gekauft werden. Vergl. Cong, Bar etc.

Krub (Algerien), s. Khroub.

Krumir (Khoumir, Khomair), grosse Völkerschaft oder vielmehr Stammesbrüderschaft im nördlichen Tunisien. Ihr Land liegt im Kaïdat Tabarka (oder Bordj-Djedid), an der Grenze der alger. Provinz Constantine, am Littorale vom Kap Roux bis zum Kap Negro. Es ist ein malerisches Gebirgsland, zum Teil mit prächtiger Eichenwaldung bedeckt, wo sich noch Löwen, Panter, Bären aufhalten. Auf diesen 1000—1200 m hohen Bergen entspringen drei kleine Flüsse: der Uëd-Kebir, Uëd-Terfas und Uëd-Zan (Zaïne oder Zaïn), auch „Uëd-Kellenet" genannt. Es ist die Tusca des Altertums, welche ehemals die Grenze zwischen Afrika und Numidien, dann zwischen Tunisien und Algerien bildete. Der Feldzug 1881 war der erste Schritt, welchen Frankreich zur Besetzung von Tunisien that.

Krumirien, das Land der Krumirs, ist reich an fruchtbaren Thälern und warmen Quellen. Seine Bevölkerung wird auf 6—8000 Seelen geschätzt. Nach Playfair („Travels on the footsteps of Bruce") sind es Berbern, nennen sich aber selbst Araber. Sie sind grosse, kräftige Gestalten und zerfallen (nach Duveyrier) in vier Stämme: Selul, Meselma, Schiaja (zusammen 9400 Gewehre) und Tademakka oder Dedmaka (4000 Gewehre). Die Krumir hatten ihre Unabhängigkeit vom Bei von Tunis immer zu wahren verstanden. Sie waren bis 1881 schlimme Nachbarn für Frankreich. Durch die Besetzung ihres Gebietes hat sich Frankreich Ruhe vor ihren Einfällen zu schaffen gewusst. Aïn-Draham, ein auf einem 1070 m hohen Berge angelegtes Städtchen, darf als die erste französische Kolonie im Krumirlande gelten.

Kru-Neger (Krao; engl. Kroumen; französ. Croumanes), Negervolk im westlichen Guinea. Nach Burton ist Krao die richtige Form des Namens; das Wort Krouman (im Plural Kroumen) bedeutet hiernach „Leute von Krao". Das unter der Bezeichnung **„Kru-Küste"** bekannte Küstengebiet Guineas erstreckt sich zu beiden Seiten des Kap Palmas, vom Saint-André-Flusse (oder wohl schon vom Rio Sesto) an im Westen über das Liberia-Land bis zum Lahon-Flusse im Osten, über einen Teil des von Frankreich zu seiner Assini-Kolonie beanspruchten Gebietes. Die Länge der Kru-Küste beträgt etwa 350 km. Die wahrscheinlich zur Mandingo-Rasse gehörige Völkerschaft der Kru-Neger ist hochgewachsen und von starkem Körperbau. Die Hautfarbe ist schwarzblau. Die Haare sind wollig und dicht. Der Bart ist weniger spärlich als bei den anderen Negern. Die Weiber der K. sind von hellerer Färbung und gelten als hübsch, werden

Loangoküste: Lagune bei Tschintschotscho.

Loangoküste: Savanne mit Nordlicht.

von ihren Männern (ein in jenen Strichen seltener Fall; Nicolas) eifersüchtig gehütet. Die K. stellen zu den Kriegs- und Handelsschiffen an dieser Küste die Matrosen. Sie sind sehr geschätzte Arbeiter und verlässlich. In der französischen Gabon-Kolonie sind sie sehr zahlreich. Sie verheuern sich in der Regel für ein oder zwei Jahre, mit der Bedingung, nach Ablauf ihres Kontraktes mit ihrem ersparten Lohne in ihre Heimat zurückzukehren. Sie verdingen sich auch gern als Arbeiter in die europäischen Faktoreien. Sie wählen in der Regel abteilungsweise einen Headmann, dessen Befehlen sie sich dann unbedingt fügen. Whitford (ein engl. Missionär) stellt die Thatsache fest, dass die Kru-Neger fern von ihrem Lande der Zivilisation sehr zugänglich sind, aber in der Heimat sofort wieder in ihre alte Barbarei verfallen. Obgleich sie ihren europäischen Herren mit Hingebung und Liebe dienen, so wehren sie ihnen doch eifersüchtig den Zutritt zum Innern ihres Landes; und nichts vermag sie zu bewegen, ihrem Lande auf die Dauer den Rücken zu kehren. Fremde Sprachen lernen sie kinderleicht. Über die K.-Neger haben die besten Nachrichten gebracht: Leighton Wilson („Western Africa“; 1856); Rich. Burton („Wanderings in West-Africa“: 1863); Laird und Oldfield („Expedition to the Niger“; 1832); Allen („Expedition to the river Niger“; 1841); Baikie, „Exploring voyages to the Kwora“ (1854); Vallon, „La côte occidentale d'Afrique“ (1863).

Ksa (Abu-), Ort im Distr. Sanures der ägypt. Prov. Fajum.

Ksar (Ksor), s. v. w. befestigtes Dorf.

Ksar (El-), Ruinenstätte in der alger. Prov. Constantine, etwa 40 km nordöstlich von Setif, im Berberland; wahrscheinlich das Ad Basilicam der Römer.

Ksar (El-), Duar der alger. Prov. Oran, zu beiden Seiten der Eisenbahn von Oran nach Sidi-bel-Abbes, in den Tafarawi-Bergen (726 m), welche an die Tessala-Berge (1063 m) stossen; 1867 errichtet; 2691 Einw. auf 9639 ha. Auf seinem Gebiete sind die französischen Kolonieen Mekedra und Saint-Lucien errichtet worden.

— 2) Duar in der alger. Prov. Constantine; in der Gemeinde Batna und im Gebiete der Uled-Bu-Aun; am Fusse des Messawa; etwa 530 Einw. auf 4404 ha; auch in der Gemeinde von Righa in derselben Provinz führt ein Duar den Namen El-Ksar (auch Aïn-Ksar genannt).

— 3) Dorf in der alger. Prov. Oran, im Arrondissement Sidi-bel-Abbes, an der Strasse von Mascara, nordwestl. von Moxi (799 m), in einem gesunden Lande; 1877 errichtet; 1130 ha; Alfa-Region.

— 4) s. Hal-el-Ksar.

Ksar-Chabounia, s. Chabounia.

Ksar-el-Ahmeur, Ruinenstätte in der alger. Provinz Constantine, 30 km südöstlich von Suk-Harras, 18—20 km von der tunisischen Grenze, 9 km vom linken Ufer der Mellaga; Alfa-Region.

Ksar-el-Beïda, Dorf in der alger. Prov. Algier, auf dem Hochplateau, 100 km nordwestlich von Laghuat, 55 km südwestl. von Taguin, nahe dem obern Scheliff.

Ksar-el-Bouma, Ruinenstätte in der alger. Prov. Constantine, an einem rechtsseitigen Zuflusse der Meskiana oder obern Mellaga.

Ksar-el-Haïran, Flecken in der alger. Prov. Algier, etwa 20 km östl. von Laghuat, am Uëd-Djedi; 100 Häuser; 890 Einw.

Ksarel-Keb'r (Alcazar-Kebir), s. v. w. „grosses Schloss“, Stadt im nördlichen Marokko, 45 km südöstl. von El-Araisch, nahe dem rechten Ufer des Lukkos, 100 km südlich von Tanger (nach Rohlfs, 1864:

10—25 000 Einw.). Die Stadt hat eine in Trümmern liegende Zitadelle und eine durch zwei schöne Thore bemerkenswerte Moschee. Die Häuser sind aus Ziegeln gebaut. Die Oliven und Orangen, welche hier gebaut werden, sind in Marokko berühmt. K. ist jedenfalls das Oppidum Novum der Römer. Auf der Ebene in der Richtung nach El-Araisch zu wurde 1578 die blutige Schlacht zwischen Mauren und Spaniern geschlagen, in welcher Sebastian, der König Portugals, umkam und der Glanz der lusitanischen Macht zu Grabe getragen wurde.

Ksar-ez-Zit (Ksar-es-Zit). Ruinenstätte im nördlichen Tunisien, nordwestlich von Hammamet; wahrscheinlich das Siajis (Civitas Sagitana) der Römer.

Ksar-Gouvaï, Ruinenstätte in der alger. Prov. Constantine, 10 km nordöstl. von Tebessa, nahe der tunisischen Grenze; mit byzantinischem Turm.

Ksar Kebbuch, s. Kebbuch.

Ksar-Saïd (Kasar-Saïd), Dorf im nördlichen Tunisien, an Bardo (die Residenz des Beys von Tunis) stossend. Am 11. Mai 1881 wurde zwischen dem General Bréart und Mohammed-es-Sadok der Vertrag unterzeichnet, durch welchen Tunisien unter französisches Protektorat gestellt wurde.

Ksar-Sbaï, Ruinenstätte in der alger. Prov. Constantine, im Gebiete des Harakta-Stammes, 35 km nordwestlich von Aïn-Beïda.

Ksar-Temuschent, Dorf in der alger. Prov. Constantine, an der Strasse von Setif (8 km) nach Constantine mit römischen Ruinen.

Ksebek, Dorf in Tripoli, an der südlichen Grenze des Ghorian-Berges; vom Ksar Ghorian etwa 6 km in südlicher Richtung entfernt; ein (nach Rohlfs) freundlicher Ort, dessen Bewohner sich Marabutin (Heilige) nennen und behaupten, aus der Sseggiat-el-Homra im fernen Westen Afrika's herzustammen.

Ksei (Ksal), Gebirgsstock in der alger. Prov. Oran, zum grossen Atlas gehörig; seine höchsten Spitzen sind: der Djebel-Msi (2200 m) unfern der marokkanischen Grenze; der Kef-el-Mardjen (2064 m), nordöstlich von Géryville (dem einzigen europäischen Flecken, welcher auf ihm liegt); der Djebel-el-Ustani (1967 m), östlich von Géryville; der Djebel-bu-Derga (1959 m), südöstlich von Géryville; der Tuilet Makna (1937 m).

Kselna, 1) Duar der alger. Prov. Constantine, nördl. von Suk-Harras; zwischen der Medjerda, Mafran und Seybouse. — 2) Volksstamm in der alger. Prov. Oran, 60 km südwestl. von Tiaret, nordöstlich von Seïda; 1065 Köpfe; 11 281 ha.

Ksenna, Wald (36 000 ha) und Schwefelquellen in der alger. Prov. Algier, östl. von Aumale; im Becken des Uëd-Saïan (Arm des Uëd Sahel); siehe Hammam-Ksenna.

Kseur (El-), offiziell **Bitche** genannt, Dorf in der alger. Prov. Constantine, 26 km südwestl. von Bougie, am linken Ufer des Uëd-Sahel oder Summam, am Fusse der Berge der Grossen Kabylie (675 Einw., davon 300 Franzosen); mit prächtigen Ölbäumen.

Ksila (Beni-), Berberstamm der alger. Provinz Constantine, in der Grossen Kabylie, am Gestade des Mittelmeers, westlich vom Kap Sigli; 6000 ha; 2840 Bewohner.

Ksob (auch Ksab), Fluss in der alger. Prov. Constantine: entspringt im Gebiete des Aïad-Stammes und verläuft sich nach einem 150 km langen Laufe in den Hodna-See.

Ksob, s. v. w. Negerhirse (Penicillaria spicata).

Ksor, s. v. w. Dorf.

Ksor (El-), Stadt in Marokko.

Ksordjedid, Ksor in Tafilet, von Juden bewohnt.

Ksor-el-Kebir, Dorf der Tuat-Oase Bu-Faddi.

Ksor-Kleb (Barth: Kulebah), Ort an der südlichen Grenze des Ghorian-Gebirges, ½ Stunde westlich von Ksebah und von diesem durch das Dörfchen Treni-Uisis getrennt; steinerne Hütten.

Ksorrin, Dorf in der Oase Mdaghra.

Ksur (El-), 1) Oase in der alger. Prov. Constantine, etwa 15 km nördl. von Tuggurt; artesischer Brunnen.

— 2) Duar in der alger. Provinz Constantine; 1869 errichtet. Er wird aus den drei Gruppen gebildet: Aïn-el-Assafeur, auf dem Plateau östlich von Batna; El-Biar, südwestlich von Biskara; El-Ksur, auf dem Abhange des Aures; 1100 Einw. auf 19 600 ha.

— 3) **Ksur-es-Sef**, Flecken im südlichen Tunisien, 18 km südwestlich von Mahedia; 5000 Einw.; schöne Olivenwaldungen (auch Sursef genannt).

Kteuf, Gebirge in der alger. Prov. Constantine, das sich südöstlich von dem berüchtigten Biban oder Eisernem Thore bis über die Stadt Mansura erhebt. Sein höchster Pik, der Dreat, steigt bis zu 1862 m auf.

Kua, Berg im Reiche Futah-Djallon, bei Dara Maquaqui; auf ihr entspringt der Rio Nuñez.

Kuafi (in der Mehrheit Wakuafi), der Name, welchen die Küstenstämme den zwischen 2° nördl. und 4° südl. Br. wohnenden Orloïkob (Iloïkob), vorzugsweise dem am Berge Kenia wohnenden Volke geben, während sie das am Sambi-Berge wohnende Volk Masay (in der Mehrzahl Wa-Masay) nennen. Beide Völker, die Kuafi und die Masaï, sind nahe miteinander verwandt, bekriegen sich aber häufig. Die Masai, welche sich selbst Il-oikob („die Männer, die Starken") nennen, geben den von ihnen verachteten Kuafi den Namen „Imbarawuco" (Weiber). Die Sprache der Kuafi ist den Galla verwandt. Sie sind, gleich den Masaï, gross, schlank und tiefdunkelbraun, mit rötlichem Grundton gefärbt. Die langen Köpfe zeigen eine nach hinten zurückweichende Stirn, eine entwickelte, aber mit breiten Flügeln versehene Nase, wulstige Lippen und einen grimmigen, zuweilen fratzenhaft verzerrten Ausdruck. Sie binden ihr Haar am Hinterkopf mit einer Schnur zu einem Endwulst zusammen. Sie durchstechen die Ohrläppchen und erweitern die enstandene Öffnung oft übermässig, brechen sich die beiden unteren mittleren Schneidezähne aus, röten sich bei ihren Tänzen den Körper mit Ocker und salben ihn mit vom Fettschwanze des Schafes gewonnenen Talge ein. Sie üben bei beiden Geschlechtern die Beschneidung aus. Als Wohnungen dienen ihnen zeltartige, mit Rindshäuten gedeckte, zur Regenzeit mittelst Kuhmist gedichtete Hütten. Zum Schlafen benutzte Matten und Häute, einige grosse Töpfe und Flaschenkürbisse und Lederschläuche bilden deren Ausstattung. Ihre Nahrung besteht aus ungesäuerter Milch, Talg, Fleisch und frischem Blut. Ihre Viehzucht ist bedeutend (Esel, Zebus, Ziegen und Fettschwanzschafe). Das zur Nahrung für ihre Herden dienende Gras brennen sie nicht ab, sondern halten es hoch in Ehren, so dass sie es nicht einmal zur Bedeckung ihrer Hütten abschneiden. Die W. sind, gleich den Wa-Masay, arge, unverbesserliche Räuber. Alljährlich brechen sie aus ihren unwirtlichen Steppen hervor, suchen die benachbarten Länderstrecken mit Mord und Brand heim, stehlen Gross- und Kleinvieh und verschwinden ebenso schnell wieder, wie sie gekommen sind. Sie fechten, gleich den Matabele-Kaffern und den echten Zulu, in geordneten Haufen, nach bestimmten Regeln des Angriffes und der Verteidigung. Sie werden von einer wilden Tapferkeit beseelt und scheuen sich nicht, über die von vielen, schwer bewaffneten

Bedeckungsmannschaften begleiteten Handelskarawanen herzufallen. Sobald die Handelsleute Feuergewehre führen, pflegen sie auch voll ängstlicher Hast ihre Munition in schnell aufeinander folgenden Dechargen zu vergeuden. Die Masay aber schleichen heran, ducken sich, sobald die Salven krachen, mit vorgehaltenen Schilden nieder, springen dann, selten durch die mit schlechtem Pulver geladenen Gewehre verwundet, empor, und werfen sich mit fest eingelegter Lanze und gellendem Geheul auf den entsetzten Feind. Manche Scharen schwächlicher Jünglinge Yemens sind schon dem Ansturme der grimmen Orloikob unterlegen, ohne erst vorher mit ihren Luntenröhren zum Scharmutzieren gekommen zu sein (Hartmann).

Kuamouth, Station am Kongo, an der Mündung des Kuango.

Kuenavare, ein Zufluss des in den Kubango sich ergiessenden Kuito.

Kuando, ein Zufluss des obern Sambesi, der durch das Plateau von Cangala vom Kuango und Kubango geschieden wird. An seiner Mündung bestand früher eine englische Mission, die Serpa Pinto (1877) aber verlassen fand.

Kuango (Quango), Fluss im westlichen Südafrika, linker Zufluss des Kongo (oder Zaïre). Man muss ihn unterscheiden von mehreren anderen unbedeutenderen Wasserläufen, welche den gleichen Namen tragen. Er bildet die Ostgrenze von Angola, etwa 485 km vom Atlantischen Ozean entfernt, scheidet das Gebiet der Schinjes von denjenigen der Bangalas oder des Kassanga-Stammes und durchfliesst ein grosses Thal, an dessen Westrande sich das zwischen Kuango und Kuanza streichende Tala-Mungongo-Gebirge erhebt. Er scheint seine Quelle im Basongo-Lande, auf den Mossamba-Gebirgen, zu besitzen. Man kennt den mittlern Teil seines Laufes noch nicht, glaubt aber, dass er fast ausnahmslos eine südnördliche Richtung verfolgt. Die Portugiesen haben ihn lange Zeit als einen Hauptarm des Kongo (oder Zaïre) betrachtet. — Der K. ist 1880 vom Major v. Mechow bis zur Einmündung des Cambo befahren worden (vergl. Kassai).

Bei Tembo Aluma unterbrechen nach Mechows Beschreibung den K. drei Wasserfälle die Schiffbarkeit des Flusses. Mechow fuhr von dort auf einem mitgenommenen Boote abwärts bis zur Steinbarre Kingungi (5° südl. Br.), langte dort im Oktober 1880 an und erreichte unter Zurücklassung seines Bootes in sicherer Verwahrung zu Lande seinen Ausgangspunkt am 20. Febr. 1881 wieder. Er vermutet den Endpunkt seiner Reise in gerader Richtung 150 km vom Stanley-Pool und wahrscheinlich 250 km von der Kongomündung entfernt. Auch die Begleiter des portugiesischen Majors Serpa Pinto, der Fregattenkapitän Brito Capello und Oberleutnant Roberto Ivens widmeten, während Serpa Pinto über Pretoria (12. Febr. 1879) die Ostküste erreichte, dem obern Quango eine zweijährige Forschungsarbeit (bis 5° südl. Br.), kehrten aber hierauf, aller Hilfsmittel entblösst, krank nach Loando zurück. Major v. Mechow hat sich neuerdings wieder an den Kuango begeben, um die Erforschung desselben zu vollenden. 1885 ist Leutnant Schulze (†) von Nokki über San Salvador nach dem Kuango aufgebrochen, den er bei dem durch v. Mechow bekannt gewordenen Häuptling Muene Putu Kasongo zu erreichen hoffte. Der Lauf des Kuango wurde im Artikel 3 des Berliner Vertrages, und zwar „vom Schnittpunkte des Parallelgrades von Nokki mit dem Kuango-Flusse“ an als die südliche Grenze des Kongostaates festgesetzt.

Kuangola, ein Dialekt der Bundasprache (Westküste, nördlich vom 10° südl. Br.).

Kuanza (Coanza, Quanza), Fluss im westl. Südafrika; Ozean-Becken. Seine Quellen sind noch nicht bekannt. Man weiss aber, dass er aus Südosten strömt; er entspringt wahrscheinlich, gleich dem Kuango, Kubango und Cunene, auf dem Mossamba-Gebirge, umfliesst im Osten in der obern Hälfte seines Laufes Benguella, wendet sich dann westlich (in der Nähe des 10. Grades südl. Breite), etwa 400 km vom Meere, setzt dann seinen Lauf zwischen Benguella und Angola fort, deren Scheidelinie er bildet, und ergiesst sich endlich etwa 50 km südl. von Loanda (im 9.° 20′ südl. Br.) in den Atlantischen Ozean. Seine Mündung ist 2 km breit. Er ist für kleine Fahrzeuge bis nach Cambambe schiffbar (225 km vom Meere), wo er den ersten Katarakt bildet. Sein Bett ist schmal und steinig, sein Lauf reissend, seine Tiefe bedeutend. Die Portugiesen bebauen seit einigen Jahren das untere Thal des K., in welchem sich jetzt schöne Pflanzungen befinden. Auch ein regelmässiger Dampferdienst ist von ihnen eingerichtet worden. Dondo, unterhalb des Kataraktes von Cambambe, ist ein ziemlich bedeutender Handelsplatz geworden.

Der Kuanza wurde zum erstenmale durch Paolo Dias de Novaez im Jahre 1560 befahren.

Kuara, s. Huara.

Kuara (Huaraga), die Sprache der abessinischen Falascha (s. d.).

Kubabisch, s. Kababisch.

Kubakop, Fluss im Namaqualande.

Kubanda heisst bei Barth der Uëlle Schweinfurths.

Kubbat, in den dem Islam huldigenden ärmeren Gegenden Afrika's einfache Grabdenkmäler, welche besonders gebenedeiten Schekhs oder Heiligen errichtet werden; sie werden bisweilen zu Stätten der Wallfahrten, der Waschungen und Gebete der Gläubiger.

Kubber Romeah (Kubbar Rumeah, d. i. Grabmal der Römer od. Christen), grosses, pyramidenförmiges, 138 Fuss hohes, rundes, steinernes, am Grund 90 Fuss haltendes, stufenweis abfallendes, oben stumpfgespitztes Gebäude in der algerischen Provinz Titery bei Konea; die Spitze ist abgebrochen; das untere durch Schätze suchende Türken beschädigt. Wahrscheinlich ein Grabmal numidischer Könige, welches Mela zwischen Iconium und Julia Cäsarea erwähnt. Die Mauren hüten sich davon zu reden, indem dies, wie sie meinen, sonst einem Verwandten den Tod bringt. Die Mauren halten sie für den Verwahrungsort grosser Schätze, die von gespenstischen Wesen, namentlich einer Frau, bewahrt werden und nur durch Christen gehoben werden können.

Kubbi, Station Dr. Junkers im Monbuttu-Lande.

Kubbi, ein starkbesuchter mohammedanischer Wallfahrtsort im untern Nubien.

Kuddam heissen bei den Somal die Nachkommen freigelassener nigritischer Sklaven.

Kudu, Antilopenart des südlichen Afrika, mit spiral gedrehten hohem Gehörn und zierlich, weiss liniiertem rehfarbenem Körper. Sie tummeln sich paarweise oder in kleinen Trupps auf den prächtigen Fluren des nördlichen Betschuanenlandes herum, sind im Transvaal schon auf den nördlichsten Teil des Landes beschränkt und scheinen schneller Vernichtung entgegenzugehen.

Kuengo, ein rechtsseitiger Zufluss des Kuango.

Kufarah, s. Kufra.

Kufi (Kuffi, Kutfi), **Beni-**, Berberstamm in der alger. Provinz Algier, südöstl. von Dra-el-Misan; 1640 Köpfe.

Kufit, Dorf der Barea, eine Stunde Wegs ungefähr von Bischa (ägypt. Prov. Taka); gleichzeitig Station der mit der Bewachung des Telegraphen von Kassala nach Massaua betrauten Soldaten; die Hauptlinie desselben geht von K. über Sulib nach Senhitt (Keren), eine Zweiglinie geht von K. nach Amideb, der ägypt. Militärstation im Basalande. K. war füher der Sitz der ägypt. Garnison im Barealande, doch wurde vor ca. 10 Jahren dieselbe nach dem südlicher gelegenen Amideb verlegt. Der Grund dazu war das ungesunde Klima sowohl wie die Feindseligkeit der umwohnenden Barea. Östlich von dem jetzigen kleinen Dorfe liegen die Reste der ägypt. Ansiedelung, ein grosses ummauertes Viereck und Trümmer von aus Luftziegeln erbauten Häusern (Menges).

Kufra (Kufara, El-Kofra), Oasengruppe im nordöstlichen Afrika, in der libyschen Wüste, im Süden von Tripolitanien und im Osten von Fessan, ein grosses Tiefland oder vielmehr eine Anreihung von Tiefländern, zwischen 24 und 26° nördl. Br. und zwischen 18° 40′ und 21° 40′ östl. L. v. Par., etwa halbwegs zwischen dem kyrenäischen Küstenland und dem Sudanlande Wadaï. Die Oasengruppe besteht aus den folgenden Oasen (von Südosten angefangen):

Kebabo (oder Qebabo),
Erbena (Erbehna),
Bu-Seima (Buseima),
Sighen (Sirhen),
Taïserbo (Taizerbo).

Diese Oasen bilden zusammen einen Flächenraum von 17 824 qkm, werden aber durch weite Wüstenflächen geschieden. Die Grösse der einzelnen Oasen wird wie folgt angegeben:

Kebabo . . .	8793.5	qkm,
Erbena . . .	313.9	„
Buseima . . .	319.9	„
Sighen . . .	2053.8	„
Taiserbo . . .	6343.2	„

Der Name Kufra stammt von dem arabischen Worte „kafir“ (Mehrzahl „kafana“; s. v. w. „Untreuer“). Die nördliche Oase der Gruppe, Taïserbo, erstreckt sich von Nordwest nach Südost in einer Länge von 200 km. Sie hat keine Dörfer, sondern nur periodische Lager der Sauja-Araber; doch finden sich Überreste von einstigen Tubu-Ansiedelungen, auch ein alter Kirchhof dieses Stammes, sowie die Ruinen einer Sauja, welche die Senusi vor ihrer Auswanderung nach Kebabo daselbst errichtet haben.

Der Boden steigt im Südosten von Taïserbo leicht an. Etwa 100 km entfernt liegt die Oase Buseima. Sie erstreckt sich in südlicher Richtung über eine kleine Höhenkette, den Djebel Buseima (388 m hoch). Die Breite ihres fruchtbaren Gebiets (das sich um einen Salztümpel herumzieht) beträgt etwa 1 km.

Südwestlich von Buseima, hinter Sanddünen, deren manche eine beträchtliche Höhe erreichen, erhebt sich der Djebel Nari (400 m) und hinter ihm liegt die grösste Oase der Gruppe (Kebabo), zugleich auch die einzige, welche dauernd bewohnte Ortschaften besitzt, nämlich die Dörfer: Djof mit 250 Einwohnern, und Saujet-el-Istat, mit dem Kloster des Senussi-Ordens auf einem kahlen Hügel und ebenfalls etwa 250 Einw, zu denen noch etwa ebensoviel Sklaven gehören. Die Gesamtbevölkerung der Oase Kebabo beträgt hiernach etwa 700 Seelen.

Westlich von Kebabo, fast unter demselben Parallelgrade, liegt die kleine Oase Erbena, die noch von keinem Europäer betreten worden ist. Sie ist ebensogross wie Buseima und besteht, gleich dieser, aus einem Gürtel fruchtbaren Landes, der einen Salztümpel umschliesst. Sie scheint nur hin und wieder von Tebus und Sauja-Arabern besucht zu werden.

Sirghen (oder Sighen) liegt östlich von Taïserbo in einer Entfernung von etwa 50 km. Palmen wachsen auf ihr keine; aber ihr Wasser ist vorzüglich. Sie hat auch vortreffliche Weiden für Kamele. Infolgedessen gilt sie als wichtige Etappe auf der Karawanenstrasse von Wadaï.

Die mittlere Temperatur ist in Kufra weniger hoch als in vielen anderen Ländern der tropischen Zone. Sie erreicht niemals ähnliche Maxima, wie dies z. B. der Fall ist im Pendjab oder in Mesopotamien. Während Rohlfs' Aufenthalt in K. stieg das Thermometer zweimal auf 46° 7' (im August), einmal auf 43° 1' (im ersten Viertel des September). Obgleich die Nord- und Nordwestwinde vom Mittelmeer her die herrschenden sind, ist die Luft in K. doch von grosser Trockenheit. Regen fällt selten, und es vergehen oft Jahre, ohne einen Tropfen Wasser zu bringen.

Ausser Dattelpalmen (die in sehr grosser Zahl hier wachsen) werden Oliven, Granaten, Orangen, Zitronenbäume, Aprikosen, Pfirsichen, Mandelbäume, Wein und zahlreiche Getreide- und Gemüsesorten (Tomaten, Zwiebeln, Schnittlauch, Melonen, Kürbis, roter Pfeffer, Gafuli, Sorghum vulgara, Durrah, Weizen, Gerste) gebaut. Im Süden von Taïserbo wächst die den arabischen Gummi liefernde Acacia arabica; an den Ufern und in der Nähe der Salztümpel die Imperata cylindrica und andere vom Kamel gern gefressene Pflanzen.

Rohlfs fand in K. eine kleine graubraune Vogelart, welche dort einheimisch sein muss und auf eine in den Oasen ausserordentlich stark verbreitete Schlange Jagd macht. Gazellen sind zahlreich wie in Erbena. Rohlfs sah auch Raben, Falken, Störche und Schwalben dort. Mäuse und Ratten (eine Art derselben mit grossen Pfoten wird „beyut" genannt) sind zahlreich vorhanden; auch verschiedene Arten von Eidechsen, Spinnen und Ameisen wurden gefunden.

Die Oase Taïserbo wurde um das Jahr 1730 durch die Araber erobert. — Die jetzigen Herren von K. sind die Sauja (Suja-) Araber, welche ein grosses Nomadenvolk, halb Berbern, halb Araber, bilden und in drei grosse Stämme zerfallen: 1) die Sedeïdi (zu welchen die Ulad Ameïri, Aït Bu-Schuk, Aït Bu-Sahana, Aït Mechkueska, Aït El-Qessir, Aït Gaderroha und Aït Gwetin etc. gehören); 2) die Djeluled (in Aït-Ali und Aït Wadel zerfallend); 3) die Schuager, welche niemals aus ihren Lagerplätzen zu Idjikerri und dem Wadi Faregh wandern. Der ganze Sujastamm mag 5—6000 Köpfe zählen. Er spielt in diesen Gegenden Afrika's eine weit wichtigere Rolle, als diese Kopfzahl vermuten lässt. Nur die Sedeidi und Djeluled nahmen an der Eroberung Kufra's teil; ihnen steht deshalb auch nur das Recht auf den Besitz der Dattelpalmen und auf die Dattelernte zu. In Taïserbo lagert das ganze Jahr hindurch ein Teil der Aït-Gwetin, mit der Hut und Pflege der vorzüglichen Dattelfrucht beschäftigt. Aber die einzige dauernd bewohnte Stätte mit Häusern und Hütten ist das Dorf Djof in Kebabo.

Wichtig ist K. in politischer Hinsicht durch die Anwesenheit eines der wichtigsten Klöster des Senussi-Ordens (in der Oase Kebabo), Sauja-el-Istat genannt. Es ist eine grosse, im Viereck aufgeführte Umwallung mit hohen Mauern, innerhalb deren sich eine zweite, engere Umwallung befindet mit einer förmlichen Stadt im Innern, mit Häusern, Magazinen, Läden etc., einer grossen Moschee, Schule und der Wohnung des Scheik Sidi Omar Bu Hawa (des Mokkadem oder Beters des Klosters). Die Bevölkerung dieses Klosters beziffert sich auf etwa 250 freie Männer (Frauen sind, wie in den christlichen Klöstern, verpönt) und 250 Sklaven. Dies von allen Klöstern des Senussi-Ordens am reichsten dotierte, der Bedeutung nach zweite Kloster (das grösste und erste ist Jerhbub in der Oase Feredgha)

Loangoküste: Banyanenähnlicher Feigenbaum.

51

war schon 1879 im Besitze des vierten Teiles der sämtlichen Dattelpalmen Kufra's. Vor einigen Jahren besassen die Senussi-Brüder auch in Taïserbo noch ein Kloster. Es wurde aber infolge innerer Beweggründe wieder aufgegeben.

„Der Oasen-Archipel Kufra ist uns erst in jüngster Zeit durch die leider missglückte Expeditou Gerhard Rohlfs' nach Wadaï (1879) bekannt geworden. Alle Oasen desselben haben vorzügliches Trinkwasser, über eine Million Palmen, schöne Gärten und Felder und liefern neben allen Küchengewächsen Zitronen, Granatäpfel, Oliven, Weinreben in vorzüglicher Qualität. Pferde, Esel, Ziegen, Schafe und magere Rinder bilden den Haustierbestand. Die Bewohner sind fanatische Mohammedaner und stehen nur in schwachem Abhängigkeitsverhältnis zu Tripoli. Auch Tebu Reschade verkehren in K., sind aber nicht ständig.

Kufro (Kafuro), Handelsstation der Araber in Karagwe, östl. vom Njassa-See in geringer Entfernung von Urahandje, der Hauptstadt Karagwe's. Stoffe, Salz und europäische Manufakturen werden hier gegen Elfenbein, Kaffee und andere Lebenserzeugnisse umgetauscht.

Kuft, Ort im Nilthal, auf der Strecke zwischen Kena (Queneh) und Assiut.

Kufu, Fluss in Äquatorialafrika, Zufluss des obern Nil oder Somerset (zwischen dem Nyassa-See und dem Mwuta-Nsige). Er fliesst aus Südsüdwest nach Nordnordost und mündet wenig oberhalb von Seruli in den Nil. Sein Bett ist 80 km breit, und stark mit Papyrusstauden bestanden.

Kusur - Negum, kleine Stadt in Unterägypten, im nördlichen Teile des Delta; nahe dem Moës-Kanale; 90 km nördlich von Kairo.

Kufutu, Gebirge in Khutu (Ostafrika), welches mit den Mkambaku-Bergen im Nordosten und den Rubeku-Bergen im Nordwesten eine Gruppe bildet. Auf ihm entspringt der Kingani.

Kuhantilope, s. Towa.

Kuikuru, auch Urambo genannt, grosser Ort im Land Uniamwesi, Hauptstadt des Königreichs Mirambos, südlich von Tabora und östlich von Kuihara Nach Dr. Southon (1879) besteht der Ort aus 200 Hütten und zählt etwa 10 000 Bewohner. Er ist von einer soliden Steinmauer umgeben. An dieselbe lehnen sich zahllose Hütten, in denen mindestens 5000 Menschen wohnen. Zahlreiche dichtbevölkerte Dörfer umgeben die Stadt und bilden das „Urambo" genannte Handelszentrum.

Kuilu (Niadi), grosser (südlicher) Zufluss des Kongo, wurde von Dr. Güssfeldt (während der deutschen Loango-Expedition) und im November 1875 von Dr. Falkenstein und Dr. Pechuel-Loesche, 1881 auch im Auftrage Stanley's von Israel besucht, bezw. befahren. „In geringer Entfernung vom Fluss ziehen im Norden und Süden des Kuilu mässig hohe Hügelreihen landein, welche wie einstige Ufer die Niederung des Flusses abgrenzen. Binnenwärts treten dieselben bald weiter zurück. Am linken Ufer mündet der Mpile, der durch weites Flachland und Sümpfe bis zu dem Gebirge führen soll, weiter oberhalb am rechten Ufer der Nanga ein. Die Sumpfstrecken zu beiden Seiten des letzteren sind fast ausschliesslich mit Papyrus bedeckt; er endet in einen flachen kleinen See, welcher gleichfalls rings von Sumpfland umgeben ist. — Eine Tagereise weiter aufwärts tritt zuerst festes Gestein auf. Von dort an erheben sich staffelförmig hintereinander und oft eng gedrängt und steil abfallend die Parallelketten des westafrikanischen Schiefergebirges. Durch dieses hat sich der Kuilu einen Weg gebahnt und bildet hintereinander 6 Stromschnellen, welche schwer zu überwinden und mit grosser Lebensgefahr passierbar sind. Die Spuren von Verwüstung, welche die Hochwasser hier überall zurückgelassen haben, sind unbeschreiblich, auch erzählen die Eingeborenen, dass man in der Regenzeit das Toben der Gewässer nachts in stundenweit entlegenen Dörfern wie das Brausen eines Sturmes vernehme. Der letztbesuchte Durchbruch des Kuilu durch ein Quarzitmassiv ist der grossartigste von allen. Zwischen glockenförmigen Bergen hat er, 800—1000 Schritt weit übersehbar, in schnurgerader Richtung sich einen etwa 50 Schritt breiten Kanal in das ausserordentlich harte Gestein eingeschnitten, dessen durchschnittlich 30 m hohe senkrechte Wände den Eindruck hervorbringen, als wären sie mit allen Hilfsmitteln der modernen Ingenieurkunst hergestellt worden. Dieser Eindruck wird noch erhöht durch die eigentümliche Front, welche die Quarzitschichten westwärts nach dem Wasserbecken darbieten. Zu beiden Seiten des Flusses starren in einer Ausdehnung von zusammen etwa 500 Schritt, 10 m hohe und unter 45° nach West einfallende Quarzitplatten empor, welche regelmässig, wie bei einem vorzüglich konstruierten Hafendamm, angeordnet sind, und über welchen, wie auf einem Sockel, die steilen eng gedrängten Berge sich erheben.

„Die Breite des Flussbettes schwankt in der Niederung zwischen 300 und 800 Schritt, verengt sich aber an den verschiedenen Durchbrüchen bedeutend und erweitert sich davor, resp. dahinter. Ablagerungen von Schotter und Geröll unterhalb der Schnellen, sowie von Kies und Sandbänken in der Niederung machen den Kuilu untauglich für die Schiffahrt. Nur Kanoes und Boote würden den Verkehr vermitteln können, und auch dies nur bis zu den Schnellen, da weiterhin die Gefahren zu gross sind. Daher erklärt sich auch die grossartige Einsamkeit jener Gegend, denn die Wohnsitze der Eingeborenen liegen fern seitab.

„Der landschaftliche Charakter des Kuilu-Gebietes ist überwiegend ein ernster, heitere und liebliche Szenerie erfreut nur selten das Auge. Die Uferleisten des Flusses sind mit einem imposanten Hochwald bestanden, der in unentweihter und bedeutendster Entwickelung als Galeriewald den Wasserlauf umsäumt. Bis oberhalb der Mündung des Nanga hat dieser Wald eine sehr wechselnde Breite und ist zuweilen schon in etwa hundert Schritt Entfernung von Sumpfstrecken, noch häufiger aber von Savannen begrenzt. Die Grasbestände der letzteren vertreten jedoch keinen natürlichen Vegetationscharakter, sondern verdanken ihre Entstehung und Erhaltung vorzugsweise der Thätigkeit des Menschen, namentlich einem übermässigen Gebrauch des Feuers. Denn überall noch und oft fern vom Flusse in grosser Ausdehnung finden sich Reste des Hochwaldes, der einst gleichmässig die Landschaft bedeckte; und wo die Bevölkerung aus einem Gebiete sich zurückgezogen hat, da breitet sich schon wieder wirres Gehölz aus, das sich langsam in jene imposante Waldform umwandelt. Bereits an dem vorhin geschilderten Kanal findet indessen der Wald seine Grenze; die Berge tragen nur noch verkümmerten Buschwald und Grasbestände. — Der Ein- und Ausgang aus der Flussmündung mit Booten in das Meer, um die Verbindung mit draussen ankernden grossen Dampfern oder Segelschiffen herzustellen, ist wegen der vorgelagerten Barre und der be-

51*

deutenden Brandung äusserst schwierig, so dass Tage und Wochen vergehen können, ohne dass sie überhaupt möglich wird. Der Warenverkehr muss daher über Land bis Ponte Negra gehen, was für Handelsfaktoreien ein sehr misslicher Umstand ist. (Falkenstein.)

Kuintaga, Stadt im Reiche Bornu (zentraler Sudan), 150 km südöstlich von Kuka, an einem Zuflusse des Tschad-Sees. In der Umgebung der Stadt, welche ein ziemlich bedeutender Handelsplatz ist, befinden sich Getreide- und Baumwollfelder.

Kuintapa (oder Mandawa), grosser Marktort in Uandala. Die beiden anderen weniger bedeutenden sind Mai-schig-eri (1 km von der, Uandala durchfliessenden Ngadda) und Kassukula. Die Häuser von K. sind, wie in Kuka, zum teil aus Thonerde gebaut. Die Bewohner treiben Ackerbau und Viehzucht, auch Gerberei. Das von ihnen bereitete Leder kommt an Geschmeidigkeit und Güte fast dem mit dem marokkanischen Leder konkurrierenden Leder von Haussa gleich.

Kuisip, Fluss an der Westküste Südafrikas; mündet in die Walfischbai.

Kuito, ein Zufluss des Cubango, welcher kurz vorher den von Osten kommenden Kuanavare aufnimmt (Serpa Pinto).

Kuta (Kukawa), 1) Benennung des Affenbrotbaumes (Adansonia digitata) im zentralen Sudan. — 2) Hauptstadt des Reiches Bornu (Innerafrika), am westlichen Gestade des Tschad-Sees; 15—16 m über dem Niveau desselben; 12° 55′ 14″ nördl. Br., 11° 3′ 50″ östl. L. (Vogel). Dem genannten Reisenden verdanken wir die genaue Bestimmung der Lage von Kuka. — K. besteht eigentlich aus zwei Städten: der östlichen (Billa Ghedibe) und der westlichen (Billa Futebe). In der erstern befindet sich der Königspalast und die Gebäude der Hofbeamten. In der zweiten wohnt das Gros der Bevölkerung. Diese Doppelstadt besteht nur erst seit 1847 oder 1848. Das frühere Kuka, welches von Denham und Clapperton (1822—23) besucht wurde, ist 1846 durch die Armee von Wadaï zerstört worden. Gerhard Rohlfs besuchte K. 1866 und Nachtigal 1870—71. Die letzteren beiden Reisenden schätzen die Bevölkerung der Doppelstadt auf 60 000 Seelen, und auf eine mindestens ebenso grosse Anzahl von Leuten, die ausserhalb der Mauern wohnen.

Kuke, Ort im untern Nubien, am linken Nilufer; Fort mit ägyptischer Besatzung.

Kuki, ein Distrikt Unyoro's.

Kukia, eine ehemalige Hauptstadt des nigritischen Reiches Sonray.

Kuku, 1) Berggruppe am Westufer des Nil parallel zu der des Ardju. — 2) Bach, welcher bei Fadassi entspringt und unterhalb von Ualoha in den Bafing mündet.

Kuku (Kuko), Berber-Dorf in der alger. Prov. Algier, 18 km südöstlich vom Fort National; 580 Einw.

Kukuk, ein in verschiedenen Arten auch in Afrika heimischer Vogel, z. B.: Strausskukuk (Cuculus glandarius): Honigkukuk (Indicator), der Honig und Wachs mit lautem Geschrei frisst, weshalb ihm die Honigsammler nachgehen; afrikanischer Kukuk (Cuculus Afer), auf Madagaskar; senegalischer Kukuk (Cuculus senegalensis) in Senegambien; ägyptischer Kukuk (Cuculus aegyptiacus), im Delta; Stelzenkukuk (Cuculus coerulus) auf Madagaskar.

Kukwevi, s. Cuvo.

Kula, Ölmass in Marokko (= 23,2 Zollpfund).

Kulohonko (Kalakonka), grosser Ort im Koranko-Lande (Westafrika).

Kulbali, s. Kurbari.

Kulbeda, ein langes schweres Eisengerät mit lederumwickeltem Griff, von teils gestreckter, geflammter, teils gekrümmter Form, auch mit vorstehenden Zinken versehen. Bei den Monbuttu zeigt diese Waffe häufig sichelförmige oder säbelartige Krümmungen, bei den Niam-Niam vielfach beilartig verbreiterte Stellen. Die sichelartige Form dieser Waffe findet sich bereits auf den altägyptischen Denkmälern in der Hand der Pharaonen. Bei den Tuarik zeigt sie stellenweise im Zickzack gebogene, mit scharfen blatt-, schnabel-, spatel- oder zungenartigen Ansätzen versehene Klingen.

Kulebah (Barth), siehe Ksor-Kleb.

Kulefi, s. Kurrefi.

Kulfan, Stamm der eigentlichen Nuba, in Kordofan, hauptsächlich in dessen zentralen und südlichen Distrikten (11—13° n. Br.).

Kulfi, s. Kurrefi.

Kulgu heisst in den Tschadsee-Ländern das von den Arabern „tobe“ Kleidungsstück (Rohlfs); ein Kleidungsstück, das eigentlich nur aus zwei ungeheuer weiten, oben zusammenhängenden Ärmeln besteht, zwischen welche durch ein enges Loch der ganze Körper hindurchgezwängt wird.

Kulla, (nach Krapf, Journals 98, 107, 187 ff.) ein Stamm der Galla (s. d.), dessen Gebiet im Süden der Landschaft Gurague sich befindet (Ostafrika).

Kulle, in Ägypten ein kleines Trinkgefäss aus Nilthon, mit Mastix parfümiert, an der Sonne getrocknet. Das Wasser hält sich in ihm sehr lange frisch.

Kullo, Land im östlichen Afrika, im Südosten von Kaffa, im obern Thale des in den Djuba fliessenden Godjab. Es wird von Omateleuten bewohnt; die Sprache derselben ist „gofa“ (was ausser den Kullo noch 23 Stämme sprechen). Kullo ist einer derjenigen Galla-Distrikte, welche die Oberhoheit Abessiniens durch Entrichtung eines Tributes anerkennen.

Kullobab, s. Fulat.

Kullu, s. Collo.

Kullu (Kollu), Land im westlichen Sudan, im obern Senegal-Becken; am rechten Ufer des Bafing. Der Häuptling (oder Fürst) residiert in dem Dorfe Kabeleya; die anderen Dörfer heissen Matira und Irgia. Die auf 4000 Einwohner geschätzte Bevölkerung besteht aus Malinkes und Diallonkes. Sie anerkannten ehemals die Oberhoheit der Toucouleurs von Kundian, aber seitdem die Franzosen in Kita Boden gefasst haben, verweigern sie unter Berufung auf deren Schutz den Toucouleurs den Tribut.

Kuluglija heissen in Tripolis die Nachkommen der seit Jahrhunderten im Lande angesehenen Türken aus Ehen mit Araberinnen.

Kumadau, ein durch die Verbreiterung des aus dem Ngami-See fliessenden Zouga (s. d.) entstehender See von geringer Grösse (Südafrika).

Kumakana, 1) Bach, mündet linksseitig in den Bakhoy (Senegambien). — 2) wichtiger Ort im Lande Mandingo (zwischen Niger und Senegal), inmitten grosser Goldlager errichtet. Fast alle seine Einwohner beschäftigen sich mit der Gewinnung dieses Metalles. Es liegt etwa 135 km südöstlich von Kita, 95 km südwestlich von Bamaku, an dem in den Koroko fliessenden Balanko; an der Strasse von Kita nach Niagassola. Die Franzosen erlangten 1883 vom Häuptlinge Zutritt zu dem Orte.

Kumalo (Königsfluss), im Matabele-Lande.

Kumassie (Cumassi), Stadt in Ober-Guinea, Hauptstadt des Aschanti-Reiches, fast unter $6^1/_2{}^0$ nördl. Br. und $4^1/_2{}^0$ westl. L., etwa 200 km nördl. von Cape Coast-Castle gelegen; 70000 Einw. Sie ist die Residenzstadt des Königs der Aschanti und auf dem Hange eines Hügels erbaut, der sich mitten aus Sümpfen heraus erhebt. Die Stadt bedeckt einen Raum von 6 km in der Runde, ungerechnet die heilige Vorstadt Bantama und das königliche Quartier Assafu, welche etwa 1 km entfernt sind. Die Strassen der Stadt sind breit, gut angelegt und mit einer regelmässigen Reihe von Häusern und Hütten bestanden. Im Mittelpunkte der Stadt befindet sich ein grosser viereckiger Platz, wo innerhalb von je acht Tagen grosse Handelsmärkte abgehalten werden. Der Aschantikönig, welcher mit den Engländern in Krieg geraten war (siehe Aschanti), wurde 1873 durch die Niederbrennung seiner Hauptstadt K. zum Frieden und zu wichtigen Zugeständnissen gezwungen.

Kumato (Komato), grosser Ort im Kuranko-Lande (Westafrika).

Kumba (Kimba), der von Browne in Dar Kulle, von Barth in Kubanda, von Schweinfurth im Lande der Niam-Niam angetroffene Malagnetta-Pfeffer (Hylopia oder Habzelia aethiopica).

Kumba, eine grosse Negerstadt im Kamerun-Gebiet, am obern Mungo im Lande der Ndu, unfern des grossen Wasserfalls (1883 von Rogozinski besucht).

Kumbiade, Dorf im Lande Garbu (Senegambien).

Kumi, Dorf im Reiche Futa-Djallon (200 Häuser), auf der Route Timbo-Sierra-Leone (10° 25′ 51″ n. Br., 11° 24′ 36″ w. L. v. Gr).

Kumi wurde 1882 von Dr. Bayol besucht. Er schildert es als einen sehr stark befestigten Ort, dessen Krieger als die tüchtigsten unter den Bambara angesehen sind. Das Dorf erstreckt sich über eine ungeheure Ebene, in welcher sehr schöne Baumwollkulturen sich befinden. Der Handel soll nicht bedeutend sein.

Kummer, G. Adolf, zu Ortrand als Sohn eines Regimentschirurgen am 3. Jan. 1786 geboren, begab sich, frühzeitig von Naturstudien angezogen, denen er in Grimma und Leipzig mit Eifer oblag, nach Paris in eine Stellung als Erzieher; hier fasste er den Entschluss, sich der Erforschung Afrika's zu widmen. Es gelang ihm, bei der Expedition Aufnahme zu finden, welche die alten französ. Besitzungen am Senegal nach dem Pariser Frieden wieder besetzen sollte; aber das Schiff scheiterte am Kap von Arguin, und K. gehörte zwar zu den Wenigen, welche dem Tode in eine Schaluppe entronnen, verlor aber alle Instrumente und Zeichnungen. Er wagte sich, da die Insassen der Schaluppe Mangel an Trinkwasser litten, an die Küste, wurde aber hier von den Trarsas aufgefangen. Doch rettete ihm der Umstand, dass er die arabische Sprache beherrschte, das Leben. In Erwartung eines hohen Lösegeldes schafften sie K. zu dem französ. Gouverneur vom Senegal, dem Obersten Schmalz, der ihn loskaufte. K. schloss sich jetzt, ohne die neue französ. Expedition abzuwarten, einer eben unter Befehl von Peddie nach dem Innern aufbrechenden engl. Expedition an, wurde aber leider 1817 unweit von Kakonda vom gelben Fieber hingerafft.

Kunáma, Volk um den Mittellauf des Mareb und Oberlauf des Barka; an der Nordgrenze von Abessinien; der Name, welchen die Basa (s. d.) im obern Nubien sich selbst beilegen.

Kundi, Fluss im Lande Garbu, bildet die Grenze zwischen diesem und dem Land Labe und mündet in den Rio Grande.

Kundian, eine Provinz von Bambuk (s. d.) am Bafing. Der gleichnamige Hauptort liegt etwa 70 km südöstlich von Bafulabe, und ist durch Hadj-Omar, als derselbe seinen Eroberungszug durch den westlichen Sudan machte, stark befestigt worden.

Kundjara (Kondjara, Gondjara, Gandjara, Qandjara, Gindjara), Völkerschaft im Darfor oder For (Äquatorialafrika), welche mit den Dugunga und den Kera eine der drei Untergruppen der über die anderen Völkerschaften Darfurs eine Art Herrschaft übenden For-Rasse bildet. Die K. beherrschten Kordofan, bevor die Ägypter dasselbe unter ihre Botmässigkeit brachten. Nach Robert Hartmann, welcher sie in Ägypten und im ägyptischen Sudan beobachtet hat, haben sie eine olivenfarbige Haut und erinnern in ihrer Gestalt und ihrem Gesicht an die Berbern Nubiens. Dr. Nachtigal schildert sie als Neger von mittlerem Wuchse, mit ziemlich unregelmässigen Zügen, fast schwarzer Hautfarbe und ungeselligem Charakter. Auch Barth und Halevy haben sie besucht.

Kundschara, westliche Nuba, in Darfur und Kordofan; ein Zweig der Fun, dessen Sprache sie auch sprechen.

Kunema, s. v. w. Basen (a).

Kunga, ein Zufluss des unterhalb Porta mündenden Lucunga (im Gebiete des alten Kongo-Reiches).

Kuniakari, Ort im Reiche Segu, im Lande Diombokho, 50 km nordöstlich von Medine; stark befestigt.

Kunkadugu (Konkadugu), ein von Malinkes bewohntes Land im Reiche Bambuk (oberer Senegal), zwischen dem Faleme- und dem Bafing-Flusse gelegen. Residenz des Häuptlings ist Tombe, etwa 50 km südlich von Kundian.

Kupferminenplateau, s. v. w. Hereroplateau.

Kura, eine Unterkabile (Stamm) der zum Stamme der Afar oder Danakil (Ostafrika) gehörigen Mudaito; s. Afar.

Kurafé (Koyin K.), Zufluss des Benuë, nimmt den K. Anassarawa auf.

Kuraje, Stadt im Reiche Sokoto (zentraler Sudan), 112 km nordwestl. von Kano; ummauert; 6—7000 Einw.

Kuramo, Insel im Meerbusen von Guinea, an der Sklavenküste; niedriges Land; 70—80 km lang, 8—10 km breit; vom Kontinent durch die Lagune getrennt, in welche der Ogun mündet. Die Insel gehört England. Auf ihrem westlichen Ende liegt Lagos.

Kuranko, Negervolk vom Mandingo Stamme im Sierra-Leone-Distrikt Guinea's, wohnt in der Landschaft K., welche im Innern des Sierra-Leone-Distrikts liegt und gebirgig ist (s. Koranko).

Kurba, Stadt im nördlichen Tunisien, 70 km südöstlich von Tunis, auf der Halbinsel des Kap Bon, in geringer Entfernung von der östlichen Küste derselben; 2000 Einw. (das Julia Curulis der Römer).

Kurbari (Kulbali), der mächtigste Stamm der Bambarra (s. d.); aus ihm werden die Könige gewählt.

Kurgos, kleine Insel im Nil, gehört zum Lande der Schendy in Nubien; auf ihr drei Pyramidengruppen.

Kuri, s. Kavirondo.

Kuriat - Inseln, felsige Eilande (6—7 m hoch) im Golfe von Monastir (Tunis).

Die eine derselben, die kleinste, (Conigliera) ist 7 km, die andere, die grössere (Kuriat genannt) 11 km von der Küste. Die Lage der letztern ist 35° 47' nördl. Br. und 8° 43' östl. L. Sie sind die Tarichia-Inseln des Altertums.

Kurkur, kleine Oase Oberägyptens, etwa 100 km nordwestl. von Assuan, an der Strasse zur Oase von Chargeh; noch unbewohnt.

Kurrefi (Kulfi, Kulifi), Stadt im Reiche Sokoto. (zentraler Sudan), 100 km südl. von Kano; 8—9000 Einwohner.

Kurru (Djebel-), Berg im östlichen Schulilande.

Kursi, Ortschaft in der ägyptischen Mudirie Kordofan, nur eine Ansammlung von Togulu, sehr wenige Lehmhäuser; an der Strasse von Abu Gorad nach El Obeïd.

Kursia (Sebcha El-), Salz-See im nördl. Tunisien, etwa 37 km westl. von Zaghuan, römische Ruinen an seinem Gestade (das Arithensis Bibba der Römer).

Kuru, ein zur Zeit noch halbmythischer Zufluss des Bachr-el-Ghazal oder Gazellenflusses.

Kurugli (auch Kulugli genannt), Völkerschaft Algeriens, jetzt nur noch wenig zahlreich. Nach dem Sturz der türkischen Herrschaft boten die K. Frankreich ihren Dienst an und haben wesentlich zur Festigung seiner Herrschaft in Algerien beigetragen.

Kuruka (Wintershoek), 4000 Fuss hohe Gebirgsspitze in den Groote Zwartebergen; s. Kapkolonie.

Kuruman, die Missionsstation Robert Moffats im Namaqualande, die er seit 1817 bewohnte bis zu seinem 1862 hier erfolgten Tode. Von K. reiste unter andern Chapman nach den Salzpfannen und an den Sugafluss und Ngamisee. Es ist der Hauptort des Betschuanenstammes der Batlapi (auch New-Lattakou genannt) und liegt an dem gleichnamigen, aus den Kamannie-Bergen kommenden Nebenflusse des Oranje.

Eingeborener von der Loangoküste.

Kurusee, am Nordrande der libyschen Wüste, an der hier befindlichen ausgedehnten Depression derselben u. in 42 m Seehöhe gelegen.

Kuruwassa (Kuwassa), Ortschaft am linken Ufer des Niger, der letzte Ort vor Garaziri (Flegel).

Kus (Guso), Stadt in der oberägyptischen Provinz Keneh, 29 km südlich von Keneh; zwischen dem Nil und dem Kanal von Sanhur; 10280 Einw.; Handelsempore.

Kusaro, Fluss Ostafrikas, siehe Ghibè.

Kusieh, kleine Stadt Oberägyptens,

4 km vom rechten Ufer des Nils; 48 km nordwestl. von Siut.

Kuskussu, ein weit und breit gekanntes, wohlgepriesenes Nationalgericht der Bewohner Ägyptens und des Maghreb; Gersten- oder Weizengrütze oder Maismehl in ein Gefäss mit Wasser gesiebt, mit Hammelfett oder Speck geschmelzt, stark gewürzt und umgerührt.

Kuss (l'Uëd), Fluss in Marokko.

Kussada, Stadt im Reiche Sokoto (zentraler Sudan), südöstlich von Katsena, an der Strasse von Kano.

Kusseri, Ortschaft im Kotoko-Lande (Reich Bornu in Innerafrika).

Kussi (Emi-), einer der höchsten Bergzüge im Südosten von Tibesti (zentrale Sahara).

Vornehme Frau von der Loangoküste.

Kussie, periodischer Fluss an der Westküste Südafrikas, fast vertrocknet. Seine Mündung liegt ungefähr in der Mitte zwischen derjenigen des Oranjeflusses und derjenigen des Olifantflusses (29° 40 südl. Br.). Er bildete lange Zeit die nordwestliche Grenze der Kapkolonie.

Kussury, Stadt in der zum Reiche Bornu gehörenden Landschaft Logone (Innerafrika), liegt am linken Ufer des Serbenel, nahe an dessen Vereinigung mit dem Scheri.

Kutang, Dorf im Lande Garbu (Senegambien) in 12° 55′ 36″ nördl. Br., 12° 59′ 45″ w. L. v. Gr.

Kutschuk-Ali, Station (oder Seriba) des östl. Sudan, in der alten ägypt, Provinz Bachr-el-Ghazal, am Geddi, einem Quellflusse des Djur. Hier erfocht Romolo Gessi einen entscheidenden Sieg über die Sklavenhalter.

Kwafai, Volk westlich vom Berge Kenia, nördlich von dem Masai-Gebiet; nach Krapf der Gruppe der Hamiten zugehörig; scheint jedoch ein Negertypus zu sein (Petri).

Kwamouth, Stanley'sche Station am Kongo, südlich der Kuangomündung (1883 errichtet).

Kwango (Quango) nennen die Kabindas den Kongo an der Mündung. Auch die Bewohner der Kataraktenregion geben dem Strom diesen Namen. Dagegen heisst bei den Eingeborenen zwischen den Gebirgen Mosamba und Tala Mungongo der einfliessende Nkutu an seiner Quelle „Kwango" (Stanley); s. Kuango.

Kwanza, s. v. w. Kuanza.

Kwathlamba, bei den Eingeborenen Südafrikas der Name der Drakensberge.

Kwati, Stamm der Schilluk (s. d.), am linken Ufer des Bachr-el-Dschebel und des Weissen Nils (9°—12° n. Br.).

Kyebi, Station der Basler Missionsgesellschaft an der Goldküste.

KyrenäischesKüstenland, s. Barkah.

L.

Laarba, grosses Arabervolk in der alger. Prov. Algier; in der Sahara, südöstlich von Laghuat, in dem steinigen Gebiete zwischen dem Oberlaufe des Uëd-Djedi und des Msab. Ihre Kopfzahl wird auf etwa 7000 geschätzt.

Labi (Labé), 1) d. mächtigste Vasallenstaat von Futa-Djallon. Er erstreckt sich im Norden weit über Rio Grande hinaus, im Westen bis ans Meer und die portugiesischen und französischen Besitzungen und bildet eine stete Gefahr für die dortigen Faktoreien. Hauptstadt ist Guidali. Der Franzose Victor Gaborian erlangte 1881 von dem Beherrscher Labi's, dem Alpha Ibrahim, die Erlaubnis zur Anlage einer Eisenbahn im Reich Labi. — — 2) Stadt in Futa-Djallon (Senegambien), 94 km nordwestlich von Timbo, in einer gebirgigen Gegend; 10000 Einw.; die der Einwohnerzahl zweitgrösste Stadt Futa-Djallons. Sie wurde zuletzt 1881 von Gouldsbury besucht. Der Zutritt in die Stadt (die auch Residenz eines einflussreichen Häuptlings ist) wird den europäischen Reisenden in der Regel streng verweigert. L. liegt auf dem Scheitel eines niedrigen Hügels, 2850 Fuss über dem Meere (in 11° 19′ 2″ n. Br. und 11° 38′ w. L. v. Gr.). In seiner Nähe liegen die Quellen des Gambia (1818 von Mollien, 1850 von Hecquart, 1860 von Lambert besucht).

Lablab (Dolichos lablab, D. nilotica), eine Gemüsepflanze Südafrikas, die auch im äquatorialen Afrika gezogen wird.

Labongo, Distrikt im östl. Schulilande.

Labore, 1) ägyptischer Militärposten im obern Nilgebiet, am linken Flussufer, etwa 130 km südlich von Lado und 190 km nordöstlich vom Mwuta-Nsige. (30° 55′ 42″ nördl. Br., 31° 51′ 24″ östl. L. v. Gr.), auf ziemlich isoliertem Hügel (Höhe ca. 500 m).

— 2) Negervolk zwischen dem unteren Somerset-Nil und den Madi-Bergen; es grenzt im Westen an den Bachr-el-Djebel.

Labourdonnais, Bertrand François Mahé, französischer Seeoffizier, am 11. Februar 1699 zu St. Malo geboren, seit 1734 Gouverneur der Inseln Isle de France und Bourbon, die er zu blühenden Kolonieen erhob.

Er starb am 9. September 1753, nachdem er infolge einer falschen Anschuldigung, die Interessen der Französisch-Indischen Kompagnie verraten zu haben, drei Jahre in der Bastille gesessen hatte. Ihm wurde 1859 in Port-Louis auf Isle de France eine Statue errichtet.

La Calle, siehe Calle.

Laburomohr, Gebirge im Schuli-Lande (im Osten des Bachr-el-Djebel).

Lacerda, ein Portugiese, welcher schon 1798 von den Niederlassungen Angola's aus bis nach Casembe östlich vom Moero-See, nicht weit von der Südspitze des Tanganjika, wanderte, also schon vor beinahe 90 Jahren das neuerdings so berühmt gewordene Reich des Muata Jamvo durchzogen hat.

Lachtaube (Columba risoria), die Turteltaube Afrika's.

Lacs (Les), Dorf in der algerischen Prov. Constantine auf dem Wege nach Batna.

Ladislaus Magyar, s. Magyar.

Lado (Lardo), ägyptischer Militärposten am obern Nil, Hauptstation der Äquatorialprovinz oder „Provinz Lado", am linken Ufer, 1300 km südl. von Chartum (5° 1' 33" nördl. Br., 29° 29' 22" östliche L.). Lado wurde durch General Gordon errichtet und hat als Handelsmittelpunkt seit 1875 das etwas südlicher gelegene Gondokoro vollständig verdrängt. — Die „Provinz Lado" bildete nach Süden den Abschluss der ägyptischen Besitzungen im Sudan. Sie erstreckte sich vom 7.° nördl. Br. bis zum nördlichen Gestade des Albert Nyanza (Mwuta-Nsige). Durch den Aufstand des Mahdi 1883 wurde es, hoffentlich nicht für immer, von Ägypten abgetrennt. Die Provinz ist von Bari-Negern bewohnt.

Laduma, s. Landuman.

Labybrand, Stadt und Distriktshauptort im Orangefluss-Freistaat, 90 km östlich von Bloemfontein, nahe dem rechten Ufer des Kaledon oder Mogokara; nahe der Grenze des Basutolandes; 475 Einwohner. Der gleichnamige Distrikt hat 11540 Einwohner (davon 5230 Boeren und Europäer).

Ladysmith, 1) Stadt im Kaplande, in der Grafschaft Riversdale, auf dem Plateau von Kannaland, an einem linken Zuflusse des Groote-River und am Südfusse der Swaarte Berge; Missionsstation; 400 Einwohner.

— 2) Stadt im Natalland, Hauptstadt der Grafschaft Klip-River, nordwestlich von Pietermaritzburg, am Klip-River.

Lafayu (Lahayn), Ortschaft mit Landungsplatz am Niger, zwischen Rabba und Gambo.

Lafia Berbera, Ortschaft auf dem Wege von Loko (Inselortschaft im Benue) nach Adamaua; jetzt Bautschi unterthan (Reich Sokoto); 15000 Einwohner.

Lafit, Bergreihe im Obbolande (östl. vom Bachr-el-Djebel).

La Fuenta (Marokko), s. Fonti.

Lagasch, s. v. w. El Araisch.

Lagens, Stadt an der südöstlichen Küste der Azoren-Insel Terceira; 2665 Einwohner.

Lagens das Flores, Stadt auf der südöstlichen Küste der Azoren-Insel Flores; 1995 Einwohner.

Lagens do Pico, Stadt auf der südwestl. Küste der Azoreninsel Pico; 3410 Einw.; die älteste Stadt auf den Azoren. Sie wird bisweilen auch Villa da Laguna genannt.

Lagoa, Stadt auf der Südküste der Azoreninsel San Miguel; 7490 Einwohner.

Lagga-Ghora, (Krapf, Journals 324 ff.) Stamm der Wollo-Galla (s. d.), in Amhara, Schoa (den Landschaften Beghaumeder, Godjam, Damot und Amgot) wohnhaft (Ostafrika).

Laghuat, 1) Berberstamm in der

alger. Prov. Algier, in der Sahara; etwa 2500 Köpfe. Es umschliesst die fünf Stämme: Ulad-Bu-Rsighat, Ulad-Aïssa, Ulad-Mumen, Ulad-Amran und Hal-Slitten.

— 2) Oase in der algierischen Sahara, gehört zu der französischen Provinz Algier, liegt zwischen dem Dschebel Amur, den Stämmen Uled-Nail, Beni-Mschab und El-Arouat-Ksal und wird bewohnt von den Stämmen Arba, Uled-Sidi-Atallah, Arazlia u. a.; — 3) Hauptort darin, befestigt durch Mauer und Türme, mit etwa 5000 Einw., liegt inmitten schöner Gärten und ganzer Waldungen von Granat-, Aprikosen-, Feigen- etc. Bäumen und ist der Hauptplatz für den Handel nach dem nördlichen Algerien. Früher war L. den Marokkanern, später dem Dey von Algier tributpflichtig; der französischen Herrschaft hatte es sich lange entzogen, bis die Bewohner unter Leitung des Sheriff von Warglah, 1852 einen Krieg gegen die Franzosen begannen; gegen sie wurden die Generäle Yussuf und Pelissier geschickt und die Stadt nach einer kurzen Belagerung am 4. Dezember d. J. erobert.

Lagga-Hidda, (Krapf, Journals 324 ff.) ein Stamm der Wollo-Galla (s. d.), im Norden von Schoa hausend.

Laggambo, (Krapf, Journ. 324 ff.) ein Stamm der Wollo-Galla (s. d.), im Norden von Schoa hausend.

Lagoa-Bai, siehe Delagoa.

Lagos, Küstenplatz im nördlichen Ober-Guinea, Hauptort eines zur engl. Goldküste-Kolonie gehörigen, an der Sklavenküste belegenen Territoriums; am westlichen Ende der Insel Kuramo oder Awani, welche vom Festlande durch die Kradu-Lagune geschieden ist; nahe der Einmündung des Ogun oder Agun (6° 28' n. Br., 1° 6' 36" östl. Br.); 30 000, nach Abbé Bouche 36 000 Einw.; einschliesslich des zu Lagos gehörigen Gebietes: 75 270 Einwohner.

Der Name „Lagos" ist portugiesischen Ursprungs und bedeutet soviel wie „Seeen". Bei den Eingeborenen heisst die Stadt „Eko" (eine Verdrehung des portugiesischen Wortes), während der eigentliche Name „Awani" (auch „Omi" oder „Ahoni" geschrieben) zu sein scheint. Die niedrige und sumpfige Insel, auf welcher Lagos gelegen ist, misst etwa 5 km von Ost nach West und $^1/_2$ km von Süd nach Nord. Die Lagune, welche ihre Nordgrenze bildet, ist schiffbar und steht in direkter Verbindung mit Yoruba, dessen Flüsse sämtlich hier einmünden, wodurch für Lagos das weite reiche Hinterland offen liegt. Der Agun-Fluss, welcher gleichfalls in die Kradu-Lagune mündet, ist bis nach Abbeokuta hinauf schiffbar. Der **Lagos-Fluss** selbst, welcher die Lagune mit dem Meere verbindet, ist sehr breit und nur 5—6 km lang. Er bildet den Hafen der Stadt und gewährt Schiffen von 3,50 m Tiefgang Zutritt. Die die Einfahrt hindernde Barre ist während der trocknen Zeit nicht hinderlich, aber zur Regenzeit gefahrvoll. Lagos steht ferner im Westen durch die Ossa-Lagune mit dem französischen Gebiete von Porto-Novo in Verbindung.

Der Handel von L. ist bedeutend. Die Franzosen hatten vor der englischen Besitznahme fast das Monopol desselben in den Händen. Seitdem England hier einen hohen Zoll erhebt, sind die Franzosen zurückgegangen, besitzen aber noch immer hier ihre Handelszentrale. Auch deutsche, brasilische und portugiesische Faktoreien sind hier befindlich. Die Ausfuhr bezifferte sich während der letzten Jahre auf durchschnittlich $13^1/_2$ Millionen Francs pro Jahr; Schiffe laufen jährlich 200—250 im Hafen von Lagos ein.

Die Stadt ist auf der westlichen Spitze der Insel erbaut. Sie besteht aus zwei Teilen: dem Negerviertel, welches sich nördlich an der Lagune erstreckt und dem europäischen Viertel im Süden. Das letztere hat mehrere schöne Häuser, die von Gärten umgeben sind, Kirchen der verschiedenen christlichen Sekten und die Gebäude der englischen Regierungs- und Verwaltungsbehörden. Die Strassen des Negerviertels sind krumm und schmal und in schlechtem Zustande: sie gleichen in ihrer Unregelmässigkeit denjenigen aller grossen Negerorte des Innern und des Littorale. Die Bevölkerung ist ein Gemisch aus Nagos, Djedjes, Kreolen, Sierra-Leonern, Haussas und Muselmännern, die aus verschiedenen Ländern stammen. Die europäischen Händler und die weissen in den Faktoreien angestellten Weissen sind in der Minderheit. Die Neger treten dem Weissen hier nicht im entferntesten mit jenem Respekt entgegen, welcher ihm in Dahome und Porto-Novo erzeigt wird. Die schwarzen Kerle sind vor Stolz hier förmlich aufgebläht. Es wird ihnen eine übermässige Begünstigung eingeräumt, so dass es hier durchaus unklug für einen Weissen ist, sich mit ihnen in Streit einzulassen. Der Islam hat unter ihnen grosse Fortschritte gemacht, man zählte 1881 beinahe 10000 Muselmänner neben 20000 Heiden; ausserdem 3600 protestantische und katholische Christen.

Lagos war ehemals mit Weidah der wichtigste Sklavenmarkt. Die Franzosen errichteten hier unter Ludwigs XIV. Regierung ein Fort. Die englische Regierung bemächtigte sich 1851, nach zwei blutigen Kämpfen, der Stadt und errichtete hier zum Zweck der Ausrottung des Sklavenhandels eine Zentralstation. 1861 erreichte dieselbe gegen Zahlung einer Jahresrente von mehreren Säcken Kaurimuscheln die völlige Abtretung der Stadt und des Küstengebietes von dem Negerhäuptling, 1862 sogar für Aussetzung einer weiteren Rente das den Kradu-See auf der einen Seite umschliessende Land bis Leckie, auf der andern Seite das Land bis Badagry, halbwegs von Weidah. Im Jahre 1874 wurde das Lagos-Gebiet mit dem Gouvernement der Goldküste (s. d.) verschmolzen. Die Grenze zwischen Lagos und dem französischen Gebiet von Porto-Novo im Westen wird durch den kleinen Hafen von Badagry gebildet.

Laguna (San Cristoval de la L.). Stadt auf der kanarischen Insel Tenerife; ehemals die Hauptstadt des Archipels; Sitz des Gerichtshofes, der hohen Schule; seines herrlichen Klimas halber beliebter Aufenthalt für die Behörden und Kaufleute von Santa Cruz; 10240 Einwohner.

Lahou, kleines Territorium an der Zahnküste, zur französischen Kolonie Assini gehörig. Es besteht aus den beiden Ortschaften: Gross- und Klein-Lahou. Gross-Lahou liegt etwa 137 km westlich von Gross-Bassam, an der Mündung des **Lahou-Flusses** (bildet die östl. Grenze der Kruküste) und unfern vom **Lahou-Kap**, an einer weiten Lagune, durch welche es vom Festlande geschieden wird. Es zählt etwa 6000 Bewohner, die zum Volke der Kru-Neger gehören. Die Franzosen besassen dort einen Handelsposten, den sie 1870 aufgegeben haben, ohne indes ihren Ansprüchen auf das Land zu entsagen.

Lahun (El-), Dorf in der oberägyptischen Provinz Fajum, südöstlich von Medinet-el-Fajum; 2415 Einwohner.

Laia, Ort im Tombuchi-Lande (Senegambien).

Laiaht, Ksor der Oase Tsabit.

Laing, Alexander Gordon, britischer Reisender, geb. 27. Dezbr. 1794 zu Edinburg, diente mehrere Jahre auf der Insel Barbados, erhielt seit 1822 von der Regierung von Sierra Leone mehrere Missionen ins Innere von Senegambien, nach dem Gebiet de-

und ihm in den zwischen Frankreich, Portugal und der Belgischen Internationalen Gesellschaft im Januar 1885 zugestandenen Nordgrenze seines Gebietes). L. war bis dahin der Hauptsitz der französischen katholischen Mission Nieder-Guinea's, die dort ein grosses gutangebautes Landgebiet besitzt. L. hat drei Faktoreien: eine französische, englische und holländische. Die Portugiesen werden nur durch wenige, in den französischen Faktoreien beschäftigte Mulatten vertreten. Es ist eine der grössten Faktoreien-Stationen an diesem Teile der Küste, welche jäh aus dem Meere aufsteigt und in ein in sanfter Böschung an ein Gebirge gelehntes Plateau ausläuft. Am Fusse dieses Gebirges erheben sich die Faktoreien. Die Vegetation erreicht hier jenen oft gefahrbringenden Reichtum nicht, welcher in der Mehrzahl den an dem Golf von Guinea gelegenen Ortschaften angetroffen wird. Das lachende Landschaftsbild dieses Teiles der Westküste Afrika's und sein gesünderes Klima haben ihm unter den Europäern den Namen eines „Gartens der Küste" eingebracht. Indessen kommen auch hier Malariaerkrankungen häufig genug vor.

Lander, Richard, der Entdecker des untern Nigerlaufs, geb. 8. Febr. 1804 zu Truro in Cornwall, lernte als Buchdrucker, begleitete 1825 als Diener den Kapitän Clapperton auf seiner Reise von Benin nach Sokoto, wo Clapperton starb, und kehrte hierauf nach England zurück, wo er des Kapitäns Tagebücher veröffentlichte. 1830 unternahm er mit seinem Bruder John L. (geb. 1807, ebenfalls Buchdrucker, gest. 1839) im Auftrage der englischen Regierung eine zweite afrikanische Reise zur Erforschung des Niger. Sie zogen zu Lande von der Küste aus zunächst nach Bussa, machten von dort aus Exkursionen weiter stromaufwärts nach Yuri, fuhren dann den Fluss hinab bis zum Meer, dasselbe durch den Hauptmündungsarm, die Nun-Mündung, erreichend, und stellten so fest, dass der untere Niger (Quora) in mehreren Armen in die Bucht von Benin mündet. Von Negern gefangen und an einen Sklavenhändler verkauft, wurden beide Brüder von einem Liverpooler Kaufmann ausgelöst und kehrten 1831 nach England zurück. Auf einer neuen Expedition nach dem Niger, die L. schon im nächsten Jahr (1832) antrat, erhielt er im Kampfe mit den Eingebornen eine Schusswunde, an deren Folgen er am 16. Febr. 1834 zu Fernando Po starb. In Truro wurde ihm ein Denkmal errichtet. Schriften: „Records of Clapperton's last expedition to Africa" (1830, 2 Bde.); Journal of an expedition to explore the course and termination of the Niger" (1832, 3 Bde.; 2. Aufl. 1856; deutsch 1833, 3 Bde.). Die letzte Reise gaben Laird und Oldfield 1837 (2 Bde.) heraus.

Landinen, Kaffernvolk an der Sofala-Küste, südlich vom Sambesi. Im Jahre 1856, als Livingstone am Sambesi hinabzog, besetzten die L. das südliche Ufer, zwischen Lupata und Senna, hielten die portugiesische Garnison des letzteren Ortes im Schach und erhoben von ihren Bewohnern Tribute. Die L. sind noch heute die gefürchtetsten Feinde der Portugiesen in den Distrikten Lourenço Marques, Inhambane und Sofala. Man nennt ihr Land nach dem Namen ihres Oberherrschers Umsila; sie selbst benennen sich (nach Serpa Pinto) „Watwa".

Landuman (Laduma), Negervolk in Senegambien, welches den vom Rio Nunez durchzogenen Landstrich von den Höhen Boré's (westl. Provinz von Futa-Djalon) bis in die Nähe der Meeresküste hin (von der sie durch die Nalons und die Bagas geschieden werden) bewohnt. Sie haben als Nachbarn im Norden die Tschiaperis, im Süden die Susus. Sie unterstehen nominell der Oberherrschaft von Futa-Djalon, in Wirklichkeit aber ist ihr Land eine Dependenz der französischen Kolonie am Senegal. Frankreich besass dort ehemals den Posten Kakondy, welcher seit mehreren Jah-

Lüderitz.

ren durch den Posten Boka ersetzt wurde, und mehrere Faktoreien an dem Flusse. Die L. sind Götzendiener (Fetischisten). Ihre Religion ist nur ein Gemenge von abergläubischen, oft lächerlichen Bräuchen, die aber weniger barbarisch und blutdürstig sind wie bei anderen Stämmen. Eine ihrer Gottheiten, die Limo oder Simo genannt wird, durch-

52

jagt die Wälder und erscheint dort bisweilen bevorzugten Personen. Ihre Sprache hat viele Ähnlichkeit mit derjenigen der Djalonkes. Ihr Häuptling wohnt in Vacaria am Flusse, aber seine Macht ist nur nominell. Die Muselmänner von Futa-Djalon dringen übrigens langsam in das L.-Land vor. Sie werden als ein kräftig gebautes, faules, der Trunkenheit ergebenes Volk geschildert, das dem Nalu-Typus sich nähert, aber weniger grobe Züge hat, in grosser Armut lebt und nur den für ihre Nahrung notwendigen Reis baut.

Lange Berge, Gebirgskette im Kaplande, streicht von West nach Ost, zwischen dem Breede und dem Groote Rivier, und bildet einen Teil des grossen Küstengebirges, welches an das Littorale der Südspitze grenzt. Sie erhebt sich etwa 50 km vom Indischen Ozean entfernt bis zu 1500 m Höhe. Gegen Süden sind ihre Abhänge steil und mit Wald bedeckt. Gegen Norden ist das Gebirge nackt und steigt nur zu mässiger Höhe über das vorgelagerte Plateauland auf. Der Name „Lange Berge" gehört auch anderen Gebirgsketten des südlichen Afrika (im Bassuto-Lande, im nördlichen Oranjefreistaat etc.).

Lange Kloof, s. Kapkolonie.

Langia, Bergkette im Schulilande.

Lango, der Gesamtname für das ganze unbekannte Land im Süden und Südosten des Bachr-el-Djebel (Emin-Bey); es zerfällt in eine Menge kleiner, verschiedene Dialekte sprechender Distrikte, deren jeder seinen besondern Häuptling hat.

Lango (Longo, Langgo), Galla-Völkerschaft zwischen 3 und 4° n. Br, in dem vom obern Nil oder Kir durch die Madi-Berge (2433 m hoch) geschiedenen, vom Tschol (einem obern Arme des Sobat) bewässerten Landstriche. Die L. haben ihren Galla-Dialekt bewahrt. Sie leben in unabhängigen Familien-Gruppen und wählen sich nur in Kriegszeiten einen Häuptling. Sie sind eines jener Völker Afrikas, welche auf ihren Haarputz eine ausserordentliche Sorgfalt verwenden. Die Schönheit der L.-Frauen ist in dem ganzen Galla-Land bekannt. Als Hirtenvolk ist ihre Nahrung nicht durchaus vegetabilisch, wie es bei den Uaganda und Wangoro der Fall ist.

Langora, Fortsetzung der Bergreihe des Djebel Lomu im östl. Lattuka-Lande.

Languello (Djebel-), Berg im östl. Schulilande.

Langwood, Napoleons I. Landgut auf der einsamen Insel Sankt-Helena im Atlantischen Ozean, liegt landeinwärts auf einer kleinen Hochterrasse, welche sich um den Dianenpik, den höchsten Gipfel der Insel, herumlegt. Ein teilweis aus den steilen Lavaklippen herausgehauener Bergpfad führt auf die kleine Ebene. Seit das Landgut 1858 in den Besitz der französischen Regierung übergegangen ist, sind die Erinnerungsstätten an den Aufenthalt des grossen Schlachtenkaisers pietätvoll gepflegt worden.

Lani, (nach Krapf Journals 98, 107 ff.) ein Stamm der Galla (s. d.), dessen Gebiet sich im Süden der Landschaft Gurague befindet (Ostafrika).

Lansa, Dorf im südlichen Madagaskar, im Lande der Mahafale, am linken Ufer des in die Bai von St.-Augustin mündenden Anulaby.

Lanzarote (Lancerote), wahrscheinlich nach dem ersten Europäer Génois Lancelot Maloisel, welcher sich dort niederliess, „Lancelote" benannt, woraus dann Lancerote und Lanzarote entstanden; die östlichste der kanarischen Inselgruppe, 13 km nordöstlich von Fuerteventura (29° 2' n. Br., 16° 6' westl. L.); ihre Länge beträgt 53, ihre Breite 22 km; der Gesamtflächenraum mit Einbeziehung der zu L. gehörigen Nachbareilande beträgt nach portugiesischen Angaben 741 km. („Petermanns Mitth.“ geben dieselbe auf 806 qkm, nämlich: Alleganza 11 km, Montana Clara 1,4 km, Graciosa 27 km) und seine Bevölkerung betrug 1877: 17,845 Seelen. Hauptstadt der Insel ist Teguise (3600 Einw.); weitere grössere Orte sind: Arrecife (2690 Einw.); San Bartolommeo und Aria (je 1500 Einw.); die beiden Haupthäfen sind Arrecife und Puerto de Navios (oder Punto Naos). Die Insel bildet mit Fuerteventura den Distrikt Arrecife.

Lanzarote ist neben Fuerteventura die einzige flache Insel der kanarischen Gruppe. Nur in ihrem nördlichen Teile ist sie ein wenig gebirgig. Dort erreicht die Famara-Spitze 684 m, während die Caldera auf dem Eilande Allegranza bloss zu 286 m aufsteigt, der Graciosa-Pik (auf dem Graciosa-Eiland) zu 226 m, der Clara-Pik (auf dem Montana Clara-Eiland) zu 81 m. L. besitzt den einzigen, noch teilweise in schwacher Thätigkeit befindlichen Vulkan, welchen der kanarische Archipel aufzuweisen hat (abgesehen natürlich von den berühmten Vulkanen von Teneriffe oder dem Pik de Teyde). Ehedem war L. sehr bewaldet; jetzt sind die Wälder verschwunden. Die Insel hat sogar einen nur sehr schwachen Baumstand noch; die Regen sind selten, das Wasser ist sumpfig, gute schöne Quellen eine Seltenheit. Indes wird auf L. ziemlich viel Getreide gebaut. Auch Viehzucht wird getrieben (eine kleine Anzahl gut gebauter Kamele wird auf der Insel unterhalten).

Die Hauptmerkwürdigkeit der Insel ist die unter dem Namen „Cueva de las Verdes“ bekannte, 2500 - 3000 m tiefe Grotte, die aus einer Reihe finsterer Gallerieen und Gewölben besteht und wahrscheinlich eine von der Lava des Corana-Kraters ausgewaschene unterirdische Schlucht (barranco) ist. Dorthin flüchteten sich zur Zeit der Maureneinfälle die Bewohner der Insel.

Lao, Landschaft am linken Ufer des Senegal, bildete ehemals einen Bestandteil des Futa-toro-Reiches und steht seit 1877 unter französischem Protektorat. Es erstreckt sich längs dem Senegal von Boki bis nach Abdallah-Moktar und zählte 1883: 40 Dorfschaften und 20 710 Einwohner.

Lao, ein Stamm der Dinka (s. d.), unter 7° nördl. Br.

Laptot, der schwarze Flussmatrose Senegambiens. Er ist in der Regel Eigentümer einer Pirogue und übernimmt für die Kaufleute von Saint-Louis etc. den Umtausch ihrer Waren gegen die Landesprodukte, für eine bestimmte, kontraktmässig festgestellte Vergütung. Er fährt in seiner Pirogue die Waren auf oft wochenlanger Reise stromaufwärts in das Innere des Landes und kehrt mit eingetauschten Landesprodukten aller Art (aus dem fernsten Innern Gold, aus den Waldungen zwischen Medine und Bakel Ebenholz, aus Bakel Indigo, aus Walo und Futa Straussenfedern, Eisen, Wachs, Elfenbein, Erdnüsse, Mais, Reis, Tabak, Gummi etc.) zurück.

Larat (Larhat), Volk in der alger. Provinz Algier, im Südwesten von Scherchell, an der Meeresküste (1390 Köpfe auf 5645 ha)

Larbaa (Uled-Larbaa), Duar in der alger. Prov. Constantine, südwestlich von Setif (490 Köpfe auf 5248 ha).

Lardo, s. Lado.

Large Vley, Dorf im südl. Hereroland.

Largeau, Victor, begab sich seit 1875 mehrmals (zuletzt '77) vom südlichen Algerien aus über Tuggurt (durch die Sandwüstenregion) nach Ghadames, konnte aber seine Absicht, auch über Tuat nach Insalah und dem Hogarplateau und von da

52*

nach Timbuktu zu ziehen, nicht durchführen. Indessen bereicherte er die Detailkenntnis der Sahara und brachte viel zoologische Ausbeute nach Hause. Er veröffentlichte: „Le Sahara; premier voyage d'exploration" (1877).

Larosin (El-Arusin), Landstrich in der westlichen Sahara, zwischen der Wüste von Igidi im Osten und dem Atlantischen Ozean im Westen. Er wird von Maurenstämmen bewohnt. Der einzige Europäer, welcher L. besucht hat, war 1850 Panet.

Larro, grosser Ort im Reiche Yoruba, mit einer mohammedanischen Schule.

Larvenschwein (Sus larvatus, Hassama), lebt in Höhen von 4—8000 Fuss und soll sich namentlich gern von Blättern und Schösslingen der Enset-Banane nähren.

Las Palmas, s. Ciudad de las Palmas.

Lasgori (Lassgori), Stadt an der Nordküste des Somali-Landes, Hauptstadt des Häuptlings der Warsangeli, 350 km nordwestlich von Berbera, am Fusse der Sangali-Berge (2043 m): nach Brenner 6000 Einw.

Lafiti, Berg nordwestlich vom Pangani-Flusse.

Lassen (Beni-), Berberstamm der alger. Prov. Algier, südöstlich von Orleansville (2730 Köpfe auf 4300 ha); sie heissen auch Beni-bel-Hassen.

Lassogori, s. Lasgori.

Lasta, Landschaft im östlichen Teile von Abessinien, den südlichen Teil von Tigre bildend. Sie stellt ein Dreieck dar, dessen südliche und westliche Seite der Takazze und der Thellari (einer seiner rechtsseitigen Zuflüsse) ziehen. Lasta ist ein Gebirgsland im eigentlichsten Sinne des Wortes. Hier liegen der Abuna Josef (4197 m), der Surenga (3658 m), der Aladji (3414 m). Es wird in die drei Provinzen: Dahana, Sedel und Wag eingeteilt. Seine Hauptstadt ist Sokota. Die Bewohner sind Agau, die Abkömmlinge der eingeborenen Bevölkerung, die noch heute einen wesentlichen Bestandteil des äthiopischen Volkes bildet. Ihre Sprache ist das Tigrie, aber sie verstehen auch das Amharinja. Die L.-Agau sind ein kriegerisches Volk; ihre Reiterei steht im hohen Rufe.

Lataku, 1) (Neu-L.), Benennung für Kuruman (s. d.); — 2) (Alt-L.), ehemalige Hauptstadt des Betschuanenlandes, nordöstlich von Kuruman gelegen, 4000 Einw.

Latomé's Dorf, im Latuka-Lande, in einer leicht welligen Ebene, inmitten des durch die Lafit-Berge gebildeten Kessels.

Latte, eine Flüsschen im deutschen Kamerun-Gebiet, welches sich zwischen Malimba und der Mündung des Moanja ins Meer ergiesst.

Latuka, ein den Bari (s. d.) und den Liria (s. d.) verwandter, südlich von den ersteren wohnhafter Stamm. Sie bewohnen malerische, von granitischen Bergen überragte, baumreiche Landschaften, treiben im grossen Massstabe Viehzucht (in jedem grössern Ort stehen zehn- bis zwölftausend Ochsen) und wohnen in gutgebauten, sicher verpallisadierten Dörfern. Ihre Togule sind glockenförmig. Hauptstadt ihres Gebietes ist Tarangol (s. d.). Waffen der äusserst kriegerischen L. sind: eisenbeschlagene Keulen, Lanzen, schwertartige Messer und stachelnbesetzte Armbänder; auch tragen sie grosse viereckige Lederschilde. Emin-Bei schildert sie als schlank, von einer mittlern Höhe zwischen 1,70 und 1,75 m; weisen grosse schöne Augen, einen wohlgeformten Mund und, obgleich auch sie die unteren Schneidezähne ausziehen, gute wohlbesetzte Zähne auf. Das Gesicht ist länglich mit nicht vorspringendem Kinn. Die Nasen sind oft geradlinig. Nicht grosse Ohren, meist grosse Hände und ziemlich grosse, plattauftretende Füsse vervollständigen das Bild eines L. Die Frauen sind massig und absolut hässlich, aber sehr fruchtbar. Hauptbeschäftigung der L. ist die Jagd, welcher sie mit Eifer und grossem Mut obliegen. Früher wurde auch Rinder- und Schafzucht eifrig betrieben, doch ist der grosse Wildreichtum des Landes ein Hindernis derselben, indem die Haustiere infolge der vielen Insekten (Zecken, Fliegen etc.) rasch hinsterben.

Latuka-Tabak wird im Sudân-Gebiet gebaut. Er ist zu flachen, runden Broten geformt, die beim Gebrauch zerschlagen und zerkleinert werden. Die Bereitung dieser Brote beschreibt Emin-Bei wie folgt: Sobald die grünen Tabak-Blätter die nötige Reife erlangt, werden sie zerklopft und zerstossen, bis Rippe und Blatt ein Ganzes bilden. Aus solcher Paste wird ein grosses schweres Paket geformt, das in Blätter gehüllt der Sonne ausgesetzt wird, nach einiger Zeit aber im Schatten trocknen darf. Öffnet man das Paket nun, so findet man es im Innern völlig verschimmelt. Das Paket wird nun zum zweiten male der Sonne ausgesetzt, dann sehr fein zerstossen und zuletzt durch Beisatz von wenig Wasser ohne jegliche andere Zumischung zur Paste gemacht, aus welcher die Brote geformt werden. Dieselben sind im ganzen Gebiete des obern weissen Nils als „Kaniett" bekannt und gesucht. Der beste Taback in Latuka wächst am Djebel Molong.

Launay, Graf Eduard, italienischer Diplomat und Vertreter Italiens auf der 1884 in Berlin tagenden Afrikakanischen Konferenz, begann seine diplomatische Laufbahn als Attaché und Legationssekretär in der Schweiz, Spanien, Portugal und Frankreich, vertrat 11 Jahre zunächst seine engere Heimat, das Königreich Sardinien, dann das Königreich Italien, als Gesandter in Berlin. 1864 sandte ihn seine Regierung in gleicher Eigenschaft nach Petersburg, doch kehrte er bereits am 11. April 1867 in seine alte Stellung nach Berlin zurück, wurde am 23. Januar '68 beim Norddeutschen Bunde, 20. April '71 beim deutschen Kaiser beglaubigt und 1876 zum Botschafter erhoben.

Laurens, A., französischer Reisender, kam 1874 nach der Guineaküste, besuchte Gabon, Loando, Mossamedes und ging am 3. Dezbr. 1875 von der Tigerbai (Gr. Fischbai) aus über Land zum Cunene, den er zu erforschen beabsichtigte. Am 11. Jan. 1876 wurde seine Leiche nahe der Mündung des Stromes von einem befreundeten Portugiesen aufgefunden. Er fiel wahrscheinlich als Opfer der Habgier seiner Träger.

Lavalong (Djebel-), Berg im Latuka-Lande.

Lavarande (nach einem General benannt, welcher sich in Afrika ausgezeichnet hatte und vor Sebastopol fiel), Dorf in der alger. Prov. Algier, südwsstl. von der Stadt Algier und von Miloana, am Fusse des Zaccar-Berges (1570 m), an der Grenze der grossen Ebene des Scheliff; Station der Bahn von Algier nach Oran; 1005 Einw. (185 Europäer).

Law, Pater, jesuitischer Missionär, wählte das Gasa-Land als Feld seiner Thätigkeit. Er brach am 28. Mai 1880 mit 3 anderen Missionären, 6 Trägern, 2 Führern und einem Ochsenwagen von Gubuluwayo auf und gelangte über Inyati und durch einen Pass im Insimbi-Gebirge unter 18° 57′ 38″ südl. Br. und 31° ö. L. zum Kleinen Sabi oder Lundi, passierte am 27. Juli den Grossen Sabi, den Grenzfluss des Gasalandes, durchzog ungehindert das Gebiet der Moschonas, Unterthanen Lobengulas, wurde aber auf dem Gebiet Umsilas durch die Feindseligkeit der Bevölkerung gezwungen, Wagen und Vorräte im Stich zu lassen und in Eilmärschen nach dem Königs-Kraal zu ziehen, den er am 20. August erreichte. Durch die Strapazen des Marsches geschwächt, erlag er hier am 15. Novbr. dem Fieber.

Lawson, ein Zufluss des Kongo, von den Eingeborenen Lefini genannt.

Lawsonia, hoher Strauch, mit weissen wohlriechenden Blumen, in Ägypten heimisch und daselbst und in Marokko u. der Levante angebaut. Der gemahlenen Blätter bedient man sich als Alkanna im Orient allgemein, um mit dem wässerigen Auszug die Nägel, den Bart, bei den Weibern die Füsse, den Unterleib, auch die Mähnen u. Füsse der Pferde rotgelb zu färben. Die Farbe haftet so fest, dass sie nur durch Abnutzung der Teile vergeht. Die Blumen sind als Parfüm sehr beliebt. Das aus denselben bereitete Öl (Oleum cyprinum) dient zum Erweichen steifer Glieder, das aus demselben gezogene wohlriechende Wasser zum Waschen bei festlichen Gelegenheiten.

Layata, eine der höchsten Erhebungen des abessinischen Hochlandes (4532m).

Lazkah, Ort im Distrikt El-Sawaleh der ägypt. Prov. Charkieh.

Leared, Arthur, zu Wexford (England) 1822 geboren, bereiste 1879 Marokko und gab heraus: „Marocco and the Moors“ (1876); „Visit to the Court of Marocco“ (1879). Er starb am 17. Okt. 1871 in London.

Lebar (Leybar), franz. Militärposten in der Senegal-Kolonie, 6km südlich von Saint-Louis, am linken Ufer des Senegal, der Südspitze der Insel Sor gegenüber; Station der Eisenbahn von Saint-Louis nach Dakar.

Lebbohr, gebirgiges Land, dessen Bewohner neben dem Schuli ihre eigene Mundart sprechen; eins der Lango-Länder (s. Lango).

Lebda, s. Lebida.

Lebéchah, Ort im Distrikt Subk der ägypt. Prov. Menufieh.

Lebida (Lebda), Dorf und kleiner Hafen Tripolitaniens, 83m südöstlich von Tripoli, wenig westlich von der Stätte des alten „Leptis Magna“; Hauptort des Distriktes Khoms.

Lecerf, Militärposten und Faktorei in der franz. Senegal-Kolonie, an der nördlichen Mündung des Cassini.

Lechawe, Zufluss des Lekulus (s. d.).

Lechee (Letschee, Cobus Lechee), eine Wasserantilope Südafrika's, die in den verzweigten Flusssystemen des Ngamibeckens und am Sambesi eine ziemlich reiche Verbreitung zeigt.

Lechoma (Leschoma), protestantische Missionsstation im östlichen Bamangwato, 10 km vom rechten Ufer des obern Sambesi (17°56′ südl. Br., 25°24′ östl. L.).

Leckie, s. Leke.

Ledat, das abessin. Weihnachtsfest.

Ledyard, ein englischer Forscher, der Erste, welchen die British African Association (s. d.) nach Nordostafrika entsandte zu dem Zwecke der Erforschung der Nilquellen und des Niger. Er sollte von Ägypten aus nach W. vordringen, fand aber schon in der Libyschen Wüste seinen Tod (1788).

Leembe, ein bei den Bewohnern Loango's im Brauch befindliche, bis jetzt unerklärte Art unzertrennlicher Ehen (Pechuël-Loesche): s. Lemba.

Lefini, Fluss im äquatorialen Afrika, welcher im Lande der Apfuru entspringt, ziemlich parallel der Alima läuft und rechtsseitig bei Ngampeï (3°12′ südl. Br.), etwa 15km von der franz. Station Nganschuno in den Kongo mündet. Stanley, welcher ihn zuerst entdeckte, gab ihm den Namen Lawson. Sein Lauf wurde durch Brazza weiter erforscht

Lefitt nennen die Eingeborenen im weissen Nilgebiet in glücklicher Nachahmung seiner Stimme einen kleinen alllerliebsten Falken (Nisus spec.).

Lega (Legha), Volk der Galla im

östlichen Afrika, welches im südwestl. Abessinien die hohen Thäler des Djabus (linksseitigen Zuflusses des Abai) und den nördlichen Hange des im Tulu-Wallel bis zu 3200m aufsteigenden Plateaus bewohnt. Der erste Europäer, welcher bis zu ihnen vordrang, war der Holländer J. Schuver (1882). Derselbe nennt sie den westlichsten der Gallastämme und schildert sie zugleich als einen der merkwürdigsten, der von einer alten erblichen Dynastie regiert wird und eine Stärke von wenigstens 20000 Kriegern aufweist. Ihr Land liegt gerade einen Grad südlich und ein wenig westlich von Fadasi.

Lege (Loge), Negervolk in Elliria (ägypt. Sudan).

Leggiri (Djebel-), Berg im Latuka-Lande.

Leghiyé (El-), kleinere Oase der libyschen Wüste, zu dem Oasenkomplex Wadi-el-Gâb (s. Gâb) gehörig.

Legur, kleine Insel im Indischen Ozean, seit 1884 in englischem Besitz.

Lehémar, Ort im Distrikt El-Delingat der ägypt. Prov. Behérah.

Lehontitong, Ortschaft der Bakalahari-Betschuanen, im Herzen der Kalahariwüste gelegen.

Lehsi, 1) Fluss im östlichen Sudan, entspringt unter etwa 5° 20′ südl. Br., nimmt mehrere kleinere Flüsse, z. B. den Lehsindah, auf, scheidet (nach Schweinfurth) das Land der Niam-Niam vom Lande der Mittu, wird von den Bongos im Unterlaufe „Doggoru“ genannt und mündet linksseitig in den Rohl (Becken des Weissen Nils). — 2) nach Schweinfurth führen den Namen „Lehsi“ die das linke Ufer des Rohl (Zuflusses des Bahr-el-Ghasal) bewohnenden Stämme des Mwolo-Distrikts im östlichen Sudan.

Leicester, Stadt in Sierra-Leone; Ackerbau-Stadt.

Lakanat, Ort im Distrikt El-'Atf der ägypt. Prov. Behérah.

Lekandi, s. v. w. Bomokandi.

Lekatlong, protestant. Missions-Station im Gebiete des Hottentotten-Stammes der Korana; am Hartflusse, nordöstlich von Griquatown.

Leke (Leckie), grosser Ort an der Sklavenküste, eine der wichtigsten Niederlassungen der englischen Lagos-Kolonie, am äussersten Ende der Kradu-Lagune.

Lekele, Fluss im Gebiet des Ogowe.

Leketti, ein südlicher Zufluss der Alima (Ogowe-Gebiet).

Lektawa (Ktawa), Landstrich im Thale des Draa (marokkanische Sahara); wird im Norden vom Feswatha (oder Kanton Tamegrut) durch eine Höhenkette geschieden, durch welche der Draa sich ein Bett bricht, um hierauf das Land in einer südwestlichen Richtung zu durchschneiden, und durch ein zweites Defilee, die L. im Süden von dem Landstriche Mehamid zu trennen. Die wichtigsten Ksors von L. sind: Ben-Sbiha (2000 Einw.), Beni-Hajun (800 Einw.), Beni-Semguin und En-Nesserat oder Inesserat.

Lekuluë, grosser Fluss im äquatorialen Afrika, entspringt auf dem nördlichen Hange der Berge, welche das Becken des obern Kongo von demjenigen des Liambai oder obern Siambesi scheiden. Er entsteht durch die Vereinigung mehrerer Flüsse, z. B. der Ankula und des Lokonesi (die beide Cazembe durchlaufen), biegt nordnordöstlich ab, nimmt die Flüsse: Kampande, Kabango, Meninga, Lechawe auf, vereinigt sich mit der Lufira und ergiesst sich in den Kassali- (Livingstones Lincoln-) See.

Lekwe, Nebenfluss des Vaal (Südafrika). Seine Quellen bildeten bis 1835 die Grenze des Basutolandes.

Lelefontein, eine methodistische Missions-Station im Distrikt Clanwilliam der Kapkolonie, in den Kamiesbergen, zwischen dem Unterlaufe des Elefanten- und des Oranje-Flusses.

Lela, Dorf im Land Labi (Vasallenstaat des Priesterreiches Futa-Djallon).

Lella - Djilalia, Ruinenstätte im nördlichen Marokko, nordöstlich von El-Araïsch, südöstlich von Arsila, an dem kleinen Küstenfluss Uëd-el-Sebt.

Lella Khredidja, höchster Gipfel des Djurdjura, zwischen Sebau und Sahel (2308 m). Auf ihm befindet

Deutscher Flaggenstock in Angra-Pequena.

sich die von den Kabylenpilgern stark besuchte Kuba eines Heiligen.

Lella - Maghnia (Lalla - Mahrnia), Stadt in der alger. Provinz Oran, 46 km westlich von Tlemssen, etwa 10 km von der marokkanischen Grenze, am Uerdefu (Zuflusse der Tafna).

Lellôn, (nach Krapf, Journals 98, 107 ff.) ein Stamm der Galla (s. d.) dessen Gebiet sich im Süden der Land schaft Gurague befindet (Ostafrika).

Lelorgne de Savigny (spr. Lelornje d'Sawinji), Marie Jules César, geb. den 5. April 1777 in Provins, wurde 1821 Mitglied des Instituts in der Sektion der Anatomie und Zoologie des ehemaligen Instituts von Ägypten und starb am 5. Oktober 1851 in Gally bei Versailles; er schr.: Histoire naturelle et mytholog. de l'Ibis, 1805; Observations sur le système des oiseaux de l'Egypte et de la Syrie, 1812; Explication des planches des mollusques etc. de l'Egypte et de la Syrie, 1826.

Lelunda (Lilunda), s. v. w. Lunda. — 2) Fluss auf der Küste von Nieder-Guinea, mündet nördlich von der Kleinen Fischbai.

Lembd, s. v. w. Pelzkragen, eine Auszeichnung der ostafrikanischen, besonders abessinischen Krieger. Sie werden aus dem Löwen- oder Leopardenfliess gefertigt; ein L. aus dem Felle der Gasela (des schwarzen Leoparden) gilt in Schoa gleich einem Adelsdiplom. Der Rand wird ausgezackt und mit Zeug verbrämt, oft auch mit Silberblättchen hübsch ausgestattet.

Lembe, ein eigentümlicher Fetisch in Westafrika, welcher einen besonders veredelnden Einfluss auf das eheliche Leben der dortigen Neger hat. Man baut eine besondere Hütte für den L., die von einem hohen Zaun aus Papyrusschäften umgeben ist und nur von einem Ehepaar betreten werden darf, das durch ihn vereinigt wurde. Allen übrigen Negern ist sie unnahbar, so dass man das L.-Haus gern zur Aufbewahrung der kostbaren beweglichen Habe benutzt. Die durch L. Verbundenen bilden eine Art von Orden, in welchen nur vornehme Neger eintreten können, Diese tragen einen kupfernen zise-

Die Flaggenhissung in Angra-Pequena

lierten Ring am rechten Handgelenk und geben der betreffenden Frau einen glatten, in gleicher Weise zu tragenden Ring, durch welchen sie vor den übrigen Frauen dauernd ausgezeichnet bleibt (Falkenstein, „Westküste Afrikas").

Lenz, Oskar, hervorragender Afrikareisender, geb. 13. April 1848 zu Leipzig, studierte daselbst Naturwissenschaften, namentlich Mineralogie und Geologie, und wurde dann an der geologischen Reichsanstalt in Wien beschäftigt. Nachdem er verschiedene Gebirgspartieen der österreichisch-ungarischen Monarchie bereist, erhielt er 1874 von der Deutschen Afrikanischen Gesellschaft den Auftrag, an der Westküste Afrika's entweder mit der Güssfeldt'schen Expedition zusammen oder selbständig im Ogowégebiet zu forschen. L. untersuchte, nachdem er 17. Juni 1874 gelandet, zunächst den Munifluss und seinen Nebenfluss Nundi, erreichte auch einige Dörfer der Fan und ging dann an den Munda und Gabun, befuhr auch den Ogowé zuerst bis zur Mündung des Ngunië, dann bis Lope, wobei er den grossen Stamm der wilden kannibalischen Oscheba und das verkümmerte Volk der Abongo kennen lernte. 1876 konnte L. mit Hilfe der Oscheba (Fan), deren König Mbia er in seiner Residenz besuchte, von seiner am Ofue errichteten Station unter grossen Anstrengungen bis zum Schebe, einem rechten Nebenfluss des Okonda, vordringen, von wo er die Rückreise zur Küste und nach Europa antrat. 1879 begab sich L. wieder im Auftrage der Deutschen Afrikanischen Gesellschaft nach Marokko, um das Atlasgebirge genauer zu untersuchen und sich zugleich zu einer Expedition durch die westliche Sahara nach Timbuktu vorzubereiten. Diese letztere Aufgabe sollte er wider Erwarten schnell und glücklich lösen. Nachdem er nämlich Ende 1879 von Tanger aus eine kurze Exkursion nach Tetuan gemacht hatte, trat er 22. Dez. bereits die Reise nach Timbuktu an. Er zog von Tanger über Fes, Mekines (am Abhange des Arungebirges) nach Marokko und von da, als Muselmann verkleidet und unter dem Namen Hakim Omar ben Ali, über Tarudant, wo er in Lebensgefahr schwebte, nach Ilegh und Diski, wo er bei Scheich Ali freundliche Aufnahme und Unterstützung fand. Bei Taodeni fand dann L. den tiefstgelegenen Punkt seiner ganzen Tour durch die Sahara und zwar 148 m ü. M., so dass von einer absoluten Depression durchaus nicht die Rede sein kann. Über Arauan weiterziehend, erreichte er 1. Juli 1880 glücklich Timbuktu, das jetzt ca. 20 000 Einw. hat und nur ein Schatten seiner einstigen Grösse sein soll. Am 17. Juli brach er in südwestlicher Richtung nach Senegambien auf und traf nach 20 Tagen in Basikunnu und 2. Nov. in Medine, der äussersten französischen Militärkolonie im Senegal, ein. L. ist der vierte Europäer, dem es gelungen, Timbuktu zu erreichen, und der von da in westlicher Richtung wieder zur Küste gelangte. Er kehrte, nachdem er nochmals nach Tanger gegangen, um seine Sammlungen abzuholen, über Spanien nach der Heimat zurück. Er redigiert jetzt die geogr. Wochenschrift „Aus allen Welttheilen" und übernahm 1884 die Leitung der österreichisch-ungarischen Expedition nach Westafrika (Kongo und Niger).

Leoparden-Insel, an der Küste von Sierra-Leone.

Leopold II., König der Belgier, der Beherrscher des Kongostaats, hat sich um die Erforschung Afrikas durch die hochherzige Gründung der Belgischen internationalen Gesellschaft ein dauerndes Denkmal errichtet. Dieselbe bildete sich auf seine Anregung und unter seinem Vorsitz am 12. bis 14. September 1876. Durch sie besonders hat Belgien sich das Anrecht erworben, auf der 1884 zu Berlin tagenden Afrikanischen Konferenz vertreten zu sein. Die beiden Männer, welche L. als Delegierte entsandte, waren der belgische Gesandte in Berlin, Graf van der Straaten-Ponthoz und Baron Lambermont, der Generalsekretär im belgischen Ministerium der Auswärtigen Angelegenheiten.

Leopold-See, s. Hikwa u. Aquilonda.

Leo Afrikanus, s. Alhassan ibn Mohammed Alwazzan.

Lepes, kleiner See unweit von Ndoro im Massai-Lande. In ihn fliesst der vom Dönjo Mbur herabkommende Ngare njoio.

Lepsius, Karl Richard, berühmter Ägyptologe, zu Naumburg am 23. Dezember 1811 geboren, weilte 1842 bis 1846 als Führer einer wissenschaftlichen Expedition, die im Auftrage des Königs Friedrich Wilhelm IV. von Preussen ausgerüstet worden war, in Ägypten. Über die wichtigen Forschungen, welche er während dieser Zeit im Pharaonenlande gemacht, hat er in zahlreichen Werken berichtet. Er starb 1884 zu Berlin.

Lere, Ortschaft im Fellatah-Reiche Massina (West-Sudan), von den zu den Falinegern gehörenden Mundam bewohnt.

Leren, Bucht an der Ostküste der Insel Madagaskar.

Leruama (Djebel-), Berg im Land Lango (s. d.).

Le Saint, ein französ. Offizier, geboren 1833, reiste mit Unterstützung der Pariser Geograph. Gesellschaft, und von grossen Hoffnungen geleitet, 1866 nach Chartum, um von hier quer durch Nordafrika bis zum Gabon an der Westküste zu reisen. Er ging mit Leuten d. Elfenbeinhändlers Poncet nach deren Handelsstation Abukuka am Weissen Nil unweit von Gondokoro, von wo er zunächst zu den Niam-Niam vordringen wollte. Aber schon am 27. Januar 1867 erlag er in Abukuka dem Fieber.

Letschoma, siehe Lechoma.

Let-Marefia, Ortschaft im Königreich Schoa, woselbst Antinori (s. d.) eine geographische Station, die noch jetzt besteht, gegründet hat und von wo er mehrfach zoologische Sammlungen nach Italien schickte.

Letrozec, Marineleutnant, der Begleiter Frederic Cailliauds auf seinen grossen ägyptischen Wanderungen.

Letschee, s. Lechee.

Leu, de, Leutnant, geb. 23. Jan. 1852, Mitglied der 1881er belgischen Expedition in Ost-Äquatorialafrika unter Leitung des Kapitäns Ramaekers, starb Mitte Januar 1881 in Tabora kurz nach seiner Ankunft daselbst an einer Dysenterie.

Leukippia, Landschaft zwischen Mbaringo-Samburu-See und Kenia. Hier soll der Stammsitz der Nyakuati sein. Sie ist reich an kleineren Seeen, in welche kleine, von dem Schneeberge herabkommende Bäche fliessen.

Leybar, s. Lebar.

Lhaibus, Dorf der Tafilet-Oase Mdaghra.

Liambaï, Name des Sambesi in seinem Oberlaufe.

Liba, s. v. w. Limpopo.

Libân, ein Stamm der Galla (s. d.), in den noch unerforschten Gebieten im Süden Härärs hausend, seit 1881 unter abessinisches Joch gebracht.

Liban, s. Kafal.

Libata, grosse Ortschaft am linken Ufer des Niger, von ausgedehnten Kulturen umgeben.

Liberïa, Negerrepublik auf der Körnerküste Guineas (Westafrika), ein 75 Meilen langer und etwa 9—10 Meilen breiter Küstenstrich zwischen dem Kap Mount und dem grossen Sestro-Fluss (7^0—$4^1/_2{}^0$ nördl. Br.) mit einem Areal von etwa 700 Q M., das jedoch mit der später hinzugekommenen Marylandkolonie, einem

Landstrich von 24 Meilen Küste und 30 Meilen landein zwischen den Flüssen Gross-Sestros und Rio Pedro, sowie mit der Gallinasküste, nordwestlich vom Kap Mount, etwa den doppelten Umfang (1400 Q M.) erreicht. Die Einwohner wurden 1850 auf 300000 geschätzt, wovon 7—8000 aus Amerika eingewanderte Neger und Mulatten, die übrigen einheimische Neger waren. Diese einheimischen Einwohner gehören besonders zu den Stämmen Fey (Vey), zwischen dem Gallinasfluss und Kap Mount (12 bis 15 000 Seelen); Dey, vom Kap Mount bis Kap Montserado (6—8000 Seelen); Bassa, vom Kap Montserado bis zum John's River (mehr als 50 000 Seelen); Sinu (20—30 000 Seelen) und Kru-Leute oder Krumen, südöstlich von den vorhergehenden. Ein grosser Teil der Einw. gehört der christlichen Religion an und ist verhältnismässig zivilisiert, bedient sich namentlich auch der englischen Sprache und treibt Ackerbau. Die Staatsverfassung ist der nordamerikanischen nachgebildet. An der Spitze des Staates steht ein Präsident, es giebt einen Senat und eine Volksrepräsentation. Die Justiz übt das oberste Gericht aus, Friedensrichter schlichten die Streitigkeiten in den Provinzen, in jeder Grafschaft ist monatlich ein öffentlicher Gerichtstag; die Staatsgesetze sind in einem Gesetzbuch zusammengestellt; es besteht Pressfreiheit, Verbot der Sklaverei, eigens angestellte Beamte befördern die Ausbildung der einheimischen Negerstämme in der Landwirtschaft, es wird ein fester Finanzetat aufgestellt. Das Militär ist dem Zivilgouvernement untergeordnet; militärpflichtig sind alle männlichen Bürger der Republik vom 16. bis 50. Lebensjahre, ausgenommen sind nur die Geistlichen und Zivilbeamten; in Friedenszeit sind 1000 bis 1500 Mann disziplinierter Truppen stets im Dienst. Man hat zahlreiche Kirchen gebaut und Schulen errichtet, auch ein Schullehrerseminar. Im Jahre 1850 gab es allein in der Grafschaft Monrovia 22 Kirchen und 18 Schulen mit 880 Schülern. Auch 2 Zeitungen erscheinen in Monrovia, der Hauptstadt der Republik: Liberia Herald, eine politische Zeitschrift, und Africas Luminary, ein Blatt des bischöflichen Missionsvereins. Der Boden ist überall sehr fruchtbar, es gedeihen Reis, Baumwolle, Kaffee, Zuckerrohr, Indigo, Ananas, die Grundnuss (Arachis hypoch.), welche ein ganz vorzügliches Öl liefert, Palmöl; es giebt Farbehölzer, namentlich Camwood, ein Rotholz, Gummi, Elfenbein, Goldstaub, und hierzu kommen noch als Produkte Ziegenhäute, Hörner; Pfeffer, Ingwer, Kupfer, Mahagoni- und Teakholz etc. in den Handel. Die Ausfuhr ist beträchtlicher als die Einfuhr (zumeist aus Europa, namentlich Baumwollenzeuge, während aus Amerika Tabak und Pulver kommen). Das Klima ist meist ungesund, soll sich aber durch Entwaldungen und Entsumpfungen bessern. Obgleich die Küste sehr einförmig ist und daher keine Häfen bietet, ist dennoch der Schiffahrtsverkehr beträchtlich, die Schiffe finden auch in einigen Mündungen der Flüsse (St. Paul, Junk, St. John, Sestros, Sinu u. a.) einigermassen geschützte Ankerplätze, es findet sogar seit 1851 eine regelmässige Paketbootverbindung zwischen Amerika u. L. statt. Die Flagge der Republik ist ein grosser Stern in blauem Felde.

Die amerikanische Kolonisationsgesellschaft für freie Neger, welche 1816 in Washington zusammengetreten war, um gegen die Sklaverei anzukämpfen, hatte 1819 vom Kongresse die Akte erreicht, dass der afrikanische Sklavenhandel als Verbrechen der Seeräuberei behandelt werden solle, und zugleich die Autorisation erhalten, für die befreiten Neger ein Asyl aufsuchen zu lassen. Nachdem daher schon 1807 auf Kosten der Gesellschaft zu diesem Zwecke die Guineaküste untersucht worden war, wurde 18.0 die erste Emigration von 30 befreiten Negerfamilien nach der Scherbroinsel gebracht, wo sich jedoch das Klima so mörderisch erwies, dass man sich zu der Wahl eines anderen Ortes für die Anlage der Kolonie gezwungen sah. Auch einige andere Versuche zum Auffinden eines geeigneteren Landstriches scheiterten. bis man endlich am 25. April 1822 die amerikanische Flagge auf dem Kap Mesurado, wo von dem einheimischen Häuptlinge in einem Vertrage Land gewonnen worden war, aufpflanzte und damit den Grundstein zum neuen Freistaate der Schwarzen legte. Obgleich nun bald neue Einwanderer hinzukamen, auch der jungen Kolonie möglichst kräftige Unterstützung von seiten der Kolonisationsgesellschaft zu teil wurde, so waren doch die ersten Jahre eine Zeit beständiger Gefahren, indem die benachbarten Negerhäuptlinge, von den Sklavenhändlern aufgereizt, weil die Kolonie ihr einträgliches Gewerbe stören musste, einen erbitterten Krieg gegen die Ansiedelung begannen. So wurde die Kolonie 1822 nur durch Zufall vor dem Untergang errettet. indem im Augenblicke der höchsten Gefahr der englische Major Laing erschien und nicht nur Hilfe an Lebensmitteln und Munition brachte, sondern auch die feindlichen Häuptlinge zu einem Friedensvertrag bewog. Nun kräftigte sich die Kolonie allmählich; neue Einwanderer wurden zur Anlage neuer Ansiedelungen verwendet, so entstand 1825 Neu-Georgia, die Stadt Caldwell am St. Paulsfluss, 1827 die Ansiedelung Milsburg, 1829 ward Carytown gegründet. Die Bewohner der Kolonie konnten schon den Angriffen der feindlichen Stämme nachdrücklicher entgegentreten, selbst in das Innere des Landes vordringen, die Feinde in ihren Wohnorten aufsuchen und dieselben zum Aufheben der Sklaverei zwingen. 1834 wurde der Häuptling Boatswain, 1839 die Häuptlinge Goterah und Gatumba besiegt, und diese Siege steigerten das Ansehen der Kolonie bei den Eingeborenen bedeutend. Als Nachfolger des 1841 verstorbenen Gouverneurs Buchanan wurde nun der Neger Roberts, der früher die Truppen befehligt hatte, erwählt. Unter dessen ausgezeichneter Verwaltung erblühte die Kolonie immer mehr und mehr. Nicht nur, dass fast mit allen Nachbarstämmen Friedensverträge geschlossen wurden, dass fremde Stämme ihre Kinder in der Kolonie erziehen liessen, sondern auch der Handelsverkehr, der Ackerbau und die Industrie hoben sich, und es ward regelmässige Verbindung längs der Küste mit Amerika eingerichtet. So war 1847 die Kolonie so weit gediehen, dass sie selbständig zu sein vermochte und sich am 8. Juli dieses Jahres als Freistaat konstituierte, mit Roberts an der Spitze als Präsidenten. 1849 erkannten England, Frankreich und Amerika die Selbständigkeit des Staates an, der sich, wenn auch nur wenig prosperierend, seitdem als solcher erhalten hat.

Libde (Takie), die Filz- oder Baumwollenkappe des ägypt. Fellachen.

Libollo, Stamm der Kimbunda (s. d.) von Benguella.

Libreville (Plateau), französische Kolonie am Gabun-Ästuarium, an dessen nördlicher oder rechter Küste (0° 23′ 16″ n. Br. und 7° 6′ 30″ östl. L. v. Par.); gehört zum Verwaltungsbezirk Senegambien, gleich seiner Schwesterkolonie Glass (s. d.). Hier befindet sich auch eine französische Mission, die mit reichen Geldmitteln ausgestattet ist und Werkstätten für Tischler, Schmiede etc. unterhält. Vergl. Gabun.

Libumbi, ein Nebenfluss des obern Ogowe, der den Licoco aufnimmt; 1883 wurden beide Flüsse von Leutnant Mizon bereist.

Libysches Gebirge, die den Westen des ägyptischen Nilthals begrenzende Gebirgskette mit sanft abgeböschten Rändern, tritt öfters an den Nil heran und in weiten Bogen wieder zurück, teilt sich bei Kairo und verliert sich bald ganz in der Ebene. Seine Höhe variiert zwischen 200 und 600 m.

Libysche Wüste, auf der linken Seite des Nils, zwischen Barkah und Siwah im Norden, dem Sudan im Osten und Süden, und Ägypten im Westen; erstreckt sich zwischen dem 26. und 30.⁰ nördl. Br. und dem 15. bis 25.⁰ östl. Länge v. Par. Sie ist der kleinere östliche Teil der Sahara, deren westlicher „Sahel" genannt wird. Die libysche Wüste zeigt an ihrer Oberfläche bald weisse, scharfkantige Kiesel, bald festen Kalk- und Thonboden, bald mit Eisenteilen geschwängerten schwarzen Sandstein. Überall, wo die Felsen fehlen, tritt Salz hervor; Sand giebt es hier im Verhältnis zur Sahel nur wenig, grössere Strecken können als dürftiges Weideland benutzt werden, Beifuss und Wermut bedecken den Boden; es giebt mehr Quellen und daher auch mehr Oasen als in der Sahel, und diese Oasen sind von grösserem Umfange; Brunnen geben hier oftschon bei 6—8 Fuss Tiefe Wasser. Vgl. Sahara.

Licona, Nebenfluss des Kongo, den Brazza am 11. Aug. 1878 unter 0⁰ 30′ n. Br. und 12⁰ 45′ östl. Länge v. Par. erreichte.

Liconta, Kap an der Küste von Tripoli, am Meerbusen von Sidra.

Lichtenstein, Martin Heinr. Karl, Naturhistoriker, zu Hamburg am 10. Januar 1780 geboren, begleitete 1801 den holländ. General Janssens nach Südafrika, wurde 1805 als Kommissar nach dem Gebiete der Betschuanen gesandt und reiste hier durch die Grosse Karroo bis Kuruman (worüber er in: „Reisen im südlichen Afrika" [1810—11, 2 Bde.] berichtet hat). Er kehrte 1806 nach Deutschland zurück und starb am 2. September 1857 auf der See zwischen Korsör und Kiel.

Lidi-Habura, Volk der Afar, im Küstengebiet zwischen Abessinien und dem Roten Meere, von der Zula-Bai bis zur Strasse Bab-el-Mandeb.

Liëna (Tschokiris Dorf), Ort im Lattuka-Lande.

Liendwe, Station der London Missionary Society am Tanganjikasee.

Liffuri, Ort im Tombuchi-Lande.

Likugu, Ortschaft im Gasa-Lande, nördl vom Sabi-Flusse (Südost-Afrika).

Likwa, See, s. Hikwa.

Lilimala, ein in den Bangweolosee mündender Bach. Unweit von seiner Einmündung starb am 1. Mai 1873 Dr. Livingstone.

Lilundo, s. Lelundo.

Lilyfontein, Ansiedlung im westlichen Gebiete des Kapland (Distrikt Namaqualand); siehe Lelefontein.

Limba, eine Landschaft Senegambiens (zwischen Futah Djallon und Sierra Leoni).

Limmu, ein Stamm der Galla (s. d.), dessen Gebiet sich zwischen Kafa, im Becken der Dedhesa und den Zuflüssen des Bachr-Sobat erstreckt (Ostafrika). Ihre Hauptstadt soll Sabidji heissen. Sie sollen häufige Angriffe auf die Stämme des obern Tumat und des Yabus machen, überhaupt gegenüber den zahlreichen anderen, Schoa und Amhara tributpflichtigen Teilstämmen Selbständigkeit bewahrt haben.

Limpopo, Fluss im östl. Südafrika, entspringt in Transvaal am Westhange der Drakensberge, fliesst in einem weiten Bogen erst nördlich, dann östlich, nimmt links den Mariqua, Notuani, rechts den Motlabatse, Mokolwe, Lephalala auf und mündet in die Inhambara Bai.

Limur, Chor auf der Strecke von Fadibet über Obbo nach Laboré (im Osten des Bachr-el-Djebel).

Linant de Bellefonds, 1) Maurice Adolphe, franz. Ingenieur, der Entdecker des weissen Nil, zu Lorient im Dezember 1800 geboren; wurde 1818 nach Ägypten als Brückenbau-Inspektor berufen, begleitete 1821 in Gesellschaft von Cailliaud und Letorzec den Sohn des Vicekönigs Mehemed Ali nach Nubien (bis 10° n. Br.) und entdeckte 1827 den bis dahin nur vom Hörensagen bekannten Weissen Nil, den er bis El-Ais hinauffuhr. Er nahm auch Messungen in Abessinien, Darfur und Kordofan vor und zeichnete unter andern eine Karte von Mittelägypten. Er leitete auch, nachdem er während eines kürzeren Zwiespaltes mit der ägyptischen Regierung Palästina besucht hatte, — alsChefingenieur in ägyptische Dienste zurückgetreten — 1845 die ersten Untersuchungen für den Bau des Suezkanals. Seit dem frühzeitigen Tode seiner beiden Söhne (s. 2) lebte er in stiller Zurückgezogenheit und starb am 18. Juli 1883 in Kairo.

— 2) Ernst und August, Söhne des vorigen, standen unter Gordon Pascha in ägyptischen Diensten im Sudan. August starb 1874 in Gondokoro; Ernst fuhr 1875 den Nil über Gondokoro hinauf nach Fatiko und Foweira, dann auf dem Somersetfluss bis zur Residenz des Königs Mtesa und traf hier mit Stanley zusammen. Auf der Rückfahrt aber wurde er bei Dufilé von Eingeborenen getötet. Seine Tagebücher und Karten blieben erhalten.

Lindi, Ort an der Sansibar-Küste, südlich von Kiloa.

Linduku, Nebenfluss des Jubbo; vereinigt sich mit dem Ssueh zum Djur.

Linosa, Insel im Mittelmeere, gegenüber der Küste von Tunis und südwestlich von Sizilien, von einigen zu Tunis, von anderen zu Sizilien gerechnet; ist weidenreich, aber unbewohnt; sie hat 5 erloschene Krater u. einige Ruinen.

Linyanti, Hauptort des Gebietes der Makololo am Tschobe. Livingstone fand hier nicht die gewöhnlichen kreisrunden Negerhütten, sondern viereckige Lehmbauten, „die sich in einer breiten Zone bis ans Land der Monbuttu (im Stromgebiet des Uélle) fortzusetzen scheinen."

Lion River (Löwenfluss), s. v. w. Gamka.

Lira, Dorf im östlichen Schuli-Gebiete.

Lirehm, s. Lorehm.

Liria (Elliria), ein den Bari (s. d.) angehöriger, südöstlich von ihnen wohnender Stamm. Sie sind wohlhabend, haben feste Gemeindeverbände und verpallisadierte Dörfer, stehen unter Häuptlingen und treiben im grossen Massstabe Viehzucht. Ihnen verwandt sind die Latuka (s. d.).

Liria (Djebel-), s. Oppóne.

Litema, Gebirge in Ost-Äquatorial-Afrika, zieht nach dem Pangani-Flusse hin und erhebt sich bis zu 4000 Fuss Höhe.

Litham (arab.), Gesichtsschleier.

Littaku, Hauptort der Batlapi (Betschuanenland).

Livingstone, David, engl. Missionär und berühmter Afrikareisender, geb. 19. März 1813 in Blantyre bei Glasgow, war erst Baumwollspinner, beschäftigte sich aber daneben mit Medizin und Theologie und ging 1840 im Dienste der Londoner Missionsgesellschaft als Missionär nach dem Innern des Kaplandes. Er blieb zuerst in Kuruman und heiratete die Tochter des dort schon lange thätigen Missionärs Robert Moffat. Seit 1845 wirkte er im Reich Setschele's am Rande der Wüste Kalahari, mit dem er 1847 wegen Wassermangels nach Kolobeng übersiedelte. 1849 durchwanderte er in Begleitung Oswells und Murrays von der Missionsstation Kolobeng im

Betschuanenland aus die Wüste Kalahari bis zum Ngamisee. Auf einer neuen Reise 1851 folgte er der Einladung des Makololohäuptlings Sebitoane, der sogar, um dem Missionär näher zu sein, seinen Wohnsitz weiter südlich nach Linyanti hin verlegte. L. erreichte auf dieser Reise als erster Europäer bei Seschecke den Liambye. 1852 ging L. wieder nach Linyanti, wurde von Sekeletu, Sebitoanes Sohn, freundlich aufgenommen, nach dem Liambye geleitet und hier mit 33 Booten und Leuten zu einer Expedition versehen, welche den Liambye und Liba hinaufging und, bei dem kleinen Dilolosee nordwestlich sich wendend, über den Kassabi und Quango nach Kassange vordrang und 31. Mai 1854 bei Loanda die Westküste erreichte. Fast auf demselben Weg kehrte die Expedition nach Linyanti zurück, um gleich darauf den Sambesi stromab zu verfolgen und damit die Durchquerung Afrika's zu vollenden. Er kam durch die Lupataschlucht in das Delta des Flusses und erreichte bei Killimane 20. Mai 1856 die Ostküste. Auf dieser Reise entdeckte er auch im November 1855 die Victoriafälle des Sambesi. In die Heimat zurückgekehrt, beschäftigte er sich mit der Herausgabe seines Reisewerks.

Im März 1858 begab er sich im Auftrag und auf Kosten der englischen Regierung mit seinem Bruder Charles L. und fünf anderen Europäern (darunter Kirk und der Maler Baines) wiederum nach Quilimane und dem Ländergebiet des Sambesi. Er erforschte den unteren und mittlern Lauf des genannten Stroms und dessen Nebenflusses Schire, verfolgte denselben bis zu seinem Ursprung aus dem Nyassasee, bei dem er 16. September 1859 anlangte, und entdeckte in der Nähe des letztern einen zweiten grossen See, den Schirwa; auch besuchte er zweimal den Rowuma eine Strecke weit aufwärts.

Der eigentliche Zweck der Reise ist indes gewesen, die früheren Ergebnisse der Livingstoneschen Arbeiten zu vervollständigen, dem Sklavenhandel entgegenzuarbeiten und besonders die Eingeborenen für den Landbau und die Baumwollkultur zu gewinnen. Dem entsprachen die vorgefundenen Verhältnisse nicht, daher kehrte L. 1864 nach England zurück. Aber schon im Herbst 1865 schiffte er sich von neuem ein und landete im Januar 1866 in Sansibar. Kurze Zeit darauf wurde das Gerücht verbreitet, er sei erschlagen worden; infolgedessen ging eine Expedition unter Young, Faulkner, Reid und Bucklay aus, doch überzeugte sich dieselbe bald von der Grundlosigkeit des Gerüchts. L. war den Rowuma hinauf nach dem Nyassasee gegangen, umging das Südufer des letztern, überschritt den schon von den Portugiesen entdeckten Tschambese, einen der fernsten Quellflüsse des Kongo, gelangte im April 1867 an das Südende des Tanganjika-Sees und wandte sich von da westlich, bis er im April 1868 den Moerosee erreichte, nachdem er einige Wochen zuvor den Lualaba, den Ausfluss des letztgenannten Sees, entdeckt hatte. Im Mai d. J. kam er in die Stadt des Cazembe, durchreiste dann dessen Gebiet nach S. und entdeckte am 18. Juli den ebenfalls im Quellgebiet des Lualaba gelegenen Bangweolo-See. Von dort sich nach N. wendend, gelangte er nach Udschidschi am Tanganjika-See, wo er mehrere Monate (bis Juli 1869) verweilte, und erforschte dann in den nächsten Jahren das Manyuemaland westlich davon, von wo er 23. Oktober 1871 nach Udschidschi zurückkehrte. Seine Gesundheit hatte in der letzten Zeit sehr gelitten, und er befand sich eben in Udschidschi in grosser Bedrängnis, als, wenige Tage nach seiner eignen Ankunft, der von J. G. Bennett in Newyork eigens

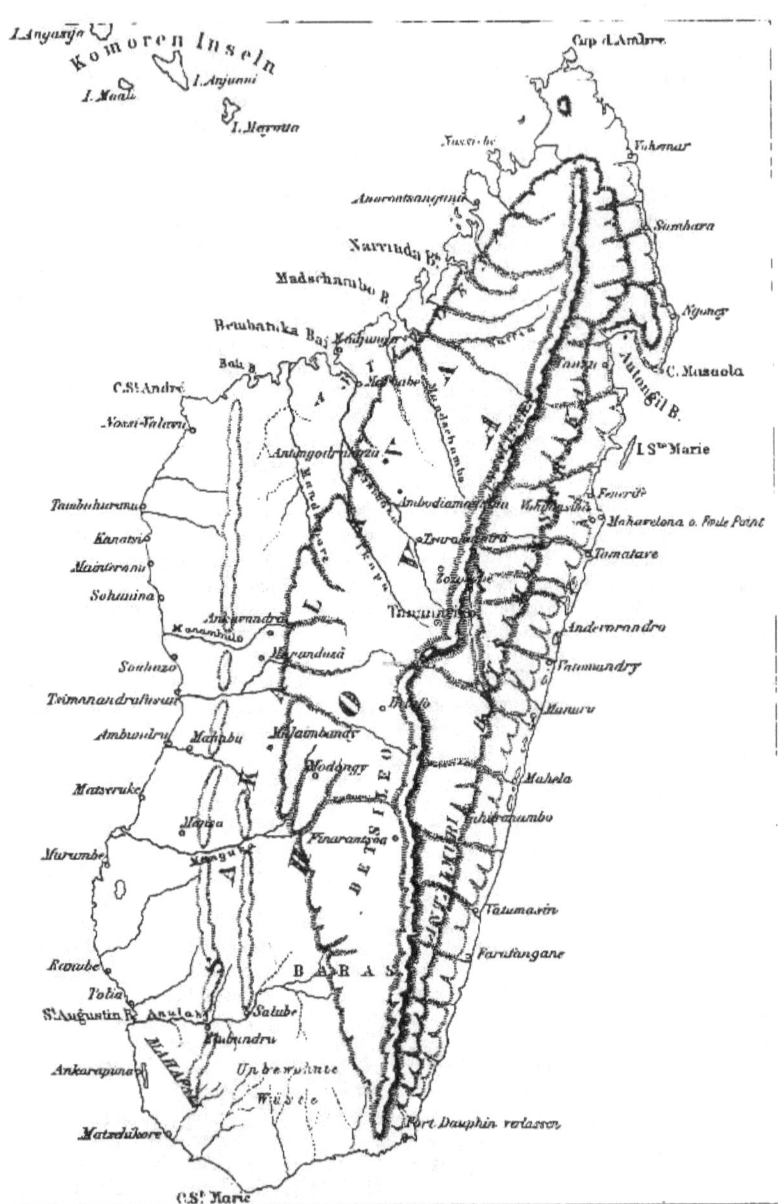

Karte von Madagaskar.

53

zur Auffindung des seit 1869 verschollenen Reisenden ausgesandte H. Stanley daselbst eintraf und L. aus der Not befreite (vgl. dessen Bericht: „How I found L.“, 1872). Mit Stanley zusammen erforschte L. im Dezember 1871 das Nordende des Tanganjika-Sees und begleitete jenen nach O. bis Unianiembe, wo L. sechs Monate (bis Ende August 1872) auf neue Mittel zu einer weiteren Reise (nach dem Bangweolo-See), die ihm von Sansibar zugingen, warten musste. Auf dieser letzten Reise ging L. am Ostufer des Tanganjika hinab, dann um dessen Südende herum in das Land des Cazembe und umwanderte die östliche Hälfte des Bangweolo, stets nach den Nilquellen suchend, deren Existenz er dort vermutete. Am 1. Mai 1873 erlag dieser erfolgreichste und ausdauerndste aller Afrikareisenden der Dysenterie in Ilala am Südufer des Bangweolo-Sees.

Livingstone's Leiche wurde von seinen treuen Dienern unter grossen Gefahren und Mühseligkeiten bis an die Ostküste getragen und von hier aus nach England eingeschifft, wo sie 18. April 1874 in der Westminsterabtei zu London beigesetzt wurde. Die gleichfalls geretteten Tagebücher und Karten von seinen letzten achtjährigen Reisen wurden von H. Waller unter dem Titel: „The last journals of David L. in Central-Afrika from 1865 to his death“ (1874, 2 Bde.; deutsch 1875) herausgegeben. Er selbst hatte veröffentlicht: „Missionary travels and researches in South Afrika“ (1857, 2 Bde.; neue Aufl. 1875; deutsch 1879, 2 Bde.); „Narrative of an expedition to the Zambesi and its tributaries etc.“ (1865; deutsch 1865—66, 2 Bde.). Eine kürzere Bearbeitung von Livingstones Reisen ist R. Andree's „L., der Missionär“ (3. Aufl. 1869, 2 Bde.). Eine Übersicht aller seiner Reisen während 1840—69 s. „Petermanns Mitt.“ 1870, S. 192 ff. und Karte 9 und 10, und während 1866—73 s. „Petermanns Mitt.“ 1875, S. 61 ff., 162 ff. u. Karte 5 u. 10. (Embacher.)

Livingstone, der vom Erforscher des Kongo, Henry Stanley, für diesen Riesenstrom vorgeschlagene, von den Geographen jedoch nicht angenommene Name.

Livingstone-Berge, Höhenzug am Nordostufer des Nyassa-Sees.

Livingstone Inland Mission, nach Stanley's Ankunft in England 1879, wesentlich durch Unterstützung der Anti-Slavery Society, gegründet mit dem ausgesprochenen Zweck, ihre Thätigkeit auf das Kongobecken zu beschränken. Wie Stanley und die Baptist Missionary Society, so richtete auch die L. ihr Augenmerk zunächst auf das Erreichen des Stanley Pool, da von hier der mächtige Strom einem weitern Vordringen ins Innere keine andere Schwierigkeit entgegensetzt als vielleicht eine feindselige Haltung der Eingeborenen. Die erste Expedition der L. ging 1879 unter der Führung von Mc Call; über den Erfolg derselben unterrichtet der Artikel „Mc-Call“. Stationen der Gesellschaft sind: Matadi Mikanda am Südufer, Palaballa oberhalb der Yellalafälle, Montiko, oberhalb der Isandschilafälle (beide am Südufer), Manjanga (200 engl. Mln. oberhalb der Kongomündung), an der Mündung des Edwin Arnold River, u. a.

Livingstonia, Station der schottischen Mission am Südende des Nyassa-Sees, seit 1879 unter Leitung des Zivilingenieurs James Stewart, der 1879 eine erfolgreiche Wanderung vom Nordende des Sees nach dem Südende des Tanganjika unternahm; besitzt einen guten Hafen.

Livumbu heisst der Chimiyufluss Stanley's im Lande Unianiembe (s. Chimiyu).

Llenos (los), Stadt auf der kanarischen Insel Palmas; 4000 Einw.

Loa, ein Zufluss des Lufu, welcher, vom Norden kommend, in einem Spalte des Tafellandes bis zum Fusse des Vivi-Rückens strömt, dort sich mit der L. verbindet, durch eine schmale Felsenschlucht sich der Basis der untern Abhänge des Burgberges entlang windet und sich der Insel Calavanza gegenüber in den Kongo ergiesst (Stanley).

Loanda (St. Paulo de Loanda), Stadt an der Westküste (Angola), wird von etwa 2500 Weissen und 12000 Negern bewohnt und liegt in einem Halbkreis um den Hafen, und wird da, wo dieser das Meer berührt, von je einem Fort begrenzt. Sie zerfällt in einen oberen und unteren Stadtteil, welche zusammen mit ihren weissgetünchten Steinhäusern, Ziegeldächern, Kirchtürmen und Forts dem Ankommenden einen wohltuenden grossartigen Eindruck machen.

Auf der Höhe liegen fast nur Regierungsgebäude, vor allen die Paläste des Gouverneurs und des Bischofs, eine alte eingestürzte Jesuitenkirche, mehrere andere Kirchen und das Hospital. Unmittelbar vor dem Hafen hat sich die kaufmännische Bevölkerung angesiedelt, und am Ostende breitet sich die Negerstadt mit ihren viereckigen, Kampinengedeckten Lehmhütten aus. Während der Fuss fast bis zum Knöchel in den glühenden Sand der kleineren Gassen einsinkt, sind die Hauptstrassen gepflastert, breit angelegt und von beiden Seiten mit prächtig rot blühenden Akazien, indischen Pfefferbäumen, Tamarinden und Kokospalmen besäumt. Die meisten Häuser haben nur ein Erdgeschoss, die anderen zeigen ein erstes Stockwerk und sind infolge der geschickten Verbrecherhände, welche dorthin aus dem Mutterlande deportiert wurden, nicht nur mit hübschen Fassaden versehen, sondern auch innen mit Wand- und Deckenmalerei reich verziert. Die Fenster haben grossenteils die Scheiben eingebüsst, und da man sie in dem milden Klima nicht notwendig braucht, denkt niemand daran, die unschönen Lücken durch neues Material zu ersetzen, noch viel weniger aber die verhandenen zu reinigen. Sauberkeit ist überhaupt, wenn man vielleicht die wenigen Häuser, in denen Europäerinnen das Regiment führen, ausnimmt, ein unbekannter Begriff in Loanda. Dies kann auch der von sich und seiner Nation noch so sehr eingenommene Portugiese nicht leugnen, wenn er während der Ebbe am Strande entlang geht und die fürchterlichen Dünste, welche den sämtlich dort abgeladenen Abfällen aller Haushaltungen entsteigen, einzuatmen gezwungen ist. Ebensowenig kann er sich dann auch darüber wundern, dass der Gesundheitszustand der Stadt viel zu wünschen übrig lässt. Trinkwasser wird in schlechter Beschaffenheit und geringer Menge aus alten tiefen Brunnen geholt, die, nach den in ihrer Nähe befindlichen Klosterruinen zu urteilen, unter enormen Schwierigkeiten von Mönchen angelegt wurden. Da dasselbe für die Stadt aber nicht ausreicht, so wird von besonderen Schiffen noch vom Bengo oder vom Quanza Trinkwasser in grossen Fässern herangeschafft. Im allgemeinen erhält man in der Stadt den Eindruck eines nicht aufzuhaltenden Verfalls, überall ist etwas europäische Tünche, aber sie ist dünn und blättert bald los, um ein baufälliges Gebäude durchblicken zu lassen (Falkenstein).

Loango, altes Negerreich im nördlichen Teile von Nieder-Guinea, etwa zwischen dem Äquator und dem Mündungsgebiete des Kongo. Im Bereiche des letztern ist die Küste flach und sumpfig, sonst meist hoch und felsig. Das Land ist zu einem grossen Teile bewaldet. Es finden sich der Dumbaum, die Kongopalme, der Baobab, Baumwollenbaum, Papaya, Mango, die Banane, Sandelholz, Papyrus, Zuckerrohr etc. Von wilden Tieren leben hier der Gorilla, das Flusspferd (Hippopotamus), Rhinoceros, Elefanten, Leoparden, Hyänen etc.

Das Klima an der etwa 200 Meilen langen **L.-Küste** ist für den Europäer weniger gefahrvoll wie an den meisten anderen Orten der afrikanischen Westküste. Die Krankheiten, unter welchen Europäer hier am meisten zu leiden haben, sind Fieber, Hautkrankheiten, Affektionen der Unterleibsorgane. Die Fieber nehmen nur in der Regenzeit einen bösartigen Charakter an und herrschen überhaupt nur, wie überall, in den sumpfigen Niederungen der Flussmündungen, während das innere Land und ganz besonders das Gebirge fieberfrei ist. Sehr zu statten kommt es hier dem Europäer, dass das Gebirge sich nahe an das Meer erstreckt, daher überall Gelegenheit vorhanden ist, rasch ein fieberfreies Gebiet zu erreichen. Die ersten Europäer, welche sich hier festsetzten, waren die Portugiesen. Ihr Handel ist aber ganz bedeutend zurückgegangen, trotzdem ihre Flagge in der ihnen durch die Berliner Afrikanische Konferenz zuerkannten Kolonie noch heute weht. Den grösseren Teil der portugiesischen Faktoreien hat die holländische Handelsfirma Kerdyk & Pinkoff (Rotterdam), jetzt: Afrikaansche Handelsvereeniging, angekauft. Neben derselben haben Hatton, Cookson & Co., Stuart, Douglas und andere englische und französische Firmen sich niedergelassen.

Der Handel ist ein sehr einträglicher. Eingeführt werden: Baumwoll- und Wollstoffe; Rum, Gin und Liqueure; Pulver und einläufige Steinschlossgewehre; Töpfer-Waren; Messingstäbe u. Messingringe; säbelähnliche Buschmesser, sog. Macheten; Seife; Salz; Tischmesser, Rasiermesser und Scheren; Flügelhörner; Edelkorallen; Messingbecken (sogenannte Neptunes); Spiegel; rote Schärpen, Filzhüte (nicht Zylinder), gewirkte rote Mützen, Uniformen und Livréeröcke; Schwerter, Säbel und Paradestöcke; Spielkarten, Harmonikas, dunkelblaue Perlen und Schmuckgegenstände. Die einläufigen Steinschloss-Gewehre, welche die Loango-Neger immer noch fast ausschliesslich führen (Karabiner kommen selten vor), liefert England. Es sind zum Teil alte Musketen, die Hauptmasse aber wird in England nach alten Mustern fabriziert, und man sagt ihnen nach, dass die Läufe oft Ähnlichkeit mit alten Gasröhren haben, was nicht überraschen kann, wenn der Preis eines solchen Gewehres zwischen 5 u. 6 Mark schwankt. Unbedingt notwendig ist, dass der Schaft sehr lang, die Pfanne von Messing und das Zündloch genau in der Mitte angebracht ist. Dieser elenden Waffe entspricht das Pulver, das grobkörnig und von geringer Qualität ist. England und Holland teilen sich in die Einfuhr desselben. Es kommt in Fässchen von 3 Grössen auf den Markt, deren jedes 14, 7 oder 4 Pfund enthält, und für die sich die Geschäftsbezeichnung „Mann", „Weib" und „Kind" herausgebildet hat.

Deutschland (Hamburg) liefert im Verein mit Marseille Spirituosen, vorzüglich Rum, eine schlechte Sorte, die vor dem Verkauf noch verdünnt und mit spanischem Pfeffer versetzt wird. Das Getränk ist jedoch nicht so abscheulich wie das in Senegambien getrunkene ähnliche Gemisch. Gleich dem Rum gilt auch Tabak, der im Lande wild wächst, nur als Kleingeld und Scheidemünze, und als „dash" (Zugabe) bei Einkäufen. Die Preise der Waren sind auffallend niedrig. Ein „Mann" Pulver (= 14 Pfund) kostet z. B. vier Cortado (à 3 Mark Wert), 1 Gallon Rum (5 Flaschen) 1 Cortado, eine gestrickte Jacke ½ bis 1 Cortado, ein Uniformrock 1 Cortado. Ausgeführt werden Palmöl und Palmkerne, Kautschuk, Gummi-Kopal, Erdnüsse, Sesamsamen, in geringen Posten auch Elfenbein, ferner Orseille und einige andere Landes-Erzeugnisse. Das Palmöl steht in den Exportkisten an oberster Stelle, ihm zunächst kommt der Kautschuk, der es sogar eine Zeitlang zurückgedrängt hatte. Der geregelten Kopal-Gewinnung steht der das Umwühlen der Erde verbietende Aberglaube im Wege.

Die Eingeborenen der Loangoküste sind die Bafióte, ein stattlicher, dem europäischen Körpertypus in vielem ähnelnder Menschenschlag. Ihre Glieder sind wohl proportioniert, die Füsse meist klein, und der Kopf mit der stark gewölbten Stirn weist oft ein geradezu römisches Profil auf. Die Lippen der Bafióte sind zwar voll, aber nicht so wulstig, wie bei den meisten anderen Negern, der Bartwuchs ist spärlich (meist nur Backenbart), an den Lidern über den grossen feurigen Augen befinden sich lange Wimpern. Hervorstehende Backenknochen trifft man selten, dagegen bei Männern und Frauen einen ungemein üppigen Haarwuchs, sogar die Körperhaut mit feinen Härchen bedeckt. Das Haupthaar ist schwarz und dicht gekräuselt. Die Hautfarbe der Bafiote ist ein zartes Braun, das im Alter um einige Nüancen dunkler wird, bei neugeborenen Kindern aber etwa der Mulattenfarbe gleichkommt.

Zu Loango gehören noch eine Anzahl kleinerer Reiche, wie Santa Catharina (Konia) an der gleichnamigen Bai, Majumba, Kakongo, Angoyo, Sonjo. Unter den Einwohnern finden sich schwarze (klimatisch ausgeartete) Juden, Nachkommen der 1492 aus Portugal vertriebenen Juden. — 2) Auch Name der Hauptstadt des alten Loangoreichs (die bisweilen auch „Boally“ genannt wird). Sie ist eine Meile von der Küste entfernt und liegt in einer weiten fruchtbaren Ebene; etwa 10—15 000 Einwohner und englische und nordamerikanische Handels-Faktoreien. Die Kenntnis der Loango-Küste wurde durch die deutsche Expedition dorthin 1873—76, welcher die Forschungs-Reisenden Güssfeldt, Falkenstein, Pechuel-Loesche, Lenz, v. Mechow, Lindner, Soyaux, Lux, Pogge, v. Homeyer, Schütt, Buchner angehörten, in ganz hervorragender Weise gefördert, wie das grosse, von Dr. Güssfeldt, Dr. Falkenstein und Dr. Pechuël-Loesche herausgegebene Prachtwerk: „Die Loango-Expedition, ausgesandt von der Deutschen Gesellschaft zur Erforschung Äquatorial-Afrika's 1873—76“. (Leipz. 1879) beweist.

Loango Luz, s. v. w. Tschiloango (Fluss).

Loangwe, ein Nebenfluss des Sambesi im mittlern Laufe; noch unerforscht; soll reich an Katarakten sein (Serpa Pinto). Die Pombeiros aus Bihé ziehen gewöhnlich von Lialui am Sambesi gegen Osten und gelangen, wie sie aussagen, an einen Fluss, den sie Loëngue nennen und bis zu seiner Quelle auf ihren Handelswegen benutzen (Magyar); vergl. Kafue und Longwa.

Loare (Lui), linker Nebenfluss des obern Kongo.

Lobares, ein in dem Lande Bihé (s. d.) wohnender Bantustamm; er betreibt zumeist Ackerbau, hält Ziegenherden und ist wenig kriegerisch.

Lobé, ein Zufluss des Munda-Ästuariums (s. Munda).

Lobeid, s. v. w. El-Obeid.

Loborgo, Berg im Massaï-Lande, im Süden von der Ngaruka-Ebene (s. Ngaruka).

Lobos, die Annexinsel der zum kanarischen Archipel gehörigen Insel Fuertaventura (s. d.).

Lobull, eine Bergkette im Osten des Bachr-el-Djebel.

Lobengula, König des Matebele-Reiches; s. Erskine.

Loddo, Chor im Barilande, fliesst nordwärts zum Beholande, ergiesst sich aber schon früher in den Chor Kiffali.

Lodse- oder **Lamba-Fluss**, an der Westküste (Kongo-Gebiet), mündet im Hafen von Ambris in den Ozean (7° 48' südl. Br.); galt bis zu den Beschlüssen der Berliner Afrikanischen Konferenz (s. d.) als die Nordgrenze der portugiesischen Besitzungen in Westafrika. Er wird auch „Rio de Ambris" nach der an seiner Mündung gelegenen Stadt genannt.

Loema, Küstenfluss, ergiesst sich zwischen dem Kuilu und dem Kongo, bei Massaba, in den Atlantischen Ozean. Seine Mündung ist dem Wechsel unterworfen — eine Erscheinung, die vielen Küstenflüssen West- und Südafrikas eigentümlich ist und sich so erklärt, dass die kleinen Flussläufe nicht immer genügend Wasser vom Gebirge erhalten und die Meeresbrandung die Mündung dann in kurzer Frist wieder zuschaufelt.

Loëna, linker Nebenfluss des Sambesi; mündet in dem Barotse-Thale.

Loëngue, s. Loangwe.

Lofisa, s. Matika.

Logana, (Krapf 428 ff.) ein Stamm der Galla (s. d.), östlich von Abessinien, an der Grenze der Afar- oder Danakil-Stämme hausend.

Loge (Lage), Negervolk in Elliria (ägypt. Sudan).

Loge („Fluss von Ambriz"), siehe Lodse.

Logere, Bergkette im Gebiete des obern Weissen Nil, östlich vom Bachr-el-Djebel.

Loggido, Dorf der Schuli auf dem Logitelj-Gipfel der Langia-Bergkette.

Loggon, schwarze Völkerschaft, am Tsad-See sesshaft, dem Bongos im Gebiete des obern Nil verwandt.

Loggurén, ein Hügel im obern weissen Nil, im Lattuka-Lande.

Logo, Landschaft östlich vom Senegal; vor den Thoren des französischen Militärpostens Medine. Ihre Bewohner, ca. 5000 untermischte Malinkes, haben sich seit der Zerstörung ihres Hauptortes Sabouciré im Jahre 1878 der französischen Herrschaft gefügt.

Logodat, s. Bet Tekull.

Logone, Fluss, s. Serbewel.

Logum (Loggon), kleines Negerreich in Inner-Afrika, zu beiden Seiten des unteren Serbewel; ostwärts durch den Schari von Bagirmi getrennt, stösst es nördlich an das Reich Bornu, dem es tributpflichtig ist, und grenzt im Süden an Musgu. Das Land ist reich bewässert und fruchtbar, die Einwohner sind aber ausser dem Tribut an Bornu den schwersten Bedrückungen von Bagirmi, sowie den Anfällen der Fellatah, die von Adamaua her eindringen, ausgesetzt. Ehemals eine Anzahl kleiner Fürstentümer, ist das Reich erst vor etwa 150 Jahren entstanden, als Brua, der Häuptling von Honkel, die Stadt Logon-birni oder Karnak-Logone, die noch jetzt Hauptstadt ist und 15 000 Einw. zählt, gründete. Einer seiner Nachfolger, Miara-Sale, den der Reisende Denham besuchte, führte den Islam ein vor etwa 60 Jahren, die Mehrzahl der Bewohner auf dem Lande sind aber noch Heiden. Im übrigen gelten die Bewohner für betriebsam u. die Frauen sind als schön berühmt.

Logwek, Berg auf der ca. 30 km von Gondokoro vom weissen Nil gebildeten grossen Insel, im Gebiete der Bari (s. d.).

Lohe (Djebel-), Berg im Lande der Bari (östlich vom Bachr-el-Djebel).

Loi, linker Nebenfluss des Liambaï (Sambesi), mündet am Südende des Barotsethales.

Loko, Insel im Benuëstrom (Westafrika), Ausgangspunkt für Flegels

3. Reise (Sept. '84) nach Adamaua. L. gehört zu der am linken Ufer liegenden grossen Stadt Udje, der Hauptstadt der Bassa-Neger, welche lebhaften Handelsverkehr mit Wukari und Kontja unterhält. Der schmale Flussarm Dagrischen dient als Hafen für die einlaufenden Schiffe. 4 km lang und ½ km breit, erhebt sich die Insel, wenn der Benuë am niedrigsten steht, fünfzehn Fuss über den Wasserspiegel, bei seinem höchsten Stande aber wird sie mehrere Fuss hoch überflutet. Die Bewohner, etwa 1000 an Zahl, brechen dann ihre Hütten ab, die zeltartig bloss auf Binsen und Matten zusammengesetzt sind, und begeben sich ans Land (Rohlfs, „Quer durch Afrika" II. 218).

Lokoja, englische Niederlassung an der Einmündung des Benuë in den Niger. Hier weilte 1867 Gerhard Rohlfs auf seiner Durchquerung Afrikas von Ghadames aus nach Lagos an der Westküste.

Lokoja-Berge, Gesamtbezeichnung der Reihe von Einzelbergen im Bari-Lande: Djebel Kadjumbo, Dj. Molere, Dj. Tollogo, Dj. Appóm, Dj. Lohe etc. (Emin-Bey).

Lokoko, rechter Nebenfluss des Liambey (Sambesi) in Süd-Afrika, mündet im mittleren Teile des Barotsethales, gegenüber dem Loena.

Lokundje, ein Fluss in Deutsch-Kamerun, bildet die Grenze zwischen den Bezirken Klein-Batanga und Plantation.

Lokwek, s. Redjiaf.

Loligono (Djebel-), Berg im Behr-(Berri-) Lande (östlich vom Bachr-el-Djebel).

Loma (in der Sprache der Korana, s. v. w. Berg), ein das Land Koranko (s. d.) durchschneidendes Gebirge. Es stösst im Südwesten an das Kong-Gebirge. Einer seiner Gipfel, der Yekinan, misst 1083 m, ein anderer, der Kuruwaro, 1178 m; weiter im Süden, unfern dem Vereinigungspunkte mit dem Kong-Gebirge, steigt der Daro zu 1240 m auf. Auf dem Loma-Gebirge entspringt der Rokelle- und der Karamanka-Fluss, die beide (der zweite südlich vom ersten) an der Sierra-Leone-Küste münden.

Lomalmon (Lamalmum), Abstieg auf dem Wege von Adua nach Gondar.

Lombe, 1) linker Nebenfluss des Liambey (Sambesi) in Süd-Afrika, mündet nördlich von Sescheke; 2) rechter Nebenfluss des mittleren Coanza, auf der Westküste Südafrika's.

Lomé (Bay Beach), Stadt an der Togoküste, mit Bremer und Hamburger Faktoreien (Friedr. M. Victor Söhne, Bremen; Wölber & Brohm und C. Goedelt in Hamburg).

Lomin, Nebenfluss des Takazzeh.

Lompul, Ort im ehemals selbständigen, jetzt die französ. Oberhoheit anerkennenden senegambischen Königreich Cayor; seit 1860 mit französ. Fort.

Lomu, Bergkette im Lattukalande.

Lomwe, Landschaft im Hinterlande von Mozambique, westlich von ihr, in ca. 14° 20' südl. Br. und 36° 50' östl. L. v. Gr., in der Verlängerung der Linie, welche die abessinischen Alpen mit dem Kenia und Kilima Ndjaro verbindet, erhebt sich der Schneeberg Namuli.

London and Limpopo Mining Co., zum Zweck der Ausbeutung der Goldfelder am Tatiflusse gegründet, hat ihre Niederlassung ca. 829 engl. Meilen von Pietermaritzburg (21° 28' s. Br., 27° 51' östl. L. v. Gr.), 2623 Fuss hoch, am Tatiflusse.

Londù, ein Distrikt Unyoros; auch Ort ebendort, auf einem hohen Hügel (3900 Fuss) gelegen.

Long, Chaillé, Afrikareisender, geb. 1843 zu Baltimore, von französischen Einwanderern abstammend, machte in der Nordarmee den Sezessionskrieg mit und trat 1870 als Oberst-

Tanánarivo,

Madagaskar.

leutnant des Generalstabs in die ägyptische Armee. 1874 der Expedition Gordons zugeteilt, erhielt er von diesem eine Mission an den König Mtesa in Uganda, besuchte diesen, kam an den Ukerewe und kehrte nach Gondokoro zurück. Er hatte hierbei den Long-See (Kitanzege-See) entdeckt zwischen der Ausmündung aus dem Ukerewe und Magungo. Nach kurzem Aufenthalt in Chartum Ende Januar 1875 zu einer neuen Expedition aufbrechend, durchzog L. das Barigebiet und kam in das Gebiet der Makraka-Niam-Niam. Der äusserste Punkt dieser Expedition bildet die südöstliche Basis des Dschebel Lingeratan, von welcher aus Schweinfurths südöstl. Punkt, der Dschebel Baginsi, gesehen werden kann. Die Reise Longs wurde beidemal zu Pferd gemacht und dadurch der böse Ruf der Tsetsefliege wesentlich abgeschwächt. Publiziert hat L. ausser Mitteilungen in Fachzeitschriften: „Central Africa. Naked truths of naked people" (1876); „Egypt, Africa and Africans" (1878).

Longido (auch Ngabutuk genannt), Berg im Massai-Lande, etwa 2560 Fuss hoch.

Longo, rechter Nebenfluss des Liambey (Zambese) in Südafrika, mündet am Südende des Barotsethales; s. Lango.

Longobo (Djebel-), s. Bondurem.

Longolett (Ongolett), Hügel im Lattuka-Lande; auf seinem Gipfel ein stark befestigtes Dorf.

Longwa, ein zum Sambesi gehörender Fluss Innerafrikas; 1883 von J. Stewart bei dem Versuch der Anlage einer Strasse zwischen dem Nyassa- und dem Tanganjika-See überschritten; vergl. Loangwe.

Longwood, 1) Bergebene im Osten der Insel St. Helena, 2000 Fuss über der Meeresfläche; 2) Meierei auf dieser Ebene; 1815—21 der Aufenthaltsort Napoleons I., war dann längere Zeit in Privatbesitz, wurde aber 1858 von der englischen Regierung angekauft u. nebst dem Grab Napoleons I. dem Kaiser Napoleon III. zum Geschenk gemacht.

Lonkolela, Station am obern Kongo (linkes Ufer).

Lonkungu, Station am linken Ufer des Kongo, etwas stromaufwärts von Süd-Manjanga.

Lonsdale, Kapitän, reiste im Auftrag des Gouverneurs der Goldküste Okt. 1881 bis Febr. 1882 nach Kumassie, der Hauptstadt von Aschanti, von dort durch Abruno nach der Handelsstadt Salaga in Gwandjowa und kehrte am östl. Ufer des Volta-Flusses zurück. Auf dieser Route begleitete ihn C. V. E. Graves bis Abruno, schlug aber von dort einen andern Weg ein, indem er ostwärts nach Kratschin am Volta und von da nordwärts nach Salaga ging.

Lope, Ort am Ogowe, im Okandalande (nahe dem 12. Meridian).

Lopez, Vorgebirge an der Westküste Südafrika's, bildet unter 1° 11' südl. Br. die Nordgrenze Niederguinea's; das weit vorspringende Kap ist weniger eine Insel, als vielmehr eine Halbinsel, seitdem die überaus starke Südwest-Dünung eine ungeheure Sandbank vorgeworfen hat, und Lopez selbst, dessen ganze Südostseite nur durch schmale Creeks inmitten sumpfiger Mangrove-Waldungen vom Festlande getrennt wird, ist weiter nichts als eine ungeheure, durch die überaus starke Südwestdünung des Meeres entstandene Sandbank. Sie wird nur vorübergehend von den Orungu- und Comi-Negern bewohnt. Das Terrain ist vorherrschend Savanne, in der Buschparzellen romantisch eingestreut liegen. Sehr reich an Wild. Im Verein mit dem Festlande bildet das **Kap L.** die grosse **Lopez-Bai**.

Loppolo, Chor im östl. Lattukalande.

Lorberbaum (Laurus nobilis), immergrüner, 20—30 Fuss hoher, aus Asien stammender, schon im Altertum in Süd-Europa, Nord-Afrika, später auch am Kap akklimatisierter Baum.

Lorehm (Lirehm), eines der Langoländer (s. Lango), sehr volkreich; stösst nördlich an das Land Lobboho.

Lorenz (Skt.) - Insel, s. v. w. Madagaskar.

Lorenzo Marquez, 1) Fluss auf der Ostküste Süd-Afrika's, fällt in die Delagoa-Bai. — 2) „L. Marquez" wurde früher die Delagoa-Bai selbst nach ihrem Entdecker (1845), dem gleichnamigen Portugiesen, genannt, und noch gegenwärtig wird einer der sieben Distrikte der portugiesischen Besitzungen auf der Ostküste Süd-Afrika's mit diesem Namen belegt, nach dem, mit einem Fort geschützten portugiesischen Lorenzo Marquez am Mattol.

Loriadjo, Dorf im Lattuka-Lande ($1^1/_2$ Stunde von Langolett entfernt).

Lorián, eine Ortschaft in der Landschaft Leukipia (Massai-Land). Längs der Grenze von Kikuju und Ndoro erreichte es Dr. Fischer in 30 Tagen. Hier kommt ein Fluss von einem hohen Gebirge und fliesst in einen See bei Pore, aus diesem wieder austretend nach Kikuju. Dr. Fischer vermutet hier die Quelle des Tana. L. wird von den Suaheli mit dem Prädikat einer schönen Gegend belegt.

Loronia, grosses Dorf im Lattuka-Lande.

Los-Kopje („losgerissene Kuppe"), in der Kolonistensprache Südafrikas Bezeichnung für die den Tafelbergen eigentümlichen felsigen Kegel auf breiter Unterlage.

Lotesse (Djebel-), Bergkette im Lattuka-Lande.

Lotus, 1) (Rhamnus lotus L., Zizyphus lotus Wilden.), ein stacheliger, nicht sehr hoher Baum in Afrika, besonders in der Gegend der Syrten (jetzt „Jujuba" genannt); im Altertume wurden die seine Frucht, welche die Grösse einer Olive oder Bohne erreichte, süss wie Dattel schmeckte und lieblich roch, essenden Bewohner Nordafrika's „Lotophagen" genannt. — 2) Ägyptischer L. (Nelumbium speciosum), eine lilienartige Nilpflanze; war den Ägyptern heilig und ein Symbol des Nils. Von dem Mark der gedörrten Pflanze wurde Brot gebacken, auch die runde, apfelgrosse Wurzel wurde gegessen.

Louise, eine Insel der Amirantengruppe (Ostafrika); s. Amiranten.

Loukine, Ort im Distrikt Abu-Hommos der ägypt. Prov. Behérah.

Lovedale, Missionstation der Methodisten in Britisch-Kaffernland.

Lowdeah, ehemals umfangreicher, jetzt ausgetrockneter See in Tunesien (Nordafrika); im Altertume See Triton, später Farun. Die Sandoberfläche in seinem Umkreise soll so beweglich sein, dass Menschen oder Tiere, welche sich ausserhalb der durch Palmstämme bezeichneten Karawanenstrasse darauf wagen, versinken.

Löwenfluss (Lion River), s. v. w. Gamka.

Löwengebirge, eine der Nebenketten des Atlasgebirges in Algerien (Nordafrika), erstreckt sich östlich von Oran.

Löwenkopf, der felsige Kegel, welcher sich vor dem eigentlichen Tafelberg bei Kapstadt auf breiter Unterlage (dem Löwenrumpf) aufbaut und, von der Seite gesehen, etwas an die Figur eines liegenden Löwen erinnert. Auf dem mässig steil abfallenden Hügel, welchen der Löwenrumpf nach dem Meere zu bildet, steht die Signalstation für den Hafen, von welcher aus das Einlaufen der Schiffe der tiefgelegenen Kapstadt bekannt gegeben wird. Der Löwenrumpf führt deshalb unter den Kolonisten zumeist den Namen „Signal-Hill".

Lowwa-Münduog, Station Stanleys am Lualaba.

Luabo (der östliche und der westliche), die beiden südlichsten Mündungsarme des Sambesi auf der Ostküste.

Luala, rechtsseitiger Zufluss des Kongo, oberhalb der Isandschila-Fälle.

Lualaba, der Kongo im Oberlaufe (s. Kongo), und zwar Ausfluss des Moero-Sees und als solcher im April 1868 von Livingstone entdeckt. Er heisst auch Lualawa oder Luapula.

Luando, ein bedeutender Nebenfluss des Quanza.

Luaukot, Stamm der Dinka (s. d.).

Luapula, s. v. w. Lualawa.

Luasch-Bai, Meerbusen an der Westküste (13^0 südl. Br.).

Luatschim, ein Nebenfluss des Tschikapa.

Luba, s. v. w. Mittu.

Lubi, ein Nebenfluss des Lubilasch.

Lubilasch (am rechten Ufer Sankura genannt), wird gebildet von den beiden Quellflüssen Lubiranzi und Luwembi. Er ist ein Nebenfluss des Kongo; sein Bett wird teils von senkrechten Sandsteinwänden, teils in den breiteren Thalstrecken von undurchdringlichen Urwäldern eingefasst.

Lubiranzi, Quellfluss des Lubilasch.

Lucalla, Nebenfluss des Quanza, durchfliesst die Landschaft Angola und mündet, nachdem er die Luinha aufgenommen, oberhalb der portugiesischen Station Massangano in den Atlantischen Ozean.

Lucenda, Hauptstadt des Negerreiches des Kazembe im Innern Süd-Afrika's, liegt etwa unter 8^{0}40' s. Br. an der Südseite eines kleinen Sees, westlich von dem grossen See Ujiji; die Stadt ist volkreich, leicht befestigt und ist ein Hauptstapelplatz für die Karawanen von u. nach der Ostküste.

Luchazes, ein in dem Lande Bihé (s. d.) wohnender Bantustamm. Er betreibt zumeist Ackerbau, hält Ziegenherden und ist wenig kriegerisch (südl. Zentralafrika).

Luchme, eine Nationalspeise der Berber- und Bedjavölker, besteht aus Durrabrei mit zerlassener Butter, Zwiebeln, Pfeffer oder Melach (s. d.) zu einer nicht unschmackhaften Sauce angemacht und mit Milch genossen.

Lucia (Santa-), 1) Bai an der Südostküste der Insel Madagaskar; 2) (Umvolosi), Fluss auf der Ostküste Südafrika's, mündet im Süden der Delagoa-Bai, etwa 8^{0}20' s. Br.; 3) eine der kapverdischen Inseln; gebirgig, unbewohnt und schwer zugänglich.

Ludamar (Uled Amer), ein Staat im Innern Nordafrika's, eine weite dürre Ebene am Fusse des nördlichsten Teiles des Gebirgslandes von Senegambien. Die Bewohner sind gemengt, meist Neger, namentlich Fulahs, und stehen gegen Tribut unter dem Schutze der Araber der Sahara. Hauptort ist Kemnon. Von den Bewohnern von L. wurde der englische Reisende Houghton umgebracht u. Mungo Park längere Zeit gefangen gehalten.

Lüderitz, F. A. E., Bremer Handelsherr, einer der Bahnbrecher der deutschen Kolonisation: sandte im April 1883 in dem Schiffe „Tilly" eine Expedition unter Führung des Agenten Vogelsang nach dem rasch berühmt gewordenen Angra Pequena (s. d.) an der Südwest-Küste Afrikas, liess durch denselben das Küstengebiet von Gross-Namaqualand (in der Breite von 20 deutschen M. südwärts bis zum Oranjefluss und nordwärts bis zum 26.^{0} südl. Br.) von dem Nama-Häuptling Josef Frederiks käuflich erwerben und suchte für diesen Besitz um den Schutz des deutschen Reiches nach, der am 24. Januar 1884 durch die Hissung der deutschen Flagge zum Vollzuge kam.

Lueji, ein in den Rio de Ambriz bei Ambrisette einmündenden Fluss. An ihm liegt San Salvador, die Hauptstadt des alten Kongo-Reichs.

Luenya, ein rechter Nebenfluss des Sambesi, nimmt links den Magoe auf und mündet einige Meilen oberhalb von Tete.

Luera, ein linker Zufluss des Pangani (Ostafrika).

Luete, ein Zufluss des Kuilu (Westafrika). Leutnant Mizon folgte 1883 seinem Laufe.

Luffuandschib, nach Buchners Erkundigung ein kleiner See jenseits des untern Lulua, eines rechtsseitigen Zuflusses des Kassai; s. Mukamba (Buchner).

Lufidschi(Rufidschi), entsteht durch Zusammenfluss des Uranga mit dem Luwego, bildet alsbald die Schughuli-Fälle, ist bis hinab zu den Pangani-Fällen, etwas unterhalb der Einmündung des Ruaha, grösstenteils unfahrbar und mündet ziemlich gegenüber der Insel Masui in einem Delta in dem Indischen Ozean.

Lufira, Fluss im Land Konde, mündet in den Nyassa-See; siehe Lekulue.

Lufu, s. Loa.

Lufua N'gimba, s. Mukamba.

Lufubu (bei Stanley Kasuku), Zufluss des Lualaba.

Lufune, Fluss an der Westküste Afrikas; mündet zwischen dem Kongo und Dande.

Lugongo, Fetisch in Kabinda (durch Federstäbchen an der Stirn bezeichnet); wer sich demselben ergiebt, darf weder das Meer, noch einen Weissen sehen.

Lui, s. Loare.

Luinha, rechtsseitiger oder nördlicher Zufluss des Quanza, in den er durch den Lucalla mündet.

Luidjda, Dorf in der Tuat-Oase Gurara.

Lujende, ein südlicher Zufluss des am Kap Delgado in den Indischen Ozean mündenden Rovuma. Die lange gehegte Meinung, dass der L. aus dem Schirwa-See fliesse, soll (wie Henry Drummond [s. d.] mitteilt), nicht zutreffen; er soll nach Aussagen der Eingeborenen durch eine grosse Sandbank von jenem See getrennt sein.

Lukes, ausgezeichneter Hafen im nördlichen Teile der Ostküste der Insel Madagaskar; war mit einem 100 QM. grossen Gebiete ehemals den Engländern zur Begründung einer Niederlassung eingeräumt, wurde aber von der Königin Ranavola wieder in Besitz genommen.

Lukme, siehe Luchme.

Lukolela, Stanley'sche Station am linken Kongoufer, zwischen Bolobo und Usindi (1883 errichtet).

Lukokessa, (nach Pogge) eine unbegebene Negerin, welche seit Menschengedenken unumschränkt und tributfrei neben dem Muata Jamvo regiert, gewissermassen also der oberste Würdenträger im Reiche. Sie gilt als Mutter aller Muata Jamvos und der Familien derselben, hat auch bei der Neuwahl eines solchen zu entscheiden. Sie hat einen besondern Hof und regiert über einige Dörfer und Distrikte, welche ihr allein tributpflichtig sind.

Luksor, Dorf in Ober-Ägypten (Said), am linken Nilufer; steht auf einem Teil des alten Theben, mit den Ruinen des von Amenophis III. und Ramses II. erbauten Tempels; von den davor stehenden zwei Obelisken ist der eine nach London, der andere nach Paris geschafft und letzterer auf der Place de la Concorde aufgestellt worden.

Lukungu, Zufluss des Kongo, mündet unweit von Manianga, Station der Livingstone Inland Mission.

Lukuwiro, Fluss im Konde-Lande; mündet in den Nyassa-See.

Lulengu, ein bedeutender Zufluss des Kongo, mündet bei Uranga.

Lulua, ein Zufluss des Kassai (Schütt), bildet die Grenze des westafrikanischen Savannen-Waldgebiets; nach Osten hin dehnen sich die weiten, äusserst stark bevölkerten Prairieen Zentralafrikas.

Lumbo, portugies. Handelsniederniederlassung des Distrikts Cabo Delgado der Provinz Mozambique.

Lumbua, Distrikt im Massaï-Lande, östlich vom Victoria Nyanza, von nomadisierenden Wakuafı bewohnt. Er soll hügelicht sein, aber wenig bewaldet (Dr. Fischer).

Lunda, das Reich des Muata Jamvo mit der Hauptstadt Mussumba, ist zwischen etwa 6 und 12⁰ südl. Br. und etwa 17 und 24⁰ östl. L. v. Gr. gelegen und umfasst ein Gebiet kaum kleiner als Deutschland. Es ist von etwa 2 Millionen Menschen bewohnt und gleicht (nach Pogge) ungefähr einem mittelalterlichen Lehnstaat, in welchem dem Herrscher (Muata Jamvo oder Muatiamvo), neben dem (nach Buchner) auch noch, als eine Art von Königin, ohne jedoch des Muatiamvo Weib zu sein, die Lukokessa herrscht — die vollkommen freie Bewegung zusteht und er thun und lassen kann, was ihm beliebt, wo namentlich ein Verbot bezüglich europäischer Stoffe nicht besteht auch nicht das Erblicken eines weissen Menschen verboten ist. Jeder Häuptling muss dem Muata Jamvo Tribut zahlen, bei Kriegen Hilfstruppen stellen, überhaupt jeder Aufforderung des Lehnsherrn unverzüglich Folge leisten. Die Häuptlinge sind wieder auf die Abgaben der Unterhäuptlinge angewiesen. Die Abgaben sind nicht streng vorgeschrieben; jeder giebt vielmehr nach Kraft und Gelegenheit: den Stosszahn eines Elefanten, das Fell eines Raubtiers etc. Ausserdem hat jede Gemeinde bei ihren Häuptlingen Frohndienste zu leisten. Der letzte Reisende, welcher den Muata Jamvo in der Hauptstadt seines Reiches aufsuchte, war der deutsche Forscher Dr. Max Buchner (1883—84); Pogge und Wissmann haben es im Norden, Cameron im Süden durchquert, bezw. sind durch weitbogige Umgehungen desselben über Mussumba hinaus gekommen. Nach Buchner gilt der Name „Muatiamvo“ in einem erheblichen Teile Südafrika's weit und breit als Inbegriff von Reichtum und Glanz.

Lunde (Lelunda), Fluss an der Küste von Ambris, kommt unter dem Namen Malundo aus dem Innern, durchfliesst die kompesische Provinz Gosella und mündet zwischen dem Kongo und dem Dande in den Atlantischen Ozean (6⁰ 58′ südl. Br.); als seine Quelle gilt der See von Zambre.

Lundi, ein Nebenname des Kleinen Sabi, Fluss im Gasaland (Südostafrika).

Lungo, ein Nebenfluss des Chicului (Serpa Pinto).

Luoh, s. v. w. Djur.

Lupata, Gebirge auf der Ostküste Südafrika's, erstreckt sich in der Richtung von Süden nach Norden etwa zwischen 13⁰ bis 18⁰ s. Br., soll eine Höhe bis 9000 Fuss erreichen und wird von dem Zambesestrome unterhalb Tete durchbrochen. Von der Schlucht, durch welche der Zambese abfliesst, soll das Gebirge den Namen erhalten haben.

Lupton-Bei, ein Engländer, welcher in Dienst des ägyptischen Vizekönigs trat, eine zeitlang Lattuka als Beamter des Gouverneurs Emin-Bey verwaltete, bis ihm 1881 als Gessis Nachfolger die Mudirieh des Bachr-el-Ghasal übertragen wurde. Er fiel gleich Emin-Bey 1882 in die Gewalt der Mahditen.

Lur, ein Volksstamm am Westufer des Nils, südlich von Wadelay, bis zu den Bergen an der Westküste des Mwutan-Sees wohnend. Sie sprechen Magungo u. sind Cabréga unterworfen.

Lurio-Bai, an der Ostküste (Mozambique), der Luli mündet in dieselbe.

Luseru (Mwue), Zufluss des Wami (östl. Zentralafrika).

Lusseke, Stamm der Kimbunda (s. d.) von Benguela.

Luteke, Ort am Westufer des Tanganjika-Sees, Station der Belgischen internationalen Gesellschaft. Hier starb am 27. Mai 1881 Kapt. Popelin, der Führer der zweiten Expedition der Belgischen Gesellschaft.

Luuse's Drift, im Vaalfluss (Oranjefreistaat).

Luvuma, s. v. w. Rovuma.

Luwego, ein Quellfluss des Lufidschi.

Luwembi, ein Quellfluss des Lubilasch.

Luwubi, der einheimische Name des Edwin Arnold River.

Lux, Anton Erwin, österr. Artillerieleutnant und Afrikareisender, geboren 1847 zu Venedig, beteiligte sich an der deutschen Loango-Expedition und reiste 1875 mit Pogge südlich vom Kongo durch das Land der räuberischen Bangala bis Kimbunda, wo er wieder umkehrte. Von ihm erschien: „Von Loanda nach Kimbunda etc. 1875—76" (1879).

Lwo, s. Diur 2).

Lxor (Lxor-el-Kebir, Al-kassar), grosse Stadt in Marokko, 2600 Häuser und ca. 30000 Einw.

Lydenburg, Stadt im Transvaalstaate (Südafrika); 500 Einw.; 70 km von hier sind die reichsten Goldfelder Transvaals gelegen (von der Delagoa-Bai von Fussgängern in 10, von Port Elizabeth in 12 Tagen zu erreichen).

Lyon, G. F., brit. Marineoffizier, versuchte 1819 mit Ritchie von Tripolis nach Tiefsudan vorzudringen, kam aber nur bis Mursuk, wo sein Gefährte starb und er selbst umkehrte. Er gab heraus: „A narrative of travels in Northern Afrika 1818—20" (1821).

M.

Maadieh (Abukir-See), ein Lagunensee Ägyptens, von dem Birket Mariut (s. d.) nur durch den Damm des Mamudiehkanals getrennt, ist gewöhnlich nur 1 m tief.

Maalia, nomadisierender Araberstamm, welcher die zwischen Kordufan und Darfur sich ausdehnenden Steppen (El-Kadja) durchzieht.

Maareb, ein Stamm der Beduinen Ägyptens, in mehrere Teilstämme zerfallend; sie schweifen in der weiten Ebene zwischen Benaseh und Tuneh umher.

Ma'asèh, ein Stamm der ägyptischen Beduinen, in der nördlichen Umgebung Thebens umherschweifend.

Ma'atka, Stamm der djurdjurischen Kabylie (Algerien), in den Bergen oberhalb von Tisi-Usu wohnend.

Mabber (Ras), Vorgebirge an der Ostküste der Somali-Halbinsel, südlich vom Ras Hafûn (zwischen dem 9. u. 10.° n. Br.).

Mabiha, nigritischer Stamm südl. vom Koruma- oder Rufuma-Flusse. Sie bilden den östlichen Ausläufer der beträchtlichen Makua-Familie.

Mabóde, Volk im Gebiete der Uélle; ihr Land zieht sich weithin bis südlich Népoko; unter ihm nomadisieren viele Akka.

Mabotsa, Hauptort d. Betschuanenstammes Bakatla in Südost-Afrika; 3000 Einw.

Mabrür, kleine Oase in der Sahara, liegt nordöstlich und 30 Meilen von Timbuktu, hat etwa 100 Einw. und ist der erste grössere Halteplatz für die aus dem Sudan nach Tuat ziehenden Karavanen.

Macaco, Ilheo („Affeneiland"), ein kleines bewaldetes Nebeneiland der Guinea-Insel Sao Thomé, ganz nahe der Küste, an der Bucht Praia Lanza gelegen.

Machbar, s. Aritepe; vgl. Schulelkel.

Machdi (Mahdi), [das heisst „der von Gott Geleitete"], mit dem bürgerlichen Namen **Mohammed Achmed**, der fanatische Aufwiegler des ägyptischen Sudan, stammt aus der Landschaft Dongola, arbeitete eine Zeitlang als Schiffszimmermann in Chartum und lernte hier lesen und schreiben, um Fakih (Priester und Ausleger des Korans) zu werden. Nachdem er etne Zeitlang in Tamaniat, nördlich von Chartum, sich aufgehalten, siedelte er sich auf der Insel Abo im Weissen Nil als Eremit an. Hier erlangte er bald durch seine Schlauheit und den Schein der Gottgefälligkeit, den er durch asketischen Lebenswandel zu verbreiten wusste, einen grossen Einfluss. Im Juli 1881 trat er zum ersten mal in den Vordergrund, indem er, gestützt auf die in der ganzen mohamedanischen Welt bekannte Prophezeiung, sich für den Mahdi ausgab, dessen Erscheinen mit dem Beginn des 14. Jahrh. (am 1. Moharrem 1300 = 12. Novbr. 1882) erwartet wurde. Die ägyptische Regierung entsandte auf diese Kunde einen Beamten nach der Insel Abo, um M. nach der Hauptstadt zu bringen. Derselbe musste aber unverrichteter Sache zurückkehren. Eine Militairexpedition von 200 Mann, die zu dem gleichen Zweck ausgerüstet wurde, fand infolge der Uneinigkeit der drei Befehlshaber, sowie des Mangels an allen Vorsichtsmassregeln, durch die die Lanzenträger des Mahdi ihren Untergang. Von allen Seiten strömten ihm jetzt Anhänger zu, die er durch den Hinweis auf den nunmehr beginnenden Triumphzug nach Mekka noch fester an sich zu knüpfen verstand. Die Regierung des Sudan zog nun bei Kaua (Gawa) Streitkräfte zusammen, richtete aber nichts aus; vielmehr gelang es dem M. im Dezbr. d. J., den Mudir von Faschoda, welcher mit 400 Mann Soldaten und 100 Schilluknegern zur Unterdrückung des Aufstandes ausgezogen war, zu vernichten. Eine im März 1882 von Chartum ausrückende Truppenmacht, um den Mahdi im Tekeleegebirge, wo er sich festgesetzt hatte, aufzuheben, wurde durch einen in ihrem Rücken, in Sennār ausbrechenden Aufstand zum Rückzug genötigt. Im Juni desselben Jahres brachte der M. der ägyptischen Hauptarmee unter Yussuf Pascha bei Gebel Geon eine vernichtende Niederlage bei; seine Anhänger unterbrachen die Verbindung zwischen den Hauptpunkten in Kordofan und Darfur mit dem Weissen Nil; im Januar 1883 fiel die Hauptstadt Kordofans El Obeid in seine Hände, kurz darauf auch Bara, so dass der M. nun von der Ostgrenze Darfurs bis zum Weissen Nil unbestrittener Herr war. Während die ägyptische Regierung durch den gleichzeitigen Aufstand Arabi-Paschas beschäftigt war, entsendete der M. seine Derwische überallhin, und es gelang denselben, sogar die den Verkehr zwischen Suakin und Berber vermittelnden Küstenstämme der Hadendoa- und Bischarin-Beduinen in den Aufstand hinein zu ziehen. In den ersten Tagen des November (wahrscheinlich am 4. und 5.) vernichtete er in der Nähe von Allula (zwischen Rahad und Kuschgil) die gesammte Armee des ihm entgegenrückenden Generals Hicks Pascha. Ziemlich gleichzeitig (im Oktbr. und Novbr.) gelang es den aufständischen Beduinen unter dem Befehl seines Parteigängers Osman Digma, bei Suakim drei ägyptische Truppenabteilungen aufzureiben und die Inselstadt Suakim selbst zu bedrohen. Diesen Siegen folgte, nachdem auch Baker-Pascha und General Graham unterlegen waren, anfangs Januar die Zurückdrängung der englischen Armee unter Wolseley's Befehl und endlich am 26. Januar 1885 die Eroberung des von Gordon Pascha verteidigten Chartum, sowie kurz darauf auch diejenige von Kassala. In der Zeit von Juli bis August soll der Machdi an den Pocken] gestorben sein.

Machico, Bai und Stadt daran auf der Insel Madeira; 2500 Einw.

Macholololo, ein an den Sambesistrom grenzendes Abantu-Volk.

Maci, Provinz von Futah-Djallon, im Westen von Timbo.

Macimba, portugies. Handelsniederlassung im Distrikt Cabo Delgado der Provinz Mozambique.

Mackenzie, John, Reverend, wirkte von 1858—76 als Missionär in Betschuanaland, reiste in diesem Zeitraume zum Sambesi nach Linyanti und zum Ngami-See, nach Inyati zur Errichtung der Matabele-Mission und unternahm noch viele kleine Ausflüge.

Machdi (Mahdi).

Macocoa, Ortschaft im Gasalande, nördl. vom Sabi-Flusse (Südostafrika).

Maconde (Rafael Creek), ein kleiner Wasserlauf, mündet Banana gegenüber in den Kongo; Falkenstein fuhr auf ihm 1874 im Kanoe bis zu dem an seinem Ufer gelegenen Dorfe Quichichy.

Macqueen (Macquin), s. v. w. Bakwena (s. d.).

Macurú (Pico), Berg auf einem halbinselartigen Vorsprung an der Angra de St. João der Guinea-Insel São Thomé.

Madagaskar (früher Lorenzo, auch Isle Dauphine, Dauphins-Insel, Mond-Insel, bei den Eingeborenen Nossindambo, d. h. Insel der wilden Schweine genannt), liegt zwischen 12° 2' und 25° 40' südl. Br. längs der Ostküste Süd-Afrika's, durch den Kanal von Mozambique vom Festlande getrennt. Bei einem Flächen-Gehalt von 10 500 QM. ist M. nächst Borneo die grösste Insel der Erde. Ihre Oberfläche erscheint fast durchaus gebirgig und steigt, übereinstimmend mit der Oberflächen-Gestaltung des Festlandes von Afrika, terrassenförmig von der Küste auf, langsamer auf der Westseite, viel rascher dagegen, fast mauerförmig, im Osten bis zu den 4000 Fuss hohen ausgedehnten Hochebenen des Innern, über denen sich fast in der ganzen Länge der Insel das 8—12 000 Fuss hohe Ambohitsmena- (Rote) Gebirge erhebt. Die höchsten Punkte des Gebirges sind im N. der Vigarura-berg, im mittleren Teile die Vidindamba-Berge, ferner die Andringitra-, Angavo-, Ankaratra- und Ambohimiangara-Berge, welche das Hochland der Howas umgeben. Nur vereinzelte Zweige des Gebirges treten in das Küstenland hinab, im übrigen wird die ganze Peripherie der Insel durch eine 10—15 Meilen breite, sehr niedrige, häufig sumpfige Küstenzone gebildet. Die Verbindung der Ost- und Westküste wird durch die bedeutenden Terrain-Erhebungen sehr erschwert und findet nur auf wenigen Pässen statt. Der nördliche Teil der Insel ist der bei weitem schönere, indem hier dichte Bewaldung des Gebirges, zahlreiche Flüsse und viele schöne Baien und Häfen eine grosse Mannigfaltigkeit in den Verhältnissen hervorrufen. Die Küstenentwickelung ist im S. eiförmig, da sie daselbst nur wenig Baien und noch weniger gute Häfen bietet; im N. dagegen finden sich eine grosse Zahl trefflicher Häfen, so auf der Ostseite die Bai von Antombony (Diego-Suarez-Hafen), die Baien von Antongil und Feneriffa, der Hafen von Tintingue und die weite Bai von Marofototra, auf der Westseite die Häfen von Passandava, Narinda, Maschambo, Matzambo, Bombetos, Cajembi und Bali. Dagegen bietet die Südhälfte nur im O. die Bai St. Lucie, im W. die Bai St. Augustin. Vorgebirge hat M. wenige; Kap St. Ambra bildet den nördlichsten, Kap Sta. Maria den südlichsten Punkt der Insel, am Westrande treten die Kaps St. André und St. Vincent, am Ostrande die Kaps Bona und Nonofi hervor. Die geognostische Beschaffenheit der Insel ist sehr mannigfaltig, jedoch noch wenig erforscht; man kennt das Auftreten grosser Granitmassen mit riesigen Exemplaren des reinsten Bergkrystalls, häufigen Turmalinen und Rosenquarz, Syenit, Thonschiefer, Marmor, ausgedehnte Eisenerz- und Kohlenlager; vielfach finden sich vulkanische Gebilde, doch kennt man keinen thätigen Vulkan, obgleich häufig Erdbeben vorkommen, sowie auch kalte und warme Mineralquellen. Das Klima der Insel ist gemässigt und gesund, in der Küstenzone dagegen drückend heiss und, besonders auch an der Ostseite, doch auch an der Nordwest-Küste, den Europäern durch Erzeugung der unter dem Namen des Madagasischen Fiebers bekannten Gallenkrankheiten so verderblich, dass die oft wiederholten Niederlassungs-Versuche der Europäer auf der Insel immer scheiterten. Verhältnismässig von gesunderem Klima ist der Westrand und noch mehr der Nordrand. Die Höhe des Binnenlandes veranlasst sehr häufige und starke Regenbildungen; daher kommt der grosse Reichtum der Insel an fliessenden Gewässern, von denen einige sehr gross sind, aber trotzdem nur wenige Katarakten bilden; zudem ist das Einlaufen in die Flüsse meist durch Sandbänke erschwert. Die hauptsächlichsten Flüsse sind im NW. der in die Bombetok-Bai mündende Betsibouka, dann der Ambongo, Mauanghare, Ongulahé, Manguru und Mananguru u. a. Von den zahlreichen Seeen sind die bedeutendsten der Nossivé, Nossi-Vola, Ihotry, der Ima; alle diese Seeen sind reich an Fischen und, wie die Flüsse, an Krokodilen. Die Vegetation der Insel ist überaus reich und mannigfaltig, an der Küste eine rein tropische, im Binnenlande teilweise dagegen eine alpinische. Die Flora ist reich an den besten Schiffsbauhölzern, Arzneigewächsen und Farbehölzern; ganze Wälder bildet der Ebenholzbaum und das rote Sandelholz, dann das Rosen-, Benzoin- und Adlerholz; es finden sich viele Ölpflanzen, namentlich Ricinus-, Elemi- und Kopal-Harzbäume, viele Gewürz-Pflanzen, darunter wilder Pfeffer, Indigo, vortrefflicher Reis, Baumwolle, Bananen, Bataten, Maniok, Tabak, schönste baumartige Farrn, Lianen und Orchideen, ferner die eingeführten Gewächse: Granaten, Orangen, Citronen, Feigen, Wein, Kaffee und Zuckerrohr; M ganz eigentümliche Gewächse sind der Tanguinbaum (Tanghinia veneniflua), dessen giftige Früchte bei den hier noch üblichen Ordalien gebraucht werden, der Baum Tonse (Urania speciosa), von welchem fast jeder Teil nutzbar ist, der Harzbaum Harame, der Gummibaum Vintang, der Baum Sandraha, dessen Holz an Schwärze das Ebenholz noch übertrifft, u. a. m. Nicht minder reich ist die Tierwelt; es gibt zahllose Affen verschiedener Arten in den Wäldern, ausgezeichnetes Rindvieh, darunter Buckelochsen, Schafe mit Fettschwänzen, wilde Büffel und Schweine, zahlreiche Vögel mit prächtigem Gefieder, namentlich auch Kolibris; Kochenille, Seidenraupen, prächtige Schmetterlinge, phosphoreszierende Fliegen, Schlangen, Krokodile und Fische etc.; in den letzten Jahrzehnten hat man auch Pferde eingeführt.

Die Einwohner schätzt man an Zahl auf 4½—5 Millionen Seelen. Sie selbst nennen sich Malegasy, woraus die Europäer den Namen Madegassen oder Malegaschen gemacht haben. Die ersten Bewohner der Insel waren Afrikaner; später wanderten Malayen ein und erhielten das Übergewicht; daher ist der herrschende Typus des Volkes malayisch, ebenso die Sprache desselben: endlich wanderten auch Araber u. Hindus ein. Der Abstammung nach bestehen also die Madegassen aus einem Völkergemisch. Früher soll die Bevölkerung in etwa 50 grössere und kleinere Stämme zerfallen sein, welche sich gegenwärtig in vier Hauptstämme vereinigt haben: die Howas, das gegenwärtig fast die ganze Insel beherrschende Volk, in Sprache, Körperbildung und Hautfarbe ganz malayisch, klein und zierlich gebaut, mit olivenfarbiger Haut und schwarzem schlichtem Haar; sie leben im Innern der Insel, haben feste Wohnsitze, treiben Landbau und Viehzucht und sind geschickte Handarbeiter, verstehen sich auf Weberei, fertigen Metallarbeiten, selbst Bijouterieen. Die Sakalawas, schwarz von Ansehen, sind zum grossen Teile Nomaden und treiben bisweilen auch Seeräuberei; sie bewohnen hauptsächlich den nordwestlichen Teil der Insel; die Betanimenas an der Ostküste und die Betsileos im hohen zentralen Teile der Insel. Der Religion nach sind die Madegassen Heiden, obwohl es noch viele Christen unter ihnen giebt, aus der Zeit, wo unter König Radama das Christentum eingeführt wurde. Der Handel der Insel M. ist nicht unbedeutend; der Sklavenhandel, ehemals sehr lebhaft betrieben, hat seit 1817 aufgehört; ausgeführt werden bes. Reis, indisches Korn, Schlachtvieh etc., eingeführt dagegen Waffen und Munition, eiserne Töpfe, Fayence, Uhren, Hüte, Salz, Seife, baumwollene Zeuge, Rum und Branntwein u. a. m. Der Verkehr im Innern ist sehr geringfügig. Durch die Eroberungen der Howas ist auf M. ein sehr kompliziertes, für die unterworfenen Stämme drückendes Regierungs-System eingeführt, dessen Aufrechterhaltung in der ganzen Insel durch befestigte Posten und Besatzungen durchgeführt wird, wozu eine Streitmacht von 40 bis 50 000 Mann, welche teilweise europäisch organisiert ist, die Mittel bietet. Nur die Sakalawas haben in der letzten Zeit sich mit Glück zu befreien gesucht. Von den Howas wurde M. in mehr als 20 (wenig bekannte) Provinzen geteilt, von denen jede unter einem Oberkommandanten steht; die Abgaben werden in Naturalien, namentlich in Reis, geliefert. Von den Provinzen sind die wichtigsten: a) im Norden: Vohimarina, sehr gebirgig, wenig fruchtbar und dünn von Antankars bevölkert; b) im Westen: Iboina oder Bueni, südlich von der vorhergehenden, flach, sumpfig und ungesund, aber fruchtbar, bewohnt von Sakalawas; Ambongo, ebenfalls niedrig u. sumpfig, aber fruchtbarer als irgend ein Teil, bewohnt von Sakalawas; Menabé, niedrig und ungesund, reich namentlich an Holz, Wachs, Indigo, Eisenerzen, bewohnt von Sakalawas; Fiarenana, ausserordentlich fruchtbar, aber sehr wenig bekannt; Mahafaly, die südwestlichste Provinz; c) im Süden: Androy, waldig und reich an Schafen mit Fettschwänzen; d) im Osten: Anosy, die südöstlichste Provinz, mit hohen Ufern und sehr fruchtbar, namentlich an Reis, Zucker, Kaffee, Maniok; Betaninana, d. h. das Rote Land, wegen seines roten, sehr eisenreichen Thonbodens so benannt, besitzt grossen Reichtum an Herden; Mahavelona, einer der ungesundesten Küstenstriche; Ivongo, gebirgig, aber fruchtbar und holzreich, erzeugt viel Reis und Schlachtvieh. Bei dem Orte Iba-Batsi ist der Fundort grosser Bergkrystalle; Maroa, sehr gebirgig und waldreich, aber auch sehr fruchtbar, bringt die vorzüglichsten Bananen; e) im Innern: Antsianaka, d. h. das Land der Freien, mit grossen Viehherden, viel Seide und der besten Baumwolle auf M.; Ankova, eine ungeheure, fast im Herzen der Insel gelegene, waldlose Hochebene, welche die Heimat der Howas ist, die auch hier ihre Hauptstadt Antananarivo haben. Das Klima der Landschaft ist gesund, der Boden aber wenig produktiv, jedoch reich an Eisenerzen; Betsiléo, durch das Ankaratragebirge von der vorigen Provinz getrennt, ebenfalls Hochebene, zum Teil unfruchtbar, doch grasreich; Ibara, südlich von der vorhergehenden, bewaldet, dünn bevölkert; Ankay, im O. von Antsianaka und Ankova, reich an Herden, fruchtbar u. stark bevölkert.

Die Alten kannten M. nicht, doch glauben Einige, dass es die von den alten Geographen im Südosten von Äthiopien gelegene Insel Menuthias sei. Erst Marco Polo führt sie im 13. Jahrhundert als Magestra an, und die Portugiesen unter Lorenzo von Almeida fanden sie 1492 (nach And. 1506) wieder auf und nannten sie nach dem Heiligen des Entdeckungstages Insel St. Laurentii. Die Holländer, welche den Portugiesen folgten, scheuten sich vor dem dortigen ungesunden Klima und legten deshalb erst später eine Kolonie an. Die Franzosen, deren Indische Kompagnie sie dem König Ludwig XIII. 1649 überlassen hatte, und welche sie eine Zeitlang Isle Dauphine nannten, setzten sich auf der Südküste, später auf der Ostküste fest, erzürnten aber die Einwohner durch ihre Ausschweifungen dergestalt, dass dieselben sie durch drei Blutbäder, das erste zu Manghesia 1652, das zweite auf dem neu erbauten Fort Dauphin 1670 und das letzte auf der Insel Sta. Maria 1754, zu verjagen suchten. 1768 u. 1774 machten die Franzosen wieder vergebliche Versuche, sich hier niederzulassen; die letzte Expedition leitete Benjowsky. Sie behaupteten sich nur mit Mühe auf Fort Dauphin, Tamatava und Foulepointe. 1810 nahmen die Briten M., nachdem sie schon früher die Kolonie in der Bai St. Augustin auf der Westküste aufgegeben hatten, traten sie aber 1814 wieder an Frankreich ab. 1821 legten die Franzosen eine Kolonie auf Sta. Maria an, aber die Kolonisten starben fast alle. Viel für die Kultur seines Stammes that der Howasfürst Radama durch englische Missionäre, indem er Schulen gründete, eine Buchdruckerei anlegte, sich auch eine Residenz Antananarivo baute. Er starb 1828, wie man sagt vergiftet von seiner Gemahlin Ranawala, die ihm nun folgte. 1829 baten die Franzosen die Königin um die Erlaubnis, in ihrem Lande eine Niederlassung zu gründen. Da aber dies abgeschlagen wurde, so eröffnete der Kapitän Gourbeyre, nachdem er inzwischen die Halbinsel Tintingue befestigt hatte, die Feindseligkeiten und nahm das Fort Tamatava, wurde aber bei Foulepointe geschlagen. Zwar rächte er bald darauf diese Niederlage, aber die Besatzung, welche er in dem Fort Tintingue zurückliess, wurde in dem folgenden Winter fast ganz aufgerieben, und der Regierungswechsel 1830 in Frankreich machte der französischen Niederlassung auf M. ein baldiges Ende. 1835 verbot die Königin bei Todesstrafe ihren Untertbanen die fernere Annahme des Christentums, die Übergetretenen wurden heftig verfolgt u. aller Verkehr mit den Weissen beharrlichst abgewiesen. Ihre Beziehungen zu den Franzosen und Engländern wurden dadurch immer gespannter, so dass es endlich 1845 zum offenen Kampfe mit denselben kam. Es erschienen ein englisches und zwei französische Schiffe vor dem Hafen von Tamatava u. schossen die Stadt in Brand, wurden aber bei einem Sturme auf das Fort gänzlich geschlagen, so dass sie mit Zurücklassung einer Anzahl Gefangener, deren Schädel nach Landesbrauch auf Pfähle gesteckt wurden, die Insel verlassen mussten. Durch diesen Angriff nur noch erbitterter, verbot nun die Königin auch die Ausfuhr von Vieh und Reis, wodurch die Inseln Bourbon und Mauritius in harte Bedrängnis gerieten. Ausserdem wurden nun auch die Christen-Verfolgungen blutiger als je; aber während sie in vollem Schwunge waren, nahm der Königin eigner Sohn und andere Prinzen offen das christliche Glaubens-Bekenntnis an, auch gestattete die Königin einzelnen Fremden, namentlich Deutschen aus Nord-Amerika, Handel zu treiben, behielt auch einige Europäer an ihrem Hofe, doch war bis 1853 die Insel den Europäern so gut wie verschlossen. Dann bemühten sich englische Missionäre abermals um Einlassung und gelangten auch, allerdings erst nach manchen fehlgeschlagenen Versuchen, nach der Hauptstadt Antananarivo, wo sie freundliche Aufnahme fanden. Neuerdings versuchen die Franzosen wiederum auf M. Fuss zu fassen.

Madeira, die Hauptstadt der Nordkanarischen Inselgruppe, nach welcher dieselbe auch als „Madeiragruppe" bezeichnet wurde. Sie wurde der Sage nach schon 1344 von einem englischen Seefahrer gesehen und 1419 durch die Portugiesen (als zweite Station auf der Bahn der bei der Aufsuchung des Seewegs gemachten Entdeckungen) unter Gonzalez Zarco aufgefunden, und in Besitz genommen, 1801 von den Engländern mit Beschlag belegt und bis 1814 behalten, dann wieder an Portugal gegeben.

M.s Grösse beträgt 16,5 Q Meilen; ihre grösste Länge 35 M., ihre grösste Breite 12 M. Sie liegt nordwestlich von Afrika, von Ost gegen West gestreckt, in 12° 37′ östl. L. u. 32° 45′ nördl. Br. Ihre Entfernung von der afrikanischen Küste beträgt 95 Meilen. — M. ist durchaus vulkanischen Ursprungs. Die Gebirgsmassen (höchste Spitze der Pico Ruivo, 5993 Fuss) bestehen aus gelbem Tuffgestein, das stellenweise mit durchgebrochenem Basalt wechselt. Die Insel ist reich bewässert. Der verwitterte vulkanische Boden ist äusserst fruchtbar. Es gedeihen neben den Edelfrüchten Europas die Tropengewächse. — Haupterzeugnisse sind: Wein (von Cypern und Candia hierher verpflanzt; seit der 1852 hereingebrochenen Traubenkrankheit fast gänzlich zerstört), Südfrüchte, Zuckerrohr, Kaffee, Ananas, Honig. — Das Klima ist mild und gleichförmig; niedrigste Temperatur $7^1/_2$°, höchste $23^1/_2$°; es macht M. zu einem vielbesuchten Zufluchtsort für Lungenkranke. — Die Bewohner sind Portugiesen von dunkler Hautfarbe, auch Mulatten und Neger. Ihre Zahl beläuft sich auf 118 379 Köpfe. M. untersteht einem Generalkapitän und ist eingeteilt in die Capitania (Distrikt) Funchal mit der gleichnamigen Hauptstadt (s. Funchal), und in die Machica mit dem Flecken gleiches Namens. — Portugal zieht — ausser Abgaben von dem fast gänzlich in englischen Händen befindlichen Handel — einen Weinzehnten. — Auf M. landet das Brasilien mit Portugal verbindende submarine Kabel.

Madeiragruppe, s. Nordkanarische Inseln.

Madfuneh, Dorf in Ober-Ägypten (Afrika), am Fusse der Libyschen Gebirgskette, auf den Ruinen des alten Abydos, in denen sich ein berühmter Tempel des Osiris, sowie eine berühmte genealogische Tafel mit den Namen der Pharaonen aus der 18. Dynastie befindet. In der Nähe das Dorf El-Birbe, ebenfalls auf den Ruinen.

Madi, ein ackerbauendes, südlich von den Obbo (s. d.) wohnendes Volk, das in einem bergigen, vom Asua durchströmten, an landschaftlichen Schönheiten reichen Gebiete wohnt. Sie wohnen in spitzkegelförmigen Togulen, die gehöftweise von Palissaden und Strohzäunen umgeben werden. Grössere solcher Ortschaften sind: Laboré und Schoa. Ihre Waffen sind: kleine Bogen, schwertartige Messer, Lanzen und lange Knüttel.

Madi (Djebel-), Gesamtbezeichnung für die Einzel-Bergmassen des Djebel Ozzej und Djebel Odia, im östlichen Lattukalande; sie scheiden den Nil (der hier „Kir“ genannt wird) vom Lande der Lango-Galla und steigen bis zu 2433 m auf.

Madiba ma Duaka („Wasser vom Dualla“) heisst der Kamerunfluss in der Duallasprache.

Madi-Kaya, s. Mittu.

Madi-Lokoja, s. Rembo.

Madina, Dorf im Reiche Futa-Djallon, auf der Strasse von Tuba nach Labi.

Madingwe, s. v. w. Malinke.

Madjabrah, Araberstamm, s. Audjilah.

Madjann, Berg im Lande der A-Barambo.

Madzunga, Dorf in Madagaskar, an der Nordwestküste.

Madschliss el Nuab, die seit 1866 in Ägypten, wiewohl nur nominell, bestehende Volksvertretung, welche in einer aus 75 Abgeordneten zusammengesetzten Kammer besteht. Die Abgeordneten werden in den verschiedenen Distrikten je nach deren Volksziffer auf drei Jahre in geheimer Abstimmung gewählt.

Maduare, Dorf im Reiche Bornu (Inner-Afrika), nahe bei der Hauptstadt Kuka. Hier starb am 27. Sept. 1852 der Reisende Overweg.

Maeru, Berg im Masaï-Lande. Von ihm bezieht das in den Pangano mündende Ronga-Flüsschen seine Nahrung (den Kikuletera-Bach etc.). Er wird von den Masai „Dö njo Erók la Sigiwari" (d. h. schwarzer Berg von Sigiwari, was ein Masai-Distrikt ist) genannt und ist (nach Dr. Fischer) zeitweise mit Schnee bedeckt. An seinem Fusse wohnen Wakuafi. Von dem um den M. herum gelegenen Lande gibt Dr. Fischer die folgende Beschreibung:

„Das im Südwesten um den Fuss Fuss des Maeru-Berges belegene Gebiet ist dicht bewaldet mit vorherrschend gelbrindigen Akazienbäumen; auch Tamarinden, Sykomoren kommen vor und die Wasserläufe sind mit dichtem Buschwerk und Schling-Gewächsen eingefasst; freie Grasplätze liegen in grosser Anzahl bezerstreut in der Waldung. Die Fauna war hier reicher, als in jedem andern der berührten Gebiete. In dem dichtesten Teile der Waldungen näher zum Berge hin lebte in kleinen Familien der weissbemähnte centralafrikanische Stummelaffe (Colobus gereza), den zu schiessen die Eingeborenen nicht gestatteten; zwei Meerkatzen-Arten (Cercopithecus rufocinerus und pigerythrus) suchten besonders die Anpflanzungen auf; nachts ertönte fast unaufhörlich das Geschrei der Nachtaffen (Otolicnus); mehrere Arten Eichhörnchen suchten ihre Nahrung in den Sykomoren und Tamarinden; auch das Moschusböckchen (Nesotragus moschatus), die einzige auf der Insel Sansibar vorkommende Antilopen-Art, fand sich hier. Die Vogelwelt war eine sehr artenreiche und die meisten neuen Arten meiner Sammlung, wie z. B. einen prächtigen Helmvogel (Corythaix Hartlaubi), eine Meisenart (Parus fringilloides) u. a. m. erbeutete ich in diesem Gebiete".

Mafamale, kleine Insel in der Angoscha-Gruppe an der Küste von Mozambique.

Maffara (Tleta), kleine Stadt in der zum Reiche Sokoto gehörenden Provinz Zanfara im Innern Nord-Afrika's.

Mafeking, Ortschaft in Stellaland.

Maffate, Ortschaft im Reiche Bornu, Provinz Kotoko (Innerafrika).

Mafia, Insel an der Sansibarküste (Ostafrika), zu dem Sultanat Sansibar gehörig, südl. von der Insel Sansibar.

Mafitte (Mavitte), ein aus Betschuanen und Zulu, namentlich aber Amatebele zusammengewürfeltes Volk im Sambesi-Gebiet.

Mafrag, Fluss Algeriens, mündet in den Golf von Bona.

Magadoxo, in alten Geographieen: ein Königreich an der Ostküste Afrikas, im Nordosten vom Lande Ajan, im Südwesten vom Königreich Juba und im Südosten vom Indischen Ozean begrenzt. Der gleichnamige Hauptort liegt unter 2° 5′ n. Br. u. 43° ö. L. Die Bewohner sind Abessinier, Neger und einige Araber. Das Innere ist noch fast unbekannt. Es scheint Gold- und Silbergruben zu bergen. Handelsartikel ist Elfenbein. Die Portugiesen begreifen M. in ihre ostafrikanischen Besitzungen; in Wirklichkeit untersteht es jedoch dem Imam von Mascate; jetzt Makdischu (s. d.).

Magalies-Berge, in der Transvaal-Republik gelegen.

Magango, Distrikt von Nyoru und Station am Südufer des Nils (2° 14′ 43″ n. Br., 31° 31′ 45″ ö. L. v. Gr.).

Magaria, Stadt in Sinder, der nordwestlichsten Provinz des Reiches Bornu (Inner-Afrika), am Wege von Sinder nach Kano gelegen.

Magasier, Ort am Blauen Nil, 4 Stunden östl. von Famaka.

Magdala, s. Amba.

Mage, Eugen, franz. Marineleut-

nant, am 30. Juli 1837 geboren, wurde vom Gouverneur des Senegal, General Faid'herbe, nachdem er schon 1860 nach dem obern Senegal und nach Taganet, auch die Flüsse Salum und Sin nördlich vom Gambia, besucht hatte, auf eine Expedition nach dem obern Senegal entsandt. Er gelangte im Verein mit dem Marinearzt Quintin 1863 bis Kita und von da auf weitem Umwege nordwärts über Nioro nach Yamina am Niger. Der Weg nach Bammako war ihm durch das Reich der Toucouleurs verschlossen, welches El Hadj Omar, ein erbitterter Feind der Franzosen, zwischen Senegal und Niger errichtet hatte. Dagegen gelang es ihm im Febr. 1864 Segu zu erreichen, wo er zwei Jahre lang festgehalten wurde. Erst im Juni 1866 durfte er die Rückreise antreten. Er brachte wertvolle Nachrichten mit zurück. Leider ertrank er in der Nacht vom 18. zum 19. Dezbr. 1869 beim Scheitern der von ihm geführten Korvette Gorgone in der Nähe von Brest. Er gab 1867 „Relation d'un voyage d'exploration au Soudan occidental“ und 1869 „Voyage dans le Soudan occidental“ heraus.

Ma(g)ga, ein südlicher Nebenfluss des Olombompolo, nimmt kurz vor seiner Mündung in diesen den Tschunie auf (Gabon-Ästuarium).

Maghagha, Ort im Distr. El Fachn der ägyptischen Prov. Minia.

Maghnine, Ort im Distrikt El-Neguelah der ägyptischen Provinz Behérah.

Maghuz Teibah, Ort im Distrikt Beni-Mazar der ägyptischen Provinz Minia.

Magoui, Ort im Distr. Samannud der ägyptischen Prov. Gharbieh.

Magoul, Ort im Distr. Toukh der ägypt. Prov. Kalioubieh.

Magrisse, Ort im Distrikt El-Doweir der ägyptischen Provinz Assiut.

Maghrondas Dorf, im Matebele-Lande, 1230 engl. Mln. von Pietermaritzburg.

Magila, Ort am Fusse der Usambala-Berge (Ostäquatorialafrika), reizend gelegen und volkreich.

Magot (gemeiner Affe, Inuus silvanus), lebt in grossen Scharen auf Bäumen in Nord-Afrika.

Magran, Gebirgszug im nördlichen Atlas in Nordafrika auf der Grenze von Fez und Marokko.

Magungo, Ortschaft am Albert Nyanza, an der Einmündung des Somerset oder Victoria-Nil: 2° 14′ 42″ nördl. Br., 31° 31′ 45″ östl. L. v. Gr. (nach Mason).

Maguni, Ortschaft im Gasa-Lande, Gebiet der Hlenga (Südostafrika).

Magyar, Laszlo (Ladislaus), ungar. Reisender, geboren 1817 zu Maria-Theresiopel, studierte in Fiume die nautischen Wissenschaften, ging dann nach Amerika, wo er zunächst in der Argentina als Flottenleutnant angestellt ward und darauf am Kampf gegen die Republik Uruguay teilnahm. 1847 gelangte er an die Westküste Afrikas, bereiste 1848 den Kongo bis zu den Katarakten von Faro Songo, ging von da nach den portugiesischen Besitzungen zu Benguela und Anfang 1849 nach Bihe, wo er sich mit der Tochter eines Negerhäuptlings verheiratete. Nachdem er mehrere Sprachen und Dialekte der Neger erlernt, brach er im Februar 1850 mit einem zahlreichen Gefolge von Bihe auf und bereiste das Land des Muata Jamvo bis Jakilem, am Fluss Kassabe (Nebenfluss des Kongo), und kehrte 1851 auf einem östlichern Wege durch das Reich Lobal zwischen dem Kassabe und Liba zurück. 1852 besuchte er die Landschaft Kamba und den Mittellauf des Kuneneflusses und 1855 zum zweitenmal Lobal an den Quellen des Sambesi. 1857 verliess er nach der Ermordung seines Schwiegervaters Bihe und liess sich an der

Lueira-Bai zwischen Benguela und Mossamedes nieder. Über die umliegenden Landschaften berichtete er 1861 an die ungarische Akademie. Er starb 9. Novbr. 1864 in grosser Armut zu Dombo Grande im Bezirk Benguela. Ein durch Vermittelung der portugiesischen Regierung nach Ungarn gesandter und daselbst auf Kosten der ungarischen Akademie gedruckter Teil seiner Reiseberichte erschien unter dem Titel: „Magyar Laszlo Delafrikai Utazasai" (1859, Bd. 1; deutsch: „Reisen in Südafrika 1849—57", 1859). Magyars Schilderungen sind einfach und augenscheinlich getreu, in den Schilderungen der Landschaften und Bewohner sehr eingehend, dabei in populärer Weise gehalten (Embacher).

Mahabub, in den islamitischen Ländern Afrika's eine zwar imaginäre Münze, die aber nach dem Piaster am häufigsten in der Rechnung figuriert. Sie beträgt etwa zwanzig türkische Piastern.

Mahadi, s. v. w. Mahdi.

Mahafale, 1) die südwestlichste Provinz der Insel Madagaskar, mit der grossen St. Augustins-Bai, sandig, doch reich an Wald; sie besitzt grossen Reichtum an wildem Rindvieh. — 2) Volk im südl. Madagaskar, wohnt am linken Ufer des in die Bai von Saint-Augustin mündenden Anulahy.

Mahaff, Landschaft im unteren Nubien (Afrika), zu beiden Seiten des Nil, mit dem Hauptorte Kuka.

Mahai (Marisi), ein Volk der Nil-Nuba, von Korosko bis Wadi-Halfa (2. Katarakt).

Mahaldamnah, Ort im Distrikte Dakarnès der ägyptischen Provinz Dakahlieh.

Mahambi, s. v. w. König Japite's Stadt.

Mahas, nördliche Landschaft Nubiens, zwischen Assuan und Neu-Dongola gelegen; öde starre Natur voller Felslabyrinthe; Wüste (Ataur) tritt in den Vordergrund.

Mahavelona, Provinz an der Ostküste von Madagaskar, eine der ungesundesten Landschaften der Insel mit dem Handelsplatze Foulepointe.

Mahdi (Machdi, Mahadi), d. h. „der von Gott auf den rechten Weg geleitete". Von seinem, mit dem Beginne des (islamitischen) 14. Jahrh. (am 1. Moharrem 1300 = 12. Nov. 1882) erwarteten Erscheinen soll dem Islamismus eine neue Blütezeit und Weltherrschaft erstehen; vgl. Machdi.

Mahdieh, Ort im Distrikt Kolosna der ägyptischen Provinz Minia.

Mahdieh, Ort im Distr. El-Kanaïat der ägyptischen Provinz Charkieh.

Mahe, 1) die grösste Insel der den Engländern gehörigen Gruppe der Seychellen (Indischer Ozean, östlich von Afrika), 16 Meilen lang, 4 Ml. breit; gebirgig u. fruchtbar; Produkte: Baumwolle, Kaffee, Reis, Zucker, Aloë; 5800 Einw., darunter über 3000 Neger, die übrigen meist Franzosen; 2) Hauptort derselben; Hafen, Sitz des englischen Gouverneurs; 3) (**Mahebourg**), Stadt auf der den Briten gehörenden Insel Mauritius, liegt an der grossen Bucht Grand Port, mit 9000 Einw.

Mahéinseln, s. v. w. Seychellen.

Mahel-Balewel, s. Balewel.

Mahi, 1) (Land-), Provinz des Königreichs Dahomey. — 2) Volk im Kong (Gebirge) in Guinea (Westafrika), ehemals in zahlreiche kleine Republiken geteilt, jetzt den Dahomeern unterworfen.

Mahmel, Berg im Djebel Aures (2006 m hoch).

Mahmudie, Kanal, welcher den westlichen Nilarm mit dem Hafen von Alexandrien verbindet, 10 Meilen lang, 90 Fuss breit und je nach dem Wasserstande des Nils bis 20 Fuss tief ist. Der Kanal ist der alte Kanal der Kleopatra und ward 1819 bis 1820 von Mohamed-Ali angelegt, später noch verbessert. Durch diesen Kanal, der den gesamten Seeverkehr Ägyptens nach Alexandrien gelenkt hat, bleibt die Schiffahrt für das ganze Jahr frei, während früher bei Rosette die Schiffe oft viele Wochen liegen mussten, bevor sie die dortige Sandbank passieren konnten.

Mahnenmouflon, s. v. w. Bergschaf.

Mahona, Berg in der algerischen Provinz Constantine.

Mahrakah, Ort im Distr. Halfah der ägyptischen Provinz Kena.

Mahumba, See im Kongobecken, wenig südlich von der Äquatorstation (s. d.); sein Südende soll sich nur ca. 30 engl. Meilen von dem Nordende des Leopoldsees entfernt befinden.

Maï (nach Krapf, Journals 98. 107 ff.), ein Stamm der Galla (s. d.), dessen Gebiet sich im Süden der Landschaft Gurague befindet (Ostafrika).

Mai-Anbasa, s. Scherbet.

Maïaneh, Ort im Distr. El-Fachn der ägyptischen Provinz Minia.

Mai-et-Harr, Chor westlich von Massaua.

Mai Gola, ein Quellfluss des Anseba.

Maije, s. v. w. Regenstrombett.

Maïna, Hauptort des kleinen Staates Barinta (Senegambien), ist mit den Forts von Bafoulabé durch einen geebneten Weg verbunden.

Maio, eine der Kapverdischen Inseln (s. d.), ihre Grösse schätzt Behm auf: 205,72 qkm; 1132 Einw.

Mai-Sassa, ein südlicher Zufluss des Mareb, kommt in denselben westlich von der Mündung des Chor Scherbet (Ostsudan).

Mai Schegalo („Drachenschlucht"), eine von Süden kommende, in den Thellari (Nebenfluss des Takazzeh) mündende grauenhafte Schlucht.

Maise, Ksor der Oase Tsabit.

Maitland-Mine, Kupfermine unfern vom Port-Elisabeth; berüchtigt durch das in ihr verlorene grosse Kapital.

Maïtscha (nach Krapf, Journals 78, 97, 201 ff.), ein Stamm der Galla (s. d.), der wieder in zahlreiche Unterstämme zerfällt und dessen Gebiet sich an der Südgrenze des Schoaner Reiches und in der Landschaft Gurague befindet (Ostafrika).

Maïun nennen die Araber die Insel Perim in der Meerenge Bab-el-Mandeb.

Maïz (El-), Dorf der Ghenanema-Berbern in der Sahara (Rohlfs, „Reise durch Marokko"; 1868).

Majakalla, s. v. w. Majakka.

Majakka, ein mächtiges Negervolk nördlich vom Cugho bis zum Quango. Sein Beherrscher, Muëne Puto Kassongo, führt wie derjenige des Lundareichs den Titel Muatiamvo (Matiamvo). Der M.-Staat soll auch von Lunda aus gegründet worden sein durch hier angesiedelte Sklaven. Die Beziehungen zwischen den beiden Reichen sind aber jetzt nur dürftig (Capello).

Maje, grosse eiserne Zisterne, oben überwölbt oder auch nur mit Balken, Steinen und Erde bedeckt, die in der Regen- und Schneezeit (nach Rohlfs in Tripolis etc. in einer Höhe von 3000' im Winter nichts Seltenes) gefüllt und nachher sorgfältig verschlossen gehalten werden, damit das Wasser nicht von unbekannten Leuten vergeudet wird.

Májo, s. v. w. Bomokándi.

Majo, eine der Kapverdischen Inseln (Westafrika), ein schroffer Felsen ohne Hafen und ohne Trinkwasser, aber wichtig durch bedeutende Fabrikation vortrefflichen Seesalzes; hat wenig über 2000 Einw.

Majokabu, bei den Fulbe der Name des Rio Grande (s. d.).

Majotto, Insel der Komorengruppe im Kanal von Mozambique.

Majúba, Berg im Transvaal-Lande, bekannt durch die Niederlage, welche die Boers den Engländern hier beibrachten.

Majumba-Bai, am südlichen Kongoufer, zwischen Boma und Vivi.

Mak (abessin.), braunes dickes Wollzeug.

Makabantu, s. v. w. Akil.

Makadiambugu, Landschaft am rechten Ufer des Bakhoy (Quellarm des Senegal); Hauptort ist Kita, wo die Franzosen seit Gallieni's Expedition 1880 ein Militär- und Handelsetablissement errichtet haben (11° 47′ 30″ w. L. v. Par., 13° 2′ 44″ n. Br.), 70 m höher als der Bakhoy, in einer 500—600 m breiten, nach Süden gerichteten Schlucht.

Makadougou, Landschaft Senegambiens, im Thal des Bakhoy, mit 1500 Einw. in 3 Dörfern.

Makari, s. v. w. Kotoko.

Makdischu, Küstenplatz d. Somali-Landes, nordwärts der Sansibarküste, aber zum Sultanat Sansibar noch gehörig; nicht unbedeutender Handelsmarkt. In seiner Nähe liegt Djilledi, wo Ende Januar 1867 der Württemberger Forscher Theod. Kinzelbach, der sich von Sansibar über Barawa hierher begeben hatte, um das Schicksal v. d. Decken's (ermord. 26. Sept. 1865) festzustellen, dem klimatischen Fieber erlag.

Makesumbi, Fluss in Ngogo.

Makhana, Landschaft in Senegambien, auf der Strecke von Beledugu nach Medine am Senegal; 1881 durch Vertrag mit Dr. Bayol unter französ. Schutz gestellt.

Makharota, s. Fuertaventura.

Maki heisst bei den Negern im Kamerun-Gebiet eine rote Frucht (die Colonut der Engländer).

Makkale, Ort in Abessinien, von der französ. Regierung für die Errichtung einer Station in Aussicht genommen.

Makna, s. Uled-Amur.

Maknea (Algier), s. Ghubri.

Makoko (s. v. w. „König d. Ufers“), ein Titel von westafrikanischen Negerfürsten längs des Kongo. Fast jeder Häuptling eines am Flussufer wohnenden Negerstammes führt ihn. Daher rührt es, dass Brazza-Savorgnan sowohl wie Stanley jeder von seinem eigenen „M.“ berichtet. Die Macht eines Königs M., dessen Macht am Kongo besonders von französischen Reisenden immer betont wurde, gehört in das Reich der Fabel.

Makololo, ein Stamm der Betschuanen (s. d.), früher im Basutoland, jetzt an den Ufern des Sambesi wohnhaft. Sie wurden zuerst durch Livingstone's Reisen bekannt, sind aber seit dieser Zeit durch Aufstände ihrer Sklaven arg dezimiert worden.

Makomo, rechter Nebenfluss des Sambesi (Süd-Afrika), mündet im Barotse-Thale oberhalb Nariele.

Makonda, ein nigritischer Stamm, nördlich vom Rowuma- oder Rufuma-Flusse, dem Meere genähert. Sie sind Ackerbauer, werden aber durch die Furcht vor den Sklavenräubern in beständiger Furcht gehalten.

Makongo, südlicher Zufluss des in den Uelle fliessenden Bomokandi.

Makoussah, Ort im Distr. El-Minia der ägyptischen Provinz Minia.

Maktoun, Ort im Distrikt Taftich-el-Rodah der ägyptischen Provinz Assiut.

Makua (Maqua, engl. Marquar), nach Dr. Junkers früheren Nachrichten ein Name, welchen der Uëlle im Gebiete der Amadi (im Niam-Niam-Lande) trägt. Nach späteren Erkundigungen desselben Reisenden, ein Fluss im Lande des Sultans Kayambarr, dessen Hauptstadt auf einer Insel in Mitte des sehr breiten Flusses liegt; der M. soll erst westlich vom Uëlle fliessen, dann weit im Süden mit dem Uëlle zusammenfliessen.

Makua, grosser nigritischer Stamm südlich und südöstlich vom Rovuma, zwischen diesem, dem Njassa und Sambesi; ein grosser stämmiger Menschenschlag mit breiten Zügen. Ihr Abzeichen bildet ein auf der Stirn tättowierter Halbmond. Ihre Kinder laufen bis zum 7. oder 8

Jahre nackend umher. Die Männer tragen nach Elton meist nur ein Lendentuch von Merikani, d. i. weissem, oder von Kaniki, d. i. blauem Kattun, prahlen aber auch wohl mit einem zerlumpten Kanzu. Die Weiber schlagen ein von den Achselgruben bis zu den Knieen reichendes Stück Kaniki um den Leib, schmücken sich mit Ohrringen, Armbändern u. s. w. Die Waffen sind Speere, schwere auch zugleich zum Klären des Dickichts dienende Messer und Musketen. Sie wohnen in viereckigen, mit Makuti oder den Wedeln der Kokospalme bedeckten, aus Pfählen konstruierten, mit einer Art Veranda versehenen Tembes. Jedes derselben wird von einem kleinen Garten umgeben. Man kultiviert hier Sorghum, Mais, Mohogo oder Maniok. Diese Gewächse und Wurzeln bilden nebst Fischen die Hauptnahrung. Man kocht sie in selbstverfertigten Töpfen auf einer, von drei Steinen gebildeten, den Herd darstellenden Unterlage. Es giebt übrigens unter den Makuas geschickte Jäger. Elefanten, Antilopen u. s. w. werden von ihnen mit dem Feuerrohr erlegt. Das Flusspferd wird hier wie in einem grossen Teil der Südhälfte Afrika's mit der von Major Gamitto und von Livingstone abgebildeten Fallharpune getötet, an deren Laufseil das plumpe Vieh bei seinen nächtlichen Umgängen anstösst. O'Neill teilt die Makua in die Unter-Makua, die Lomwe, oder Ober-Makua, die Mana und Medo ein.

Makula, Landspitze am südlichen Ufer des Kongo, in der Nähe von den Faktoreien bei Mussuko.

Makuta, ein Negerreich am Unterlauf des Kongo. Die Eingeborenen desselben zwangen 1874 die Expedition, welche Leutnant Grandy zum Zweck der Auffindung Livingstone's nach dem Innern führte, zur Umkehr; und im Sept. 1880 griffen sie den von der Station San Salvador nach dem Stanley-Pool vordringenden Rev. Comber mit Waffengewalt an, verwundeten ihn und schlugen seine Träger in die Flucht.

Makuta, Silber- und Kupfermünze in Afrika, in Angola und Benguella (in Silber Stücke zu 1, 2, 4, 6, 8, 10 u. 12 M. [1 M. = 50 Reïs oder 22 $^1/_2$ Pfg.]), in Kupfer ($^1/_1$, $^1/_2$ u. $^1/_4$ M. à 100, 50, 25 Reïs), in Sierra Leone (Stücke zu 1, 2, 5 u. 10 M. [1 M. = 30 Pf.]).

Makwaka, Stamm der Bantu- oder Kaffernfamilie Südafrikas, im Reiche Gaza an dem Ufer des Limpopo sesshaft.

Malacorée, Fluss an der Sierra Leone-Küste, wird durch die Sangarka, Foirikarea und Murbea (sämtlich aus dem westlichen Fula-Djalon kommend) gebildet und mündet zwischen dem Rio Pongo und dem Scarcies.

Malagale, Ortschaft am linken Nigerufer, oberhalb von Garaziwi (Flegel).

Malagarazi, Fluss im Innern Südafrika's, kommt von der Ostseite des Mondgebirges und mündet unter 5 $^1/_4$ ° s. Br. in den Tanganjika-See.

Malagasch (oder Nossi-Ndambo), s. v. w. Madagaskar.

Malagasy, einheimischer Name der Bewohner der Insel Madagaskar.

Malaguetta (Xilopia aethiopiaca), Pfeffer; von ihm hat die Pfefferküste in Oberguinea ihren Namen. Er bildete (n. Schweinfurth) bereits im Mittelalter ein kostbares Gewürz.

Malaguetta-Küste, s. Körnerküste.

Malalarin (Gaab Garip, Hart Rivier), Fluss in Südafrika, einer der drei Hauptquellströme des Orangestromes (Garip), entspringt im Gebiete der Transvaalschen Republik, fliesst südwärts und mündet unterhalb Lekatlong im Korana-Lande in den Hai-Garip, nachdem er rechts den Mokara aufgenommen hat.

Malanche, Ortschaft im Gebiete

des Tanganjika. Seine Lage wurde aus Kaisers astronomischen Beobachtungen: 9° 32' 41" südl. Br. und 16° 14' 45" östl. L. v. Gr. bestimmt.

Malaria (ital., „üble Luft") heisst die schädliche Einwirkung auf Menschen, Tiere u. Pflanzen, welche in sumpfigen, lagunenartigen Landstrichen stattfindet u. Wechselfieber, gelbes Fieber und Blässe des Aussehens erzeugt. Besonders wird durch Entvölkerung und Unkultur die Verbreitung und Intensität der Malaria befördert, während sorgfältigere Kultur des Bodens, Regelung der Flussbetten, Austrocknung der Sümpfe, vorzüglich deren Abschliessung vom Meere, Lichtung der Wälder etc. ihre Wirkungen beschränken, schwächen oder sie ganz aufheben.

Malatj, Chor im Osten des Bachr-el-Djebel.

Malames, Ort im Distr. El-Kanaïat der ägyptischen Provinz Charkieh.

Malatieh, Ort im Distr. El-Fachn der ägyptischen Provinz Minia.

Malekami, ein Stück Baumwollgewebe, bildet, in kleinere Stücke geschnitten oder gerissen, eine vielbegehrte Scheidemünze.

Malet, Sir Edward Baldwin, 1884 nach Lord Ampthill's Tode Gesandter Grossbritanniens am deutschen Kaiserhofe zu Berlin und als Vertreter zu der 1884 zu Berlin tagenden Afrikanischen Konferenz delegiert, erhielt — nachdem er erst in Frankfurt, Brüssel, Parana, Rio Janeiro, Washington, Lissabon und Konstantinopel als Attaché, sodann als Legationssekretär, seit 1868 und noch während des deutsch-französischen Krieges in Paris, dann in Pecking, Athen und Rom (Abschluss des englisch-italienischen Handelsvertrags) als Botschaftssekretär gewirkt hatte — seine erste Anstellung als Geschäftsträger 1879, als er während der Abwesenheit des Botschafters vorübergehend in Konstantinopel beglaubigt wurde. In dem gleichen Jahre ging er als Generalkonsul und Geschäftsträger mit Ministerrang nach Kairo, wo sein persönlicher Einfluss und sein Wissen allgemeine Anerkennung fanden, wenn auch die Politik, die er dort zu verfolgen hatte, verschieden beurteilt worden ist. Nach vierjähriger Wirksamkeit daselbst wurde er als Nachfolger des Sir Seville Lumley nach Brüssel, von dort 1884 nach Berlin versetzt.

Malewa, ein in den Naiwascha-See sich ergiessendes kleines Flüsschen im Lande der Massai, mit tiefem, lehmigem Bett.

Mali-Hilaga, Pygmäenvolk im Süden von Bagirmi; vrgl. Akka.

Maliki, König von Gandu.

Malimba, 1) Stadt an der Küste von Loango, treibt Handel, hat eine gute Rhede und liegt an der gleichnamigen Bai; 2) (Dongo), Fluss auf der Guinea-Küste, mündet südlich von Kamerun.

Malindi (Melinde), Küstenplatz des Sultanats Sansibar, unter 3° südl. Br., früher blühend, jetzt zurückgegangen, liegt (nach den Berichten der Reisenden) ganz in übergrünten Trümmern. Von hier trat Vasco da Gama unter Leitung eines aus Gudjerat stammenden Piloten (vergl. Banyanen) 1498 seine Indienfahrt an.

Malinge, ein grosses Negervolk im südlichen Deutsch-Kamerun.

Maliwanda, eine neue Missionsstation auf der Route vom Nyassa (50 engl. Mln.) zum Tanganjikasee. Hier starb am 30. Aug. 1883 der Erforscher der Küsten des Nyassasees, der engl. Reisende J. Stewart.

Mallawi, Ort im Distr. Taftich-el-Rodah der ägypt. Prov. Assiut.

Ma'mal-el-Zogag, Ort im Distrikt Abou-Hommos der ägypt. Prov. Behérah.

Malmesbury, 5. Distrikt der engl. Kapkolonie (nordwestl. [2.] Provinz); 1875: 18 214 Einw. — Der gleichnamige Hauptort hat die Saldanhabai zum Hafen.

Malongwe (Marongwe), Stamm d. Bantu- oder Kaffernfamilie, im Reich Gazas.

Maltese werden in Tripolis etc. Baumwollenzeuge (feine und gröbere) genannt.

Maltzan, Heinr. Karl Eckart Helmuth von (Reichsfreiherr zu Wartenburg und Penzlin), geb. am 6. Sept. 1826 auf Findlaters Villa bei Dresden, unternahm nach Vollendung seiner Studien und einem Ausflug nach England (1851) nach Afrika die folgenden Reisen: 1852 durch Algerien und das nördliche Marokko, 1853 Tunis und Tripolis, 1853—54 Ägypten, 1856—57 Algerien (Provinz Constantine und Algerische Sahara) 1857—58 Ausflug in das südliche Marokko (wo er die Hauptstadt des Landes kennen lernte), 1860 nach Kairo und Kosseir; lebte von 1861 bis 1867 abwechselnd in Europa u. in Algerien; bereiste 1867 Tunesien und Tripolis. Werke: „Drei Jahre im Nordwesten von Afrika" (1863, 4 Bde.); „Sittenbilder aus Tunis u. Algerien" (1869); „Reisen in den Regentschaften Tunis und Tripolis" (1870). Er machte am 23. Febr. 1874 zu Pisa seinem Leben selbst ein Ende.

Malundo, der Name, welcher den Lundo oder Lelundo im Innern führt (s. Lelundo).

Maluti, Gebirge an den Grenzen des Basuto-Landes, mit dem Witkop als höchster Spitze.

Mambeï, Teilstamm der in Adamaua wohnenden Kali (s. d.).

Mambone, Hauptort des Landes Sabia auf der Sofala-Küste (Südafrika), liegt am Meere.

Mambukki (Amaponda), Kaffernstamm auf der Ostküste Südafrika's bewohnen den Küstenstrich zwischen den Flüssen Umsimkulu u. Umbaschi; die M. werden als friedlich u. arbeitsam, überhaupt als in vielen Eigenschaften höher stehend, als die übrigen Kaffern, bezeichnet, sind aber oft durch die Räubereien der Zulukaffern sehr bedrückt worden.

Mamre, s. Groem-Kloof.

Mamlukken, seit dem 13. Jahrh. in Ägypten heimisch, sind ursprünglich als Sklaven von den Kaukasus-Ländern in das Land gekommen. Sie bildeten dann die Truppenmacht der hier wie allenthalben in stolzem gravitätischem Genuss der Herrschaft träger Ruhe ergebenen Osmanen, nahmen aber nach und nach als Beys die Zügel der Herrschaft in die Hand, bis sie von Mehemed Ali gestürzt wurden.

Mâmmera (El-), s. Arba.

Mamun, s. Aukadebbe.

Mamur, im Osten s. v. w. Distriktsverweser.

Mamusa, Hauptort der Korannas im Betschuanen-Lande (Südafrika), am oberen Hart-Rivier.

Manachy-el-Khatib, Ort im Distr. Tobhar der ägypt. Prov. Fayum.

Managhsine, Ort im Distrikt El-Sinbellawein der ägyptischen Prov. Dakalieh.

Manahrit, Ort im Distr. El-Sinbellawein der ägypt. Prov. Dakalieh.

Manaklah, Ort im Distr. Chirbin der ägypt. Prov. Gharbieh.

Manam, nomadisierender Beni-Amerstamm, hat seine Weideplätze in den östlich der Berggruppe Hulsa bis zum Basalande sich hinziehenden Ländereien (ägypt. Prov. Taka).

Manangara, s. Farafangane.

Manati (Manatus senegalensis), s. Ja Bacher Tedscha.

Manawahlah, Ort im Distr. Soubk der ägypt. Prov. Menoufieh.

Mandanda, e. Eingeborenen-Stamm des Gasalandes, südlich vom Sabi-Flusse wohnhaft; wahrscheinlich den Basutos verwandt.

Mandara (Uand-ala), ein kleines Land, am Tschad-See, echtes Sumpf- und Wasserland, das während der ganzen Regenzeit teils durch die vom Gebirge herabkommenden Flüsse und Bäche, teils durch den austretenden Tschad-See überschwemmt wird. Barth schildert es als ein Bergland und nennt die Bewohnerschaft ein Ge-

Madagaskar: Sperlingsnest.

birgsvolk, was Rohlfs aber als einen Irrtum bezeichnet, da sich das Land nur bis an den nördlichsten Abhang der Berge erstreckte und seine Bewohner, auch verwandt mit den Logons, Ghamergu, Budduma und Kanuri, nichts mit den weiter südlich wohnenden Bergvölkern gemein haben. Vor Rohlfs, welcher U. 1879 durchreiste, war dasselbe von Denham (der eine ausführliche Schilderung des durch Araber und Bornuer unternommenen Sklaven-Kriegszugs, in dessen Begleitung er bis nach U. gelangte, gegeben hat) und Vogel (welcher über seinen Besuch in U. kaum eine dürftige Notiz hinterliess), bereist worden.

Mandari, Stamm der Denka (s. d.).

Mandeville (Maundevile), John de, brit. Reisender, geb. um 1300 zu St. Albans, war erst Arzt, trat als solcher 1327 in die Dienste des Sultans von Ägypten, dann in die des Grosschans von Chatai und will hierauf 34 Jahre lang einen grossen Teil von Asien, Afrika und Europa bereist haben. Er starb 17. Nov. 1362 (nach andern 7. Nov. 1372) zu Lüttich. Seine lateinische Reisebeschreibung, die übrigens nur für Ägypten, Syrien und die Euphrat-Länder von Glaubwürdigkeit ist, im übrigen den fabelhaften Berichten reisender Mönche folgt, wurde in fast alle europäischen Sprachen übersetzt, ins Deutsche zuerst von Michelfelser (1481). Eine neuere Ausgabe der englischen Übersetzung (nach der Ausgabe von 1725: „Voyage and travayles of Sir John M.") besorgte Halliwell (1839).

Mandiagos, die Umwohner der portugiesischen Niederlassung in Bissão im südl. Senegambien. Sie sind mit allen Kniffen des Tauschhandels vertraut, aber auch als geschickte Bootsmänner geschätzt.

Mandichah, Ort im Distr. El-Wahat-el-Bahrieh der ägypt. Prov. Fayum.

Manding, grosses Land auf der Wasserscheide zwischen Senegal und Niger. Es erstreckt sich östlich über den Niger hinaus und wird durch den kleinen Fluss Kagneko von der Landschaft Burgo geschieden. Es ist gleich wie Birgo gut bewässert, reich an Wild, Wäldern und Fruchtbäumen, besitzt Eisenminen und Goldwäschen. Die Bevölkerung besteht aus Stämmen der Malinke, die sich vom Sultan von Segu fast unabhängig gemacht haben, aber in stetem Zerwürfnis untereinander leben.

Mandingo heissen die Negerstämme, welche sich von Manding (s. d.) aus über einen grossen Teil Senegambiens und über das nördliche Ober-Guinea verbreitet und eine Menge kleiner Staaten (Bambuk, Bondu, Dentilia, Kaarta, Salum, Barra, Yani, Wulli) gebildet haben. Die Mandingo gehören zu den ausgezeichnetsten Bewohnern Afrika's; ihre Gesichtsbildung ist ziemlich regelmässig, offen und einnehmend, ihr Gemüt heiter und einfach; ihre geistige Befähigung, namentlich soweit sie den Islam angenommen haben, überragt alle anderen Neger; zugleich haben sie eine kräftige, gutgeformte Körperbildung; ihr Haar ist ganz wollig, ihre Lippen sind dick, ihre Nasen platt, ihre Hautfarbe ist gelblich; am vorteilhaftesten vor den anderen Negern zeichnen sie sich durch ihre Arbeitsamkeit, Geschicklichkeit und Zuverlässigkeit aus. Jeder M. kann lesen und schreiben, und ihre zahlreichen (schwarzen) Missionäre haben den Islam weit in jenen Ländern verbreitet. Sie scheiden sich in zahlreiche Stämme, z. B. Bullom, Timmani, Susu, Vey u. a.

Mandingo-Terrasse wird die Gebirgsstufe genannt, mit welcher das Kongo-Gebirge nördlich und nordöstl. zum Tieflande des Innern abfällt.

Mandinka, s. v. w. Mandingo.

Mandowa, Ortschaft i. Gasa-Lande, nördlich vom Sabi-Flusse (Südostafrika).

Mandowa, ein Stamm der Eingeborenen im Gasaland, im Norden des Sabi; er scheint mit den Makalaka in Verwandtschaft zu stehen.

Mandu, Negervolk, jenseits Grebro.

Manfalut, Ort im Distr. Manfalut der ägypt. Prov. Assiut.

Manga, Gebirge im Lande Usegua, bildet mit den Masi-Bergen die westliche Grenze der Landschaft Masindi.

Mangala (Ngala), ein Zufluss des Kongo, welcher (wie Haussens von Eingeborenen vernahm) aus dem Bukumba-See fliessen soll.

Mangandja, bergiges Land, südlich vom Nyassa-See, das vom Ablasse desselben, dem in den Sambesi sich ergiessenden Schire, durchströmt wird. Die Anhöhen erreichen 3000 bis 8000 Fuss Meereshöhe. Überall herrscht Wasserreichtum. Livingstone und seine Begleiter passierten hübsche Bäche und eine Quelle in einer einzigen Stunde und noch dazu gegen das Ende der trocknen Zeit. Der zwanzig (engl.) Meilen lange und 8000 Fuss hohe Zombaberg hat einen schönen Fluss, der auf seinem Gipfel durch ein grünes Thal fliesst und seinen Weg in den Schirwa-See nimmt. Die Hochlande sind waldreich und an den mannigfaltigen Wasserströmen wachsen viele Bäume von bewundernswerter Höhe und vortrefflichem Holz.

Unter den Mangandja-Männern sollen manche wohlgestaltete Köpfe, angenehme Gesichter und hohe Stirnen haben. Anderseits wird berichtet, dass sie durch eine entstellende Gewohnheit, grosse Holzpflöcke in Lippen und Ohr zu zwängen, auffällig sind.

Mangangama, ein Ort an dem Zusammenfluss des dem Niger tributären Gulbi-n-Bindi mit dem Gulbi-n-Bautschi.

Mangbälle, ein Stamm der Mangbattu, wohnt am Unterlauf der Flüsse Mbruole und Gurba, auch nördlich vom Nepoko, sowie auch weit im Osten im Lande der Momvu (Dr. Junker).

Mangbattu, Junkers Schreibweise für Schweinfurths Monbuttu.

Mangbuttu, s. v. w. Monbuttu.

Mangetsai, Dorf im Gabongebiet, ca. 80 engl. Meilen in gerader Linie von der Küste entfernt.

Manghafiafy (St. Luciebai), Meeresbucht an der Südostküste der Insel Madagaskar; hier hatten sich die Franzosen niedergelassen und besassen lange Zeit das Fort St. Dauphin.

Manhari, Ort im Distr. El-Minia der ägypt. Prov. Minia.

Manharow, Ort im Distr. Beni-Suef der ägypt. Prov. Beni-Suef.

Mangi nennen die Eingeborenen die Halbinsel Lopez (Westküste).

Mangobaum, in Afrika viel verbreitet, liefert eine grünschalige, enteneigrosse Kernfrucht, die Aprikose der Tropen, die ungemein saftreich ist und geradezu köstlich genannt werden muss, trotzdem sie stark nach Terpentin schmeckt. Der Beigeschmack wird nie unangenehm empfunden.

Mangoche, Berg östlich von Mponda (am Ausflusse des Schire aus dem Nyassa-See).

Mangur (El-), kleinere Oase der libyschen Wüste, zu dem Oasenkomplex Wadi-el-Gâb (s. Gâb) gehörig.

Manguru, Fluss auf Madagaskar, entspringt auf dem Hochlande in der Mitte der Insel und mündet an der Ostküste in den Indischen Ozean.

Mangrove nennt man das etwa 2 Meter hoch über dem Schlammboden sich durcheinander schiebende Wurzelgewirr, das sich an den Mündungen der Flüsse Äquatorial-Afrikas oft ununterbrochen entlang zieht. Auf ihm wachsen dann teils Buschwerk, teils schlanke Hochstämme empor, welche wieder allseitig selbst von den höchsten Zweigen saftige gerade Luftwurzeln herabschicken.

Mangwe, Fluss im Matabelelande, mündet in den Limpopo.

Manhisso, Fluss im östl. Afrika, mündet, von Norden kommend, in die Delagoa-Bai.

Manhlin, Stamm der Bantu- oder

Kaffernfamilie Südafrika's, im Reiche Gaza (s. d.) an den Ufern des Limpopo sesshaft.

Ma'niah, Ort im Distr. El-Neguélah der ägypt. Prov. Behérah.

Maniakorro (Keminun), der stark befestigte Hauptort der Landschaft Fuladugu in Senegambien.

Manial 'Arus, Ort im Distr. Achmun der ägypt. Prov. Menufieh.

— **Chiha**, Ort im Distr. Kesm Thani der ägypt. Prov. Guizah.

— **Dueb**, Ort im Distr. Subk der ägypt. Prov. Menufieh.

— **Guedy**, Ort im Distr. Achmun der ägypt. Prov. Menufieh.

— **el-Redah**, Ort im Distr. Achmun der ägypt. Prov. Menufieh.

— **el-Soltan**, Ort im Distr. El-'Atf der ägypt. Prov. Guizah.

— **Ghidan**, Ort im Distr. Beni-Suef der ägypt. Prov. Beni-Suef.

— **Hany**, Ort im Distr. Beni-Suef der ägypt. Prov. Beni-Suef.

Manica, 1) Fluss auf der Ostküste Südafrikas, kommt von den Drachenbergen, fliesst der Delagoabai zu und nimmt rechts den Om Quinie und den Tamati auf; 2) Hauptstadt des Landes Matuka auf der Sofalaküste (Südostafrika), liegt an einem Nebenflusse des Sambesi. Bisweilen wird auch die ganze Landschaft nach dem Hauptorte benannt.

Maniok, eine in allen Tropenländern gedeihende Pflanze, deren georginenähnliche Wurzelknollen in der verschiedensten Zubereitung vom 5. Monat der Entwickelung ab ein vorzügliches Nahrungsmittel bieten, während auch die jungen Blätter, zerrieben mit Palmöl und Pfeffer gekocht, ein geniessbares Gemüse abgeben. Einige Arten gelten für giftig, doch ist die Gefahr kaum zu fürchten, da die Eingeborenen genau darüber Bescheid wissen. Dagegen sind einige Arten bitterlich, andere zart und süss, welche Eigenschaften je nach dem Boden, in dem sie gedeihen, und nach dem Alter, das sie erreichen, zu- und abnehmen. Man kann den Maniok auch roh essen, in welchem Falle man den holzigen Mittelteil fortwerfen muss, doch ist er roh am schwersten verdaulich.

Zubereitet wird er einmal, indem man die Knolle tagelang ins Wasser legt und dann in siedenden Dämpfen kocht, oder indem man frisch zerriebenen Maniok in gleicher Weise dämpft. Zweitens kann die Knolle zerrieben und der Brei erst an der Sonne und dann in grossen Schalen am Feuer getrocknet werden. Das so entstandene gröbliche Mehl wird zur Bereitung eines „Tapioka“ genannten Breies benutzt. Ausser zur Nahrung könnte der Mehlbrei auch zu erweichenden Umschlägen verwendet werden, oder es könnte eine dünnschleimige Abkochung, ähnlich wie unser Haferschleim, als Getränk dienen. Für Europäer empfiehlt sich nur der Genuss des Mehls, da jede andere Form schwer verdaulich ist und den Magen verdirbt. (S. Falkenstein, Ratgeber für Reisende, Berlin, Enslin 1882).

Manisi, Ortschaft im Gasa-Lande, nördlich vom Sabiflusse (Südostafrika).

Manjanga, Stanley'sche Station am Kongo (grosser Marktort), ca. 200 engl. Meilen oberhalb der Kongomündung, nach Stanley's Karte 135 engl. Meilen vom Stanley-Pool entfernt. Am 18. August 1881 errichtete hier der Missionär Bentley von der Baptist Missionary Society eine Station, zu welcher er das nötige Terrain von den Negerhäuptlingen abgetreten erhielt.

Manjara, See oder vielmehr Salzsumpf im Masai-Lande, in welchen das Flüsschen „waso njiro“ an seiner östlichen Seite sich ergiesst. Das ca. 50 engl. Meilen lange, an einigen Stellen 10 engl. Meilen breite Wasser ist sehr seicht und von rötlich-gelber Farbe. Im Westen reicht das Wasser mit Ausnahme weniger Stellen, wo etwas höher gelegenes, leichtbewaldetes und mehr oder weniger süsses Wasser führendes Land in den Sumpf spitz einschneidet, dicht an den Fuss des Gebirgszuges heran. Aus diesem, schreibt Dr. Fischer („Masailand"), entspringen die zwischen Steingeröll hervorströmenden mehr oder weniger warmen Quellen, welche den Salzsumpf bilden, der an manchen Stellen so heiss war, dass den Trägern die Füsse schmerzten, und eine Temperatur von 50° C. zeigte. An einigen Orten waren die Steine von schleimigen Algenmassen und Moos überzogen, auch traten Gruppen von Binsengräsern auf. Zum Teil waren die Uferränder mit Streifen glänzend weisser wie Eis aussehender Salzkrusten gesäumt. Der Fuss des Gebirges war auf eine kurze Strecke mit Feuersteinen bedeckt. Obwohl eine Vegetation fast ganz fehlte, gewährte die Landschaft doch ein schönes reizvolles Bild. Das spiegelglatte Wasser, in dem sich der ungetrübte blaue Himmel spiegelte, wurde nach Osten hin eingefasst von den schwarzen unvermittelt aufsteigenden hohen Geléi- und Kitumbin-Bergen; im Süden hob sich der schroff ansteigende Vulkan Dönjo Ngai ab und nach Norden hin war noch die Landschaft Ngurumán mit dem Mbolio-Berge sichtbar. Noch gehoben wurde die Scenerie durch grosse Scharen von Flamingos (Phoenicopterus minor) und Pelikanen (P. rufescens), welche in der Mittagssonne dicht zusammengedrängt ruhend, grosse rosarote und weisse Flecke auf dem blauen Wasser bildeten. Das sumpfige Terrain hatte mit einer Höhe von 620 m begonnen und zeigte nach Südwest hin abfallend unweit des Vulkans eine Höhe von 500 m über dem Meeresspiegel. Mit Annäherung an den Vulkan stieg das Land wieder bis zu 730 m an, über welches sich jener noch mit ca. 1000 m erhebt.

Mankambira, Häuptling am westl. Ufer des Nyassa-See. Sein Gebiet soll sich durch grosse Fruchtbarkeit auszeichnen, Mais wird nicht viel gebaut, aber vortreffliche Bananen, Cassava in Massen und Zuckerrohr.

Mankarieh, Ort im Distr. Beni-Suef der ägypt. Prov. Beni-Suef.

Mankasim (Mancassim), Hauptort der Fanti im Reiche Aschanti auf der Goldküste (Westafrika), liegt in der Nähe der Küste.

Mankatene, Ort im Distr. Kolosna der ägypt. Prov. Minia.

Mankebad, Ort im Distr. Assiut der ägypt. Prov. Assiout.

Mankuarane's Reich, ein kleiner unabhängiger Staat in Südafrika, bildet einen Bestandteil des Reiches der Bamangwato (s. d.).

Manjagoës, schwarze Portugiesen auf der kleinen Insel Bolama (Sierra Leone) wohnend; sie sind von kleinem Wuchse, aber treffliche Seeleute, liefern auch sonst gute Arbeiter für die Kolonieen.

Mann, Gustav, Botaniker, wurde als Ersatz für Baxter der Niger-Expedition unter Baikie nachgeschickt; da er dieselbe aber nicht mehr einholen konnte, blieb er 1½ Jahr auf Fernando Po, untersuchte auch die Küste von Sierra Leone und machte sich mit Burton an die Erforschung des Kamerungebirges, welches durch ihn 1861—62 zuerst und mehrmals und zwar bis zum Gipfel bestiegen wurde.

Manoel Jorge (Rio), der viertgrösste Fluss der Guinea-Insel Sao Thomé, entspringt auf der Cordilheira, durchfliesst herrliche Tropenthäler und mündet in den Praia Melao (Greef).

Mans, eine rauhe bergige Landschaft, im Westen von Schoa (Ostafrika), bewohnt von sehr dunkel gefärbten, in schwarze zottige Wollvliesse gekleideten Leuten.

Mansafise, Ort im Distr. Minia der ägypt. Prov. Assiut.

Mansora, 1) s. v. w. Mansura; 2) Stadt in der marokkanischen Provinz Temsna, an der Mündung des Gur auf der Westküste, jetzt verfallen.

Mansurah (El-), 1) Distrikt in Unterägypten (Nordostafrika); 200000 Ew.; 2) Stadt darin, rechts am östlichsten Hauptarm des Nil; 6 Moscheen, christliche Kirche, Handel, Hühnerbrüterei, Handel mit Reis, Baumwolle, Flachs und Ammoniaksalz; auch zahlreiche Manufaktur-Etablissements; ungefähr 16000 Einwohner; mit Kairo (über Belbeis und Sagasig) durch Eisenbahn verbunden. — In der Nähe wurde König Ludwig der Heilige von Frankreich auf seinem Kreuzzuge gefangen genommen.

Mansur-el-Degwi, Ort im Distr. Dessuck der ägypt. Prov. Gharbieh.

Mansuret Chibine, Ort im Distr. Chubrah der ägypt. Prov. Kaliubieh.

Mansuret Namul, Ort im Distr. Kaliub der ägypt. Prov. Kaliubieh.

Mansuret-el-Farastak, Ort im Distr. Tala der ägypt. Prov. Menufieh.

Manssur, Hauptort der Oase Timmi.

Mantati, ein Stamm der Betschuanen (s. d.), in der Nachbarschaft der Basutos wohnhaft und seit 1853 von diesen unterjocht.

Mantelkrähe, abessinische (Coracias abyssinica), in Abessinien heimisch, auch über Sennar verbreitet, kommt neben der europäischen vor, übertrifft diese aber an Schönheit der Farben.

Manti, Ort im Distr. Chubrah der ägypt. Prov. Kaliubieh.

Mantout, Ort im Distr. Minia der ägypt. Prov. Minia.

Mantscho, (nach Harris III, 58) ein Stamm der Galla (s. d.), dessen Wohnsitz sich in der Landschaft Enarea befindet (Ostafrika).

Mantsua's Reich, ein kleinerer unabhängiger Staat Südafrika's, einen Bestandteil des Reiches der Bamangwato (s. d) bildend.

Manyama's Kraal, Dorf im Matabele-Lande, an einem kleinen Nebenflüsschen des Shashami (20° 37′ s. Br., 28° 19′ östl. L.), 3470 Fuss hoch.

Manzal Haïat, Ort im Distr. El-Kanaïat der ägypt. Prov. Charkieh.

Mznzal Maymun, Ort im Distr. El-'Arein der ägypt. Prov. Charkieh.

Manzal Néïm, Ort im Distr. El-Savvaleh der ägpt. Prov. Charkieh.

Manzal Nessim, Ort im Distr. El-Savvaleh der ägpt. Prov. Charkieh.

Manzoni, Keno (Enkel des Dichters), versuchte 1879 von Aden aus in das Somal-Land zu gelangen, hatte aber gleich anfangs Feindseligkeiten zu bekämpfen und kehrte deshalb nach Aden zurück.

Mao, Ort in Kanem, an der Grenze von Wadaï, nordöstlich vom Tschad-See. Hier wurde Mor. v. Beurmann, der über Vogels Schicksal Genaues festzustellen strebte, und über Bilma, Kuka und Jakuba nach Wadaï vorzudringen sich anschickte, im Febr. 1863 ermordet.

Mao-Kebbi, ein Nebenfluss des dem Niger tributären Gulbi-n-Gindi.

Mapanya, Dorf am Kamerun (2748 Fuss hoch).

Maples, Ch., Missionär, führte 1881 eine Reise durch die Länder im Süden des Rovuma und bis zur Mozambique-Küste aus. Er ging am 13. Juni von seiner Station Masasi im Norden des Rovuma über Chilonda (Newala), wo er den Missionär Goldfinch abholte, dann den Rovuma überschreitend über Chivarus' Stadt (ca. 12° 25′ südl. Br., 38° 28′ östl. L. v. Gr.) nach Mwalia, Hauptstadt eines dicht von Makuas bevölkerten Landes (13° 25′ südl. Br., 37° 58′ östl. L., 2300 engl. Fuss über dem Meere). Die Reisenden vernahmen hier die Kunde von einem mittwegs zwischen Mwalia und Mozambique liegenden Schneeberg Irati oder Namuli, den sie leider nicht erreichen konnten. Sie mussten den interesselosen Weg nach der Mündung des Luli in die Lurio-Bai einschlagen, von der sie über Kisanga nach Newala und Masasi zurückkehrten.

Mapurumuka, s. Awiwa.

Maputa, Fluss im östlichen Südafrika, kommt von den Drachenbergen, nimmt ausser anderen Flüssen links den Lesuto, rechts den Pongolo auf und mündet in den südlichen Teil der Delagoa-Bai.

Maputas, Kaffernstamm im östlichen Südafrika, wohnt an der Küste zwischen dem Lande der Zulukaffern und der Delagoa-Bai.

Maqua, s Makua.

Marabastad, Ort im Norden der südafrikanischen Republik Transvaal; in seiner Nähe wird Gold gegraben.

Marabu (Leptotilus Argala, von den Arabern Abu-Seïn, d. i. „Vater des Schlauches" genannt), ein Vogel aus der Familie der Störche; er bewohnt ganz Afrika, ist höchst gefrässig und bildet in den europäischen Tiergärten ein Zugstück ersten Ranges; denn „er sieht aus und macht genau einen so komischen Eindruck, wie ein ungeschickter Mensch, welcher zum ersten male in einen Frack gesteckt wird und dieses Kleidungsstück nicht mit dem nötigen Anstande trägt". Von ihm kommen die Marabufedern, sehr feine, wollenartige, weisse Federn.

Marabut, 1) eine muhammedanische Sekte in Nordwest-Afrika, welche hier zu politischer Bedeutung kam u. die Dynastie der Morabiten od. Almoraviden gründete; 2) bei den Berbern eine priesterliche Person, die mit Wunderkraft und Prophetie begabt ist und den Dienst bei Moscheen u. Grabkapellen versieht; sie stehen bei den Laien in grossem Ansehen und ihre Würde ist erblich; 3) das Grab eines solchen Priesters.

Maradeh, kleine quellenreiche Oase in der Sahara, drei Tagereisen westlich von Udschila.

Maradi, 1) unabhängiger, heidnischer Negerstamm an der Nordgrenze des Reiches Sokoto (Inner-Afrika); 2) Hauptort des Volkes am M., einem Nebenflusse des Sokoto.

Maradu, Stadt in der Provinz Sanfara des Fellatahreiches Sokoto in Innerafrika.

Maraff (Chor), Strombett unfern dem Chor Amideb (s. d.), kommt aus den südlich vom Chor-el-Gasch gelegenen Bergen von Aulla und vereinigt sich nördlich mit dem zwischen 80 und 150 Fuss breiten, mit schönem Dumwalde bestandenen und zum Chor Baraka fiessenden Obelet oder Sadem (Ostsudan).

Marafil, s. Dschib.

Marakesch, s. v. w. Marokko.

Maravi, 1) Negervolk im Innern Südafrika's, etwa unter 15° s. Br. zwischen dem Sambesistrome u. dem Njassa-See wohnend; 2) auf älteren Karten der Name für einen sehr grossen See im Innern Süd-Afrika's, welcher jedoch aus vielen einzelnen, zum Teil auch sehr grossen Seeen besteht.

Marche, s. Compiègne.

Marda nennen die Basa die ihnen benachbarten Barea (s. d.).

Mardochai Abi Serur, ein intelligenter, aus Akka (südöstlich von Agadir) gebürtiger Jude; unternahm, seit Jugend von Reiselust getrieben, in den Jahren 1858—63 mit Handelskarawanen mehrfach Reisen durch Marokko, wie nach Timbuktu und machte sich besonders durch eine gefahrvolle Reise von Mogador durch die Sahara nach Jerusalem bekannt. 1872 sammelte er für Konsul Beaumier auf einem südl. Ausläufer des Atlas gegen Akka hin endemische Pflanzen, 1871 für Cosson. Diesmal ging er von Akka westwärts bis zur Mündung des Wadi-Nun; 1874 reiste er, inzwischen durch Beaumier des Französischen mächtig, nach Paris, um persönliche Unterweisung von Cosson einzuholen. Ende 1874 war er be-

Strand bei Makdischu

es Grossen Lab.

reits wieder in Akka, durchforschte die Sahara auf 10 Tagereisen in südlicher Richtung nach Timbuktu hin, unternahm im Januar 1875 mit Ibrahim Ammeribt (s. d.) eine gemeinschaftliche Forschungsreise, auf der er jedoch plötzlich erkrankte. Dies nötigte ihn zur Rückkehr nach Mogador, von wo aus er im Frühsommer seine wichtigste Reise, nach dem südlich von Mogador gelegenen Djebel Tabayoult, in Ausführung brachte.

Marea, s. Agasi.

Marea, himyaritisches (abessin.) Volk in der Prov. Anseba, nordöstl. Grenze des abessin. Inlandes von Mudun (Samhar) aus.

Mareb (auch Gasch genannt), ein Fluss Abessiniens, entspringt in Tigré, im abessinischen Hochland von Hamesen, am Amba Doro, fliesst auf einer weiten Strecke nach Nordwesten, macht dann eine nordöstliche Biegung durch die grasreichen Steppen der Landschaft Taka, wo er deshalb „Chor-el-Gasch“ genannt wird, nimmt später den Namen Halenga an und ergiesst sich zur Zeit seiner Hochflut in den Atbara.

Mareotis, See in Unter-Ägypten, jetzt Birket Mariut genannt, südlich von Alexandria, von der westlichsten (der Kanobischen) Nil-Mündung gebildet und von dem Mittelmeer durch eine schmale Erdzunge (Taenia) getrennt. Im 17. u. 18. Jahrh. war der See zu einer sandigen Ebene ausgetrocknet und entstand erst im Jahre 1801 wieder, als die türkisch-englische Armee bei der Belagerung Alexandria's die Dämme des die Ebene vom Abukir-See trennenden Kanals von Alexandria durchstach; Kanalarbeiten der neuesten Zeit haben den See wieder etwas beschränkt; der Landbezirk um ihn führt den gleichen Namen.

Marena, Dorf im Lande Lambalake (Segu-Reich).

Maresia, s. Calema.

Margabelah, Ortschaft, ziemlich tief in der Bai von Assab (s. d.) gelegen. Die Italiener beabsichtigen, ihre Station dorthin zu verlegen, weil hier guter Ackergrund ist und auch Süsswasser sich findet.

Mari, Berg im Oasenlande Aïr der südlichen Oase, mit mauerähnlichem Kamme (Barth).

Märi, s. v. w. Bomokandi.

Maria (Marea), ein zwischen dem Anseba und Chor-el-Barka (16° n. Br.) hausender Volksstamm. Die M. gelten als direkte Verwandte der Mensa oder Bogos. Sie waren zu Beginn des 19. Jahrh. Christen, sind aber jetzt zum Islam bekehrt worden. Sie sprechen meist Chaza. Ihre Hauptbeschäftigung ist Viehzucht, doch sind sie auch Ackerbauer.

Maria Fernandes (Pico), Berghorn der Guinea-Insel Sao Thomé.

Maria-Theresienthaler bilden die übliche Münze im nordafrikanischen Verkehr. Sie wurden noch bis 1866 in der Zecca (Münze) zu Venedig geprägt; jetzt soll dies in Österreich geschehen. Jeder M. muss das Bildnis jener Kaiserin deutlich zeigen, im Diadem 7 Perlen und die Schulteragraffe, die Jahreszahl 1780 und das Münzzeichen S. F. zeigen. Der M. bildet auch (nach Heuglin) das Normalgewicht (12 M. = 1 Neter oder abessin. Pfund = 12 Ukie = 24 Lot des alten Zollgewichts oder 120 Dramm Geld).

Marico, Fluss im Transvaalstaate.

Marie (**Sainte-Marie**), niedrige, bewaldete, höchst ungesunde Insel im Gambia, 1½ Meile von der Mündung desselben; darauf die britische Niederlassung Bathurst (s. d.): Handel mit Gold, Elfenbein, Wachs, Gummi u. dgl., Sitz des Gouverneurs und Mittelpunkt des britischen Handels; 2) (Nossi Ibrahim), Insel an der Ostküste von Madagaskar, eine französische Besitzung, hat 5—6000

Einwohner und ist mit einigen Befestigungen versehen; der schmale Kanal, welcher die Insel von Madagaskar trennt, gewährt einen guten Ankerplatz.

Marinduque, eine Insel der Bissagos-Gruppe.

Mariette-Pascha, berühmter Ägyptolog, am 11. Febr. 1821 in Boulogne-sur-Mer geboren, am 19. Jan. 1881 in Kairo gestorben (Reisen in Ägypten; 1850—54; definitive Ansiedlung daselbst 1857; Gründung des Museums ägyptischer Altertümer zu Bulak bei Kairo etc.).

Marikoa, Fluss im Betschuanenlande. An seinen Quellen waren die Wohnsitze des ehemals mächtigen Baharutsi-Stammes; ihr Gebiet kam zuerst zu dem Reich des Moselekatsi und befindet sich jetzt im Besitze der Boeren.

Marimba (Negerzither), ein sehr verbreitetes Musikinstrument der Neger. „Es besteht aus Stäben, die sich über einer auf einem Resonanzboden befestigten Leiste hin- und herschieben lassen, wodurch die Tonhöhe jedes einzelnen Stäbchens veränderlich wird. Die Zahl der Stäbchen ist nicht bestimmt; sie kann von fünf auf über dreissig steigen. Sie bestehen gewöhnlich aus Spaltstückchen der Blattrippen der Weinpalme" (Güssfeldt). Nach Pogge's Schilderung besteht die M. aus einem 10—16 cm breiten dünnen Holzbrett, welches meistens hufeisenförmig gestaltet ist und an der offnen Seite ca. 60—95 cm im Lichten messen mag; unter dem Brette sind, je nachdem das Instrument gross oder klein, wertvoll oder nicht wertvoll ist, 6, 8 oder mehr Kürbisse von oft verschiedener Höhe angebracht und zwar in letzterm Falle so, dass sie stufenartig aneinander gereiht sind. Der Musiker führt in jeder Hand einen ca. 30 cm langen Stock, der an einem Ende mit Kautschuk umgeben ist. Mit diesem paukt er auf das Resonanzbrett und bringt hierdurch laute und harmonische Töne hervor. — Ähnlich, aber nicht so verbreitet, wie die Marimba, ist der Jengo.

Marionsinsel, kleine unbewohnte Insel im Indischen Ozean, südlich von Madagaskar und nahe bei der Edward-Insel.

Marisi, s. Mahai.

Maritzburg, s. Pietermaritzburg.

Markuna, Dorf im Lande Lambalake (Segu-Reich).

Mar-Matschila (abessin.), s. v. w. Mais.

Marmier, Xavier, franz. Reisender u. Schriftsteller (geb. 24. Juni 1809 zu Pontarlier), bereiste in dem Zeitraume von 1840—50 Ägypten und Algerien („Du Rhin au Nil", 1846, 2 Bde.; „Lettres sur l'Agérie", 1847) und schrieb später noch: „Les voyages des Nils à la recherche de l'idéal" (1869).

Marno, Ernst, bekannter Afrikaforscher, zu Wien am 13. Januar 1844 geboren, studierte Zoologie, ging 1866 zum ersten mal als Tierhändler nach dem ägyptischen Sudan und kehrte 1867 nach Europa zurück. Schon 1869 unternahm er eine Expedition in die Gallaländer in der Absicht, bis zum Indischen Ozean vorzudringen, gelangte aber über Sennar und Fasogl nur bis nach dem noch von keinem Reisenden besuchten Fadasi. Er bereiste hierauf Fasogl, sah sich aber durch Feindseligkeit der Eingeborenen zur Rückkehr nach Chartum gezwungen und wies auf diesen an Strapazen und Entbehrungen reichen Reisen die Unmöglichkeit nach, den Bachr-el-Seraf als Wasserstrasse in die Äquatorial-Provinzen zu benutzen. Nach kurzem Aufenthalt in der Heimat, den er zur Bearbeitung seines Reisewerkes: „Reisen im Gebiete des Blauen und Weissen Nil" (1874) benutzte, reiste er im Dezbr. 1872 von Chartum nach

Gondokoro, wo damals Baker sich aufhielt, kehrte aber im April 1874 nach Chartum zurück, um im Oktober 1874 infolge einer Aufforderung des an Baker's Stelle getretenen Gordon-Pascha wiederum nach Ladó am Bachr-el-Gibel zu gehen, das er nach einer 78tägigen Reise erreichte. Indessen verwirklichte sich sein Wunsch, eine Anstellung in der Verwaltung des Sudan zu erlangen, nicht. Er bereiste hierauf mit dem ägyptischen Oberst Long das Makwakaland und weilte eine zeitlang in Kordofan, um dann (1876) wieder nach Europa zurückzukehren. Über die Ergebnisse dieser letzten Reisen berichtete er in dem 1878 erschienenen Werke: „Reisen in der ägyptischen Äquatorialprovinz und in Kordofan 1874—76". Ein Versuch im Herbst 1877, an den Unternehmungen der Internationalen Association teilzunehmen, schlug fehl; schon nach dem vorbereitenden Zuge (von Januar bis März 1878) von Saadani nach Kwakiora (300 km landeinwärts) trat M. zurück, kehrte im April abermals wieder nach Europa zurück und wandte sich 1879 wieder nach dem Sudan, wohin ihn Gordon-Pascha als Verwalter der Provinz Galabat berufen hatte. Seit Juli 1879 war er mit der Reinigung des Bachr-el-Abiad von den jeden Verkehr auf ihm hindernden Pflanzenbarren beschäftigt; 1880 wurde er von dem an Gordons Stelle getretenen Gouverneur Rouf-Pascha nach Faschoda geschickt, um dem Sklavenhandel entgegenzuarbeiten; 1882 machte er dann auch den Bachr-el-Ghasal zugänglich. Zum Bey befördert, ging M. jezt als Mudir von Fasogl nach Famaka, wo er namentlich mit der Bekämpfung der Mahditen zu schaffen hatte. Er starb an einer Lungenentzündung während eines Besuches in Chartum am 31. Aug. 1883.

Marofototra, s. v. w. Foulepointe (weite Meeresbucht an der Ostküste der Insel Madagaskar).

Marokko (arabisch Maghrib-el-Aksa, d. h. der äusserste Westen; der Name M. ist entstanden im 16. Jahrh. durch die Portugiesen und Spanier aus dem arabischen Marrâkesch, der Hauptstadt des Landes), 1) Sultanat im Nordwesten Afrika's; grenzt nördlich an das Mittelmeer, westlich an den Atlantischen Ozean, südlich an die Sahara, östlich an Algerien und nimmt einen Flächenraum von etwa 13500 Q M. ein, von welchem Areal jedoch ein grosser oder selbst der grössere Teil Besitz einer tributären Bevölkerung ist, welche sich zu allen Zeiten in Unabhängigkeit erhalten hat. Die Küstenlänge beträgt zusammen 180 Mln., von denen 116 auf das Atlantische, 84 auf das Mittelmeer kommen. Im Ganzen ist das Land, mit Ausnahme der Küstengebiete, noch wenig erforscht. Im Innern fast durchaus gebirgig; indem der Atlas mit seinen Gliedern in nordöstlicher Richtung das ganze Land durchzieht und hier seine höchsten, mit ewigem Schnee bedeckten Gipfel hat, tritt im Norden die Gebirgsformation mit dem Riff bis unmittelbar an das Meer heran und nur an der Westküste ist dem Hochlande ein bald mehr, bald minder breiter Küstensaum vorgelagert, welcher mit dem Lande im Süden des Atlas das einzige Tiefland M.s bildet. M. ist ungemein reich an Flüssen und Bächen, welche im allgemeinen den Charakter der Gebirgsströme tragen, indem sie bald ungemein wasserreich, bald fast völlig trocken sind; kein einziger Fluss ist schiffbar, da sie sämtlich an den Mündungen versandet sind; in das Mittelmeer mündet der Mulvia, Garet, Nakor, Rasen, in das Atlantische Meer Sebu, Umm-er-Rebia, Tensift, Sus, Run und Dra, Maghagha, Lukkos, Bu Regreg; südwärts fliessen der Ziz und Gir und münden im südöstlichen Teile des Landes in Salz-seeen. Ausser diesen Salzseeen hat M. nur einige Seeen, wie den grossen Ed Debaïa. Das Klima des Landes ist eins der schönsten auf Erden, selbst in den niederen Küstenstrichen an der Westküste gemässigt und nur im Süden des Atlas durch die Winde aus der Sahara bisweilen unerträglich heiss; es giebt nur zwei Jahreszeiten, eine trockene und eine nasse, die letztere vom Oktober bis März. Mit wenigen Ausnahmen ist der Boden sehr fruchtbar und einige Striche des Innern nördlich vom Atlas, der südlichste Teil des Reichs in der Sahara und der hierher gehörende Teil der mit Algerien gemeinschaftlichen Wüste Angad sind nackte, pflanzenlose Wüsten, selbst der Atlas ist zum grossen Teile mit grossen Urwaldungen bedeckt, bestehend aus Pinien, Thuyen, Cedern, Aleppofichten, Lärchen, Pistazien, Stein- und Korkeichen, Wallnussbäumen, Buchsbaum, Weihrauchbäumen und im Süden der Arganbaum, der ein vortreffliches Öl liefert. In den Niederungen sind dagegen Wälder eine Seltenheit. An Getreide und Hülsenfrüchten giebt es Durrah, Mais, Reis, Bohnen, Erbsen, Sesam; Südfrüchte, Mandeln und Datteln bilden eine Hauptrolle des Reichtums des Landes; Wein, Tabak, Hanf, Baumwolle, Hennah wächst wild und kultiviert, ebenso im Süden Indigo, Orseille, Trüffeln etc. Es giebt vortreffliche Pferde, Schafe, Rindvieh, Ziegen, Maultiere und Esel (auch wild), Affen, Wildschweine, Antilopen und Strausse, wilde Büffel, Hyänen, Löwen, Luchse; sehr viel Bienen, grossen Reichtum an Fischen, sowohl in den Flüssen als an der Südküste; häufig aber treten auch Heuschrecken als Landplage auf. Das Mineralreich bietet Eisen, Kupfer, Blei, Silber und Gold, doch ist die Ausbeute nur gering; Schwefel wird ganz im Süden nahe an der Küste, Steinsalz im Innern, Seesalz an der ganzen Meeresküste, Salpeter bei der Hauptstadt, vortreffliche Walkerde an mehreren Orten gewonnen. Die Bevölkerung schätzt Rohlfs auf $6^1/_2$ Millionen (Klöden giebt sie auf 2 750 000, Trent Cave auf 8 Millionen); davon sind ein sehr grosser Teil Araber (üb. 4 Mill. und zwar zum grössern Teile Mauren, zum kleinern Teile Beduinen); gegen $3^3/_4$ Millionen Berbern, wovon $2^1/_4$ Mill. Amazirghen und Tuariks, $1^1/_2$ Mill. Schilluks (im Süden) sind, über $^1/_2$ Mill. Juden und vielleicht 150—200 000 Neger, meist Sklaven; die Zahl der Europäer ist sehr gering. Die Ureinwohner scheinen die Amazirghen und Schilluks gewesen zu sein; diese haben sich auch ihre eigene Sprache zu erhalten gewusst, im übrigen ist die herrschende Sprache die arabische, wenn auch in vielerlei Dialekten; herrschende Religion ist die mohammedanische, und die Einwohner sind höchst fanatisch; Hauptbeschäftigungen sind Ackerbau und Viehzucht, nächst dem Handel und dem Betrieb einiger Gewerbe, aber die letzten stehen ebenso wie der Ackerbau im Ganzen auf niedriger Stufe, da der Despotismus der Regierung und der Mangel persönlicher Sicherheit jeden Fortschritt hemmen. Gleichwohl giebt es einige Industriezweige, welche sich aus älterer Zeit her in bemerkenswerter Höhe erhalten haben; so die Fabrikation der berühmten roten Fezze (zu Fez), Leibgürtel von Seide und golddurchwirkt, rote, gelbe und grüne Leder aus Ziegenfellen (Maroquin und Safian), sowie überhaupt durchgängig vorzügliche Gerbereien, allerlei Gegenstände aus Ziegenhaaren, Teppiche, wollene Burnus, Töpferwaren, Seife, Erzarbeiten u. a. Der Ackerbau bringt vorzüglich Weizen, Durrah (mit mehr als 200fältigem Ertrage und 2—3 Ernten im Jahr), Mais, Reis, Bohnen, Erbsen und andere Hülsenfrüchte, wird jedoch nur eben für das eigene

Konsum des Landes betrieben; die Viehzucht beschäftigt sich hauptsächlich mit Rindvieh, Eseln, Maultieren, Pferden, Ziegen, Schafen und Kamelen, und die Bienenzucht liefert ungeheure Mengen von Wachs und Honig. Der Handel ist nicht unbeträchtlich, sowohl zu Lande mit dem Sudan, als zur See mit Europa und der Levante, und hat besonders in neuerer Zeit sehr gewonnen, seitdem die Regierung viele Aufuhrverbote modifiziert und teilweise ganz aufgehoben hat. Im Sudan, wohin alljährlich sechs Karawanen gehen, werden Salz, Tabak, Waffen u. a. Erzeugnisse gegen Elfenbein, Weihrauch, Goldstaub, Straussenfedern, Gummikopal, Baumwolle, Kardamom, Assa fötida, Indigo und Sklaven vertauscht; der Handel zur See wird hauptsächlich durch die Häfen zu Tanger, Salé mit Rabbat und Mogador vermittelt und ausser den Sudanwaren werden auch Landeserzeugnisse in Menge ausgeführt, die Einfuhr besteht besonders in weissen baumwollenen Stoffen, Leinwand, Tuch, Seidenwaren, Kolonialwaren, Arzneimittel, Spezereien, eisernen und kupfernen Gerätschaften, Porzellan- und Glaswaren und hauptsächlich auch in geprägtem Gelde. Die geistige Entwickelung der Bevölkerung ist eine sehr niedere; in den Schulen wird nur mechanisch Lesen und Schreiben, sowie das Unentbehrlichste aus dem Koran gelehrt. Die Regierungsform ist unumschränkt despotisch; an der Spitze des Staates steht der Sultan (Kaiser), welcher vorzugsweise den Titel Emir-al-Mumenin, d. h. Beherrscher der Rechtgläubigen, führt und zugleich geistliches Oberhaupt ist. Die Regierung ist in der männlichen Nachkommenschaft des Sultans erblich, ohne Erstgeburtsrecht, so dass fast bei jedem Regentenwechsel Thronstreitigkeiten und Bürgerkriege entstehen. Wo der Sultan residiert, da verwaltet er die Rechtspflege selbst und erteilt zu dem Zwecke häufig öffentliche Audienzen; einziges Gesetzbuch ist der Koran; die Strafen werden willkürlich verhängt und sind meist sehr hart. Die Staatseinkünfte bestehen in direkten und indirekten Steuern, der Judensteuer, Zehnten, Zöllen, Geschenken etc. und werden auf 8—10 Millionen Gulden veranschlagt; die Ausgaben sind viel geringer, und der Überschuss kommt in die kaiserliche Schatzkammer zu Mequinez. Die bewaffnete Macht besteht im Frieden aus 36 000 Mann, wovon 10 000 Mann die kaiserliche Leibwache oder die Bukhari bilden; in Kriegszeiten werden alle waffenfähigen Männer unter die Waffen gerufen; die Festungen, deren man 24 zählt, sind in schlechtem Zustande, die bedeutendsten sind Mogador, Asfi, Mazagan, Azamor, Nabal und Salé; die Flotte ist seit dem Aufgeben des Seeraubes mehr und mehr verfallen und besteht nur aus einigen kleinen Fahrzeugen; die Flagge ist die türkische, aber ohne Halbmond. Behufs der Verwaltung ist das Land nördlich vom Atlas in 28 Provinzen von sehr verschiedenem Umfange geteilt, jeder steht ein Gouverneur (Kaide) vor; im Süden des Atlas liegen ausserdem die Provinzen Tafilelt, Daraa, Guzzula, El Gharib und Adrâr; die Territorialabteilung bei den freien Berbervölkern beruht nur auf der räumlichen Verbreitung der einzelnen Stämme, und jeder Stamm steht unter einem selbstgewählten Scheich. Die sonst wohl übliche Einteilung in die ursprünglich selbständigen Reiche, Fez, Marokko, Sus etc. ist im Lande selbst völlig unbekannt. Hauptstädte des Reiches sind Marokko und Fez (Fâs). An der Küste besitzen die Spanier seit mehreren Jahrhunderten vier feste Plätze, die sogenannten Presidios, Ceuta, Peñon di Velez, Alhuzemas und Melila, welche den

Spaniern als Verbannungsorte dienen. Münzen, Masse und Gewichte. M. und Fez rechnen gewöhnlich nach Mitskals (Metikals) zu 10 Ukkien (Unzen) à 24 F'lus (im Singular Fels) im Wert von 13,96125 Mitskals = 1 feine Mark oder 1 Mitskal = 1 Thlr. 2 Sgr. $1^7/_8$ Pf.; geprägte Münzen a) in Gold: Dublonen zu 10 spanischen Piaster; Bu-t'ki oder Butaca zu 2 spanischen Piastern; der Metbu'o oder Golddukaten zu $1^1/_2$ Piaster; der Nusf zu $^1/_2$ Piaster; b) in Silber: der Rial, runde und viereckige, = 1 spanischer Piaster; die Ukkia oder Unze (Rial emtà sidi Emhhammed, Piaster Sidi Mohammeds) gilt 4 Musunen, $13^1/_2$ Ukkien = 1 spanischer Piaster; c) in Kupfer: Kirat: die kleinste Kupfermünze, 4 Kirat = 1 Fels, 4 F'lus = 1 Vierer, 24 Vierer = 1 Musuna, 96 Musunen = 1 Ukkia; 1 Pfund Kupfer giebt gesetzlich 150 Ukkien, 14400 F'lus und 57600 Kirat. Masse: Längenmass der Dhra'à (Codo, Arm, Elle), à 8 Tomnien ist 571 mm lang; 100 Dhra'à = 57,1 m; jedes fremde Längenmass wird Căla genannt; Fruchtmass: der Mudd (Almuda) in halbe und Viertel geteilt, wiegt $12^1/_2$ kg, 4 Mudd = 1 Sahh oder 58 l, sonst sind auch Cahiz, Fanega und andere spanische Masse gebräuchlich; Ölmass: Cula oder Coula hat 22 Pfd. des grossen Centners oder ca. 15 l; Gewicht: der gewöhnliche Cantaro (Centner) hat 100 Artal (Rotal, Rotoli oder Pfund) = 50,8 kg; ein anderer Centner in Mogador wiegt 53,98 kg, ein Zollcentner für Wolle, Öl, Kupfer etc. hält 45,36 kg, der Chintar-el arub soll nur 75, ein grosser Centner aber 125 Pfund wiegen. 2) Der mittlere Teil des Reiches, südlich vom Atlas, nördlich von Fez, westlich vom Atlantischen Ozean begrenzt; 3210 Q M., mit $3^1/_2$ Millionen Einw., durchströmt von den Flüssen Tensif und Ummer-Rebia mit ihren Zuflüssen, ist in 10 Provinzen eingeteilt und enthält die Hauptstadt des Reiches; 3) Hauptstadt des Reiches (bei den Einwohnern Marrakesch), in der Provinz Erhammena, auf einer 1400 Fuss hohen Ebene, 3 Stunden im Umfang, mit vielen Gärten und Feldern innerhalb der 30 Fuss hohen, mit Türmen versehenen Mauern, hat 19 Moscheen, darunter Kutubia mit einem 210 Fuss hohen Turme, ein spanisches Mönchskloster, grossen Bazar, Maroquinfabriken, Getreidemagazine, kaiserlichen Palast von Marmor, Gerichtspalast; lebhafter Handel und 30000 (nach anderen 109000) Einw.; darunter 5000 Juden, die einen besondern Stadtteil bewohnen). Im 12. Jahrh., wo die arabische Kultur in höchster Blüte stand, soll M. 700000 Einwohner gezählt haben.

Die Stadt M. ward 1052 an der Stelle des alten Martok von Yusuf Abu Tesfin, dem zweiten Herrscher der Dynastie der Almoraviden gegründet und wurde die Hauptstadt von Mogreb, dem westlichen Teil der Berberei. Zu dem Reiche gehörte noch Sale, Tanger, Ceuta und andere Plätze in Afrika; dazu eroberte Yusuf 1091 in Spanien Cordova, Sevilla und Almeria und liess sich in seiner Herrschaft über die Araber in Spanien vom Kalifen in Bagdad bestätigen. Ihm folgte 1106—1140 sein Sohn Abul Hassan Ali, welcher Mohadi, das Haupt der Almohaden, der 1129 M. belagerte, zurückwarf. Unter seinem Sohn Tesfin el Masmudi (1140—45) begannen schon die Streitigkeiten mit den Almohaden, und unter seinem Bruder Ishak wurde 1146 M. von Abbul Mumen nach neunmonatlicher Belagerung eingenommen, Ishak enthauptet und die Dynastie der Almoraviden gestürzt. Nun herrschten die Almohaden in M.; Abdul Mumen hatte schon vor der Eroberung M.s Tlemesan, Fez, Mekues und Ceuta erobert; er trieb die zurückkehrenden

Almoraviden zurück, nahm 1151 Bugia und stürzte dort die Dynastie der Beni-Hamad, eroberte 1159 Mahadia und andere Plätze von den Franken und vertrieb dieselben gänzlich aus Afrika; er starb 1163. Sein Enkel Abu Yacub (1163–1184) erhielt 1171 Murcia, Valencia, Jaen und andere Teile Spaniens und lebte meist in Spanien; eine Empörung des Statthalters von Kaffa rief ihn nach Afrika; darauf belagerte er Santara in Portugal und starb dort 1184. Sein Sohn Almansur Abu Yusuf (1184–99) vertrieb den Almoraviden Ali von Majorca aus Bugia, Cabes und Capsa, entriss den Spaniern das 1190 eroberte Algarbien und nahm Toledo; 1196 machte er mit ihnen Frieden, um seine Macht gegen die aus der Wüste anrückenden Marabuts wenden zu können. Erst seinem Sohn Abdallah Mohammed gelang es, die von Ali und den Marabuts erregten Unruhen zu unterdrücken; dieser starb 1214, und nach ihm regierten noch 9 Könige aus der Dynastie der Almohaden bis 1269 (1273), wo Abud Abbas nach dreijähriger Regierung von Abu Yusuf Yacub, dem Sohn Abdul Hakims, aus der Dynastie der Meriniten vertrieben wurde. Schon dessen Bruder Abu Yahia Abubekr (starb 1258) hatte M. und Fez besessen, nachdem Abdul Hakim, der Stifter dieser Dynastie, 1213 ganz Mogreb erobert hatte. Unter den Meriniten hörte M. auf Hauptstadt zu sein. Nach Abu Yusuf Yacub regierten noch 16 Könige aus dieser Dynastie, welche 1361 unter Abu Mohammed Abdul Hakim Abu Ali Omar von den Oatazen (Otassiten) gestürzt wurde.

Den Oatazen folgten im Anfang des 16. Jahrh. die Saaditen. Diese führten ihr Geschlecht zurück auf Mulei Mehemed, einen Fürsten der westlichen Araber, aus dem Geschlecht des Propheten Mohammed, der mit seinem Stamm von den Plünderungen der jährlich von Fez, M. u. Tlemsan nach Mekka ziehenden Karawanen lebte, bis er nach Tafilelt und die angrenzenden Wüsten vertrieben wurde. Von seinen Nachkommen gelangten Mehemed und Ahmed, Sohn Mohammed Husseins, zu grossem Ansehen am Hofe in Fez. Von dem, 1516 befestigten fezischen Statthaltersitz Tarudant aus machten sie 1519 dem König von M. das Anerbieten, die Portugiesen aus den Besitzungen in seinem Lande zu vertreiben. Von ihm an seinen Hof geladen, erdrosselten sie ihn bei der Audienz, und Ahmed nahm hierauf sogleich den Namen eines Königs von Tarudant und M. an und wurde vom König von Fez gegen das Versprechen eines jährlichen Tributs anerkannt. Indes brauchte er alsbald den Titel Scherif und verweigerte als solcher den Tribut. Dadurch, dass er 1536 den Portugiesen Sta. Cruz abnahm, brachte er das Übergewicht in jener Gegend immer mehr auf seine Seite. Mit seinem Bruder Mehemed, welcher sich den Königstitel beilegte, führte er deshalb 1540 und 1545 Kriege, wurde aber besiegt. Nun zog Mehemed gegen Fez; eroberte 1552 Fez, gewann nach und nach auch die Nebengebiete von Fez und M., nahm seinem Bruder Ahmed Tafilelt ab und eroberte Tlemsan und Velez. 1557 wurde Mehemed ermordet, und ihm folgte sein Sohn Abdallah. Sein Reich umfasste die beiden Mauretanien, den grössten Teil von Numidien u. noch 14 andere Provinzen; er verschönerte M. durch Prachtgebäude, besonders durch das Theologische Kollegium von 260 Zimmern, und starb 1572. Sein Sohn Mulei Mehemed wurde von seinem Oheim Mulei Moloch vom Throne gestürzt; um den Neffen in sein Reich zurückzuführen, nahm sich dessen der König Sebastian von Portugal an und zog mit 1000 Schiffen

Wober in Makdischu.

und 15 000 Mann nach M., landete bei Algila, wurde aber in der Schlacht bei Alcazar - Quivir 4. Aug. 1578 gänzlich geschlagen; Sebastian verschwand in der Schlacht, Mulei Mehemed ertrank und Mulei Moloch starb. Nun kam das Reich an Ahmed, Abdallahs dritten Bruder, unter welchem es seine grösste Ausdehnung (angeblich bis Guinea) erhielt. Nach seinem Tode 1603 entbrannten innere Kämpfe wegen der Nachfolge, bis endlich Ahmeds ältester Sohn, Mulei Sidan, König von Fez, wieder Herr von ganz M. wurde. Unter ihm kamen die von Philipp III. 1610 aus Spanien vertriebenen Mauren nach M. und bemächtigten sich, durch ihre, gegen die christlichen Schiffe gerichteten Seeräubereien immer reicher u. kühner gemacht, der Stadt und des Kastells Rabat, wo sie eine republikanische Verfassung einführten und sich von den Niederländern u. Franzosen unterstützt gegen den König, trotz seiner englischen Hilfe, hielten. Auf Mulei Sidan folgte 1634 sein Sohn Abdul Moloch, welcher 1635 von seinem Günstling Kidri Kirum (Krom) el Hadschi ermordet wurde; Gleiches geschah nach zwei Monaten Abdul Meleks Bruder Luellud; diesem folgte sein Oheim Mulei Scheik und diesem 1654 Mulei Labesch, welcher 1667 auch von Kirum ermordet wurde.

Mit Mulei Labesch erlosch die Dynastie der Saaditen, und Kirum schwang sich nun auf den Thron. Gegen ihn erhob sich aber Mulei Arschid aus Janbo und stürzte ihn 1669, und mit diesem beginnt die Dynastie der Aliden oder Hoseini und seitdem führt M. den Titel eines Sultanats oder Kaisertums. Sein Bruder Mulei Ismael (1672 — 1727) eroberte Tanger und El-Araisch von den Spaniern, war aber ein Wüterich, welcher 5000 Menschen eigenhändig hinrichtete u. die ausgesuchtesten Martern gegen seine Opfer ersann; nicht Günstlinge, nicht seine Frauen (deren er nach und nach 8000 hatte), nicht seine eignen Kinder waren vor seiner Grausamkeit sicher; er starb 1727, 825 Söhne und 342 Töchter hinterlassend. Seine Söhne Achmed Deby u. Mulei Abdallah bekriegten sich um das Reich; letzter siegte 1730 und regierte fast ebenso grausam wie sein Vater bis 1757; er wurde in dieser Zeit siebenmal abgesetzt und zurückgerufen. Ihm folgte sein Sohn Mulei Sidi Mohammed, der gegen Frankreich, Spanien und Portugal Krieg führte, milder gegen seine Unterthanen war und europäische Kultur in M. einzuführen begann; nach seinem Tode 1789 entstanden sogleich neue Kriege über die Thronfolge unter seinen Söhnen. Mulei Soliman folgte 1794 seinem ältern Bruder Jezid und behauptete sich gegen seine übrigen Brüder, welche Statthalter in den einzelnen Provinzen waren. Bei dem Einfall der Franzosen in Ägypten stellte er ein Kontingent gegen dieselben; schickte aber später (1807) einen Gesandten an den kaiserlichen Hof nach Paris, lebte auch mit den Bourbons fortwährend in gutem Vernehmen und starb 1822.

Sein Nachfolger war der Kaiser Mulei Abderrahman, ältester Sohn seines Bruders Mulei Hescham. Beim Antritt seiner Herrschaft war der Zustand des Landes kein günstiger; die fruchtbare Provinz Riff stand schon längere Zeit auf dem Punkte, die Herrschaft des Kaisers abzuschütteln; Sus und Waderun im Süden waren bereits fast unabhängig; in Fez überragte die religiöse Bedeutung der Marabuts bei weitem die politische Macht des weltlichen Herrschers. Überhaupt herrschte religiöser Fanatismus und gegen die Fremden Hass; Handel und Wohlstand des Landes standen auf sehr niedriger Stufe. Hinsichtlich seines Verhältnisses zu den zivilisierten Staaten hatte der Kaiser möglichst allen Anstoss zu vermeiden gewusst, insgeheim jedoch hatte er Abdel Kader in Algier mehrfach gegen die Franzosen unterstüzt und auch bereits 1830 versucht, sich eines Teiles der Provinz Oran zu bemächtigen. 1844 kam der Kaiser in einen schweren Konflikt mit den europäischen Seemächten: der spanische Konsular-Agent Darmon war, weil er einen Marokkaner auf der Jagd verwundet hatte, troz der Intervention des sardinischen Konsular-Agenten, auf Befehl des Gouverneurs von Massagran enthauptet worden. Auf eine Satisfaktions-Forderung der zu Tanger residierenden auswärtigen Konsuln vom 11. Febr. 1844 antwortete der Kaiser mit der Zusammenziehung eines Beobachtungs-Heeres von 4—6 Tausend Mann bei Ceuta. Europäischerseits stand Sardinien von der Verfolgung seiner Forderung ab, Spanien dagegen sandte eine Dampf-Fregatte mit einer Gesandtschaft nach Tanger ab, die nun die förmlichste Genugthuung fordern sollte, liess es aber, aus Rücksicht auf England u. Frankreich, nicht bis zum Äussersten kommen und nahm endlich die Vermittlung Englands an. Inzwischen waren auch die Franzosen, mit denen wieder Grenzstreitigkeiten entstanden waren, näher an das marokkanische Gebiet gerückt, um die Grenzen von Algier gegen Abdel Kader zu schützen. M. sandte den Prinzen El Mimun in die Grenz-Provinz Uschda, um sich dort mit Abdel Kader zu vereinigen und den Franzosen sich entgegenzustellen, welche in einem befestigten Lager nahe bei Uschda standen. Die Marokkaner, etwa 15 000 Mann stark. bei Uschda versammelt, stellten die Forderung der Gebiets-Erweiterung bis zur Tafna. Bei einer am 15. Juni am Muilah zwischen dem Kaid von Uschda und dem französischen General Bedeau abgehaltenen Unterredung brach die marokkanische Reiterei gegen die französischen Reihen los, worauf sich ein Gefecht entspann, welches, da sich die Franzosen durch die Truppen Bugeauds verstärkt hatten, mit einer Niederlage der Marokkaner endete, die sich nach Uschda zurückzogen. Bugeaud verfolgte seinen Sieg bis nach Uschda, besetzte diese Stadt am 19. Juni und drang dann bis an den Isly vor. Inzwischen erhielt Prinz Joinville den Befehl, mit einer Kriegsflotte vor Tanger unter Segel zu gehen. Da die Unterhandlungen anfangs August zu keinem Ziele geführt hatten, begann am 6. Aug. die Beschiessung von Tanger, brachte nach fünfstündigem Bombardement sämtliche Batterieen des Platzes zum Schweigen und setzte die drei Küsten-Batterieen und alle Werke der Festung ausser Verteidigung. Darauf richtete er seinen Lauf gegen Mogador, welches er am 15. August zu bombardieren begann: die vor dem Hafen liegende Insel wurde bis zum Abend genommen; am 16. wurden 500 Mann gelandet, welche Alles in der Festung vernichteten, was zu einem weiteren Angriff hätte dienen können; die Stadt selbst wurde von den Kabylen in Brand gesteckt. Inzwischen ging Bugeaud am 14. August über den Isly und schlug an diesem Flusse den weit überlegenen Feind, dessen Lager mit sämtlicher Artillerie, allen Vorräten, den Zelten des Prinzen, welcher die Marokkaner kommandierte, erobert ward. Da die Marokkaner nach der Schlacht am Isly die Verfolgungen gegen die Christen fortsetzten und am 24. August die Insel vor Mogador wieder zu erobern suchten, eröffneten die französischen Schiffe wieder ein Feuer gegen die Stadt. Auf Veranlassung Englands, gegen dessen Interesse die Besetzung M.'s durch Frankreich war, bot endlich der Kaiser

56*

von M. den Frieden an, welcher unter Vermittlung des englischen Gesandten Bulwer am 10. Sept. in Tanger unter folgenden Bedingungen geschlossen wurde: der Kaiser von M. zieht seine Truppen von der Grenze zurück und hält daselbst künftig nicht mehr als 2000 Mann, Abdel Kader wird ausser dem Gesetz erklärt und an Frankreich ausgeliefert, wenn er in die Hände der marokkanischen Regierung fällt, wogegen Frankreich versprach, Mogador und Uschda zu räumen. Die Ratifikation wurde so lange vorbehalten, bis die Grenze genau bestimmt sein würde, wozu Kommissäre ernannt wurden. Gleichzeitig war auch durch Englands Vermittlung Friede mit Spanien, mit welchem Lande der Krieg inzwischen wieder ausgebrochen war, der sich aber auf die Blockade der Hafen beschränkt hatte, geschlossen worden, welcher am 4. Sept. in Madrid ratifiziert wurde; der Sultan hatte alle von Spanien gestellten Bedingungen angenommen, die Bestrafung des Gouverneurs von Massagran, eine Entschädigung für die Familie des hingerichteten Darmon und endlich die Einräumung eines bisher streitigen Gebietes in der Nähe von Ceuta. Kurz darauf endlich wurde der Sultan durch englische und französische Vermittlung auch dahin gebracht, auf den Tribut, welchen Schweden und Dänemark früher an den Sultan entrichteten und welche jetzt die Bedrängnis desselben benutzt und Kriegsschiffe an die marokkanische Küste gesendet hatten, gänzlich zu verzichten, worauf die Konsuln beider Staaten am 14. Febr. 1845 nach Tanger zurückkehrten; unterzeichnet wurde die Übereinkunft am 5. April. Nach langen Streitigkeiten wegen der Regulierung der marokkanisch-französischen Grenze in Algier wurde dieser Handel in französischem Sinne beendigt und der Friede am 10. Sept. ratifiziert.

Als Abdel Kader nun 1845 die algierischen Stämme nach M. übersiedeln und durch sie daselbst von neuem zu dem heiligen Kriege auffordern wollte, die Franzosen aber erklärten, dass sie den Emir auch auf marokkanischem Gebiete verfolgen würden, sah sich der Kaiser genötigt, die bereits gegen Abdel Kader aufgebotenen Truppen noch zu verstärken. Aber die Stämme an der französischen Grenze blieben Anhänger des Emirs und in beständiger Unruhe, und der Kaiser war völlig ausser stande, dieselben im Gehorsam zu erhalten. Abdel Kader kehrte sich 1846 sogar feindlich gegen M. selbst, indem er auf die Stadt Uschda einen Angriff versuchte; dieser wurde zwar von dem Kaid zurückgeschlagen, aber als Prinz Mulei Soliman der Stadt zu Hülfe eilen wollte, weigerten sich seine Truppen gegen Abdel Kader zu marschieren. Überhaupt wurde der Einfluss des Emirs in M. so besorgniserregend für den Kaiser, dass dieser nun auch Frankreichs Unterstützung gegen jenen anrief. Im Jahre 1847 machten alle Grenz-Provinzen vom Riff bis an die Wüste auf Geheiss Abdel Kaders gegen den Kaiser Aufruhr; das gegen sie ausgesendete kaiserliche Heer unter Kaid El Hamar ward am 14. und 15. Juni wiederholt geschlagen, dann das marokkanische Lager überfallen und verbrannt, der Kaid aber enthauptet. Nachdem der Kaiser ein neues Truppenkorps gegen den Emir aufgeboten hatte, traf im September auch Frankreich ernstliche Anstalten zu einer nachdrücklichen Intervention in M. Die mächtigen Stämme der Beni-Amer und der Haschem wurden von Sidi-Mohammed bei Fez überfallen und ihre waffenfähige Mannschaft niedergemacht, Abdel Kaders Deira im Riff angegriffen und er selbst bis nach Ain Zohra zurückgedrängt, so dass er die Provinz Riff, in welcher er sich 2 Jahre gehalten hatte, räumen musste. Der Kaiser selbst unterwarf inzwischen alle aufrührerischen Grenz-Stämme, und gegen Ende des Jahres 1847 war Abdel Kader von den französischen Truppen und dem Heere des Kaisers so eng eingeschlossen, dass er sich den Franzosen ergab, s. Algier (Gesch.) IV. Erst mit diesem Ereignis war M. auf einige Zeit die Ruhe nach aussen wenigstens wiedergegeben.

Eine neue Differenz mit Frankreich erhob sich im Jahre 1849 wieder, zunächst wegen mehrerer dem französischen Geschäftsträger Roche zugefügten Beleidigungen und dann wegen Gefangennehmung und Misshandlung eines französischen Couriers. Im Oktober war die Spannung bereits so bedeutend geworden, dass der französische Geschäftsträger alle Verhandlungen mit der marokkanischen Regierung abbrach und der Konsul das Land verlies, worauf, als nach einigen fruchtlosen Verhandlungen Frankreich Ernst zeigte, M. nachgab und Genugtuung gewährte, so dass gegen Ende des Jahres die Streitigkeiten völlig beigelegt waren.

Zu Anfang des Jahres 1850 war infolge einer ungewöhnlichen Dürre eine Hungersnot eingetreten, welche von einem gänzlichen Stocken des Handels begleitet war. Später gab ein den monopolisierten Handel mit Häuten betreffendes Dekret des Kaisers Veranlassung zu einem weitverbreiteten Aufstand im Innern. Auch machte ein Neffe des Kaisers einen Aufstand, um die Herrschaft an sich zu reissen. Als der Kaiser bei diesen misslichen Umständen keine Steuern aus dem Lande beitreiben konnte, entschädigte er sich durch die Konfiskation der Güter der Reichen, wie er es denn mit den Gütern des verstorbenen Gouverneurs von Tanger und mit denen des, ohne allen Grund verhafteten Pascha von Tetuan, damals Gesandten in Paris, machte. Kaum waren diese Unruhen unterdrückt, als neue Missbelligkeiten mit Frankreich ausbrachen. Es hatte sich seit längerer Zeit Stoff dazu angesammelt, bes. infolge der seit 1844 getroffenen Einrichtung, dass die diplomatischen Agenten europäischer Mächte nicht in Fez, der Residenz des Sultans, sondern nur in Tanger wohnen dürfen und nur mittelbar durch den Pascha von Tanger mit dem Sultan und seiner Regierung verkehren können. Die Engländer haben auch hier das meiste Handelsinteresse und sind daher die natürlichen Verbündeten der Regierung von M., insoweit es darauf ankommt, den Einfluss der übrigen Europäer zu beschränken. Ein französischer Gesandtschaftsbote war verhaftet und trotz des Einspruchs von Seiten der französischen Gesandtschaft im Gefängnisse ermordet worden; dazu kamen andere Fälle von Misshandlung, Beraubung und Ermordung von Christen, welche Frankreich zu beschützen hatte. Die Regierung von M. liess einen dabei beteiligten Juden bestrafen, erklärte aber für unzulässig, dass ein Maure wegen eines Christen in Strafe genommen werde. Zu Anfang April 1851 war noch eine französische Brigg im Hafen von Sale (Slah) unter den Augen der Behörden ausgeplündert worden, ohne dass sich der Kaiser zu irgend einer Genugthuung verstehen wollte. Die französische Regierung sandte, um ihn nachgiebiger zu machen, ein Linienschiff und zwei Fregatten, welche am 25. Novbr. 1851 vor Sale anlangten und am 26. Nov. Sale grossenteils in Trümmer schossen, worauf der französische Gesandte am Bord eines Linienschiffes nach Tanger reiste und dort von dem Pascha Befriedigung der französichen Forderungen erlangte. Der Sultan bestätigte die Zugeständnisse seines Paschas und räumte schliesslich dem französischen Gesandten zu Tanger das Recht ein, unmittelbar mit dem marokkanischen Hofe zu Fez zu verkehren. Im Ganzen wurde aber dadurch in den Verhältnissen zu den Europäern nichts gebessert. An Verträgen aller Art mit den europäischen Mächten fehlte es keineswegs, aber sie wurden nicht gehalten, und Engländer und Spanier hatten fortwährend Veranlassung, eine Entscheidung durch die Waffen zu wünschen, wenn die dadurch zu erzielenden Vorteile im richtigen Verhältnisse zu den damit verbundenen Opfern standen. Auch wusste man, dass die Regierung, selbst wenn sie besseren Willen gehabt hätte, oftmals nicht die Macht hatte, Abhilfe zu gewähren. Die Bevölkerung besteht aus mehr oder weniger unabhängigen Stämmen, und die Regierungstruppen sind fortwährend in Bewegung, um Steuern und Abgaben einzutreiben. Der Handel mit dem Auslande wird durch Monopole und Zölle erschwert und verhindert, derjenige im Innern siecht aus Mangel an öffentlicher Sicherheit. Der Wert der Ausfuhr betrug z. B. 1850 nur 8384000 Franken, der der Einfuhr 9114000 Franken, wobei England allein mit fast $^3/_4$ beteiligt war. Die Nachbarschaft Frankreichs vermittelst des Algiergebietes hat an der Grenze etwas geordnetere Zustände zur Folge gehabt. Am 24. Juni 1852 schlugen und zerstreuten die Franzosen unter Anführung des Generals Montauban den Stamm der Beni-Suassen, welche von M. aus oft die französische Provinz Oran beunruhigt hatten. Im August 1853 wurde auch eine Zolllinie zwischen M. und Algier errichtet, welche, von Truppen bewacht, zugleich die Grenzstämme in Achtung erhält und den Verkehr, welcher bis dahin nur zur See erlaubt war, zu Lande erleichtert. Die europäische Diplomatie bemühte sich, die Regierung zu Massregeln zur Beförderung des Handels zu vermögen, allein der einzige Erfolg bestand in einer geringen Herabsetzung der Zollsätze auf Öl, Wolle und Häute in Mogador, wo noch der meiste Handel mit Europäern getrieben wurde. Auch versprach der Kaiser bes. auf Englands Antrag, Sorge für das gute Benehmen der Riffbewohner.

Das Riff, d. h. Küstengürtel, ist eine zum Marokkanischen Reiche gehörige Küstenstrecke am Mittelmeere, etwa 57 Meilen lang und 8 Meilen breit, der Küste von Andalusien gegenüber und von Spanien nur durch einen schmalen Meeresarm getrennt. Die Bewohner dieses gebirgigen, im Innern noch nicht erforschten Landes sind mit den Berbern oder Kabylen im Algiergebiet, den Tuaregs in der grossen Wüste und den Schellöchen im übrigen M. stammverwandt und gehören zu den Amazirghen, welche die Oberherrschaft des Sultans von M. immer nur scheinbar anerkannt haben. Innerhalb dieses Riffs hat Spanien seit Jahrhunderten die sogenannten Presidios, d. h. einige kleine Festungen teils auf Inseln, teils auf dem Festlande behauptet, nämlich Ceuta, Penon di Velez de Gomera, Alhucemas und Melila, welche fortwährend von den seeräuberischen Riffbewohnern eng eingeschlossen wurden. Im August 1856 wollte die Bemannung der preussischen Korvette Danzig unter Befehl des Prinzen Adalbert an der Riffküste ans Land steigen, wurde aber aus einem Hinterhalte mit Flintenschüssen empfangen und musste, nachdem von 65 Mann 7 geblieben und 18 verwundet worden waren, der Übermacht der Seeräuber weichen. Durch diesen Erfolg ermutigt, griffen die Riffbewohner am 9. September 1856 die spanische Feste Melila an, wurden jedoch zurückgeschlagen. Um dieselbe Zeit hatte die Regierung von

Marokko an die französische 35000 Franken Entschädigung für ein französisches Schiff ausgezahlt, welches die Riffbewohner im Jahre 1855 beraubt hatten. Die fortwährenden Schwankungen in der Zoll- und Handelsgesetzgebung veranlassten die Engländer auf den Abschluss eines neuen Vertrages zu Gunsten des englischen Handels zu drängen, welcher am 9. Dez. 1856 abgeschlossen wurde und am 10. April 1857 in Kraft trat. Danach sind Handel und Verkehr zwischen beiden Ländern gegenseitig erlaubt und 10 Prozent des Wertes der eingeführten Waren als höchster Zollsatz festgestellt. In Mogador und Mazagan war der Handel fast ganz in englischen Händen; der französische hatte sich daneben etwas gehoben, der mit Spanien, Belgien, Holland, Österreich und Deutschland war ohne Bedeutung. Im Jahre 1857 liess der alte Kaiser bekannt machen, dass er zum Nachfolger seinen ältesten Sohn Sidy Mohammed, Statthalter von Tafilelt, bestimmt habe. Im folgenden Jahre kostete ihn die Unterdrückung einer bedeutenden Empörung grosse Opfer. Im August 1859 starb Sultan Abderahman.

Sidy Mohammed wurde in allen Teilen des Reiches als Nachfolger ausgerufen und behauptete sich auch, jedoch nicht ohne blutige Kämpfe, gegen seine zahlreichen Nebenbuhler. Die Riffbewohner benutzten die Zeit der Unruhen zu Anfang Septembers zu einem Raubzuge ins Algiergebiet hinein, wo sie aber von den Franzosen, und zu einem Angriff auf die spanischen Besitzungen in Nordafrika, wo sie von Ceuta aus zurückgeworfen wurden. Während die französische Regierung sich mit der Züchtigung der angreifenden Stämme begnügte und im November zwei Festungstürme am Tetuanflusse, von wo aus auf die Franzosen gefeuert worden war, zusammenschoss, aber dessen ungeachtet die freundschaftlichen Beziehungen zur Regierung von M. nicht unterbrach; verlangte dagegen Spanien von der marokkanischen Regierung Genugthuung und Entschädigung für eine Reihe von Unbilden, namentlich die Abtretung eines Gebietes zur Sicherstellung seiner afrikanischen Besitzungen, und erklärte am 22. Okt. nach fruchtlosen Verhandlungen den Krieg (Rundschreiben der spanischen Regierung vom 29. Okt. 1859), nachdem die Bedenken, welche in England wegen der Sicherheit Gibraltars auftauchten, mit der Zusicherung beschwichtigt worden waren, dass Spanien die bestehenden Rechte und Interessen aller Völker achten und keinen Punkt auf der afrikanischen Küste dauernd besetzen werde, dessen Besitz den Spaniern eine gefährliche Überlegenheit für die freie Beschiffung des Mittelmeeres geben würde. General O'Donell erhielt den Oberbefehl über die spanische Heeresmacht, welche zu Anfang Dezembers den Krieg begann, anfänglich von den Mauren heftig angegriffen, bald aber siegreich ins Innere vordringend. Das ganze Heer der Spanier bestand aus 35—40000 Mann zu Fuss, 2000 Pferden und 150 Geschützen. Auf Seite der Marokkaner eilten die Kabylen und Mauren der Ebene, ungefähr 60000 Reiter, herbei und fochten mit dem grössten religiösen Fanatismus. Nach einer fast ununterbrochenen Reihe kleiner, höchst blutiger Gefechte wurde die Stadt Tetuan infolge einer am 4. Februar 1860 gewonnenen Schlacht von den Spaniern besetzt, und nach einer letzten am 23. März westlich von Tetuan geschlagenen Schlacht, baten die Marokkaner um einen Waffenstillstand, welcher schnell zum Frieden führte, da Sidy Mohammed wegen der Unruhe im Innern denselben dringend wünschte. Als Friedensbedingungen

Markt i

wurden festgesetzt: M. überlässt an Spanien das ganze Gebiet vom Meere bis zur Schlucht von Unghera, sowie das, welches zu Santa Cruz am Ozean nötig sein wird; es bezahlt an Spanien eine Entschädigung von 20 Millionen Piastern (ungefähr 100 Mill. franz. Franken) und die Stadt Tetuan bleibt bis zur vollständigen Bezahlung dieser Summe in den Händen der Spanier. Ein Handelsvertrag stellt die Spanier der begünstigsten Nation gleich; die Regierung von M. erlaubt den Aufenthalt eines spanischen Repräsentanten und die Errichtung eines Mission-Hauses in Fez. Der Wert des abgetretenen Gebietes wurde auf 300 Mill. Realen geschätzt. Auf dieser Grundlage wurde der Friede am 26. April endgiltig abgefasst und von den beiderseitigen Bevollmächtigten unterzeichnet. Die Spanier hatten 18 000 Mann verloren, davon 12 000 durch die Cholera.

Bereist wurde Marokko, soweit bekannt, zuerst von dem Araber Leo Afrikanus (1510 ff.), welcher mehrmals durch Marokko hindurch nach Innerafrika zog. Die Engländer Stewart und Windhus folgten 1821, der Däne Hoest (1760 – 68), Saugnier, welcher 1784 M. durchreiste, Lempriere (1790) und Aprell (1797); seit 1803 wurde es von dem merkwürdigen spanischen Reisenden Badia y Lablich (Ali Bei el Abbassi) und dann vornehmlich von Engländern bereist (Shaw und Jackson 1811, Hodgson und Washington 1829); 1827 – 28 drang René Caillié von Senegambien aus über Timbuktu nach Arauan, Tafilet und Marokko; 1845 ff. forschte Mor. Wagner in M.; 1850 reiste Leop. Panet vom Senegal aus über Shinghit in der Oase Aderer nach Kap Nun und Mogador; 1858—63 zog der Marokkaner Mardochée mehrmals mit Handelskarawanen durch M. nach Timbuktu, 1861 besuchte Gerhard Rohlfs von Tanger aus das westliche M. und die südlichsten Teile dieses Reiches (Wadi Draa, Oase Tafilet); der Senegambier Buel Moghdad drang 1860 – 61 vom Senegal aus durch Tiris, die westl. Sahara durchschneidend nach Marokko. 1864 reiste Rohlfs vom nördlichen Marokko aus über die Schneegebirge des hohen Atlas bis nach Tafilet und Tuat. Die östlichen Teile der marokkanischen Sahara besuchte 1868 Beaumier; K. v. Fritsch und Rein forschten 1872 im marokkanischen Atlas; Kapitän Colville zog von Tanger über El Arisch, Fes, Meknessa nach Udjda an der algerischen Grenze; 1880 gelang es Oskar Long, von Marokko aus, wo er sich einige Monate aufhielt, Timbuktu zu erreichen.

Vgl. S. Ockley, Account of South-West-Barbary, the territories of the king of Fez and Marocco, Lond. 1713 (deutsch Hamb. 1717); W. Braithwaite, History of the revolutions in the empire of Marocco upon the death of the last emperour Muley Ismael, Lond. 1729 (deutsch Hamb. 1730); Boulet, Histoire de l'empire de Cherifs en Afrique etc., Par. 1733; G. Hoest, Efterretninger om Marokos og Fes, Kopenh. 1779 (deutsch von Süssmilch. ebd. 1781); Höst, Nachrichten von M. und Fes, im Lande selbst gesammelt, 1760—68, aus dem Dänischen, Kopenh. 1781; Grey Jackson, An account of the empire of Marocco, 3. Ausg., Lond. 1814; L. Chenier, Recherches historiques sur les Maures et histoire de l'empire de Maroc, Par. 1787, 3 Bde. (deutsch im Auszuge, Leipz. 1788); F. v. Dombay, Geschichte der Sherifen oder der Könige des jetzt regierenden Hauses von M., Wien 1801; Beauclerc, Journey to Marocco, Lond. 1828; J. Graberg von Hemsö, Das Sultanat Mogh'rib ul Aksa oder Kaiserreich M., deutsch von A. Reumont, Stuttg. 1833; Calderon, Quadro geografico, estadistico, historico, politico del imperio de Marruecos,

Madrid 1844; Augustin, M. in seinen geographischen, historischen, religiösen, politischen, militärischen und gesellschaftlichen Zuständen, Pest 1845; Renou, Description géographique de l'empire de Maroc, Par. 1846; Xav. Durrieu, The present state of M. (von 1843), Lond. 1854; Kiepert, Karte vom nördlichen Teile des Sultanats M., 1860; James Richardson, Travels in M., Lond. 1859, Berl. 1860, 2 Bde.

Marokko (Marâkesch, s. v. w. „die Geschmückte"), Hauptstadt des Kaiserreichs Marokko (31° 37' n. Br., 9° 55' w. L.), Stapelplatz für Transit- und Karawanenhandel, etwas südlich vom Tensift in reicher Fruchtebene und in schöner Lage am Fusse der fast das ganze Jahr hindurch in Schnee gehüllten Hochkämme des Atlas; ca. 50 000 Einwohner. Lederbereitung (Safiane) und Lederwaren (Maroquins), lebhafter Handel, der zumeist in englischen und französischen Händen liegt; Hafenort ist Mogador. Von M. aus wird namentlich nach dem Süden ein starker Karawanenverkehr getrieben; es gehen Karawanenstrassen durch den Pass von Bidauan nach Tarudant (von da einerseits über den Drâ nach Tenduf, Taudeni, Arauan und Timbuktu, anderseits nach Südwesten bis Tiris, Adrâr und Arguin); eine zweite nach Tafilet (von da nach Tuat, Tidikelt und Ahaggar); eine dritte nach Udschda und Tlemssen in Algerien. — Als ihr Gründungsjahr wird in arabischen Quellen das Jahr 1072 genannt; als Sultansresidenz hat sie eine Blüteperiode erlebt, von welcher der zweimalige Umfang der Stadtmauer noch heute Zeugnis giebt. Jetzt ist das Innere vielfach ein schmutziges ungepflastertes Strassengewinkel mit zahlreichen zum Teil schönen Moscheen dazwischen. Der Palast des Sultans, ein grosser ummauerter Gebäudekomplex, liegt ausserhalb der Stadt.

Maroko (nach Krapf, Journals 98, 107 ff.), ein Stamm der Galla (s. d.), dessen Gebiet sich im Süden der Landschaft Gurague befindet (Ostafrika).

Marongwe, s. Malongwe.

Marquar, die englische Schreibweise für Makua.

Marrabu, Stadt am Niger in der Landschaft Borgu (Innerafrika), treibt Salzhandel.

Marrah (Djebel-), das Hochlandsmassiv im östlichen Teile des Sudan, zugleich das Hauptgebirge von Dar Fur; 1878 Kampf der Aufständischen und der Ägypter unter Emiliani und Massadaglia.

Marsafa, Ort im Distr. Toukh der ägypt. Prov. Kalioubieh.

Martabak, Berg am Ostufer des Schulgulgul.

Martola-Mariam, s. Mota.

Marungu, Volk am Tanganjika-See.

Marutse - Mambunda, ein Doppelreich, das sich im Süden des Lundareiches bis an den Sambesi erstreckt und von Holub 1875 aufgefunden und durchreist wurde. Es erfreut sich, nach den Berichten dieses Forschers, geordneter Verhältnisse. Portugiesische Händler dringen von Benguela aus bis hierher vor und treffen mit Kaufleuten aus dem Kaplande, die über Schochong ihre Waren an den Sambesi bringen, zusammen. Vgl. Holub, „Eine Kulturskizze des Marutse-Mambunda-Reiches" (1879).

Maruzi, s. v. w. Baharutsi (s. d.).

Maryland, Negerrepublik auf der Körnerküste Guinea's (Westafrika), erstreckt sich 30 Meilen von Liberia oder dem dortigen Grenzflusse Gross-Sestros, ostwärts bis zum St. Andreasfluss. 1838 von Nord-Amerikanern gegründet, 1847 als selbständiger Staat konstituiert und dann mit Liberia (s. d.) vereinigt, hat der Staat seinen Einfluss auch über ein beträchtliches Gebiet der einheimischen Neger ausgedehnt.

Masalit, Volk in Darfur, hauptsächlich zu der Wadai-Grenze; Verwandtschaft zweifelhaft (Barth).

Ma'saret 'Arfa, Ort im Distr. Tobhar der ägypt. Prov. Fayoum.

Ma'saret Doudeh, Ort im Distr. Sanoures der ägypt. Prov. Fayoum.

Ma'saret Haggag, Ort im Distr. Beni-Mazar der ägypt. Prov. Minia.

Ma'saret Na'san, Ort im Distrikt Beni-Souef der ägypt. Provinz Beni-Souef.

Ma'saret Samallout, Ort im Distr. Kolosna der ägypt. Prov. Minia.

Masaro, s. Sofi.

Masasi, Missionsstation im Norden des Rovuma.

Mascāra, 1) s. v. w. Tlemssen; 2) Stadt im östlichen Teile der französisch-algerischen Provinz Oran, am el Hammam; war ehemals Hauptstadt der Provinz Tlemssen und Residenz Abdel-Kaders; liegt in der fruchtbaren Ebene von Eghres, hat Festung, Citadelle, grosse Magazine, bedeutenden Handel; 4000 Einw.; 1835 wurde es von den Franzosen eingeäschert.

Mascarenhas (Mascarenische Inseln), Inselgruppe im Indischen Ozean, östlich von Madagaskar (Afrika), genannt nach ihrem Entdecker, dem Portugiesen Mascarenhas (1506); dazu gehören die französische Insel La Réunion (Bourbon) und die beiden den Engländern gehörenden Inseln Mauritius (Isle de France) und Rodriguez. Die M. gehören seit 1642 den Franzosen; 1810 nahmen die Briten die ihnen jetzt gehörenden Inseln in Besitz und erhielten sie 1814 vertragsmässig abgetreten.

Mascarenenstrom heisst der nördlich der Mascarenen an der Ostküste Madagaskars hinziehende Teil des Äquatorialstroms (vergl. Afrikanische Trift).

Maschirr heisst bei den Bongoleuten eine Art scharfer Bauerntabak (Nicotiana rustica), welcher in diesen Strichen heimisch zu sein scheint.

Maschona, ein altes A-Bantu-Volk im südlichen Afrika, von dessen alten Befestigungen A. Hübner bildliche Darstellungen brachte, die Hartmann und Fritsch mit den von Mauch 1871 entdeckten Ruinen von Zimbabye in Beziehung brachten.

Maschova, siehe Maschua.

Maschua (Maschova), volkreiche Stadt und Hauptort des Betschuanenstammes Barolong in Südafrika, am Flüsschen M., einem Nebenflusse des Kuruman. — Die Wohnsitze der M. liegen am Tati-Flusse (Südafrika); sie liegen der Goldgewinnung ob, haben 15 bis 18 Fuss tiefe Gruben in das die Ufer bildende harte Quarzgestein gegraben und solide Steinmauern errichtet, die ihnen sowohl zum Schutz gegen plötzliche feindliche Überfälle, als auch zu Viehkraalen dienen.

Maseke (Nygomas Stadt), Station der „Livingstone Inland-Mission" auf der Strasse zum Stanley-Pool.

Maseli (Vaalpenz), ein den Abantu verwandtes Volk im Sambesigebiet.

Masgad-el Khadre, Ort im Distr. Melig der ägypt. Prov. Menufieh.

Masgard Moussa, Ort im Distrikt Kesm Atfih der ägypt. Prov. Guizah.

Mashalah, Ort im Distr. El-Ga'farieh der ägypt. Prov. Gharbieh.

Mashona, die früheren Bewohner des Matabele-Landes, von den Matabele unterjocht.

Masikamba, s. v. w. Karema (am Tanganjika-See).

Masind, Landschaft in dem Berglande von Usamba. M. wird im Westen von den Manga- und Mafi-Bergen begrenzt.

Maskal, das abessinische Fest zum Andenken an die Auffindung des Kreuzes durch St. Helena, Kaiser Constantins Mutter (26. Moskarem oder September).

Maskalo, ein Gehänge des abessinischen Gebirgsstocks Biala.

Maskarenen, siehe Mascarenhas.

Masó, Ortschaft am Niger, zwischen Gbadjebo und Kpatatschi (Flegel).

Mason Bei, englischer Oberst in ägyptischen Diensten, befuhr 1877 von Magungo aus den Mwuta Nzighé-See bis an das Südende, untersuchte sämtliche Buchten und fand, gleich Romolo Gessi, dass der Südrand unter 1° 10′ n. Br. liege, wodurch die Annahme, dass Stanley im Beatricegolf ein anderes südl. gelegenes Seebecken aufgefunden, Bestätigung erhielt.

Masopha (Lepogo M.), Häuptling des Basutolandes, wohnt (vergl. Dr. Joest, „Köln. Ztg.") in einer Bergfeste Thaba Bosigo, an der sich selbst die Boeren die Köpfe einrannten, und ist ein grimmiger Feind der Engländer wie aller Europäer, denen er den Zutritt nach Basutoland energisch verwehrt.

Masr (bei den Hebäern des Altertums „Masar", im Dual „Misraïm"), bei den heutigen Arabern der Name für Ägypten.

Masrag, Fluss Algeriens, mündet in den Golf von Bona.

Masrata (Misrata), 1) Kap an der Küste von Tripoli (Nordafrika), die Westspitze des Golfs von Sidra; — 2) Stadt daselbst; 10 000 Einw.

Masr el Kahira, ägypt. Benennung von Kairo.

Massa, schwarze Völkerschaft, am Tsadsee sesshaft, den Bongos im Gebiete des obern Nil verwandt.

Massaba, Handelsfaktorei zwischen Bananas (s. d.) und dem Quillu, an der Mündung des Loema gelegen (Westküste).

Massai, das kriegerische Nigritier-Volk, welches das zwischen 2° nördl. und 4° südl. Br. sich erstreckende Gebiet des östlichen Äquatorialafrika bewohnt. Rebmann (Ende der vierziger Jahre) war der erste, welcher bis in ihr Gebiet (Landschaft Matschame am südwestl. Abhange des Schneebergs Kilima Ndjaro) vordrang; Krapf (1849 u. 1851) folgte mit seinen Reisen nach Ukamba; dann kamen: v. d. Decken's Expedition mit Thornton (1861) nach den Bergländern des Kilima Ndjaro und desselben Forschers Ersteigung des Kilima Ndjaro bis zur Höhe von 4200 m (1862); des englischen Missionär New Reise zum Kilima-Ndjaro (1871), Hildebrandt's Expedition zum Kenia (1875), des Engländers Thompson Reise durchs Massai-Land bis zum Naiwascha-See (1883), Keith Johnston's Reise zum Kilima Ndjaro (1884), endlich Dr. Fischers Reise im Auftrage der geograph. Gesellschaft in Hamburg 1881 unternommene Forschungsreise vom Pangani-Flusse bis zum Naiwascha-See, welche die zuverlässigsten Nachrichten über diese bisher nur wenig gekannten Völkerschaft und das von ihr bewohnte grosse Landgebiet brachte. Dem 1885 veröffentlichten Berichte über Fischers Reise entnehme ich die dort gegebene Beschreibung der Massai-Völkerschaft. Dr. Fischer berichtet folgendermassen: „Der Name Massai ist diesem Volke nicht von den umwohnenden Negervölkern oder Küstenbewohnern gegeben, sondern sie bezeichnen sich auch selbst so. Sehr oft habe ich sie in ihren Reden sich selbst Olmassai nennen hören. Von den Wandorobo werden sie Loigop (plur. eloigop?) genannt, d. h. Eigentümer des Landes. Bei den Bewohnern von Umbugwe unweit von Ugogo heissen sie Wahumba. Die Wakuavi scheiden sich in zwei Stämme, die Olgorti und die Ilkidong; erstere wohnen resp. wohnten in den bewaldeten östlich vom Victoria-Nianza gelegenen Distrikten um das Flüsschen ngare dabasch (breites Wasser: dabasch bedeutet breit aber dünn, seicht), letztere haben ihre Heimat in der Landschaft Leukipia; Ilkidong (eigentlich Tabaksdose) sollen sie deshalb heissen, weil sie den Schnupftabak über alles lieben. Letztere sprechen einen anderen Dialekt wie die Massai und ihre Brüder vom ngare dabasch, auch sind sie körperlich zu unterscheiden. Von fast durchweg tiefschwarzer Hautfarbe sind sie lang und sehr dürr, ihr Haar ist weniger gekräuselt (nach Angabe eines Händlers schlicht), das Gesicht mager, die Züge scharf und im allgemeinen den Somal sehr nahestehend. Dass Somal, Wakuavi, Galla und Massai eine gemeinsame Abstammung haben, ist wohl nicht zu bezweifeln; dafür spricht nicht nur Körperbildung und Lebensweise, sondern auch die Sprache, welche von der der umwohnenden Negerstämme, die alle mehr oder weniger mit der Suaheli-Sprache verwandt sind, sehr verschieden ist. Die Massai besitzen im allgemeinen eine schlanke Statur, doch ohne mager zu sein, vielmehr sind die jungen Leute meist von runden Formen, die Muskeln treten deutlich hervor; kleinere Leute sieht man sehr selten. Die Köpfe sind länglich mit nach hinten zurückweichender Stirn, in der Gesichtsbildung und im Ausdruck kommen jedoch die grössten Verschiedenheiten vor; man bemerkt sympathische, angenehme Züge neben gemeinen tierischen, geradezu edle Formen neben den plumpsten Negergesichtern. In der Nasenbildung ist die Verschiedenheit besonders gross und sie erinnert zuweilen nicht im geringsten an den Negertypus. Die Hand ist schmaler und länger, als beim Neger. Die Hautfarbe ist eine dunkle, vom dunkelbraunen bis tiefschwarzen; hellere Individuen sind sehr selten. Auch die Weiber sind nicht heller gefärbt und was die rötliche Beimischung betrifft, so muss man mit dieser Bezeichnung sehr vorsichtig sein, da die Massai so wie viele andere Völker sich mit Fett und einer roten Schminke einreiben. Die Weiber haben meist eine kleine abgestutzte Nase, mässig fleischige Lippen, mehr hager als wohlbeleibt, und haben nicht selten eine Andeutung von schiefgestellten Augen; am auffallendsten ist aber, besonders bei den älteren, das Vorstehen der oberen mittleren Schneidezähne, das bei den Männern viel weniger häufig, und zuweilen so stark ist, dass sie die Lippen kaum schliessen können und ich zuerst an ein künstliches Vordrängen dachte. Ein Ausbrechen der Vorderzähne findet nicht statt, wie von anderen Reisenden angegeben worden. Verheiratete Leute und alle weiblichen Individuen rasieren den Schädel. An anderen Stellen des Körpers ist die Entfernung der Haare allgemein üblich, wie denn auch die Barthaare ausgerissen werden. Die jungen dem Kriegerstande angehörigen Leute tragen das Kopfhaar jeder nach seinem Geschmacke, so dass man den verschiedenartigsten Haartouren begegnet. Bald ist das Haar in kleine Stränge gedreht, die gleichmässig den Kopf umhängen, bald hinten chignonartig zusammengefasst, vorne à la Poni auf der Stirn liegend; oder es hängt hinten ein langer mit Bast umwickelter Haarzopf herab; sehr beliebt sind auch drei bogenförmige aufwärts gekrümmte Hörnchen, die über der Stirn vorspringen. Die Haare sind immer mit roter Schminke und Butter tüchtig eingefettet, ebenso der Körper, den sie, vom Regen abgesehen, nie mit Wasser in Berührung zu bringen scheinen. Im Gesichte wird rote oder weisse Schminke oft in dicker Lage aufgestrichen.

„Obwohl im allgemeinen patriarchalische Verhältnisse bestehen, indem es kein Oberhaupt und keine eigentliche Häuptlinge giebt und jeder sein eigener Herr ist, so besteht doch in militärischer Beziehung ein Zusammenhalten und eine gewisse Ordnung, welche man bei der grossen Freiheit der Individuen nicht erwarten sollte. Das Volk scheidet sich in Krieger und Nichtkrieger: elmuran (sing. muran) und elmorua (sing. morua; eine Übergangsklasse bilden die Leveles, Leute, die zwar schon verheiratet sind, aber unter Umständen noch in den Krieg ziehen. Unter den Nichtkriegern finden sich oft sehr junge Leute, die entweder von ihrem Vater einen grossen Viehstand ererbt, oder mit wenigem zufrieden sind, oder keine Neigung zum Räuberleben haben. Die einzige Triebfeder zum Kampfe ist nämlich das Rind; da der Verbrauch an Rindern ein so grosser und da jeder Mann eine gewisse Anzahl von solchen besitzen will, ehe er heiratet, so muss er sich dieselben auf Raubzügen zu den benachbarten Völkern zu erwerben suchen. Den Elmuran ist nicht gestattet, zu heiraten, auch enthalten sie sich durchaus des Genusses alkoholischer Getränke und des Tabaks und zwar, wie sie auf mein Befragen angaben, um nicht an Kraft und Widerstandsfähigkeit zum Kampfe Einbusse zu erleiden. Die Krieger gliedern sich in 4 Klassen: mrischo, kischangóp, ngarebut, liteijo; die erstgenannte ist die erfahrenste, älteste, die den andern gleichsam als Führer dient. Bei den nicht mehr in den Kampf ziehenden Elmorua unterscheidet man 3 Klassen: wolkidot, ondoat und niangus. Eine jede dieser Klassen hat ihre sogenannten leigwenan, d. h. Sprecher, welcher in Versammlungen die betreffende Klasse vertritt, für sie spricht, mit den Fremdlingen verhandelt und zuweilen einen sehr bedeutenden Einfluss besitzt. Diese Sprecher, besonders die der jüngeren Kriegerklassen sind den Karawanen oft von grossem Nutzen, indem sie dieselben schützen und zu ihren Gunsten sprechen, natürlich um hernach ihre Belohnung zu erhalten. In den Distrikten Kinangop nördlich vom Naiwascha-See, Nakuro und Ndoro finden sich drei berühmte und einflussreiche Sprecher: Terere, Leiwoss und Lesingo. Ausser diesen Leigwenan haben dann die sogenannten Leibon mehr oder weniger Macht; es kann jeder Leibon werden, der das Zeug dazu hat, nämlich der sich auf Zauberei versteht, und nicht selten nehmen Fremdlinge diese Stellung ein. Sie müssen durch ihre Zaubermittel Glück im Kriege bringen, das Land vor Unglück und bösen Mächten beschützen, Regen erwirken. Ein Ober-Leibon existiert für das ganze Massai-Gebiet, sein Titel ist Mbatian, der sich meist in dem Distrikt Kisongo aufhält und bei dem sich auch die Wakuavi Rat holen. Seine Aufgabe ist es hauptsächlich, den günstigen Augenblick zur Unternehmung von Raubzügen zu bestimmen und durch seine geheimen Künste den Kriegern Sieg und Glück zu verleihen. Vor jedem Raubzuge ziehen einige Krieger zu dem Mbatian hin, der für seine Bemühungen eine gewisse Anzahl Rinder erhält. Der Mbatian ist der besitzendste Mann des Massai-Landes, er soll über 5000 Rinder haben; er hat dagegen auch die Krieger, welche bei ihm weilen und sich Rat bei ihm holen, als seine Gäste zu verpflegen, auch erhalten die Karawanen, die in sein Gebiet kommen, freien Unterhalt; doch betragen die Geschenke, die er erhält, wohl mehr als die Rinder wert sind, die er spendet. Ausser diesem Oberzauberer hat jeder Distrikt einen oder mehrere gewöhnliche, die die kleineren Geschäfte besorgen, Krankheiten heilen, Diebe ausfindig machen etc. Sie sind gewöhnlich von einigen Kriegern gefolgt und älteren Leuten, von denen einer einen Ledersack mit den Zaubermitteln trägt, eine Anzahl Kürbisfläschchen, in denen sich das Zauberpulver befindet. Alle Zauberer zeichnen sich durch besondere Wohlbeleibtheit aus, als Zeichen dafür, dass sie der Ruhe zu pflegen und reichliche Milchnahrung zu geniessen in der Lage sind; einige sind so dick, dass sie sich kaum fortbewegen können. Das am meisten angewandte Pulver ist ein sehr feines von hellgelbbräunlicher Farbe und von sehr angenehmem aromatischen Geruch. Ausserdem trägt jeder Leibon ein Horn von Gazella Granti an einem Riemen an der Seite; in demselben befindet sich eine weissliche thonartige Masse, mit der anderen ein Zeichen auf die Stirn gemacht wird. Wenn nun auch die Macht, welche die Leibon auf die jungen Leute ausüben, nicht sehr bedeutend ist, ja in vielen Fällen eher eine Furcht vor diesen herrscht, so verstehen sie jedenfalls, den Aberglauben zu ihrem Vorteil auszubeuten — ob die Herren Zauberer selbst immer an ihren Hokus Pokus glauben, ist mir sehr zweifelhaft. Die Zauberer, welche nicht die Gunst und das Zutrauen der jungen Krieger haben, können sich nicht halten und es kommt vor, dass Leute, welche im Verdacht stehen, gefährlichen Zauber ihren Landsleuten gegenüber auszuüben, getötet werden. Jedes männliche Individuum geniesst dieselben Rechte, jedes erhält seinen Anteil an dem Tribut, den die Fremdlinge entrichten müssen und zwar erhält jede Klasse einen Tribut für sich, der innerhalb dieser verteilt wird. Es ist daraus erklärlich, dass der Tribut in diesem Lande ein enormer sein muss, denn man trifft ja fast alle Tage mit neuen Horden zusammen. Die Sprecher und Zauberer erhalten gewöhnlich noch Extrageschenke, damit sie allzuunverschämte Forderungen der jungen Krieger mässigen sollen.

„Mit dem Eintritt der Mannbarkeit, dem 12. Jahre, findet die Beschneidung (Incision, nicht Circumcision) der jungen Leute statt und dann ihre Aufnahme unter die Elmurrán, unter denen sie sich eine würdige Stellung durch Auszeichnung im Kampfe zu erringen haben. Bis zur Heilung der Wunde tragen diese Jünglinge einen eigentümlichen aus Bälgen kleiner Vögel hergestellten Schmuck; derselbe wird, mit den Schnäbeln an einer Schnur aufgereiht, kranzartig um den Kopf gelegt. Auch bei den Mädchen findet eine Operation statt; sie haben dann das Gesicht mit Mehl weiss bestrichen und legen einen aus Eisenkettchen und Kaurimuscheln gebildeten Schmuck um die Stirn, den einzigen ethnologischen Gegenstand, den zu erlangen mir unmöglich war. Die Lager der Krieger und Nichtkrieger werden getrennt angelegt, doch wohnen auch von letzteren einige angesehenere ältere Leute unter den Kriegern. Nachdem die jungen Männer des Räuberlebens müde sind und sich eine ihren Ansprüchen entsprechende Anzahl Rinder erbeutet haben, nehmen sie ein Weib oder mehrere und treten damit unter die Elmórua. Da eine dienende Klasse und Sklaven nicht existieren, so ist die Vielweiberei eine Notwendigkeit; so finden wir bei den reicheren Leuten, die einen Viehstand von mehreren hundert Rindern haben, 10 Frauen und mehr, die mit ihren Kindern das Vieh pflegen und die häuslichen Arbeiten verrichten. Da übrigens bei den Massai mehr denn bei anderen unzivilisierten Völkern ein Unterschied zwischen Armen und Reichen hervortritt, so schliessen sich ärmere Leute, d. h. solche, die es aus irgend welchem Grunde zu keinem nennenswerten Besitzstand gebracht haben, den Wohlhabenden an und verrichten Dienste bei diesen. Es findet kein Kauf des Weibes statt; der Sohn bezeichnet dem Vater das Mädchen, welches er zu heiraten wünscht; dieser geht zu dem Vater des letztern und bittet um die Tochter. Darauf schickt der Bräutigam der Braut einige Rinder und Esel, auf letztere packt sie ihre Habseligkeiten und zieht zu ihrem Manne, während es ihr freisteht, die Rinder

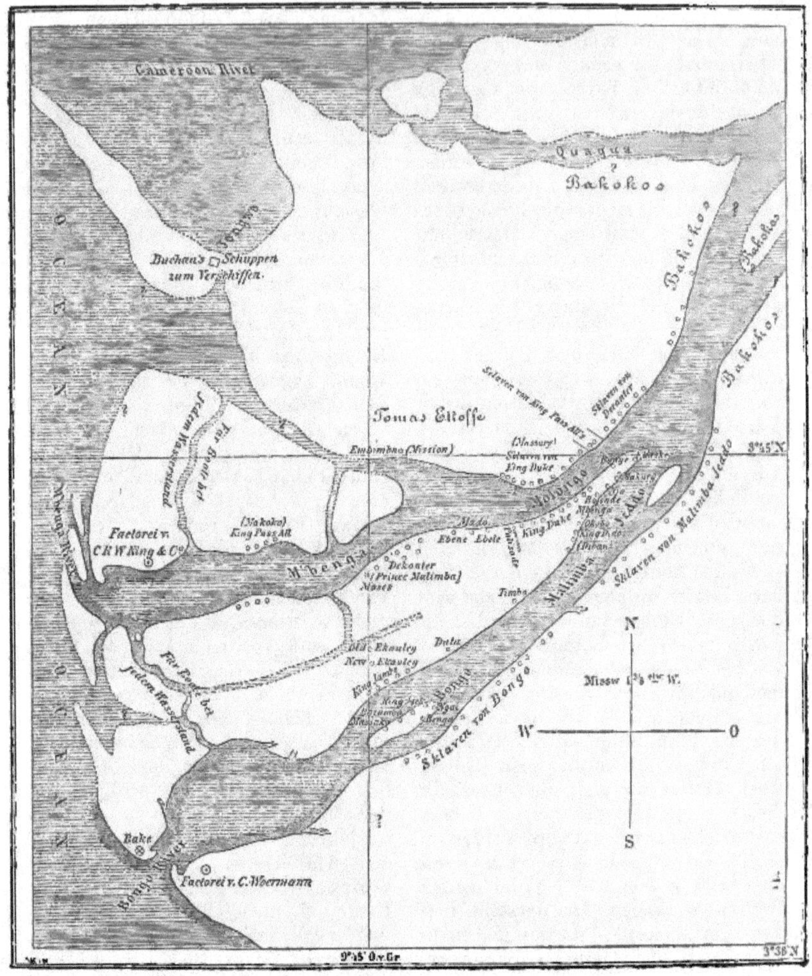

Karte von Malimba.

ihrem Vater zurückzulassen; jedes Weib hat eine Hütte für sich und jede hat ihre bestimmte Anzahl Rinder und Kleinvieh zur Wartung. Besitzer von mehreren 100 Stück Vieh legen ihren eigenen Kraal an, während sich

57

sonst viele zu einem Lager vereinigen. Solche Lager haben die Form eines Kreises, an dessen Peripherie die Hütten liegen, während in der Mitte Nachts die Rinder ruhen. Das Ganze wird mit einem Dornenwall umgeben. Die Hütten sind 6 Fuss lang, 5 Fuss breit und $3^1/_2$ bis 4 Fuss hoch, das Dach ist schwach gewölbt; der Eingang schmal. Sie werden durch in die Erde gesteckte Zweige hergestellt, die oben zusammengebogen und mit Rindermist beworfen werden; bevor Letzteres geschehen ist, wird die Hütte mit Häuten bedeckt und mit einem dichten Flechtwerk aus Rohr umgeben. Diese mit Rindermist beworfenen Hütten halten für die kurze Zeit, für die das Lager an ein und derselben Stelle weilt, dem Wetter stand. Beabsichtigt man das Lager zu verlassen und einen anderen Platz aufzusuchen, so wird zunächst ein Teil der Weiber und das Vieh vorausgeschickt, während die Herren Ehemänner erst mit dem anderen Teil ihres Hausstandes nachrücken, nachdem das neue Lager schon einigermassen hergerichtet ist und sich der nötige Rindermist angesammelt hat. Der Wandertrieb ist so mächtig, dass auch ohne Gras- und Wassermangel die Lagerplätze immer verändert werden. Der Massai kennt nicht nur seinen Distrikt sondern sein ganzes Land auf das genaueste, und die jungen Leute durchwandern es nach allen Richtungen, indem sie allenthalben in den Lagern der Krieger Gastfreundschaft geniessen. Zuweilen sind ganze Distrikte ausgestorben, während andere übervölkert sind. Ein wanderndes Lager macht einen eigentümlichen Eindruck und man wird lebhaft an den Auszug Abrahams erinnert. In langer Reihe schreitet der Zug dahin. Vorauf ziehen einige Bewaffnete, dann folgt das Rindvieh, dann Ziegen und Schafe, hinter diesen die Esel und Lastochsen und den Schluss machen die Weiber und Kinder, welche erstere ebenso bepackt sind, wie die Lasttiere. Wo das Gerippe der Hütten, wie bei den in der Nähe von Kikuju wohnenden Massai, aus Bambus besteht, wird auch dieses auf den Rücken der Ochsen oder Esel mitgeführt, die ausserdem eine Menge Häute zu schleppen haben, die hochaufgetürmt durch seitlich angebrachtes flügelförmiges Gitterwerk zusammengehalten werden. Die Weiber sind mit den kleinen Kindern, mit Milchgefässen und sonstigen Hausgeräten bepackt, das sie alles auf dem Rücken tragen.

„An Hausgeräten gebrauchen sie begreiflicherweise nicht viel, einige kleinere und grössere Gefässe aus Flaschenkürbis, ein Beil, kleine Messer einige Kochtöpfe, die sie bei den Wandorobo oder den benachbarten Negerstämmen erhandeln, das ist alles, was sie bedürfen. In der Hütte ruhen sie auf einer Rinderhaut, die auf Zweigen (wenn möglich vom Eleleschо-Baume) liegt. Auch die Kleidung wird noch immer ausschliesslich aus Häuten oder Fellen bereitet, obwohl nun schon Jahrzehnte hindurch die Karawanen ihr Land besuchen. Die Krieger gehen alle nackt, nur ein kleines Ziegenfellchen hängt auf der linken Schulter oder der Brust. Die verheirateten Leute haben ein ebensolches grösseres, welches oft bis über die Hüften reicht. Die Zauberer, auch manche reiche Leute hüllen sich oft in einen bis zu den Knieen reichenden Mantel von Rinderhaut, oder haben kleinere aus zusammengenähten Fellen von Affen (Cercopithecus pygerythrus), Klippdachs (Hyrax) oder Wildkatzen, die sie durch die Wandorobo erhalten seltener sieht man ein Leopardenfell. Die Weiber und Mädchen sind in einen weiten Mantel von weichgegerbter, mit roter Erde und Butter eingeriebener Rinderhaut gehüllt, der fast bis auf die Füsse reicht und meist eine Brust freilässt; um die Hüfte wird er durch einen Riemen zusammengehalten. Schmucksachen bilden auch bei den Massai eine Hauptrolle. Die Krieger sind wahre Stutzer, was man auch schon an den künstlichen Haartrachten sieht. Die verschiedenartigsten Ohrringe, bei denen die Eisenkettchen fast immer Verwendung finden, die oft bis auf die Schultern herabhängen, aus Blei, Messing, Perlen werden getragen, zuweilen auch 20 cm lange aus Bast gedrehte, mit roter Schminke und Butter beschmierte. Den Oberarm zieren Armbänder aus Perlen oder zweischenkelige aus Elfenbein oder Horn. Die Finger schmücken Ringe aus dünnem Messing- oder Eisendraht, zuweilen mit langen den Finger schildartig überziehenden Fortsätzen. Über dem Handgelenk werden Bänder aus Perlen angebracht, und um die Hüften läuft ein mit Perlen besetzter Lederstreif, an dem kleine Eisenkettchen herabhängen. Ferner tragen die Krieger um die Hüfte befestigte, nach hinten herabhängende herzförmige Stücke Ziegenfell, die als Sitzfelle dienen und bei Regenwetter über dem Kopfe befestigt werden. Bei Wanderungen besonders in dornigem Terrain werden Sandalen getragen. Der Krieger besitzt dann noch seinen besonderen Kriegsschmuck und legt alles darauf an, im Kampfe recht abschreckend und wild zu erscheinen. Einen allgemein beliebten Schmuck bildet ein Kranz schwarzer Straussfedern, die, zwischen zwei Streifen Leder festgenäht, um das Gesicht gelegt und oben dann noch mit einigen weissen Federn verziert sind. Unterhalb des Kniees befestigt man nach vorne abstehende, mit den langen schwarz und weissen Haaren versehene Fellstücke des zentralafrikanischen Stummelaffen (Colobus gereza). Auch Sporengeklirre lieben diese Krieger, das sie täuschend ähnlich durch winzige Schellchen hervorbringen, die sie um das Fussgelenk befestigen: grössere Schellen werden um den Oberschenkel gebunden. Mächtige Speere mit langer breiter Spitze, ein kurzes zweischneidiges Schwert, eine Keule, die oft aus dem Horn des Rhinozeros geschnitzt ist und ein grosser schwarz-weiss-rot bemalter Schild aus Büffel- oder Rinderhaut bilden die Bewaffnung. Mit dem Speere wird nur gestossen, nicht geworfen; Wurfwaffen existieren nicht. Die Elmórua führen neben einem kleinen Speer auch Bogen und Pfeil. Endlich dienen dem Krieger noch die oben erwähnten Kriegsmäntel als Schmuck im Kampfe; sie werden um den Hals befestigt, oder zuweilen durch einen Schlitz einfach über den Kopf gezogen und wallen nach hinten herab. Bei den Weibern besteht der Hauptschmuck in dickem Eisendraht, der spiralförmig um Ober-, Unterarm und Unterschenkel gewickelt wird und an den Gelenken tellerartig sich verbreitert; natürlich beschwert das den Körper nicht wenig und die Schönen können sich nur eigentümlich drehend und watschelnd vorwärts bewegen; auch der Hals wird besonders bei den südlichen Massai mit bis an die Schultern abstehenden Eisendrahtreifen umgeben; all dieser Schmuck bleibt bis zum Tode ohne abgenommen zu werden um Körper. Die Ohrläppchen werden, wie auch bei allen männlichen Individuen eingeschnitten und allmählig kolossal ausgedehnt, so dass sie oft fast die Schultern erreichen. Die verheirateten Frauen tragen zu dem vielen Eisen- und Perlschmuck, welcher letztere um den Hals getragen wird und auf der Brust herabhängt, auch noch schwere 6 cm im Durchmesser messende Ohrringe von spiralig zusammengedrehtem dickem Messingdraht, welche mit einem über den Kopf laufenden Lederriemchen gehalten werden müssen und mit einem anderen an den Ohrläppchen angebunden sind; sie sind so schwer, dass die Kopfhaut einen tiefen Einschnitt erleidet. Es ist unbegreiflich, dass diese so durch Schmuck belasteten und behinderten Frauen noch so arbeiten können, wie sie es besonders bei den steten Wanderungen und Neueinrichtung des Lagers notwendig thun müssen. Bei dem Perlschmuck ist weiss, rot und dunkelblau die häufigste Farben-Zusammenstellung, seltener findet man grüne, hellblaue oder fleischfarbene Perlen. Ihr Farbensinn steht nicht hinter dem der Suaheli zurück, wie auch daraus hervorgeht, dass sie für die verschiedenen Färbungen ihrer Rinder sehr zahlreiche Bezeichnungen haben. Die dunkelblauen Perlen werden von den Weibern aber immer mit erók, (schwarz) bezeichnet.

„Die Nahrung der Massai und Wakuavi besteht ausschliesslich aus Fleisch und Milch. Auch der Honig wird nicht verschmäht und oft zusammen mit Fleisch genossen. Die Krieger geniessen nur das Muskelfleisch und die Milch des Rindes; Eingeweide, Gehirn, Ziegenfleisch und Ziegenmilch verschmähen sie, das ist für die älteren Leute und für die Weiber. Letztere kaufen auch wohl Bananen und Negerkorn in Tschaga und Kikuju, wenn Fleischnahrung mangelt oder die Milch knapp ist. Es gilt geradezu für ein Verbrechen Fleisch und Milch zusammen zu geniessen. Man lebt 10 oder 15 Tage nur von Milch und dann nur von Fleisch. Man nimmt sogar eine Brechkur vor, ehe man von Fleisch- zur Milchnahrung oder umgekehrt übergeht, indem man frisches Blut und Milch zusammentrinkt, wonach Erbrechen und Durchfall eintreten soll. Auch wird Fleisch niemals mit einem Gefässe in Berührung gebracht, in welches Milch gethan war, und ich sah, dass ein Weib einem Träger den Verkauf von Milch zornig verweigerte, weil er einen Topf brachte, in dem noch Fleischreste sich befanden. Ferner ist es nicht gestattet, die Milch zu kochen; mein Koch musste dies immer heimlich thun, um keinen Anstoss zu erregen. Ist nicht genügend Milch vorhanden, so kommt es vor, dass die jungen Leute ein kräftiges Rind aus der Herde nehmen und nachdem es von einem kundigen Manne am Halse zur Ader gelassen ist, ihren Mund anlegen und das Blut unmittelbar aussaugen. Sobald das Rind schwach wird, stopft man die Wunde zu und lässt es laufen. Die Milch wird dreimal am Tage genossen, entweder frische oder in Gährung übergegangene. Den Fremdlingen wurde fast immer nur Ziegenmilch gebracht, meist in saurem Zustande und so scharf, dass sie oft kaum zu geniessen war. Rindermilch zu verkaufen wird den Weibern meist nicht gestattet. Das Fleisch wird entweder an Holzspiessen oberflächlich geröstet oder, weniger häufig, gekocht und ohne Salzzusatz mit der Brühe genossen; mit letzterer wird häufig das Holz eines „mrukután“ genannten Baumes gekocht, besonders bevor man in den Kampf ziehen will, welches so stark erregende Eigenschaften besitzt, dass die jungen Leute oft in heftiges Zittern verfallen. Bevor die Krieger sich auf den Kriegszug begeben, ziehen sie sich kurze Zeit in den Wald zurück, leben nur von Fleisch, ordnen ihren Kriegsschmuck und bereiten sich für den Kampf vor. Dies soll die einzige Zeit sein, wo diese Helden ungefährlich sind, denn während dieser Weihezeit dürfen sie nicht stehlen noch töten. Wir haben mehrmals kleinere Abteilungen solcher Krieger angetroffen. Die zur Nahrung dienenden Rinder werden nicht geschlachtet, sondern man tötet sie, nachdem man sie niedergeworfen hat, durch Erstickung; dauert dies zu lange, so versetzt man dem Tiere einen Schlag mit der Keule in's Genick. Kranke oder magere Rinder werden von den Elmurán verschmäht und häufig den Wandorobo überlassen. Die jungen Leute sind fast immer auf dem Kriegszuge; sie sammeln sich entweder distriktsweise oder auch, wenn es einen Raubzug gegen ein mächtigeres Volk gilt, aus mehreren zusammen; die jüngeren noch unerfahrenen Krieger ziehen gegen die schwächlicheren Negerstämme, besonders gegen die zwischen Pangani und Taoga wohnenden Wadigo.

„Die Waruvu, Wasegua u. Wanika halten auch den Massai nicht Stand. Grössere Anstrengung dagegen erfordern die Raubzüge gegen Umbugwé, besonders aber gegen die Kavirondo, einem grossen, kriegstüchtigen Stamme am Victoria Nyanza (bei 1⁰ s. Br.); von diesen sowohl, wie auch von den Wakamba werden sie oft mit Verlusten zurückgeschlagen. Die Massai aus den nördlichen Distrikten unternehmen Raubzüge gegen die Suku am Mbaringo-See, nach Kikuju, gegen die Somal und zum Samburu-See hin. Die in dem Distrikte Ndoro hausenden Massai, am südwestlichen Abhange des Kenia, besitzen Kamele, die sie den Somal geraubt haben. Auf den Kriegszügen werden Rinder zum Unterhalt mitgeführt; eine Tagereise weit von dem zu bekriegenden Gebiet wird das Lager aufgeschlagen und nachdem man sich durch Späher vorher orientiert, wo die Rinder des Feindes weiden, versteckt man sich Nachts in dem umliegenden Gebüsch. Sobald sich am andern Morgen das Vieh auf der Weide ergeht, bricht man mit Ungestüm unter lautem Brüllen hervor; die Einen stürzen sich auf die Hüter des Viehes, die Andern suchen möglichst viel Rinder von der Herde abzuschneiden und fortzutreiben. Zuweilen brechen die Massai auch in die Ortschaften der Neger selbst ein, welche letztere meist die Flucht ergreifen. Bei den Waruvu, die von ihren sichern Inseln aus Feuerwaffen, mit denen sie einigermassen umzugehen wissen, gebrauchen, müssen sie meist Tote zurücklassen. Alljährlich erscheinen die Massai an der Küste; im Wanika-Lande gelangen sie bis zu den englischen Missionen unweit Mombasa und vor einigen Jahren noch haben sie auf den bei Pangani gelegenen Plantagen eine Menge Leute niedergemetzelt. Besonders in den Monaten August, September, Oktober, wo sie mit ihren Herden zu den noch mehr Gras bietenden Küstengebieten ziehen und wo sich dann zwischen Pangani-Fluss und Paré-Gebirge zahlreiche Massai-Lager finden, machen sie die Küstengebiete so unsicher, dass oft der Verkehr zwischen Pangani und Mombasa aufgehoben wird. Einige ältere Leute begleiten die Krieger auf solchen Raubzügen, um zur Vorsicht anzuhalten und das Herkommen besonders bei der späteren Verteilung der Rinder zu wahren. Es soll vorkommen, dass zu ungestüme, tüchtige und berühmte Krieger vor dem Kampfe von ihren Kameraden gebunden werden, um sie vom Kampfe fern zu halten. Oft haben sie gefangene Neger von den Küstenstämmen bei sich, welche ihnen den Weg zeigen und die Orte angeben müssen, wo Vieh vorhanden ist. Jeder Krieger hat seinen speziellen Kameraden, der im Kampfe an seiner Seite bleibt: fällt einer von beiden, so ist es Pflicht des Überlebenden, irgend ein Stück von den Waffen seines toten Freundes den in der Heimat zurückgebliebenen Verwandten heimzubringen: gelingt ihm das nicht, so findet er keinen Freund mehr. Im Kampfe um der Rinder willen zu sterben ist dem Massai eine

Freude, im Kampfe um diese fürchtet er den Tod nicht; wenn der Mann in der Heimat den Tod nahen fühlt, so lässt er sich zu seinen Rindern bringen um unter ihnen zu sterben. Es ist rührend, mit welcher Liebe und Sorgfalt sie ihre Herden pflegen und warten, wie vertraut sie mit den einzelnen Tieren sind und wie die Tiere auf das Rufen und Pfeifen ihrer Herren hören. Die Weiber, welche bei den Auszügen hinter den bepackten Ochsen herziehen, unterhalten sich förmlich mit diesen, schmeicheln ihnen und sprechen ihnen Mut zu, rasch vorwärts zu gehen, was bei Mohammedanern immer eine grosse Heiterkeit hervorruft. Nicht selten hängt man den Rindern glockenartigen Zierrat aus Elfenbein um den Hals, auch kleine selbstangefertigte Glöckchen, die denselben Ton haben, wie diejenigen der Alpen-Kühe.

„Kastration, besonders bei den Eseln, wird auch geübt. Die Rinder der verschiedenen Besitzer erhalten bestimmte Abzeichen eingebrannt. Es besteht eine enorm reiche Nomenklatur für die verschiedenen Altersstufen, Färbungen und Geschlechter des Viehes. Da die Rinder aus den verschiedensten Gebieten zusammengeraubt sind, so ist kein bestimmter Typus vorhanden; viele der Händler können dem Vieh gleich ansehen, aus welchem Lande es herstammt. Interessant ist es zu sehen, wie die Rinder sich benehmen, wenn eine Karawane sich naht; sobald sie die in langer Reihe dahinziehenden fremden Erscheinungen wahrnehmen oder die ihnen fremde und unsympathische Ausdünstung wittern, kommen sie — es sind oft an tausend beisammen — brüllend heran, bleiben dicht vor der Karawane stehen mit gespitzten Ohren und unaufhörlich brüllend, andere laufen in grosser Unruhe hin und her und die Massai haben oft Mühe, sie in Ordnung zu halten. Die Massai selbst und besonders die Weiber haben durchdringenden Geruch nach Rindern; die Ausdünstung der Küstenbewohner ist auch ihnen unangenehm und nicht selten hielten sie, die vorbeiziehenden Karawanen betrachtend, wohlriechende Kräuter vor die Nase. Auch der Duft, welchen die vegetabilische Nahrung verbreitet, ist ihnen höchst widerlich und ich war einmal Zeuge, wie ein junger Massai einem hungrigen Träger mit den Worten: „Dein Frass riecht schlecht“ mit dem Speer durch den Kochtopf stiess. Die Ochsen, welche den Karawanen verkauft werden, sind häufig nicht viel wert und oft so wild, dass man Massai für einige Perlschnüre mieten muss, um sie zu bändigen oder, wenn man sie mit auf den Weg nehmen will, der Karawane nachzutreiben. Es gewährt einen prächtigen Anblick, die jungen nackten Krieger einem wütenden Ochsen entgegenrennen zu sehen, wie sie ihn an den Hörnern packen und zu Boden werfen.

„Was die religiösen Gebräuche betrifft, so treten solche bei den Massai in keiner Weise hervor; auch mein Dolmetscher, der wie schon erwähnt ein geborner Mkuavi war, erklärte mir, dass nichts der Art bestände. Fetische besitzen sie nicht. Ein Mohammedaner teilte mir mit, dass sie vor dem Kampfe zuweilen „Ngai“ bitten, ihnen Glück zu verleihen. Vielleicht sind die Vorbereitungen zum Kampf auch mit religiösen Vorstellungen verknüpft. Das Wort Ngai habe ich häufig genug gehört. Wenn es donnerte, riefen sie, „Ngai“ den Vulkan nennen sie Dönyo Ngai, wenn ich Raketen steigen liess, schrieen sie ngai, ngai und viele sagten, als sie mich zuerst erblickten: ngai, besonders immer, wenn ich Streichhölzer anzündete. Wenn man will kann man ja dieses Wort mit „Gott“ übersetzen. Jedenfalls ist das Wort ein Ausdruck für Dinge, die ihnen unerklärlich sind, und ihnen eine übernatürliche Kraft zu sein scheinen. — Wie bei allen unkultivierten Völkern beschäftigt man sich auch hier nur mit dem bösen Prinzip und ist bemüht, durch allerhand Zaubermittel das Unheilbringende zu bannen. All der mittelalterliche und zum Teil noch heute bei uns zu findende Aberglaube von Hexen, bösem Blick, guten und unheilbringenden Tagen steht hier noch in voller Blüte. Leute, die verdächtig sind, gefährlichen Zauber (bei den Suaheli „utschavi" genannt) auszuüben, werden nicht selten getötet. Vor bösem Zauber sucht man sich dadurch zu schützen, dass man Rindermist auf Stirn und Backen streicht; viele kamen ins Lager, wenn sie sich mit diesem Schutzmittel versehen hatten. Junge Mädchen tragen gespaltene Hölzchen um den Hals, um gegen bösen Blick gesichert zu sein, sehr interessant mit Bezug darauf, dass noch heute die Italiener vielfach ähnliche Dinge tragen, um dem bösen Blick zu begegnen. Die Massai beerdigen ihre Toten nicht; sie legen sie, nachdem der Schmuck entfernt, unter einen Baum, den Vögeln und Hyänen zum Frasse. Unter ersteren ist es besonders der Marabu-Storch, welcher dreister wie die Geier sich zuerst heranwagt und damit beginnt, der Leiche die Augen auszuhacken. Diese sonst sehr scheuen Vögel zeigen sich den Massai gegenüber sehr zutraulich, finden sich immer bei ihren Lagern und folgen sogar den Kriegszügen. Zuweilen gestatten die Massai nicht sie zu töten. Dass dagegen eine Art Hyänen-Kultus bestehe, wie andere Reisende berichtet haben, davon konnte ich nichts bemerken; wir haben häufig diese Tiere durch Selbstschüsse getötet, ohne dass die Eingeborenen Einsprache erhoben oder Anstoss daran genommen hätten. Sie sehen es als eine Entweihung der Erde an, eine Leiche zu beerdigen und als einer meiner Träger — der einzige von den 230, der nicht zur Küste zurückkehrte — von einem Büffel getötet wurde, musste seine Beerdigung heimlich des Nachts geschehen und dafür, dass das Kornfeld (wir befanden uns damals bei den Wakuavi von Ngurumán) mit dem Blute des Unglücklichen befleckt wurde, musste eine Sühne gezahlt werden. — Eine eigentümliche Rolle — es spielt auch der Glaube an eine Zauberkraft hier mit — spielt bei den Massai das Handspucken. Wenn der Mbatiän besucht wird oder überhaupt ein Mann, dem man Zauberkräfte zutraut, so hält man die Hand hin, damit jener darauf spucke. Von mir wurde das auch verlangt und da ich anfangs etwas blöde darin war, so hiess es immer: „mehr!" Als wir nach einem sechsstündigen heissen Marsche ohne Wasser in jenes oben erwähnte Gebiet von Kibalbâl kamen, wo sich viele Lager befanden, kamen die jungen Krieger in solcher Anzahl mit dem Verlangen ihnen auf die Hand zu spucken, dass mein Speichel schliesslich nicht mehr ausreichte. Auch bei Verkäufen und Geschenken ist dies Sitte. Nachdem man Handels einig geworden, spuckt der Verkäufer auf das Verkaufsobjekt, ebenso der Geber eines Geschenkes auf dieses, als ein Zeichen, dass man es nie mehr zurückfordern werde. Als Zeichen der höchsten Beteuerung der Wahrheit gilt das Zerreissen einiger Grashalme. Der Handel mit den Massai ist ein sehr langwieriger; man erhält niemals, wenn man nach dem Preise einer Sache fragt, eine definitive Antwort und ist nie sicher, dass der Verkauf nicht wieder rückgängig gemacht wird. Als wir eines Tages nach langen Unterhandlungen ein Rind gekauft hatten, der Kaufpreis bezahlt worden und das Rind geschlachtet war, verlangte der frühere Besitzer noch eine Zu-

Empfang Brazzas

önig Makoko.

gabe wegen des „unerwartet vielen Fettes", das das Tier zeige. Zuerst wurde sie ihm abgeschlagen, als er dann aber die Leute seiner Klasse zusammenberief und eine Besprechung des Falles verlangte, und die Reden kein Ende nehmen wollten, waren wir froh, den Lästigen durch Zugabe von 15 Schnüren Perlen loszuwerden. — In ihren eigenen Versammlungen und in den Verhandlungen mit den Fremdlingen geht es im allgemeinen sehr ordnungsgemäss zu; jeder muss niederkauern, nur der jedesmalige Sprecher hat das Recht zu stehen; derselbe hat einen Stock oder eine Keule in der Hand, mit der er Gesten macht; ein Jeder hat das Recht zu reden, doch hat der Leigwenán der betreffenden Klasse das Vorrecht. Die Massai lieben das Reden ungemein und sind unermüdlich in den Verhandlungen: es ist daher für eine Karawane äusserst wichtig einen guten Dolmetscher zu besitzen, der mit allen Sitten und Gebräuchen der Eingeborenen bekannt ist, die Feinheiten der Sprache versteht und weiss, wodurch man Eindrücke erzielen kann. Es giebt nur sehr wenige derartige Leute an der Küste. — Das Handreichen zum Gruss ist auch bei den Massai allgemein üblich; wie wohlerzogene Jungen kamen die wildesten Krieger, mir mit dem Worte „ássak" die Hand reichend. Der Gruss unter Männern heisst „sówai", d. h. so viel wie guten Tag; die Antwort lautet: „hewa". Der Krieger wird von den Fremdlingen mit Murán angeredet. Die Mohammedaner heissen bei den Massai: Láschomba, d. h. „Freie" im Gegensatz zu „Singa", Sklave. Die Zahlworte der Massai gehen nur bis fünfzig; was mehr ist, wird durch das Wort „ip-hi" ausgedrückt: für alle Zahlen besteht eine eigentümliche Fingersprache, welche allein oder mit mit Aussprechen der Zahlworte angewandt wird.

„Obwohl die Karawanen, sagt Dr. Fischer, nun schon eine lange Reihe von Jahren das Massailand besuchen, hat sich doch — abgesehen von den unter den Massai wohnenden Wakuavi — nirgends ein freundschaftliches Verhältnis zu den Eingeborenen gebildet. Daran sind hauptsächlich die jungen Krieger schuld, in denen ihrer Tigernahrung entsprechend auch eine Tigernatur wohnt. Stehlen können auch die älteren Leute nicht unterlassen, doch sie sind wenigstens bemüht, thätliche Streitigkeiten so viel wie möglich zu verhindern; nicht selten wurde auch von ihnen gestohlenes Gut wieder zurückgebracht. Ein hässlicher Zug im Charakter der Massai ist der grosse Geiz. Auch der ärmlichste Negerstamm in Ostafrika bringt, nachdem er Tribut erhalten, ein Gegengeschenk, und wenn es nur in etwas Mais und Bananen besteht. Die Massai, welche fast tagtäglich Tribut einheimsten, gaben niemals etwas, auch die Leibón, die häufig noch besondere Geschenke beanspruchten, gaben nicht einmal eine Ziege von den Hunderten, die sie besassen —, mit Ausnahme eines Mannes allerdings, des einzigen wohlwollenden Massai, der mir begegnet ist.

„Die Frauen sind dagegen sehr umgänglich und den Fremdlingen von grossem Nutzen. Trotz ihres, wie wir gesehen haben, sie belastenden Schmuckes sind sie unermüdlich; sobald eine Karawane angekommen ist, schleppen sie Holz, Laubwerk und Gras herbei, wofür sie einige Pferde erhalten, holen oft Wasser für die ermüdeten Träger, ziehen dann zu ihrem Lager zurück und bringen Milch und Häute zum Kauf (mit letzteren baut sich der Träger im Massailande eine Hütte). Sie bleiben dann oft den ganzen Tag im Lager, scherzen und lachen mit den Trägern und es kam auch wohl vor, dass einige, von der Dunkelheit überrascht, nachts im Lager zubrachten. Die Weiber hinterbringen sogar den Fremdlingen feindliche Absichten der jungen Leute und sind in jeder Weise bemüht, Streitigkeiten zu schlichten. Sie haben auch, wenn man so sagen darf, eine internationale Stellung in dem Verkehr; sie können unangefochten nach Kikuju, nach Tschaga, nach Gross-Aruscha wandern, während die jungen Leute mit den Bewohnern dieser Gebiete in steter Fehde leben. Als wir am Naiwascha-See lagerten, kamen auch eines Tages Weiber von Kikuju in's Lager, die Mehl zum Kaufe brachten und ungehindert das Massai-Gebiet betreten konnten. Diese waren übrigens, für den Fremdling wenigstens, nicht von den Massai-Weibern zu unterscheiden und verstanden auch die Massai-Sprache etwas, welch' letztere denn überhaupt die Verkehrssprache bis zum Mbaringo- und Samburu-See bildet und von den angrenzenden Volksstämmen ebenfalls mehr oder weniger verstanden wird. In Njémsi nehmen die Karawanen Wakuavi-Dolmetscher für die weiter wohnenden Stämme. Das Massai-Weib hat bei Verkäufen auch eine gewichtige Stimme und nicht selten kommt ein Kauf nicht zu stande, weil das Weib irgend einen besonderen Wunsch hat, den der Fremdling nicht erfüllen kann. Die schwere Arbeit scheint der Mann ihr mit möglichst viel Schmuck versüssen zu wollen."

Massakhit („Stätte der Bildsäulen") nennen die Araber Barkah, eine Ruinenstadt an der Mittelmeerküste zwischen Dernah und Mersa Susa.

Massama, Ort im Reich Gandu, am Gulbi-n-Gindi (Nebenfluss des Niger).

Massander, grosse Insel im unteren Coanza (Südwestafrika), 30 Meilen lang, 2 Meil. breit und sehr fruchtbar.

Massanga, ein nordwestlicher Ausfluss des Kapekki- oder Kodscha-Sees, von Piaggia 1876 entdeckt.

Massangano, befestigte Stadt in Angola (Südwestafrika), an der Einmündung des Lucalla in den Coanza, mit portugiesischer Handelsfaktorei.

Massanze (Msansi), Landschaft am nordwestl. Ufer des Tanganjika-Sees.

Massari, ital. Marineleutnant, Begleiter des Prinzen Borghese (s. d.) und Matteucci's (s. d.) auf ihrer Expedition (1880) nach Wadai, von wo aus er mit Matteucci die bekannte Durchquerung Afrika's ausführte, welche die Reisenden auf Baikie's Route nach Bidda am Niger, von dort nach Akassa an der Mündung des Niger in den Ozean führte.

Massin, Dorf in der Tuat-Oase Gurara.

Massina, 1) das westlichste der im Innern Nordafrikas gegründeten Fellatahreiche, bisweilen auch nach seiner Hauptstadt Hamd-Allahi genannt; erstreckt sich bei einem Flächengehalt von etwa 3030 QM. von Bambara im Westen bis nahe zu der Provinz Libtako vom Reiche Gando im Osten und zieht sich am oberen Niger vom 12. Gr. nördl. Br. nordwärts bis nach Timbuktu. Die hauptsächlichsten Provinzen des Reiches sind: Gilgodji, Hombori, Dalla, Duentsa, Aussa, Dirma, Djimbala, Sankara, Sakkere, Fermagha, Borgu, Kometen, Djenni und Timbuktu. Hauptteil des ehemaligen grossen Reiches Meile, welches, auf den Trümmern von Ghanata errichtet, den ganzen westlichen Sudan umfasste, bis es wiederum von den Sonrhay-Königen abhängig wurde und in Verfall geriet, war das Land seit dem Sturze des Sonrhay-Reiches (1591) durch den marokkanischen Sultan Mulaï Hamed el Dhehebi in viele kleine Staaten zerspalten, in denen sich in der Folge zahlreiche Fellatah niedergelassen hatten. Als 1815 die grosse religiös-politische Bewegung der Fellatahs unter Othmann von Gubeo aus begann, kam 1818 auch ein Anführer derselben, Hamed Lebbo, nach dem oberen Niger, um den Islam in der neuen Form auszubreiten, vertrieb den Fürsten Galaidjo und gründete das Reich M. Infolge des Fanatismus, mit welcher Lebbo und seine Nachfolger ihrer Lehre Eingang zu verschaffen suchten, ist M. jedoch in fast beständiger Feindseligkeit gegen die beiden anderen Fellatahreiche, so dass es bei fortwährenden inneren Unruhen gänzlich zerrüttet ist. Timbuktu wurde von den Fellatahs 1826 zwar erobert, aber es ist dem Herrscher von M nicht gelungen, seine Ansprüche den in dieser Stadt wohnenden Arabern und Tuaregs gegenüber aufrecht zu erhalten. 2) Eine zu dem gleichnamigen Reiche gehörende, von zwei Armen des oberen Niger umschlossene Insel.

Massindi, ein Distrikt Unyoros.

Massiv, Gebirge in Algerien, an dessen östlichem Fusse die Stadt Algier liegt; steigt bis zu 1500 Fuss über dem Meere auf.

Masso (nach Krapf, Journals 98, 107 ff.), ein Stamm der Galla (s. d.), dessen Gebiet sich im Süden der Landschaft Gurague befindet (Ostafrika).

Massongi, Ortschaft am rechten Nigerufer, auf der Fahrtstrecke zwischen Rabba und Gambo.

Massongo (Kissendi), Stamm der Kimbunda (s. d.) von Benguela.

Massoyrinde (Cortex massoy), Gewürz, mit grauer, streifiger Oberhaut, aus Guinea, von einem dem Zimmt ähnlichen Geruch und Geschmack.

Ma'ssret Abou Sir, Ort im Distr. El-Zawieh der ägypt. Prov. Beni-Suef.

Massua (Massaua, Basé), kleine Insel im Roten Meere, hart an der Küste der Landscheft Samhara (Habesch) mit der gleichnamigen Stadt, welche der wichtigste Handelsplatz für Habesch ist, einen Hafen und etwa 5000 Einw. hat. Die Insel stand seit 1814 unter türkischer Oberherrschaft, der Gouverneur ist dem Pascha von Dschidda untergeordnet; die Stadt hatte eine türkische Besatzung von einigen hundert Mann und es residiert daselbst ein französischer Konsul. Seit dem Jahre 1883 haben die Italiener den Platz und seine Umgebung in Besitz genommen.

Massuai, die gemischte Bevölkerung von Massaua; sie spricht Tigre.

Massul (Wadi-), s. Debbe.

Mastai, Ort im Distr. Zifta der ägypt. Prov. Gharbieh.

Mastalitha (Djebel-), Bergzug des westlichen Atlas, streicht von dem Gebirgsstocke um den Djebel Aischin, der die Wasserscheide zwischen dem Atlantischen, Mittelländischen Meere und der Sahara bildet, in nordwestlicher Richtung.

Masu, Sultan von Sokoto.

Masudi, Ali Abul Hassan, hervorragender arabischer Reisender aus der ersten Hälfte des 10. Jahrhunderts, aus Bagdad um 890 gebürtig, gest. 947 oder 956 wahrscheinlich zu Fostat in Ägypten; unternahm ausgebreitete Reisen in Nordafrika. Sein Hauptwerk: „Akhbar alzeman“ (v. Sprenger 1841 ins Englische übersetzt) enthält viel Abenteuerliches über Ost- und Nordafrika.

Mata, ein rechtsseitiger Zufluss des Kongo; er mündet zwischen den Isandschila-Fällen und der grossen Ortschaft Mbu; sein Lauf bildet die ungefähre Grenze des Gebietes der Babwende und Lasundi; er ist breit, aber nicht sehr tief und von Alligatoren belebt.

Matacong, kleine Insel an der Küste von Oberguinea (Westafrika).

Matai, Ort im Distr. Kolosna der ägypt. Prov. Minia.

Mataka's Stadt, s. v. w. Mwembe.

Matakawe, Ortschaft westwärts der Mozambiqueküste, zwischen dieser und dem Schirwa-See, unter 15° 10′ s. Br. und 36° 15′ östl. L. v. Gr.; O'Neill weilte hier am 30. Septbr. 1883, in der Absicht nach dem Schirwa-See vorzudringen.

Matam, Ortschaft am Senegal, 275 km von Medine entfernt.

Matamadé (Matamalé), s. Angola.

Matamma, s. Metémé.

Matandi Mikanda, Station der Livingstone Inland-Mission am Südufer des Kongo, zwischen Mussuca (Station der Baptist Missionary Society) und Vivi. Sie wurde aus Gesundheitsrücksichten in den ersten 1880er Jahres nach Noki verlegt.

Matangkari, Ortschaft am Gulbi-n-Gindi (Nebenfluss des Niger), cirka 400 Hütten.

Matarika, Ort an der Strasse von Kiloa nach Nyassa.

Matar-Râs-el-Mâ, s. Angad.

Matar Tares, Ort im Distr. Sanoures der ägypt. Prov. Fayoum.

Matas (El-), kleinere Oase der libyschen Wüste, zu dem Oasenkomplex El-Gâb-el-Kébîr (s. Gâb) gehörig.

Matat (oder Monye) heissen bei den Barinegern die Grundbesitzer.

Matatane, Hauptort der Provinz Antaïmuri, auf der Ostküste der Insel Madagaskar.

Matboul, Ort im Distr. Kafr-el-Cheikh der ägypt. Prov. Gharbieh.

Mateb, die gewissermassen als religiöses Abzeichen dienende blauseidene Schnur, welche der abessinische Christ um den Hals zu tragen pflegt.

Matebele, Zweig des Kaffernstammes Fingo, in Südafrika; ehemals hatte das Volk seine Wohnsitze an der Ostküste des Kontinents, dann von den holländischen Ansiedlern (Boers) verdrängt, hatten sich die M. nordwestlich über den Limpopo nach dem Innern gezogen und durch die Unterwerfung anderer Volksstämme viele fremde Elemente in sich aufgenommen. 1835 drangen sie unter ihrem Häuptling Moselektse wieder südwärts über den Limpopo vor und verdrängten die holländischen Boers, wurden aber 1836 zuerst von Boers Gerrit Maritz bei Mosiga und dann auch von Dingaau, dem Häuptling der Zulu-Kaffern, geschlagen und zogen darauf wieder nordwärts über den Limpopo zurück, wo sie seitdem ein ausgedehntes Reich gegründet haben, das von dem Schaschiflusse (Nebenfluss des Limpopo) nordwärts bis zum Zambesi reicht und gewöhnlich nach dem Stifter und Herrscher „Moselekatse's Reich" genannt wird. Der Häuptling residiert in Matlokotloko.

Matelhapi, s. v. w. Batlapi (s. d.).

Matika, das Schaf Abessiniens, ist der sogenannten „thebanischen Rasse" Ägyptens verwandt, ist gross, schwarz oder weiss, hat einen wenig fetten Schwanz von mittlerer Länge und einen gewölbten Nasenrücken. Seine Wolle ist mittelfein und wird bis 1 m lang. Sein schwarzes Vliess („Lofisa") dient dem vornehmen Abessinier als Umhang, dem Sudanesen als Reitdecke.

Matimbo, s. v. w. Dongo.

Matioma, Bergland im Massailande (Fischer).

Matoul, Ort im Distr. Tobhar der ägypt. Prov. Fayoum.

Matschane, Landschaft am südwestlichen Abhange des Kilima-Ndjaro. Rebmann, der in englischen Diensten stehende deutsche Missionär, war der erste Europäer, welcher sie (Ende der vierziger Jahre) betrat; 1871 besuchte sie auch der engl. Missionär New.

Matschappi, s. v. w. Batlapi (s. d.).

Matschegowo, Ort an der Küste des Gasalandes (Südostafrika).

Matschila (abessin.), s. v. w. Mais.

Matslaru, s. v. w. Batloro (s. d.).

Matteucci, Pellegrino, zu Ravenna 1850 geboren, machte sich 1875 durch das Buch „La spedizioni italiana all'Africa equatoriale" bekannt, bereiste 1878 im Auftrag der Handelsgeographischen Gesellschaft Italiens Abessinien bis zur Nordgrenze von Schoa (hierüber veröffentlichte er: „In Abissina“ 1880) und 1880 in Begleitung eines Fürsten Borghese und eines Marineleutnants Massari Ägypten und den ägyptischen Sudan (über El Obêd, Abu Harras und Fotscha) bis Kabia an der Grenze von Darfur. Fürst Borghese kehrte hier zurück; M. und Massari gelang es jedoch, nach Überwindung vieler Schwierigkeiten die Erlaubnis zur Weiterreise durch Wadaï vom Sultan desselben zu erhalten; sie zogen über Bornu's Hauptstadt Kuka am Tsad-See südwestlich durch das Land Nupe und gelangten bis nach Bidda am Niger, von wo sie bis zur Küste des Busens von Guinea vorzudringen vermochten, so dass sie also den ganzen afrikanischen Kontinent in der bis dahin noch nicht von Europäern gewählten Richtung von Nordost nach Südwest durchquert haben. M. starb am 8. Aug. 1871 zu London, kurz nach seiner Rückkehr nach Europa.

Mattoki (Kenus), ein Stamm der Nil-Nuba, von Assuan (1. Katarakt) bis Sebu und Wadi-el-Arab.

Mattru, Ort am Jongfluss (Nebenfluss des Sherboro); etwa 20 Mln. oberhalb der Mündung; im Mai 1882 Schauplatz eines Gefechtes zwischen Engländern und Eingeborenen.

Mau, bewaldeter Distrikt im Massai-Lande, östlich vom Victoria-Nyanza, von nomadisierenden Wakufi bewohnt. Er wird in „Mau na njuki“ u. „Mau na erok“ unterschieden. Das Land ist hügelicht und bewaldet, an Elefanten reich und von Ndorobo-Leuten bewohnt.

Mauch, Karl, Afrikareisender, geboren am 7. Mai 1837 zu Stetten in Württemberg, besuchte die Realschule zu Ludwigsburg, wo sein Vater Militärbeamter war, darauf zwei Jahre lang ein Lehrerseminar in Gmünd und erhielt dann zu Isny eine Anstellung als Lehrgehilfe. Aber schon seit seinem 15. Jahr beschäftigte ihn der Gedanke, zur Erweiterung der Kenntnis Afrika's beizutragen, und so verwandte er alle freie Zeit zu weiterer Ausbildung, um sich für seinen Zweck vorzubereiten. Auf einer Hofmeisterstelle in Österreich blieb er bis 1859, dann widmete er sich 1860—1862 dem Studium des Arabischen und suchte medizinische Kenntnisse zu erlangen. 1863 begab er sich nach London, wo er unter den misslichsten Umständen fünf Monate lang naturwissenschaftliche Studien trieb; dann ging er zur See nach Südafrika. Nach drei Jahren trafen die ersten Nachrichten von ihm ein: er hatte die Transvaalsche Republik durchwandert und eine genaue Karte derselben angefertigt, welche durch seine spätern Reisen noch wesentlich berichtigt wurde. 1866 ging er mit einem Elefantenjäger von Rüstenburg am Magaliesberg über Sekhomo und Mosilikatse nach N., überschritt die Wasserscheide zwischen dem Sambesi und Limpopo und gelangte bis in die Nähe von Tete am Sambesi, wo er ausgedehnte Goldfelder entdeckte, welche seitdem viel von sich reden gemacht, ihrem Entdecker aber nichts eingebracht haben. Auf einer neuen Reise durchzog M. vom Mai bis Oktober 1868 wieder die Transvaalrepublik, erreichte nach unglaublichen Beschwerden Inyati und kehrte im Januar 1869 nach seinem Hauptquartier Potschefstroom zurück. 1870 und 1871 war er dann mit Erforschung des die Diamantenfelder durchfliessenden Vaal beschäftigt, und Mitte 1871 trat er seine letzte epochemachende Reise von Albasini aus an. Über den Limpopo zog er ins Gebiet der Makalaka und entdeckte die Ruinen von Zimbabye, in denen er das Ophir der Bibel gefunden zu haben glaubte, welche Meinung indes von den Forschern Europa's fast einstimmig verworfen wurde. M. passierte sodann den obern Lauf des Sabia, erforschte dessen Quellgebiet, und entdeckte das „Kaiser Wilhelms-Feld" genannte Goldfeld. Bei Sena kam er an den Sambesi und wieder in den Bereich der Zivilisation, und im Dezember 1872 traf er wieder in Europa ein. Eine Reise, die M. mit dem Botaniker Kuntze aus Leipzig 1874 um die Welt machen wollte, kam nicht zur Ausführung. M. gelangte nur bis Zentralamerika und kehrte von da nach Europa zurück. Seit der Zeit lebte er in Blaubeuren in Schwaben als Eisenbahnbeamter, bis 4. April 1875 ein unglücklicher Sturz seinem Leben ein Ende machte. Schrieb: „Reisen im Innern von Südafrika 1865—72" (1874) [Embacher].

Maudjur wird im Süden eine cylinderförmige dunkelblaue Art von Perlenzierat genannt, die gern zu Gürtelschnüren und Halsbändern gebraucht wird.

Mauren, eines der den Nordrand Afrika's (die Berberei) bewohnenden Völker, die ihren Namen von den alten Mauren oder Maurusiern, den Bewohnern des alten Mauritanien übernommen haben, ohne deren echte Nachkommen zu sein. Denn während die Bewohner Mauritaniens zunächst mit den Numidiern verwandt waren, zu dem berberischen Völkerstamme gehörten und in den heutigen Amazirghen ihre echten Nachkommen besitzen, sind die M. eine Mischlingsrasse, die aus altmaurischem und arabischem Blut (unter Einwirkung römischer, germanischer und anderer Elemente) hervorgegangen ist, vorzugsweise die Bevölkerung der Städte und Küstengegenden Mauritaniens bildete, aber auch auf die Städte-Bewohner der übrigen Berberei überging, die aus Vermischung der Ureinwohner mit den Arabern entsprungen war. Die M. sind ein schöner Menschenschlag mit edeln orientalischen Gesichtszügen, die den Ausdruck von Milde und Melancholie tragen; die Zähne und Augen sind gewöhnlich schön, der Körper etwas hager; von Charakter sind sie zwar sanft und umgänglicher als die Berbern und Araber, aber auch phlegmatisch, kraftlos und geistig stumpf, trotz ihres Fanatismus für den Islam, feig, grausam, wollüstig, hinterlistig, geizig, habsüchtig und in den grössern Städten sehr verdorben. Ein grosser Teil von ihnen treibt Kramhandel oder Kaffeeschank, die übrigen sind meist Handwerker, Gärtner und Landbauer. Sie tragen Hemden, darüber einen Kaftan, den eine Schärpe oder lederner Gurt hält. Beim Ausgehen werfen sie noch ein Stück weisses Zeug über (der Armen einzige Kleidung); alle führen Dolche. Die Frauenzimmer tragen unverheiratet blosses Haar, die Augenbrauen färben sie schwarz. Die Mädchen verheiraten sich im 13. Jahr, die Braut wird in einem verhängten Käfig zu ihrem Bräutigam gebracht, vorher aber nicht von ihm gesehen. Die M. nehmen bis zu 4 Weiber. Da die Araber, welche Spanien eroberten, aus Mauritanien herüberkamen, auch wohl mit Mauren stark vermischt waren, so wurde der Name M. auch auf dieselben übertragen und die Bezeichnungen M., Araber und Sarazenen in der Geschichte Spaniens synonym gebraucht. Die Mauren kommen zuerst in der Geschichte im 4. Jahrhundert v. Chr. als Bundesgenossen der Karthager vor; die Römer lernten sie in dem Jugurthinischen Kriege kennen, wo ihr König Bocchus 108 v. Chr. den Römern seine Hilfe gegen seinen Schwiegersohn, den König Jugurtha von Numidien, anbot; aber Metellus und Marius wiesen seine Anerbietungen zurück, und von Jugurtha durch Abtretung eines Teils von Numidien gewonnen, stiess er nun mit seinem Heere zu demselben, wurde aber 107 von Marius zweimal, zuletzt bei Cirtha, geschlagen. Bocchus schloss Frieden mit den Römern, lieferte den Jugurtha in Sulla's Hände

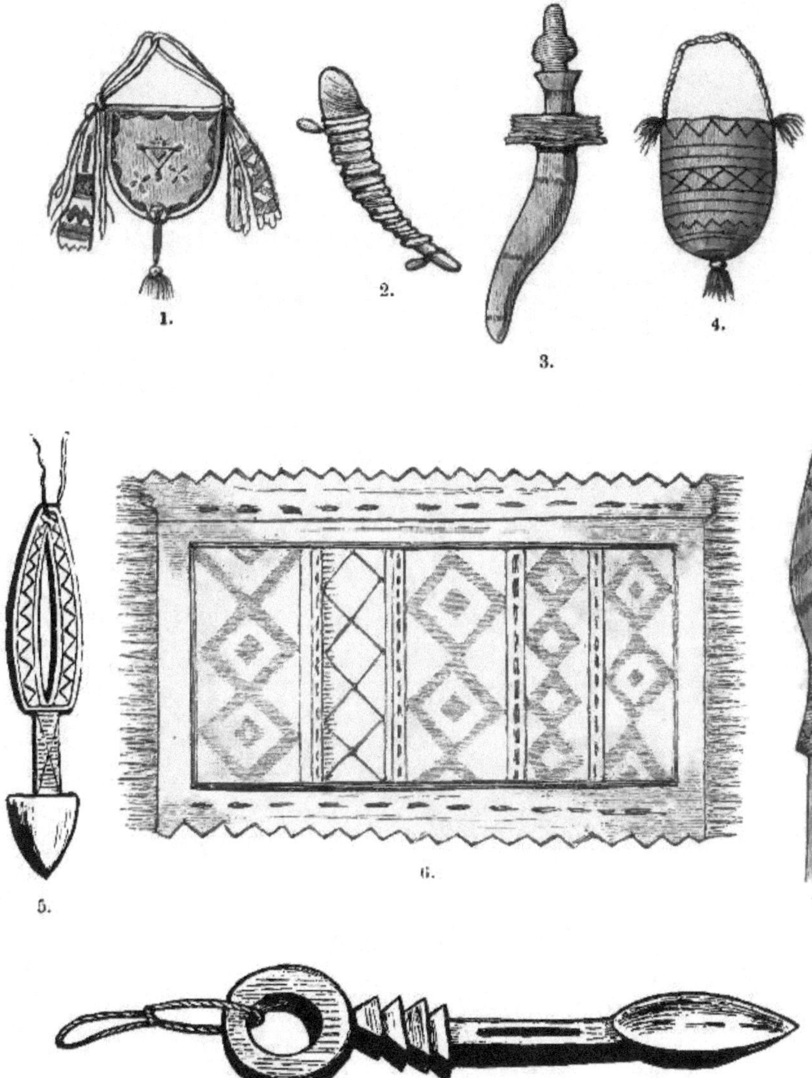

1. 2. 3. 4.

5. 6. 7.

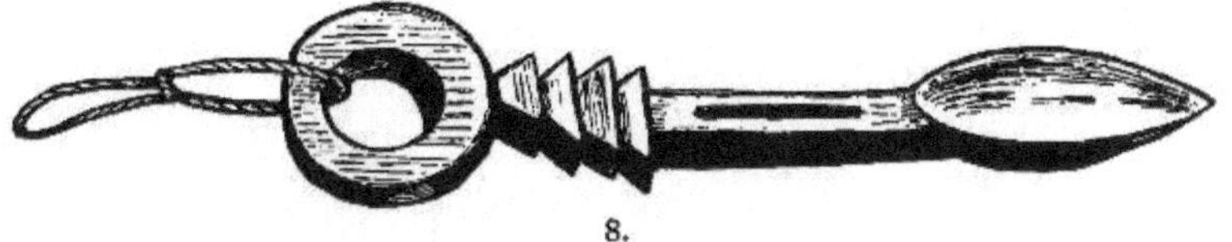

8.

Erzeugnisse der Mandingos.

1. Gebettasche. — 2. Pulverhorn. — 3. Assagai. — 4. Patronentasche. — 5. Metalllöffel. — 6. Gewebe. — 7. Dolch. — 8. Holzlöffel.

Zeitfracht Medien GmbH
Ferdinand-Jühlke-Straße 7
99095 Erfurt, Deutschland
produktsicherheit@kolibri360.de